Quaderni di Acme

UNIVERSITÀ DEGLI STUDI DI MILANO
FACOLTÀ DI LETTERE E FILOSOFIA
Quaderni di Acme
45

L'AMABIL RITO
SOCIETÀ E CULTURA NELLA MILANO DI PARINI

a cura di
G. Barbarisi, C. Capra, F. Degrada, F. Mazzocca

Tomo secondo
La musica e le arti

CISALPINO
Istituto Editoriale Universitario

www.monduzzi.com

QUADERNI DI ACME - Comitato scientifico

Gennaro Barbarisi (dir.) – Renato Arena, Davide Bigalli, Maria Teresa Cattaneo,
Fernando Mazzocca, Enrico I. Rambaldi, Giorgio Rumi, Gemma Sena Chiesa

Questa pubblicazione è stata realizzata con il contributo del Comitato
Nazionale per le celebrazioni nel Bicentenario della morte di Giuseppe Parini

In copertina: *Il piacere moderato dà forza allo spirito ed eccita alla virtù (Chirone ed Achille)*.
Bassorilievo eseguito dallo scultore Giuseppe Franchi, salone del Palazzo Greppi, Milano.
Soggetto di Giuseppe Parini

Realizzazione editoriale: STUDIO PAROLE - Milano

ISBN 88-323-4588-9
Copyright © 2000
CISALPINO. Istituto Editoriale Universitario - Monduzzi Editore S.p.A.
Via Ferrarese, 119/2 - 40128 Bologna
Tel. 051/4151111 - Fax 051/370529

Finito di stampare nel mese di novembre 2000 presso Litosei,
Rastignano, Bologna

INDICE

Tomo secondo

La musica

LE ESPERIENZE MILANESI DI MOZART: UNA RIVISITAZIONE CRITICA

di *Francesco Degrada*

Ritengo opportuno prendere le mosse da alcuni fatti oggettivi relativi alle permanenze di Mozart a Milano: aridi dati quantitativi che possono tuttavia permettere di inquadrare le esperienze vissute dal giova-
nissimo musicista nella nostra città nel contesto più ampio dei suoi contatti con altri centri musicali italiani. I soggiorni milanesi di Mozart si
dislocano infatti nel corso dei suoi tre viaggi in Italia e si collocano precisamente, nel primo viaggio, tra il 23 gennaio e il 15 marzo 1770, tra il
18 ottobre dello stesso anno e l'inizio del febbraio del 1771 (con una parentesi torinese di diciotto giorni, tra il 14 e il 31 gennaio 1771);[1] tra il
21 agosto e il 5 dicembre 1771 nel corso del secondo e tra il 4 novembre
1772 e l'inizio di marzo del 1773 nel corso del terzo.

Solo la seconda e la terza visita di Mozart nel nostro paese (le due più
brevi) furono finalizzate quasi interamente all'espletamento degli impegni che gli erano stati affidati nella capitale lombarda. Al contrario, il
primo viaggio (senza dubbio il più importante per il rapporto del piccolo
Wolfgang con la civiltà musicale italiana) durò complessivamente 470
giorni (un anno, tre mesi e 15 giorni). Rileviamo che la prima permanenza a Milano ne occupò all'incirca 155 (grosso modo un terzo). Se ne
deduce immediatamente che l'apprendistato italiano di Mozart (il periodo
cruciale della sua iniziazione, in particolare, ai segreti del meccanismo

---

[1] Su questa trasferta torinese, si vedano i nuovi documenti rinvenuti e pubblicati
da HARRISON JAMES WIGNALL, *Mozart in Turin: Operatic Aspirations in the Savoyard Court*,
in "Mozart Studien", 7 (1997), pp. 143-69.

operistico) si svolse in gran parte fuori Milano. Di questo dato occorrerà tenere ben conto per giudicare con obiettività il peso delle sue esperienze nella nostra città: se non ridimensionando, certo contestualizzando e relativizzando subito il dato che per il Regio Ducal Teatro furono scritte le sue tre più importanti realizzazioni italiane, i drammi per musica *Mitridate re di Ponto* nel dicembre 1770, *Lucio Silla* nel dicembre 1772 e – tra i due, nell'ottobre del 1771 – la festa teatrale *Ascanio in Alba*.[2]

Il primo viaggio italiano di Mozart, com'è noto, non si sarebbe forse mai realizzato senza l'autorevole protezione di Karl Joseph von Firmian, dal 1759 alla morte governatore generale della Lombardia.[3] Nonostante fosse originaria del Tirolo, la sua famiglia aveva stretti rapporti con Salisburgo. Lo stesso Karl Joseph risiedette a lungo nella città austriaca e due suoi fratelli, Leopold Ernst e Vergilius von Firmian furono canonici e, in seguito, rispettivamente decano della metropolitana e gran prevosto mitrato della città. Questi legami con Salisburgo dovettero indubbiamente

---

[2] Sulla situazione del teatro musicale a Milano all'epoca dei viaggi mozartiani, si vedano, oltre gli ormai datati ma sempre utili volumi di ANTONIO PAGLICCI BROZZI, *Il Regio Ducal Teatro di Milano nel secolo XVIII. Notizie aneddotiche 1701-1776*, Milano, G. Ricordi, 1894 e di CARLO ANTONIO VIANELLO, *Teatri spettacoli musiche a Milano nei secoli scorsi*, Milano, Libreria Lombarda, 1941; GUGLIELMO BARBLAN, *Il teatro musicale in Milano nei secoli XVII e XVIII*, in *Storia di Milano*, Milano, Fondazione Treccani degli Alfieri, 1959, vol. XII, pp. 949-96; GUIDO CANELLA, *Il sistema teatrale a Milano*, con la collaborazione di Maurizio Calzavara, Bari, Dedalo, 1966; GIORGIO PESTELLI, *La musica in Lombardia durante l'età teresiana-giuseppina*, in *Economia, istituzioni, cultura in Lombardia nell'età di Maria Teresa*, II, *Cultura e società*, a c. di Aldo De Maddalena, Ettore Rotelli, Gennaro Barbarisi, Bologna, Il Mulino, 1982, pp. 707-17; ELENA SALA DI FELICE, *Il melodramma tra Milano e Vienna*, in *Economia, istituzioni, cultura; Ibid.*, pp. 365-86; FRANCO PIPERNO, *Il sistema produttivo, fino al 1780*, in *Storia dell'opera italiana*, a c. di Lorenzo Bianconi e Giorgio Pestelli, Torino, EDT, 1987, vol. IV, pp. 1-75; Giampiero Tintori-Maria Maddalena Schito (a c. di), *Il Regio Ducal Teatro di Milano (1717-1778). Cronologia delle opere e dei balli con 10 indici*, Cuneo, Bertola & Locatelli, 1998, nonché i contributi sul *Mitridate re di Ponto, Ascanio in Alba* e *Lucio Silla* citati nelle note successive. Non facciamo volutamente riferimento all'imponente bibliografia generale sulla vita e sulla produzione mozartiana.

[3] Sul rapporto tra Firmian e Mozart, si veda CRISTINA WYSOCKI, *Il giovane Mozart e il conte Firmian*, in *Mozart e i musicisti italiani del suo tempo*, Lucca, Libreria Musicale Italiana, 1994, pp. 81-88; CRISTINA CIMAGALLI, *Ancora sul soggiorno romano di Mozart: Una sconosciuta lettera di presentazione del conte Firmian al principe Doria Landi Pamphilj*, in "Mozart-Jahrbuch" (1996), pp. 65-71.

influire positivamente sulla disposizione di Firmian nei confronti del giovane Mozart sia a Milano, sia in altre città italiane dove Firmian aveva vissuto o aveva espletato incarichi ufficiali, come Firenze, Roma e Napoli. Aggiungiamo che uno dei segretari particolari di Firmian, Leopold Ernst Troger, era in ottimi rapporti d'amicizia con i Mozart: sua sorella Maria Anna Aste d'Asteburg abitava a Salisburgo e a lui veniva indirizzata la corrispondenza per Leopold da parte della moglie.[4]

A Milano fu Firmian a introdurre il quattordicenne Mozart (che risiedeva con il padre presso il Convento degli Agostiniani di San Marco, a poche centinaia di metri dal Palazzo Melzi) nell'ambiente sociale e intellettuale della città.[5] Nelle varie accademie che egli organizzò per il piccolo Wolfgang (e in particolare – con oculata mossa diplomatica – nella prima), questi venne in contatto con la più illustre personalità musicale della Milano dell'epoca, Giovanni Battista Sammartini (Leopold alla moglie 10-2-1770 sulla prima accademia del 7 febbraio: "[...] es würde zu weitläufig seyn, dir umständlich zu erzehlen, was der Wolfg: in gegenwart des Maestro Sammartino und einer menge des geschicktesten Leuten für Proben seiner Wissenschaft abgelegt, und alle in Erstaunung gesetz")[6] e con l'aristocrazia italiana ed austriaca: il duca di Modena Francesco II, reggente di Milano durante la minore età dell'arciduca d'Austria Ferdinando, sua nipote Maria Ricciarda d'Este, promessa sposa di quest'ultimo, la principessa Melzi, i principi Belgioioso, i marchesi Beccaria, i conti So-

---

[4] Sul rapporto dei Mozart con Leopold Ernst Troger e con Maria Anna Aste d'Asteburg si veda il contributo di HEINZ SCHULER, *"Md.ssle Trogerin" oder "Troger Mariandl": Bemerkungen zu den Mailänder Mozart-Briefen*, in "Mitteilungen der Internationalen Stiftung Mozarteum", XL/1-4 (1992), pp. 38-45.

[5] Sul primo soggiorno mozartiano si vedano i due recenti contributi di GIACOMO FORNARI, *"A Nome Amadeo Mozart": Ein unbekanntes Zeugnis über den Aufenthalt des Wunderkindes in Mailand 1770*, in *Internationaler Musikwissenschaftlicher Kongreß zum Mozartjahr 1991, Baden-Wien*, Tutzing, Schneider, 1993, pp. 629-34 e di MURL SICKBERT, *The Mozarts in Milan, February 9-10, 1770: A Funeral Performance of Johann Christian Bach's Dies irae and Vespers Music?*, in "Mozart-Jahrbuch" (1991), pp. 461-67.

[6] *Mozart. Briefe und Aufzeichnungen. Gesamtausgabe*, Herausgegeben von der Internationale Stiftung Mozarteum Salzburg, gesammelt und erläutert von W. A. Bauer und O. E. Deutsch, Kassel, Bärenreiter, 1962-1975 (7 voll.), vol. I, p. 312 ("sarebbe troppo lungo raccontarti quali prove della sua scienza abbia dato Wolfgang dinanzi al maestro Sammartini e a molte tra le più competenti persone, destando la meraviglia di tutti"). Sul rapporti tra Sammartini e Mozart, si veda ora BATHIA CHURGIN, *Did Sammartini Influence Mozart's Earliest String Quartets?*, in "Mozart-Jahrbuch" (1991), pp. 529-39.

maglia, Prato e Borromeo, il conte Agostino Litta, (già protettore di Johann Christian Bach durante il suo soggiorno milanese e destinato a morire di lì a poco), nonché i conti Rogendorf, Fugger, Wolkenstein e molti altri ancora. Dai minuziosi taccuini di viaggio di Leopold (le cosiddette *Reisenotizen*)[7] è possibile altresì ricostruire con quali altri musicisti ed esponenti del mondo musicale milanese entrò in contatto Mozart durante i primi mesi del suo soggiorno: oltre al già citato Sammartini incontriamo Maria Teresa Pignottini, clavicembalista e compositrice, Giovanni Battista Fioroni, maestro di cappella del Duomo, i fratelli Carlo e Gaetano Monza, Giovanni Battista Lampugnani e Gaetano Piazza, accanto a molti altri minori, cantanti di grido come Pietro Benedetti, Antonia Bernasconi, Giuseppe Cicognani, Anna Francesca Varese, Guglielmo d'Ettore (tutti futuri membri della compagnia del *Mitridate re di Ponto*) oltre a una folta schiera di strumentisti impegnati in varie istituzioni milanesi e di coreografi e ballerini attivi presso il Teatro Ducale (che non a caso del balletto era uno delle vetrine più prestigiose in sede internazionale).[8]

Ma la consacrazione di Mozart come compositore teatrale, in vista dell'affidamento a lui della commissione di un'opera per la successiva stagione operistica, avvenne in un'accademia seguente, sempre organizzata da Firmian, il 12 marzo 1770 (questa volta a beneficio della nobiltà milanese), che faceva seguito a un concerto pubblico di Mozart. Per questa occasione, scriveva Leopold alla moglie, il 13 marzo 1770, Mozart aveva composto "3 Arien und 1 Recit: mit Violinen" e all'accademia "es waren über 150 Personen der ersten Adels gegenwärtig, wovon die Hauptpersonen der Herzog, die Prinzessin, und der Cardinal waren".[9] Firmian doveva rendersi conto che ottenere una scrittura per un ragazzo quattordicenne non era impresa facile, visti gli interessi che ruotavano intorno al Regio Ducal Teatro e la sua fondamentale funzione sociale, oltre che artistica;[10] pertanto ritenne bene di superare l'ostacolo ottenendo – dopo il

[7] *Mozart. Briefe und Aufzeichnungen*, cit., vol. I, pp. 321-23.

[8] Sul problema del ballo a Milano, si veda il saggio di Alessandro Pontremoli, alle pp. 835-58 di questo volume.

[9] "Tre arie e un recitativo con violini [...], c'erano più di 150 persone della più alta nobiltà, tra cui il duca [di Modena], la principessa e il cardinale [Giuseppe Pozzobonelli]. *Mozart. Briefe und Aufzeichnungen*, cit., vol I, p. 320.

[10] Sulla gestione del Teatro Ducale e sui suoi risvolti sociali, si veda il saggio di Roberta Carpani, pubblicato alle pp. 767-808 di questo volume.

consenso dei più rinomati esponenti del mondo musicale – l'approvazione della nobiltà, che del Teatro Ducale costituiva il settore più influente ed ascoltato. Che Leopold temesse (e giustamente, diremmo), cabale e congiure, lo si evince da un passo della stessa lettera: "und ich war gezwungen die Violin partes selbst heraus zu schreiben, und dann erst verdoppeln zu lassen, damit sie nicht gestohlen werden ".[11] Gli studiosi mozartiani hanno in passato identificato questi brani con le arie KV 78 (KV 73c) "Per pietà bell'idol mio", KV 88 (KV 73c) "Fra cento affanni e cento" e KV 79 (KV 73d "O temerario Arbace [...] Per quel paterno amplesso"; infine con il grande recitativo accompagnato KV 77 (KV 73e) "Misero me, qual gelido torrente" e con l'aria "Misero pargoletto, il tuo destin or sai". Le prime tre provengono dall'*Artaserse*, l'ultima dal *Demofoonte* di Metastasio e appartengono a luoghi mitici dell'immaginario melodrammatico settecentesco. Colpisce il fatto che la scelta (forse non dovuta a Mozart) cadde interamente su arie di forte drammaticità. Per una serie di ragioni legate alle indagini sulla datazione delle fonti, solo due brani si possono con sicurezza assegnare a questa occasione esecutiva: il KV 88 (KV 73b) "Fra cento affanni e cento" e il KV 77 (KV 73e), il recitativo accompagnato "Misero me, qual gelido torrente" con l'aria "Misero pargoletto, il tuo destin or sai". Su questi torneremo fra poco; basti dire per ora che Mozart superò brillantemente la prova e che due giorni dopo Firmian ufficializzò il contratto di scrittura per l'inaugurazione della successiva stagione del teatro milanese.

Terminata felicemente questa prima parte del soggiorno milanese, Leopold e Wolfgang abbandonarono la città, proseguendo un lungo viaggio che li avrebbe portati a Bologna, a Firenze, a Roma e infine a Napoli, città dove incontrarono entusiastiche accoglienze. Da Napoli risalirono a Bologna, dove il 27 luglio Mozart ricevette il libretto del *Mitridate*.[12] La

---

[11] "Sono stato costretto a copiare io stesso le parti di violino e a farle ricopiare in seguito, per evitare che fossero rubate", *Mozart. Briefe und Aufzeichnungen*, cit., vol. I, p. 320.

[12] Sul *Mitridate* di Mozart si vedano, oltre all'edizione critica e ai suoi apparati, WOLFGANG AMADEUS MOZART, *Mitridate re di Ponto*, a c. di Luigi Ferdinando Tagliavini, Kassel, Bärenreiter, 1966 ("Neue Ausgabe sämtlicher Werke", II, 5, IV); L.F. TAGLIAVINI, *Quirino Gasparini and Mozart*, in William Austin (a c. di) *New Looks at Italian Opera*, Ithaca, Cornell University Press, 1968, pp. 151-71; ALLWYN CHARLES KEYS, *Two Eighteenth-Century Racinian Operas*, in "Music & Letters", LIX/1 (January 1978) pp. 1-10; "L'avant-scène opéra", LIV (1983); JEAN-VICTOR HOCQUARD, *La clemenza di Tito K. 621, Apollo et Hyacinthus K. 38, Mitridate K. 87, Lucio Silla K.135, La finta giardiniera K. 196, Bastien et Bastienne K .50. Les grands opéras de Mozart*, Paris, Aubier, 1986; KON-

sosta a Bologna durò per l'intera estate e si protrasse sino alla prima quindicina di ottobre; a Milano Mozart fece ritorno non prima del 18 di questo mese. I sette mesi di viaggio nel centro e nel sud dell'Italia, avevano profondamente trasformato Mozart: aveva ascoltato molte opere, aveva conosciuto virtuosi di strumento e di canto, era entrato in diretto contatto con compositori le cui partiture aveva letto in precedenza solo sui manoscritti, come Nicolò Jommelli, Francesco De Maio e Giovanni Paisiello. A Bologna aveva assiduamente studiato con il dotto padre Martini, non tanto il contrappunto - come di recente è emerso attraverso una più oculata datazione dei suoi manoscritti - ma probabilmente i segreti dell'intonazione della poesia drammatica italiana, sfruttando forse anche la ricchissima biblioteca del padre francescano. Quando Mozart giunse a Milano aveva messo in musica i recitativi dell'opera e forse abbozzato lo schema di alcune arie; il resto avrebbe dovuto essere composto attraverso un confronto serrato con i cantanti, tenendo ben presenti anche le aspettative del pubblico milanese.

Quanto si è detto rende evidente che non è possibile focalizzare l'attenzione su un unico centro musicale (in questo caso Milano) per cercare di definire le eventuali suggestioni che ne avrebbe tratto Mozart in occasione dei suoi soggiorni. Fermo restando che le opere rappresentate al Teatro Ducale durante le sue permanenze milanesi vedono la presenza di un unico compositore legato alla città (Carlo Monza, con *La Nitteti*, 21

RAD KÜSTER, *Von* Mitridate, Re di Ponto *zu* Il re pastore: *Stationen auf Mozarts Weg zur Konzertform*, in "Mozart-Jahrbuch" (1991), pp. 956-62; Rudolph Angermüller, Dietrich Berke, Ulrike Hofmann, Wolfgang Rehm (a c. di), *Bericht über den Internationalen Mozart-Kongreß Salzburg*, 1991, in "Mozart-Jahrbuch", (1991); E. THOMAS GLASOW, *Jungfrau Martha: Mitridate's "Pallid Shade"?*, in "The Opera Quarterly", X/1 (1993), pp. 13-22; DANIEL HEARTZ, *Haydn, Mozart and the Viennese School 1740-1780*, New York, Norton, 1995, pp. 544-55; H.J. WIGNALL, *Guglielmo d'Ettore: Mozart's First* Mitridate, in "The Opera Quarterly", X/3 (1994), pp. 93-112; ID. *The Genesis of "Se di lauri": Mozart's Drafts and Final Version of Guglielmo d'Ettore's Entrance Aria from* Mitridate, in "Mozart Studien", V (1995), pp. 45-99; ID., *Mozart, Guglielmo d'Ettore and the Composition of* Mitridate *(K. 87/74A)*, PhD diss., Brandeis University, 1995; MELISSA MICHÈLE EDWARDS, *Mozart and the Horn: Aria no. 13 From* Mitridate, re di Ponto, *K. 87*, DMA doc., University of North Carolina, Greensboro, 1995; PHILIPP ADLUNG, *Mozart's opera seria* Mitridate, re di Ponto, Hamburg, Wagner, 1996; RITA PEIRETTI, *Vado incontro al fato estremo: Eine bisher fälschlich Mozart zugeschriebene Arie der Oper* Mitridate, re di Ponto, in "Mitteilungen der Internationalen Stiftung Mozarteum", XLIV/3-4 (1996), pp. 40-41.

gennaio 1771)[13] contro una schiacciante prevalenza di autori napoletani (Piccinni, Paisiello) o appartenenti ad altre aree (Hasse, Gazzaniga, Mysliveček), il quadro della situazione musicale italiana settecentesca è comprensibile solo tenendo presente, nella sua complessità, un sistema nazionale (o meglio diremmo sovranazionale) costituito da un'interrelazione complessa di competenze (compositori, interpreti, poeti, impresari, ecc.) e delle loro ramificate connessioni (e gerarchie) all'interno del sistema produttivo.

Senza dubbio Mozart poté contare a Milano su un'orchestra di primissimo livello, composta da una sessantina di elementi e universalmente lodata per la precisione dell'esecuzione: la sinfonia del *Mitridate* e la brillante tessitura orchestrale di tutta l'opera ne sono testimoni eloquenti. La presenza a Milano di una brillante attività sinfonico-orchestrale, che faceva capo a Giovanni Battista Sammartini e alla sua scuola, ce lo conferma.[14] Né poteva avere dubbi sulla qualità dello spettacolo che sarebbe stato montato nel teatro; le fonti settecentesche sono concordi nell'enfatizzare il gusto del pubblico milanese per lo spettacolo e le scene (e potremmo aggiungere per i balletti). Nell'ottobre del 1771 non a caso Johann Adolph Hasse che preparava la rappresentazione del *Ruggiero o sia L'eroica gratitudine*, su libretto del Metastasio, scriveva da Milano all'amico Ortes a Venezia,[15] a proposito del pubblico del Teatro Ducale: "Qui vorrebbero

---

[13] Su Monza aveva dato pochi anni prima un giudizio sferzante Nicolò Jommelli, dopo avere assistito al Teatro San Carlo di Napoli alla rappresentazione del suo *Adriano in Siria* nel 1769: "la novità di questi due personaggi tutti due napolitani e veramente non privi di merito [Anna De Amicis e Giuseppe Millico, che avevano sostenuto le prime parti nell'opera] à sostenuto ancora l'innocente Maestro Monza, o sia Monzìa, come lo dicono nella celebre Capitale della Busecca, di cui egli si vanta figlio, compositore della musica: il quale, abbenché abbia fatto una musica che ogni ragazzo di questi Conservatorj può farla, e forse meglio; pure per il buon stomaco che ha avuto di mettere sotto il suo nome delle arie vecchie dateli dai sud. i prima donna e primo uomo, de' loro soliti Quaresimali, [...] si è tirato d'affare e si prende ancor lui quella parte di applauso de' sud. i De Amicis e Millico [...]" (Lettera di Jommelli a G. Martinelli, Napoli, 14 Novembre 1769, in MARITA MC CLYMONDS, *Niccolò Jommelli. The Last Years, 1769-1774*, Ann Arbor, 1980, pp. 491-92).

[14] Sulle suggestioni della pratica strumentale milanese, si veda KURT BIRSAK, *Salzburg, Mozart und die Klarinette*, in "Mitteilungen der Internationalen Stiftung Mozarteum", XXXIII/1-4 (July 1985), pp. 40-47 e il saggio di CESARE FERTONANI pubblicato alle pp. 859-85 di questo volume.

[15] Venezia, Archivio del Museo Correr, Ms. Cicogna 3199, lettera del 5 ottobre

assai spettacolo e pochissimi recitativi"; un giudizio che fa comprendere come il fuoco dell'attenzione del pubblico si appuntasse da un lato su un'azione mossa e variata, sorretta da un'imponente apparato scenografico, dall'altro sulle arie, affidate di norma a compagnie di canto di grandissimo prestigio.[16] Non sarà il caso di citare qui le note testimonianze di Charles Burney e di Joseph Jerome de Lalande sull'opulenza e la grandiosità delle rappresentazioni del teatro Ducale e sull'ascolto relativamente distratto degli spettatori. Non andranno nemmeno dimenticate, tuttavia, le caratteristiche del teatro settecentesco – luogo d'incontro mondano prima che palestra d'arte –, né la rigida gerarchia degli elementi dello spettacolo (puntualmente confermata dall'ammontare dei compensi), che vedeva nella compagnia di canto l'elemento di gran lunga privilegiato e prestigioso. In altre parole, occorre inserire il giovane Mozart nel contesto concreto nel quale si trovò ad operare. La scelta del libretto, ad esempio, per tutti e tre i lavori che compose a Milano, non era una prerogativa del compositore. Esso sarebbe stato scelto considerando da un lato la sua valenza ideologica,[17] dall'altro la sua efficacia sul piano squisitamente musicale e teatrale. Né sarebbe stato pensabile che il compositore scrivesse la propria musica senza aver conosciuto, ascoltato e soddisfatto i cantanti, che erano i veri protagonisti dello spettacolo. E d'altra parte considerare le loro istanze (che furono puntualmente e in certi casi vigorosamente fatte presente al piccolo Mozart) solo nella prospettiva paradossale e scandalistica delle convenienze teatrali, così pittorescamente descritte in tanta pubblicistica e in tanti spettacoli metateatrali dell'epoca, sarebbe un grave errore.

Si noti che i cantanti dei quali Mozart dispose non erano specificamente legati all'ambiente milanese; erano attivi sulle piazze più illustri d'Italia e d'Europa e possedevano e trasmettevano a Mozart le esperienze più aggiornate non solo del canto ma – non si dimentichi – delle tecni-

---

1771. Una trascrizione, ancorché assai scorretta, della lettera si può ora leggere in JOHANN ADOLF HASSE-GIAMMARIA ORTES, *Lettere (1760-1783)*, edizione e commento di Livia Pancino, Turnhout, Brepols, 1998, p. 233.

[16] Non a caso Hasse aggiungeva, preoccupato: "Il *Ruggiero* è certamente un libro ben scritto ma si trova affatto privo de' primi, ed abonda de' secondi; ondeché il tempo solo potrà dirmi quale sarà la mia sorte".

[17] Su questo problema si veda in particolare CHRISTIAN ESCH, Lucio Silla: *Vier Opera-seria-Vertonungen aus der Zeit zwischen 1770 und 1780*, Baden-Baden, Koerner; 1991 (2 voll.).

che compositive melodrammatiche più attuali. Si potrebbe per ciascuno di essi tracciare un profilo dei caratteri vocali e interpretativi (sulla base del loro repertorio), ma altresì delle esperienze artistiche più recenti per comprendere quale tipo di istanze potessero prospettare a Mozart. Il quale dovette altresì affinare in questo contesto, le sue conoscenze relative alle convenzioni teatrali, al meccanismo dei ruoli, in una parola, alla complessa etichetta dello spettacolo melodrammatico. È possibile ricostruire analiticamente il rapporto tra Mozart e i suoi cantanti attraverso le varianti e le correzioni del manoscritto autografo del *Mitridate* e sulla base di altre testimonianze; uno studio che permette di tracciare la genesi di molti episodi. La collaborazione con la prima donna, la cantante italo tedesca Antonia Bernasconi Wagerle (che a Vienna era stata la prima interprete dell'*Alceste* di Gluck),[18] non presentò particolari problemi, anche se qualche malevolo (a dire di Leopold) le aveva consigliato di eseguire le arie scritte per il personaggio di Aspasia da Quirino Gasparini per la prima intonazione torinese del libretto (1767). Tuttavia ella chiese a Mozart di ricomporre la sua prima aria "Al destin che la minaccia" (originariamente concepita in Sol maggiore, con archi, oboi e corni) in uno stile più grandioso ed eroico, nella tonalità di Do maggiore con archi, oboi, corni e trombe. Assai più complessi furono i rapporti con il giovane tenore (e compositore!) di origine siciliana (e di famiglia nobile, come a un certo punto apprese, preoccupandosene assai, Leopold), Guglielmo d'Ettore, "virtuoso di camera di S. A. S. l'Elettore di Baviera", che interpretò il personaggio di Mitridate (dopo averlo interpretato – si noti – a Torino). La sua aria d'entrata, "Se di lauri il crine adorno" fu scritta per ben cinque volte da Mozart: bisogna ammettere che l'ultima versione appare la più convincente sotto il profilo musicale e sotto quello drammatico. Solo in anni recenti si è scoperto che nelle esecuzioni milanesi l'aria di Mitridate del terzo atto, "Vado incontro al fato estremo" composta da Mozart, fu sostituita – evidentemente su richiesta del cantante – dall'omonimo episodio scritto da Quirino Gasparini; Mozart tuttavia la rielaborò dall'interno, trasformandola in un brano che reca l'impronta profonda della sua personalità. Più tranquilli furono i rapporti con gli altri interpreti, i tre evirati Pietro Benedetti detto Sartorino (Sifare), il primo uomo del *cast*,

---

[18] Un gruppo di lettere di Antonia Bernasconi ad Antonio Greppi è stato pubblicato da MARIANGELA DONÀ, *Dagli archivi milanesi: lettere de Ranieri De' Calzabigi e di Antonia Bernasconi*, in "Analecta musicologica", XIV (1974), pp. 268-300.

Giuseppe Cicognani (Farnace) e Pietro Muschietti (Arbace). A causa del fatto che Benedetti giunse a Milano all'ultimo momento, Mozart dovette riscrivere il duetto tra lui e la Bernasconi ("Se viver non degg'io"), in quanto la prima versione – uno dei brani più virtuosistici mai usciti dalla penna di Mozart – si rivelò probabilmente troppo ardua per il poco tempo a disposizione. Lo stesso accadde per un'altra aria già composta per Benedetti "Lungi da te", che fu riscritta e riorchestrata con l'inclusione (a richiesta del cantante?) della bellissima parte di corno obbligato. Anche Anna Francesca Varese (Ismene), la "seconda donna" della compagnia, richiese a Mozart una nuova versione dell'aria "In faccia all'oggetto", desiderando (ed ottenendo) un brano assai più ricco di colorature virtuosistiche. La riduzione a più modeste proporzioni di un'aria scritta per un personaggio secondario (Farnace, interpretato da Giuseppe Cicognani) e l'eliminazione delle trombe dalle arie di Ismene ("In faccia all'oggetto", N. 9) e ancora di Farnace ("Son reo, l'error confesso", N. 16) sono indizi, significativi e divertenti, di un adeguamento di Mozart alle "convenienze" attinenti alla gerarchia dei ruoli della scena lirica contemporanea.

Non c'è dubbio alcuno che le personalità dei cantanti per i quali Mozart scrisse il *Mitridate* influirono in maniera determinante sulla concezione dell'opera. In particolare vorrei sottolineare il peso di un'interprete come la Bernasconi, grande virtuosa, ma anche grande attrice tragica, la cui arte segnò profondamente il personaggio di Aspasia. "Alcune arie cantate dalla Signora Bernasconi esprimono vivamente le passioni e toccano il cuore", annotò Parini nella breve recensione del *Mitridate* apparsa ne "La Gazzetta di Milano" del 2 gennaio 1771 (nella quale non cita il nome del compositore della musica): tra queste vi fu senza'altro l'aria N. 4, in sol minore, "Nel sen mi palpita il cor dolente". Da Leopold Mozart sappiamo anche che nella prima rappresentazione un'aria della Bernasconi venne bissata e due lo furono nella seconda.

Se ora confrontiamo una delle arie che Mozart compose alla vigilia della partenza da Milano, ad esempio "Fra cento affanni e cento" KV 88 (KV 73b) con una delle arie del *Mitridate* non può non emergere in modo palmare di quale straordinario affinamento delle sue capacità musicali ed espressive egli sia stato capace in pochi mesi. Ma dobbiamo obiettivamente riconoscere che questo processo di sempre maggiore consapevolezza stilistica si produsse da un lato durante il suo tour italiano, dall'altro a contatto con interpreti che con la scena milanese ebbero solo contatti sporadici. L'intonazione di Mozart, che illustra l'orizzonte di attesa del pubblico milanese più e meglio di qualsiasi saggio critico, dal momento che il giovane compositore si sarà strettamente attenuto alle indicazioni a lui fornite, è un perfetto (anche se relativamente astratto) congegno musicale inteso a soddisfare soprattutto il virtuosismo canoro dell'interprete.

Se analizziamo un'aria tipologicamente assai simile, quella di Ismene dall'Atto I, scena XI del *Mitridate*, "In faccia all'oggetto", possiamo notare come – all'interno di un progetto compositivo altrettanto attento alla messa in rilievo delle capacità vocali della cantante (Anna Francesca Varese) – c'è una ricerca di drammaticità e di patos, un'analiticità e una pregnanza dei gesti espressivi che caratterizzano con grande efficacia, momento per momento, la situazione drammatica.

Dei tre lavori composti per Milano è certamente l'*Ascanio in Alba* quello che ha più organici legami con la situazione culturale e musicale milanese.[19] Questo non solo per il fatto che il libretto venne steso da Parini in funzione di un avvenimento preciso legato alla cronaca del tempo, che si rispecchia nell'allegoria della favola, ma per la stessa struttura del lavoro, che venne pensata sull'esatta misura delle concrete possibilità esecutive e soprattutto della linea culturale del Regio Ducal Teatro. Tra le

---

[19] Sull'*Ascanio in Alba*, oltre all'edizione critica e ai suoi apparati, W.A. MOZART, *Ascanio in Alba*, a c. di Luigi Ferlinando Tagliavini, Kassel, Bärenreiter, 1956 ("Neue Ausgabe sämtlicher Werke", II, 5, V), si vedano: SIBYLLE DAHMS, *Mozarts Festa teatrale Ascanio in Alba*, in "Österreichische Musikzeitschrift", XXXI/3 (1976), pp. 15-24; KLAUS HORTSCHANSKY, *Mozarts Ascanio in Alba und der Typus der Serenata*, in Friedrich Lippmann (a c. di), *Colloquium Mozart und Italien*, Veröffentlichungen der Musikgeschichtlichen Abteilung des Deutschen Historischen Instituts in Rom, vol. 18, Köln, Arno Volk, 1978; JOSEF-HORST LEDERER, *Zu Form. Terminologie und Inhalt von Mozarts theatralischen Serenaden*, in *Mozart und seine Umwelt*, in "Mozart Jahrbuch" (1978/79) pp. 94-101; KATHLEEN KUZMICK HANSELL, *Opera and Ballet at the Regio Ducal Teatro of Milan, 1771-1776: A Musical and Social History*, PhD diss., University of California, Berkeley, 1980; GUIDO BIMBERG, *Festspiel des Barock: Die Ascanio-Opern von J.J. Fux und W. A. Mozart*, *J.J. Fux-Symposium Graz '91: Bericht*, Graz, Akademische Druck-und Verlagsanstalt, 1992, pp. 27-42; REINHARD WIESEND, *Hasse und Mozart-Ein ungleiches Paar?*, in "Hasse-Studien", 2 (1993), pp. 5-27; S. DHAMS, *Entlehnungspraktiken in der zweiten Hälfte des 18. Jahrhunderts und zur Ballettmusik aus Mozarts* Ascanio in Alba, in "Mozart-Jahrbuch", (1993), pp. 133-43; D. HEARTZ, *Haydn, Mozart and the Viennese School 1740-1780*, cit.; Guido Salvetti (a c. di), *Intorno all'*Ascanio in Alba *di Mozart: una festa teatrale a Milano*, Lucca, Libreria Musicale Italiana; 1995; KLAUS-DIETRICH KOCH, *Mozart und die Antike*, in "Mitteilungen der Internationalen Stiftung Mozarteum"; 45/3-4 (1997), pp. 21-52; G. BARBARISI, *La "perpetua allegoria" dell'*Ascanio in Alba, in Vitilio Masiello (a c. di), *Studi di filologia italiana in onore di Gianvito Resta*, t. I, Roma, Salerno Editrice, 2000, pp. 561-69. Inoltre il contributo di LAURA NICORA, pubblicato alle pp. 911-31 di questo volume.

due strade che segnavano la storia più recente della "festa teatrale" a Vienna, quella tradizionale metastasiana e quella innovativa calzabigiana (concretatasi pochi anni prima nell'*Orfeo*), venne scelta una via intermedia, che immetteva in un contesto sostanzialmente conservatore (cioè con finalità eminentemente decorative) elementi progressivi, evidenti soprattutto nell'organico legame tra poesia, musica, ballo e scenografia. Che la nuova poetica di Gluck e di Calzabigi non potesse essere sussunta *in toto* a Milano risulta evidente dalla riscrittura affidata proprio a Parini nel 1769 dell'*Alceste*.[20] Il risultato fu – nell'*Ascanio* – un lavoro letterariamente molto raffinato e strutturalmente avanzato, ma sostanzialmente privo di una convincente dialettica drammatica. Per quanti pregi si possano riconoscere al libretto del Parini sul piano stilistico, è abbastanza evidente – proprio analizzando l'intonazione che ne diede Mozart – l'atteggiamento, se non di indifferenza, certo di "sprezzatura" del letterato nei confronti delle esigenze specificamente musicali. Questo si nota all'interno delle singole arie, nella struttura sintattica piuttosto elaborata, che rende abbastanza ardui – nell'intonazione – l'isolamento di nuclei semantici "privilegiati", la loro ripetizione e la loro inversione, nonché nella scarsa ricorrenza di termini ricchi di contenuto "affettivo"; nella struttura complessiva altresì una scarsa attenzione alla tecnica del "chiaroscuro", cioè all'alternanza di "tipi" chiaramente differenziati nelle arie affidate ai vari ruoli, con un'insistenza alla lunga un po' monotona sull'aria di "mezzo carattere". Da qui la tinta monocroma che si stende sull'intonazione musicale e il carattere sostanzialmente statico della festa teatrale, nonostante l'ampio uso dei cori e dei balletti.

Interessanti le varianti tra il testo del libretto stampato per l'occasione e la partitura mozartiana: si tratta probabilmente di piccole modifiche introdotte all'ultimo minuto da Parini e che tendono uniformemente a una maggiore immediatezza drammatica e a una più accentuata intensità espressiva; impossibile dire se la sollecitazione venne dal piccolo Mozart. Non sarà comunque un caso che il brano più bello del lavoro sia l'*aria di affetto* di Silvia (N. 23, "Infelici affetti miei") di fronte alla quale non si può non concordare con Daniel Heartz quando afferma che "A study of

[20] Sulla rielaborazione dell'opera da parte di Parini, si veda ROSY CANDIANI, *L'Alceste da Vienna a Milano*, in GSLI, CLXI (1984), pp. 227-40.

this piece will convince any keen ear how Mozart was growing in the su-
reness of every musical gesture, opera by opera".[21] Sarà ancora una volta
interessante osservare come nella distribuzione delle arie Parini, o forse
meglio i responsabili del teatro con i quali il poeta dovette lavorare in
stretto contatto così come certamente fece con il coreografo, trattarono
con particolare considerazione le due prime parti, Giovanni Manzuoli,
virtuoso del Gran Duca di Toscana (Ascanio) e Antonia Maria Girelli
Aguilar, Virtuosa di Camera del Duca di Parma e Piacenza (Silvia), ai quali
toccarono quattro arie solistiche, mentre alle tre seconde parti Adamo
Solzi (Fauno), Giuseppe Tibaldi (Aceste) e Geltrude Falchini (Venere) ne
furono affidate solo due ciascuno. La bella parte centrale dell'aria N. 21
di Fauno scritta per Solzi ("Dal tuo gentil sembiante") – di carattere patetico – venne tagliata, insieme all'intero Da Capo: è probabile che il
primo uomo, il Manzuoli, non ritenesse appropriato che una seconda parte
potesse giovarsi di un'aria così ampia e per di più di carattere patetico
(Carlo Goldoni ricorda che era costume affidare alle seconde parti solo
brani di mezzo carattere).

Il successo dell'*Ascanio in Alba*, com'è noto, fece impallidire l'opera
principale eseguita durante le feste per il matrimonio dei due principi, *Il
Ruggero o sia L'eroica gratitudine*, su libretto appositamente scritto dal Metastasio, affidata all'esperienza del vecchio Johann Adolph Hasse, il musicista preferito da Maria Teresa. Questo comportò per il piccolo Mozart
una nuova commissione per la seguente stagione di Carnevale, il dramma
per musica *Lucio Silla*, su un libretto scritto dal "Poeta del Regio Ducal
Teatro" Giovanni de Gamerra, prestato da poco alle scene milanesi dopo
un'onorata carriera di ufficiale dell'esercito.[22]

---

[21] Cit., p. 549: "Uno studio di questo brano convincerà ogni orecchio sensibile come
Mozart, opera dopo opera, stava crescendo nella sicurezza di ogni gesto".

[22] Sul *Lucio Silla*, oltre all'edizione critica e ai suoi apparati, MOZART, *Lucio Silla*,
a c. di K. Hansell, Kassel, Bärenreiter, 1986 ("Neue Ausgabe sämtlicher Werke", II, 5,
VII), si vedano: GERHARD CROLL, *Bemerkungen zum Ballo Primo (KV Anh.109/135a) in
Mozarts Mailänder* Lucio Silla, in "Analecta musicologica", XVIII (1978), pp. 160-65;
K. HANSELL, *Opera and Ballet at the Regio Ducal Teatro of Milan*, cit.; J.-V. HOCQUARD,
*La clemenza di Tito K. 621, Apollo et Hyacinthus K. 38, Mitridate K.87, Lucio Silla K. 135,
La finta giardiniera K. 196, Bastien et Bastienne K. 50*, cit.; ERNEST WARBURTON, "*Lucio
Silla*" by Mozart and Johann Christian Bach, in "The Musical Times", CXXVI (1985),
pp. 726-30; CHRISTIAN ESCH, Lucio Silla: *Vier Opera-seria-Vertonungen aus der Zeit zwi-
schen 1770 und 1780*, cit.; JÖRG RIEDLBAUER, *Mozarts* Lucio Silla *und Tommaso Trajettas*

La composizione della nuova opera fu complicata dal ritardato arrivo a Milano dei due cantanti principali, Anna De Amicis e Venanzio Rauzzini (nonché dalle loro rivalità, pazientemente appianate da Mozart) e soprattutto dal fatto che il tenore destinato ad interpretare la parte del protagonista, Lucio Silla, si ammalò e dovette essere faticosamente sostituito all'ultimo momento da un modestissimo cantore di chiesa proveniente da Lodi, tale Bassano Morgnoni (che alle limitate capacità vocali univa ancor più imbarazzanti capacità attoriali, descritte caricaturalmente in una deliziosa lettera di Leopold alla moglie).[23] Le quattro arie destinate al personaggio diventarono due: entrambe arie di "nota e parola", come si diceva a proposito di brani con impianto sillabico e prive (in questo caso *pour cause*!) di vocalizzi. È singolare come nell'una e nell'altra Mozart si ingegni di supplire alle carenze dell'interprete conferendo

Reformideen, in "Mozart-Jahrbuch" (1991), pp. 601-05; Laurine Quétin, Lucio Silla: *Un livret à la hauteur de la partition?*, in "Mozart-Jahrbuch" (1991), pp. 594-600; L'avant-scène opéra, N. 139, 1991; Sheila Hodges, *Venanzio Rauzzini: "The First Master For Teaching in the Universe"*, in "The Music Review", vol. 52/ 1 (1991); pp. 12-30; Ernst Hintermaier, *Eine vermutlich authentische Sinfonie-Fassung der Ouvertüre zu Mozarts Lucio Silla KV 135*, in "Mozart Studien", I (1992), pp. 125-34; L. Quétin, Lucio Silla *ou l'histoire d'un livret d'opéra italien au XVIIIᵉ siècle* in Le livret malgré lui, Paris, Publimuses, 1992, pp. 54-68; Marius Flothuis, *Noch einmal "Corni in B basso" oder "Corni in B alto"*, in "Mitteilungen der Internationalen Stiftung Mozarteum" 40/ 1-4 (1992), pp. 90-91; Susanne Staral, *Mozart und Johann Christian Bach: Einige Anmerkungen zu ihrer menschlich-künstlerischen Beziehung, Internationaler Musikwissenschaftlicher Kongreß zum Mozartjahr 1991, Baden-Wien*, Tutzing, Schneider, 1993, pp. 943-48; Friedrich Lippmann, *Mozart und Paisiello: Zur stilistischen Position des* Lucio Silla, in "Mozart-Jahrbuch", (1991), pp. 580-93 (trad. it: *Mozart e Paisiello: Sulla collocazione stilistica del Lucio Silla mozartiano*, in *Mozart e i musicisti italiani del suo tempo*, a c. di Annalisa Bini, Lucca, Libreria Musicale Italiana, 1994); R. Candiani, *Libretti e librettisti italiani per Mozart*, Roma, Archivio Guido Izzi, 1994, pp. 13-45; D. Heartz, *Haydn, Mozart and the Viennese School 1740-1780*, cit.; Christoph-Helmut Mahling, *"{...} New and altogether special and astonishingly difficult": Some Comments on Junia's Aria in* Lucio Silla, in Stanley Sadie (a c. di), *Wolfgang Amadè Mozart: Essays on His Life and His Music*, Oxford, Clarendon, 1996, pp. 377-94; Martha Feldman, *Staging the Virtuoso: Ritornello Procedure in Mozart, From Aria to Concerto*, in *Mozart's Piano Concertos: Text, Context, Interpretation*, Ann Arbor, University of Michigan, 1996, pp. 149-86; Klaus-Dietrich Koch, *Mozart und die Antike*, in "Mitteilungen der Internationalen Stiftung Mozarteum", 45/3-4 (1997), pp. 21-52.

[23] Lettera di Leopold Mozart alla moglie del 2 gennaio 1773 (*Mozart. Briefe und Aufzeichnungen. Gesamtausgabe*, cit., vol. I, pp. 471-72)

il massimo spicco alla struttura sinfonica dell'orchestra. Un'altra singolarità legata ai cantanti è la prima aria del personaggio di Cinna, il "secondo uomo", interpretato dal soprano Felicita Suardi, l'unico membro del cast giunto puntuale a Milano: per lei Mozart scrisse – ad apertura dell'opera – un'aria *monstre* di 281 battute (più simile al primo tempo di un concerto strumentale che a un'aria). Il recitativo accompagnato che precede immediatamente (e abbastanza sorprendentemente) l'aria di sortita di Cecilio "Il tenero momento", sembra un atto d'ammenda di Mozart nei confronti del "primo uomo", il celebre Venanzio Rauzzini. Il libretto del De Gamerra (che subì - sembra - una revisione da parte di Metastasio costringendo Mozart a riscrivere parte dei recitativi) non è particolarmente raffinato da un punto di vista letterario, ma è teatralmente assai ben costruito. Concepito come una vibrante *pièce* antitirannica, di una veemenza che a tratti ha accenti che si direbbero propri del clima dello *Sturm und Drang*, è venato – secondo una predilezione dell'autore – da una vena funebre che sollecita atmosfere di intensa suggestione. Se tutta l'opera meriterebbe un'analisi approfondita, vorremmo qui almeno citare il blocco di scene che costituisce la parte finale dell'Atto primo, come esempio di una maturazione stilistica e la conquista di un senso della teatralità straordinariamente più avanzati rispetto alle due prove drammatiche precedenti. È questo uno di quei casi nei quali Mozart compie un salto qualitativo di tale portata (simile a quello – poniamo – avvertibile tra gli abbozzi di opere italiane composti a Vienna dopo l'*Entführung aus dem Serail* e *Le Nozze di Figaro*) che difficilmente si riescono ad individuarne i processi e a motivarne le influenze. Se il punto di riferimento stilistico del *Lucio Silla* è indubitabilmente costituito dalla più recente produzione di Paisiello (autore della seconda opera della stagione del Regio Ducal Teatro, *Sismano nel Mogol* e presente egli stesso a Milano), la sintesi tra canto, musica gesto e scenografia sembra puntare – almeno in questa sezione dell'opera – piuttosto alla struttura e all'estetica dei drammi gluckiani.

Concludiamo non sottraendoci a una domanda d'obbligo sulle ragioni per le quali – nonostante il potente appoggio del governatore Firmian e dei successi ottenuti – Mozart non sia stato assunto stabilmente a Milano come "maestro di cappella" di corte. Tradizionalmente si è riferita questa circostanza all'opposizione di Maria Teresa al desiderio del figlio Ferdinando, espressa in un duro *postscriptum* ad una lettera (in un francese approssimativo) del 12 dicembre 1771 a lui indirizzata, (in genere interpretato come un sussulto umorale dell'imperatrice o più recentemente in-

dagato da Harrison James Wignall[24] alla luce di improbabili ragioni psi-
canalitiche). Esso suona così:

> "[…] vous me demandez de prendre a votre service le jeune salzbur-
> gois[…] je ne sais comme quoi ne croiant pas que vous ayez besoing d'un
> compositeur ou de gens inutiles[…] sie cela pourtant vous ferois plaisir je
> ne veux vous l'empecher[…] ce que je dis est pour ne vous charger de gens
> inutils et jamais de titres a ces sortes de gens comme a votre service[…] cela
> avilit le service quand ce gens courent le monde comme de gueux[…] il a
> outre cela une grand famille".[25]

Faccio un po' di fatica a concordare con l'interpretazione che viene
data dal Wignall alle parole dell'imperatrice, la quale non avrebbe per-
donato a Leopold di aver tentato anni prima di coinvolgere nell'estate del
1768 la corte nella *querelle* nata in occasione della mancata rappresentazione a Vienna dell'opera di Mozart *La finta semplice*. Mi sembra che la
lettera presenti al contrario − al di là del consueto rapporto autoritario
dell'imperatrice con i suoi figli − dei dati di fatto concreti, che con l'episodio avvenuto ben tre anni e mezzo prima hanno poco da spartire. Anzitutto viene avanzato il dubbio che l'assunzione di un maestro di cappella sia un lusso "inutile", dunque uno spreco da evitare: e questo è del
tutto in linea con altri interventi dell'oculata Maria Teresa su Ferdinando.
Ma è significativo che Mozart venga indicato come "le jeune salzburgois",
quasi a voler rammentare a Ferdinando che Mozart era tuttora al servizio
come "Maestro della Musica di Camera" del suo fedele suddito "S. A.
R.[ma] il Principe ed Arcivescovo di Salisburgo", che si trovava a Milano
con un permesso (dobbiamo ammettere: un generoso permesso), alla fine
del quale avrebbe dovuto far ritorno in patria. Argomento non da poco,
se rammentiamo quali reazioni provocò anni dopo da parte dell'Arcive-

---

[24] H.J. WIGNALL, *L'avversario imperiale di Mozart*, in "Nuova rivista musicale italiana" 28/1 (1994), pp. 1-16.

[25] *Mozart. Die Dokumente seines Lebens*, gesammelt und erläutert von O. E. Deutsch,
Kassel, Bärenreiter, 1961, p. 124. ("Mi domandate di prendere a vostro servizio il giovane salisburghese. Non ne capisco il perché, non vedo che voi abbiate bisogno di un
compositore, di gente inutile. Se ciò può farvi piacere non voglio impedirvelo. Quello
che voglio dire è di non assumere persone inutili e di non conferire mai dei titoli a questa sorta di gente assumendoli al vostro servizio. Il fatto che girino il mondo come ac-
cattoni svilisce il servizio; inoltre costui ha una famiglia numerosa").

scovo Colloredo la decisione presa da Mozart di dare le dimissioni dal suo ufficio nella città natale per trasferirsi a Vienna: reazioni che furono condivise da tutta la comunità salisburghese, che decretò nei confronti di Mozart una sorta di esilio ideale.[26] Il senso di queste perplessità viene esplicitato nella frase immediatamente successiva, "que je dis est pour ne vous charger de gens inutils et jamais de titres a ces sortes de gens comme a votre service [...] cela avilit le service quand ce gens courent le monde comme de gueux [...]". In altre parole Maria Teresa trovava del tutto disdicevole che Leopold cercasse per il figlio un posto di maestro di cappella in centri italiani come Milano (o più tardi Firenze), girando il mondo e questuando – ai suoi occhi – come un accattone: questo significava appunto "avilir le service"). L'ultima frase, poi, che è sempre suonata sibillina, ritengo sia chiarissima per quello che dice tra le righe: "a outre cela une grand famille". Maria Teresa aveva conosciuto personalmente a Vienna (intrattenendola a lungo e dedicando attenzione a tutti i suoi membri) la famiglia Mozart e sapeva benissimo non trattarsi di una famiglia numerosa: era costituita infatti da sole quattro persone, i genitori e due figli. Ma Maria Teresa voleva probabilmente far comprendere a Ferdinando che il conferimento di un ufficio al piccolo Mozart avrebbe comportato il trasferimento dell'intera famiglia a Milano e la più che probabile richiesta di Leopold di essere assunto a corte (riproponendo a Milano la situazione di Salisburgo): anche perché un giovanetto di sedici anni avrebbe potuto brillantemente svolgere i propri impegni artistici, ma non certo le incombenze pratico-organizzative legate al suo ufficio, di rappresentanza, di sorveglianza e di disciplina nei confronti degli altri musicisti. Maria Teresa aveva comunque lasciato a Ferdinando spazio per una decisione autonoma: "sie cela pourtant vous ferois plaisir je ne veux vous l'empecher[...]". Ma Ferdinando – alla fine – non prese al proprio servizio Wolfgang Amadeus Mozart, nonostante il potente patrocinio del governatore della Lombardia, Firmian (lo stesso fece del resto più tardi Leopoldo di Toscana). C'è da chiedersi anche se le reazioni dell'ambiente musicale milanese possano avere influito su questa rinuncia. Occorre dire che le cronache teatrali milanesi non registrano mai, per tutto il Settecento, la commissione a uno stesso compositore di tre opere consecutive (per di più non di genere comico) nel maggior teatro della città. L'unico parallelo

---

[26] Si veda MAYNARD SOLOMON, *Mozart, A Life*, London, Hutchinson, 1995 (trad. it., Milano, Mondadori, 1996, pp. 3-6).

con Mozart può essere indicato in Antonio Salieri, che fu incaricato dalla
corte di Vienna di scrivere l'opera per l'inaugurazione del nuovo Teatro
alla Scala (*L'Europa riconosciuta*) e, subito dopo, per l'inaugurazione della
Teatro della Canobbiana (*La fiera di Venezia*). Ma Salieri era pur sempre
l'Imperial Regio Maestro di Cappella della Corte absburgica e non un ra-
gazzino, e del resto una sua permanenza a Milano sarebbe stata impensabile. Ci sono sufficienti indizi per poter sospettare che l'ambiente musicale milanese trovasse quantomeno ingombrante la presenza del piccolo
Mozart in città, con la sua attività frenetica di compositore teatrale, di
musica cameristica e sinfonica e di musica da chiesa (che si concretò tra
l'altro – alla vigilia del definitivo abbandono di Milano – nel bellissimo
e vagamente "peccaminoso", agli occhi di chi deprecava l'uso di stilemi
melodrammatici nell'ambito della musica religiosa mottetto "à la mode",
"Exsultate, jubilate", scritto a beneficio del primo uomo del *Lucio Silla*,
Venanzio Rauzzini ed eseguito nella chiesa dei Teatini il 17 gennaio
1773).[27] Dopo la rappresentazione del *Mitridate*, così scriveva Leopold
Mozart al padre Martini il 2 gennaio 1771, in una lettera curiosamente
citata, ma non riprodotta, forse per un malinteso amor di patria, da Guglielmo Barblan e Andrea Della Corte nel volume su *Mozart in Italia. I
viaggi e le lettere*:[28]

> [...] Augurando un felicißimo capo d'anno non manco di dare aviso, che
> la opera del mio figlio ha avuto un felicißimo incontro, non ostante la gran
> contraditione dei nemici e invidiosi, i quali avanti di avere veduti una sol
> nota havevano sparsi che sia una musica tedesca barbara, senza ordine e fondo,
> impoßibile à eßeguirsi dal Orchestra, à tal segno, che facevano dubitare la
> metà della Città di milano, se avranno altro per la prima opera, che un Cen-
> tone. uno ha avuto l'habilità di portare alla prima Donna tutte le sue Arie,
> come ancora il Duetto, tutto della Compositione del Abbate Gasparini di
> Torrino, cio è le Arie fatte à torrino, con persuaderla di mettere queste Arie,
> e di non accettare nulla di questo Ragazzo, che non sarà mai capace di scri-
> vere un sola buona Aria. Mà la prima Donna si dichiarò, di voler vedere
> prima le Arie del mio figlio: e avendo le vedute si dichiarò contenta, anzi,
> arcicontenta. Non ostante questo questo i maldicenti non finivano mai à

---

[27] Sulle due redazioni del mottetto, si veda ora ROBERT MÜNSTER, *Die beiden Fassun-
gen der Motette Exsultate, jubilate KV 165*, in "Mozart Studien", 2 (1993), pp. 119-33.

[28] Guglielmo Barblan-Andrea Della Corte (a c. di), *Mozart in Italia. I viaggi e le lettere*, Milano, Ricordi, 1956.

spargere una cativißima presumptione contra l'opera del mio figlio: ma la prima prova stromentale serrò a tal segno le bocche di questi crudeli e barbari maldicenti, che non si sentiva piu neanche una parola. Tutti i Profeßori del orchestro assicurava che l'opera sia facile à sonare, chiara ed aperta: e i Cantanti tutti si dichiaravano contenti. La prima opera in Milano ha ordinariamente la disgrazia, se non di andar à terra, almeno di aver pocco udienza, stante che tutto il mondo stà aspettando la seconda, mà le sei recite fatte fin'ora il theatro era sempre pienißimo, ed ogni sera si faceva replicare due Arie, con molto applauso fatto à la più gran parte delle Altre [...].[29]

Ma tenuto nel debito conto anche questo fattore, la ragione del mancato conferimento di un incarico di maestro di cappella al giovane Mozart presso la corte milanese (e successivamente presso quella fiorentina) è legata alla concezione che a questa altezza del Settecento si aveva del compositore. Questi era ancora considerato non come un artista, ma come un artigiano specializzato, chiamato a fornire ben confezionati prodotti di rapido consumo e di effimera durata (musiche per il teatro, per il concerto, per la chiesa) e, in subordine, come un funzionario (un funzionario, aggiungiamo, di livello modesto nella scala gerarchica) chiamato ad adempiere puntualmente e scrupolosamente una serie precisa di mansioni. Visto sotto questo profilo, il piccolo Mozart che, accompagnato da un padre sin troppo invadente, andava cercando un'occasione di lavoro migliore di quella che già possedeva in patria, non appariva – e comprensibilmente – il candidato ideale. Quel sovrappiù che distingue il manufatto musicale sapientemente costruito dall'opera d'arte risultava da questa prospettiva indistinguibile o, tutto sommato, irrilevante: e questo spiega anche la relativa indifferenza del mondo culturale milanese nei confronti del piccolo genio, al di là dell'iniziale curiosità e dell'ammirazione nei confronti dell'*enfant prodige* e fa capire i motivi del progressivo isolarsi dei due Mozart, nel corso del secondo e del terzo soggiorno, all'interno della comunità austriaca della città. Non è un caso che questa situazione accompagnò, in modi più o meno sfumati, il musicista per tutto il resto della sua vita, se teniamo conto che anche a Vienna (tanto più evoluta sotto il profilo musicale) l'unico riconoscimento istituzionale che gli venne conferito fu la modesta carica di "Kammerkompositeur", ben al di sotto rispetto a quella di "Maestro della cappella imperiale" della quale godeva il tanto meno dotato Antonio Salieri.

[29] *Mozart. Briefe und Aufzeichnungen*, cit., vol. I, pp. 412-13.

Il paradosso di Mozart consistette nel fatto che fu proprio lui a modificare in maniera sostanziale – con le sue opere, ma anche con la sua coraggiosa scelta di vita (allorquando abbandonò l'impiego di maestro di cappella presso la piccola corte di Salisburgo optando rischiosamente per la professione di libero artista a Vienna) – il profilo del musicista-artigiano nell'immagine, destinata ad imporsi con la generazione immediatamente successiva alla sua, del musicista come "genio creatore". Se Mozart non fosse scomparso a soli 36 anni - nel dicembre del 1791 - avrebbe forse potuto ottenere i riconoscimenti e le protezioni delle quali godette Ludwig van Beethoven nella seconda parte della sua vita. Pensare che tanti anni prima qualche cosa di analogo avrebbe potuto accadere a Milano nei confronti di un compositore adolescente – che era bensì Mozart, ma un Mozart "in potenza", che non aveva scritto nessuno dei grandi capolavori che fecero di lui forse il più grande di tutti i musicisti – significa semplicemente porsi in una posizione antistorica: che non aiuta a comprendere né la generale situazione milanese dell'epoca né l'ingrato, ma in qualche modo inevitabile, destino del piccolo Wolfgang.

MITRIDATE, RUGGIERO E *LUCIO SILLA*
Tre allestimenti intorno a Parini

di *Anna Laura Bellina*

Il 27 febbraio del 1760, in una lettera a Tommaso Filipponi, Metastasio dichiarava di approvare la scelta del soggetto per *Enea nel Lazio*, un'opera che Vittorio Amedeo Cigna Santi, pastore arcade e accademico trasformato, aveva presentato con successo a Torino. Per fare il seguito della *Didone*, dice il poeta cesareo che ci pensa "da più di trent'anni", userebbe volentieri quell'argomento, narrato da Virgilio nella seconda parte del poema e da Dionisio d'Alicarnasso nella *Storia*, "se una volta ne trovasse per avventura il bandolo".[1] La fonte del successivo *Mitridate re di Ponto*,[2] rappresentato al Ducale con musica di Mozart il 26 dicembre del 1770, va naturalmente identificata con l'omonima *pièce* di Racine, il che non significa né che l'opera imiti un modello francese[3] né tanto meno che

---

[1] PIETRO METASTASIO, *Lettere*, in *Tutte le opere*, a c. di Bruno Brunelli, III-V, Milano, Mondadori, 1943-54, IV, p. 133.

[2] *Mitridate re di Ponto*, Torino, stamperia Reale a spese di Onorato Derossi, 1767; *Mitridate re di Ponto*, Milano, Giovanni Montani, 1770; WOLFGANG AMADEUS MOZART, *Mitridate re di Ponto*, a c. di Luigi Ferdinando Tagliavini, Kassel, Bärenreiter, 1966 ("Neue Ausgabe sämtlicher Werke", II, 5, IV); ALLWIN CHARLES KEYS, *Two eighteenth century Racinian operas*, in "Music and letters", LIX (1978), pp. 1-10; "L'avant-scène opéra", LIV (1983); *Mitridate re di Ponto*, Venezia, La Fenice, 1984; HARRISON JAMES WIGNALL, *The genesis of "Se di lauri": Mozart's drafts and final version of Guglielmo D'Ettore's entrance aria from "Mitridate"*, in "Mozart Studien", V (1994), pp. 45-99; ID., *Guglielmo D'Ettore Mozart's first Mitridate*, in "The opera quarterly", X (1994), pp. 93-112.

[3] STEFAN KUNZE, *Il teatro di Mozart*, Venezia, Marsilio, 1990, p. 77.

Parini abbia tradotto il dramma originale.[4] È noto che non si tratta di un
testo scritto appositamente da Cigna Santi per la rappresentazione milanese del 1770, bensì per un allestimento a Torino il 31 gennaio del 1767
con musica di Quirino Gasparini, accademico filarmonico allora maestro
di cappella nella cattedrale. E si sa anche da una lettera che Leopold scrisse
a padre Martini il 2 gennaio del 1771 e da un famoso saggio di Tagliavini [5] che la prima donna voleva eseguire al Ducale alcuni numeri del Regio e che forse riuscì a cavare dal baule "Secondi il ciel pietoso" (III 5),
mancante nella partitura mozartiana ma stampata nel libretto, non vir-
golata e dunque presumibilmente eseguita.

Per la ripresa il testo subì, forse ad opera di Parini che allora era poeta
del teatro, varie modifiche più o meno consistenti, alcune delle quali si
possono mettere in relazione con le pretese o con la statura dei cantanti:
le prime parti Sifare e Aspasia, Pietro Benedetti detto il Sartorino e la capricciosa Antonia Bernasconi, guadagnano qualche verso di recitativo (II
7) e parole nuove per due arie, passando l'uno dal paragone nautico al gesto eroico,[6] l'altra dal tono dubbioso a quello straziato nel conflitto fra
"dovere ed amor";[7] cresce l'importanza di Farnace, interpretato da Giuseppe Cicognani, che conquista un brano durante il quale accusa prodi-
toriamente il fratello (II 13), mentre la seconda uscita di Guglielmo D'Et-

---

[4] LAURA NICORA, L'attività di Giuseppe Parini dal teatro Ducale alla Scala, in questo
volume, pp. 911-31; a differenza dell'Enciclopedia dello spettacolo, Roma, Le Maschere,
1961, curiosamente The new Grove dictionary of music and musicians, a c. di Stanley Sadie,
London, Macmillan, 1980, e The new Grove dictionary of opera, a c. di Stanley Sadie, London, Macmillan, 1992, non contengono una voce Parini; in compenso, s.v. Manzoni, si
legge che I promessi sposi sono un "historical drama" e che Giuseppe Apolloni musicò
l'Adelchi, questo sì un historical drama ma com'è noto tutto in endecasilllabi e ridotto
per la scena da Giovanni Battista Nicolini; invece, s.v. Mozart, l'inesistente traduzione
raciniana è attribuita a un tal "G. Pavini" [sic].

[5] MOZART, Briefe und Aufzeichnungen. Gesamtausgabe, a c. di Wilhelm Bauer, Otto
Erich Deutsch e Joseph Heinz Eibl, Kassel, Bärenreiter, 1962-1975, I, pp. 412-13; TA-
GLIAVINI, Quirino Gasparini and Mozart, in New looks at Italian opera, a c. di William Au-
stin, Ithaca, Cornell University Press, 1968, pp. 151-71.

[6] "Tuoni adirato il vento, / minacci intorno il lampo, / oggetto di spavento / all'alma
non sarà. // Prima ch'io cerchi altronde / che da virtù lo scampo, / naufrago in mezzo
all'onde / il mondo mi vedrà" (I 8) sostituita da "Parto; nel gran cimento".

[7] "Fra' dubbi affetti miei / cede la mia costanza / e sempre più s'avanza / l'affanno
del mio cor. // Se rea non mi bramate / perché, tiranni dei, / l'immagin vi lasciate / d'un
troppo caro amor?" (II 8) sostituita da "Nel grave tormento".

tore nel ruolo eponimo, unico interprete comune fra le due piazze, viene ridotta a metà dal taglio di una strofa;[8] anche il fedele Arbate, impersonato da Pietro Muschietti, perde un pezzo bilanciato con perfette simmetrie,[9] sicché il tenore Gaspare Bassano, nei panni del marziale Marzio che a Torino era un soprano *en travesti*, finisce per cantare più di lui e lo scavalca nella lista dei personaggi.

Altre varianti milanesi, come la riduzione delle didascalie e la scomparsa del combattimento in cui "si vedono dagli Asiatici respinti con vigore i Romani che di qua e di là fuggendo confusamente si dileguano" (III 10), forse rendono l'opera più consona al deposito del Ducale e alle sue disponibilità finanziarie. Così, anche se gli scenografi sono gli stessi, i fratelli piemontesi Bernardino, Fabrizio e Giovanni Antonio Galliari, "Camera reale" diventa "Appartamenti" (II 1), "Gran cortile nella reggia" si trasforma in "Atrio terreno corrispondente a gran cortile nella reggia" (III 10) e il generico "Campo di Mitridate" con "esercito schierato" sul fondo sostituisce la descrizione dei soldati che a Torino levavano le tende con animali esotici e macchine belliche: "Campo di Mitridate le di cui milizie si vedono disposte alla marcia con attrezzi militari e col bagaglio sopra elefanti, cammelli e carri [...]. Indietro folta selva che poi si abbatte" (II 9); "Siegue il taglio della selva, indi la marcia dell'esercito che si ritira" (II 14).

A parte l'eliminazione dei versi virgolati, che già non si eseguivano al Regio, e qualche altro taglio nel recitativo, ulteriormente ridotto in partitura, cambia clamorosamente il finale: Mitridate ferito, che dopo aver detto "Basta così, moro felice appieno" a Torino cantava a cinque con la prima e la seconda coppia,[10] a Milano viene cortesemente "portato dentro la scena" a rendere l'anima, lasciando Aspasia, Sifare, Ismene, Arbate e Farnace a concludere l'azione col tutti omoritmico a tre parti sul testo originale. Tocca insomma al libretto di Cigna Santi, nel breve giro di qualche anno, il destino del *Catone in Utica*, che termina però col declamato e

---

[8] "Per poco ancor sospendo / pietoso il mio furore / ma se crudel mi rendo / di me non ti lagnar" (II 4).

[9] "D'un padre l'affetto, / l'amor d'un regnante / te scorga più amante, / te ognor più fedel. // La vostra innocenza / gl'inspiri nel petto / pietade, clemenza / pel figlio infedel" (II 6).

[10] "Farnace e Ismene: Gran monarca, al tuo perdono / qual mercede renderò? // Sifare e Aspasia: Re possente, a sì bel dono / come grato/a mai sarò? // Mitridate: Se a me grati esser bramate / Roma odiate, altro non vuo'. // Sifare, Aspasia, Farnace, Ismene e Arbate: Non si ceda al Campidoglio [...]" (III 12).

che si conserva con doppio finale d'autore nell'edizione Quillau, nella Reale di Torino, con tutta probabilità nota a Cigna Santi, e nell'Hérissant di Parigi.[11] Ma non è questo l'unico aspetto metastasiano della *pièce* in cui l'intreccio, un incesto adombrato in linea diretta con la matrigna, forse per un comune influsso raciniano è simile a quello dell'*Antigono*, scritto per la corte di Dresda e rappresentato al Regio Elettorale con musica di Hasse nel 1744: il primo uomo, figlio esemplare, è innamorato suo malgrado dell'eroina promessa al padre, mentre il secondo, incapricciato anch'egli della protagonista, ha abbandonato l'amata che non esiste nella fonte francese ma è necessaria nell'opera italiana per formare le due coppie.

Cigna Santi, precocemente considerato un epigono del poeta cesareo,[12] accoglie la lezione della fluidità metastasiana coi frequenti *enjambements*, facili come "fieri / rimorsi" (III 9) o ricercati come "tutto / ciò" (II 7), tanto che dei circa mille versi che compongono il recitativo nel *Mitridate* meno di cinquanta finiscono col punto se la battuta del personaggio non è conclusa, il che significa che la sintassi non si compie in sede rimica ma all'interno del verso. Nei pezzi chiusi, dove l'*enjembement* è inutile se non dannoso perché contraddice la regolarità del fraseggio musicale, anche il torinese fa scialo della simmetria, dell'endiadi e dell'antitesi, coltivando quel tipo d'aria, molto frequentato sia da Metastasio che da altri, in cui la strofa comincia con un verbo di moto che Mozart intona senza preamboli orchestrali secondo la consuetudine.[13]

[11] *Poesie del signor abate* PIETRO METASTASIO, Parigi, Quillau, 1755, III, pp. 217-356; *Poesie del signor abate* PIETRO METASTASIO, *giusta le correzioni fatte dall'autore nell'edizione di Parigi, coll'aggiunta della* Nitteti *e del* Sogno, *ultimamente dati alla luce dal medesimo*, Torino, stamperia Reale, 1757, III, pp. 201-333; *Opere del signor abate* PIETRO METASTASIO, Parigi, Hérissant, 1780, IV, pp. 3-150.

[12] PIETRO NAPOLI SIGNORELLI, *Storia critica de' teatri antichi e moderni*, Napoli, stamperia Simoniana, 1777, III, p. 435.

[13] "Va', l'error mio palesa" (*Mitridate*, II 1); "Va'; ti consola; addio" (*Zenobia*, II 3); "Va' tra le selve ircane" (*Artaserse*, II 12); " Va', ritorna al tuo tiranno" (*Catone in Utica*, II 2); "Parto, mia bella addio" (*Mitridate*, II 7); "Parto, se vuoi così" (*Issipile*, I 12); "Parto; ma tu ben mio" (*La clemenza di Tito*, I 11; mantenuta nella versione intonata da Mozart, I 9); "Parto; non ti sdegnar" (*Ciro riconosciuto*, II 10); invece "Parto; nel gran cimento" (*Mitridate*, I 8) è aggiunta a Milano; le citazioni metastasiane, conformi all'ultima stesura salvo diversa indicazione, per punteggiatura, maiuscole, doppie o scempie, elisioni o troncamenti possono discordare da METASTASIO, *Tutte le opere*, cit., perché sono tratte da METASTASIO, *Drammi per musica*, a c. di Anna Laura Bellina, Roma, Salerno editrice, in corso di stampa.

Oltre all'omonimia della seconda donna, Ismene sia nell'*Antigono* che nel *Mitridate*, alle probabili reminiscenze[14] e ai calchi veri e propri di versi del poeta cesareo,[15] altre assonanze non esclusive stanno in locuzioni del tipo "portare il piede",[16] in clausole come "sospirato e pianto"[17] o in quelle interiezioni disperate che autorizzavano Manzoni a scrivere che don Ferrante muore prendendosela con le stelle come gli eroi di Metastasio.[18] La sottocoppa con tazza, colma di "atro veleno"[19] e ferocemente derisa da Benedetto Marcello,[20] portata in scena da una comparsa, a lungo maneggiata cantando perché tanto è vuota e naturalmente mai bevuta, non manca neppure qui, anche se Aspasia e l'eroe nel *Temistocle* (III, 11) sanno del contenuto letale, a differenza di Scitalce nella *Semiramide* o del protagonista nell'*Artaserse* (III 8-11). In questo clima certamente arcadico se non metastasiano *tout court* feriscono l'orecchio i "latrati" del "cor" di Farnace (III 9), un dantismo talmente crudo[21] e talmente avulso dal contesto da far sospettare un guasto se l'edizione torinese e la milanese non portassero la stessa lezione, amplificata da robuste fioriture nell'intonazione di Mozart.

Invece una coincidenza in errore accomuna curiosamente l'autografo parigino della partitura alla stampa torinese del *Mitridate*, dove il duetto che conclude l'atto secondo, lacunoso e in parte virgolato, va letto così:

---

[14] "Di vittima costretta in guisa adunque / meco all'ara verrai" (*Mitridate*, II 3); "All'odiose nozze / come vittima io vengo all'ara avanti" (*L'olimpiade*, II 7); "[…] è questo; / recato io l'ho; da voi s'adempia il resto. (Parte)" (*Mitridate*, II 6); "[...] è questo / mio dover; l'ho adempito; adempi il resto. (Parte)" (*L'olimpiade*, II 14); "[...] invitto / genio roman" (*Mitridate*, III 8); "L'invitto [...] / genio roman" (*Il trionfo di Clelia*, II 3).

[15] "O di padre miglior figlio ben degno" in clausola rimata con "sdegno" (*Mitridate*, III 5; *Demofoonte*, I 13); "Lagrime intempestive" (*Mitridate*, III 4; *Alessandro nell'Indie*, prima redazione, Roma, Zempel e de Mey, 1730, III 2).

[16] *Mitridate*, II 7; *Didone abbandonata*, II 8; *Catone in Utica*, I 4, II 12; *Semiramide*, I 9, III 10.

[17] *Mitridate*, I 11; *Semiramide*, I 1; *Demetrio*, I 8, I 13; *L'olimpiade*, I 10.

[18] " Avete, o numi, / più fulmini per me" (*Mitridate*, III 3); "No che non ha la sorte / più sventure per me" (*Artaserse*, I 14); "Avete, o stelle, / più sventure per me" (*L'olimpiade*, II 9); "Sfogati, o ciel, se ancora / hai fulmini per me" (*Antigono*, II 11); "Ma vi sono, empie stelle, / più disastri per me" (*Nitteti*, II 11).

[19] *Mitridate*, III 4; *Semiramide*, II 1.

[20] Benedetto Marcello, *Il teatro alla moda*, s.n.t. [Venezia, 1720], p. 12.

[21] Salvatore Battaglia, *Grande dizionario della lingua italiana*, Torino, UTET, 1961 ss., *s.v. latrare* 4, *latrati* 2.

SIFARE   Se viver non degg'io,
                  se tu morir pur dei,
                  lascia, bell'idol mio,
                  ch'io mora almen con te.

ASPASIA   Con questi accenti, oh dio!
                  cresci gli affanni miei;
                  troppo tu vuoi, ben mio,
                  troppo tu chiedi a me.

SIFARE   Dunque...
ASPASIA   Deh taci...
SIFARE   Oh dei!
[lacuna]

A DUE   Barbare stelle ingrate,
                  ah ne uccidesse adesso
                  l'eccesso del dolor!

SIFARE   »Sempre peggior diviene
                  »l'aspetto del mio fato.

[ASPASIA] »Passo di pene in pene,
           »tutto diventa orror.

[A DUE]   »E un fulmine non viene
                  »a trapassarne il cor! (*Partono*)

Il verso "Dunque... Deh taci... Oh dei", marcato col segnale della
strofa, non può esaurirla da solo ma deve rimare obbligatoriamente almeno con uno dei tronchi e dunque con "me" o con "dolor". La versione
mozartiana definitiva colma la lacuna col distico "Ah che tu sol tu sei /
che mi dividi il cor", eliminando il virgolato come d'uso ma restaurando
il normale andamento metrico, forse mediante un testimone più attendibile dell'edizione.

Un anno dopo il *Mitridate*, a Milano va in scena *Ruggiero o vero L'eroica
gratitudine*,[22] ultima fatica di Metastasio e ultima opera di Hasse che aveva

[22] *Il Ruggiero o vero L'eroica gratitudine*, Vienna, van Ghelen, 1771; JOHANN ADOLF
HASSE, *Il Ruggiero o vero L'eroica gratitudine*, a c. di Klaus Hortschansky, Köln, Arno Volk,
1973 ("Concentus musicus", I).

deciso di non comporre più per le scene dopo *Piramo e Tisbe*. Dal settembre del 1769 il poeta si lagna di un imprecisato "lungo e difficile lavoro" da poco impostogli da Maria Teresa, per festeggiare un matrimonio imminente, e giunto "sul terminar" in ottobre.[23] Nel commento all'epistolario Brunelli identifica il dramma per l'appunto col *Ruggiero* e lo suppone destinato al connubio di Maria Antonietta col delfino,[24] progettato da tempo immemorabile e celebrato a Versailles il 16 maggio del 1770. Stando a una serie di lettere spedite dal gennaio all'aprile del 1770,[25] l'autore, saputo che "la corte non darà spettacolo teatrale" per l'occasione, "con sommo contento abbandon*erebbe*" l'opera, rimettendo alle calende greche la cura di darle l'ultima mano",[26] se l'amata sovrana non gli chiedesse di rifinirla per il proprio divertimento personale. Ma dopo circa un anno di silenzio sull'argomento, Metastasio racconta ai corrispondenti che il soggetto del suo "nuovo dramma",[27] "scritto d'ordine augustissimo per rappresentarsi in Milano",[28] non è "alieno delle nozze che si celebrano poiché gli eroi [...] sono dal mio autore annoverati fra gli avi illustri della sposa reale",[29] Maria Beatrice d'Este che impalma l'arciduca Ferdinando di Brisgau, come dice pari pari il testo della licenza:

> [...] Son avi illustri
> della real donzella
> che all'augusto Fernando il ciel destina
> Bradamante e Ruggier. Ne trasse i nomi
> dalla nebbia degli anni e col più puro
> castalio umor ne rinverdì gli allori
> quel grande che cantò l'armi e gli amori.

La cifra estense e ferrarese, ostentata in quest'ultimo verso parafrasando l'*incipit* del *Furioso* e insieme citando l'*Aminta* di Tasso,[30] fa pensare

---

[23] METASTASIO, *Lettere*, cit., IV, pp. 765, 770.

[24] *Ibid.*, IV, pp. 892, 894; SVEN HANSELL, *Ruggiero*, in *The new Grove dictionary of opera*, *s.v.*

[25] METASTASIO, *Lettere*, IV, cit., pp. 794, 821, 826; V, pp. 4, 7.

[26] *Ibid.*, IV, p. 784.

[27] *Ibid.*, V, pp. 80, 111.

[28] *Ibid.*, V, p. 112.

[29] *Ibid.*, V, p. 111.

[30] TORQUATO TASSO, *Aminta*, I 1, vv. 191-92: "Diceva egli e diceva che gliel disse / quel grande che cantò l'armi e gli amori".

che il *Ruggiero*, francese soltanto per l'ambientazione parigina e per la presenza di Carlo Magno, se non completamente nuovo fosse almeno rimaneggiato rispetto al misterioso dramma, per il quale del resto Metastasio non aveva speso più di un mese e mezzo di lavoro. Non diversamente Parini, scrivendo l'*Ascanio in Alba*, riconosce nella sposa il fior fiore dell'"erculea gente" (I 4), perché all'inizio della terza ottava l'Ariosto dedica il poema all'"erculea prole", Ippolito figlio di Ercole I, mentre la giovane arciduchessa è l'unica erede di Ercole III.

Comunque nell'epistolario, mandando il testo a tutti e rigirando con destinatari diversi le stesse parole sulla rotazione delle colture, il poeta cesareo definisce il suo libretto "tardo frutto d'un povero esausto terreno, per tanti e tanti anni senza intermissione sempre sottoposto all'aratro",[31] "figliuolo quasi postumo [...] frutto d'inverno e d'un esausto terreno",[32] "frutto d'inverno e d'un esausto terreno da tanti e tanti anni senza mai riposo e sempre sottoposto all'aratro",[33] "frutto d'un esausto terreno a cui già da qualche tempo non saria più grave l'aratro se la dovuta ubbidienza [a Maria Teresa] non limitasse l'arbitrio del povero agricoltore"[34] e per finire "ultimo mio non so se parto o aborto".[35] Loda invece la musica di Hasse che ha sentito al cembalo e prevede un gran successo quando la *pièce*, apprezzata da molti corrispondenti che il poeta ringrazia modestamente,[36] sarà cantata in teatro "guarnita di tutta la sua armonia"[37] ovvero con l'orchestrazione definitiva.

Anche se l'autore ha fatto ricorso addirittura al *Furioso* "in cui *gli* è paruto minore che in ogn'altro il rischio, ormai per *lui* difficile ad evitarsi, d'incontrar*si* con *sé* medesimo",[38] l'intreccio del *Ruggiero* echeggia quello dell'*Olimpiade*: il primo uomo, salvato dal secondo nell'antefatto, durante una scena madre viene a sapere dall'ignaro benefattore che deve combattere in vece sua per conquistare la bella amata da entrambi;[39] poi però il

---

[31] METASTASIO, *Lettere*, cit., V, p. 73.
[32] *Ibid.*, V, p. 94.
[33] *Ibid.*, V, p. 101.
[34] *Ibid.*, V, pp. 107-08.
[35] *Ibid.*, V, p. 111.
[36] *Ibid.*, V, pp. 120, 122, 124, 130, 136.
[37] *Ibid.*, V, p. 115.
[38] *Ibid.*, V, p. 80; LODOVICO ARIOSTO, *Orlando furioso*, XLIV 35-XLVI 73.
[39] "Intendo. Io deggio / conquistarla per te" (*L'olimpiade*, I 8); "Tu dei / pugnar per me" (*Ruggiero*, II 8).

deuteragonista, informato e pentito amaramente per aver causato quasi la morte dell'amico, restituisce il maltolto e giura fedeltà all'immancabile comprimaria, corteggiata in precedenza ma inesistente nel poema. Alcune concordanze testuali, come l'"infame macchia" di cui si coprirebbero Megacle e Ruggiero se fossero ingrati a Licida e a Leone,[40] segnano la vicinanza tra i due testi. Naturalmente il nocciolo della questione sta nel contrasto fra il "debito e l'amor" (II 6), in "questo / di ragione e d'amor duro conflitto" (III 9), fino all'esclamazione esasperata di Ruggiero: "Questo è troppo soffrir. Combatter sempre / fra l'amore e il dover!" (I 6), cosa che gli eroi di Metastasio facevano dal 1724.

Ma saltano agli occhi le differenze fondamentali fra il *Ruggiero* e gli altri drammi, sia della giovinezza che della maturità del poeta. Innanzi tutto mancano le scene di massa, adatte alla fastosa celebrazione di un matrimonio così importante e così lungamente negoziato per devolvere agli Asburgo il ducato di Modena: Carlo Magno, Clotilde e Leone hanno semplicemente un seguito di "paggi, nobili e guardie", un po' sparuti rispetto al "popolo" che con "guardie" o "soldati" affolla molte scene metastasiane dal *Siroe* in poi e che la didascalia definisce esplicitamente "numeroso" alla comparsa del sovrano nella *Clemenza* (I 5), nel sacrificio mancato dell'*Olimpiade* (III 6), nella sommossa dell'*Attilio Regolo* (III 9) o nei festeggiamenti per la vittoria in *Romolo ed Ersilia* (III 6), quando le masse che restano sul palco fino al calar del sipario encomiano "con reale magnificenza"[41] le nozze dell'arciduca Leopoldo con l'infanta Maria Luisa di Borbone a Innsbruck nel 1765.

Non c'è traccia dei combattimenti che impegnavano molte comparse dalla prima *Didone* del 1724 (III 2) al *Trionfo di Clelia* (II 10-11), rappresentato nel 1762 con musica di Hasse per un parto dell'arciduchessa Isabella di Borbone Parma, prima moglie del futuro Giuseppe II. Nel *Ruggiero*, dove il tutti dei solisti conclude e commenta l'azione, sparisce il coro che spicca in altre opere, spesso diviso in due sezioni o impiegato in risposta al singolo: invoca Imeneo nella *Semiramide* (II 2), prega Bacco nell'*Alessandro* (III 10) e nell'*Achille* (I 1), implora la benevolenza degli

---

[40] "Ah! Se ti vede / con questa in volto infame macchia e rea / ha ragion d'abborrirti anche Aristea" (*L'olimpiade*, I 9); "Con questa infame / macchia sul volto a te tornando innanzi, / dimmi, idol mio, non ti farebbe orrore / il tuo Ruggier?" (*Ruggiero*, III 3).

[41] *Romolo ed Ersilia*, frontespizio.

dei per l'incoronazione del *Demetrio* (I 7), consola Argene (I 4) e festeggia
Licida (II 6) nell'*Olimpiade*, interloquisce nel recitativo dell'*Attilio Regolo*
(III 9), chiude in bellezza *Il trionfo di Clelia* concertando con le prime parti
(III 10), introduce il matrimonio fra Romani e Sabine (I 1) e osanna alla
vittoria su Acronte alternandosi col protagonista in una rara sequenza ani-
sometrica del *Romolo* (III 6), oltre ad acclamare il sovrano nel *Catone* (III
12), nell'*Adriano* (I 1), nella *Clemenza* (I 5) e nella *Nitteti* (I 6). Senza contare altri pezzi d'assieme,[42] manca nel *Ruggiero* perfino il duetto, di pram-
matica dall'*Alessandro* del 1730 al *Romolo* del 1765, inserito *ex novo* nel ri-
facimento della *Semiramide* nel 1753 e presente quasi in tutti i drammi,
compresi *Il re pastore* e *L'eroe cinese*, benché non eseguiti da professionisti
ma da "giovani distinte dame e cavalieri"[43] nel giardino di Schönbrunn.
Non è dato sapere se questi tratti distintivi del *Ruggiero* si debbano alla
"nota differenza che corre fra le leggi del drammatico e quelle del narrativo poema"[44] né se vadano messi in relazione con un'altra caratteristica
peculiare, costituita dall'uso di una fonte letteraria molto alta e molto esibita nell'argomento ma seguita più nel corso dell'azione che nelle maglie
del testo, dove locuzioni come "seco provarsi al paragon dell'armi" o "intorno al core / tutta adunai la mia virtù" rinviano all'amato poema di
Tasso[45] che spesso Metastasio dichiara di preferire.[46]

Data la mancanza di cori e pezzi d'assieme, il *Ruggiero* risulta una
splendida collana di diciassette arie incorniciate dall'*ouverture* e dal coretto
finale, quasi tutte in forma AA'BA' e in settenari o in ottonari, tranne una
in quinari e una senari cantata dal protagonista proprio quando culmina
l'azione al termine del secondo atto. Invece nella partitura del *Mitridate*,
dove in due casi il recitativo accompagnato unisce in un'arcata sintattica

---

[42] *Catone in Utica*, III 9; *Achille in Sciro*, licenza; *Antigono*, III 10; *Il re pastore*, II 8;
Nitteti, II 12.

[43] *L'eroe cinese*, frontespizio; *Il re pastore*, frontespizio.

[44] *Ruggiero*, argomento.

[45] *Ibid.*, I 6, III 5; TASSO, *Gerusalemme liberata*, XII 52, vv. 1-2: "Vuol nell'armi pro-
varla; un uom la stima / degno a cui sua virtù si paragone"; *ibid.*, XII 68, vv. 1-2: "Non
morì già, che sue virtuti accolse / tutte in un punto e a guardia al cor le mise".

[46] METASTASIO, *Lettere*, cit., III, pp. 152-55; IV, pp. 665-67 (identica alla lettera
precedente); V, pp. 136-37.

[47] MOZART, *Mitridate*, cit., II 7-8: recitativo accompagnato, aria "Lungi da te, mio
bene" in Re maggiore, recitativo accompagnato, aria "Nel grave tormento" in Fa maggiore; *ibid.*, III 8-9: aria "Se di regnar sei vago" in Sol maggiore, recitativo accompa-

numeri consecutivi ma contrastanti per carattere e lontani per tonalità,[47] anche se il metro di gran lunga prevalente è la strofa di settenari, seguita da quella in ottonari con due in senari e una in quinari, la variabile forma dei pezzi chiusi, sia pure anche qui prevalentemente con daccapo scorciato, contempla tuttavia la presenza del duetto, della cavatina AA' e di brani dalla struttura ternaria semplice ABA', composti interamente AA'BA''A''' o binari ABA'B'. Ma piuttosto che ricorrere slealmente a Mozart, per misurare l'obsolescenza del *Ruggiero* si può prendere ad esempio un'altra opera d'argomento cavalleresco ferrarese, eseguita al Ducale nel febbraio del 1772 con musica di Antonio Sacchini, morto nel pieno della *querelle* fra gluckisti e piccinnisti e compianto da Parini:[48] l'*Armida* del torinese Iacopo Duranti, rappresentata per la prima volta al Regio nel 1770 con le note di Pasquale Anfossi[49] e pasticciata a Milano da un "rispettoso poeta" anonimo che in una *Protesta* asserisce di aver cambiato pochissimo rispetto all'originale. In realtà, a parte le modifiche non dichiarate, risultano aggiunti l'intero finale primo col duetto (I 12) e cinque passi di recitativo per il protagonista Giuseppe Millico, uno in presenza di Armida svenuta (II 9) e quattro seguiti dall'aria di cui in tre casi vengono specificati la forma o il carattere: un cantabile (II 4), un moderno *rondeau* (II 10) e un minuetto (III 9). Queste modifiche, compiute perché "così richiede*vano* le convenienze degli attori e le circostanze della scena",[50] confermano quanto fosse fuori moda un'opera senza pezzi d'assieme e con diciassette brani strutturati allo stesso modo.

Il "rispettoso poeta" della nuova *Armida* altri non è che il toscano Giovanni de Gamerra il quale, avendo abbandonato gli studi universitari, era stato mandato dal padre a intraprendere la carriera militare a Milano, dove aveva ottenuto il grado di tenente nel reggimento Clerici al servizio degli Asburgo. Lasciato l'esercito e protetto da Maria Vittoria Serbelloni

gnato, aria "Già dagli occhi il velo è tolto" in Mi b maggiore; comprende invece un cambio di scena la sequenza *ibid.*, I 9-10: aria "Venga pur, minacci e frema" in Fa maggiore, cinque battute di raccordo, marcia in Re maggiore, aria "Se di lauri il crine adorno" in Sol maggiore.

[48] GIUSEPPE PARINI, *Ode XII in morte del maestro Sacchini*, in *Poesie e prose*, a c. di Lanfranco Caretti, Milano-Napoli, Ricciardi, 1951, pp. 223-26.

[49] *Armida*, Torino, stamperia Mairesse a spese di Onorato Derossi, 1770.

[50] *Armida*, Milano, Giovanni Battista Bianchi, 1772, p. 6.

Ottoboni, il giovane si era dato al teatro, dedicando alla bella mecenate una tragedia domestica pantomima intitolata *I solitari*,[51] uno di quei drammi luttuosi che "sono un pasticcio intollerabile di lagrime, di delitti, di riconoscimenti, di monologhi filosofici a perdita di fiato, di catastrofi, nelle quali è una vera ecatombe di personaggi, e gran mercé [...] se resta vivo il suggeritore".[52] La collaborazione del poeta col Ducale era cominciata proprio con un'*Armida*, tutta sua ma non rappresentata,[53] e con le modifiche apportate all'altra che invece va in scena. Nel *Lucio Silla* del 1772,[54] il librettista livornese si adegua all'ambientazione classica, romana sì ma ben diversa da quella della *Clemenza* o dell'*Adriano*, dato che l'eroe eponimo, insanguinato dalla guerra civile non ancora sfociata nella stabilità dell'impero melodrammatico settecentesco, governato da sovrani illuminati, incarna il tiranno esplicitamente nominato e deprecato da Tito: "Or che diranno / i posteri di noi? Diran che in Tito / si stancò la clemenza / come in Silla e in Augusto / la crudeltà" (III 7).

Tuttavia l'*imprinting* metastasiano è evidente anche in un librettista come de Gamerra che amava definirsi allievo di tanto revisore e maestro, esibendolo come garante. La nota correzione del *Lucio Silla* da parte del poeta cesareo, soltanto dal 1773 in corrispondenza col livornese che intendeva pasticciare *Il trionfo di Clelia*,[55] non ha lasciato traccia nel suo epistolario, mentre in una lettera di Leopold si legge che il giovane compositore fu costretto a rimettere in musica parecchi recitativi mandati a Vienna e spediti indietro con le modifiche.[56] Sta di fatto che nel finale a sorpresa improvvisamente il dittatore, che aveva già ostentato ben poca

---

[51] *I solitari*, Milano, Galeazzi, 1770; *I solitari*, nuova redazione, Firenze, Corsi, 1783; ROBERTA TURCHI, *Govanni de Gamerra*, in *Il teatro italiano*, IV, *La commedia del Settecento*, Torino, Einaudi, 1987, II, pp. 206-11.

[52] ERNESTO MASI, *Giovanni de Gamerra o il segreto d'un cuor sensibile*, in *Studi e ritratti*, Bologna, Zanichelli, 1881, pp. 297-98.

[53] *Armida*, Milano, Giovanni Galeazzi, 1771 ("Il Mercurio poetico per l'anno 1771", 4); FEDERICO MARRI, *Lettere di Giovanni de Gamerra*, in "Studi musicali", XXIX (2000), pp. 71-183.

[54] *Lucio Silla*, Milano, Giovanni Battista Bianchi, [1772]; MOZART, *Lucio Silla*, a c. di Kathleen Kuzmick Hansell, Kassel, Bärenreiter, 1986 ("Neue Ausgabe sämtlicher Werke", II, 5, VII); ERNEST WARBURTON, *"Lucio Silla" by Mozart and Johann Christian Bach*, in "The musical times", CXXVI (1985), pp. 726-30; ROSY CANDIANI, *Libretti e librettisti italiani per Mozart*, Roma, Archivio Guido Izzi, 1994, pp. 13-45.

[55] METASTASIO, *Lettere*, cit., V, pp. 258-59.

[56] MOZART, *Briefe*, cit., I, p. 460.

"clemenza" verso "l'ostinata di Mario altera figlia" (I 3), perdona Cinna come Tito assolve Sesto, pronunciando in rima baciata e in cadenza le sue stesse parole: "e tutto oblio",[57] tanto che Kunze propone giustamente d'intitolare l'opera *La clemenza di Silla*.[58] Altre scelte lessicali come i "tronchi accenti"[59] e l'anima "sciolta in sospir",[60] le rime *consiglio*: *ciglio*,[61] *doma*: *Roma*[62] o *procella*: *stella*,[63] la brachilogica incertezza fra il partire o il restare,[64] il calco dell'*incipit* "Cara, nel dirti addio"[65] o il paragone con la "pioggia estiva"[66] orecchiano il poeta cesareo e, perché no, anche Cigna Santi nel brano "D'ogni pietà mi spoglio" (II 8) che ricorda "Tu di pietà mi spogli" del *Siroe* (II 12), imparentato anche per l'intonazione mozartiana con "Già di pietà mi spoglio" del *Mitridate* (II 14) che presenta qualche analogia nell'attacco *ex abrupto* e nell'uso della *climax* per dar voce all'ira crescente del tiranno. Del resto il famoso re del Ponto detto Eupatore, omonimo di un altro sovrano all'opera, quello d'Armenia padre della metastasiana Zenobia, è ricordato esplicitamente a Silla (I 4) che l'aveva sconfitto nell'86 a.C. e costretto a una pace onerosa nell'85.

Ma assonanze e reminiscenze arcadiche scompaiono di fronte al nuovo gusto sepolcrale esibito nell'opera col "lugubre canto" (I 8), "l'Erebo [...]

---

[57] "Sia noto a Roma / ch'io son l'istesso e ch'io / tutto so, tutti assolvo e tutto obblio" (*La clemenza di Tito*, III 13).

[58] KUNZE, *Il teatro*, cit., p. 94.

[59] *Lucio Silla*, II 3, II 4; *Alessandro nell'Indie*, prima redazione, I 13.

[60] *Lucio Silla*, III 4; *Adriano in Siria*, I 2.

[61] "Priva d'ogni speranza e di consiglio / lagrime di dolor versa dal ciglio" (*Lucio Silla*, I 2); "Cangia, per queste / lagrime che a tuo pro verso dal ciglio, / amato genitor, cangia consiglio" (*Ipermestra*, II 2).

[62] *Lucio Silla*, II 1; *Catone in Utica*, II 4, III 11; *Adriano in Siria*, I 12; *Attilio Regolo*, I 1, I 4.

[63] *Lucio Silla*, III 1; *Didone abbandonata*, prima redazione, III 16; *Didone abbandonata*, seconda redazione, I 8, licenza; *Ipermestra*, I 10; *Il re pastore*, I 5.

[64] "E che far deggio? / Restar? Partir?" (*Lucio Silla*, I 7); "Parto? Resto? Che fo?" (*Adriano in Siria*, I 13; *Il trionfo di Clelia*, III 2).

[65] *Lucio Silla*, II 9; *Demetrio*, II 12.

[66] "Quando sugl'arsi campi / scende la pioggia estiva, / le foglie, i fior ravviva / e il bosco e il praticello / tosto si fa più bello, / ritorna a verdeggiar" (*Lucio Silla*, II 10); "Vedeste mai sul prato / cader la pioggia estiva? / Talor la rosa avviva /alla viola appresso; / figlio del prato istesso / è l'uno e l'altro fiore / ed è l'istesso umore / che germogliar li fa" (*Siroe*, I 15).

tenebroso" che Metastasio non nomina mai (I 5), il "teschio" e "la bieca ombra" di Mario che appare a Cecilio nel sonno (II 3), le "rotte vene" (III 5) e "l'ombra che nuota ancora in mezzo al sangue" (III 7) o la "fumante sanguigna ferita" (III 5) che il poera cesareo preferisce "crudel", "nobil", "barbara", "empia" o "mortal", spesso metaforica e nel peggiore dei casi "aperta", mentre il vapore cruento è tipico del "ferro" o della "destra" come nel *Mitridate*.[67] Nella sintassi del recitativo, dimentico della fluidità che accomunava Metastasio a Cigna Santi, il periodare ha il respiro corto, mentre nell'aria un sistema aperto di rime, per formalizzare il quale ci vuole mezzo alfabeto,[68] scaturisce da una tavolozza variopinta di sdruccioli e tronchi.[69] L'anisometria che mescola ottonari o decasillabi con settenari o quinari,[70] anche se non produce una risposta univoca da parte del compositore, contribuisce a far sì che nell'intonazione di Mozart, dove in due anni si raddoppia rispetto al *Mitridate* la consistenza delle arcate strutturali che superano i confini del singolo pezzo chiuso per interessare più brani o più scene, aumentino a dismisura le forme con la stretta AB, AA'B o ABA'B'CC', pur nella persistenza di quelle con daccapo scorciato.

Sulle tre produzioni s'intrecciano gli stessi nomi: naturalmente Parini che nella "Gazzetta di Milano" recensiva il *Mitridate*, forse dopo averlo modificato, e guardava di buon occhio *Enea nel Lazio* di Cigna Santi, descrivendo l'apoteosi di Venere, progenitrice d'imperatori, nel finale dell'*Ascanio in Alba*; Metastasio che loda Cigna Santi, compone il *Ruggiero* e corregge il *Lucio Silla*; Mozart che musica il *Mitridate* e il *Lucio Silla*, oltre ad *Ascanio in Alba* in concomitanza col *Ruggiero*; Francesco III d'Este, nonno della sposa per cui si danno *Ascanio* e *Ruggiero* nonché dedicatario del *Mitridate* e governatore della Lombardia fino alla maggiore età del nipote acquisito; Karl Joseph von Firmian che in quegli anni protegge Parini e regala a Mozart l'edizione torinese di Metastasio;[71] non ultima la venerata Maria Teresa, entusiasta committente più di Hasse che di Mo-

---

[67] "Come accoppiar la destra / a una destra potrei tutta fumante / del sangue, aimé, del trucidato amante" (*Mitridate*, II 15); "E chi potrebbe / della strage paterna ancor fumante / stringer mai quella destra" (*Issipile*, I 13).

[68] Ad esempio: "D'ogni pietà mi spoglio" (*Lucio Silla*, II 8), settenari abbac', quinari d'ef'eg''h, quinari hiil''c'.

[69] Ad esempio: "Se il labbro timido" (*Lucio Silla*, II 4), quinari a''bbc''de''f'.

[70] Ad esempio: "Dalla sponda tenebrosa" (*Lucio Silla*, I 5), ottonari abab, settenari c''de''f', settenari ghhf'.

[71] MOZART, *Briefe*, cit., I, p. 312.

zart. Ma lontano dall'ala protettrice dell'aquila imperiale, l'opera del Sassone, molto diversa dalle altre due per assenza di pezzi d'assieme e morfologia dell'aria, non riesce a volare: come spesso accade ai drammi del poeta cesareo, il libretto si ristampa già nel 1771 coi nomi degli interpreti milanesi, al solo scopo di diffondere il nuovo dramma,[72] e si riprende a Napoli nel 1772 con musica sistemata dall'autore stesso per festeggiare il compleanno di Carlo III di Spagna, non a caso grazie all'interessamento di Anna Francesca Pinelli di Sangro, moglie di Antonio Pignatelli di Belmonte e cognata di Marianna d'Althann.[73] Questa è l' unica *pièce* metastasiana utilizzata nel Settecento da un solo compositore, seconda al *Romolo* e ben lontana dal *Trionfo di Clelia* intonato, oltre che da Hasse, da Gluck, Mysliveček, Bertoni, Jommelli e Tarchi fra gli altri. Invece, a parte la fenomenale partitura di Mozart, il *Lucio Silla*, modificato da Mattia Verazi per Johann Christian Bach nel 1775, poi ripreso da Anfossi e da Mortellari, e la famosa *Armida* di Sacchini, divenuta *Rinaldo* a Londra nel 1780 e *Renaud* a Parigi nel 1783, piuttosto che sposare le idee riformatrici plausibilmente obbediscono alla generale tendenza del gusto che inclina verso le forme con la stretta, allarga i confini del pezzo chiuso e in altre circostanze coinvolge Hasse, per esempio nel *Piramo e Tisbe* del 1768.[74]

Ma se l'estrema obsolescenza del *Ruggiero* ha bisogno di una nicchia per sopravvivere, altrettanto vale per la cosiddetta riforma che si manifesta in luoghi protetti da un convinto mecenatismo, lontano dall'opera seria vera e propria ma vicino a generi meno definiti e perciò meno costretti, come l'azione o la festa teatrale. Il ricorso a tre personaggi, tutti protagonisti e tutti gratificati dall'accompagnato e dall'arioso, contraddice la struttura numerica e gerarchica delle compagnie, determinando una totale discrepanza fra la durata dell'allestimento e la lunghezza della poesia, attraverso elementi estranei al canto del solista come balli, interludi strumentali o mastodontiche scene di coro. Il mercato, da un lato conservatore perché altrimenti dovrebbe improvvisamente riconvertire collaudati e solidi sistemi di produzione, dall'altro a caccia di moderate ma

---

[72] *Ruggiero*, Milano e Napoli, Francesco Morelli, 1771; Palermo, Gaetano Maria Bentivegna, 1771; Roma, Natale Barbiellini, 1771.

[73] *Ruggiero*, Napoli, Francesco Morelli, 1772; METASTASIO, *Lettere*, cit., V, p. 125.

[74] FRANCESCO DEGRADA, *Aspetti gluckiani dell'ultimo Hasse*, in *Il palazzo incantato*, Fiesole, Discanto, 1979, pp. 133-53; ANDREA CHEGAI, *L'esilio di Metastasio*, Firenze, Le Lettere, 2000, pp. 53-90.

crescenti novità per conquistare l'utenza, in questo caso non premia né Metastasio, che non metteva piede in un teatro pubblico almeno dal 1748,[75] né il Sassone, afflitto dalla gotta che gli impediva di muoversi dalla casa di campagna,[76] né Calzabigi, la cui *Alceste* viene stiracchiata a Milano nel letto di Procuste delle convenienze teatrali, né Gluck né l'effetto clamoroso ma forse inquietante che l'assenza totale del recitativo secco doveva produrre all'epoca.

[75] METASTASIO, *Lettere*, cit., V, pp. 273-74: "Ho fatto ed osservato religiosamente per più già di venticinque anni [prima del 1773] il solenne voto di non veder mai più né pur le porte di alcun teatro se non se quello della corte, dove per mia fortuna finalmente è del tutto abolito".

[76] *Ibid.*, IV, p. 761.

IL TEATRO MUSICALE A MILANO:
ASPETTI ISTITUZIONALI NELL'ULTIMO DECENNIO DEL DUCALE

di *Roberta Carpani*

Il quadro spettacolare nella Milano del "Giovin Signore", in cui si dipana l'itinerario creativo di Parini, vede sicuramente in primo piano il fenomeno del teatro musicale. Nel secondo Settecento, da oltre un secolo l'opera in musica è presente con regolarità e con continuità nell'offerta di intrattenimento che il capoluogo lombardo propone; radicato nelle consuetudini di consumo dello spettacolo, il teatro musicale è un genere quantitativamente rilevante, spesso evidenzia una connotazione qualitativa di spicco[1] ed ha il suo spazio d'elezione nel Regio Ducal Teatro, divenuto a tutto gli effetti un'istituzione cittadina.

Se il nucleo in assoluto più consistente delle attestazioni oggi note riguarda la scena professionistica della sala pubblica cittadina, si deve preliminarmente considerare che lo sfondo a cui è opportuno rapportare gli spettacoli operistici del Regio Ducal Teatro è costituito dalla rete degli esperimenti scenici dei dilettanti, in particolare le prove teatrali alimentate e sostenute dai gruppi famigliari del patriziato urbano sia nei palazzi di città sia nelle residenze di villeggiatura.[2] Pur trattandosi di un feno-

---

[1] Un profilo sempre valido è quello tracciato da Guglielmo Barblan, *Il teatro musicale in Milano nei secoli XVII e XVIII*, in *Storia di Milano*, Milano, Fondazione Treccani degli Alfieri, 1959, vol. XII, pp. 949-96. Un'efficace sintesi critica è proposta da Giorgio Pestelli, *La musica in Lombardia durante l'età teresiana giuseppina*, in *Economia, istituzioni, cultura in Lombardia nell'età di Maria Teresa*, II, *Cultura e società*, a c. di Aldo De Maddalena, Ettore Rotelli e Gennaro Barbarisi, Bologna, Il Mulino, 1982, pp. 707-17.

[2] La sintesi più aggiornata sul quadro spettacolare a Milano nella seconda metà del

meno largamente sommerso che ancora attende di essere scandagliato e ricostruito, alcuni affioramenti portano ad ipotizzare una pratica rappresentativa diffusa che comprese anche episodi di spettacoli musicali:[3] mi riferisco, per esempio, ai casi noti delle rappresentazioni nell'abitazione di Giuseppe Diletti, marito della cantante Prudenza Babbi, e in casa Grianta con l'intervento di un Verri.[4] Del resto, a fronte della fulgida e densa esperienza secentesca delle commedie musicali rappresentate nel Teatro dell'Isola Bella di Vitaliano Borromeo, vicenda pressoché unica nell'Estado spagnolo per l'intensità produttiva e la levatura dei protagonisti,[5] nel '700 la prassi del teatro in villa sembra piuttosto qualificata da un'ampia disseminazione nelle molteplici residenze delle famiglie patrizie nel territorio circostante la città. Sono tracce che stanno a testimoniare il radicamento dell'esperienza teatrale e del teatro musicale in modo specifico nella cultura aristocratica urbana.

XVIII secolo è tracciata da PAOLO BOSISIO, *Aspetti e tendenze del teatro drammatico a Milano nel secondo Settecento*, in "Il castello di Elsinore", VIII (1995), pp. 35-60 (in particolare pp. 49-50 sul teatro promosso dai nobili). Ricchi di spunti e di suggestioni di ricerca sono i pur datati studi di ANTONIO PAGLICCI BROZZI, *Il Regio Ducal Teatro di Milano nel secolo XVIII. Notizie aneddotiche 1701-1776*, Milano, G. Ricordi, 1894 e di CARLO ANTONIO VIANELLO, *Teatri spettacoli musiche a Milano nei secoli scorsi*, Milano, Libreria Lombarda, 1941.

[3] Rileviamo che il contratto d'appalto del Teatro Ducale stipulato nel 1755, mentre sancisce il monopolio dell'impresario Crivelli sugli spettacoli in musica, vieta "a qualsisia persona di qualunque grado e condizione eziandio ecclesiastica il poter far comedie in musica in qualsivoglia casa e luogo sacro di questa città sotto qualsivoglia titolo senza speciale licenza dell'appaltatore"(il documento è citato da BOSISIO, *Aspetti e tendenze*, cit., p. 39).

[4] C.A. VIANELLO, *Il Settecento milanese*, Milano, Baldini e Castoldi, 1934, p. 122. Riferisce il "Gazzettino di Milano per l'anno 1779", conservato manoscritto nella Biblioteca Ambrosiana di Milano (segnatura S.C.V.II.7): "Fra i più gentili divertimenti del carnovale v'è al solito la deliziosa casa del Signor Diletti, dalle figlie del quale si rappresenta con gran magnificenza ed eccellentemente la Didone. Per l'anno venturo la casa stessa non avrà l'istesso grado di perfezione, perché la figlia maggiore che n'è il principale ornamento è per accasarsi. Il di lei sposo sarà doppiamente felice, potendosi egli assicurare di goder così anche la protezione del Ministro" (p. 20). Il documento allude al Plenipotenziario Firmian, alle cui dipendenze era Diletti (lo conferma una lettera autografa di Giuseppe De Necchi Aquila, databile al giugno 1775, conservata in Archivio di Stato di Milano – d'ora in poi ASMi –, *Potenze Sovrane*, cart. 77).

[5] ROBERTA CARPANI, *Drammaturgia del comico. I libretti per musica di Carlo Maria Maggi nei "theatri di Lombardia"*, Milano, Vita e Pensiero, 1998, pp. 47-99.

Lo spazio dei professionisti: il Regio Ducal Teatro

Nel perimetro urbano lo spazio scenico per eccellenza del teatro musicale professionistico è dunque il Regio Ducal Teatro, erede delle prime sale teatrali sorte nel recinto della corte spagnola a Milano tra la fine del '500 e l'avvio del secolo successivo.

Le vicende architettoniche del Teatro milanese,[6] dal 1717 – in cui l'edificio giunse a compimento sulla medesima area del precedente teatro – al rogo del 1776, scandite da interventi di restauro in alcuni casi fisiologici e in altri connessi alle occasioni celebrative a cui il teatro doveva contribuire, permettono di individuare alcune caratteristiche funzionali dello spettacolo teatrale e musicale nel contesto culturale milanese. La dislocazione della sala nel cuore della città – ed in particolare nell'area del palazzo che era la sede del potere politico – e il ruolo da protagonista giocato dalla nobiltà milanese nelle complesse fasi dell'edificazione evidenziano il margine di ambiguità che connota la fisionomia dell'istituzione.

La metamorfosi del sistema degli edifici teatrali milanesi dalla fine del '500 alla fine del '700 è stata interpretata, dal punto di vista spaziale, nei termini di una progressiva acquisizione di autonomia, all'interno della quale punto d'arrivo fu il distacco del Teatro dal Palazzo Ducale con l'individuazione di uno spazio definito e separato che avvenne con l'edificazione della Scala.[7]

In tal senso, l'iniziativa dei nobili milanesi che nel 1717 promossero la ricostruzione del Teatro Ducale[8] e si impegnarono economicamente per

[6] I riferimenti essenziali sull'edificio del Ducale sono: GUIDO CANELLA, *Il sistema teatrale a Milano*, con la collaborazione di Maurizio Calzavara, Bari, Dedalo, 1966; le schede sui teatri nel catalogo della mostra sul *Settecento lombardo*, a c. di Rossana Bossaglia e Valerio Terraroli, Milano, Electa, 1991, pp. 391-93; GABRIELLA VALERA, *Il Teatro Ducale*, in SUSANNA BERENGO GARDIN, SILVIA GIACOBONE e GABRIELLA VALERA, *Segni patrizi. Architetture pubbliche a Milano (1700-1760)*, Firenze, La Nuova Italia, 1994, pp. 15-55; alcuni aggiornamenti sui lavori eseguiti nella sala nel periodo in cui fu Governatore il conte Gian Luca Pallavicini si trovano in MARICA FORNI, *Il Palazzo Regio Ducale di Milano a metà Settecento: considerazioni sulla residenza*, Comune di Milano, Civiche Raccolte d'Arte Applicata ed Incisioni del Castello Sforzesco, 1997.

[7] CANELLA, *Il sistema teatrale*, cit., pp. 42-46: lo studio fa notare che la svolta avvenne quando il Teatro non fu più "ricavato al negativo" da strutture preesistenti, come era nella fase in cui coincideva con una porzione del palazzo Ducale.

[8] VALERA, *Il Teatro Ducale*, cit., pp. 16-22.

sostenere parte delle spese assicurandosi al contempo la proprietà dei palchi – nel quadro di un accordo con la corte viennese che prevedeva il contributo della Regia Camera per l'edificazione dei muri perimetrali (a cui poi si aggiunsero alcuni spazi di servizio annessi) e la cessione dell'area, alienata dalla proprietà regia – è uno dei segni in cui possiamo leggere la spinta del patriziato a consolidare il rapporto elettivo con la sala teatrale cittadina. Per giunta, l'investimento economico del ceto nobiliare sull'edificio fu accompagnato, nel prosieguo del secolo, da forme sempre più marcate di intervento nella gestione della vita spettacolare promossa all'interno del Teatro.

Di contro, però, alcune spie indicano la persistenza di una connotazione latamente cortigiana nella fisionomia dell'istituzione:[9] accanto al segno visibile costituito dalla presenza nella sala teatrale di ben due palchi "d'onore" – definiti palco "della Corte" e "Palco Ducale" –[10] si deve rilevare che, nelle occasioni festive per la celebrazione degli eventi dinastici della casa d'Austria, il teatro diventava il luogo in cui i festeggiamenti giungevano al culmine con spettacoli appositamente creati, per i quali i rappresentanti austriaci a Milano assumevano il ruolo di committenti e la sala era restaurata a spese della Regia Camera. È naturalmente il caso delle feste del 1771 per le nozze arciducali.

Fino al 1776 il Ducale fu l'unica istituzione teatrale stabile nel perimetro urbano dedicata allo spettacolo professionistico. Il forte accentra-

---

[9] Per un quadro delle forme gestionali in area italiana rinvio a FRANCO PIPERNO, *Il sistema produttivo, fino al 1780*, in *Storia dell'opera italiana*, a c. di Lorenzo Bianconi e Giorgio Pestelli, Torino, EDT, 1987, vol. IV, pp. 1- 75, che accomuna la fisionomia del Ducale milanese nel Settecento ad altri teatri come quelli di Torino, Napoli, Parma, Reggio Emilia, considerandoli "più come teatri di Stato che come teatri di corte [...] luoghi di incontri mondani, ufficiali e di rappresentanza. [...] Non può essere negata a questi teatri la natura regia e di emanazione di un potere centrale ma neanche quella di istituzione destinata al godimento della cittadinanza: oltre ai meccanismi gestionali ed alla fruibilità pubblica lo dimostra la loro dislocazione nel centro della realtà urbana e non più nel chiuso dei palazzi principeschi" (pp. 37-38).

[10] VALERA, *Il Teatro Ducale*, cit., p. 41: le definizioni si leggono in una pianta del teatro datata 1766. I due palchi non erano presenti nel progetto del 1717, ma, nel 1722, un'ispezione condotta da Giovan Domenico Barbieri rileva la presenza di un "altro palchetto per Sua Eccellenza". La Valera ritiene dunque che "durante la costruzione del teatro, le esigenze della corte resero indispensabile la presenza dei due palchi d'onore" e avanza l'ipotesi che il modello possa essere stato il Teatro di Corte di Vienna, dove i palchi reali erano disposti su 3 livelli.

mento che si veniva in tal modo a determinare aveva le caratteristiche di
un monopolio affidato alla gestione impresariale e sancito dall'autorità di
governo attraverso interventi legislativi atti a difendere le prerogative
dell'impresario stesso. Solo nell'ultimo quarto del secolo, la crescita dell'interesse per il teatro – con una spiccata preferenza per il teatro musicale
rispetto al teatro parlato, come ha fatto notare Bosisio –[11] e l'allargamento
della composizione sociale del pubblico con l'aumento della componente
altoborghese condussero a una diversificazione degli spazi teatrali. Il sistema Scala – Canobbiana (inaugurato nel 1778-1779), nel quale i due
teatri si disposero in rapporto di complementarità per quel che attiene
alle scelte di programmazione nel calendario teatrale, ha innanzitutto
grosso modo il significato di un raddoppio dell'offerta spettacolare della
città.[12]

Ma già nei decenni precedenti – che riguardano più da vicino l'età che
stiamo considerando – è possibile cogliere altri indicatori del rafforza-
mento della presenza del teatro musicale professionistico nelle consuetudini della sociabilità aristocratica urbana.

La misura del ruolo indispensabile che lo spettacolo professionistico
gioca nell'orizzonte dell'intrattenimento cittadino è primariamente indicata dalla tempestività con cui vediamo, a distanza di secoli, affrontati
i problemi dell'edificio: basti pensare che, nel momento di massima urgenza che fa seguito all'incendio del febbraio 1776, si provvede a tam-
ponare l'emergenza per gli spettacoli già programmati utilizzando il teatrino del Collegio barnabitico – riguardo al quale non si sa molto ma che
non doveva essere di dimensioni trascurabili –[13] e si giunge al compimento del Teatro Interinale nell'arco dell'estate di quell'anno.

[11] Bosisio, *Aspetti e tendenze*, cit., pp. 36-37.
[12] Maria Gabriella Cambiaghi, *La scena drammatica del Teatro alla Canobbiana in Milano (1779-1892)*, Roma, Bulzoni, 1996, pp. 41 ss.
[13] Numerose tracce attestano che la sala del collegio barnabitico doveva essere uno dei palcoscenici privati più importanti nel perimetro urbano e che l'attività rappresentativa lì praticata era cospicua dal punto di vista quantitativo e di rilevante impe-
gno sotto il profilo spettacolare (si vedano gli studi di Alba Carlucci, *L'attività teatrale del Collegio dei Nobili Longone nel progetto pedagogico barnabita dal 1725 al 1784*.
Tesi di laurea, Università Cattolica di Milano, Facoltà di Lettere e Filosofia, a. a.
1999/2000, relatore prof. Annamaria Cascetta, e di Davide Daolmi, *I balli negli allestimenti settecenteschi del Collegio Imperiale Longone di Milano*, in *Creature di Prometeo. Il
ballo teatrale dal divertimento al dramma. Studi offerti a Aurel M. Milloss*, a c. di Giovanni

In secondo luogo, si deve rilevare la comparsa di nuove tipologie di informazione teatrale e musicale nel panorama editoriale milanese , sintomo di una domanda presente nel mercato librario o almeno di una presunta disponibilità ad assorbirle. Ne dà notizia il periodico ufficiale della corte austriaca a Milano: dallo spoglio delle annate relative all'ultimo decennio di attività del Ducale settecentesco,[14] emergono annunci librari relativi a testi metastasiani che stampatori e librai rendevano disponibili a Milano,[15] ma soprattutto si evidenziano le segnalazioni di repertori tea-

Morelli, Firenze, Leo S. Olschki, 1996, pp. 3-86). Già nel '600 si ha notizia di una ricca pratica scenica promossa dai Barnabiti nel collegio da loro diretto: rinvio allo studio di ANNAMARIA CASCETTA, La "spiritual tragedia" e l'"azione devota". Gli ambienti e le forme, in La scena della gloria. Drammaturgia e spettacolo a Milano in età spagnola, a c. di Annamaria Cascetta e Roberta Carpani, Milano, Vita e Pensiero, 1995, pp. 115-218. Oltre al teatrino, nel periodo che precedette l'erezione del Teatro Interinale fu utilizzato il "boschetto di questo Collegio de' Nobili" per un' "Accademia di musicali stromenti" in onore dell'Arciduchessa Maria Cristina d'Austria ("La Gazzetta di Milano", 26 giugno 1776).

[14] Si tratta di un foglio settimanale, fino al 1768 intitolato "Ragguagli di vari paesi per il mercoledì", quindi trasformato in "La Gazzetta di Milano". Proprio nel 1769 Parini fu incaricato della redazione del foglio settimanale: si veda l'edizione moderna dell'anno che si deve alla sua penna in GIUSEPPE PARINI, La Gazzetta di Milano {1769}, a c. di Arnaldo Bruni, Milano-Napoli, Riccardo Ricciardi, 1981. Una cospicua raccolta di numeri del periodico è conservata presso la Biblioteca Ambrosiana di Milano, segnatura GIORN. N. 1; vi si trova la serie dal 1767 al 1776 in modo pressoché completo (mancano i numeri I del 1774 e XLV del 1776). Per approfondimenti sulla fonte, un elenco delle annate e rispettivi luoghi di conservazione si trova nel saggio di AUSILIA MAGAUDDA e DANILO COSTANTINI, Un periodico a stampa di antico regime: la "Gazzetta di Milano" (sec. XVII-XVIII). Spoglio delle notizie musicali per gli anni 1686-1699, in "Fonti musicali italiane", I (1996), pp. 41-74: 69-72.

[15] Si veda, per esempio, nel numero dell'undici novembre 1767: "Da Giuseppe Antonio Cairoli Mercante di Libri sotto del Portico detto de' Figgini attualmente si dispensa un nuovo componimento poetico intitolato la Partenope Festa Teatrale del celebre sig. Abate Pietro Metastasio Poeta Cesareo" ("Ragguagli di vari paesi" n. XLV del 1767; nel medesimo anno cfr. anche il numero XXXVI). Un altro annuncio di editoria teatrale riguarda il testo della Sofonisba del milanese Antonio Perabò: "Colle stampe de' Fratelli Galleazzi è uscito in luce un nuovo dramma che ha per titolo la Sofonisba. Il giovine autore di questo scenico componimento ha del genio e del talento per distinguersi quanto basta in simil genere di poesia. Sarebbe non ostante desiderabile ch'egli avesse trattato il suo soggetto con maggior passione" ("La Gazzetta di Milano", 15 maggio 1771; l'annuncio è ripreso nel successivo numero del 22 maggio 1771).

trali annuali: si tratta del ben noto *Indice de' teatrali spettacoli*[16] che proprio a Milano si inizia a stampare dagli anni Sessanta e che raccoglie i cartelloni delle stagioni teatrali in numerose città italiane unitamente a notizie sulle formazioni comiche. Nel pubblicizzare tali annuari la "Gazzetta di Milano" permette di cogliere il rapporto concorrenziale che si innescò fra i due stampatori – Gaetano Motta e Giacomo Agnelli – che a Milano pubblicarono l'*Indice*:[17] evidentemente il nuovo prodotto edito-

---

[16] La fonte è stata messa in luce da Roberto Verti, *The 'Indice de' teatrali spettacoli', Milan, Venice, Rome 1764-1823: Preliminary Research on a Source for the History of Italian Opera*, in "Periodica Musica", III (1985), pp. 1-7; lo studioso ne ha poi curato una preziosa edizione anastatica: *Un almanacco drammatico. L'Indice de' teatrali spettacoli 1764-1823*, a c. di Roberto Verti, Pesaro, Fondazione Rossini, 1996.

[17] Nel periodo considerato la prima notizia data dalla "Gazzetta" riguardo all'*Indice* risale al 10 febbraio 1773: "Dal sig. Pietro Agnelli libraio nella contrada di Santa Margherita si vende un Indice che contiene tutti gli spettacoli teatrali che si rappresentano in quest'anno nelle principali città d'Europa e particolarmente in Italia. Trovansi in esso descritti i nomi de' Maestri di cappella, de' musici e ballerini che sono attualmente impiegati nella rappresentazione di detti spettacoli." Nell'annuncio relativo all'edizione del carnevale 1775, quando la pubblicazione uscì per i tipi di Gaetano Motta, affiora il primo cenno alla concorrenza: "È uscito dalla Stamperia di Gaetano Motta posta al Malcantone di questa città il solito, vero ed esatto *Indice de' Spettacoli Teatrali di tutta l'Europa* che contiene settanta teatri, nonstante la mancanza de' molti nella Romagna, ora chiusi per l'Anno Santo, e supplirà alla tenuità e difetti di altri indici, riuscendo questo di particolar aggradimento del pubblico per le molte curiose e sincere notizie che sempre ha dato ed ha accresciuto di molto nell'anno corrente. Si vende presso lo Stampatore suddetto per soldi 20. Dal medesimo stampatore si vende la prima parte d'un' operetta che ha per titolo *Osservazioni sopra la musica ed il ballo*. La seconda parte sta attualmente sotto a' torchi dello stesso stampatore e si darà quanto prima alla luce" ("La Gazzetta di Milano", 15 febbraio 1775). I casi di concorrenza diventano espliciti nelle annate del 1776 e 1778. Si leggano i due annunci editoriali del carnevale 1776, rispettivamente per l'*Indice* di Gaetano Motta e di Giacomo Agnelli: "Trovasi sotto de' torchi dello Stampatore Gaetano Motta in Milano il solito vero ed esatto Indice de' Spettacoli Teatrali di tutta l'Europa, il quale in quest'anno sarà più copioso, mentre darà la notizia non solo de' teatri del carnevale 1776, ma anche della primavera, estate ed autunno dello scorso anno 1775. Se ne avvisa il pubblico, affinché qualora fosse prevenuto da qualche altro libretto che rimarcasse i spettacoli di alcuni teatri, non creda che si tralascia per questo di pubblicare il suddetto completo esatto Indice di tutti i teatri di Europa che ha sempre incontrato la comune soddisfazione" ("La Gazzetta di Milano", 17 gennaio 1776); "Da' torchi di Giacomo Agnelli Libraro e Stampatore nella Contrada di Santa Margherita è stato impresso il piccolo libretto: *Indice de' Spettaccoli* [*sic*] *Teatrali per l'anno 1776*, dove avvi la notizia delle opere e commedie che si rappresentano in tutti

riale era giudicato interessante per le possibilità di penetrazione nel mercato, che si deve presumere fosse essenzialmente costituito dagli opera-
tori di settore e in particolare dagli impresari teatrali.[18] I riscontri delle
vendite furono verosimilmente positivi se, nel medesimo torno d'anni, lo
stesso stampatore Motta produsse anche un "Elenco dei Signori Virtuosi
di canto e di danza, attualmente addetti alli Teatri col loro nome, cognome
e patria [...] Catalogo per ordine alfabetico" rivolto "alla dilettevole curiosità del pubblico".[19] Infine si può notare che la "Gazzetta di Milano"
mette in luce la presenza di informazioni teatrali sulla stagione carneva-
lesca milanese anche all'interno di alcuni almanacchi prodotti sempre dal
Motta e da Giacomo Agnelli, oltre che dalla Stamperia Mazzucchelli Malatesta.[20] L'ingresso del teatro nelle fragili pubblicazioni di consumo di

i teatri d'Italia, più copioso di qualunque altro, col nome e cognome dei virtuosi di canto
che di ballo; il detto libretto si vende soldi dieci" ("La Gazzetta di Milano", 31 gennaio
1776). I due annunci del 1778 sono rispettivamente nei numeri del 18 febbraio e 4
marzo. Nel citato volume *Un almanacco drammatico* è compresa l'anastatica dell'almanacco pirata dell'Agnelli del 1778; Verti fa notare che, nel 1781, fu Motta a sua volta
a far concorrenza all'*Indice* ufficiale ormai passato nelle mani di Giambattista Bianchi
(ROBERTO VERTI, *Prefazione* in *Un almanacco drammatico*, cit., p. XIII).

[18] *Ibi*, pp. XI ss.

[19] "È uscito da' torchi di Gaetano Motta Stampatore abitante al Malcantone un piccolo libro intitolato Elenco dei Signori Virtuosi di canto e di danza, attualmente addetti
alli Teatri col loro nome, cognome e patria. Dinota questo Catalogo per ordine alfabetico alla dilettevole curiosità del pubblico il numero considerabile di soggetti che la
maestria delle canore scene e di Tersicore l'arte leggiadra somministrano all'applaudito
divertimento dei Teatrali spettacoli. Si vende al prezzo d'un Paolo Romano" ("La Gazzetta di Milano", 17 luglio 1776). La ristampa anastatica di tale *Elenco* è compresa nel
volume *Un almanacco drammatico, ad annum*.

[20] L'almanacco stampato dal Motta era intitolato *L'Antiquario milanese* e la "Gazzetta
di Milano" ne dà notizia nei numeri del 20 dicembre 1775, 15 gennaio 1777 e 24 dicembre 1777; la concorrenza di Giacomo Agnelli si evidenzia anche in questo settore editoriale, dato che lo stampatore, il 17 dicembre 1777, dà notizia dell'uscita di "un Almanacco per le donne utile, dilettevole e notizioso per l'anno 1778. Il detto Almanacco contiene un dialogo curioso sopra lo studio delle donne, con molti fatti illustri di esse inserti
anche nel Giornale, dinota le musiche principali che si fanno in detta città, le ferie della
biblioteca, il regolamento delle lettere ed altre notizie". La Stamperia Mazzucchelli Malatesta diede notizia della produzione di un almanacco nel 1768: "Dalla Stamperia Mazzucchelli Malatesta nella Contrada di Santa Margherita è sortito un nuovo Almanaco, intitolato il Forestiere a Milano; contiene questi varie Sacre Funzioni, Descrizioni di Chiese
[...] finalmente la nota di ciascun proprietario de' palchi di questo Regio Ducal Teatro.
Si lusinga pertanto l'Autore di riportarne da' cittadini, non meno da' forestieri ogni ap-

tipo calendariale[21] sembra un segnale significativo dell'allargamento delle fasce sociali interessate al teatro musicale. D'altro canto la stessa "Gazzetta di Milano", a fronte del silenzio pressoché totale sul teatro drammatico – a cui riserva cenni brevi e generici, per esempio annotando il "comico divertimento" di cui fu spettatore, nel Teatro milanese, il Principe Saverio di Sassonia nel mese di giugno del 1771, e citando solo due titoli nel decennio considerato, la *Sofonisba* del Perabò e *Clary* rappresentata al Ducale nell'agosto del 1771,[22] oltre a qualche sporadico episodio di rappresentazioni di collegio –[23] mostra un'attenzione costante per il

plauso ed aggradimento" ("Ragguagli di vari paesi", 7 dicembre 1768). Alla Biblioteca Ambrosiana di Milano, segnatura S.C.S.I.95, sono conservate le annate de *L'Antiquario milanese che serve d'interprete al nazionale ed al forestiero. {...}*, Milano, Gaetano Motta Stampatore al Malcantone stampate dal 1774 al 1780; la fonte, a partire dal 1775, riporta i titoli degli spettacoli in scena al Ducale, con l'elenco degli interpreti e degli altri responsabili artistici, e l'elenco dettagliato dei proprietari dei palchi. Nelle annate del 1778 e 1779, tale almanacco pubblicizza i prodotti editoriali di argomento teatrale offerti dallo strampatore. Per esempio, nel 1778, p. 102, si trova la seguente segnalazione: "Libri vendibili presso lo Stampatore Gaetano Motta. [...] Indice de' Spettacoli Teatrali di tutta l'Europa, che esce ogni anno, in 12. Paoli 2. Elenco de' Signori Virtuosi Teatrali, in 12. 77. Paolo 1. Osservazioni sopra la Musica ed il Ballo, in 8. 1774. Paolo 1 e mezzo."

[21] Si veda almeno la voce *Almanacchi, annuari*, in *Enciclopedia dello spettacolo*, Roma, Le Maschere, 1954, vol. I, coll. 382-406.

[22] Il numero del 19 giugno 1771 annuncia: "Ieri l'altro fu trattato a lautissimo pranzo da Sua Altezza Serenissima il sig. Duca Amministratore unitamente ad altri ragguardevoli personaggi; ed alla sera si portò a godere il comico divertimento in questo Teatro, accompagnato dal sig. Marchese Roberto Orrigoni destinato dal Governo a servirlo in tutto il tempo della breve sua dimora in questa capitale". Per la *Sofonisba* si veda *supra* nota 15. Il 4 settembre del 1771 la "Gazzetta" pubblica la notizia sulla *Clary*: "Giovedì scorso fu rappresentata su questo Regio Ducal Teatro una nuova commedia intitolata la *Clary*. L'autore di questa scenica rappresentazione ha saputo sì ben unire all'eleganza de' versi, la passione e il costume de' suoi attori, che s'è meritato un pienissimo applauso dalla udienza concorsa in gran numero a godere di tale spettacolo. A pubblica istanza è stata sabato scorso nuovamente rappresentata la detta commedia, e nuovamente applaudita dal pubblico". Dovrebbe trattarsi del testo di Giuseppe Cerini da Solferino, in seguito poeta del Teatro Interinale e della Scala per il 1779 (rinvio a BOSISIO, *Aspetti e tendenze*, cit., p. 59 nota 66).

[23] Il settimanale dedica ampio spazio agli spettacoli organizzati dai barnabiti e dai gesuiti in onore dell'Arciduca Ferdinando e della sua sposa, rispettivamente *Ciro in Media* e *Dardano in Frigia* ("La Gazzetta di Milano", 19 e 26 agosto 1772). Altre notizie riguardanti le attività performative promosse dai Barnabiti si trovano nei numeri del 11 settembre 1771 e del 19 maggio 1773 che tratta di un'accademia di studenti in S. Alessandro, arricchita da quattro cantate del Sammartini.

teatro musicale: la notevole regolarità con cui il settimanale annuncia, con poche eccezioni, gli spettacoli operistici si pone a riprova dell'importanza attribuita al teatro musicale negli ambienti governativi che vigilavano e orientavano la composizione del periodico, e fra gli appartenenti al ceto nobiliare e patrizio a cui il foglio era rivolto.

"I divertimenti del nostro carnovale"

La stabilità e la centralità del genere musicale nel quadro dello spettacolo milanese della seconda metà del '700 sono leggibili anche nella strutturazione calendariale delle stagioni del Teatro Ducale, nettamente consolidata a questa altezza cronologica. Dall'incrocio dei dati desumibili dalla "Gazzetta di Milano" – che permette di datare con precisione i debutti della maggior parte degli allestimenti operistici –[24] con le informazioni offerte dallo spoglio dei libretti compiuto all'interno del progetto su La Drammaturgia musicale milanese coordinato da Francesco Degrada –[25] si delinea una griglia fissa nella programmazione annuale del Teatro Ducale, incardinata su due stagioni, il carnevale e l'autunno. Nel primo caso si tratta della stagione teatrale per eccellenza, che era tradizionalmente inaugurata il giorno di S. Stefano. Nel secondo caso, la stagione poteva estendersi dalla fine di luglio a tutto il mese di ottobre,[26] anche se i libretti non definiscono

---

[24] Nel decennio 1767-1776 i numeri del periodico che presentano notizie sugli spettacoli d'opera sono i seguenti: 1767 nn. V, VII, XXXI, XXXVI, XLI, XLII; 1768 nn. I, XXXII, XXXVII, XLII, LII; 1769 nn. XXX, XXXVI, XLI, LII; 1770 nn. VI, VIII, XVII, XX, XXVII, XXXVIII; 1771 nn. I, IV, XXXX, XLIII, XLV, XLVI; 1772 nn. I, VII, XLVI, LIII; 1773 nn. V, XXXI, XXXVII, XLII, XLIII, LII; 1774 nn. IV, XXXI, XXXVI, XXXIX, LII; 1775 nn. V, XXXIII, XXXVIII, XLI, LII; 1776 n. V.

[25] Lo spoglio non è ancora giunto alla pubblicazione; ringrazio Francesco Degrada per averne messo a disposizione i risultati. Una cronologia delle rappresentazioni al Ducale nel XVIII secolo si trova in *Il Regio Ducal Teatro di Milano (1717-1778). Cronologia delle opere e dei balli con 10 indici*, a c. di Giampiero Tintori e Maria Maddalena Schito, Cuneo, Bertola & Locatelli, 1998.

[26] Si legga ad esempio l'annuncio dell'apertura della stagione delle opere buffe nel 1774, pubblicato su "La Gazzetta di Milano" del 3 agosto 1774: "Sabato scorso sonosi incominciate su questo Regio Ducal Teatro le giocose rappresentazioni che dureranno fino a tutto il prossimo ottobre. Il primo dramma, intitolato *la Pescatrice*, ha incontrato il pubblico aggradimento, sì per la musica del celebre sig. Piccini, quanto per l'abilità de' cantanti. Il primo ballo composto e diretto dal famoso sig. Noverre sotto il titolo di

univocamente le recite che cadevano fra luglio ed agosto, in qualche caso indicate come "estate".[27] Si identifica in tal modo un'organizzazione stagionale[28] che integrava la programmazione degli spettacoli musicali con i tempi dell'anno dedicati al teatro drammatico, la primavera e soprattutto l'estate, che fin dal periodo di avvio della presenza dei comici dell'arte sulle scene milanesi, nel tardo '500, avevano costituito i momenti deputati dello spettacolo comico in una piazza teatrale considerata di secondo piano nei circuiti delle *troupes* di attori.[29]

Apelle e Campaspe viene eseguito con insolita magnificenza d'abiti e di decorazioni. Tale e tanto è stato l'applauso che si è meritato questa pantomimica azione, che il sig. de Noverre ha dovuto ad istanza di Sua Altezza Reale il Serenissimo Arciduca Governatore e di tutto il pubblico venir sulla scena per ricevervi gli elogi della corte, della nobiltà e dell'uditorio concorso in gran numero a tale spettacolo. Sabato prossimo si rappresenterà altro nuovo ballo di carattere diverso, intitolato: *I Pastori di Tempe*". Il libretto dell'operetta *La pescatrice* che debuttò alla fine di luglio indica la stagione delle rappresentazioni come autunno. Rileviamo che, nel 1773, il successo di uno spettacolo indusse alla decisione di proseguire le recite fino a novembre avanzato ("La Gazzetta di Milano", 27 ottobre 1773).

[27] È il caso di *La sposa fedele* per l'estate 1768, *Le serve rivali* per l'estate 1769, *L'incognita perseguitata* per l'estate 1773.

[28] Si noti che gli impresari del Teatro tentarono a più riprese di allungare i tempi d'apertura della sala, verosimilmente allo scopo di prolungare il funzionamento dei ridotti dove si praticavano i redditizi giochi d'azzardo: si veda un promemoria dell'Arcivescovo Pozzobonelli indirizzato al Conte Firmian, affinché non fosse dato il permesso di aprire il Teatro durante la Quaresima, dal momento che era corsa voce che vi si volessero allestire "rappresentazioni spirituali". Il documento, s.d., è conservato in ASMi, *Piccoli acquisti Doni Depositi Restituzioni*, cart. 7; val la pena segnalare che esso si trova in un consistente fascicolo di documenti sulla storia spettacolare milanese poco noti, restituiti nel 1917 da Gaetano Cesari all'Archivio di Stato e facenti parte del legato che Francesco Somma, archivista dell'Archivio, aveva destinato alla Biblioteca del Conservatorio. Sul legato del Somma si veda AGOSTINA ZECCA LATERZA, *Una fonte inedita sul Teatro Ducale di Milano*, in *Intorno all'Ascanio in Alba di Mozart: una festa teatrale a Milano*, a c. di Guido Salvetti, Lucca, Libreria Musicale Italiana, 1995, pp. 147-49. Sui suoi rapporti con il collezionista e studioso della storia teatrale nel capoluogo lombardo Lodovico Settimo Silvestri, rinvio al mio *"La Drammaturgia milanese" di Lodovico Silvestri alla Bibliothèque-Musée de l'Opéra di Parigi: catalogo dei testi stampati fino al 1714*, in *Forme della scena barocca*, a c. di Annamaria Cascetta, in "Comunicazioni sociali", XV, nn. 2-3, (1993), pp. 243-44 nota 11.

[29] SIRO FERRONE, *Attori mercanti corsari. La Commedia dell'Arte in Europa tra Cinque e Seicento*, Torino, Einaudi, 1993, p. 7; si veda anche ROBERTA GIOVANNA ARCAINI, *I comici dell'Arte a Milano: accoglienza, sospetti, riconoscimenti*, in *La scena della gloria*, cit., pp. 265-326. Sul calendario comico nel '700 a Milano rinvio a M.G. CAMBIAGHI, *Compagnie comiche a Milano nel XVIII secolo*, in "Il castello di Elsinore", VIII (1995), pp. 17-33.

Sullo schema in tal modo definito si potevano innestare occasioni straordinarie legate agli eventi dinastici dei regnanti austriaci oppure originate dalla presenza a Milano di illustri ospiti. Nel periodo che qui consideriamo, per esempio, la celebrazione dell'onomastico di Maria Teresa d'Austria, dell'onomastico di Maria Ricciarda d'Este, del compleanno dell'Arciduca Ferdinando si conclusero col "nobile divertimento del Teatro" e, dalla "Gazzetta di Milano", si evince che, in qualche caso, lo spettacolo coincideva con gli allestimenti stagionali già in corso, ma poteva anche consistere in una nuova messinscena[30] .

In ogni caso le stagioni costituivano la struttura portante dell'organizzazione del calendario spettacolare.

Alla suddivisione delle stagioni corrispose una biforcazione in due gruppi dei generi presenti nel repertorio del Ducale, fissata dai capitoli dei contratti degli impresari dedicati all'impegno per gli allestimenti operistici. Se il carnevale era tradizionalmente la stagione dedicata agli spettacoli di maggior impegno scenico e risulta legato all'allestimento di due drammi per musica, che debuttavano a distanza di circa un mese l'uno dall'altro, in autunno si privilegiavano le "giocose rappresentazioni", in numero crescente – negli anni considerati – da due a tre allestimenti. Il dato è sicuramente da interpretare come indizio del favore del pubblico per il genere dei drammi giocosi: infatti, nel maggio 1769, l'autorità austriaca approva la proposta dei Cavalieri associati di sostituire le commedie in prosa nella stagione primaverile con altre rappresentazioni operistiche ("opere buffe o serie in musica"[31]). Proprio in quell'anno la cronologia permette di registrare ben quattro titoli di opere buffe e drammi giocosi proposti fra giugno e ottobre,[32] anche se gli effetti della decisione

---

[30] Si vedano i numeri del 21 ottobre 1767, 14 settembre 1768, 19 ottobre 1768. Altre evenienze coincisero probabilmente con il periodo dell'anno dedicato alle rappresentazioni comiche ("La Gazzetta di Milano" dell'8 giugno 1768 e 24 giugno 1772). Si aggiunga anche l'appunto anonimo conservato nell'ASMi, *Miscellanea Lombarda*, I, in cui sono elencati gli "appontamenti stabiliti la sera del 31 marzo 1766" per l'arrivo e la permanenza del Ministro Plenipotenziario in città, che comprendono numerose serate all'opera caratterizzate da elementi che rinviano alla modalità cortigiana (per esempio, il documento specifica che in teatro "li rinfreschi saranno somministrati da paggi di corte con tazze coperte").

[31] Il documento che attesta la richiesta dei Cavalieri associati e l'assenso del Serenissimo Amministratore è pubblicato da BOSISIO, *Aspetti e tendenze*, cit., p. 36.

[32] Si tratta di *Le serve rivali* per l'estate, *La cameriera astuta*, *La buona figliola*, *L'impresa d'opera* per l'autunno. La "Gazzetta" redatta da Parini registra solo gli ultimi tre titoli (rispettivamente nei numeri del 2 agosto, 6 settembre, 11 ottobre).

del Serenissimo Amministratore, il Duca di Modena, erano stabiliti per la primavera dell'anno successivo: nel 1770, infatti, sono allestiti due libretti in primavera (fra aprile e maggio) e tre drammi giocosi in autunno.[33] Lo sforzo produttivo di quell'anno non fu riproposto in ugual misura nelle stagioni successive, nelle quali la proporzione fra i generi (tralasciando l'annata eccezionale del 1771, in cui l'evento dinastico catalizzò tutto il calendario festivo della città e interruppe la consueta scansione spettacolare) fu ricondotta alla misura dei due drammi di carnevale e tre drammi giocosi in autunno. Risulta, comunque, che per soddisfare la richiesta per il genere giocoso, nel 1773 gli impresari del Ducale stabilirono un ampliamento della stagione autunnale fin quasi alla metà di novembre, col relativo aumento del numero di repliche:[34]

> Con soddisfazione universale gli Signori Associati nell'appalto di questo Regio Ducale Teatro hanno disposto e manifestato con avviso che le recite debbano continovarsi fino al giorno 13 inclusivamente del prossimo mese di novembre con alternativa rappresentazione tanto de' drammi giocosi, quanto de' balli che hanno incontrato il generale gradimento, e meritato il più giusto applauso.

L'annuncio della "Gazzetta" permette di cogliere un ulteriore elemento che connota il repertorio del Ducale: la crescente importanza dei balli che acquisiscono progressivamente un ruolo sempre più autonomo nell'economia degli spettacoli operistici[35] e godono di un successo particolare, attestato dai resoconti del foglio settimanale, che a tratti si dilungano sulle qualità degli interpreti e citano i titoli dei balli stessi, mostrando di riconoscerne la compiutezza ed autonomia artistica.[36] Il gusto per i balli

---

[33] Gli spettacoli messi in scena furono *Il regno della luna*, *L'amore artigiano*, *La lavandara astuta*, *D. Chisciotte della Mancia*, *L'olandese in Italia*, che, tranne l'ultimo titolo, sono rispettivamente citati dalla "Gazzetta" del 25 aprile, 16 maggio, 4 luglio, 19 settembre.

[34] "La Gazzetta di Milano", 27 ottobre 1773.

[35] La "Gazzetta" rispecchia pienamente questa tendenza, tanto che si verifica il caso che il "nuovo ballo" allestito in Teatro sia l'oggetto di un annuncio apposito (si veda il numero del 6 giugno 1770).

[36] Anche nelle notizie della "Gazzetta" traspare il protagonismo di Angiolini e Noverre. La prima citazione ampia di un ballo si deve alla penna del Parini, nel numero del 25 gennaio 1769: nell'annata la notizia spicca anche per la dimensione attribuitale nell'economia del foglio, dal momento che le altre notizie teatrali date dal Parini sono

suggerì anche alcune strategie impresariali, dal momento che la "Gazzetta" testimonia la programmazione e l'annuncio di alcune repliche di
drammi giocosi nei quali furono introdotti nuovi balli.[37] La prassi di modificare in parte l'evento spettacolare nel corso delle repliche per stimo-
lare l'attenzione del pubblico poteva riguardare anche la parte più propriamente musicale, come la "Gazzetta" attesta ancora per la *Ritornata di
Londra* nell'autunno del 1767, evidenziando l'aggiunta di una "cavadina
nuova col falsetto".[38] Spettacolarità e virtuosismo erano dunque le qualità su cui puntare per determinare o accrescere il successo degli allestimenti. Del resto, la "Gazzetta" che sia all'interno della città sia all'esterno
svolgeva la funzione di cassa di risonanza degli spettacoli del Ducale,
mette in rilievo proprio gli elementi visivi legati ai linguaggi specifici
della scena (gli apporti coreografici, le scenografie, i costumi con i rispettivi ideatori ed esecutori) e tratta con regolarità le caratteristiche musicali poiché cita frequentemente i compositori ed elogia gli interpreti,[39]

invece particolarmente laconiche (come ha notato anche Ettore Bonora nella recensione
all'edizione della "Gazzetta" curata dal Bruni, in "Giornale Storico della Letteratura Italiana", C (1983), pp. 307-12).

[37] Si legga la notizia pubblicata sul numero del 19 settembre 1770: "Sabato scorso
si è dato principio in questo Regio Ducal Teatro alla rappresentazione del dramma giocoso *D.Chisciotte della Mancia*. L'eccellenza della musica, la varietà delle decorazioni e la
bellezza de' scenari rendono oltremodo aggradevole questo teatrale trattenimento. Il
giorno 22 corrente vi saranno nuovi balli." Nell'autunno del 1774, la "Gazzetta", puntando su Noverre, evidenzia una strategia di annuncio che anticipa le novità negli spettacoli coreografici per sollecitare l'interesse del pubblico (si vedano i numeri del 3 agosto 1774, citato *supra* alla nota 26, e del 24 agosto 1774).

[38] "La Gazzetta di Milano", 14 ottobre 1767: "Per maggiormente condecorare le
teatrali rappresentazioni e renderle vieppiù aggradevoli a' spettatori, si dà avviso che
giovedì vi sarà per la prima volta un quartetto nuovo d'invenzione del sig. Genaro Magri, eseguito dal medesimo colla sua compagna signora Angiola Lezzari, non che dal sig.
Pietro Gianfaldoni e signora Rosa Corticelli, ed inoltre una cavadina nuova col falsetto,
lusingandosi di riportarne l'universale applauso."

[39] In qualche caso, anche i giudizi sui cantanti abbandonano l'intonazione generica,
ed evidenziano peculiarità delle tecniche interpretative. Si leggano i seguenti esempi:
"Sabato a sera si diede principio in questo Teatro alla rappresentazione del secondo
Dramma intitolato *Cesare in Egitto*. La musica spira una graziosa novità, ed è forte ed
espressiva. Le scene sono di ottimo gusto e maestrevolmente architettate. Fra gli attori
si distingue assai il sig. Aprile e Madama Picinelli: l'uno per una rara dolcezza di canto
e l'altra con un'azione viva e interessante" ("La Gazzetta di Milano", 7 febbraio 1770).
Il settimanale scrive il 1 gennaio 1772: "Giovedì scorso si è dato principio in questo Re-

mentre si evidenzia lo scarso interesse riservato alla componente verbale. Pur all'interno di una tipologia di fonte dichiaratamente tendenziosa — ma, proprio per tale caratteristica, paradossalmente più sicura, in quanto ne risultano esplicitati gli orientamenti di fondo — e pur considerando che si tratta di una fonte costruita frequentemente per mezzo di formulari ripetitivi, è possibile notare che il settimanale milanese conferma il riconoscimento del ruolo centrale del compositore nella produzione operistica, secondo modalità omogenee ai periodici toscani studiati da Piperno.[40] Si possono citare i resoconti relativi agli allestimenti del carnevale 1771, con il noto cenno a Mozart in occasione dell'allestimento di *Mitridate re di Ponto*:[41]

> Mercoledì scorso si è riaperto questo Regio Ducal Teatro colla rappresentazione del dramma intitolato *il Mitridate Re di Ponto*, che ha incontrata la pubblica soddisfazione sì per il buon gusto delle decorazioni, quanto per l'eccellenza della musica ed abilità degli attori. Alcune arie cantate dalla signora Antonia Bernasconi esprimono vivamente le passioni e toccano il cuore. Il giovine Maestro di cappella che non oltrepassa l'età d'anni quindici, studia il bello della natura e ce lo rappresenta adorno delle più rare grazie musicali.

gio Ducal Teatro alla rappresentazione del dramma che ha per titolo: *il Tamerlano*. Questo scenico spettacolo ha particolarmente incontrato l'aggradimento delle Loro Altezze Reali, e di tutti gli spettatori concorsevi in gran numero. La musica di composizione del celebre maestro di cappella sig. Giuseppe Miliwecek è stata universalmente applaudita dall'uditorio. Gli attori sonosi pure meritata l'universale approvazione; e tra questi si contradistinguano il sig. Giuseppe Millico e la signora Antonia Maria Aguilar, colla grazia, vivacità ed espressione del lor canto. Nel resto le decorazioni, gli abiti e la sinfonia sono magnifici e d'ottimo gusto." L'ultima esemplificazione riguarda uno degli interpreti dell'*Alessandro nelle Indie* nel carnevale del 1775: "Con insolito concorso la sera dei 28 è andato in iscena in questo Regio Ducal Teatro il secondo dramma *l'Alessandro nell'Indie*, musica del celebre sig. Maestro Monza milanese, che ha incontrato la particolar soddisfazione delle Loro Altezze Reali, ed ha riscossi i sinceri applausi di tutti gli spettatori per la novità dell'espressione e per la finezza dell'arte con cui ha secondata e vestita ad eccellenza la poesia. Gli attori si sono mirabilmente distinti ed il sig. Pacchiarotti sempre più forma la delizia ed il piacere del pubblico colla soavità e maestria del canto e colla sua azione viva ed animata, per cui giustamente è riputato il più abile professore del nostro secolo" ("La Gazzetta di Milano", 1 febbraio 1775).

[40] Rinvio a F. PIPERNO, *Impresariato collettivo e strategie teatrali. Sul sistema produttivo dello spettacolo operistico settecentesco*, in *Il teatro italiano nel Settecento*, a c. di Gerardo Guccini, Bologna, Il Mulino, 1988, in particolare pp. 299 ss.

[41] "La Gazzetta di Milano", 2 gennaio 1771.

E si consideri il resoconto del successivo debutto della *Nitteti*, composta dal milanese Carlo Monza:[42]

> Ieri l'altro si è dato principio alla rappresentazione del secondo dramma *La Nitteti* in questo Regio Ducal Teatro, posto in musica dal celebre sig. Maestro Carlo Monza all'attuale servizio in questa Regia Ducal Cappella, sendo stata sommamente con vero universale applauso gradita la di lui composizione sì per la novità de'motivi, che per la maestra artificiosa condotta dell'armonia, giusta i metodi dell'arte, cosicché congiunto il comune accoglimento della musica a tutte le altre parti che possono rendere giocondo uno spettacolo, si può dire che per tutto il corrente carnovale hanno di che dilettarsi non meno del pubblico, anche i più fini intendenti che non cessano di ammirare la vaghezza de' balli e delle decorazioni, l'eccellenza degli attori, la graziosità, la vivezza e l'espressione della musica del suddetto sig. Monza cittadino milanese.

Se, dunque, la Gazzetta permette di documentare anche per la piazza lombarda quello che appare un mutamento complessivo nelle gerarchie artistiche inerenti al fenomeno operistico del secondo '700, per il quale il compositore si avvia "ad essere oggetto primario di interesse da parte del pubblico, individualità [...] in grado di garantire sicuro richiamo e probabile successo alla produzione operistica",[43] essa mostra anche la trascuratezza per il testo verbale delle opere in musica, a cui riserva cenni brevi e generici.[44] Il disinteresse è tanto più evidente se si considerano le

---

[42] "La Gazzetta di Milano", 23 gennaio 1771.

[43] PIPERNO, *Impresariato collettivo*, cit., p. 304.

[44] I libretti sono oggetto di rare annotazioni frettolose, di cui proponiamo qualche esempio. A proposito dell' *Amore artigiano*, rappresentato nella primavera del 1770 ("La Gazzetta di Milano", 16 maggio 1770): " L'abilità degli attori, la novità del dramma e il buon gusto della musica non lasciano dubitare del continuato successo di questo teatrale intertenimento." Per le rappresentazioni dell'autunno del 1775: "Nella sera di lunedì andò per la prima volta su queste scene il secondo dramma intitolato = *Il Geloso in cimento* =, che per il grazioso intreccio, eccellente musica, ben addattato scenario, ricco vestiario ed altre decorazioni, si è giustamente meritato dalla numerosa nobiltà e gran mondo concorsovi tutta l'approvazione e gradimento" ("La Gazzetta di Milano", 20 settembre 1775); "Ieri sera fu rappresentato per la prima volta su queste scene il terzo dramma giocoso intitolato *L'Innocente Fortunata*, che per il bizzarro intreccio della poesia, buon gusto degli abiti e squisita musica del celebre signor Maestro Paesiello, si è conciliato tutto l'applauso e gradimento non solo dalla nobiltà che dal gran mondo che vi è concorso per esserne spettatore" ("La Gazzetta di Milano", 11 ottobre 1775).

annotazioni ben più ampie dedicate ad alcuni testi drammatici. È il già citato caso della *Clary*, alla fine di agosto del 1771, ma anche de l'*Italiano a Londra* di Giovanni De Gamerra, rappresentato a Lodi nel maggio 1770, a proposito del quale è annotato:[45]

> *Lodi 14 maggio*. Sabato 12 del corrente si produsse con straordinario concorso su questo Teatro una nuova commedia intitolata l'*Italiano a Londra*. Questa comica rappresentanza è opera del sig. Don Giovanni de Gamerra toscano Tenente dell'inclito Reggimento *Gaisrugg*. Detta commedia ha riscosso il pubblico aggradimento, accoppiando in se stessa la graziosità dell'intreccio, la facilità dell'espressione e la novità de' caratteri. Verrà questa replicata la sera de' 19 corrente a comune richiesta. Noi ci congratuliamo di veder questo giovine militare esercitar con successo i suoi talenti in un' arte cha ha tanta influenza ne' costumi del pubblico e che fu un tempo la delizia d'Atene e di Roma, come lo è al presente delle più colte nazioni d'Europa.

Nel caso dei libretti più famosi e celebrati, è evidente che il silenzio del resoconto giornalistico rinvia alla ovvia e sottintesa conoscenza che il pubblico dei lettori aveva del testo drammatico: per esempio, si consideri la notizia della *Didone abbandonata* allestita nel dicembre 1769, annuncio che si deve alla penna del Parini:[46]

> Ieri sera fu aperto questo Teatro colla rappresentazione del noto dramma *la Didone abbandonata*. Il grazioso intreccio dei balli, la vaga disposizione delle scene, l'illuminazione e la magnificenza degli abiti hanno ottenuto il pubblico aggradimento. La musica è del celebre Signor Ignazio Celoniat all'attuale servigio di Sua Maestà il Re di Sardegna, ch'ha così bene espresse le passioni degli interlocutori che tutti ne hanno sentita la delicatezza ed applaudita la maestria.

È chiaro che per la messa in scena del "noto dramma", caposaldo riconosciuto della drammaturgia musicale settecentesca , gli elementi oggetto di valutazione erano le variabili spettacolari specifiche oltre alla musica, e che nell'impegno artistico profuso per tali variabili si misurava la validità dell'allestimento.

---

[45] "La Gazzetta di Milano", 16 maggio 1770.
[46] "La Gazzetta di Milano", 27 dicembre 1769.

Si noti, infine, che anche il poeta che, alle dipendenze della gestione del Regio Ducal Teatro, era incaricato dell'adattamento dei libretti risulta completamente ignorato dalla "Gazzetta".[47]

Gli unici librettisti citati dal periodico nel decennio considerato sono correlati ad un momento di eccezionale impegno festivo che la "Gazzetta" documenta con ampiezza. Si tratta di Metastasio e Parini, definiti "soggetti già noti alla Repubblica Letteraria", nominati all'interno dei lunghi resoconti dedicati alle feste per le nozze arciducali del 1771:[48] i loro nomi nella relazione del foglio ufficiale dovevano probabilmente aggiungere lustro all'articolata orditura dei festeggiamenti, ed erano funzionali alla celebrazione degli arciduchi sposi ed alla propaganda degli eventi spettacolari.

I festeggiamenti del 1771 furono il contesto in cui si situarono le produzioni operistiche di carattere più spiccatamente cortigiano: il *Ruggiero* e l'*Ascanio in Alba*, appositamente composte, affidate al poeta cesareo ed al letterato più in vista della Milano del tempo, "condecorate" dai balli ideati dai coreografi Le Picq e Favier, sfarzose sotto il profilo scenico, offerte gratuitamente al pubblico, come sottolinea la "Gazzetta":[49]

---

[47] L'unica citazione rintracciata riguarda Claudio Nicola Stampa, definito il "celebre Rodasco P.A., Poeta del Regio Ducal Teatro", ma si riferisce ad un componimento celebrativo distribuito in occasione della messa cantata per la guarigione di Maria Teresa d'Austria nel giugno del 1767 ("La Gazzetta di Milano", 24 giugno 1767). Sulla sua attività per il Teatro milanese si vedano le informazioni raccolte da LUIGI FERDINANDO TAGLIAVINI, *Introduzione all'"Ascanio in Alba" di Mozart*, in *Intorno all'Ascanio in Alba*, cit., p. 12. Lo Stampa è citato come "Poeta" che presta "assistenza [...] al Regio Ducal Teatro" nel Bilancio del 1744, pubblicato da PATRIZIA VEZZOSI, *"L'impresario in angustie". La gestione del Regio Ducal Teatro di Milano dal 1726 al 1749*, in "Musica e storia", VII (1999), n. 2, p. 339. La notizia della "Gazzetta" ci permette di precisare meglio la durata dell'incarico dello Stampa.

Parini ebbe tale incarico dal 1768; richiamiamo in questa sede il documento che attesta la sua esenzione dal pagamento del biglietto d'ingresso, insieme con il Soresi, in qualità di "Poeti" (conservato in ASMi, *Spettacoli Pubblici*, p.a., cart. 34). Al Parini, probabilmente nella prima metà del 1771, subentrò Giovanni De Gamerra che restò in carica fino alla fine del 1774 circa: si veda FEDERICO MARRI, *Lettere di Giovanni De Gamerra*, in "Studi musicali", XXIX (2000), n. 1, pp. 71-183. In seguito l'incarico fu assegnato a Giuseppe De Necchi Aquila (VIANELLO, *Teatri spettacoli musiche*, cit., p. 269).

[48] Nella "Gazzetta" l'evento dinastico è ovviamente messo in grande risalto e la cronaca degli avvenimenti, insieme alle notizie dei preparativi, occupa ampio spazio, a partire dal numero del 27 marzo. In particolare si vedano i numeri del 11 e 25 settembre, 2, 9, 16, 23 e 30 ottobre, 6 e 13 novembre.

[49] "La Gazzetta di Milano", 23 ottobre 1771.

Alla sera fu aperto il Teatro *gratis* alla nobiltà nazionale ed estera e a tutte le persone civili. La vaghezza delle scene, la magnificenza delle decorazioni, la ricchezza degli abiti, l'eccellenza degli attori, la sceltezza della sinfonia, la sontuosità dell'illuminazione, l'eleganza, il numero e la giocondità degli spettatori, formavano uno spettacolo de' più graziosi e sorprendenti. Comparvero i Reali Sposi sulla gran Loggia Teatrale; e qui si rinnovarono in ogni parte gli applausi, i tripudi e i battimenti di mano. Tutto il Teatro fu servito d'abbondanti rinfreschi e gelati d'ogni qualità; il tutto con buon ordine ed universale soddisfazione.

Si deve notare che i gruppi sociali che risultavano accettati nel Teatro, "nobiltà" e "persone civili", escludevano in ogni caso "tutte le persone di bassa e vile condizione", mentre erano compresi "non solamente la nobiltà nazionale ed estera, ma altresì la cittadinanza e qualunque altro forastiere di secondo rango, cioè negozianti e mercanti di prima stazione".[50]

Sospesa temporaneamente la gestione puramente impresariale del Teatro, interrotto il ciclo stagionale degli spettacoli, l'articolazione cronologica delle feste – fissata tra il 15 ed il 30 ottobre nel *Giornale delle feste* appositamente stampato – non tralascia però di indicare un ampio numero di repliche,[51] volte evidentemente a soddisfare la curiosità del pubblico cittadino, al di là delle rappresentazioni strettamente connesse alle fasi culminanti dell'orditura festiva. Quel che la "Gazzetta" ed il *Giornale* tacciono e che invece si evince dai documenti d'archivio è il fatto che la prosecuzione delle recite previde l'ingresso a pagamento. L'evento di carattere cortigiano, costruito nelle strutture di un teatro impresariale, modifica il suo statuto: nell'ampliare le possibilità di fruizione tramite la ripetizione dello spettacolo perde le caratteristiche dell'unicità e dell'irripetibilità, mentre mescola la finalità celebrativa con le opportunità di fi-

---

[50] Le specificazioni sono manifestate in un avviso datato "dal Regio Ducal Teatro li 18 ottobre 1771", pubblicato da MARINA VACCARINI GALLARANI, *La festa teatrale tra Vienna e Milano*, in *Intorno all'*Ascanio in Alba, cit., p. 121 n. 42.

[51] Il *Giornale delle feste che debbonsi fare per le Nozze delle LL. AA. RR.* (a stampa, s.n.t., consultabile per esempio in ASMi, *Miscellanea Lombarda*, I, dove se ne trova anche una copia manoscritta con varianti nella distribuzione degli eventi spettacolari; un'altra copia a stampa, con aggiunte e correzioni manoscritte, è conservata in ASMi, *Litta Modignani*, XIX, 11) termina l'elenco delle repliche dell' "opera" e della "serenata" con l'affermazione "L'opera continuerà fino al compimento delle venti recite circa."

nanziamento, dato che i proventi dei biglietti d'ingresso furono utilizzati per coprire parte delle spese produttive.[52]

La realizzazione dei due allestimenti fu affidata all'impegno di due nobili milanesi da tempo incaricati di mediare fra le attività dell'impresario ed il controllo governativo:[53]

> L'attività, la penetrazione e il buon gusto del Conte Salazzar Direttore di questo Regio Ducal Teatro, e particolarmente incaricato in sì riguardevole circostanza, unitamente all'indefessa assistenza dell'Inspettore di detto Teatro sig. Federigo Castiglioni, contribuiscono non poco a rendere semppreppiù magnifici e decorosi i detti spettacoli. Il dramma da rappresentarsi in tal occasione avrà per titolo: *il Ruggiero*: la cantata: *l'Ascanio in Alba*. Il primo componimento è dell'Abate Metastasio, ed il secondo dell'Abate Parini, soggetti già noti alla Repubblica Letteraria.

La citazione, evidenziando le responsabilità delle figure scelte dal governo austriaco per garantire la coerenza delle attività spettacolari del Ducale con gli indirizzi della politica culturale e della politica viennese in senso lato, ci permette in conclusione di completare il quadro delle figure con compiti di tipo organizzativo e gestionale che ruotavano intorno all'attività spettacolare del Ducale.

Impresari e Direttori: ruoli e funzioni nell'organizzazione
degli spettacoli al Ducale

Quasi nulla la *Gazzetta* lascia intendere dei meccanismi gestionali ed organizzativi che precedevano e sottostavano alla ricchezza degli allestimenti, sui quali possiamo gettare luce grazie alle testimonianze archivistiche. Il profilo gestionale, nella prima metà del XVIII secolo, mostra alcune coordinate fisse sostanzialmente ereditate dal sistema sperimentato fin dai primi decenni del '600 per gli spettacoli dei comici professionisti:[54] l'attività teatrale nel suo complesso continuava ad essere vincolata ad un'istituzione assistenziale per le orfane dei militari spagnoli, il

---

[52] Si veda il "Conto dimostrativo a quanto ascendino le spese occorse all'occasione delle felicissime nozze" conservato in ASMi, *Potenze sovrane*, cart. 77.

[53] "La Gazzetta di Milano", 2 ottobre 1771.

[54] Sulle forme secentesche di gestione dello spettacolo a Milano rinvio a: ENRICA

Collegio delle Vergini Spagnole, al cui sostentamento la corona madrilena fin dal 1611 aveva destinato i proventi dello spettacolo professionistico esercitato nella città di Milano; la gestione economica della produzione operistica e dell'organizzazione delle stagioni comiche era affidata ad un impresario che agiva in regime di monopolio cittadino, tutelato dall'autorità di governo (una sorta di impresariato privato sostenuto dallo Stato); l'impresario godeva anche della privativa sui giochi d'azzardo praticati nei ridotti della sala teatrale, secondo un nesso topico fra esercizio dei giochi e finanziamento delle costose stagioni operistiche, anch'esso ereditato dalle strutture produttive secentesche che a loro volta erano state modellate sull'esperienza di gestione degli spazi destinati alle rappresentazioni delle compagnie di comici dell'arte. Le funzioni dell'impresario consistevano nell'ingaggio del *cast* vocale e dei ballerini e coreografi, nella scelta del libretto con le eventuali necessità di adattamento di cui era incaricato il poeta alle dipendenze del Regio Ducal Teatro, nella scelta ed ingaggio del compositore e di tutte le altre maestranze artistiche, *in primis* lo scenografo.[55]

A metà secolo, un radicale cambiamento investì la configurazione di quel sistema produttivo, poiché il governo decise di scindere il problema del mantenimento del Collegio delle Vergini Spagnole dall'impegno della gestione teatrale:[56] mentre al Collegio veniva destinata una dotazione fissa

FALCIOLA, *Una istituzione educativa e assistenziale a Milano. Il Collegio delle Vergini Spagnole (1578-1785)*. Tesi di laurea, Università degli studi di Milano, Facoltà di Lettere e Filosofia, a. a. 1984/85, relatore prof. Lucia Sebastiani; FERRONE, *Attori mercanti corsari*, cit., in particolare i capitoli II-III, pp. 50-136, che offrono un inquadramento europeo del problema; ARCAINI, *I comici dell'Arte a Milano*; D. DAOLMI, *Le origini dell'Opera a Milano (1598-1649)*, Turnhout, Brepols, 1998, in particolare pp. 119 ss.

[55] Il quadro gestionale della prima metà del 700 è analiticamente tracciato da VEZZOSI, *"L'impresario in angustie"*, cit.

[56] In realtà, a lungo il Collegio dovette attendere prima che fossero liquidate tutte le somme che gli spettavano: si veda il "Bilancio del Reale Collegio delle Vergini Spagnuole per l'anno 1771" (conservato in ASMi, *Culto*, p.a., cart. 1943) che rimanda ad un bilancio del 1766 (conservato in ASMi, *Culto*, p.a., cart. 1944), dai quali si desume che, a distanza di quasi vent'anni, permanevano crediti da riscuotere "per ingresso ed accordi di sedie in Teatro nel 1753", e che altre "controversie" riguardavano le somme percepite dagli appaltatori del Teatro per alcuni mobili da loro rilevati. L'"annoso affare" del credito relativo ai mobili fu risolto solo nel 1773, nel momento in cui ci fu il cambio di impresario (si veda il documento del 9 ottobre 1773 conservato in ASMi, *Culto*, p.a., cart. 1947).

direttamente a carico dello Stato, il nuovo impresario che nel 1755 ottenne l'appalto per gli spettacoli, Gaetano Crivelli, era tenuto a pagare un affitto annuo alla Regia Camera[57] ed a finanziare opere di riparazione alle fortezze dello stato.[58] Il mutamento dell'assetto dei rapporti fra impresa teatrale e autorità politica segna evidentemente l'apertura di un periodo in cui l'intervento del governo austriaco in materia di gestione degli spettacoli pubblici fu più diretto. Se fino al 1755 né le autorità austriache a Milano né tantomeno quelle viennesi risultano coinvolte nelle decisioni inerenti l'assegnazione dell'appalto dell'impresa teatrale,[59] nella seconda metà del secolo l'attività di organizzazione e produzione spettacolare dipende strettamente dall'autorità politica che aggiudica l'appalto ad un impresario e ne segue da vicino l'attività. Nel quadro di questa metamorfosi, pur alleggerito dall'obbligo di sostenere direttamente le Vergini Spagnole, il carico finanziario dell'impresa teatrale continuò probabilmente ad essere oneroso. L'impresa Crivelli che per contratto avrebbe dovuto proseguire per diciotto anni durò invece poco più di un anno; ad essa subentrò la società di impresari di Antonio Ghezzi & Co.,[60] secondo una formula volta evidentemente a contenere i rischi della gestione teatrale suddividendone la ricaduta e che fu replicata a più riprese.

Nell'arco di tempo che proseguì fino alla fine degli anni Sessanta, è possibile definire il quadro delle funzioni e dei ruoli che, per volontà del governo austriaco, interagivano con l'impresario per il funzionamento della macchina teatrale; tale quadro permette di individuare le forme dell'intervento dell'autorità di governo, orientate per un verso a tutelare il monopolio dell'impresario e per l'altro a tenere sotto stretto controllo il complesso dell'attività spettacolare. Si tratta di figure di mediazione, responsabili nei confronti del potere austriaco ma anche garanti per i diritti dell'impresario. Al vertice della gerarchia si colloca il Cavaliere "Sovraintendente generale del Regio Ducal Teatro", definito anche "Cavaliere Direttore" o "Cavaliere Deputato".[61] Nella seconda metà del secolo, dopo il biennio 1755-1757 in cui l'incarico fu affidato al Conte Francesco d'Adda,[62]

[57] FALCIOLA, *Una istituzione educativa*, cit., p. 53.

[58] VIANELLO, *Teatri spettacoli musiche*, cit., pp. 332 ss.

[59] VEZZOSI, *"L'impresario in angustie"*, cit., p. 296.

[60] BOSISIO, *Aspetti e tendenze*, cit., pp. 40-41.

[61] Le definizioni si trovano in alcuni documenti conservati in ASMi, *Spettacoli Pubblici*, p.a., cart. 29.

[62] ASMi, *Spettacoli Pubblici*, p.a., cart. 29, 19 settembre 1755, lettera di nomina per

a lungo l'impegno fu assolto dal Conte Lorenzo Salazar,[63] almeno fino al 1771, quando risulta attivo nell'organizzazione delle feste per le nozze arciducali, al punto da ottenere pochi anni dopo una pensione attribuitagli dalla corte viennese per il ruolo svolto nella direzione del Teatro.[64] Ma già nella prima parte del '700 sappiamo che un nobile milanese, il Marchese Corio, aveva avuto l'incombenza della "Sovrintendenza e Direzione del Teatro" fino all'inizio del 1738, quando la gestione del Teatro Ducale fu assunta dai Cavalieri Direttori, vale a dire da un gruppo di quattro nobili milanesi. E, d'altro canto, è opportuno rilevare che l'impegno di esponenti del patriziato cittadino nell'organizzazione degli spettacoli operistici, oltre ad essere una prassi diffusa in numerosi centri italiani,[65] non fu a Milano una peculiarità dell'età austriaca, dal momento che già nella seconda metà del XVII secolo varie attestazioni documentarie indicano il coinvolgimento di Vitaliano Borromeo per "sopraintendere" ad alcuni allestimenti nella sala pubblica cittadina: pur non essendo ancora state chiarite la genesi e le dinamiche di tali interventi, si evidenzia la coincidenza lessicale con cui le testimonianze epistolari citano il ruolo del Borromeo nei termini di "diretione" e "protetione delle opere".[66]

Certamente, nel '700, la presenza dei nobili nei ruoli gestionali ed organizzativi per l'attività teatrale della sala pubblica era un fatto gradito

l'incarico di "sopraintendere al buon ordine dello stesso Teatro e alla direzione tanto delle sceniche rappresentazioni, quanto delli balli da darsi in esso colla sola immediata dipendenza dal Governo". Il 6 settembre 1757 le dimissioni del conte d'Adda sono accettate (*ibi*).

[63] La nomina di Salazar gli è comunicata in data 23 settembre 1757 (*ibi*).

[64] Il 6 febbraio 1772 il Conte Salazar scrisse a Vienna chiedendo una "qualche gratificazione" per l'impegno assolto; il principe di Kaunitz gliela fece ottenere nel 1775. In seguito la pensione gli venne corrisposta in modo discontinuo, fino ad essere definitivamente cancellata dai registri nazionali nel 1797 (tutti i documenti al riguardo sono in ASMi, *Spettacoli Pubblici*, p.a., cart. 29).

[65] GERARDO GUCCINI, *Introduzione*, in *Il teatro italiano*, cit., pp. 48 ss.

[66] Vitaliano Borromeo risulta, allo stato attuale delle ricerche, impegnato fra il 1672 e il 1681 circa, ed in particolare la sua attività coincide in buona parte con le stagioni operistiche in cui la sala pubblica ripropose alcuni caposaldi del repertorio spettacolare del suo teatro privato all'Isola Bella sul Lago Maggiore, legati al nome di Carlo Maria Maggi (mi permetto di rinviare a R. CARPANI, *Drammaturgia del comico*, cit., pp. 101-112 *passim*; forse il Borromeo non fu il solo patrizio ad occuparsi degli allestimenti melodrammatici, dato che in una lettera del 1681 si accenna ai "cavalieri che hanno la protetione delle opere", citata *ibi*, p. 111 n. 219).

e sollecitato dalla corte viennese. Tale orientamento è chiaramente espresso
nei carteggi che precedono l'investitura del nuovo impresario nel 1773,
come vedremo, ma risulta leggibile già nel gennaio del 1738, quando il
Marchese Corio fu sollevato dall'incarico per la Direzione del Teatro dal
momento che

> l'eventualità delle cose ha portato in questo proposito che quattro di questi
> Cavaglieri si siino adossati il peso della Direzione del Teatro medesimo por-
> tati dal genio di servire al pubblico con maggior sodisfazione che non po-
> teva per avanti un puro impresaro.[67]

La diffidenza che trapela nei confronti del "puro impresaro" sembra
andar di pari passo con l'esigenza di aver garanzie sul suo operato. In effetti, poco oltre la metà del secolo, i compiti del Direttore del Teatro in
merito al funzionamento della sala teatrale nelle stagioni ordinarie di spettacoli sono definiti come diretta responsabilità in tema di ordine pubblico all'interno dell'edificio, verifica preventiva della composizione del
cast vocale e del corpo di ballo, stabilita dall'impresario ma passibile di
controllo da parte dell'autorità politica, compimento della procedura per
ottenere dal governo l'assenso all'inizio delle recite.[68]

---

[67] ASMi, *Spettacoli pubblici*, p.a., cart. 29, 1738 gennaio 4. Il documento allude ai
quattro Cavalieri Direttori (il Marchese Giuseppe Sommariva, il Marchese Ottavio Casnedi, Don Alessandro Castel San Pietro e Don Ascanio Alfieri) che ebbero in gestione
l'impresa teatrale dal carnevale del 1738 al carnevale del 1742 (VEZZOSI, *"L'impresario
in angustie"*, cit., pp. 309-16).
[68] ASMi, *Spettacoli pubblici*, p.a., cart. 29, doc. s.d. Si tratta di un chiarimento sui
compiti e sugli strumenti del Sovraintendente del Teatro in risposta ad un promemoria che raccoglie le questioni ed i dubbi di competenza del Conte Francesco d'Adda .
Nel documento, si stabilisce che al d'Adda Sopraintendente Generale del Regio Ducal
Teatro di Milano siano assegnati gli alabardieri "per appostarli in que' siti che troverà
opportuni all'intento di evitare li disordini in qualunque occorrenza, ben inteso che ne
destinerà due di essi all'assistenza del Giudice che fa tutte le sere la sua residenza in Teatro". Quanto al dubbio sugli spazi che sono cura del d'Adda – nel passato non estesi "oltre il palco, orchestra e sue adiacenze" – si rimanda direttamente ad un colloquio con
S.A.S., come pure per la definizione delle procedure che portano al nulla osta per lo spettacolo da parte del governo austriaco: "La più distinta prerogativa del cavaliere Sovraintendente era di poter direttamente e personalmente notificare al Governo che tutto
era pronto all'aprimento della scena, ricevendone dal Governo medesimo gli ordini per
l'incominciamento dell'opera". Per l'aggiunta delle feste da ballo ai compiti del Direttore, al d'Adda viene assegnata una figura di supporto, individuata in Giuseppe Casati.

Come appare chiaramente considerando il ruolo attribuito dall'autorità austriaca al Direttore, il punto critico della sua funzione consisteva nel rapporto con l'impresario e, in particolare, nei possibili conflitti di competenza innescati dall'intreccio fra le due linee di interesse rappresentate dal Direttore e dall'impresario, pur essendo esplicitamente esclusa ogni ingerenza del Direttore nell'ambito propriamente economico.[69] Proprio il lungo incarico tenuto da Salazar vide a più riprese occasioni di scontro con l'impresario.[70] Per esempio, un drastico intervento del Direttore per limitare la prassi della

Si rinvia la decisione sulla questione "se le funzioni del Direttore debbano essere circonscritte alle sole opere del carnovale e feste in Teatro, o pure a tutti gli altri divertimenti e spettacoli che possono occorere nel rimanente dell'anno". Infine S.A.S. decide che l'appaltatore debba "previamente comunicare al Direttore la compagnia de musici e ballerini che pensa di formare, e tutte quelle notizie di fatto che sono neccessarie sapersi per abilitarlo a poter informare all'occorenza l'A.S.".

La citazione del Casati permette di datare il documento alla fine del 1755, poiché nella medesima cartella dell'Archivio di Stato è conservato l'atto ufficiale del 27 dicembre 1755 con cui S.A.S incarica Giuseppe Casati di supportare l'impegno del Conte Francesco d'Adda Sovraintendente generale del R. Ducal Teatro, avendo quest'ultimo chiesto al Serenissimo Amministratore "di avere sotto i suoi ordini una persona propria, civile e di attività che lo coadiuvi in tutte le incombenze relative alle funzioni e feste di detto Teatro".

Viceversa il Direttore aveva l'autorità di interrompere le recite per gravi motivi, come accadde nel 1765 quando, in occasione del lutto per la morte di Francesco I, al Conte Salazar fu ordinato di sospendere "qualunque scenica rappresentazione in questo Regio Ducal Teatro", come era stato praticato in occasione della scomparsa di Carlo VI (ASMi, *Spettacoli Pubblici*, p.a., cart. 34, 1765 agosto 31; il permesso di riaprire il Teatro giunse il 25 novembre e il giorno successivo gli Interessati nel Regio Ducal Teatro chiesero di ridurre ad una sola opera l'impegno produttivo per il carnevale successivo: rinvio ai documenti conservati *ibi*, 1765 novembre 25 e 26 e dicembre 10).

[69] Una memoria anonima e non datata (conservata in ASMi, *Spettacoli Pubblici*, p.a., cart. 32-33) ricorda che nel contratto d'affitto dell'impresa teatrale a Giuseppe Niccolai e Niccola Felice Salinas, stipulato nel 1748, capitolo 3, si era stabilito che "li trattati e contratti d'ogni genere si dovessero sempre fare previa la partecipazione da darsi a quelli signori che saranno, pro tempore, Direttori; e ciò ne' termini che la previa partecipazione da farsi come sopra non impedisca l'appaltatore nella libera scelta e contrattazione de' virtuosi; purché le parti che sciegliarà siano parti lodevoli a meritarsi il pubblico aggradimento"; ma, dal 1756, al capitolo 47 del contratto di affitto dell'impresario Gaetano Crivelli, si stabilisce che "il Cavalier deputato da S.A.S. non abbia veruna ingerenza nel regolamento economico, né in tutto ciò dipende dall'interesse dell'appalto".

[70] Si legga la supplica del 23 settembre 1760 con cui Lorenzo Salazar chiede che gli sia concesso di dimettersi dall'incarico di Direttore del Teatro, che comporta "notabile pregiudicio della mia propria convenienza sì per la troppa facoltà dell'Impresaro come

replica delle arie a richiesta del pubblico originò, nell'autunno del 1760, una polemica con l'impresario che, al contrario, considerava proprio quell'abitudine un punto di forza dell'offerta spettacolare del Teatro milanese e non voleva rinunciare ad un elemento di attrazione e di sicuro successo presso il pubblico. La composizione della vertenza fu orientata a salvaguardare una pratica molto amata dagli spettatori del Teatro milanese , ponendo però precisi limiti in ordine alle necessità di tutela dell'ordine interno della sala.[71]

pur la niuna autorità del delegato, quale non può in senso del medemo Impresaro ne pure meter mano a quelle cose che non risguardano altro che la decenza ed il buon ordine interno del medesimo Teatro" (conservata in ASMi, *Spettacoli Pubblici*, p.a., cart. 29) .

[71] Un promemoria non datato (conservato in ASMi, *Spettacoli Pubblici*, p.a., cart. 29) ripercorre le fasi della divergenza originatasi il 13 ottobre: "il signor Conte Sallazar Direttore di questo [Teatro] prese la risoluzione di far abbassare il sipario a motivo che si voleva da tutto il Teatro la repplica d'un'aria delle prime del terzo atto, ed è palese similmente il di più che accadde nelle sere successive, quando S.A.S. ad istanza della nobiltà ordinò che non si negasse a questa ed al pubblico di far repplicare le arie a seconda della pratica." In seguito a ciò Salazar aveva incaricato uno dei custodi del Teatro di "affiggere un ordine in stampa per diffidare il pubblico che non si volevano più repplicche"; per tutta risposta l'impresario aveva licenziato quel custode perché non gli aveva comunicato quanto stava per fare. Fra Salazar e l'impresario era nato un conflitto di competenza; il primo riteneva di aver l'autorità di far abbassare il sipario "e come Direttore e come delegato del Governo". L'impresario sosteneva invece che "non fusse lecito al Cavaliere Direttore di far abbassare il sipario e che non abbia autorità dalle sue instruzioni di offendere un pubblico intero col far terminare l'opera prima che arrivi regolarmente al suo fine". L'impresario sottolineava però che "non per suo impegno ma per quello fatto dalla primaria nobiltà sia emanato l'ordine superiore di S.A.Serenissima di far repplicare le arie, e che il Teatro di Milano sia in possesso ab immemorabili di tale facilità, quale, se venisse tolta, non sarebbe forse così grande il concorso al medesimo dalla [*sic*]nobiltà e di ogni ceto di persone; come infatti la sera che fu esposto il biglietto stampato molti cavalieri ritornassero alle loro case." Il documento, dopo aver esposto il caso, formula una proposta di soluzione: "in via di equitativo temperamento ordinare che da qui in avanti non sarà permesso di far repplicare più di 3 o 4 delle arie che avranno il maggior incontro"; il custode è già stato riassunto; il Salazar dovrà avere il permesso di S.A.S. prima di far calare il sipario per motivi molto gravi.

In particolare, per la concessione sui bis, si suggerisce di far sapere al pubblico in anticipo quando un cantante è indisposto, per scusare l'impossibilità della replica: "Siccome poi l'esperienza ha dato a conoscere che molte volte si vuole la repplica di un'aria anche quando il cantante non gode la miglior salute e solo viene al Teatro perché non ha legitimo fondamento di scusarsi dal servire l'opera, così si potrà fare intendere al Cavaliere Direttore che in tal caso, quando il cantante avesse qualche aria solita farsi repplicare, debba far avvertire da suoi commessi o commesso la platea e li palchi principali al principio dell'opera, della indisposizione che impedisce il cantante di repplicare l'aria e così sarà tolto anche un tale inconveniente accaduto nell'ultima opera buffa, allorché

In ogni caso, mentre nella prima metà del '700, a fronte del variare delle figure che ricoprirono il ruolo dell'impresario e che oscillarono fra impresari puri di estrazione piccolo borghese, impresari artisti, nobili associati e gestione diretta da parte di alcuni nobili componenti la Congregazione del Collegio delle Vergini Spagnole,[72] la presenza del Direttore non fu costante, a partire dal 1755 e per un ventennio circa l'intervento della nobiltà cittadina nella macchina della produzione spettacolare si espresse con continuità proprio in quel ruolo.

Altre figure, istituite dal governo austriaco, erano coinvolte nell'attività della sala teatrale cittadina per assicurare la corretta applicazione della normativa in materia di spettacoli pubblici: si tratta del Giudice Privativo del Teatro (alle cui dipendenze era posto un Cancelliere), incaricato di amministrare la giustizia "nelle cause e materie solite dipendere dal Giudice del Teatro"[73] e spesso sollecitato ad intervenire per garantire e tutelare la privativa sugli spettacoli attribuita all'impresario.[74] I Giudici Togati furono

---

fu obbligato il Carattoli a repplicare, quantunque fusse indisposto." Il documento è stato parzialmente citato da KATHLEEN KUZMICK HANSELL, *Opera and ballet at the Regio Ducal Teatro of Milan, 1771-1776: a muscial and social history*, PhD. Dissertation, University of California, Berkeley, 1980, pp. 174-75.

Un documento del 20 dicembre 1760 (conservato *ibi*) fissa i termini di soluzione dello scontro: mentre ribadisce la responsabilità del Direttore circa la "quiete del Teatro durante le opere sia nel palco come nella platea" e raccomanda che sempre vada "l'Impresaro [...] di concerto col Cavalliere Direttore", stabilisce che solo il Serenissimo Amministratore (o una persona da lui incaricata) possa chiedere il bis delle arie delle opere serie; "ben inteso però che nelle recite delle opere buffe che si rappresentano nell'estate non essendo aperto il gran palco ove risiede la rappresentanza del Governo sarà permessa la replica discreta delle arie, per dar con ciò maggior occasione all'Impresaro di attirare a suo proffitto più concorso al Teatro."

[72] VEZZOSI, *"L'impresario in angustie"*, cit., p. 293.

[73] Si tratta del Questore Camerale Marchese Girolamo Castiglioni: i documenti sulla sua nomina sono in ASMi, *Spettacoli Pubblici*, p.a., cart. 29, 1755 novembre 1 e 1755 dicembre 1. Scomparso nei primi mesi del 1771, fu sostituito da Alessandro Ottolini, nominato il 15 marzo di quell'anno (ASMi, *Spettacoli Pubblici*, p.a., cart. 29). Il Cancelliere del Giudice Privativo del Teatro è citato in una lista di esenti dal pagamento del biglietto d'ingresso nel Teatro, databile al 1771 dal momento che in essa Ottolini è già in carica e il Parini risulta ancora Poeta del Regio Ducal Teatro (ASMi, *Spettacoli Pubblici*, p.a., cart. 34).

[74] Si vedano i casi di ricorsi dell'impresario contro spettacoli di "ballerini o siano saltatori di corda" (1767), di un'"Accademia di piccoli uccelli viventi" (1767) e di un'altra compagnia di saltimbanchi con una "numerosa truppa di cani e scimiotti ammaestrati ad ogni esercizio e mestiere" (1772), documentati in ASMi, *Spettacoli Pubblici*, p.a., cart. 34, già evidenziati da BOSISIO, *Aspetti e tendenze*, cit., pp. 52 ss.

incaricati di assistere a turno alle opere in Teatro per prevenire gli eventuali disordini che si potevano verificare nella sala teatrale[75]. Un gruppo di alabardieri era assegnato al Direttore affinché i soldati fossero dislocati in teatro, sempre a salvaguardia dell'ordine pubblico. Infine, nell'occasione straordinaria delle nozze del 1771, risulta che fosse presente anche un Vice Direttore del Teatro, Federico Castiglione, stretto collaboratore del Salazar.[76]

Proprio l'eccezionale momento festivo orchestrato per il matrimonio dell'Arciduca Ferdinando con Maria Beatrice d'Este permette di misurare lo scarto determinato dalla celebrazione dinastica nella prassi organizzativa e produttiva della macchina spettacolare. Le rappresentazioni dell'autunno del 1771 costituiscono, infatti, il caso più evidente di allestimenti di carattere cortigiano nel periodo da noi considerato, quantunque questo non fosse esclusivo. A spese della Regia Camera e per ordine del Conte Salazar, il Teatro fu restaurato, nella sala teatrale "sopra il gran palco" fu inserito lo stemma della Casa d'Austria, furono predisposte "straordinarie illuminazioni" e preparati "particolari spartiti delle due teatrali rappresentazioni", furono offerti i rinfreschi in Teatro.[77] Oltre che dei segni

---

[75] Nel 1771 i Giudici Togati chiesero che fosse cambiato il posto loro assegnato in Teatro (si vedano i documenti del dicembre 1771 in ASMi, *Spettacoli Pubblici*, p.a., cart. 29) e nel gennaio successivo furono ridefinite le competenze del loro incarico e comunicate al Direttore del Teatro, nei termini di assistenza alle rappresentazioni "per prevenire o riparare ai disordini che possono occorrere" con l'aiuto di alcuni soldati (*ibi*, 1772 gennaio 31). Un riferimento alle figure istituzionali impegnate nel Teatro è leggibile in un sonetto stampato su un foglio volante: *Nel suffragarsi l'anime purganti da' Signori Ufficiali ed assistenti al Regio Ducal Teatro nella Chiesa di S. Bernardino de' morti il giorno 25 febbraio 1760. E suonando in tal occasione la tromba di guerra il sig. Giuseppe Rodolfi Virtuoso di S.A.R. di Parma* (conservato nella Biblioteca Nazionale Braidense di Milano, segnatura XX.XIII.38).

[76] Definito "Inspettore" dalla "Gazzetta" del 2 ottobre 1771 che ne elogia l'impegno e sottolinea la qualità dei risultati della sua azione a fianco del Salazar, Castiglione è citato con la qualifica di Vice Direttore nella lista degli esenti dal pagamento del biglietto per l'ingresso in Teatro, databile al 1771 e conservata in ASMi, *Spettacoli Pubblici*, p.a., cart. 34. La lista mostra che altre competenze professionali erano presenti in Teatro con funzioni di assistenza, probabilmente a carico dell'impresario: in particolare enumera un "Medico del Teatro" e un "Chirurgo del Teatro e suo aiutante".

[77] Allegato ad una lettera del Conte Lorenzo Salazar, da Milano, datata 30 luglio 1772, che sollecita il pagamento ai creditori per i lavori compiuti "per conto della Regia Camera ne' teatrali spettacoli dell'autunno prossimo passato", si conserva un "Conto dimostrativo a quanto ascendino le spese occorse all'occasione delle felicissime nozze [...]: di quanto si è scosso e pagato a conto delle ridette spese e di quanto necessita pel total compimento delle medesime spese fatte d'ordine del Nobile Signor Conte Don Lorenzo Salazar, Direttore del Regio Ducal Teatro, e per conto di questa Cesarea Regia Ducal Ca-

visivi che, nel Teatro Ducale, esplicitavano l'occasione nuziale e celebrativa ed accentuavano il fasto degli spettacoli, il Direttore del Teatro fu
probabilmente incaricato di occuparsi anche delle delicate trattative per
l'ingaggio dei cantanti, per ottenere il *cast* migliore "per un'onorevole riuscita", come mostrano le "Istruzioni" rivolte al "Cavaliere Deputato":[78]

1. Dovrà il Cavaliero Deputato firmare e ratificare tutti quegl'accordi che
   col suo assenso ed approvazione verranno dagl'interessati del Teatro stabiliti colli soggetti che si desiderano tanto per cantanti che per ballerini ed altro.

2. Lo stesso dovrà fare di tutte le liste e conti di spese per robe sommini-
   strate da mercanti o da altri per l'effetto suddetto.

3. Ritenendo che la Girelli fissata dagl'Interessati pel carnovale 1772 possa
   essere a proposito per prima donna, sarà cura del Cavaliere Deputato col
   mezzo de predetti interessati di sentire solecitamente le sue pretese e
   fissarla pel tempo debito.

4. In caso non potesse la detta Girelli accettare per detto tempo, dovrà far
   presente a Sua Eccellenza Signor Conte Plenipotenziario prontamente
   la difficoltà, affinché possa partecipare a Vienna ad oggetto di ottenere
   dal Teatro di Napoli che venga posta in libertà la de Amicis per servirsi
   della medesima.

5. Tanto servendo la Girelli, che qualunque altra prima Donna si dovrà
   pensare a ritrovare col mezzo de predetti Interessati una seconda donna

mera: quali spese sono le seguenti, cioè: = la ristaurazione dello stesso Regio Ducal Teatro = l'addattamento del piccolo palco di proscenio = lo stemma gentilizio dell'Imperial
Casa d'Austria, posto sopra il gran palco, l'uno e l'altro ad uso delle prelibate LL. AA. RR.
= l'affitto de' palchi in Teatro, assunti a comodo dell'arciducal corte = le sinfonie per la
cena e pranzo in pubblico delle LL. AA. RR. nei giorni 15 e 16 ottobre 1771 prossima-
mente scorso = il valore delle n. 310 borse per riporvi le doti distribuite alle zitelle povere = li particolari spartiti delle due teatrali rappresentazioni, disposti dal succennato
Cavaliere = le straordinarie illuminazioni fatte in Teatro = e finalmente le due ridette teatrali rappresentazioni" (conservato in ASMi, *Potenze Sovrane*, cart. 77). Il conto non presenta al dettaglio le cifre delle spese, ma indica la somma complessiva, e da essa sono de-
tratti i pagamenti già erogati dalla Tesoreria Generale e gli introiti derivanti dalle recite
a pagamento; quindi elenca i nomi dei creditori. Si noti che KUZMICK HANSELL, *Opera and
Ballet*, cit., p. 18, dà notizia di una lettera di Kaunitz a Firmian, conservata negli archivi
viennesi, in cui si prevedeva che Vienna pagasse le spese delle feste milanesi; rimando alla
sua tesi per la ricostruzione dettagliata della committenza delle opere del 1771.

[78] Conservato in ASMi, *Spettacoli Pubblici*, p.a., cart. 29, il documento è parzialmente trascritto nella tesi di KUZMICK HANSELL, *Opera and Ballet*, cit., pp. 32-34, che
esamina gli orientamenti della corte viennese e dell'ambiente milanese riguardo le scelte
dei cantanti.

di capacità ed abilità al quale effetto farà che li medesimi servino prontamente a quelle e dove crederanno opportuno per ritrovarla ed assentarla colla necessaria scrittura.

6. Portando la rappresentazione del drama due primi musici cioè un soprano ed un contralto, così si farà premura il Cavaliero Deputato di sentire dagl'Interessati del Teatro quali riscontri avranno dal Manzoli che si vuole dalla Corte, ed a cui deve essere stato scritto da' medesimi per assentarlo nelle forme mentre per l'altro si crederebbe ottimo il musico Milico attualmente in Vienna e che su i riscontri di Milano verrà trattato e fissato pel debito tempo.

7. Devono pure essere due i tenori, onde per questi pure sarà cura del Cavaliere Deputato colla scorta e mezzo degl'Interessati avere due personaggi capaci di farsi onore in questa congiuntura facendosi premura di partecipare a Sua Eccellenza Firmian in chi sarà caduta la scielta di essi, perché da qui si possa renderne notizioso il Maestro Hasse destinato a comporre la musica.

8. Essendo scritturato col Teatro pel Carnovale 1772 per primo ballerino Monsieur Pick, si dovrà fare tutto il possibile per averlo per quest'opera per primo ballerino, lasciando la cura al Deputato Cavaliero unitamente agl'Interessati del Teatro di scieglere gl'altri soggetti necessari per i balli quegli che crederanno i migliori per un'onorevole riuscita.

9. Sarà pure prima e principal cura di fare in modo che le sudette disposizioni tutte e qualunque altra necessaria da darsi per l'effetto sudetto siano date ed eseguite colla convenevole prontezza che si desidera per avere in tempo i debiti riscontri a governo e lume di chi spetta; come pure avrà presente il Deputato di condursi in quest'affare, come se fosse suo proprio, cioè colla maggiore proprietà ed economia possibile, passando in tutto e per tutto di piena intelligenza colli più volte nominati Interessati del Teatro.

10. Per supplire alle occorrenze di questo affare il Cavaliere andrà inteso colli Interessati del Teatro per fissare con essi quella sovvenzione che si dovrà fare interinalmente dalla Regia Camera a medesimi a conto delle necessarie spese ed altro per parteciparla poi a Sua Eccellenza Plenipotenziario per l'ordine da abbassarsi alla Camera medesima.

11. Per ultimo occorrendo qualche emergente, per cui non credesse del suo arbitrio né degl'Interessati del Teatro la risoluzione da prendersi, farà presente a Sua Eccellenza le occorrenze, per avere le di lui superiori determinazioni, non dubitando che sarà per condursi in questa incombenza con quel zelo e premura pel reale servigio ed interesse che possa meritargli coll'approvazione del Governo anche quella della Corte.

Il ruolo del Direttore – che anche in altre occasioni, con la presenza di ospiti illustri in Teatro, aveva svolto funzioni di rappresentanza –[79] risulta nel 1771 molto ampliato: gli Associati nell'appalto del Teatro si assunsero "la cura di formare e dirigere lo spettacolo destinato all'occasione delle nozze di S.A.R. il Serenissimo Arciduca Ferdinando" per volere di Maria Teresa e per conto della Regia Camera che sosteneva l'onere economico di tutta l'operazione, ma chiesero al governo di "delegare un Cavagliere a soprintendere ed a firmare gli contratti che fossero da essi stabiliti, non che gli mandati e liste delle spese"; per tale incarico era stato designato il Conte Lorenzo Salazar, "già Direttore attuale del Teatro", al quale fu affiancato Federico Castiglioni "che per parte degl 'Associati ebbe come ha sempre sopra di se tutto il carico anche di questa incombenza".[80]

Si verificò, dunque, uno spostamento della responsabilità organizzativa che la corte preferì addossare ad un incaricato di fiducia di nobile estrazione, vista la delicatezza delle trattative necessarie per gli interpreti di maggior successo, in cui potevano entrare in gioco i rapporti diplomatici e le volontà politiche che determinavano la circolazione dei cantanti fra i maggiori teatri d'Europa. In effetti, le "Istruzioni" sopra citate mostrano chiaramente che uno dei punti focali d'attenzione nella dinamica dell'organizzazione degli spettacoli fu la composizione del *cast* dei cantanti e dei ballerini, a partire da una rosa di nomi di interpreti su cui avrebbe poi dovuto lavorare il compositore Hasse per *Il Ruggiero*. Se emerge chiaramente la volontà delle autorità di governo di offrire uno spettacolo di indiscussa qualità e di forte richiamo sul piano artistico, il documento non tralascia però di raccomandare al Deputato di operare "colla maggiore proprietà ed economia possibile", spronandolo dunque ad un atteggiamento vigile e sollecito su tutti i fronti. Del resto, se il Direttore

[79] Per esempio, in occasione della visita di Giuseppe II a Milano nel 1769, il sovrano regalò "una magnifica tabacchiera gioiellata col ritratto al Conte Sallazar che lo serviva in Teatro ne' palchi" e "300 zecchini all'Impresaro del Teatro" (si veda l' "Estratto di lettera in data Milano 15 luglio 1769" conservato in ASMi, *Potenze Sovrane*, cart. 64).

[80] Le citazioni sono tratte da una memoria non datata conservata in ASMi, *Spettacoli Pubblici*, p.a., cart. 29. Salazar e Castiglioni avrebbero dovuto in seguito collaborare per liquidare i conti ed i pagamenti, ma il Castiglioni risulta impegnato nelle "altre occupazioni immediatamente sopravenute [...] per allestire lo spettacolo del susseguito carnevale". Il documento conclude perorando a favore di Salazar: "Per condecorare il suo carattere di Direttore del Teatro e speciale Delegato oltre l'essere egli anche attualmente impiegato a dirigere la Musica di Corte in occasione di favole ed altre funzioni pubbliche non può che essere occorso al Signor Conte Salazar qualche dispendio".

del Teatro fu responsabile della gestione economica anche di altri segmenti del complesso sistema festivo,[81] altri Cavalieri Delegati furono incaricati della "direzione" di alcuni spettacoli: in particolare è citato a più riprese il Conte Paolo Melzi Monti come "Cavaliere delegato de' [...] spettacoli", insieme al Marchese Giambattista Morigia e ad altri patrizi milanesi.[82] Si conferma anche in questo caso il frequente ricorso dell'autorità di governo al ceto patrizio milanese per le funzioni di organizzazione spettacolare nelle grandi occasioni cerimoniali e festive che segnavano il tempo straordinario nel calendario della città.

"Il sistema de' Teatri d'Italia"

Nel 1773, un autorevole osservatore di parte austriaca, il principe di Kaunitz, nel considerare la formula gestionale del Regio Ducal Teatro milanese, così sintetizza il funzionamento economico dei teatri in Italia:[83]

Io ne sono stato sempre persuaso, conoscendo troppo bene il sistema de' Teatri d'Italia diverso da quello degli altri paesi: che l'impegno delle spese

[81] Si veda il "Conto dimostrativo" allegato alla lettera del 30 luglio 1772, conservato in ASMi, *Potenze sovrane*, cart. 77, citato alla nota 77.

[82] Rinvio a numerosi documenti conservati in ASMi, *Potenze Sovrane*, cart. 77, nei quali il Conte Melzi risulta impegnato a soddisfare le varie richieste di pagamento degli artigiani coinvolti nella realizzazione degli spettacoli del 1771. Altri documenti raccolti in ASMi, *Potenze Sovrane*, cart. 76, citano "quattro Cavalieri Delegati" per la "direzione" della corsa dei barberi, che si tenne sempre nell'autunno del 1771: oltre al Conte Melzi, il Marchese Pompeo Litta, il Conte Luigi Trotti e il Conte Antonio Della Somaglia. "La Gazzetta di Milano" del 25 settembre 1771 attribuisce all' "applaudita direzione" del Melzi e del Morigia i preparativi per gli spettacoli sul Corso di Porta Orientale. Alcuni patrizi milanesi furono anche coinvolti in qualità di "Praefecti" o "Sovrintendenti" nella cura dei lavori intorno al Palazzo Ducale: per esempio proprio il Conte Paolo Monti Melzi nel 1773 fu incaricato dall'Arciduca Ferdinando di seguire i lavori nel Palazzo Ducale, con piena delega di intervento e decisione (FORNI, *Il Palazzo Regio Ducale di Milano*, cit., pp. 26-27).
Si noti che il termine "direzione" poteva alludere anche ad un intervento di carattere specificamente artistico: è quanto sembra di poter desumere dalla "Gazzetta di Milano" del 13 luglio 1768, che riporta la notizia di una festa di canonizzazione celebrata nella Chiesa dell'Immacolata Concezione, con musiche di Giannandrea Fioroni e Giambattista Sanmartini, il cui apparato fu realizzato con la "direzione de' celebri rinomati Signori Fratelli Galeari".

[83] ASMi, *Spettacoli Pubblici*, p.a., cart. 32-33, 1773 aprile 22.

per dare buoni spettacoli secondo il gusto grandioso della nazione è grande: che i palchetti appartengono in proprietà a' particolari: che l'impresaro non può contare se non su quanto si paga alla porta per l'ingresso: che questa tassa in Italia è tenue: che nell'estate i teatri sono per lo più deserti e che i giuochi per necessità ne devono costituir la dote.

La nitida fotografia delle contraddizioni strutturali insite nel sistema produttivo e gestionale italiano in genere si inserisce in un carteggio fra Milano e Vienna originato dalla scadenza del contratto d'affitto dell'impresa teatrale milanese, che offre un significativo punto di osservazione delle dinamiche politiche ed economiche sottese alle modalità di organizzazione spettacolare nella capitale della Lombardia austriaca e, più in particolare, mette in luce alcuni degli orientamenti della corte viennese in tema di politica teatrale. Il caso esemplare e riccamente documentato, in un periodo connotato dal punto di vista storiografico dalla carenza di tracce archivistiche, è già stato messo in rilievo dalla Kuzmick Hansell;[84] sembra comunque opportuno in questa sede riconsiderare quel materiale lungo più ampie linee interpretative ed alla luce di rinnovate prospettive storiografiche.

Nel carteggio del 1773, il nodo cruciale restavano i giochi d'azzardo: essenziali per il bilancio della gestione impresariale, i giochi d'azzardo erano considerati dall'autorità di governo un elemento turbativo della tranquillità dello stato e una possibile causa di rovina del benessere economico dei cittadini. Lo stesso decreto del 22 dicembre 1773 che regola l'attività del Regio Ducale Teatro, nel proibire i giochi d'azzardo al di fuori dell'edificio teatrale, sottolinea che "sì da vicino interessano la quiete delle private famiglie" e mostra particolare preoccupazione per i giochi di zara praticati dal "basso popolo, e che davano un'ansa troppo facile a' disordini e vizi".[85] Già in precedenza i sovrani austriaci avevano tentato di interrompere la consuetudine della pratica dei giochi nei ridotti del Teatro, peraltro permessa da gride apposite che ritagliavano l'eccezionale possibilità di praticarli all'interno dell'edificio teatrale nel contesto giuridico di un generale divieto su tutto il territorio dello Stato di Milano.[86] Ma chiarissima era stata sia per gli impresari sia per i responsabili del Col-

---

[84] KUZMICK HANSELL, *Opera and Ballet*, cit., pp. 102 ss.

[85] Una copia del decreto a stampa è conservata in ASMi, *Spettacoli Pubblici*, p.a., cart. 32-33.

[86] VEZZOSI, *"L'impresario in angustie"*, cit., pp. 304-05.

legio delle Vergini Spagnole la necessità imprescindibile di finanziare la produzione operistica col profitto derivante dalla regalia dei giochi e per tale ragione era stata ottenuta la revoca dei provvedimenti proibitivi.[87]

Anche nel 1773 le linee dell'intervento del governo viennese per definire il nuovo contratto d'appalto furono guidate dall'obiettivo della "soppressione de' giuochi d'azzardo". Inoltre l'Arciduca Ferdinando tentò di affidare la gestione degli spettacoli ad un gruppo di nobili: verosimilmente, la società di cavalieri era considerata più affidabile del semplice impresario e si valutava con attenzione l'opportunità di cointeressare nell'onere produttivo alcuni appartenenti al ceto nobiliare che costituiva il pubblico d'elezione del Teatro, creando una circolarità fra aspettative e responsabilità. Ma né l'uno né l'altro obiettivo fu raggiunto: il Teatro non poteva funzionare senza una "congrua dotazione" e i fondi della Regia Camera non erano in condizioni tali che si potesse attingere ad essi.[88] Una lettera dell'Arciduca Ferdinando inviata a Vienna riassume:[89]

> Furono efficaci le trattazioni [per la nobile società], ma non produssero alcun effetto. All'intendere che si desiderava la soppressione de' giuochi d'azzardo generalmente creduti l'unica dotazione de' Teatri in Italia, come lo sono effettivamente, disanimavasi ogni concorrente. Sono troppo sensibili le spese necessarie a sostenere la decenza degli spettacoli e la scelta delle parti che devono rappresentarli.

Le spese produttive, come rimarca l'Arciduca, comprendevano fra le

---

[87] Si legga in proposito il citato studio della Vezzosi (EAD., *"L'impresario in angustie"*, cit., pp. 309 ss.), che ricostruisce il periodo tormentato della gestione affidata ai quattro Cavalieri Direttori, fra il 1738 e il 1742, segnato in particolare dalla volontà di Carlo VI di proibire i giochi "perniciosissimi al pubblico" e conclusosi con un passivo di bilancio che gravò sulle sostanze personali dei quattro nobili milanesi.

[88] Il 27 marzo del 1773 da Milano si ammette: "Tutte le diligenze praticatesi per formare una nobile società che ne assumesse l'impegno sono state inutili. Era pur anche vano lo sperare di vedere in attività il Teatro senza procurargli una congrua dotazione. Eccessivo sarebbe stato il peso quando si fosse caricata sopra i fondi della Regia Camera. Malgrado ancora d'un così sensibile sagrifizio, non si otteneva il principal intento di sradicare i giuochi d'azzardo. [...] Inoltre come potevasi evitare l'andata de' sudditi ed il trasporto del denaro nelle vicine estere contrade, ove sono in pratica i giuochi di zara? Colla perdita del proprio contante quella pur anche si univa de' forestieri, soliti a concorrere in buon numero alle rappresentazioni del nostro Teatro" (ASMi, *Spettacoli Pubblici*, p.a., cart. 32-33).

[89] Lettera non datata, conservata *ibi*.

voci più onerose i costi per l'ingaggio dei cantanti. Ma la presenza di interpreti di prestigio era considerata un elemento irrinunciabile: lo stesso
contratto del 1773, pur stabilendo la libertà dell'impresario di scegliere
i "virtuosi sì di musica che di ballo, come pure [...] Maestro di musica,
instrumenti per la orchestra ed ogn'altra qualità di persone che dovrà essere impiegata per uso del Teatro " e stipulare i contratti con essi, sottolineò l'importanza di aver garanzia della levatura degli interpreti, e perciò richiedeva che "le prime parti [...] tanto di musica che di ballo" fossero "di quelle che avranno recitato nei teatri di grido, come in questo
stesso di Milano, o in quelli di Vienna, Roma, Napoli, Torino, Genova e
Venezia in simile qualità".[90]

Per questo insieme di ragioni si proponeva non di abolire i giochi, ma
di limitare la possibilità di praticarli riservandola ai ceti economicamente
più forti. La "permissione de' giuochi" sarebbe stata dunque "modificata
in maniera che si va a preoccupare il massimo degli sconcerti, vietandosi
l'uso di quei giuochi che erano destinati per la classe più bisognosa del
popolo e si trattenevano nel sito più obvio ed esposto del Teatro".[91] In

---

[90] La citazione è tratta dall'"Instromento d'investitura del Teatro esistente nella
Corte Regia Ducale [...] fatta dal Regio Ducal Magistrato in Felice Stagnoli per anni
dodici da principiare col giorno primo dicembre del corrente anno e terminare col giorno
30 novembre 1785 colla sicurtà solidale delli Fratelli Minonzi", conservato *ibi*. La provenienza di un dramma giocoso da Vienna è citata anche dalla "Gazzetta" come garanzia di qualità: "*Milano*. In questo Regio Ducal Teatro fu posto lunedì scorso in iscena
l'*Amore Artigiano* dramma giocoso che venne universalmente applaudito dagli spettatori
che v'intervennero in molto numero. Questa rappresentazione ottenne già un distinto
aggradimento in Vienna, ove fu replicata per tre anni consecutivi con particolar soddisfazione dell'Augusta Padronanza. L'abilità degli attori, la novità del dramma e il buon
gusto della musica non lasciano dubitare del continuato successo di questo teatrale intertenimento" ("La Gazzetta di Milano", 16 maggio 1770). Sul tema dei rapporti fra
Milano e la capitale dell'Impero rinvio a ELENA SALA DI FELICE, *Il melodramma tra Milano e Vienna*, in *Economia, istituzioni, cultura*, cit., pp. 365-86).
[91] Lettera non datata dell'Arciduca Ferdinando (ASMi, *Spettacoli Pubblici*, p.a., cart.
32-33). Il decreto del 22 dicembre 1773 stabilisce al punto 14: "Passando ora all'altra
parte che risguarda i giuochi d'azzardo, i quali sì da vicino interessano la quiete delle
private famiglie, ed inerendo anche al nuovo capitolato dell'appalto suddetto del Teatro e giuochi, proibiamo severamente a qualunque persona di qualunque condizione,
eminenza e grado anche militare di giuocare, in verun tempo e luogo senza eccezione
alcuna sì in pubblico che in privato, alli giuochi del Faraone o sia Bassetta, Biribisso,
Arbore Imperiale, Pirla, Bissotta e simili, tanto inventati quanto da inventarsi, appartenenti alla natura de' giuochi di zara, li quali perciò tutti si abbino qui per espressi e

ogni caso, l'Arciduca faceva notare che le decisioni in merito al Teatro milanese andavano definite valutando il contesto lombardo nel suo complesso, vale a dire considerando la prassi dell'intrattenimento nella rete delle città vicine che costituivano i poli d'attrazione verso i quali il ceto patrizio del capoluogo poteva facilmente spostarsi. L'eventuale proibizione dei giochi avrebbe perciò dovuto essere estesa a tutti i teatri provinciali, compresi quelli di Mantova. In caso contrario, l'Arciduca riteneva che il Teatro di Milano avrebbe subìto una perdita di introiti pari "circa alle £ 60.m annue", dal momento che i milanesi si sarebbero recati nei teatri delle città vicine per poter giocare e che per di più sarebbero state perse le somme normalmente ricavate grazie alla presenza degli ospiti forestieri

> i quali sogliono venire ogni anno a frequentare i nostri Teatri, non meno che i Ridotti, massime gli ultimi giorni del carnevale, il quale è da noi più lungo di quello dei vicini paesi. Tale è la situazione delle città d'Italia troppo vicine le une alle altre, per evitarne una continua comunicazione.[92]

Scegliendo una linea repressiva rigorosa, infine, il gioco d'azzardo sarebbe fiorito nei salotti privati[93]. La lettera dell'Arciduca Ferdinando si conclude con un raffronto con il sistema gestionale del Teatro di Torino, analizzato nel suo rapporto con gli altri teatri provinciali, e prefigura per il capoluogo lombardo l'ipotesi di edificare una seconda sala teatrale subordinata al Regio Ducale Teatro, una parte degli introiti della quale sarebbero stati destinati a finanziare le produzioni spettacolari del Teatro principale: già a questa altezza cronologica troviamo le tracce di quel sistema teatrale bipolare che fu realizzato in seguito

---

generalmente banditi. E perché ne resti tanto più allontanata la loro reintroduzione, riserviamo a noi soli la facoltà di derogarvi. Da tale divieto però resta eccettuato il solo Regio Ducale Teatro, quando sia aperto per qualche divertimento, e vi si permette a tenore del suddetto capitolato l'uso del Faraone, del Biribisso e del Turchetto, proscritti però sempre tutti quei giuochi di zara che solevansi in passato tenere alla porta per il basso popolo e che davano un'ansa troppo facile a' disordini e vizi" (*ibi*).

[92] Lettera non datata dell'Arciduca Ferdinando, conservata *ibi*.

[93] I *Mémoires* di Giacomo Casanova ricordano i giochi d'azzardo praticati a Milano nel ridotto del Teatro oppure in case private, come quella della vedova Griona; ma anche nel *Giorno* pariniano il gioco è un tema di grande rilievo: rinvio a CARLO VECCE, *Gioco e società nel* Giorno, in *Interpretazioni e letture del* Giorno, a c. di Gennaro Barbarisi e Edoardo Esposito, Bologna, Cisalpino, 1998, pp. 511-28.

con l'edificazione del Teatro alla Scala e del Teatro alla Canobbiana.[94]

Da Vienna arrivò infine l'assenso alla continuazione dei giochi, fatta eccezione per quelli normalmente esercitati dal popolo minuto vicino alla porta del Teatro, secondo l'ipotesi prospettata.[95]

Si trattava a quel punto di decidere a chi assegnare l'impresa, dal momento che non era stata bandita un'asta pubblica e due concorrenti, Angiolini e Stagnoli, dopo aver esaminato i capitoli dell'appalto, avevano fatto pervenire le loro osservazioni e proposte.[96] A favore di Felice Stagnoli, mercante e appaltatore del lotto, si espresse anche l'Arciduca che ne sottolineò la "notoria sua responsabilità", mentre i dubbi sull'Angiolini derivavano dalla qualità del "carattere di persona teatrale" che sembrava offrire un minor grado di affidabilità.[97]

[94] Sul ruolo effettivamente giocato dall'Arciduca Ferdinando nelle successive trattative per l'edificazione del Teatro alla Canobbiana si veda CAMBIAGHI, *La scena drammatica*, cit., pp. 23 ss. L'analogia fra il sistema teatrale a Torino e a Milano a partire dall'inaugurazione della Scala e della Canobbiana è tematizzata da MERCEDES VIALE FERRERO, *Torino e Milano nel tardo Settecento: repertori a confronto*, in *I vicini di Mozart*, I, *Il teatro musicale tra Sette e Ottocento*, a c. di Maria Teresa Muraro, Firenze, Leo S. Olschki, 1989, pp. 99-138.

[95] Scrisse Kaunitz: "Le riuscite nostre rimostranze hanno avuto la sorte di vincere le difficoltà che ritenevano l'animo di Sua Maestà dal dare il suo assenso alla continuazione de' giuochi: ciò che s'intende non solo per Milano, ma anche per le altre città e per Mantova, limitatamente però ai soli Teatri e con esclusione de' giuochi co' quali si occupava finora il minuto popolo vicino alla porta del Teatro" (ASMi, *Spettacoli Pubblici*, p.a., cart. 32-33, 1773 aprile 22).

[96] Il permesso di deroga dall'asta pubblica, usuale procedura per l'assegnazione dell'appalto del Teatro, era stato chiesto dall'Arciduca Ferdinando (lettera non datata, conservata *ibi*). Un ricco nucleo di documentazione riguardante le proposte di aggiustamento del contratto d'appalto avanzate dall'Angiolini e dallo Stagnoli è conservato *ibi*.

[97] La valutazione di Angiolini è espressa in una minuta datata 8 maggio 1773, conservata *ibi*. Kaunitz aveva in precedenza espresso i dubbi di Maria Teresa: "Per la scelta poi dell'impresaro tra i due attuali competitori, Sua Maestà non vuol entrare in alcuna deliberazione, e rimette questa interamente all'arbitrio del Governo, dimostrando anzi diffidenza di chi fa o faceva professione di comico; e ciò dopo la cattiva riuscita dell'impresa del Teatro di Brusselles, la quale nelle mani d'una compagnia de' comici è recentemente fallita" (*ibi*, 1773 aprile 22). La valutazione dello Stagnoli è nella già citata lettera non datata dell'Arciduca Ferdinando, conservata *ibi*. Su di lui si veda VIANELLO, *Teatri spettacoli musiche*, cit., p. 333. La "Gazzetta di Milano" del 29 dicembre 1773 cita con espressioni di approvazione il lavoro dei "nuovi associati al medesimo [Regio Ducal Teatro]", come pure fa quella del 26 gennaio 1774, che rileva lo "straordinario concorso della nobiltà e dell'affollato popolo l'universale applauso; non avendo i Signori Associati al suddetto Teatro risparmiato né attenzione né fatica né spesa per incontrare il pubblico aggradimento."

Lo strumento notarile di investitura per lo Stagnoli, siglato nel mese di ottobre del 1773, permette di evidenziare le formule di mediazione e di soluzione a cui portarono le trattative fra i referenti nella corte viennese, i rappresentanti austriaci a Milano e l'aspirante impresario. La spinosa questione dei giochi fu risolta con il compromesso prefigurato dall'Arciduca Ferdinando, che ne permetteva l'esercizio nel ridotto nobile e nel ridotto mercantile, rispettivamente per le "persone nobili" e le "persone civili", ma li vietava "alla porta e anche in quarta fila", cioè negli spazi normalmente occupati dalla servitù e dal popolo, volendo evitare che gli appartenenti ai ceti economicamente più deboli fossero esposti ai pericoli di rovina improvvisa.[98] Soprattutto risultava riconosciuta implicitamente la necessità di quella forma di finanziamento per sostenere l'onere organizzativo degli spettacoli, dato che la cessazione dell'esercizio dei giochi era riconosciuta come valido motivo di rottura del contratto.[99] Gli introiti dell'impresario furono oggetto di precise indicazioni, sia quelli derivanti dall'affitto dei palchi che dai biglietti di ingresso, sia quelli relativi alla vendita di rinfreschi ed all'esercizio di un'osteria e di una "bottega di galanteria".[100]

Un ulteriore punto cruciale riguardava la privativa sugli spettacoli e sulle feste da ballo: il contratto mostra che si arrivò a salvaguardare l'at-

[98] Cito dall'"Instromento d'investitura", capitolo 10: "L'esercizio de' giuochi sarà come al presente, cioè da persone nobili nel ridotto nobile, e da persone civili nel mercantile. Senza tali giuochi l'appaltatore non potrà esser obbligato a continuare l'appalto. Il prodotto de' medesimi e delle sedute sarà dell'appaltatore. Gli altri giuochi poi che si tengono alla porta e anche in quarta fila, in genere tutti quelli ai quali concorre la servitù ed il volgo, restano vietati. [..] La licenza de' giuochi sarà riservata al solo Governo. In caso che si eriga altro Teatrino in Milano, sarà a partito eguale preferito l'appaltatore attuale in ciò che risguarda le rappresentazioni, feste da ballo ed esercizio de' giuochi. Quando non gli convenisse la prelazione, l'appaltatore avrà il venti per cento degli utili dedotti tutti i pesi, o sarà libero ai rispettivi appaltatori di pattuire anche una somma fissa. Godrà dell'istesso vantaggio anche sopra i giuochi d'azzardo, se dal Governo ivi fossero permessi" (ASMi, *Spettacoli Pubblici*, p.a., cart. 32-33).

[99] Oltre ai giochi, l'appaltatore aveva il permesso di fare ogni anno "tre lotti d'argento, galanterie ed altre merci" (capitolo 11 del già citato "Instromento d'investitura"). Nel luglio del 1772 era stato lo stesso Stagnoli a chiedere di unire i due appalti del lotto – in quel momento attribuito a lui – e del Teatro: "Sono ambidue questi negozi dipendenti dalla sorte. Il primo dall'incontro de' spettacoli e dagl'introiti de' giuochi; il secondo dalli numeri che si estraggono". Un promemoria riguardo alla sua proposta e una lettera di sollecito per aver risposta dall'autorità austriaca, datata 6 ottobre 1772, sono conservati *ibi*.

[100] Si vedano i capitoli dal numero 2 al numero 9 dell'"Instromento d'investitura".

tività dell'impresario che comprendeva le feste da ballo a pagamento in Teatro durante il carnevale, proibendo "feste o sceniche rappresentanze venali senza il permesso del Governo, sentito l'appaltatore",[101] senza però intaccare la libera iniziativa dei sudditi per le manifestazioni gratuite di carattere privato. Su questo tema, in particolare, era intervenuto Kaunitz da Vienna, preoccupato di garantire la libertà civile e perciò contrario a lasciare all'arbitrio dell'impresario la facoltà di permettere feste da ballo e spettacoli gratuiti nella case private, dato che questi non potevano ragionevolmente danneggiare la resa economica delle attività del Teatro.[102] Non diversamente Kaunitz raccomandava la discrezione e moderazione dell'impresario nei confronti degli "spettacoli popolareschi, come ballarini di corda, buratini, comedie di piazza, e simili"[103] che rientravano comunque nel suo diritto di privativa, pur non essendo citati espressamente nel contratto.

A fronte dei vantaggi economici previsti dal contratto d'appalto, l'impegno produttivo dell'impresario si concentrava in due "opere serie" per la stagione del carnevale, ciascuna delle quali doveva essere corredata di tre balli. Per lo stesso periodo, era inoltre stabilito l'obbligo di organiz-

---

[101] Capitolo 17 dell'"Instromento d'investitura".

[102] Le riflessioni di Kaunitz sembrano sostenute da un criterio di relativa equità sociale: "vi saranno molte persone civili e altre che non vorranno o non potranno frequentare i Balli in Teatro: queste formano una classe considerabile de' sudditi di Sua Maestà e concorrono al pari de' nobili ai pesi pubblici dello Stato. Se non possiamo procurare anche ad essi de' divertimenti, perché impedirli o renderli dipendenti dall'arbitrio o dall'ingordiggia d'un appaltatore? In una città grande e popolosa fino la plebe deve trovare di che soddisfare la sua curiosità con spettacoli minuti, sia in piazza sia altrove, purché onesti e non contrari alla pubblica polizia." Prosegue confrontando il fatto che a Vienna sono permesse feste da ballo tutto l'anno, e aggiunge: "molto meno poi qui pretende l'Impresa Teatrale d'impedire alle famiglie private delle rappresentazioni teatrali fra le pareti domestiche, quando non sieno venali" (lettera conservata *ibi*, 1773 aprile 22).

[103] Scrive in una lettera del 18 novembre 1773: "Per conto de' spettacoli popolareschi, come ballarini di corda, buratini, comedie di piazza, e simili, in alcune occasioni quasi necessari nelle città grandi per divertire il numeroso popolo, il quale non può frequentare il Teatro di Corte, credo che, sebben non menzionati ne' capitoli del contratto, non s'intendano però esclusi affatto, e che dipenderà dall'impresaro del Teatro, previo sempre il permesso del Governo, accordare la libertà di simili spettacoli mediante una discreta corresponsione da farsi a lui medesimo, quale anche qui in Vienna si esige dall'impresaro de' Teatri per simili rappresentazioni sceniche in piazza durante la fiera, combattimenti delle bestie, fuochi d'artifizio etc." (conservata *ibi*).

zare almeno dodici feste da ballo. Il secondo genere di teatro musicale espressamente previsto dal contratto, le "opere buffe in musica", era considerato un'alternativa al teatro parlato ed era legato alle stagioni minori, la cui definizione era lasciata *in toto* all'iniziativa dell'impresario.[104]

L'intervento statale nelle dinamiche organizzative integrava altre forme di sostegno all'attività dell'appaltatore, a riprova dell'importanza riconosciuta dall'autorità di governo alla vita teatrale della città: in particolare, oltre alla responsabilità economica della Regia Camera per il mantenimento dell'edificio, questa si impegnava a rifondere all'appaltatore le spese

> nel caso che per morte o per qualche fatto di Principe, benché procedente da qualunque causa pubblica o che dirsi possa insolita, ed anche del tutto impensata, restasse impedito o chiuso il Teatro, cosicché in quello non si potessero rappresentare le dette opere serie o buffe, o le commedie italiane e francesi e le feste da ballo, secondo la qualità de' tempi.[105]

Mentre rafforzavano le garanzie offerte all'impresario, i rappresentanti del potere politico, però, accentuarono le forme di controllo attuate con la mediazione dei nobili milanesi coinvolti nell'organizzazione spettacolare. Il capitolo inerente le funzioni del Direttore del Teatro, infatti, aggiunge ai compiti già illustrati la responsabilità della censura sui libretti delle opere serie e, pur ribadendo la totale autonomia dell'impresario nella gestione dei suoi interessi, lascia un ampio margine di intervento alla discrezionalità del rappresentante del governo.[106]

---

[104] L'"Instromento d'investitura" stabilisce per il carnevale: "Per tutti questi profitti sarà obbligato l'appaltatore a dare nel Teatro Grande nel tempo del carnovale due opere serie e sei balli, cioè tre per ciascuna opera colle correspondenti decorazioni" (capitolo 13). Al capitolo 15 fissa il numero delle feste da ballo; il capitolo 18 determina invece le indicazioni relative all'attività spettacolare delle stagioni minori: "Oltre le opere serie del carnovale dovrà far venire per tutti gli altri tempi ne' quali solitamente sta aperto il Teatro, comici e musici per recitarvi commedie italiane o francesi, o farvi rappresentare delle opere buffe in musica. Sarà in sua libertà di pattuire colle compagnie".

[105] *Ibid.*, capitolo 26.

[106] *Ibid.*, capitolo 23: " Il Cavaliere Direttore del Teatro non avrà ingerenza nel regolamento economico, né in tutto ciò che riguarda l'interesse dell'appalto. Sarà però fatto inteso di quelle occorrenze che meritassero essere rapportate al Governo. Per la scielta [*sic*] delle due opere serie del carnevale si dovranno al medesimo presentare i libri, acciocché li rassegni al Governo per la superiore sua approvazione; così pure le note delle parti principali, perché veda se da parte del Governo non si abbia niente in contrario alla scelta de' personaggi". Nel commentare il passo qui citato, Bosisio rileva nei decenni successivi una "linea di crescente controllo dell'attività teatrale" (BOSISIO, *Aspetti e tendenze*, cit., pp. 42-43).

Con la firma del contratto esaminato, nell'ottobre del 1773 si concluse un'ampia fase di trattative e riflessioni sulla gestione del Teatro Ducale. Le indicazioni di politica teatrale della corte austriaca, dapprima orientate ad un astratto rigorismo, misurandosi con la concretezza della struttura gestionale milanese furono realisticamente commisurate alle necessità ed ai limiti di un sistema organizzativo che aveva lontane radici nella storia dello spettacolo del capoluogo lombardo. Per un verso furono quindi accettate soluzioni che non sovvertivano gli assi portanti delle forme produttive ampiamente sperimentate in precedenza, ma che introducevano correttivi volti a contenere i rischi inerenti le ricadute sociali e politiche di quel sistema. Per l'altro si rileva un'intensificazione degli interventi di controllo diretto dell'attività spettacolare, nei quali furono coinvolti alcuni esponenti del patriziato urbano – incaricati di svolgere funzioni di mediazione e di sorveglianza – e rappresentanti delle istituzioni civiche.

La linea della corte viennese, considerata lungo una più ampia prospettiva storica, risulta in realtà solo temporaneamente ammorbidita. L'intenzione di affidare la gestione del Teatro ad una società di nobili trovò ben presto riscontro e attuazione, nelle fasi di chiusura dell'appalto Stagnoli sostanzialmente conclusosi con il carnevale del 1776 (ben prima del limite temporale previsto), nel momento in cui affiorano le prime tracce di quella che si sarebbe in seguito definita "Nobile Associazione de SS. Cavalieri" e che ebbe per un decennio circa l'appalto del Teatro alla Scala e del Teatro alla Canobbiana[107]. Quanto, invece, alla dibattuta questione della liceità dei giochi d'azzardo, poco più di dieci anni dopo essa fu decisamente negata da Giuseppe II che, con un decreto del 4 agosto 1786, li proibì nei ridotti dei teatri di tutta la Lombardia austriaca,[108] portando ad attuazione la volontà espressa da Maria Teresa, e adottando la soluzione che suo fratello l'Arciduca Ferdinando aveva ipotizzato proprio nel 1773.

---

[107] Rinvio alla tesi della KUZMICK HANSELL, *Opera and Ballet*, cit., pp. 131 ss., che ha evidenziato che già nel gennaio del 1776, come attesta una lettera di Pietro Verri, i quattro nobili Ercole Castelbarco Visconti, Bartolomeo Calderara, Giacomo Fagnani, Antonino Menafoglio avrebbero voluto subentrare allo Stagnoli.

[108] Si veda lo studio di ALBERTO BENTOGLIO, *Organizzazione e normativa dei teatri governativi milanesi nell'ultimo decennio del Settecento*, in "Il castello di Elsinore", IV (1991), pp. 63 ss. A Milano, il decreto divenne attuativo solo due anni dopo, nel 1788, in occasione del cambio di gestione dovuto alla scadenza del contratto tra la Regia Camera e la Nobile Associazione dei Cavalieri Associati stipulato dieci anni prima.

Si chiuse in questo modo, almeno temporaneamente, nei teatri milanesi il secolare nesso fra giochi d'azzardo e teatro, superato dalla logica di un sovrano che legava la qualità degli allestimenti scenici unicamente alla disponibilità economica degli spettatori[109] che, pagando il biglietto d'ingresso, ne sostenevano le spese.

[109] Sbrigativo e rigoroso, Giuseppe II scrive seccamente in occasione del cambio dell'appalto nel 1788: "Il genere dei spettacoli, la loro magnificenza e grandiosità dipende unicamente dal numero e dal gusto dei amatori che col loro introito devono pagarli". Il documento è citato dallo studio di BENTOGLIO, *Organizzazione e normativa*, cit., p. 67.

LE SCENE DEI TEATRI MUSICALI DI MILANO NEGLI ANNI DI PARINI

di *Mercedes Viale Ferrero*

Il tema della scenografia a Milano negli anni di Parini può essere considerato da un punto di vista nuovo in seguito allo spoglio informatico dei libretti fatto dal gruppo di lavoro sulla Drammaturgia musicale milanese (Università Statale e Università Cattolica) coordinato da Francesco Degrada. Ho avuto la fortunata occasione di avvalermi di questo lavoro. Dell'enorme materiale raccolto ho utilizzato, per quanto riguarda le tipologie, le trascrizioni delle mutazioni di scene e, per quanto riguarda le cronologie, quella parte degli "anni di Parini" che va dal 1770 al 1784. Perché proprio quegli anni? Perché credo che in essi avvenga una vera e propria metamorfosi nel teatro musicale milanese. Quanto ai luoghi dello spettacolo, finisce tra le fiamme una sala strutturalmente molto datata: il Regio Ducale e si costruiscono nel giro di tre anni tre nuovi teatri: l'Interinale, provvisorio ma – a detta dei contemporanei – funzionale; la Scala e la Canobbiana. Quanto alla musica giunge a Milano Mozart, e contemporaneamente vi si trova Paisiello; i milanesi ascoltano le opere di Cimarosa, di Sarti e del "di suoni divini [...] egregio trovator" Sacchini. Per i libretti interviene uno stuolo di nuovi poeti: Cigna-Santi, De Gamerra, Verazi, Moretti ma anche Bertati, Palomba, Livigni, Petrosellini, Lorenzi, Carpani i quali propongono in molti casi situazioni e ambientazioni sceniche inedite. E proprio nelle scene si verifica un mutamento decisivo: il passaggio delle consegne dai Galliari, per quarant'anni egemoni, a Pietro Gonzaga, al tempo stesso loro collaboratore e oppositore. Non è una semplice staffetta generazionale ma un rinnovamento di gusti e di significati (Allegato 1).

Per questi anni così densi ho estratto dalle schede informatiche del

gruppo di lavoro tutte le mutazioni di scena di tutti gli spettacoli, le ho
elencate classificandole per soggetti, (Allegato 2); le ho suddivise per generi: opere serie (Allegato 3) e opere giocose (Allegato 4), ne ho ricavato
delle percentuali di frequenza e dei raffronti. Quando ho iniziato questi
conteggi non sapevo assolutamente che cosa avrei trovato e se avrei trovato qualcosa di diverso da quanto già era comunemente noto. Avevo fatto
un lavoro analogo sulle mutazioni di scena nei drammi di Metastasio ricavate non dai libretti ma dai testi letterari (cioè dalla prima edizione di
Venezia del Bettinelli e da quella di Torino, riscontrate poi sul Brunelli).[1]
Mi è venuto quindi spontaneo di esaminare per prima cosa le frequenze
delle mutazioni nelle opere così dette serie milanesi (Allegato 5) e met-
terle a confronto con le frequenze dei corrispondenti soggetti nei drammi
di Metastasio (Allegato 6). Il risultato non è particolarmente sorprendente, ma offre qualche spunto di riflessione. Per certi soggetti ("Appartamenti", "Campagna", "Deliziosa", "Padiglione", "Sala") le percentuali
sono identiche o con varianti minime e forse non a caso questi sono luoghi scenici che, senza essere proprio generici, non sono fortemente caratterizzati. Altre volte ci sono delle varianti che in due casi sono vistose. Le
"Carceri" dal 3,3 per cento in Metastasio passano al 6,1 per cento nel repertorio milanese per il periodo 1770-1784. Le scene che ho raggruppato
sotto la voce "Orride e Sepolcrali" a Milano sono il 7,2 per cento mentre
in Metastasio non ci sono proprio: gli ho attribuito un 0,5 per cento per
il "Sito stretto tra sassi" di *Romolo e Ersilia*, luogo scomodo piuttosto che
orrido.

L'esemplarità dei drammi di Metastasio era rafforzata da una visione
scenica costituita da numerose variazioni su pochi temi ricorrenti: la corte,
la città, la natura quali erano sperimentabili in una ben definita realtà.
Leggere le didascalie sceniche metastasiane è come accompagnare in viaggio d'istruzione un Giovin Signore settecentesco: con lui penetriamo ammirati nelle regge; ci riposiamo in parchi, giardini e deliziose; sostiamo
reverenti nei luoghi di culto; visitiamo i campi di battaglia, gli attenda-
menti militari, i bastioni delle città murate; percorriamo valli e campa-
gne; ci affacciamo a porti e marine. In qualsiasi età storica, in qualsiasi
luogo geografico sia posta l'azione, l'immagine scenica riflette sempre gli

---

[1] *Opere drammatiche Del Sig. Abate Pietro Metastasio Romano Poeta Cesareo,* volumi 1-
5, Venezia, Presso Giuseppe Bettinelli, 1733-1737; *Opere del Sig. Abate Pietro Metastasio Poeta Cesareo,* Torino, Stamperia Reale, 1757-1780; Bruno Brunelli (a c. di) *Tutte le
opere di Pietro Metastasio,* volumi 1-5, Milano, Mondadori, 1947.

ambienti e gli stili di vita di una società elitaria. Un viaggio tra le scene milanesi dopo il 1770 avrebbe offerto al Giovin Signore ben altre vedute ed emozioni: "Luogo sepolcrale molto oscuro" (*Lucio Silla*); "Oscura e profonda caverna" (*Europa riconosciuta*); "Tempio della Vendetta [...] tremenda deità; a lato parte d'un oscuro vestibolo" (*Europa riconosciuta*); "Oscuri sotterranei sepolcri" (*Troja distrutta*); "Ammasso di fumanti ruine" (*Troja distrutta*); "Oscura interna parte del sepolcral monumento" (*Cleopatra*); "Deserto il quale diventa orrido e oscuro con varie voragini e caverne" (*Armida*); "Sotterranei con molte fughe" (*Gli Antiquarj in Palmira*); "Orrida spelonca con fossa in mezzo" (*Idalide*: e sarebbero "de'prischi Incassi le tombe insanguinate"). Questo è solo un piccolo campionario.

L'opera che segna il mutamento di tendenza è *Lucio Silla,* e non perché De Gamerra vi introduca ambientazioni e situazioni inedite ma perché attribuisce a topoi già frequentati significati innovativi. Particolarmente in tre scene si avverte questo sguardo nuovo; nella prima le "Rovine" non sono pittoreschi frammenti architettonici ma drammatiche testimonianze delle devastazioni e delle violenze della guerra civile. Neppure è nuova la scena del "Luogo sepolcrale" in cui Cornelio, creduto morto, appare alla sposa Giunia che lo scambia per una "larva". Nell'*Engelberta* di Zeno, creata proprio a Milano nel 1708, la protagonista usciva da un sepolcro e andava incontro al consorte che in lei vedeva un fantasma: era un colpo di scena che preludeva alla riconciliazione dei coniugi. Ma in *Lucio Silla* l'azione è molto più complessa: c'è una sorta di piacere della malinconia ("Ombra adorata del mio perduto ben") che ha come ascendente la letteratura inglese da Gray a Young e c'è un elogio dei sepolcri come *exempla virtutis* ("Fuor di queste Urne dolenti/ Deh n'uscite alme onorate/ e sdegnose vendicate/ la romana libertà"). Può sembrare esagerato citare "A egregie cose il forte animo accendono"; ritroveremo comunque la stessa situazione scenica in *Ernani*: tra le tombe di Aquisgrana "il sangue de' spenti/ nuovo ardire ai figliuoli viventi/ forze nuove a pugnare darà". Per i "Sepolcri" di *Lucio Silla* Fabrizio Galliari preparò numerosi pensieri e cercò plurime soluzioni strutturali; e infine li risolse in un modo che a prima vista sembra un po' ingenuo: le "urne dei forti" si affacciano a nicchie come a palchetti di un teatro (Fig. 1). Ripensandoci, si deve ammettere che era una soluzione impressionante per i tempi: davanti ad una sala a palchetti ai quali si affacciavano dame e cavalieri ingioiellati incipriati imparruccati coi "ricci in su la testa a mille a mille" si apriva un'altra sala, funeraria; il teatro dei vivi si specchiava nel teatro dei morti (Pietro Gonzaga se ne ricorderà per *Alessandro e Timoteo* a Parma nel 1782) (Fig. 2). Significati nuovi compaiono anche nel "Carcere", luogo scenico alquanto frequentato, che in drammi di Metastasio come *Siroe* e *Artaserse* aveva valore di prova iniziatica per saggiare la forza d'animo del protagonista, la fedeltà della sua donna, la lealtà dei suoi amici. Nel *Lucio Silla* questa forma di prova c'è ma è resa più inquietante dal fatto che Cornelio e Giunia non sono dei potenti momentaneamente in disgrazia ma dei vinti: lei è la figlia di Mario, lui un proscritto già condannato; il lieto fine che premierà la loro virtù e reciproca fedeltà è così poco scontato che Giunia immagina tutt'altro scioglimento e vede lo sposo morto additarle la "sanguigna fumante ferita". Dalla forza della sua immaginazione questo ambiente di per sé non terrificante viene caricato di tutti i significati più cupi e funesti. Che si trattasse di una situazione inconsueta è dimostrato dal fatto che anche per questa scena Fabrizio Galliari ideò una quantità di pensieri mentre per un ambiente neutro come gli "Appartamenti di Giunia" gli bastò un foglio con due varianti decorative.[2]

Forse i Galliari della prima generazione (Bernardino, Fabrizio, Giovanni Antonio) non erano gli interpreti più adatti per corrispondere all'incupimento dei toni drammatici; la loro arte stava nei limiti di quella che Pietro Gonzaga definirà "felice libertà" di "pennello" ma anche "inesplicabile" (per Gonzaga) "irregolarità" di "metodo di lavoro". Gonzaga tuttavia non imputa ai suoi maestri il rifuggire dagli eccessi drammatici ma le approssimazioni stilistiche: "Mi sembra" scrive "che il successo dei fratelli Galyaris si fondasse sul semplice buon senso [...]. I loro più ferventi ammiratori [...] tolleravano la trivialità delle loro idee in grazia d'una esecuzione semplice, chiara e veramente schietta. In un'occasione misero in scena un Palazzo del Sole che sembrava piuttosto – come disse un poeta per prenderli in giro – il salotto del Signor Marchese".[3] Premesso che l'"occasione" è identificabile con l'*Artaserse* di Metastasio-Bertoni al Teatro Interinale; che Gonzaga non riporta esattamente la didascalia scenica (in realtà era: "Luogo Magnifico destinato per la coronazione di Artaserse [...] Ara nel mezzo accesa con simulacro del Sole"); che il "poeta" non era

---

[2] Per le scene del *Lucio Silla*: MERCEDES VIALE FERRERO, *Le scene per il* Lucio Silla *di Mozart al Regio Ducal Teatro di Milano (26 dicembre 1772)*, in Giampiero Tintori (a c. di), *Milano e la Lombardia al tempo dei soggiorni milanesi di Mozart*, catalogo della mostra, Milano, Museo Teatrale alla Scala, 1991, pp. 31-37, 54-56, 93-96.

[3] Le citazioni sono tratte da: PIETRO GONZAGA, *Information à mon Chef, ou Eclaircissement convenable du décorateur théâtral Pierre Gothard Gonzague sur l'exercice de sa profession*, Saint-Pétersbourg, A. Pluchard, 1807. La traduzione in italiano è mia.

Giuseppe Parini il quale in più occasioni espresse lodi per le scene dei Galliari, resta da dire che nel 1776-1777 nessuno avrebbe potuto rappresentare un'affidabile immagine archeologica della Persia di *Artaserse*. L'osservazione di Gonzaga è tuttavia sintomatica della nuova esigenza se non di fedeltà (in molti casi impossibile) almeno di verosimiglianza stilistica a cui egli stesso si trovò poi a dover corrispondere, tanto più quanto più si infittivano le opere situate in ambienti non soltanto esotici ma anche pertinenti a culture alternative rispetto a quella del mondo classico: alla Scala sarà l'Ecuador della *Idalide*, derivata dal romanzo *Les Incas* di Marmontel o a Crema la Gallia del *Giulio Sabino* (Tav. 1). Luoghi lontani tra loro ma con connotazioni ideologiche analoghe: i protagonisti sono degli sconfitti legati a culture ancestrali destinate a sparire. In *Giulio Sabino* l'antica Roma è insolitamente dipinta come usurpatrice e calpestatrice delle identità nazionali così come i *conquistadores* in *Idalide*. Opera, questa, che riprende anche un tema risaputo: lo sdegno per il destino della vergine consacrata e votata all'olocausto, già presente (riferito a Ifigenia) nel *De rerum Natura* di Lucrezio: "tantum religio potuit suadere malorum". A fine Settecento il tema antico è esteso a una nuova rivendicazione: il diritto della donna a scegliere, per amore, lo sposo (idea che tornerà poi più esplicitamente in *Nina pazza per amore*). Da un punto di vista stilistico-archeologico Gonzaga fu disinvolto quanto i suoi maestri; a differenza di essi ebbe una straordinaria capacità di creare atmosfere cupe, tenebrose (Tavv. 2, 3) che fecero scuola e che influenzarono Gaspare Galliari, Francesco Fontanesi (Tav. 4) e forse anche Alessandro Sanquirico.

In sostanza, lo spoglio informatico dei libretti ha confermato per le scene delle opere serie quanto già emerso dalle indagini stilistiche e storiche. Per le opere giocose una conferma c'è stata, e non poteva non esserci: cioè che le frequenze degli ambienti scenici sono diverse da quelle dell'opera seria (Allegato 7). Un solo caso, macroscopico: "Sale" e "Stanze" che nelle opere serie sono il 6 per cento passano addirittura al 28 per cento. Ma c'è anche qualche sorpresa. Non trova alcuna conferma un'opinione comunemente diffusa: cioè che il travolgente, dilagante successo dell'opera buffa fosse propiziato dalla limitata gamma di soggetti delle mutazioni sicché per gli allestimenti bastavano poche scene di dotazione, generiche e riutilizzabili per numerose stagioni con evidente vantaggio economico. Invece se si scorre l'elenco dei soggetti scenici nelle opere giocose rappresentate a Milano tra il 1770 e il 1784 si vedrà che non sono meno numerosi di quelli delle opere serie, e che sono anzi più vari tipologicamente perché comprendono ambienti tutt'altro che generici come "Abitazione di Zingari", "Banco mercantile", "Museo", "Orto", "Stalla", "Studio di pittura", "Teatro". Certamente nei teatri dove non si potevano fare grandi spese si adottavano delle semplificazioni e un giardino poteva diventare un orto con l'aggiunta di qualche attrezzo, una qualsiasi stanza poteva essere trasformata in Museo o in Studio di pittura; ma analoghi arrangiamenti si facevano anche per le opere serie. Nei teatri milanesi, dove — senza escludere possibili riutilizzi — le scene per l'opera giocosa erano curate con un certo impegno, la varietà dei soggetti era più che notevole e richiedeva agli scenografi una capacità di invenzione maggiore di quella che occorreva per rifare un "Luogo magnifico" o "Gabinetto" o "Reggia" di cui esistevano numerosi precedenti. Leggiamo la prima mutazione de *Gli antiquarj in Palmira*: "Piazza in Palmira con ruine d'Archi, Anfiteatri, e Colonne. Sasso grande, e informe da un lato. Osteria di Fabrizio dall'altro. Fiume in lontananza". Era un quadro non facile da realizzare: si sarebbe dovuto conoscere qualche incisione delle *Ruins of Palmyra* di Robert Wood (pubblicate nel 1754); inserirne qualche elemento nei pressi della bottega di Fabrizio, intraprendente "Oste letterato"; inventarsi il grande sasso "informe"; collegare il tutto in una veduta panoramica almeno parzialmente praticabile. Altrettanto impegnative erano alcune delle mutazioni che seguivano; e non era un caso isolato, altri esempi si potrebbero fare. Il confronto tra le frequenze dei soggetti ricorrenti sia nelle opere serie sia in quelle giocose è riportato nell'Allegato 8 e chi vorrà esaminarlo potrà rilevare a seconda dei casi le concordanze o le disparità. Quello che una tabella non può rappresentare è la variazione delle attribuzioni e dei significati di alcuni soggetti. Si può facilmente pensare che le "Sale" delle opere giocose siano diverse da quelle delle opere serie: queste ultime sono apparentabili ai "Luoghi magnifici" le prime invece alle "Stanze" e "Camere" più eleganti. I "Portici" da aulici diventano rurali (Tav. 5). Ma anche le "Piazze" sono diverse. La "Piazza e Foro d'Alessandria in capo di cui gran ponte" del *Cesare in Egitto* o la "Piazza di Ninfea con veduta della porta della città" del *Mitridate* non sono la stessa cosa della "Piazza con tre botteghe aperte cioè una da fabbro, una da calzolajo e in mezzo una da legnajuolo con banco, tavole, incudine ed altri strumenti necessari alli tre mestieri" di *Amore artigiano*. Quindi è preziosa la trascrizione *in extenso* delle mutazioni sceniche nelle schede del Gruppo di lavoro perché permette di valutare come alle stesse parole possano corrispondere differenti significati (e dunque anche differenti immagini sceniche). Si potrebbe ipotizzare anche il contrario: cioè che immagini analoghe fossero definite da parole diverse ad esempio che al "Tempio" delle opere serie corrispondesse un qualche edificio di culto nelle opere giocose. Ma così non avviene. Non ci sono chiese nè cappelle nelle didascalie sceniche per le opere giocose rappresentate a Milano dal 1770 al 1778 (Allegato 9).

Il mancato riscontro non è senza motivo. Nelle opere serie il "Tempio" aveva una connotazione significativa ben precisa, ottimamente esemplificata da Apostolo Zeno nella didascalia per la prima mutazione della *Merope*: "Piazza di Messene con Trono. Ara nel mezzo con la statua d'Ercole. Tempio da un lato con porta chiusa che poi si apre". I simboli dei due poteri, civile e religioso – il Trono e il Tempio con l'altare – prospettano entrambi sulla Piazza, luogo d'incontro con il popolo che ad entrambi i poteri deve venerazione, rispetto, obbedienza. Questo ordinato, rigoroso e in un certo senso tranquillizzante ritratto istituzionale non si trova più nelle opere comiche date a Milano negli anni presi in esame. Non vi si trovano più nemmeno altri luoghi deputati del potere: la "Reggia", il "Carcere". Le azioni che si svolgono sul palcoscenico riproducono il mondo contemporaneo in forme spesso polemiche con rivendicazioni anche vivaci, con intenti talvolta di "correttrice satira" sociale, culturale, moralistica ma in situazioni che direi laicizzate, sia in rapporto alla Chiesa sia anche rispetto a un qualsiasi sovrano. I personaggi cercano l'amore, il denaro, l'acquisto di un rango superiore nella scala sociale (con i suoi corollari "l'or, le vesti, i prandi", magari anche "palchetti e cocchi"); ma al trono e all'altare semplicemente non pensano. Nell'opera comica la chiesa tornerà ad essere l'indispensabile arredo di una piazza soltanto molti anni dopo, durante la Restaurazione: come nella scena di Sanquirico per *L'elisir d'amore* (Tav. 6).

ELENCO GENERALE DELLE OPERE IN MUSICA ESAMINATE
ALLEGATO 1

OPERE	SCENOGRAFI
• 1770 Regio Ducal Teatro	
Amore artigiano (Goldoni-Gasman)	non menzionato
Cesare in Egitto	Fratelli Galliari
Didone abbandonata (Metastasio-Celoniat)	Fratelli Galliari
Don Chisciotte della Mancia (Lorenzi-Paisiello)	Antonio Galli Bibiena
Olandese in Italia (?-Piccinni)	Antonio Galli Bibiena
Regno della luna (?-Piccinni)	non menzionato
• 1771 Regio Ducal Teatro	
Ascanio in Alba (Parini-Mozart)	Fratelli Galliari
Mitridate re di Ponto (Cigna Santi-Mozart)	Fratelli Galliari
Nitteti (Metastasio-Monza)	Fratelli Galliari
Ruggiero o vero l'eroica gratitudine	
(Metastasio-Hasse)	Fratelli Galliari
• 1771 Teatro?	
Armida (De Gamerra-?)	non menzionato
Cisolfautte e il mondo nuovo	
(De Gamerra-?) intermezzi	non menzionato
Marco Curzio (De Gamerra-?)	non menzionato
Nozze campestri (De Gamerra-?)	non menzionato
• 1772 Regio Ducal Teatro	
Armida (De Gamerra-Sacchini)	Fratelli Galliari
Gran Tamerlano (Piovene-Misliwecek)	Fratelli Galliari
Isola di Alcina (Bertati-Gazzaniga)	Fratelli Galliari
Locanda (Bertati-Gazzaniga)	non menzionato
• 1773 Regio Ducal Teatro	
Finto pazzo per amore (Mariani-Sacchini)	non menzionato
Incognita perseguitata (Petrosellini-Anfossi)	Fratelli Galliari
Lucio Silla (De Gamerra-Mozart)	Fratelli Galliari
Pazzie d'Orlando (?-Guglielmi)	Fratelli Galliari
Sismano nel Mogol (De Gamerra-Paisiello)	Fratelli Galliari
Zon-zon principe di Kibin-Kin-Ka	
(M. Gazzaniga)	Fratelli Galliari
• 1774 Regio Ducal Teatro	
Andromeda (?-Paisiello)	(Antonio) Galli Bibiena
Contessina (Coltellini-Gasman)	Fratelli Galliari
Pescatrice (?-Piccinni)	Fratelli Galliari
Tolomeo (Salvoni-Colla)	(Antonio) Galli Bibiena

Opere	Scenografi
• 1775 Regio Ducal Teatro	
Alessandro nell'Indie (Metastasio-Monza)	Fratelli Galliari
Frascatana (Livigni-Paisiello)	Fratelli Galliari
Geloso in cimento (Bertati-Anfossi)	Fratelli Galliari
Innocente fortunata (Livigni-Paisiello)	Fratelli Galliari
Medonte re di Epiro (De Gamerra-Alessandri?)	Fratelli Galliari
• 1776 Regio Ducal Teatro	
Merope (Zeno-Traetta)	Fratelli Galliari
Vologeso (Zeno-Guglielmi)	Fratelli Galliari
• 1776 Teatro Interinale	
Avaro (Bertati-Anfossi)	Fratelli Galliari
Visionari (Bertati-Astarita)	Fratelli Galliari
• 1777 Teatro Interinale	
Artaserse (Metastasio-Bertoni)	Fratelli Galliari
Astuzie amorose (Cerlone-Paisiello)	Fratelli Galliari
Ezio (Metastasio-Mortellari)	Fratelli Galliari
Principe di Lago Nero (?-Anfossi)	Fratelli Galliari
Vera costanza (Puttini-Anfossi)	Fratelli Galliari
• 1778 Teatro Interinale	
Olimpiade (Metastasio-Rossetti)	Fratelli Galliari
Quinto Fabio (Zeno-Bertoni)	Fratelli Galliari
• 1778 Teatro alla Scala	
Europa riconosciuta (Verazi-Salieri)	Fratelli Galliari
Troja distrutta (Verazi-Mortellari)	Clemente Isacci
• 1779 Teatro alla Scala	
Calliroe (Verazi-Alessandri)	Clemente Isacci
Cleopatra (Verazi-Anfossi)	Clemente Isacci
Francese bizzarro (?-Astarita)	Pietro Gonzaga
Gelosie villane (?-Sarti)	Pietro Gonzaga
• 1779 Teatro alla Canobiana	
Fiera di Venezia (G.G. Boccherini-Salieri)	Domenico Chelli
Talismano (Goldoni-Salieri e Rust)	Pietro Gonzaga
• 1780 Teatro alla Scala	
Antiquarj in Palmira (Carpani-Rust)	Ghezzi e Baila
Armida (Migliavacca-Misliwecek)	Fratelli Riccardi
Composizione drammatica	non menzionato
Forza delle donne (Bertati-Anfossi)	Pietro Gonzaga
Frascatana (Livigni-Paisiello)	non menzionato
Nozze in contrasto (Bertati-Valentini)	Carlo Caccianiga

Opere	Scenografi
• 1780 Teatro alla Canobiana	
Sposo disperato (Bertati-Anfossi)	Pietro Gonzaga
• 1781 Teatro alla Scala	
Antigono (Metastasio-Anfossi e Gatti)	Domenico Chelli
Falegname (Palomba-Cimarosa)	Pietro Gonzaga
Vecchio geloso (Bertati-Alessandri)	Pietro Gonzaga
• 1782 Teatro alla Scala	
Amore artigiano (Goldoni-Gasman)	Fratelli Galliari
Ezio (Metastasio-Alessandri)	Fratelli Galliari
Fra i due litiganti il terzo gode (Goldoni-Sarti)	Fratelli Galliari
Matrimonio in commedia (Palomba-Caruso)	Fratelli Galliari
Olimpiade (Metastasio-Bianchi)	Fratelli Galliari
Pittore parigino (Petrosellini-Cimarosa)	Fratelli Galliari
• 1782 Teatro alla Canobiana	
Italiana in Londra (Petrosellini-Cimarosa)	non menzionato
Viaggiatori felici (Livigni-Anfossi)	non menzionato
• 1783 Teatro alla Scala	
Ballerina amante (Palomba-Cimarosa)	Pietro Gonzaga
Circe (Perelli-Cimarosa)	Pietro Gonzaga
Fratelli Pappamosca (Zini-Guglielmi)	Pietro Gonzaga
Idalide (Moretti-Sarti)	Pietro Gonzaga
Socrate immaginario (Lorenzi e Galiani-Paisiello)	Pietro Gonzaga
• 1783 Teatro alla Canobiana	
Giannna e Bernardone (Livigni-Cimarosa)	Pietro Gonzaga
• 1784 Teatro alla Scala	
Ademira (Moretti-Tarchi)	Pietro Gonzaga
Chi dell'altrui si veste presto si spoglia (Palomba-Cimarosa)	Pietro Gonzaga
Due supposti conti (Anelli-Cimarosa)	Pietro Gonzaga
Ifigenia in Tauride (Pasqualigo-Monza)	Pietro Gonzaga

CRITERI DI CATALOGAZIONE E CONTEGGIO

1) Si trova l'indicazione $^1/_2$ quando una scena è divisa in due ambienti con significati diversi (Piazza [...] Tempio in *Merope*). Nel conteggio ognuna di queste parti è calcolata come una scena, cioè si attribuisce valore 1 sia al soggetto Piazza sia al soggetto Tempio.

2) Non si tiene conto della duplicità degli ambienti quando il significato non cambia (l'Atrio delle Carceri di *Lucio Silla* è al soggetto Carcere perché l'Atrio è anch'esso una prigione).

3) Quando si trova un numero intero al seguito del titolo (*Socrate immaginario* 3) significa che la scena ritorna tre volte nel corso dell'opera. Nei conteggi vale per una sola (valore 1) in quanto è sempre la stessa. Invece quando lo stesso soggetto ritorna due volte ma in altra forma il titolo viene ripetuto (*Contessina/Contessina*, perché sono descritte due Camere diverse).

4) Un asterisco indica una scena "caratterizzata" cioè una scena che, per lo svolgimento e la comprensione stessa dell'azione, deve necessariamente essere figurata nel modo prescritto per quello specifico dramma: in *Ezio* non si può fare a meno del Foro Romano e del Campidoglio. Non sempre tuttavia il "carattere" è impresso alla scena dalla sua *Historische Architektur* perché altrettanto indispensabile è la Vasta campagna sparsa di capanne pastorali dell'*Olimpiade*.

ELENCO GENERALE DELLE MUTAZIONI NELLE OPERE IN MUSICA ESAMINATE
ALLEGATO 2

•	Abitazione (di Zingari)	Talismano
•	Anfiteatro	Sismano nel Mogol/Vologeso
•	Anticamera	Francese bizzarro 2/Sposo disperato 2/ Fra i due litiganti il terzo gode/
•	Antro	Troja distrutta $^1/_2$
•	Appartamenti/o	Cesare inEgitto/Didone abbandonata/Mitridate/ Nitteti/Isola d'Alcina/ Incognita perseguitata/Lucio Silla/Sismano nel Mogol/Merope/Artaserse/Quinto Fabio/Francese bizzarro/Fiera di Venezia/Sposo disperato/Nozze in contrasto/Italiana in Londra/ Circe/Ademira $^1/_2$
•	Atrio	Cesare in Egitto/Didone abbandonata/I visionari/ Artaserse/Cleopatra/Armida $^1/_2$/Antiquari in Palmira 3/Italiana in Londra/Circe
•	Bagni	Calliroe
•	Banco mercantile	Contessina 2
•	Boschetto	Pescatrice/Principe di Lagonegro/Vecchio geloso/
•	Bosco	Olimpiade/Troja distrutta $^1/_2$/Gelosie villane/ Antiquariin Palmira/Frascatana(1780)$^1/_2$/Nozze in contrasto/Fra i due litiganti il terzo gode/

- Camera/e

  Ballerina amante/Ifigenia in Tauride/
  Amore artigiano (1770) 3/Ruggiero/Isola d'Alcina/
  Isola d'Alcina/Locanda/Incognita perseguitata/
  Contessina/Contessina/Pescatrice/Geloso
  in cimento/Frascatana (1775)/Avaro 2/
  Visionari/Ezio (1777)/Astuzie amorose/Principe
  di Lagonegro/Gelosie villane/Gelosie villane/Fiera
  di Venezia/Fiera di Venezia 2/Frascatana (1780)/
  Nozze in contrasto/Falegname/Vecchio geloso/
  Ezio (1782)/Amore artigiano (1782) 3/Fra i due
  litiganti il terzo gode 2/Viaggiatori felici/Idalide/
  Ballerina amante/Fratelli Pappamosca/ Socrate
  immaginario 3/Chi dell'altrui si veste/Due supposti
  conti

- Campagna

  Don Chisciotte (con osteria)/Don Chisciotte (con
  mulini a vento)/Incognita perseguitata 2/Frascatana
  (1775) $^1/_2$/Frascatana (1775) 2/Avaro 2/Principe di
  Lagonegro/Vera costanza/Olimpiade (1778)/Quinto
  Fabio*/Gelosie villane 2/Talismano 2/Armida/
  Composizione drammatica/Forza delle donne
  2/Forza delle donne/Frascatana(1780) $^1/_2$/
  Frascatana (1780) 2/Olimpiade (1782)/Idalide

- Campidoglio   Lucio Silla*/Ezio* (1777)
- Cantina   Avaro/Socrate immaginario
- Carcere

  Nitteti/Lucio Silla/Vologeso (torre)/Vologeso/
  Artaserse (castello)/Ezio (1777)/Europa riconosciuta/
  Calliroe/Cleopatra (sito forte)/Antigono(torre)/
  Ezio (1782)

- Città

  Sismano nel Mogol* (Agra)/Ezio(1782, Roma)/
  Medea (Corinto)

- Cortile

  Didone abbandonata/Mitridate/Incognita
  perseguitata/Pescatrice/Merope/Avaro/Ezio (1777)
  Astuzie amorose/Principe di Lagonegro/Vera
  costanza/Europa riconosciuta/Forza delle donne 2/
  Antiquari in Palmira/Matrimonio in commedia/
  Fra i due litiganti il terzo gode/Circe/Socrate
  immaginario $^1/_2$/Ademira

- Deliziosa e affini

  Cesare in Egitto (viale di verdura)/Nitteti/
  Ruggiero/Isola d'Alcina/Isola d'Alcina/Vologeso/
  Falegname 2/Vecchio geloso/Socrate immaginario/
  Armida $^1/_2$

- Deserto
- Foro romano   Ezio*
- Gabinetto

  Didone abbandonata/Ruggiero/Locanda/Geloso in
  cimento/Avaro/Artaserse/Europa riconosciuta/Sposo
  disperato/Antigono/Vecchio geloso/Matrimonio in
  commedia 2/Circe

- Galleria

Cesare in Egitto/Ruggiero/Ezio (1777)/Principe di Lagonegro/Quinto Fabio/Falegname $^1/_2$/Vecchio geloso 2/Ezio (1782)/Matrimonio in commedia 2/ Viaggiatori felici/ Ademira 3/Due supposti conti

- Giardini/o

Amore artigiano (1770)/Mitridate (orti pensili)/Isola d'Alcina/Isola d'Alcina/Incognita perseguitata/Lucio Silla (orti pensili)/Sismano nel Mogol/Contessina/ Merope/ Vologeso/Avaro/Visionari 2/Artaserse/ Astuzie amorose 3/Cleopatra* (idoli egizi)/ Francese bizzarro/Armida $^1/_2$/Nozze in contrasto/ Antigono/Falegname $^1/_2$/Vecchio geloso $^1/_2$/Ezio (1782)/ Matrimonio in commedia/Fra i due litiganti il terzo gode/Pittore parigino/Italiana in Londra/ Ballerina amante/Socrate immaginario $^1/_2$/Giannina e Bernardone/Due supposti conti

- Locanda

Locanda 2/Pittore parigino/Italiana in Londra $^1/_2$/ Viaggiatori felici

- Loggia/e

Ruggiero/Antigono/Vecchio geloso $^1/_2$

- Luogo magnifico

Cesare in Egitto/Didone abbandonata/Nitteti/ Sismano nel Mogol*/Artaserse/Cleopatra/Circe

- Luogo presso le mura

Nitteti

- Luogo terreno

Geloso in cimento 3

- Luogo vastissimo

Ademira

- Militaria

Mitridate $^1/_2$/Sismano nel Mogol $^1/_2$/Europa riconosciuta/Calliroe/Calliroe (armeria)/Forza delle donne 2

- Museo

Antiquari in Palmira* 4

- Orride

Vologeso/Europa riconosciuta (Tempio d. Vendetta)/Troja distrutta $^1/_2$ (fumanti ruine)/ Calliroe (ruine sobborgo distrutto)/Armida/ Antiquari in Palmira (sotterranei)/Frascatana (1780) $^1/_2$ (bocca di sotterraneo)/Idalide (orrida spelonca)/Socrate immaginario (orrida grotta)/ Ifigenia in Tauride/Chi dell'altrui si veste/Due supposti conti

- Orto

Fiera di Venezia*

- Osteria (interno)

Amore artigiano (1770)/Amore artigiano (1782)

- Padiglione

Quinto Fabio*/Europa riconosciuta/Cleopatra/

- Parco

Vologeso/Calliroe

- Pianura

Circe

- Piazza (piazzetta)

Amore artigiano (1770) 2/Cesare in Egitto/ Don Chisciotte/Mitridate/Locanda/Geloso in cimento/ Frascatana (1775) $^1/_2$/ Merope $^1/_2$/Troja distrutta/Gelosie villane (mercato)/Fiera di Venezia (fiera)/Armida $^1/_2$/Antiquari in Palmira*/ Frascatana (1780) $^1/_2$/Amore artigiano (1782) 2/

	Italiana in Londra $^1/_2$/Viaggiatori felici/Giannina e Bernardone 2/ Ifigenia in Tauride/Chi dell'altrui si veste/Due supposti conti 2
• Ponte	Fiera di Venezia*
• Portico	Lucio Silla/Quinto Fabio*/Ballerina amante
• Porto (seno) di mare	Cesare in Egitto/Didone abbandonata /Mitridate / Nitteti/Cleopatra/Antigono/Circe/Ifigenia in Tauride/
• Reggia	Cesare in Egitto*/Didone abbandonata/Nitteti/ Ruggiero/Merope/Vologeso/Europa riconosciuta / Calliroe/Armida $^1/_2$/Antigono/Ezio (1782)
• Rovine (antiche, archeologiche)	Incognita perseguitata/Lucio Silla/Sismano nel Mogol/Antiquari in Palmira* $^1/_2$ 3/Olimpiade (1782, "di antico Ippodromo") 2
• Sala	Contessina/Pescatrice/Geloso in cimento 2/Avaro 2/ Visonari 3/Astuzie amorose/Principe di Lagonegro/Vera costanza 2/Talismano 3/ Talismano/Sposo disperato/Nozze in contrasto/ Matrimonio in commedia/Fra i due litiganti il terzo gode/Pittore parigino 3/Italiana in Londra/Giannina e Bernardone/
• Sala magnifica Sala regia ecc.	Lucio Silla/Contessina/Merope/Artaserse/Europa riconosciuta/Gelosie villane* 2/ Armida/Armida $^1/_2$/Matrimonio in commedia/ Ademira
• Selva	Mitridate $^1/_2$/Armida/Olimpiade (1782)
• Sepolcri	Lucio Silla/Vologeso/Troja distrutta/Cleopatra/ Antiquari in Palmira* $^1/_2$ 3/Ademira
• Spiaggia	Pescatrice/Vera costanza/Europa riconosciuta/Troja distrutta $^1/_2$/Ifigenia in Tauride/
• Stalla	Don Chisciotte
• Stanza/e	Amore artigiano (1770)/Merope/Vologeso/Antiquari in Palmira 2/Amore artigiano (1782)/Due supposti conti
• Strada	Geloso in cimento/Francese bizzarro 2/Fiera di Venezia*/Falegname 2/Pittore parigino/Ballerina amante
• Studio di pittura	Pittore parigino
• Teatro	Sposo disperato
• Tempio	Didone abbandonata/Cesare in Egitto/Mitridate/ Merope^1 $/_2$/Olimpiade (1778)/Quinto Fabio*/Troja distrutta/Olimpiade (1782, esterno di)/Olimpiade (1782, interno di)/Idalide (interno di)/Idalide (esterno di)/Idalide (vestibolo del)/Ademira/Ifigenia in Tauride (atrio del) 2/Ifigenia in Tauride (interno di) 2
• Tesoro (stanza dei)	Cleopatra

- Valle   Olimpiade (1778)/Olimpiade (1782)/Fratelli
                           Pappamosca
- Villa (casa)   Sismano nel Mogol $1/2$/Falegname 2/Fra i due litiganti
                           il terzo gode
- Villaggio   Fratelli Pappamosca

EFFETTI SPECIALI

Incendio	Didone abbandonata/Don Chisciotte/Mitridate/ Troja distrutta
Terremoto ed eruzione	Idalide
Roma (vedute)	Ezio/Quinto Fabio/Frascatana/Lucio Silla

OPERE ESCLUSE PERCHÉ LE MUTAZIONI NON SONO INDICATE NEI LIBRETTI

Lavandara astuta	Olandese in Italia	Regno della Luna	Armida 1771
Ascanio in Alba	Cisolfautte e il mondo nuovo	Marco Curzio	Nozze campestri
Armida 1772	Gran Tamerlano	Finto pazzo per amore 1773	
Pazzie d'Orlando	Zon-Zon Principe di Kibin-kin-ka		
Andromeda 1774	Alessandro nell'Indie 1775	Innocente fortunata	Medonte

ELENCO DELLE MUTAZIONI NELLE OPERE "SERIE"
ALLEGATO 3

•	Anfiteatro	Sismano nel Mogol/Vologeso
•	Antro	Troja distrutta $^1/_2$
•	Appartamenti/o	Cesare in Egitto/Didone abbandonata/Mitridate/ Nitteti/Lucio Silla/Sismano nel Mogol/Merope/ Artaserse/Quinto Fabio/Circe/Ademira $^1/_2$
•	Atrio	Cesare in Egitto/Didone abbandonata/Artaserse/ Cleopatra/Armida $^1/_2$/Circe
•	Bagni	Calliroe
•	Bosco	Olimpiade/Troja distrutta $^1/_2$/Ifigenia in Tauride
•	Camera/e	Ruggiero/Ezio (1777)/Ezio (1782)
•	Campagna	Olimpiade (1778)/Quinto Fabio*/Armida/ Composizione drammatica/Olimpiade (1782)/ Idalide/
•	Campidoglio	Lucio Silla*/Ezio* (1777)/
•	Carcere	Nitteti/Lucio Silla/Vologeso (torre)/Vologeso/ Artaserse (castello)/Ezio (1777)/Europa riconosciuta/Calliroe/Cleopatra (sito forte)/Antigono (torre)/Ezio (1782)
•	Città	Sismano nel Mogol* (Agra)/Ezio (1782, Roma)/ Medea (Corinto)
•	Cortile	Didone abbandonata/Mitridate/Merope/Ezio (1777)/Europa riconosciuta/Circe/Ademira/
•	Deliziosa e affini	Cesare in Egitto (viale di verdura)/Nitteti/Ruggiero/ Vologeso
•	Deserto	Armida $^1/_2$
•	Foro romano	Ezio*
•	Gabinetto	Didone abbandonata/Ruggiero/Artaserse/Europa riconosciuta/Antigono/Circe
•	Galleria	Cesare in Egitto/Ruggiero/Ezio (1777)/Quinto Fabio/Ezio (1782)/Ademira 3
•	Giardini/o	Mitridate (orti pensili)/Lucio Silla (orti pensili)/ Sismano nel Mogol/Merope/Vologeso/ Artaserse/ Cleopatra* (idoli egizi)/Armida $^1/_2$/Antigono/ Ezio (1782)
•	Loggia/e	Ruggiero/Antigono
•	Luogo magnifico e affini	Cesare in Egitto/Didone abbandonata/Nitteti/ Sismano nel Mogol*/Artaserse/Cleopatra/Circe
•	Luogo presso le mura	Nitteti
•	Luogo vastissimo	Ademira
•	Militaria	Mitridate $^1/_2$/Sismano nel Mogol $^1/_2$/Europa riconosciuta/Calliroe/Caliroe (armeria)

- Orride   Vologeso/Europa riconosciuta (Tempio d. Vendetta)/
  Troja distrutta $^1/_2$ (fumanti ruine)/Calliroe
  (ruine sobborgo distrutto)/Armida/Idalide (orrida
  spelonca)/Ifigenia in Tauride
- Padiglione   Quinto Fabio*/Europa riconosciuta/Cleopatra/
- Parco   Vologeso/Calliroe
- Pianura   Circe
- Piazza   Cesare in Egitto/Mitridate/Merope $^1/_2$/Troja
  distrutta/Armida $^1/_2$/Ifigenia in Tauride
- Portico   Lucio Silla/Quinto Fabio*
- Porto (seno)di mare   Cesare in Egitto/Didonabbandonata/Mitridate/
  Nitteti/Cleopatra/Antigono/Circe/Ifigenia
  in Tauride
- Reggia   Cesare in Egitto*/Didone abbandonata/Nitteti/
  Ruggiero/Merope/Vologeso/Europa riconosciuta/
  Calliroe/Armida $^1/_2$/Antigono/Ezio (1782)/
- Rovine (antiche,   Lucio Silla/Sismano nel Mogol/Olimpiade (1782,
  archeologiche)   "di antico Ippodromo") 2
- Sala magnifica   Lucio Silla/Merope/Artaserse/Europa riconosciuta/
  Sala regia ecc.   Armida/Armida $^1/_2$/Ademira
- Selva   Mitridate $^1/_2$/Armida/Olimpiade (1782)/
- Sepolcri   Lucio Silla/Vologeso/Troja distrutta/Cleopatra/
  Ademira/
- Spiaggia   Europa riconosciuta/Troja distrutta $^1/_2$/Ifigenia in
  Tauride
- Stanza/e   Merope/Vologeso
- Tempio   Didone abbandonata/Cesare in Egitto/Mitridate/
  Merope $^1/_2$/Olimpiade (1778)/Quinto Fabio*/Troja
  distrutta/Olimpiade (1782, esterno di)/Olimpiade
  (1782, interno di)/ Idalide (interno di)/Idalide
  (esterno di)/Idalide (vestibolo del)/Ademira/Ifigenia
  in Tauride (atrio del) 2/Ifigenia in Tauride
  (interno di) 2
- Tesoro (stanza dei)   Cleopatra
- Valle   Olimpiade (1778)/Olimpiade (1782)
- Villa   Sismano nel Mogol $^1/_2$

ELENCO DELLE MUTAZIONI NELLE OPERE "GIOCOSE"
ALLEGATO 4

- Abitazione di Zingari   Talismano
- Anticamera   Francese bizzarro 2/Sposo disperato 2/Fra i due litiganti il terzo gode
- Appartamenti/o   Isola d'Alcina/Incognita perseguitata/Francese bizzarro/Fiera di Venezia/Sposo disperato/ Nozze in contrasto/Italiana in Londra
- Atrio   Visionari/Antiquari in Palmira 3/Italiana in Londra
- Banco mercantile   Contessina 2
- Boschetto   Pescatrice/Principe di Lagonegro/Vecchio geloso
- Bosco   Gelosie villane/Antiquari in Palmira/ Frascatana (1780) $^1/_2$/Nozze in contrasto/Fra i duelitiganti il terzo gode/Ballerina amante
- Camera/e   Amore artigiano (1770) 3/Isola d'Alcina/Isola d'Alcina/Locanda/Incognita perseguitata/Contessina/ Contessina/Pescatrice/Geloso in cimento/Frascatana (1775)/Avaro 2/Visionari/Astuzie amorose/Principe di Lagonegro/Gelosie villane/Gelosie villane/Fiera di Venezia/Fiera di Venezia 2/ Frascatana (1780)/ Nozze in contrasto/Falegname/Vecchio geloso/ Ezio (1782)/Amore artigiano (1782) 3/Fra i due litiganti il terzo gode 2/Viaggiatori felici/Ballerina amante/Fratelli Pappamosca/Socrate immaginario 3/ Chi dell'altrui si veste/Due supposti conti
- Campagna   Don Chisciotte (con osteria)/Don Chisciotte (con mulini a vento)/Incognita perseguitata 2/Frascatana (1775) $^1/_2$/Frascatana (1775) 2/Avaro 2/Principe di Lagonegro/Vera costanza/Gelosie villane 2/ Talismano 2/Forza delle donne 2/Forza delle donne/ Frascatana (1780) $^1/_2$/Frascatana (1780) 2
- Cantina   Avaro/Socrate immaginario
- Cortile   Incognita perseguitata/Pescatrice/Avaro/ Astuzie amorose/Principe di Lagonegro/Vera costanza/Forza delle donne 2/Antiquari in Palmira/Matrimonio in commedia/Fra i due litiganti il terzo gode/Socrate immaginario $^1/_2$
- Deliziosa e affini   Isola d'Alcina/Isola d'Alcina/Falegname 2/Vecchio geloso/Socrate immaginario
- Gabinetto   Locanda/Geloso in cimento/Avaro/Sposo disperato/ Vecchio geloso/Matrimonio in commedia 2
- Galleria   Principe di Lagonegro/Falegname $^1/_2$/Vecchio geloso 2/Matrimonio in media 2/Viaggiatori felici/ Due supposti conti

- Giardini/o

  Amore artigiano (1770)/Isola d'Alcina/Isola d'Alcina/Incognita perseguitata/Contessina/Avaro/ Visionari 2/Astuzie amorose 3/Francese bizzarro/ Nozze in contrasto/Falegname $^1/_2$/Vecchio geloso $^1/_2$/ Matrimonio in commedia/Fra i due litiganti il terzo gode/Pittore parigino/Italiana in Londra/Ballerina amante/Socrate immaginario $^1/_2$/Giannina e Bernardone/Due supposti conti

- Locanda

  Locanda 2/Pittore parigino/Italiana in Londra $^1/_2$/ Viaggiatori felici

- Logge/ia

  Vecchio geloso $^1/_2$

- Luogo terreno

  Geloso in cimento 3

- Militaria

  Forza delle donne 2

- Museo

  Antiquari in Palmira* 4

- Orride

  Antiquari in Palmira (sotterranei)/Frascatana (1780) $^1/_2$ (bocca di sotterraneo)/Socrate immaginario (orrida grotta)/Chi dell'altrui si veste/ Due supposti conti

- Orto

  Fiera di Venezia*

- Osteria (interno)

  Amore artigiano (1770)/Amore artigiano (1782)

- Piazza (piazzetta)

  Amore artigiano(1770) 2/Don Chisciotte/ Locanda/Geloso in cimento/Frascatana (1775) $^1/_2$/ Gelosie villane (mercato)/Fiera di Venezia (fiera)/ Antiquari in Palmira/ Frascatana (1780) $^1/_2$/Amore artigiano (1782) 2/Italiana in Londra $^1/_2$/Viaggiatori felici/Giannina e Bernardone 2/Chi dell'altrui si veste/Due supposti conti 2

- Ponte

  Fiera di Venezia*

- Portico

  Ballerina amante

- Rovine

  Incognita perseguitata/Antiquari in Palmira* $^1/_2$ 3

- Sala

  Contessina/Pescatrice/Geloso in cimento 2/Avaro 2/Visonari 3/Astuzie amorose/Principe di Lagonegro/Vera costanza 2/Talismano 3/ Talismano/Sposo disperato/Nozze in contrasto/ Matrimonio in commedia/Fra i due litiganti il terzo gode/Pittore parigino 3/Italiana in Londra/ Giannina e Bernardone

- Sala magnifica

  Contessina/Gelosie villane* 2/Matrimonio in commedia

- Sepolcri

  Antiiquari in Palmira* $^1/_2$ 3

- Spiaggia

  Pescatrice/Vera costanza

- Stalla

  Don Chisciotte

- Stanza/e

  Amore artigiano (1770)/Antiquari in Palmira 2/ Amore artigiano (1782)/Due supposti conti

- Strada

  Geloso in cimento/Francese bizzarro 2/Fiera di Venezia*/Falegname 2/Pittore parigino/Ballerina amante

- Studio di pittura   Pittore parigino
- Teatro   Sposo disperato
- Valle   Fratelli Pappamosca
- Villa (casa)   Falegname 2/Fra i due litiganti il terzo gode
- Villaggio   Fratelli Pappamosca

FREQUENZA DELLE MUTAZIONI NELLE OPERE "SERIE"
ALLEGATO 5

Tempio	15	8,2 %
Orride, Sepolcrali	13	7,2 %
Giardini/o-Parco	12	6,5 %
Appartamenti	11	6,1 %
Carcere	11	6,1 %
Reggia	11	6,1 %
Atrio, Portico	08	4,4 %
Porto (seno) di mare	08	4,4 %
Cortile	07	3,8 %
Luogo magnifico	07	3,8 %
Sala magnif. (regia)	07	3,8 %
Bosco, Selva	06	3,3 %
Campagna	06	3,3 %
Gabinetto	06	3,3 %
Galleria	06	3,3 %
Piazza	06	3,3 %
Camera/e, Stanza	05	2,8 %
Militaria	05	2,8 %
Deliziosa e affini	04	2,2 %
Città	03	1,7 %
Padiglione	03	1,7 %
Rovine (antiche)	03	1,7 %
Spiaggia	03	1,7 %
Anfiteatro	02	1,1 %
Campidoglio	02	1,1 %
Loggia/e	02	1,1 %
Luogo (esterno)	02	1,1 %
Valle	02	1,1 %
Bagni	01	0,5 %
Deserto	01	0,5 %
Foro romano	01	0,5 %
Pianura	01	0,5 %
Tesoro (stanza del)	01	0,5 %
Villa	01	0,5 %
	182	100 %

FREQUENZE DELLE MUTAZIONI RICORRENTI
NELLE OPERE "SERIE" SIA NEI DRAMMI DI METASTASIO
ALLEGATO 6

SOGGETTI	OPERE "SERIE"	DRAMMI DI METASTASIO
Anfiteatro	1,1%	1,1%
Appartamenti	6,1 %	6,8%
Atrio, Portico	4,4 %	6,2 %
Bosco	3,3 %	0,5 %
Camera, Stanza	2,8 %	5,6 %
Campagna	3,3 %	3,3 %
Carceri ecc.	6,1 %	3.3 %
Cortile	3,8 %	2,3 %
Deliziosa	2,2 %	2,3 %
Gabinetto	3,3 %	6,2 %
Galleria	3,3 %	4,5 %
Giardino	6,5 %	9,0 %
Logge	1,1 %	5,6 %
Luoghi magnifici	3,8 %	5,6 %
Militaria	2,8 %	2,8 %
Orride, Sepolcrali	7,2 %	0,5 % *
Padiglione	1,7 %	1,7 %
Piazza	3,3 %	1,7 %
Porto	4,4 %	1,7 %
Regge	6,1 %	4,5 %
Rovine	1,7 %	3,3 %
Sala	3,8 %	2,8 %
Tempio	8,2 %	6,2 %
Valle	1,1 %	1,1 %
Vedute di Roma antica	1,6 %	2,8 %

* Ammesso che possa definirsi "orrido" il Sito ristretto tra sassi di *Romolo e Ersilia*.
Alcuni soggetti ricorrono soltanto nel repertorio milanese (Bagni, Deserto, Pianura, Spiaggia, Tesoro, Villa) con percentuali minime (da 0,5 a 1,1 %); altri soggetti ricorrono soltanto nei drammi di Metastasio (Acquedotto, Capanna, Grotta, Città murata, Marina, Montuosa, Pagoda, Sala d'armi, Serraglio di fiere) con le stesse minime percentuali.

FREQUENZA DELLE MUTAZIONI NELLE OPERE "GIOCOSE"
ALLEGATO 7

•	Camera/e, Stanza	34	17,6 %
•	Giardini/o	20	10,4 %
•	Sala	20	10,4 %
•	Piazza (piazzetta)	15	7,7 %
•	Campagna	14	7,2 %
•	Cortile	11	5,7 %
•	Bosco, Boschetto	09	4,7 %
•	Appartamenti/o	07	3,6 %
•	Gabinetto	06	3,1 %
•	Galleria	06	3,1 %
•	Orride, Sepolcrali	06	3,1 %
•	Strada	06	3,1 %
•	Deliziosa e affini	05	2,6 %
•	Atrio, Portico	04	2,1 %
•	Locanda	04	2,1 %
•	Anticamera	03	1,5 %
•	Cantina	02	1,1 %
•	Osteria (interno)	02	1,1 %
•	Rovine	02	1,1 %
•	Spiaggia	02	1,1 %
•	Villa (casa)	02	1,1 %
•	Abitazione di Zingari	01	0,5 %
•	Banco mercantile	01	0,5 %
•	Logge	01	0,5 %
•	Luogo-terreno	01	0,5 %
•	Militaria	01	0,5 %
•	Museo	01	0,5 %
•	Orto	01	0,5 %
•	Ponte	01	0,5 %
•	Stalla	01	0,5 %
•	Studio di pittura	01	0,5 %
•	Teatro	01	0,5 %
•	Valle	01	0,5 %
•	Villaggio	01	0,5 %
		193	100 %

Confronto tra le frequenze delle mutazioni
ricorrenti sia nelle opere "serie" sia in quelle "giocose"
Allegato 8

Soggetti	Opere "serie"	Opere "giocose"
Appartamenti	6,1 %	3,6 %
Atrio, Portico	4,4 %	2,1 %
Bosco	3,3 %	4,7 %
Camera, Stanza	2,8 %	17,6 %
Campagna	3,3 %	7,2 %
Cortile	3,8 %	5,7 %
Deliziosa	2,2 %	2,6 %
Gabinetto	3,3 %	3,1 %
Galleria	3,3 %	3,1 %
Giardino	6,5 %	10,4 %
Logge	1,1 %	0,5 %
Militaria	2,8 %	0,5 %
Orride, Sepolcrali	7,2 %	3,1 %
Piazza	3,3 %	7,7 %
Rovine	1,7 %	1,1 %
Sala*	3,8 %	10,4 %
Spiaggia	1,7 %	1,1 %
Valle	1,1 %	0,5 %
Villa	0,5 %	

*Il confronto è viziato dal fatto che le Sale delle opere giocose sono in genere diverse dalle Sale delle opere serie: queste ultime sono apparentabili ai Luoghi magnifici, le prime invece alle Stanze e Camere più eleganti.

CONFRONTO TRA I SOGGETTI CHE MANCANO
NELLE MUTAZIONI DI OPERE "SERIE" E "GIOCOSE"
ALLEGATO 9

NELLE OPERE "SERIE" MANCANO	NELLE OPERE "GIOCOSE" MANCANO
Abitazione di Zingari	Anfiteatro
Anticamera	Bagni
Banco mercantile	Campidoglio
Cantina	Carcere
Locanda	Deserto
Luogo terreno	Foro romano
Museo	Luogo (esterno)
Orto	Luogo magnifico
Osteria	Padiglione
Ponte	Pianura
Stalla	Reggia
Strada	Tempio
Studio di pittura	Tesoro
Teatro	
Villaggio	

Figura 1 – Fabrizio Galliari, Atrio con i sepolcri degli Eroi di Roma, *Lucio Silla*, Milano, 1772. Milano, Biblioteca dell'Accademia di Brera.

Figura 2 – Pietro Gonzaga, Orribile caverna con Furie e spettri che sbucano dagli antri, *Alessandro e Timoteo*, Parma, 1782. San Pietroburgo, Ermitage.

LA DANZA TEATRALE A MILANO
NEL SETTECENTO

di *Alessandro Pontremoli*

1. *Il ballo teatrale a Milano* [1]

Parlare di danza teatrale nella Milano del Settecento significa fare riferimento, in buona sostanza, a due fenomeni: in primo luogo al ballo *entr'acte*, che trovava collocazione spettacolare all'interno dell'opera in musica [2] rappresentata nel teatro cittadino, vale a dire il nuovo teatro ducale che dopo la distruzione del Salone Margherita divenne, fra alterne vicissitudini e varie ristrutturazioni, il tempio del dramma musicale fino al rogo del 1776; [3] in secondo luogo alle differenti tipologie di manifestazioni teatrali che si svolgevano nei due Collegi dei Nobili della città, retti l'uno dai Gesuiti e l'altro dai Barnabiti. [4]

---

[1] Le notizie sui balli dell'opera in musica sono ricavate dallo spoglio sistematico informatizzato dei libretti, operato all'interno del gruppo di lavoro sulla *Drammaturgia musicale milanese* (Università degli Studi di Milano e Università Cattolica del Sacro Cuore di Milano) coordinato dal Prof. Francesco Degrada.

[2] Un riferimento bibliografico indispensabile è il lavoro di KATHLEEN KUZMICK HANSELL, *Opera and ballet at the Regio Ducal Teatro of Milan, 1771-1776: a musical and social history*, PhD. Dissertation, University of California at Berkeley, 1980; cfr. EAD., *Il ballo teatrale e l'opera italiana*, in Lorenzo Bianconi, Giorgio Pestelli (a c. di), *Storia dell'opera italiana*, Torino, EDT, V, *La spettacolarità*, pp. 175-306.

[3] Cfr. CARLO ANTONIO VIANELLO, *Teatri spettacoli musiche a Milano nei secoli scorsi*, Milano, Libreria Lombarda, 1941, pp. 89-149.

[4] Cfr. DAVIDE DAOLMI, *I balli negli allestimenti settecenteschi del Collegio Imperiale Longone di Milano*, in Giovanni Morelli (a c. di), *Creature di Prometeo. Il ballo teatrale. Dal divertimento al dramma*, Studi offerti a Aurel M. Milloss, Firenze, Leo S. Olschki, 1996, pp. 3-86.

Il ballo a Milano ha una lunga tradizione: fin dal Quattrocento, momento nel quale le forme del teatro moderno sono ancora allo stato nascente, le manifestazioni coreutiche cominciano a differenziarsi, incanalandosi in due alvei progressivamente divergenti e, in seguito, per lungo tempo paralleli fino al XX secolo: quello del ballo sociale e quello della danza teatrale. Al primo ambito vanno ricondotte tutte quelle danze di genere destinate al divertimento della corte o delle classi sociali egemoni, che nel corso dei secoli dal XV al XVIII vengono eseguite in ambito festivo e sono testimoniate da una ricca messe di trattati di danza e dalle cronache dell'epoca. Appartengono alla seconda categoria danze che le fonti storiche e trattatistiche presentano, invece, come frutto dell'elaborazione e dell'esecuzione di coreografi o ballerini di professione, di esperti nell'arte di Tersicore consapevoli di esibirsi di fronte ad un pubblico. Si tratta ad esempio della *Moresca*,[5] danza di antica origine agreste che nel corso del XV, XVI e XVII secolo assume le forme più diverse, divenendo progressivamente sinonimo di danza teatrale *tout-cour*; oppure delle danze presenti negli *intermedi* aulici di corte, nell'allestimento dei quali la Milano spagnola non ha nulla da invidiare alla Firenze medicea.[6] Tali danze, appannaggio di esperti esecutori, erano caratterizzate da geometrie spaziali composite, di cui resta testimonianza nel trattato di danza *Le gratie d'amore*, pubblicato dal milanese Cesare Negri nel 1602.[7]

[5] Cfr. ALESSANDRO PONTREMOLI, *La Moresca: una forma di teatro danza del XVI secolo*, in F. Paino (a c. di), *Dramma medioevale europeo 1997*, Atti della II Conferenza internazionale su *Aspetti del dramma medioevale europeo*, Camerino, 4-6 luglio 1997, Camerino, Università degli Studi – Centro Linguistico di Ateneo, 1998, pp. 79-103; BARBARA SPARTI, *The Moresca and Mattaccino in Italy (circa 1450-1630)*, in Daniel Tércio (a c. di), *Continentes em movimento*, Atti del Convegno internazionale su *Encontro de Culturas na História da Dança*, Oeiras (Portugal), 15-18 ottobre 1998, Lisboa, Universidade técnica de Lisboa, Faculdade de Motricidade Humana, Departamento de dança, 1999, pp. 191-99.

[6] Ci riferiamo agli intermedi del 1548 allestiti in occasione dei festeggiamenti per l'ingresso del principe Filippo in Milano, a quelli intitolati *Precipitio di Fetonte* del 1594 per l'ingresso della contessa di Haro, futura nuora del governatore Juan Fernandez de Velasco e agli intermedi dell'*Arminia* del 1599 per la visita milanese dell'Infanta Isabella e di suo marito, l'arciduca Alberto d'Austria, cfr. A. PONTREMOLI, *Intermedio spettacolare e danza teatrale a Milano fra Cinque e Seicento*, Milano, Euresis, 1999, pp. 193-221.

[7] CESARE NEGRI, *Le gratie d'amore, di Cesare Negri Milanese, detto il Trombone, Professore di ballare, Opera Nova, et Vaghissima, Divisa in tre Trattati {...} Con privilegio*. In Milano, Per l'her. del quon. Pacifico Pontio, et Gio. Battista Piccaglia compagni. MDCII {1602}. Con Licenza de' Superiori; rinfrescatura: {ID.}, *Nuove inventioni di balli*, In Milano, Appresso Girolamo Bordone, MDCIIII {1604}; rist. anast., Bologna, Forni, 1969.

Tuttavia a Milano il ballo teatrale vero e proprio fu introdotto solo negli anni Quaranta del Seicento col melodramma e fu inizialmente legato alla circuitazione delle produzioni veneziane. Il ritmo delle rappresentazioni in musica fu incrementato a partire dal 1659, anno della pace dei Pirenei, stipulata tra Francia e Spagna, dopo il quale si avviò per Milano un periodo di relativa tranquillità. Il Carnevale (che tradizionalmente andava dal giorno di S. Stefano alle Ceneri ambrosiane) diventò, per ovvie ragioni rituali, la stagione ballettistica e operistica per eccellenza, che dopo il 1670 si consolidò con la tradizionale realizzazione di due allestimenti ogni anno. Sul finire del Seicento si aggiunsero anche le rappresentazioni estive di giugno, ma non mancarono neppure occasioni di natura celebrativa, nelle quali si riteneva conveniente, da parte delle autorità cittadine, mettere in scena, fra le altre cose, anche un dramma per musica con balli.

Da quest'epoca, poi, si interrompe la sudditanza produttiva da Venezia e comincia a prendere vita un filone di opere di compositori (Paolo Magni; Carlo Ambrogio Lonati) e di librettisti (fra i quali il più importante fu certamente Carlo Maria Maggi) *locali*.[8]

La riforma del melodramma arriva anche a Milano con Apostolo Zeno, invitato personalmente ad operare per le scene milanesi dall'allora governatore Vaudemont, fautore, fra l'altro, di un avvicinamento al gusto teatrale francese e alla moda del ballo. Parallelamente si ha il progressivo affermarsi, anche a Milano, dell'intermezzo comico cantato.

All'interno dei libretti, che rappresentano per il ballo teatrale la fonte più cospicua di informazioni, le diverse tipologie di notazioni sui balli e la loro collocazione costituiscono indizi importanti per la comprensione non solo del rapporto che esisteva fra la rappresentazione melodrammatica e i balli, ma anche della funzione, che essi assolvevano nell'economia dello spettacolo, e della loro fisionomia originale.

La quasi totalità dei libretti settecenteschi indica generalmente la presenza dei balli nel tradizionale elenco di artisti, autori e scansioni drammaturgiche, che compare nelle prime pagine della pubblicazione, secondo l'ordine di esecuzione all'interno dell'opera. L'indicazione è poi puntualmente ripresa nel corpo del testo, dove i balli sono segnalati alla fine degli atti. Quando questa seconda indicazione viene omessa c'è sempre un motivo, come nel caso, ad esempio, del topico e convenzionale *ballo di cavalieri e dame*, che tradizionalmente conclude l'opera: proprio

---

[8] Cfr. ROBERTA CARPANI, *Drammaturgia del comico. I libretti per musica di Carlo Maria Maggi nei "theatri di Lombardia"*, Milano, Vita e Pensiero, 1998.

per l'ovvietà della consuetudine poteva anche non essere indicato una
seconda volta. Questo ballo di carattere nobile, in seguito nominato *ciac-
cona*, resisterà nella tradizione milanese più a lungo che negli altri centri di produzione teatrale.

I balli all'interno dell'opera milanese erano generalmente tre, o in-
globati nel testo a conclusione di ciascun atto del melodramma o in posizione intermediale fra un atto e l'altro. Quando il numero superava quello
canonico, si trovavano allora balli anche all'interno del corpo stesso del
dramma, come nel caso dei libretti stampati a Milano fra il 1698 e il 1706,
periodo che coincide con il governatorato filofrancese del Vaudemont. Seguendo la moda d'oltralpe le opere di questi anni sono tutte caratterizzate dalla presenza dei balli, che in qualche caso raggiungono addirittura
il numero sei, come nell'*Ariovisto* del 1699. Cinque balli sono contenuti
nell'*Inganno di Chirone* del 1700 e nell'*Andromaca* del 1701; quattro nell'*Ar-
siade* del 1700 e nelle tre opere *Admeto re di Tessaglia*, *Angelica nel Catai* e
Ascanio, tutte rappresentate nel 1702 in occasione dello spettacolare ingresso in Milano di Filippo V, richiamato in territorio lombardo dalle incombenze per la guerra di successione spagnola.

Fino all'incirca alla metà del secolo si sviluppa e si consolida un repertorio di balli teatrali, caratterizzato dalla permeabilità con il contesto
melodrammatico, utilizzabile dalle compagnie con elasticità e praticità,
date le ben note condizioni produttive dell'opera e del ballo. Le tipologie
che si possono ricavare dallo spoglio dei libretti rivelano, infatti, una contiguità coi motivi topici del melodramma, dell'intermedio cortigiano e
della spettacolarità cortese di mascherate, tornei, entrate solenni ecc. Assai frequenti erano, ad esempio, i balli con riferimenti alle attività lavorative umili; balli caratterizzati dall'elemento comico; *moresche* di schiavi
e di mori; balli di personaggi esotici che rendono omaggio ad un sovrano,
secondo un *topos* festivo/spettacolare in voga fin dal Quattrocento;[9] ciac-

---

[9] Il modulo teatrale con la sfilata di legazioni che rendono omaggio al principe risale
alla struttura di alcune feste della seconda metà del Quattrocento, come la famosa *Festa del
paradiso (Milano 1490): un esempio storico di drammaturgia coreutica*, in A. Pontremoli (a c. di),
Drammaturgia della danza, Milano, Euresis, 1997, pp. 37-49). Il tema dell'omaggio a un re
o a una regina da parte di rappresentanti di popoli diversi sarà destinato a giungere lontano
nella storia della danza e troverà grande seguito e sviluppo nei balletti narrativi del XIX secolo. Infatti, nei capolavori del repertorio romantico, come *La bella addormentata nel bosco*, *Il
lago dei cigni* e soprattutto *Lo schiaccianoci* di Ciaikovskij, ogni qual volta venga ricreato l'ambiente di una festa di corte, sia essa quella del principe Sigfrido o quella della Regina delle
Nevi, viene anche ripreso il tema delle danze esotiche eseguite in omaggio al sovrano.

cone finali con coreografie di dame e cavalieri, deità ed eroi, che il più delle volte ballano con torce accese in mano.[10] Queste ultime danze, di carattere collettivo, erano retaggio dell'intermedio di corte e spesso avevano una stretta relazione con i mutamenti scenici spettacolari dell'ultima parte del dramma in musica che li ospitava.

Le opere prodotte dal 1707 al 1718 presentano, tuttavia, un numero di balli numericamente inferiore: solo tre libretti sui ventisette stampati durante questo periodo contengono riferimenti coreutici e comunque con un numero di balli sempre inferiore a tre. Questa esigua presenza della danza sui palcoscenici milanesi coincide con una situazione storica e sociale piuttosto confusa per il territorio lombardo: si tratta degli anni di passaggio dalla dominazione spagnola a quella austriaca, periodo in cui il ducato versa in condizioni difficili anche dal punto di vista economico. Inoltre, il luogo teatrale per la rappresentazione delle opere in musica, dopo il devastante incendio che nel 1708 aveva distrutto il Teatro Ducale, già ricostruito dal Vaudemont nove anni prima, era il Teatrino della Commedie, che non permetteva allestimenti troppo complessi.

Non è poi secondario il fatto che il gusto dell'intermezzo comico musicale, come diversivo fra un atto e l'altro del dramma maggiore, cominciasse proprio negli stessi anni a conquistare il pubblico milanese. Indicazioni circa la presenza di queste piccole opere nell'opera si fanno via via più frequenti all'interno dei libretti, parallelamente alla pubblicazione di libretti specifici.

A partire dal 1706 fino al 1722 un gran numero di libretti porta la firma di Apostolo Zeno, con il quale ha inizio un periodo di assestamento del genere melodrammatico, sia dal punto di vista strutturale che drammaturgico. I pochi libretti con balli stampati fino al 1722 rivelano una normalizzazione della prassi coreutica all'interno dell'opera in musica, prassi che trova definitiva sistemazione dopo la lunga parentesi degli anni dal '22 alla metà del secolo circa, durante i quali in tutti i centri di produzione melodrammatica esplode la moda degli *intermezzi*.

A Milano, nello stesso periodo, anche quando l'opera era intervallata da balli, questi ultimi venivano assimilati ad intermezzi. All'interno del libretto nessuna indicazione precisa ne metteva più in evidenza il carattere e il contenuto. Compaiono infatti solo laconiche indicazioni come quella

---

[10] Il ballo di dame e cavalieri con torce in mano, a conclusione della rappresentazione teatrale, era già in uso alla fine del Cinquecento, cfr. NEGRI, *Le gratie d'amore*, pp. 271 e 274.

del tipo "Segue il Ballo". Addirittura, talvolta, la presenza dell'elemento coreutico è messa in evidenza dalla sola menzione del nome del coreografo.

A partire dal 1717, anno della ricostruzione del teatro ducale, l'attività operistica milanese riprende in grande stile. Il ballo va progressivamente perdendo ogni possibile riferimento all'opera maggiore, riferimento spesso forzato e pretestuoso, emancipandosi come piccolo spettacolo autonomo all'interno del melodramma. Dalla primigenia funzione di diversivo esso passa ad una propria compiutezza drammaturgica, analoga, per certi aspetti, a quella dell'intermezzo comico cantato. Dalla metà del secolo, le indicazioni circa i balli, all'interno della librettistica per l'opera, tornano ad essere meno generiche, riportando, con un sempre maggiore dettaglio, informazioni sugli esecutori e sullo svolgimento dei balli.

Dal 1745 non è infatti strano trovare nei libretti brevi notazioni drammaturgiche come le seguenti:

> Ballo di dodici cacciatori, nel fine del quale il Sig. Francesco Sauveterre e la Signora Cortini rappresentano il giudizio di Paride [...]. Ballo di caratteri diversi; il signor Brighenti e la signora Ghiringhella rappresentano la favola di Pigmalione ed il sig. Sauveterre con la signora Cortini quella di Piramo e Tisbe.[11]

> Sbarco di Cinesi, che termina con altra introduzione di Doride, inseguita da Satiri e liberata da Nereo.[12]

La struttura di questi balli è molto interessante perché è, in sostanza, già quella del balletto classico: ad una prima parte, in cui una compagine corale di ballerini rappresenta un motivo coreografico tradizionale, segue l'intervento solistico di coppie di danzatori che inscenano brevi storie tratte dal repertorio mitologico e completamente slegate dall'opera maggiore. È evidente il progressivo inserimento nel ballo dell'elemento narrativo e della sequenza pantomimica, che gradualmente sostituirà la tradizionale esecuzione coreutica del *divertissement*, in ossequio al cambiamento del gusto.

Ricompaiono nei libretti i nomi dei coreografi, chiamati "compositori dei balli", e dalla seconda metà del Settecento ritornano anche i ti-

---

[11] PIETRO METASTASIO, *Ciro riconosciuto, drama per musica. Da rappresentarsi nel Regio Ducal Teatro di Milano nel Carnovale nell'anno 1746.* In Milano, nella Regia Ducal Corte, per Giuseppe Richino Malatesta stampatore regio camerale. Con licenza de' Superiori, p. VI.

[12] ID., *Antigono, drama per musica. Da rappresentarsi nel Regio Ducal Teatro di Milano nel Carnovale nell'anno 1747.* In Milano, nella Regia Ducal Corte, per Giuseppe Richino Malatesta stampatore regio camerale. Con licenza de' Superiori, p. VI.

toli dei balli, che cominciano ad avere una loro maggior unità narrativa, benché siano sempre spezzati *entr'acte*. In alcuni libretti compare inoltre il sunto dell'azione, divenuto consuetudine dagli anni Sessanta.

Prima degli anni Trenta le compagnie di ballo erano costituite da un numero esiguo di *virtuosi*, fra i sei e gli otto danzatori, e i costi per i coreografi erano decisamente inferiori a quelli dei ballerini, dei cantanti e degli orchestrali. A partire dalla metà del Settecento cominciano a comparire indicazioni circa il ruolo degli esecutori all'interno del ballo: alla prima distinzione della *troup* in "ballerini" e " figuranti", che aumentano di numero in modo considerevole nel decennio 1766-1776 – anni dell'apogeo del ballo pantomimico quando a Milano si alternano, alla direzione del corpo di ballo del Ducale, Angiolini e Noverre –, fa seguito, verso la fine del secolo, la creazione di un organico stabile che si attesta sui trenta/quaranta danzatori, suddiviso in *concerto* o *corpo di ballo* e *ballerini principali*, a loro volta suddivisi in "seri", "di mezzo carattere" e "grotteschi". Su questa gerarchia drammaturgica si innestava poi quella organizzativa, che prevedeva compensi differenziati per *primi ballerini*, *secondi*, *terzi* e *fuor di concerto*.

Dopo gli anni Quaranta la danza trionfa all'interno di ogni tipo di melodramma, sia serio che giocoso. In particolare, a Milano, in ogni opera comica compare anche il ballo. A differenza di ciò che accade in Francia, tuttavia, dal punto di vista drammaturgico il ballo italiano ha ormai acquisito autonomia, mentre oltralpe la danza è uno degli elementi strutturali e significanti dell'opera lirica nel suo complesso.

Alcuni intellettuali autorevoli dell'epoca riconoscono al ballo italiano la capacità di rappresentare azioni e sentimenti: Francesco Algarotti, nell'edizione livornese del suo *Saggio sopra l'opera in musica*[13] – edizione che è del 1763 – pur nella sua aspra critica al balletto, considerato "un capriolare fino all'ultimo sfinimento, un saltar disonesto, che non dovrebbe mai aver l'applauso delle persone gentili, una monotonia perpetua di pochissimi passi, e di pochissime figure",[14] del tutto inadatto, quindi, a rappresentare soggetti seri ed eroici, riconosce al balletto italiano il pregio di essere capace di suscitare il riso con il suo carattere grottesco:

---

[13] FRANCESCO ALGAROTTI, *Saggio sopra l'opera in musica*, Livorno MDCCLXIII [1763]. Per Marco Coltellini in Val Grande. Con Approvazione.

[14] *Ibid.*, pp. 52-53.

E veramente nel comico, o sia grottesco sonosi veduti tra noi dei balli degni di applauso, ed anche dei ballerini, che aveano, come disse colui, le mani, e i piedi eloquenti, e non erano forse tanto lontani da Batillo.[15]

L'osservazione di Algarotti era già presente, espressa quasi con le stesse parole, nell'edizione veneziana del suo saggio, che è del 1755, dove addirittura egli si riferiva alla danze teatrali nei termini di "balli parlanti", anticipando di qualche anno le dichiarazioni sulla danza parlante di Angiolini, che infiammeranno gli animi dei milanesi a partire dagli anni Sessanta.

La lunga e ben nota polemica sui balli pantomimici e sul balletto d'azione[16] ha i suoi prodromi proprio negli anni Cinquanta, quando Angiolini entra in contatto con lo stile di Hilverding a Vienna, danzando sotto la direzione del coreografo austriaco.

Gli influssi del balletto francese si fecero sentire di lì a poco: è proprio a partire dagli anni Sessanta che, introdotte dai suoi allievi, vennero allestite anche in Italia le riprese dei balli di Noverre. A Milano Charles Le Picq[17] mise in scena nella stagione 1769-1770 due balletti noverriani, l'*Alexandre* e quell'*Orfeo ed Euridice* che suscitò a Pietro Verri parole di ammirazione, nella lettera indirizzata da Milano al fratello Alessandro, che si trovava a Roma:

> Non ti posso esprimere quanto sia bella l'idea, e quanto interessante nella esecuzione. Io so che mi venivano le lacrime agli occhi, quando poteva tranquillamente vederla. Tutto era decente e nobile; e Pic, che faceva Orfeo, e la Binetti, che faceva da Euridice, hanno tanta grazia, tanta verità, e tanta anima, che nessuna attrice francese la può superare. L'invenzione di questo ballo è di Noverre.[18]

Come si può arguire dal contenuto di questa lettera (qui citata solo in parte, ma in realtà circostanziata circa il contenuto del balletto) e come

[15] *Ibid.*, p. 55.

[16] Cfr. LORENZO TOZZI, *Il balletto pantomimico del Settecento. Gaspare Angiolini*, L'Aquila, Japadre, 1972.

[17] MARIE-FRANÇOISE CHRISTOUT, *s.v. Le Picq*, in *Enciclopedia dello Spettacolo*, fondata da S. D'Amico, VI, Roma, Le Maschere, 1954-1962, col. 1409; cfr. JOSÉ SASPORTES, *Noverre in Italia*, in "La danza italiana", 2 (primavera 1985), pp. 39-66.

[18] Francesco Novati, Emanuele Greppi (a c. di), *Carteggio di Pietro e Alessandro Verri dal 1766 al 1797*, vol. III, Milano, Cogliati, 1911, lettera del 7 marzo 1770, pp. 207-09.

si comprende anche da altre lettere dello stesso Verri, che spesso scendono nei particolari dello svolgersi della pantomima, il ballo teatrale milanese, a partire dagli anni Sessanta, presenta già sulla scena delle azioni che costruiscono tenui o più articolate trame narrative.

Tuttavia i cambiamenti sono lenti, perlopiù la maggior parte dei balletti presentano ancora una serie di *entrée* slegate fra loro e offerte agli spettatori come *divertissement*. Quello che tramonta rapidamente è il residuo aristocratico e cortigiano, che era rappresentato dai balli nobili e dalle ciaccone: essi scompaiono del tutto *nel corpo* dell'opera seria o comica, e nel giro di pochi anni, anche *dal finale* di quelle composizioni che erano corredate da tre balli.

La tecnica coreutica era fondamentalmente basata sulla codificazione dei passi e delle posture accademiche, avvenuta già sul finire del XVII secolo e definitivamente sistemata nel trattato sull'arte di "scrivere" la danza del maestro di danza e ballerino Raul Auger Feuillet nel 1700. *Choreographie ou l'art de décrire la dance*[19] è un manuale per la registrazione su carta delle coreografie e dei passi delle danze di carattere sociale e di quelle eseguite sul palcoscenico. Il testo, pur non fornendo alcuna spiegazione specifica sull'esecuzione di questi passi ma solo la notazione grafica, è tuttavia molto utile per la loro ricostruzione. Il sistema di notazione presenta infatti una serie di simboli di facile comprensione, che permettono di individuare le traiettorie dei piedi, la distribuzione del peso corporeo, la posizione dei passi in rapporto allo spazio e le figure geometriche disegnate sul terreno dallo spostamento del corpo. La tecnica e lo stile si stabilizzano proprio in virtù della nascita di questo sistema di notazione coreografica, che permette di fissare in modo univoco un repertorio di passi da combinare in vario modo per dare origine a diverse coreografie.

In Italia questo stile fu divulgato dall'opera dei coreografi francesi operanti nella nostra Penisola e ripreso nel *Trattato del ballo nobile* di Giambattista Dufort, stampato a Napoli nel 1728.[20] Il Dufort, che dichiara:

---

[19] RAUL AUGER FEUILLET, *Choreographie ou l'art de décrire la dance, par caracteres, figures et signes*, A Paris, Chez l'Auteur […] Et chez Michel Brunet […] MDCCI [1701]. Avec Privilege du Roy, rist. anast., Bologna, Forni, 1970.

[20] GIAMBATTISTA DUFORT, *Trattato del ballo nobile di Giambattista Dufort indirizzato all'Eccellenza delle signore Dame, e de' signori Cavalieri napoletani*. In Napoli MDCCXXVIII [1728]. Nella Stamperia di Felice Mosca. Con licenza de' Superiori.

"aver io abbandonata la Francia, ove nacqui",[21] dopo una topica introduzione sull'origine della danza e sulla supremazia coreutica dei Francesi su
Spagnoli e Italiani, si perita di tradurre nell'idioma nostrano, ad uso però
del solo divertimento sociale "delle signore dame, e de' signori cavalieri
napoletani",[22] i nomi francesi dei passi, di spiegarli dettagliatamente e di
fornirne la notazione grafica secondo il codice di Feuillet.

In Italia, tuttavia, non si ballava seguendo alla lettera lo stile francese,
anzi, la particolarità dei danzatori italiani consisteva nell'innestare una
pantomima della totalità del corpo sulla base tecnica comune. Non è un
caso, infatti, che le lamentazioni degli osservatori francesi si appuntassero
proprio su questa peculiarità: essi non riconoscevano alla danza italiana
la gravità propria del loro stile nobile e camminato e accusavano i danzatori nostrani, intenti a seguire unicamente l'espressione mimica del corpo,
di *non andare a tempo*.

La tecnica coreutica italiana non è estranea all'evoluzione della danza
teatrale in senso narrativo: a differenza della danza camminata di derivazione francese, che assegnava solo alle braccia e alle gambe il compito
dell'espressione mimica, gli Italiani danzavano con tutto il corpo e affidavano la comunicazione narrativa e l'azione ad una sorta di danza totale, certamente debitrice alle tecniche teatrali dei Comici dell'Arte. Una
testimonianza delle origini della danza grottesca è rintracciabile nel trattato di Gregorio Lambranzi,[23] un maestro di danza veneziano operante
nella prima metà del Settecento. Il testo, con le sue illustrazioni, le parti
musicali e le descrizioni coreografiche, più che un vero e proprio manuale del ballo comico si presenta come una raccolta dei balli delle più
famose maschere della commedia dell'Arte, balli caratterizzati dal grottesco e dal burlesco, ma nel contempo virtuosistici ed acrobatici:

---

[21] *Ibid.*, p. [2] della *Dedica*.

[22] *Ibid.*, frontespizio.

[23] GREGORIO LAMBRANZI, *Nuova e curiosa scuola de' balli teatrali*, Nürnberg, Johan
Jacob Worlab, 1716. Cfr. MARIA NOVELLA FAMA, *Gregorio Lambranzi: un "maestro di
ballo" da Venezia a Norimberga*, in "Biblioteca teatrale", n.s., VIII (1987), pp. 80 ss.; EAD.,
*Le "curiose inventioni" del maestro di ballo Gregorio Lambranzi: un consuntivo della coreutica
teatrale seicentesca*, in Angelo Chiarle (a c. di), *L'arte della danza ai tempi di Claudio Monteverdi*, Atti del Convegno internazionale, Torino, 6-7 settembre 1993, Torino, Istituto
per i beni musicali in Piemonte, 1996, pp. 259-73.

Le figure allegre, o burlesche, cioè Scaramuzza, Harlechino e altri simili, devono essere rapresentate con bizzarra maniera nel ballare, e propriamente positure false, e ridicule come per essempio sarebbe mal a proposito se un Scaramuzza, o Harlechino, Scapino, Puricinella, valesse [sic] ballare un minuetto o sarabanda, overo corrente, o introdution, ma ognuno di questi ha i suoi apostati passi ridicoli e burleschi, e maniere simili.[24]

Come tratto distintivo della danza burlesca il Lambranzi parla delle *false posizioni*,[25] posture base dei piedi esattamente contrarie alla regola dell'*en-dehors*, propria della danza teatrale seria del Settecento. L'*en-dehors* era prescritto al ballerino affinché potesse offrire al pubblico una visione frontale ed eretta del proprio corpo; la trasgressione del principio produceva l'effetto comico della goffaggine e della precarietà. È proprio questo stile che valse agl'italiani l'appellativo di danzatori grotteschi e costituì uno dei punti della controversia milanese intorno alla danza pantomimica, controversia che vedrà su fronti opposti i sostenitori di Angiolini e di Noverre negli anni che vanno dal 1766 al 1776.

Un'altra fonte importante per la comprensione dello stile coreutico dei danzatori pantomimici italiani è il trattato, pubblicato nel 1779, del napoletano Gennaro Magri, considerato uno dei massimi ballerini grotteschi del suo tempo.[26] Nella *Prefazione* alla prima parte del testo il Magri illustra con chiarezza, pur nella smaccata quanto opportunistica adulazione della tecnica francese, ripresa pedissequamente dal suo conterraneo Dufort, la differenza fra i due stili nazionali:

Sebben meritano gl'Italiani il primo vanto dell'invenzione della Danza regolata, tuttavia non la portaro a perfezione, e benché ballavano in cadenza di Musica, erano i passi così sforzati, e caricati, che se si mettesse il loro carattere in Iscena sarebbe il più lepido, e grottesco Pantomimo, come fu in-

---

[24] *Ibid., Avvertimento dell'autore agl'amatori*, col. [1], rr. 41-50.

[25] "La vera, o buona positura consiste nel situare i piedi sulla terra secondo una certa, e determinata misura in modo che quelli tengano ugualmente le lor punte rivolte in fuori. La falsa positura per contrario consiste nel situare i piedi sulla terra, anche secondo una certa, e determinata misura, in modo, che amendue, o almeno una delle lor punte siano rivolte al di dentro. Or essendo mio intendimento il trattare solamente della danza nobile, da parte la teatrica, e le di lei false posizioni lasciando; procedo innanzi [...]", DUFORT, *Trattato del ballo nobile*, pp. 4-5; cfr. FAMA, *Le "curiose inventioni"*, cit., p. 265.

[26] GENNARO MAGRI, *Trattato teorico-pratico di ballo di Gennaro Magri napolitano*. In Napoli MDCCLXXIX [1779]. Presso Vincenzo Orsino. Con licenza de' Superiori.

gegnosamente eseguito da Monsieur *Filibois*[27] Maestro di Ballo nella corte
imperiale. Alli Francesi siam tenuti della lindura, in cui è posto il ballo al
presente. Essi lo hanno ripulito al tornio del buon gusto.[28]

Nelle *Avvertenze*, poste immediatamente di seguito a mo' di *pamphlet*
polemico, in risposta alle obiezioni contenute in un libello critico uscito,
a detta di Magri, ancora prima che fosse terminata la stampa del suo trattato, il coreografo napoletano ci testimonia, anche se indirettamente, l'estetica del verosimile insita nella pantomima italiana, concepita anzitutto
come danza parlante:

> Siccome la poesia è una pittura parlante, così la danza è una poesia mo-
> ventesi. Sarà buon poeta un che sa fare solamente de' versi? mai no; dunque
> non sarà similmente buon danzatore chi sa solamente muovere i piedi. Chi
> li muove con regola, con simmetria, con giudizio, con proporzione, chi adat-
> terà i suoi movimenti al vero, al verisimile, all'opportuno, chi inventerà
> nuove, sorprendenti, e piacevoli cose sarà l'ottimo ballerino.[29]

Richiamandosi a Noverre e citando "il Cavalier Panelli, valente Critico dell'Opera in Musica", Magri afferma inoltre:

> Il Ballerino non deve soltanto procurare di divenire agile, e leggiero,
> quanto di rendere le mani, e il corpo eloquenti (come il filosofo Demetrio
> diceva di un Danzatore ne' tempi di Nerone) egli ha mestieri di essere ini-
> ziato in più discipline.[30]

Il ballerino deve essere in grado di esprimere, attraverso la danza, i
moti dell'animo, i sentimenti e le passioni:

---

[27] L'episodio era già stato raccontato da Dufort (G. DUFORT, *Trattato del ballo nobile*, *Avviso a che legge*, cit., pp. non num.). Il ballerino Philbois è l'esponente di una famiglia di tersicorei già operante nella seconda metà del Seicento a Milano, cfr. A. PON-
TREMOLI, *La danza sociale e la danza teatrale nella Lombardia spagnola del secondo Seicento*,
relazione al Convegno di studi su *Mecenatismo culturale e spettacolo al tempo dei conti Bartolomeo Arese e Vitalano Borromeo, sullo sfondo della dominazione spagnola nella Milano secentesca (1650-1690)*, Cesano Maderno, 13-14 giugno 1998, in corso di pubblicazione negli Atti.
[28] MAGRI, *Trattato teorico-pratico di ballo*, cit., p. 10.
[29] *Ibid.*, *Avvertimento al cortese lettore*, p. 13.
[30] *Ibid.*, p. 17.

Veggiamo in vero delle Statue, de' Quadri così parlanti, ch'esprimono al vivo la loro passione, che mostrano negli occhi, nella positura da quale affetto sian dominati, se di sdegno, se di odio, se di amore, se di tristezza, se di allegria, e simili. Così il Danzatore deve impressionarsi di quelli atteggi, per porli in esecuzione, quando esprimer deve quella tal quale passione, e che abbia il segreto di appagare i nostri sensi, e di muovere i nostri affetti, questo il *Patetico*, quello è l'*Estetico*; ciò ch'è di natura delle belle Arti, senza il quale impropriamente usurpane il nome di queste Facultà.[31]

I singoli passi della tecnica francese, inoltre, vengono spiegati da Magri a fini espressivi, ottenibili, a suo parere, col concorso di adeguati passaggi musicali. Utile, al proposito, è questa esemplificazione che Magri propone nel capitolo *Della Cadenza*:

Fingiamo Borea, che invaghito di Flora, la quale lo sdegna, per amor di Zefiro, essa fugge, e Borea la siegue, in questo vi deve essere una Musica assai furiosa, ed il bravo Ballerino la riempie di una variata moltitudine di passi, ed azioni esprimenti il carattere, e che abbiano perfetta armonia con le qualità della Musica; la raggiunge, e Flora soprafatta cade a terra; i Fiori languiscono, i Zeffiretti per dove passa Borea tutti tramortiti, in varj *Tableaux* situati, Borea raggiunge Flora, si ferma, e resta in attitudine, qui la musica deve esser *sincupata*, o *pausata*, ecco, che la moltitudine de' passi non ha luogo, ma riempir si deve la cadenza più dagli atteggi, che da passi. Si ripiglia la fuga, va replicato il furioso, e così alternativamente con quello chiaro oscuro dell'armonia si adattano i passi, ed il ballo sarà fatto secondo l'arte, pieno di azione, ricco di varietà, e non potrà non ottenere l'applauso de' spettatori.[32]

Anche Magri, come già Dufort, si sofferma sull'uso delle *false posizioni* come espediente comico della danza burlesca:

Le posizioni *false* son pur cinque, e sono necessarj a sapersi per essere adoperate in Teatro da ballanti Grotteschi quasi in tutti i caratteri, e particolarmente nel ballare i passi all'Inglese, all'uso però italiano.[33]

Spentisi gli echi della *querelle* sul ballo pantomimico, partitosi deluso Noverre, Milano, patria della danza dell'era moderna, diviene, dopo la calata di Napoleone, la terra della sperimentazione coreutica. La produzione di balletti si fa preponderante al teatro alla Scala, a volte oscurando addi-

[31] *Ibid.*, p. 18.
[32] *Ibid.*, p. 25.
[33] *Ibid.*, p. 27.

rittura quella dell'opera. Il ballo acquista una completa autonomia spettacolare e spesso l'esigenza di realizzare grandi balletti spinge ad abbreviare la durata del melodramma che li inframmezza. La consuetudine di corredare il balletto con uno *scenario* indipendente si consolida e si afferma progressivamente come prassi ordinaria.

Superate le polemiche degli anni precedenti, il lento ma inesorabile fondersi della danza acrobatica all'italiana e della pantomima espressivodrammatica introdotta da Noverre si costituirà a fondamento del balletto romantico ottocentesco.

2. *Statuto professionale di ballerini e coreografi*

Fino agli anni Venti del Settecento, Milano non spende molto per i suoi ballerini, come risulta dagli antichi bilanci del Ducale, conservati all'Archivio di Stato.[34] La spesa sale invece considerevolmente intorno alla metà del secolo. Ciò è anche dovuto al fatto che vere e proprie compagnie di danza, analoghe a quelle dei Comici dell'Arte o dei Febiarmonici, si organizzano solo dopo la metà del Settecento. I contratti firmati a Milano fra il teatro e i ballerini, fino agli anni Venti, risultano stipulati con singoli danzatori o con coppie. In qualche raro caso la compagnia viene a coincidere con la piccola impresa familiare di un coreografo, danzatore o maestro di danza, come nel caso del contratto stipulato fra il Ducale e il signor Guinò, con figlio e figlie, per la stagione 1719-1720.[35]

Una compagnia vera e propria, che più volte calcherà le scene del Ducale, è quella di Gaetano Grossatesta, come risulta dal registro dei passaporti dell'Archivio Storico di Milano alla data 8 marzo 1724:

Si è Gaetano Grossatesta che colla sua squadra di virtuosi di ballo se ne ritorna da questa città a Venezia con armi e bagaglio.[36]

[34] ASMi, *Spettacoli pubblici, parte antica*, cartt. 30/31, 34; cfr. ANTONIO PAGLICCI BROZZI, *Il Regio Ducal Teatro di Milano nel XVIII secolo*, Ricordi, Milano 1894, pp. 64-65; KUZMICK HANSELL, *Opera and Ballet*, cit., p. 634.

[35] Cfr. GUGLIELMO BARBLAN, *Il teatro musicale a Milano nei secoli XVII e XVIII*, in *Storia di Milano*, XII, Milano, Fondazione Treccani degli Alfieri per la storia di Milano, 1953-1962, p. 974.

[36] ASMi, *Registro della concelleria dello stato (passaporti)*, serie XXI, 43; sulla figura

Se si esclude qualche caso come quello testé citato del modenese Grossatesta, che operava soprattutto in ambiente veneziano e napoletano, di questi inventori di balli si sa ben poco. A Milano, come soprattutto risulta dai libretti, operarono sia coreografi italiani che d'oltralpe. Dal 1690 al 1718 la prevalenza dei nomi incontrati è francese – o quanto meno si tratta di nomi francesizzati – come Sciaplè, Filbois, Eveque.

Dal 1719 i nomi degli inventori dei balli compaiono nei libretti con più frequenza. Troviamo, ad esempio, e non solo nella produzione del Ducale, ma in particolare in quella di collegio, il nome di Antonio Crivelli, coreografo e ballerino milanese. Fino al '23, inoltre, accanto a inventori italiani di ballo compaiono i soliti francesi: per citarne qualcuno Giuseppe Montorfano accanto a Rochefort, Goineau con figlio e figlie accanto alla Salvioni e alla Natale. A partire dal '23 la tendenza filofrancese si attenua e gli Italiani dominano incontrastati sulle scene milanesi.

Secondo una prassi consolidatasi nel teatro d'opera fra Sei e Settecento i ballerini, a differenza degli orchestrali, pagati a prestazione, venivano ingaggiati per tutta la stagione con un compenso fisso. Le repliche delle opere, con scadenza quasi quotidiana da Natale a Carnevale, costringevano questi lavoratori della spettacolo ad un'intensa attività. Inoltre, nei contratti, compariva la clausola obbligava che i danzatori ad essere presenti a Milano almeno quindici giorni prima della rappresentazione, per poter partecipare alle prove. Tale durata è confermata anche in un'interessante voce di bilancio del teatro, che pagava "a Giuseppe Novara per aver assistito in giorni 14 alla porta della sala de Fornelli per li ballarini Lire 7" e "per aver assistito in altri giorni 15 alla porta della sala da ballo in tempo delle prove per la seconda opera Lire 10".[37]

Inoltre, sempre dai bilanci del teatro, risulta che il trattamento dei virtuosi del ballo, intorno alla metà del secolo, non era da meno di quello riservato ai virtuosi del canto. Se i *figuranti* venivano ingaggiati "senza alloggio", per i *primi ballerini* si provvedeva ad un'adeguata sistemazione, spesso in casa dello stesso impresario, che veniva poi risarcito della

del Grossatesta cfr. L. TOZZI, *Il balletto nel Settecento: questioni generali*, in *Musica in scena. Storia dello spettacolo musicale*, diretta da Alberto Basso, V, Torino, UTET, 1995, pp. 39-40; GLORIA GIORDANO, *A venetian festa in Feuillet notation*, in "Dance Research", 2, XV (1997), pp.126-41; EAD, *Gaetano Grossatesta, an Eighteenth-Century Italian choreographer and Impresario*, in "Dance Chronicle", 1 e 2, XXIII (2000), pp. 1-28, 133-191.

[37] ASMi, *Spettacoli pubblici, parte antica*, cart. 30/31.

spesa.[38] I *cachet* delle *étoile* erano inoltre elevati, soprattutto in relazione alla politica dei due maggiori teatri del nord, il Regio di Torino e il Ducale di Milano. L'interesse dei torinesi per il ballo non si fermava di fronte ad un compenso elevato,[39] Milano di conseguenza era obbligata in qualche modo ad adeguare le tariffe per aggiudicarsi gli stessi virtuosi del ballo.

Nella seconda metà del Settecento, quando a Milano il balletto diventa lo spettacolo più apprezzato dal pubblico, per i numerosi solisti e figuranti richiesti dagli allestimenti noverriani ed angoliniani, il teatro è obbligato ad un investimento economico notevole. Il consolidarsi dei diversi ruoli all'interno della compagnia porta ad una maggior stabilità nei corpi di ballo, di pari passo al sempre crescente legittimarsi dell'arte coreutica teatrale. Parallelamente, le esigenze di spettacoli così grandiosi richiedevano uno spazio scenico molto ampio per i movimenti coreografici e pantomimici: le indicazioni dei libretti circa i mutamenti scenici mettono infatti in evidenza un semplificarsi dei fondali e delle scene per permettere ai ballerini una maggior mobilità coreografica che non incorresse nella falsificazione della prospettiva ottica. Ad esempio nel libretto dell'*Adriano in Siria* della stagione 1762-63 si legge:

> Scene per i balli. Mutazione prima. Campagna sparsa di collinette praticabili ecc. Rappresenta il primo ballo gli amori dell'Aurora e il rapimento di Cefalo ecc.
> Mutazione seconda. Spiaggia con diversi abituri villerecci, alla quale approdano sopra le loro barchette non pochi pescatori, che invitano con musicali strumenti le abitatrici di quelle piagge ad una danza marsiliese ecc.
> Mutazione terza. Veduta di reale deliziosa con ballo di giardinieri ecc.[40]

Spazi molto ampi furono necessari, ad esempio, per i balli di Noverre, rappresentati nel 1775 coll'*Alessandro nell'Indie*, il cui organico era composto da quarantaquattro elementi suddivisi in: quattro ballerini seri, quattro di mezzo carattere, quattro per i personaggi princi-

---

[38] *Ibid.*, dal bilancio datato '48/'49 risulta che l'impresario e compositore del teatro Giuseppe Ferdinando Brivio aveva ospitato nella stagione 1747/48 i danzatori Francesco Sauveterre e Anna Beccari ed era stato risarcito con la somma di 270 lire.
[39] Cfr. MARIE-TÉRÈSE BOUQUET, *Il teatro di corte dalle origini al 1788*, in *Storia del Teatro Regio di Torino*, I, Torino, Cassa di Risparmio di Torino, 1976, pp. 237-47.
[40] Cfr. KUZMICK HANSELL, *Opera and ballett*, cit., p. 210.

pali, ventotto figuranti, quattro amorini.

> Primo ballo: Armida e Rinaldo, ballo eroico; secondo ballo: Festa di villaggio.
> Scene dei balli. Primo ballo. Un'isola dell'Oronte; magnifici giardini del palazzo di Armida; salone riccamente decorato nel palazzo di Armida.

L'interesse alto che i Milanesi dimostravano per il teatro,[41] appartenessero essi alle classi subalterne o a quelle dominanti, o ancora al gruppo degli intellettuali, fu la ragione per la quale lo statuto sociale dei ballerini fu progressivamente elevato, al punto che alcune virtuose del ballo, circondate dall'aura del divismo, ebbero buon gioco nell'introdursi, talvolta procurandone la distruzione, all'interno delle più note famiglie aristocratiche della Milano settecentesca.

Se escludiamo il caso di Teresa Fogliazzi, lei stessa esponente di nobile famiglia ad abbandonare la casa paterna per seguire le alterne sorti del coreografo Angiolini, di cui diverrà moglie, le cronache e i documenti, consultati prima di noi dal Giulini e dal Vianello,[42] ci riferiscono ad esempio di Vittoria Peluso, detta la Pelosina, di cui Parini cantava: "Qualor piena di grazia e di decoro / danzar ti veggio, il sangue in ogni vena / m'arde come la terra di Peloro". Ballerina alla Scala fece innamorare di sé il marchese Bartolomeo Calderara, che, nonostante il divieto della madre Margherita Litta, la sposò nel 1782, lasciandole, alla sua morte, un'ingente eredità.

Analogo fu il caso di Antonia Elzener detta la Todeschia, ballerina di successo al Ducale negli anni '66-'67, così affabile e affascinante da diventare l'amante di Carlo Guglielmo Ferdinando principe di Brunswich, che la portò con sé attraverso l'Europa, fino ad ospitarla nella sua corte dove essa assunse il nome di marchesa Branconi e donò al principe un figlio nel 1769.

---

[41] Cfr. PAOLO BOSISIO, *Aspetti e tendenze del teatro drammatico a Milano nel secondo Settecento*, in "Il castello di Elsinore", 23, VIII (1995), pp. 35-60.

[42] Per questi episodi cfr. ALESSANDRO GIULINI, *A Milano nel Settecento. Studi e profili*, Milano, La Famiglia Meneghina, 1926, pp. 151-54; VIANELLO, *Teatri*, pp. 197-208.

3. *Angiolini, Noverre e… Parini*

Comune radice delle teorie sulla danza pantomima è la riflessione sull'arte della danza che Diderot pubblica nel terzo dialogo degli *Entretiens sur le fils naturel* del 1757:

> La danse? La danse attend encore un homme de génie; elle est mauvais partout, parce qu'on soupçonne à peine que c'est un genre d'imitation. La danse est à la pantomime, comme le poésie est à la prose, ou plutôt comme la déclamation naturelle est au chant. C'est une pantomime mesurée. [...] Une danse est un poëme [...]. C'est une imitation par les mouvements, qui suppose le concours du poëte, du peintre, du musicien et du pantomime. Elle a son sujet; ce sujet peut être distribué par actes et par scènes.[43]

Inizialmente concordi nel rifiutare il ballo comico e grottesco, Angiolini e Noverre si fecero entrambi sostenitori del balletto di argomento eroico, danzato nello stile compassato *terre-à-terre* proprio dei Francesi.

Influenzato dalle *Lettres*, pubblicate da Noverre nel 1760, anche Angiolini disapprovava l'acrobazia coreutica e l'arte comica dei grotteschi italiani, e dall'estero (non dimentichiamo che nel 1765 Angiolini era a Vienna e mancava dalla patria da ben dieci anni) propose una pantomima espressiva, sobria, esemplata sullo stile coreutico francese.

I dissapori si fecero strada in modo evidente solo a partire dal 1773, anno in cui cominciò a scatenarsi la polemica milanese. Angiolini fu sempre molto cauto e non condivise la poetica della sorpresa propugnata da Noverre. Fautore della gradualità rappresentativa, Angiolini propendeva per una pantomima che fosse "danza parlante" piuttosto che "poésie muette".[44] I due coreografi erano poi del tutto in disaccordo sul problema dei programmi di sala, considerati da Noverre complemento indispensabile alla rappresentazione coreutica, da Angiolini, invece, un inutile paratesto, che provocava il solo inconveniente di porre in evidenza le carenze narrative della danza.

La polemica si dilatò e divenne argomento di numerosi *pamphlet* ano-

---

[43] DENIS DIDEROT, *Entretiens sur le fils naturel*, in ID., *Ouvres*, Paris, Gallimard, 1951, pp. 1294-95, cfr. ROSY CANDIANI, *L'intervento di Giuseppe Parini nella polemica coreutica tra Angiolini e Noverre*, in AA.VV., *Ricerche di lingua e letteratura italiana (1988)*, Università degli Studi di Milano, Facoltà di Lettere e Filosofia, Istituto di Filologia moderna, (Quaderni di Acme n. 10), Milano, Cisalpino Goliardica, 1989, p. 95.

[44] Cfr. CANDIANI, *L'intervento di Giuseppe Parini*, cit., p. 97.

nimi pubblicati a Milano in quegli anni. Inoltre, il dibattito passò dalla carta stampata al palcoscenico, quando Noverre decise di parodiare a Vienna i balletti del suo avversario e quando i due coreografi cominciarono a combattersi a suon di spettacoli, affidando il giudizio sulla loro produzione direttamente al pubblico, invitato a giudicarla attraverso richiami espliciti pubblicati nei programmi di sala dal 1773 al 1776.

Echi di questa polemica si ritrovano poi negli equilibrati e competenti giudizi espressi da Pietro Verri nel suo carteggio col fratello Alessandro (non bisogna dimenticare che tale competenza viene a Verri dall'aver frequentato, così come anche Parini, le scuole Arcimbolde dei Barnabiti – vedremo tra breve la produzione coreutica di Collegio)[45] e nelle cronache ufficiali della "Gazzetta di Milano", espressione dei nobili Cavalieri Associati, gestori dell'appalto del Teatro Ducale.

In particolare questa seconda fonte rivela come la polemica si fosse spostata progressivamente da problemi di estetica a problemi di gusto. La parabola di Angiolini, in particolare, mostra un progressivo ma tempestivo avvicinarsi del coreografo alle aspettative del pubblico milanese, assecondandone il gusto per una trama lineare, non tediata da eccessivi particolari espressivi o rappresentativi e accompagnata da semplici e brevi indicazioni programmatiche nel libretto.

Nell'estate del 1774 i due coreografi si scambiarono nelle rispettive piazze: Angiolini andò a Vienna, dove Noverre gli aveva preparato un'accoglienza negativa, e quest'ultimo lo sostituì a Milano.

Noverre, nel suo ingaggio milanese, non seppe tener dietro alle esigenze del pubblico meneghino, abituato alla linearità di Angiolini e alla sua danza di stile italiano, coinvolgente il corpo nella sua totalità espressiva e rappresentativa. Un passo falso fu, senza dubbio, il "ballo arcitragicissimo" *Agamennone vendicato*. Il disappunto e l'irrisione dei milanesi di fronte alle quattro uccisioni in scena e ad alcune infelici scelte di decoro, come quella di far comparire la "corte dell'estinto Agamennone

---

[45] Come è noto Parini viene a Milano all'età di dieci anni e frequenta, anche se saltuariamente e non sempre con profitto, gli anni inferiori delle scuole Arcimbolde di Sant'Alessandro presso i Barnabiti. Negli stessi anni sono presenti nelle classi superiori della stessa istituzione scolastica anche Pietro Verri e Cesare Beccaria. In anni seguenti anche il più giovane Alessandro Verri sarà coinvolto, nella sua veste di accademico Industrioso, nelle rappresentazioni di collegio, come risulta dagli scenari di Balletti degli anni 1756 e 1757 (cfr. DAOLMI, *I balli*, cit., p. 5). È forse in questo ambito scolastico che Parini viene a contatto per la prima volta con il teatro, la mimica e la danza, che nei collegi annessi alle scuole erano considerati importanti strumenti pedagogici.

ammantata di veli bruni", sono testimoniati da Pietro Verri e adombrati nelle parole di Parini in un appunto reso noto e pubblicato da Rosy Candiani:

Ecoute moi Noverre:
Je ne decide rien de ton Agamemnon.
Qu'l il soit mauvais ou bon
Rien n'importe Noverre: mais je dis en un mot,
Que quinconque l'admire est le plus grand de sots,
Et quiconque au contraire de critique l'honore
Est bien plus sot encore.
Moi je viens quelque fois
Regarder ton Ballet;
Mais tout le monde allors, en attendant l'effet
De ta fable muette, ne parle que de toi.
Le docte, l'ignorant, et le peuple, et la cour
Celebre Agamemnon, et le clamne a son tour.
Las de tant de debats, pour me desennuijer,
Sait tu que je fais? Je ne fais que sifflér.[46]

La critica di Parini è piuttosto acre: di fronte ad un'opera come l'*Agamennone* il sentimento che egli prova non è dunque né di disgusto, né di piacere. Stanco delle continue polemiche ha ormai assunto un atteggiamento di compatimento nei confronti del coreografo francese, che a lui, "angiolinista arrabiato",[47] come dimostrano anche i suoi interventi sulla "Gazzetta di Milano",[48] non pare assolutamente in grado di cogliere l'insofferenza dei Milanesi per la danza eroico-tragica. A Parini, frequentatore competente di teatri, non resta che fischiettare, ostentando superiore indifferenza.

Parini si inserisce nel momento di maggior vigore della disputa fra Angiolini e Noverre. Amico di Angiolini e forse anche interlocutore privato dello stesso coreografo sulla questione del ballo — non dimentichiamoci che Parini frequentava il salotto di Teresa Fogliazzi, assieme a Pier-

---

[46] CANDIANI, *L'intervento di Giuseppe Parini*, cit., p. 92.

[47] Cfr. E. Greppi, A. Giulini (a c. di), *Carteggio di Pietro e Alessandro Verri dal 1766 al 1797*, VII, Milano, Cogliati, lettera del 18 gennaio 1775; C.A. VIANELLO, *La giovinezza di Parini, Verri e Beccaria*, Milano, Baldini e Castoldi, 1933, p. 272; ID., *Teatri*, cit., p. 309.

[48] Cfr. GIUSEPPE PARINI, *La "Gazzetta di Milano" {1769}*, a c. di Arnaldo Bruni, Milano-Napoli, Ricciardi, 1981.

marini, Appiani e Beccaria – Parini si fa portavoce delle perplessità dei Milanesi di fronte ad una danza pretenziosa, eccessivamente tragica per le aspettative teatrali dell'epoca e non rispettosa della propensione ad una gradualità nell'introduzione di innovazioni e sperimentalismi drammaturgici. Non è un caso che lo spesso Parini si fosse prestato a modificare, in senso neoclassico, l'*Alceste* di Calzabigi su musica di Gluck per l'edizione milanese dell'opera.

Nei mesi successivi al fiasco dell'*Agamennone vendicato*, Noverre, deluso per le reazioni del pubblico e degli intellettuali, corresse il tiro allestendo balletti comici accanto a tragedie drammaturgicamente più equilibrate rivelando la sua rinuncia a mettere in scena il genere tragico per il pubblico milanese, che, come testimonia Alessandro Verri in una lettera del 19 dicembre 1778, non lo gradiva:

> Hai infinite ragioni. In Italia non vi è entusiasmo di sorte alcuna e molto meno letterario. [...] Anni sono pure mi ricordo che mi dicesti in qualche dettaglio che i balli di Noverre facevano ridere, del che non me ne sono molto meravigliato. Per esempio la tragedia francese in Milano ha fatto mediocre sensazione laddove in Venezia e in Napoli ha fatto delirare.[49]

4. *La danza nei Collegi dei Nobili*[50]

I due Collegi dei Nobili, che a Milano portavano avanti l'opera pedagogica degli ordini religiosi (il Collegio di Brera retto dai Gesuiti e il Collegio Imperiale Longone dai Barnabiti), avevano la consuetudine di allestire rappresentazioni teatrali o in stretta dipendenza dal calendario degli studi o in periodo di Carnevale, secondo una precisa linea educativo-politica, che non censurava i fenomeni secolari ma operava per una loro risignificazione in senso religoso, proponendo la città di Dio come alternativa anche terrena alla città degli uomini.

Nelle rappresentazioni dei Gesuiti si balla, sia che si tratti di allestimenti teatrali complessi, come tragedie o tragicommedie, sia che si tratti di Accademie, veri e propri saggi delle consorterie interne ai collegi che

---

[49] Giovanni Seregni (a c. di), *Carteggio di Pietro e Alessandro Verri dal 1766 al 1797*, X, Milano, Giuffré, 1939, lettera del 19 dicembre 1778.

[50] Prezioso per lo studio della teatralità al Collegio Imperiale Longone di Milano il già citato saggio di DAOLMI, *I balli*, in particolare cfr. *Ibid.*, *Appendice B. Rappresentazioni allestite per il Carnevale*, pp. 59-86.

aggregavano i convittori migliori e che provvedevano all'organizzazione delle attività culturali, di studio o di pratica devota. Nel Settecento operano a Milano le Accademie dei Vigorosi presso il Collegio dei Gesuiti, e quella degli Idonei presso i Barnabiti.

Nei fogli a stampa delle Accademie, sorta di programma di sala, vengono riportati i diversi momenti della rappresentazione: gli atti di un'azione drammatica, generalmente di argomento mitologico, si alternano ad esibizioni solistiche o di gruppo nelle varie discipline praticate dagli accademici. A parti recitate seguono "giochi di bandiere e di picche", "assalti e abbattimenti di spade", ma più spesso balli.

La natura di questi balli rimane piuttosto oscura. È probabile che si trattasse tanto di balli di carattere sociale quanto di balli di carattere teatrale e pantomimico. Ad esempio, nelle accademie dei Vigorosi, a partire dal 1740, compare il *minuetto*,[51] eseguito in genere da una coppia di danzatori. Nello scenario *La vera grandezza d'animo* si trova invece un *Paspié*.[52]

Lo spettacolo dell'accademia degli *Idonei*, andato in scena nel 1733 col titolo *Arti greche in Roma*, mostra un'azione teatrale composta, all'interno della quale la danza svolge un ruolo drammaturgico oltre che decorativo.[53]

Analoga funzione, ma con un accentuato carattere pantomimico, ha anche il ballo di dodici esecutori, che rappresentano guerrieri e mori, nei *Solenni giochi per la rammemoranza degl'illustri guerrieri* del 1736:

> Presso quell'illustre trofeo veggonsi alcuni incatenati mori, tenue avanzo di que' tanti Prigionieri, che adornarono i trionfi del Duce. Entra qui il Bellicoso Genio nelle distinte lodi [...], ordina, comanda, che sciolgansi le catene ai suddetti, e compongasi dagli uni e dagli altri fastose danze. [...] Bal-

---

[51] "Fanno il minuetto successivamente": *La spedizione degli argonauti. Accademia di lettere, e d'arti cavaleresche tenuta da' signori convittori del Collegio de' Nobili di Milano de' padri della Compagnia di Gesù nella pubblicazione del nuovo principe dell'Accademia nell'anno 1740*. In Milano. Nella Stamperia di Pietro Francesco Malatesta. Con licenza de' Superiori, p. III.

[52] *La vera grandezza d'animo. Accademia di lettere, e d'arti cavaleresche tenuta da' signori convittori del Collegio de' Nobili di Milano de' padri della Compagnia di Gesù nella pubblicazione del nuovo principe dell'Accademia nell'anno 1746*. In Milano. Nella Stamperia di Pietro Francesco Malatesta. Con licenza de' Superiori, p. IV.

[53] *Arti greche in Roma. Azione accademica contenente gli esercizj di lettere, e d'arti cavaleresche da rappresentarsi da' convittori del Collegio Imperiale de' Nobili di Milano de' Chierici regolari della Congregazione di S. Paolo*. In Milano. Nella stamperia di Giuseppe Pandolfo Malatesta, 1733. Con licenza de' Superiori, p. I.

lano in dodici. Da guerrieri [8]. Da Mori [4]. In due da guerriei. In quattro da Mori. A solo da Moro.[54]

Una funzione decisamente più interessante hanno i balli allestiti nei
Collegi per il Carnevale. Gli argomenti a stampa di queste rappresentazioni mostrano una stretta relazione fra gli interventi intermediali, gli
atti dell'opera drammatica e i movimenti coreutici. In un preciso progetto retorico, i diversi elementi dello spettacolo concorrono tutti alla comunicazione il più possibile diretta e chiara del senso della *fabula*, cui
viene data forma scenica. Ciascuno secondo le sue particolarità – la parola
in relazione all'intelletto, l'intermedio e la danza in relazione al sensorio
– i diversi elementi della rappresentazione si illuminano a vicenda secondo un'oculata circolarità ermeneutica. Un esempio particolarmente
interessante di integrazione di tutti gli elementi è dato dal *Pubblicamento
al popolo d'Israello della elezione prodigiosa d'Aronne in pontefice* del 1745,
messo in scena a Brera in occasione della visita del cardinale Giuseppe
Pozzobonelli, arcivescovo di Milano. Gli intermedi con balli sono armo-
nizzati tematicamente con l'azione principale:

> Argomento del primo intermedio. Alcuni egiziani idolatri, usciti dal campo
> d'Israello, e portatisi in un vicin bosco a caccia pervengono a certe grotte, dove
> abitava un Sileno. Questo, col cantare tra danza d'alberi e di fiere, ascose vi-
> cende, ottiene d'essere riconosciuto qual deità con adorazione, e con doni. [...]
> Argomento del secondo intermedio. Gesau ed Egliezzerre, Figlj di Mosé,
> Finees figlio di Eleazaro, e nipote d'Aronne, con quattro giovinetti loro
> uguali in età, ed in virtuoso coraggio. Saputo da Sileno del primo interme-
> dio, han chiesto daj proprj padrj di girsene ad una pesca, sebbene col pro-
> posito di passar dall'acqua al bosco del Nume, ed ivi recidere le piante vi-
> ste già a danzar, e far prigioniere Sileno medesimo. Tutto ciò eseguiscono
> sotto la condotta di due Aj.[55]

---

[54] *Solenni giochi per la rammemoranza degl'illustri guerrieri. Azione accademica contenente gli
esercizj di lettere, e d'arti cavalleresche da rappresentarsi da' signori convittori de Collegio Imperiale
de' Nobili di Milano da' Chierici regolari di S. Paolo e singolarmente indirizzata alla gloriosa ri-
membranza del Serenissimo ed invittissimo Principe Eugenio di Savoia.* In Milano. Nella stamperia di Giuseppe Pandolfo Malatesta, 1736. Con licenza de' Superiori, p. III.

[55] *Pubblicamento al popolo d'Israello della elezione prodigiosa d'Aronne in pontefice. Dramma
da rappresentarsi dagl'infrascitti accademici dell'Università di Brera della Compagnia di Gesù
nel solenne ricevimento dell'Em.mo Sig. Cardinale Giuseppe Pozzobonelli arcivescovo di Milano.*
In Milano MDCCXLV [1745]. Nella stamperia di Pietro Francesco Malatesta. Con licenza de' Superiori, pp. III-IV.

Nella seconda metà del secolo, i fermenti innovativi e l'affermarsi del balletto d'azione sulle scene del teatro cittadino influenzarono anche la vita coreutica di collegio. Al Longone, in particolare, la presenza di maestri di balli come Giuseppe Salamoni e di suo figlio Francesco garantì un'osmosi fra i due ambienti. Salamoni aveva lavorato a Vienna al fianco di Hilverding e la sua carriera italiana, a partire dagli anni Cinquanta, lo aveva visto trionfare nei maggiori teatri italiani. Come testimoniano gli scenari dell'ultima parte del secolo, anche la danza pantomimica di collegio cominciò ad affrontare temi eroici, a volte detti, negli scenari stessi, "alla francese", accanto ai più tradizionali balli di soldati, di pastori, di maschere della commedia dell'arte ecc. Addirittura, in qualche caso, il ballo assunse un'identità propria, proponendosi, all'interno dell'accademia, come un momento a sé stante, senza un riferimento tematico al dramma principale o agli altri momenti coreutici.

In un argomento che raccoglie il programma delle rappresentazioni sceniche per il carnevale del 1778 leggiamo:

> Ballo secondo in ventidue. A questo ballo porge l'argomento l'Olimpiade del celebre Sig. Abbate Metastasio [...].
> Ballo terzo in ventisei. L'argomento di questo ballo si trae dalla Nov. 8 della Giorn. 2 del Decam. di Giovanni Boccaccio [...].[56]

In entrambi i balli, subito dopo l'indicazione della fonte usata per costruire la *fabula*, il foglio a stampa riporta un riassunto abbastanza articolato dell'azione scenica e della gestualità pantomimica.

Analoga autonomia ebbero anche due dei balli del "signor Piero Alauard" per le rappresentazioni allestite nel carnevale del 1780, presentati nell'*Argomento* non solo con un sunto particolareggiato, ma indicati ciascuno col proprio titolo: "Ballo secondo. Calliore [...]. Ballo terzo. Cimone".[57]

---

[56] *Argomenti delle tre sceniche rappresentazioni colle quali nel corrente carnevale 1778 si trattengono i signori convittori del collegio imperiale de' nobili diretto da' chierici reg. della congregazione di S. Paolo intitolate la prima* L'Alzira *tragedia del sig. de Voltaire la seconda* Il tamburo notturno *commedia del sig. Destouches tradotta nell'italiano idioma in Milano la terza* Le Smanie per la villeggiatura *del sig. Carlo Goldoni avvocato veneziano*. In Milano, nella stamperia Malatesta, col regio permesso.

[57] *Argomenti delle tre sceniche rappresentazioni colle quali nel corrente carnevale dell'anno MDCCLXXX si trattengono i signori convittori del collegio imperiale de' nobili diretto da' chierici reg. della congregazione di S. Paolo intitolate la prima* La Merope *tragedia del marchese Scipione Maffei veronese la seconda* La Serva padrona *commedia del sig. dottore Jacopo Nelli la terza* L'Avventuriere Onorato *commedia del sig. Carlo Goldoni avvocato veneziano*. In Milano. Per Cesare Orena nella Stamperia Malatesta. Colla regia permissione.

ASPETTI DELLA MUSICA STRUMENTALE A MILANO NEL SECONDO SETTECENTO

di *Cesare Fertonani*

La Lombardia eccelle nella musica strumentale [1739-40] [1]
CHARLES DE BROSSES, *Viaggio in Italia. Lettere familiari*

Me n'andava una sera a un concerto del Martini in Milano [1765-66] [2]
LAURENCE STERNE, *Viaggio sentimentale lungo la Francia e l'Italia*

La musica è assai coltivata in questa grande e popolosa città [1770] [3]
CHARLES BURNEY, *Viaggio musicale in Italia*

Comunemente considerata di primaria importanza per le vicende della musica del Settecento, la civiltà strumentale milanese resta ancora oggi una realtà storica, artistica e culturale nello specifico assai poco conosciuta. Da un lato, nei decenni centrali del Settecento Milano, piazza operistica di rilievo, indubbiamente rappresenta per quanto riguarda la musica strumentale il baluardo (insieme e ancor più di Torino, Firenze, Padova) di una tradizione gloriosa ma ormai in fase di declino avanzato e irreversi-

---

[1] CHARLES DE BROSSES, *Viaggio in Italia. Lettere familiari* (Paris, 1799), a c. di Carlo Levi, Bari-Roma, Laterza, 1992, Lettera LI al Signor de Maleteste, p. 598.

[2] LAURENCE STERNE, *Viaggio sentimentale lungo la Francia e l'Italia* (London, 1768), traduzione di Ugo Foscolo, Milano, Mondadori, 1970[4], XXXV, p. 117. Cfr. EMILIO SIOLI LEGNANI, *L'avventura milanese di Sterne con la "Marquesina di F***" fu "fabbricata di pianta"*, Roma, Edizioni di Storia e Letteratura, 1955.

[3] CHARLES BURNEY, *Viaggio musicale in Italia* (London, 1771), a c. di Enrico Fubini, Torino, EDT, 1979, p. 83.

bile e al contempo il centro più progressivo ed europeo della penisola grazie anzitutto alla presenza carismatica di Giovanni Battista Sammartini,
attivo negli anni 1720-1775. D'altro lato, l'immagine della civiltà strumentale milanese è venuta cristallizzandosi in una mitologia storiografica priva di un fondamento conoscitivo approfondito e dettagliato non
soltanto del sostrato istituzionale, culturale, sociale ed economico che le
era sotteso ma anche e soprattutto della produzione musicale che essa
aveva espresso. In buona parte la conoscenza della situazione milanese è
pregiudicata dalle generali difficoltà che ostacolano la ricostruzione e l'interpretazione storica della civiltà strumentale italiana nel suo complesso:
"civiltà dell'emigrazione"[4] che nella penisola sopravvive al rischio di estin-
zione e alla crisi di identità ma che è ridotta a un ruolo e a un peso marginali se non nella vita sociale quotidiana almeno sul piano dell'estetica
e della storia delle idee e spesso è indissolubilmente intrecciata con la musica sacra e il teatro. Alla relativa scarsità di documenti, testimonianze e
riflessioni critiche specifiche, il quadro milanese, di per sé così ricco e interessante, aggiunge alcune peculiari complicazioni riguardanti in primo
luogo la mole, la diversificazione, la dispersione europea e i problemi di
attribuzione delle fonti di una produzione che in larga misura attende ancora di essere ordinata, catalogata e studiata.

Certo, negli ultimi cinquant'anni molto è stato fatto al riguardo; ma
nonostante tutto il lavoro storico e musicologico e i contributi indispensabili che esso ha generato[5] la musica strumentale a Milano nel Settecento

---

[4] Carl Dahlhaus (hrsg.), *Die Musik des 18. Jahrhunderts*, Laaber, Laaber-Verlag, 1985, pp. 210-16.
[5] Ci si limita qui a indicare i contributi fondamentali, più recenti e specifici sull'ar-gomento: GUGLIELMO BARBLAN, *Sanmartini e la scuola sinfonica milanese*, in Adelmo Da-merini e Gino Roncaglia (a c. di) *Musicisti lombardi ed emiliani*, Siena, Accademia Mu-sicale Chigiana, 1958, pp. 21-40; CLAUDIO SARTORI, *Giovanni Battista Sammartini e la sua corte*, in "Musica d'Oggi", III (1960), pp. 3-18; G. Barblan, *La musica strumentale e cameristica a Milano nel '700*, in *Storia di Milano*, vol. XVI, Milano, Fondazione Trec-cani degli Alfieri, 1962, pp. 619-60; C. SARTORI, *Sammartini post-mortem*, in Wilfried Brennecke-Hans Haase (hrsg.), *Hans Albrecht in Memoriam*, Kassel, Bärenreiter, 1962, pp. 153-55; BATHIA CHURGIN, *The Symphonies of G. B. Sammartini*, dissertazione, Har-vard University, 1963; NEWELL JENKINS-BATHIA CHURGIN, *Thematic Catalogue of the Works of Giovanni Battista Sammartini. Orchestral and Vocal Music*, Cambridge Massa-chussetts-London, Harvard University Press, 1976; B. CHURGIN, *The italian symphonic background to Haydn's early symphonies and opera overtures*, in Jens Peter Larsen-Howard Serwer-James Webster (eds.), *Haydn Studies*, New York and London, Norton, 1981, pp.

resta un argomento che attende e merita ulteriori, più mirate attenzioni. Se si pensa che perfino l'opera, imponente e variegata, del protagonista di quella civiltà, Giovanni Battista Sammartini, è ben lungi dall'aver conosciuto una trattazione storico-critica esaustiva si ha un'idea per quanto approssimativa della questione. Sono dunque molteplici i temi e le interrelate direzioni di ricerca individuabili nel merito di cui, nonostante la problematicità, si può dare sommaria indicazione.[6]

1. Il tentativo di ricostruire con maggiore precisione di dettagli il contesto e le condizioni sociali, economiche, culturali e produttive della civiltà strumentale attraverso il reperimento di nuovo materiale documentario (ad esempio, negli archivi delle famiglie aristocratiche) e lo spoglio di pubblicazioni di vario genere (a incominciare da giornali e gazzette).

2. Il disegno più dettagliato della mappa delle connessioni italiane e internazionali della diffusione europea e dei canali di commercializzazione della musica strumentale milanese (ricerche sull'attività delle copisterie locali, sui fondi oggi conservati nelle biblioteche straniere, sui cataloghi degli editori d'oltralpe).

3. La prosecuzione e l'intensificazione degli studi critici sulla musica:

329-36; B. CHURGIN, *The recapitulation in sonata-form movements of Sammartini and early Haydn symphonies*, in Eva Badura-Skoda (hrsg.), *Joseph Haydn*, München, Henle, 1986, pp. 135-40; MARIA ASSUNTA SERGENT MARCEAU, *L'attività musicale di Giorgio Giulini*, 2 voll., tesi di laurea, Università degli Studi di Milano, a.a. 1989/1990; RICCARDO ALLORTO, *Gli anni milanesi di Johann Christian Bach e le sue composizioni sacre*, Milano, Ricordi, 1992; SARA MANDEL-YEHUDA, *Early symphonic style as reflected in the symphonies of Antonio Brioschi (fl. ca. 1725-1750 ca.) in the Fonds Blancheton*, dissertazione, Bar-Ilan University, 1992; CHIARA PIETROGRANDE, *Giovanni Battista Sammartini. Una figura chiave del Settecento musicale*, in "Rivista Internazionale di Musica Sacra", 13 (1992), pp. 3-77; ANNA CATTORETTI, *1771-1773: Gli ultimi quintetti per archi di Giovanni Battista Sammartini, i primi di Luigi Boccherini*, in "Chigiana", nuova serie n. 23, XLIII (1993), pp. 193-229; B. CHURGIN, *Sammartini and Boccherini: Continuity and Change in the Italian Instrumental Tradition of the Classic Period*, pp. 171-91; ADA BEATE GEHANN, *Giovanni Battista Sammartini: Die Konzerte*, Frankfurt am Main-New York, Lang, 1995; Marco Brusa e Attilio Rossi (a c. di), *Sammartini e il suo tempo. Fonti manoscritte e stampate della musica a Milano nel Settecento*, in "Fonti Musicali Italiane", Supplemento, 1 (1996); LUIGI INZAGHI – DANILO PREFUMO, *Sammartini. Primo maestro della sinfonia*, Torino, Eda, 1996.

[6] Nell'ambito del progetto di ricerca sulla musica a Milano nel Settecento della Sezione Musica del Dipartimento di Storia delle arti, della musica e dello spettacolo, dell'Università degli Studi di Milano, coordinata da Francesco Degrada, la civiltà strumentale rappresenta un importante filone di soggetti per tesi di laurea.

i settori del catalogo di Giovanni Battista Sammartini non ancora inda-
gati sistematicamente (in prima istanza la musica da camera e per tastiera),
la produzione di autori quali Antonio Brioschi, Giovanni Battista Lampugnani, Ferdinando Galimberti, Maria Teresa Agnesi Pinottini, Giuseppe Paladini, Gaetano Piazza, Melchiorre Chiesa, Giuseppe Ferdinando
Brivio, Angelo Maria Scaccia, Carlo Zuccari.

4. L'obiettivo di accertare se si possa effettivamente parlare di un autentico stile strumentale, e in particolare sinfonico, milanese in cui si ri-
conoscano perlomeno Sammartini e alcuni dei suoi allievi o seguaci.

5. La verifica della reale portata europea delle esperienze strumentali
milanesi al di là delle tradizionali mitologie storiografiche. Un aspetto
particolare concerne alcuni grandi musicisti stranieri che soggiornarono
a Milano: se certo è l'influsso di Sammartini su Gluck (1737-1745) e
Johann Christian Bach (1757-1762), assai più controverso è quello dello
stesso Sammartini su Mozart (1770-1773).[7] La città ospitò anche due
compositori di Mannheim: Ignaz Holzbauer, negli anni 1744 e seguenti,
quindi ancora nel 1759 quando scrisse l'*Alessandro nell'Indie* per il Regio
Ducal Teatro, e Christian Cannabich nel 1754. D'altro canto, non sembrano da sottovalutare al riguardo i viaggi all'estero dei musicisti attivi
a Milano, ad esempio i soggiorni a Londra di Giovanni Battista Lampugnani (1743-1746) e di Carlo Zuccari (1760-1765).

6. Il rapporto tra tradizione locale e influssi esterni: ovvero l'ap-
profondimento del ruolo di Milano come crocevia di diverse esperienze
strumentali italiane. Se nella prima metà del secolo si sa ad esempio della
presenza di Antonio Vivaldi a Milano (1721-1722), nella seconda metà
si registra l'incontro tra Sammartini e il giovane Luigi Boccherini a Pavia e a Cremona (1765) ed è probabile che la capitale lombarda sia stata

---

[7] LUDWIG FINSCHER, *Mozarts erstes Streichquartett: Lodi, 15. März 1770*, in "Analecta
musicologica", XVIII (1978), pp. 246-60; B. CHURGIN, *Did Sammartini Influence Mozart's Earliest String Quartets?*, in "Mozart Jahrbuch" (1991), pp. 529-39; WOLF-DIETER
SEIFFERT, *Mozarts frühe Streichquartette*, München, Fink, 1992; CHRISTIAN SPECK, *Mozart
und Boccherini: Zur Frage der Italianität in Mozarts frühen Streichquartetten*, in Ingrid Fu-
chs (hrsg.), *Internationaler Musikwissenshaftlicher Kongress zum Mozartjahr 1991, Baden-
Wien*, Tutzing, Schneider, 1993, pp. 921-32; WOLFGANG GERSTHOFER, *Mozarts italienische Sinfonien und die italienische Opernsinfonia der Zeit*, in "Mozart Studien", V (1995),
pp. 183-211. Si veda infine la relazione di FRANCESCO DEGRADA, *Le esperienze milanesi
di Mozart: una rivisitazione critica* in questo stesso volume, pp. 731-50.

una delle tappe in cui suonò il cosiddetto Quartetto Toscano formato da Pietro Nardini, Filippo Manfredi, Giuseppe Maria Cambini e Luigi Boccherini, attivo in Italia per sei mesi tra il 1766 e il 1767. A Milano si formarono due musicisti come il torinese Felice Giardini, che studiò con Giuseppe Paladini prima di trasferirsi a Londra nel 1750, e il pavese Alessandro Rolla, che nel 1803 si stabilirà nella capitale lombarda assumendo l'incarico di primo violino e direttore d'orchestra alla Scala e poi, dal 1808, anche di insegnante nel Conservatorio. In tale prospettiva non pare per nulla casuale che un operista come Giovanni Paisiello abbia scritto a Milano nel 1774 dodici quartetti per archi, di cui nove pervenuti, per Maria Beatrice d'Este moglie dell'Arciduca Ferdinando, governatore della Lombardia Austriaca.[8]

In attesa che il progredire degli studi nelle direzioni di ricerca sopra indicate consenta di arricchire il patrimonio di conoscenze documentarie, storiche e critiche è possibile tentare di delineare il quadro della musica strumentale a Milano nel Settecento individuando nella struttura storica che ne è a fondamento alcuni aspetti culturali, istituzionali, sociali e artistici particolarmente significativi e tra loro interconnessi. Si tratta di aspetti che chiariscono la particolarità della situazione milanese nel contesto italiano dell'epoca, in quanto soddisfano, sia pure in diversa misura e con la rilevante eccezione di un'editoria musicale moderna e sviluppata, i necessari presupposti su cui si fonda in Europa la civiltà strumentale di centri come Parigi, Londra e Vienna, cui la capitale lombarda è naturalmente legata da vincoli politici e culturali, o delle maggiori città tedesche: il radicamento di una forte tradizione, compositiva ed esecutiva, locale; la presenza di almeno un autore, Sammartini, di statura internazionale; una cultura istituzionale, un dilettantismo aristocratico e un pensiero estetico sensibili alla musica strumentale.

1. *La centralità di Sammartini*

Un primo aspetto può essere indubbiamente identificato, senza il timore di incorrere nel rischio di un'eccessiva personalizzazione, nella centralità della figura di Giovanni Battista Sammartini. Se Milano vanta

---

[8] Cfr. MICHAEL F. ROBINSON, *Giovanni Paisiello. A Thematic Catalogue of his Works. Volume II: The Non-Dramatic Works*, Stuyvesant NY, Pendragon, 1994, pp. 183-91.

una solida tradizione strumentale (nel Seicento impersonata da musicisti come Giovanni Paolo Cima, i fratelli Giovanni Domenico e Francesco Rognoni, Carlo Ambrogio Lonati), per almeno mezzo secolo il musicista svolge un ruolo carismatico non soltanto come autore ma anche come insegnante e organizzatore. Gli incarichi e i titoli che Sammartini accentra su di sé nel corso di una lunga carriera sono già indicativi al riguardo: maestro di cappella di una decina di chiese, tra le quali S. Ambrogio e S. Maria delle Grazie, e congregazioni religiose, come quella del Ss. Entierro in S. Fedele (dal 1728); organista, e poi alla morte di Giuseppe Vignati, nel 1768, maestro di cappella della Regia Ducal Corte in S. Gottardo; insegnante presso il Collegio de' Nobili dei padri barnabiti di S. Alessandro (dal 1730). Ben presto Sammartini s'impone insomma a Milano come la figura musicale di maggior prestigio, anzitutto nell'ambito sacro e strumentale, al di là degli incarichi e dei titoli effettivi: è il compositore di maggior valore, dotato anche di capacità organizzativa e direttiva, cui le istituzioni e le stesse autorità di governo della città si affidano nelle occasioni importanti. Del resto, l'organica integrazione di Sammartini nella società e nella cultura milanese del tempo è testimoniata anche oltre gli impegni propriamente professionali. Come si vedrà in seguito il musicista è direttore e supervisore artistico dell'Accademia Filarmonica costituita nel 1758 e a quanto sembra viene accolto, al pari di Carlo Zuccari e Gasparo Angiolini, nell'Accademia dei Trasformati,[9] che rifondata nel 1743 dal conte Giuseppe Maria Imbonati conta tra i suoi membri Domenico Balestrieri, Giorgio Giulini, Giuseppe Parini, Gian Carlo Passeroni, Francesco Saverio Quadrio, Pietro Verri, Cesare Beccaria, Giuseppe Baretti. In sostanza la personalità di Sammartini assicura il nesso da un lato tra la realtà professionale e quella dilettantistica della musica, dall'altro tra il mondo della prassi musicale e quello delle istituzioni politiche, religiose e della cultura: nesso tanto più solido in quanto Sammartini conduce vita sedentaria a Milano dove risiede per tutta la vita, a differenza del fratello più anziano Giuseppe che al pari di innumerevoli altri compositori italiani del periodo decide di emigrare, stabilendosi a Londra già nel 1728.

---

[9] ALESSANDRO GIULINI, *Note biografiche del conte Giorgio Giulini*, in *Nel secondo centenario della morte del conte Giorgio Giulini istoriografo milanese*, 2 voll., Milano, Comune di Milano (Stucchi Ceretti), 1916, I, pp. 3-135: 22; GIOVANNI SEREGNI, *La cultura milanese nel Settecento*, in *Storia di Milano*, vol. XII, Milano, Fondazione Treccani degli Alfieri, 1959, pp. 569-640: 593-94.

Di Sammartini viaggiano invece, e per tutta Europa, le opere strumentali. Negli anni Quaranta la rinomanza internazionale del musicista, destinata a crescere e a rafforzarsi nei decenni successivi, è già un fatto acquisito: diversi editori di Parigi e di Londra iniziano a pubblicarne i lavori e in forma manoscritta le sue composizioni raggiungono, oltre alla Francia e all'Inghilterra, Praga, Vienna e le città tedesche. Tra i committenti di Sammartini vi sono numerosi nobili dell'impero asburgico, appassionati aristocratici francesi come Pierre Philibert de Blancheton, Adrien-Nicolas de Lasalle d'Offement, Alexandre Jean Joseph Le Riche de la Pouplinière, il duca di Cumberland fratello di Giorgio III, il duca di Parma Filippo di Borbone cui il compositore dedica nel 1760 una raccolta a stampa di sei sonate a tre.[10] Se si presta fede a Giuseppe Carpani, le richieste della committenza italiana e d'oltralpe negli ultimi anni diventano particolarmente gravose per il maestro "fatto vecchio e pigro nello scrivere".[11] Certo è che con la morte di Sammartini, nel 1775 Milano perde una personalità di riferimento e un autore di statura europea: un uomo capace non soltanto di aggregare intorno a sé, da vero caposcuola, una cerchia locale di autori dediti in particolare alla sinfonia ma anche e soprattutto di incidere sulle vicende della musica strumentale settecentesca profilandosi come una delle figure decisive nel passaggio dal periodo tardobarocco a quello classico. La scomparsa di Sammartini inoltre sancisce quasi simbolicamente per l'Italia la fine inappellabile di una tradizione compositiva in grado di svolgere un ruolo propositivo e originale, se non addirittura trainante, sulla scena europea, e insieme l'impoverimento di talenti e la dispersione di energie che costituiscono il lato peggiore della "civiltà dell'emigrazione"; a questa altezza, eccettuati Gaetano Pugnani e, ma solo fino al 1780, Giovanni Battista Viotti a Torino e Pietro Nardini a Firenze, tutti i maggiori compositori italiani di musica strumentale vivono infatti all'estero: Luigi Boccherini in Spagna; Muzio Clementi a Londra; Giuseppe Maria Cambini a Parigi; Felice Giardini a Londra.

---

[10] GIOVANNI BATTISTA SAMMARTINI, *Sonate a tre stromenti. Six Notturnos for string trio op. 7. A new edition with historical and analytical essays*, ed. by Bathia Churgin, Chapel Hill, University of North Carolina, 1981.

[11] GIUSEPPE CARPANI, *Le Haydine ovvero Lettere sulla vita e le opere del celebre maestro Giuseppe Haydn* (Milano, 1812), Padova, Tipografia della Minerva, 1823², p. 67.

2. *Istituzioni, concerti pubblici e dilettantismo*

Secondo aspetto che caratterizza la civiltà strumentale milanese è la vitale articolazione del suo tessuto connettivo sul duplice livello professionistico e amatoriale: il mondo professionale della musica, radicato in importanti istituzioni, convive e si intreccia con un diffuso dilettantismo aristocratico di alto livello.

Accanto alla cappella della corte e a quelle ecclesiastiche e nobiliari, la principale istituzione è l'orchestra del Regio Ducal Teatro (dal 1778 Teatro alla Scala), che tradizionalmente raggruppa il nerbo degli strumentisti milanesi, fornisce personale per molte delle attività musicali cittadine e viene internazionalmente considerata tra le migliori d'Europa. Se già nel 1726 Johann Joachim Quantz ne riconosce il valore, apprezzando in particolare i violini,[12] la rinomanza della compagine milanese cresce e si consolida nella seconda metà del secolo quando essa può rivaleggiare con le maggiori orchestre europee anche dal punto di vista dell'aggiornata ricchezza delle risorse esecutive. Così nel 1770 si esprime padre Giovenale Sacchi:

> Le Sonate del nostro Sig. Gio. Battista Sammartini, che a noi tanto piacciono, non sono per la ragione del Tempo delle più facili a sonare. Forse perciò meno perfettamente si eseguiscono da' nostri Professori? Essi appieno satisfanno alle delicatissime orecchie del famoso Autore, che presente le ascolta; e generalmente e in queste, e in tutte le composizioni degli altri sogliono insieme andare con tanta concordia, che egli è un diletto non pure ad udirli, ma sì eziandio a starli a vedere, perché pare, che una sola mano spinga, e ritragga tutti gli archi. Bene è il vero che l'Orchestra Milanese è delle più celebri d'Italia, già è gran tempo; la qual lode quanto appresso di noi è più antica, tanto è da curare con maggior diligenza, che non languisca e perdasi.[13]

Dello stesso anno è la nota lettera di Leopold Mozart, che in merito alle prove del *Mitridate, re di Ponto* composto dal figlio riferisce di un or-

---

[12] JOHANN JOACHIM QUANTZ, *Herrn Johann Joachim Quantzens Lebenslauf von ihm selbst entworfen* in FRIEDRICH WILHELM MARPURG, *Historisch-kritische Beyträge zur Aufnahme der Musik*, vol. I, Berlin, Schützens Witwe, 1755, pp. 197-250: 235-36.

[13] GIOVENALE SACCHI, *Della divisione del tempo nella musica nel ballo e nella poesia. Dissertazioni III*, Milano, s.e., 1770, p. 26.

ganico comprendente 14 violini primi e 14 violini secondi, 2 clavicembali, 6 contrabbassi, 2 violoncelli, 2 fagotti, 6 viole, 2 oboi e 2 flauti (che laddove non vi siano parti per flauto diventano altri 2 oboi), 4 corni, 2 trombe eccetera per un totale di 60 strumentisti.[14] Per la rappresentazione di *Europa riconosciuta* di Antonio Salieri, che il 3 agosto 1778 inaugura il nuovo Teatro alla Scala, secondo la testimonianza di Pietro Verri l'orchestra include 30 violini, 13 bassi da arco e due fagotti, 8 viole, 4 trombe, 4 corni, 6 oboi, 2 flauti, timpani, cembalo eccetera, "in tutto più di 70 parti".[15] Mentre nel 1791 il trattatista e teorico Francesco Galeazzi porta come esempio di qualità e disciplina orchestrale proprio il complesso milanese sottolineando l'importanza di una radicata e unitaria tradizione strumentale:

> Tutta un'orchestra, fosse di cento esecutori, dee esser così perfettamente unita, come se fosse d'un solo, il che far non si può, senza che ciascheduno de' membri abbia la più perfetta attenzione di unirsi esattamente co' suoi compagni nel tempo, nell'espressione e principalmente col primo Violino. Ciò è facilmente eseguibile in quelle orchestre, ove quasi tutti i Violini sono di una stessa scuola, come per lo più succede in Lombardia: nulla è più bello, che il sentire la perfetta unione che ivi s'osserva, ed il vedere con qual regolarità tutti gli archi si muovono, che pare appunto di vedere gli esercizj militari di ben regolate, e disciplinate truppe; così appagano tali orchestre pienamente l'occhio e l'orecchio.[16]

E in una nota a piè di pagina Galeazzi spiega che "le migliori orchestre del Mondo, al presente son quelle di Parma, Torino, Milano e Man[n]heim nel Palatinato inferiore".

Anche al di fuori del teatro, la tradizione orchestrale milanese aveva del resto conosciuto un capitolo particolarmente significativo nei concerti all'aperto organizzati intorno al 1750 dal governatore della Lombardia austriaca, Gian Luca Pallavicini. Questi concerti per così dire sinfonici,

---

[14] Lettera alla moglie, 15 dicembre 1770 in Wilhelm A. Bauer, Otto Erich Deutsch, Joseph Heinz Eibl, (hrsg.), *Mozart. Briefe und Aufzeichnungen. Gesamtausgabe*, vol. I, Kassel-Basel, Bärenreiter, 1962, pp. 408-09: 408.

[15] Lettera al fratello Alessandro, 5 agosto 1778 in *Dal carteggio di Pietro e Alessandro Verri. Lettere edite e inedite*, a c. di Giovanni Seregni, Milano, Leonardo, 1943, pp. 208-11: 209.

[16] FRANCESCO GALEAZZI, *Elementi teorico-pratici di musica*, 2 voll., Roma, Pilucchi Cracas e Puccinelli, 1791 e 1796, I, p. 211.

di cui si ha notizia negli anni 1749-1752, si tenevano nella stagione estiva, tre sere alla settimana, sulla lunetta del Castello Sforzesco. Secondo Giuseppe Carpani per queste occasioni Sammartini compose "le prime sinfonie a grande orchestra [cioè anche con legni e ottoni]", appunto suonate "in pien'aria sulla mezzaluna della cittadella, a divertimento dei cittadini che a diporto trovavansi nella sottoposta spianata le sere d'estate", gareggiando con altri autori come Paladini e Lampugnani.[17] La documentazione conosciuta, che oltre alla testimonianza di Carpani comprende le notizie pubblicate su gazzette come i "Ragguagli di varj paesi" (8 ottobre 1749, 12 luglio 1752) e fonti d'archivio,[18] restituisce com'è ovvio un'immagine soltanto sommaria di quei concerti, priva di dettagli importanti quali ad esempio quelli relativi ai programmi e agli organici. Tuttavia il fatto che la tradizione dei concerti all'aperto a Milano sia proseguita anche nei decenni successivi, benché forse senza regolarità istituzionale, riflette da parte delle autorità governative una politica culturale attenta alla valorizzazione della musica strumentale.

Se tra le numerose associazioni gesuitiche di carattere professionale che hanno sede presso la chiesa di S. Fedele, poi sciolte a seguito delle soppressioni iniziate nel 1773, compare la Congregazione della Beata Vergine Annunciata o Congregazione de' Musici, attestata sin dal 1681 e che dal 1707 istituisce una cassa per i funerali nel contesto di una più ampia solidarietà corporativa,[19] nel 1783 viene fondato il Pio Istituto de' Professori di Musica, sorto per assicurare un fondo assistenziale, pensionistico e previdenziale a favore dei musicisti milanesi e delle loro famiglie. Come si legge nello statuto,[20] ne sono promotori anzitutto gli strumentisti

---

[17] CARPANI, *Le Haydine*, cit., pp. 63-64. Cfr. BARBLAN, *La musica strumentale e cameristica a Milano nel '700*, cit., pp. 632-33.

[18] GAETANO CESARI, *Giorgio Giulini musicista. Contributo alla storia della sinfonia in Milano*, in *Nel secondo centenario della nascita del conte Giorgio Giulini istoriografo milanese*, cit., I, pp. 139-239: 157-59.

[19] Milano, Archivio di Stato: Culto Parte Antica, n. 1504. *Istromento, e capitoli, che si dovranno osservare da' Signori Musici {...} per il funerale da farsi a ciascuno de' Confratelli*, [Milano], s.e., [1734]. Cfr. DANILO ZARDIN, *Confraternite e "congregazioni" gesuitiche a Milano fra tardo Seicento e riforme settecentesche*, in Antonio Acerbi e Massimo Marcocchi (a c. di), *Ricerche sulla Chiesa di Milano nel Settecento*, Milano, Vita e Pensiero, 1988, pp. 181-252: 194 e 213.

[20] L'intera documentazione sulla fondazione del Pio Istituto de' Professori di Musica (suppliche alle autorità, "Piano stabile" dell'istituzione e relative autorizzazioni go-

dell'Orchestra della Scala insieme con i musicisti di più alto profilo della città; tra i sottoscrittori si trovano i nomi del celeberrimo castrato Luigi Marchesi detto Marchesini, di Giovanni Battista Lampugnani, di Carlo Monza, di Luigi De Baillou, del giovane Alessandro Rolla. Il fatto notevole è che tra i compiti dell'istituzione, orgogliosamente ed esclusivamente professionale, figurava quello di organizzare, in cambio di sovvenzioni governative e di percentuali sul gioco d'azzardo, una regolare stagione di accademie pubbliche nei teatri, cioè di concerti pubblici a pagamento di musica vocale e strumentale. Lo statuto prevedeva infatti ogni anno sedici accademie annue, dieci in Quaresima e sei in altri periodi dell'anno, ad esempio durante l'Avvento, quando non avevano comunque luogo rappresentazioni operistiche.[21] L'orchestra impiegata in queste accademie doveva essere composta da almeno sessanta degli iscritti ed era rappresentata da dieci delegati, "cavati dai rispettivi Corpi particolari componenti l'intiera Orchestra, che sono il Corpo de' Violinisti, de' Bassi, de' Corni da Caccia, degli Oboè, dei Fagotti, delle Viole, de' Violoncelli, e de' due Maestri di Cappella". Lo statuto regolamentava inoltre le condizioni contrattuali ed economiche dell'eventuale partecipazione dell'orchestra alle accademie organizzate da solisti e virtuosi forestieri di passaggio a Milano.

Il Pio Istituto dimostra una volta di più il legame strettissimo della città lombarda con la capitale dell'impero. Nelle prerogative assistenziali e previdenziali così come negli ordinamenti fondamentali, l'istituzione appare infatti evidentemente improntata alla Tonkünstler-Societät di Vienna, fondata nel 1771 dal maestro della cappella imperiale Florian Leopold Gassmann e al prestigio della quale avrebbero contribuito, tra gli altri, Haydn e Mozart:[22] organizzazione annuale di concerti pubblici con grande orchestra nei teatri durante la Quaresima e l'Avvento, presta-

---

vernative) è raccolta nell'atto che ne sancisce la costituzione, rogato dal notaio Giovanni Battista Sirtori il 26 marzo 1783 e quindi stampato, [Milano], s.e., [1783]. Una copia è conservata presso la Biblioteca del Conservatorio di Milano: Riserva d-31.

[21] I bilanci consuntivi dell'istituzione degli anni 1785-1789 si possono consultare in Milano, Archivio di Stato: Studi Parte Antica, n. 165. Per i riflessi sulla stampa delle accademie organizzate dall'istituzione cfr. DASCIA DELPERO, *La vita musicale a Milano attraverso il "Giornale Enciclopedico" e la "Gazzetta Enciclopedica" (1780-1802)*, tesi di laurea, Università degli Studi di Milano, a.a. 1995/1996, pp. 76-85.

[22] Sull'attività dell'associazione cfr. DEXTER EDGE, *Mozart's Viennese orchestras*, in "Early Music", XX (1992), pp. 64-88: 79-82; DANIEL HEARTZ, *Haydn, Mozart and the Viennese School, 1740-1780*, New York-London, Norton, 1995, pp. 60-64.

zione d'opera gratuita (salvo eccezioni) da parte dei soci, possibilità di cooptare ovvero di scritturare musicisti di passaggio o comunque non iscritti all'associazione.

A quanto pare l'organizzazione di regolari stagioni di concerti pubblici, che rappresenta uno dei presupposti essenziali della civiltà strumentale settecentesca, si afferma a Milano appunto dagli anni Ottanta grazie all'attività del Pio Istituto, venendo così a rafforzare la tradizione dei concerti all'aperto nonché ad affiancare e integrare la preesistente consuetudine delle accademie private o semiprivate a corte e nei palazzi nobiliari, come quelle quaresimali presso i Clerici, i Litta, Filippo Sforza Visconti marchese di Caravaggio e il ministro plenipotenziario Karl Joseph Firmian.

D'altro canto il fenomeno del dilettantismo aristocratico, intrinseco peraltro alla civiltà musicale del tempo, conosce una stagione di grande fulgore. Vi sono ad esempio figure come il conte Giorgio Giulini, poliedrico intellettuale settecentesco, storiografo, giurista, letterato, erudito e appunto musicista, le cui composizioni, in particolare tra la fine degli anni Trenta e il 1750, incontrano un certo successo, specie nel contesto della rete italiana e internazionale dei rapporti nobiliari;[23] la diffusione della musica di Giulini in Europa è riscontrabile nella pubblicazione di alcune sinfonie a Parigi e nella presenza di fonti manoscritte a Praga, in Germania, Svizzera e Svezia. Oppure vi sono personaggi come Maria Teresa Agnesi Pinottini, sorella minore di Maria Gaetana, compositrice, clavicembalista, cantante, autrice di musica per tastiera oltre che di lavori vocali e il cui talento a soli diciannove anni aveva affascinato nel 1739 perfino un viaggiatore disincantato quale il principe Federico Cristiano di Sassonia.[24] O ancora come il conte Agostino Litta, patrono di Johann Christian Bach e corrispondente di padre Martini e di Metastasio, che come altri nobili milanesi manteneva un'orchestra privata.

Nel 1758 si costituisce l'Accademia Filarmonica, istituzione fondata da nobili dilettanti (e nota anche come Società dei dilettanti filarmonici) per coltivare la musica strumentale grazie a un'orchestra di amatori che esegue in regolari riunioni settimanali lavori scritti dagli stessi soci; lo

---

[23] G. CESARI, *Giorgio Giulini musicista. Contributo alla storia della sinfonia in Milano*, cit., pp. 148-52.
[24] ALINA ZÓRAWSKA WITKOWSKA, *Federico Cristiano in Italia. Esperienze musicali di un principe reale polacco*, in "Musica e Storia", IV (1996), pp. 277-323: 289-90 e 310.

statuto amatoriale differenzia dunque il sodalizio milanese dalle contemporanee associazioni professionali quali la celebre Accademia Filarmonica di Bologna o quella omonima di Verona. Il 10 aprile 1758 viene presentata al duca Francesco III una petizione per poter costituire un'Accademia Filarmonica "non solo a particolare piacere degli accademici, quanto per ornamento di questo publico e per più facile adestramento della civile gioventù alla musica inclinata";[25] tra i firmatari figura anche Sammartini, che, come già si accennava, dell'associazione sarà una sorta di direttore e supervisore artistico. Retta da princìpi democratici e finanziata dalle quote mensili degli accademici, l'istituzione prevede regole piuttosto severe esposte nelle *Leggi dell'Accademia*.[26] "Capo di settimana", due "consultori", due "conservatori delli ordini", segretario, archivista e segretario sono le cariche esecutive e amministrative dell'associazione, insieme con il "capo di settimana" che resta appunto in carica sette giorni, i "consultori", i "conservatori delli ordini" e il segretario eletti annualmente formano la ristretta giunta di governo. Il sodalizio accoglie soltanto dilettanti e l'ammissione di nuovi membri avviene attraverso un esame di idoneità tecnica e artistica che deve poi essere approvato dalla maggioranza dell'accademia. Ogni socio è tenuto annualmente a "dare una suonata in proprietà all'accademia, o sia un overteur [sinfonia] con tutte quelle multiplicate parti che potranno essere necessarie, e ciò a sua spesa" non prima però di averla sottoposta all'approvazione dell'assemblea. I soci devono inoltre impegnarsi a partecipare a tutte le prove e, per quanto possibile, a "non concorrere a formar corpo d'altra accademia"; comprensibile è la preoccupazione per la coesione e l'affiatamento dell'orchestra, necessario presupposto della qualità esecutiva: intesa come complesso unitario e indivisibile, l'orchestra deve "andare tutta a corpo dovunque sia invitata". Lo statuto insiste sulla dimensione privata del sodalizio: in primo luogo gli inviti rivolti a estranei, tanto esecutori quanto ascoltatori, hanno carattere occasionale e sono subordinati all'approvazione dell'assemblea, poiché tutte le accademie "devono essere perfettamente private, a risserva di quelle che di comun consenso si destineranno per publiche [cioè aperte agli ascoltatori invitati dagli accademici]"; in

---

[25] Milano, Archivio di Stato: Studi Parte Antica, n. 165. Cfr. BARBLAN, *La musica strumentale e cameristica a Milano nel '700*, cit., pp. 634-35.

[26] Milano, Archivio di Stato: Studi Parte Antica, n. 165. Il testo completo delle *Leggi dell'Accademia* è riportato in appendice a questo stesso saggio.

secondo luogo le composizioni di proprietà dell'istituzione non possono essere rimosse dall'archivio né trascritte per usi che non rientrano nell'attività dell'accademia.

Purtroppo i documenti sull'associazione di cui si è oggi a conoscenza si limitano a pochi manoscritti: oltre alla petizione, approvata e ratificata il 20 maggio con la conseguente nomina di Pietro Francesco Bossi a regio assistente, e allo statuto (*Leggi dell'Accademia*), sono pervenute soltanto le carte relative a una vertenza occorsa nel 1760 tra l'associazione e un aspirante accademico, tale dottor Faccioli, alla fine risolta d'autorità con l'intervento del conte Firmian e l'ammissione di Faccioli in qualità di accademico violinista.[27] Dalla documentazione, oltre alla finalità etica e formativa del sodalizio, emerge in ogni caso con chiarezza l'ambizione di raggiungere e mantenere un più che dignitoso livello artistico del quale sembra rendersi garante la direzione di Sammartini.

3. *La varietà dei generi e la sinfonia come genere emblematico*

La vitalità della civiltà strumentale milanese si riflette anche in una notevole varietà di generi. Accanto alla sinfonia e al concerto, in ambito cameristico Sammartini coltiva ad esempio tutti i generi dalla sonata per tastiera al quintetto (magnifici i tardi sei *Concertini a quattro stromenti soli* per archi 1763-1767[28] e i sei *Quintetti* per tre violini, viola e basso del 1773 oggi a Parigi)[29] con preponderante attenzione per la sonata a tre, ma anche altri autori come Antonio Brioschi, Melchiorre Chiesa, Giovanni Battista Lampugnani e Carlo Zuccari scrivono musica da camera. Tuttavia il genere più rappresentativo ed emblematico della civiltà strumentale milanese è la sinfonia, in relazione tanto a una tradizione orchestrale professionistica di livello europeo quanto a una cultura amatoriale incline alla musica d'insieme. A differenza del concerto che comporta il risalto e la differenziazione di una o più parti solistiche spesso in senso apertamente virtuosistico, la sinfonia presuppone in linea di principio l'interazione di parti complementari che, pur nella diversità delle funzioni, tendono a integrarsi e a fondersi le une con le altre senza protago-

[27] Milano, Archivio di Stato: Studi Parte Antica, n. 165 e n. 3.
[28] F-Pn (Pc): Ms 1217-1222.
[29] F-Pn (Pc): D.11.622.

nismi. Per questa connotazione musicale di fondo la sinfonia si profila dunque come una composizione assai duttile che può essere destinata sia a un complesso di dilettanti sia a un'orchestra di professionisti: la discriminante in tal senso sarà determinata da elementi quali il taglio e la concezione formale, l'impegno esecutivo richiesto, la scrittura delle parti, la complessità del tessuto strumentale. In ogni caso nel processo di definizione della cosiddetta sinfonia da concerto, cioè della sinfonia intesa nell'accezione moderna di composizione autonoma e autosufficiente, Sammartini svolge un ruolo decisivo. In una lenta ma chiarissima maturazione stilistica che abbraccia oltre un quarantennio, almeno dal 1730 circa alla metà degli anni Settanta, a dispetto dei problemi concernenti una cronologia dettagliata le sessantotto sinfonie del maestro milanese mostrano il graduale passaggio dall'eredità tardobarocca di inizio secolo, ancora segnata dai riferimenti al concerto e alla sonata a tre più ancora che alla sinfonia d'opera, al linguaggio e al gusto preclassico e di qui sino alle soglie del classicismo: così che alla distanza di datazione tra le prime e le ultime sinfonie corrisponde un'effettiva distanza di stile. Proprio in questa sorprendente capacità di reale evoluzione stilistica si coglie uno dei tratti che distinguono il compositore di talento e rango internazionale.

Sammartini contribuisce a definire la sinfonia sul piano tanto della configurazione quanto della costruzione formale.[30] Se nel corso degli anni il musicista resta sostanzialmente fedele all'architettura in tre movimenti, la strumentazione si arricchisce nel periodo centrale (1740 circa-1758 circa) di coppie di corni o trombe, e quindi in quello tardo (1759 circa-1774 circa) di coppie di oboi e corni e del non raro ricorso a parti separate di violoncello e di basso. Al di là della strumentazione, nei lavori del periodo centrale sono fissate altre coordinate essenziali della sinfonia da concerto. Anzitutto l'equilibrio dell'architettura complessiva grazie alla lirica cantabilità del movimento lento, spesso un Andante in 2/4 e in minore considerato da Rousseau l'Andante per antonomasia,[31] e all'ampliamento di formato del finale, sovente un minuetto in 3/4, che controbilanciano così l'estensione e l'impegno compositivo del movimento d'aper-

---

[30] Cfr. B. CHURGIN, *Introduction* a G.B. SAMMARTINI, *Ten Symphonies*, New York & London, Garland, 1984 ("The Symphony, 1720-1840", A/II), pp. XVI-XXI.

[31] JEAN JACQUES ROUSSEAU, *Dictionnaire de musique*, Paris, Duchesne, 1768, alla voce *Adagio*.

tura. Poi l'assetto a tre o quattro parti reali il cui rapporto è improntato a varie soluzioni di scrittura, con un contrappunto non imitativo che si aggiunge alle opzioni dialogiche, imitative, della condotta parallela e omofonica. Per quanto riguarda la sintassi, delineati con perspicuità assoluta i punti di articolazione formale, la continuità del discorso viene assicurata dall'abile mescolanza di frasi simmetriche e asimmetriche nonché da procedimenti di elisione tra periodi e sezioni. L'accentuazione dei contrasti a livello di ordito orchestrale, di pulsazione ritmica, di dinamiche e di caratteri espressivi rafforza il criterio della varietà nell'unità all'interno dei singoli movimenti. Il contributo di Sammartini al patrimonio genetico della sinfonia classica si riscontra altresì in alcuni introspettivi e tumutuosi lavori in minore, come la *Sinfonia* in sol minore J-C 57 degli anni Quaranta,[32] la cui originalità anticipa di qualche decennio tratti dello *Sturm und Drang* musicale.

Sotto il profilo formale, ciò che più connota le sinfonie di Sammartini già prima del 1750 è la concezione limpida e sviluppata della forma di sonata in ogni suo aspetto: parti costitutive, struttura tematica, organizzazione armonica e tonale. Il che è di assoluta rilevanza sul piano non solo del linguaggio e della tecnica compositiva ma anche culturale, estetico e sociale, dal momento che l'affermazione della forma di sonata è indissolubilmente connessa con le profonde trasformazioni in atto nella civiltà settecentesca.[33] Ora, la forma di sonata di Sammartini è un modello costruttivo estremamente flessibile, modulare, assai ben articolato ed estraneo a qualsiasi schematicità nella configurazione di esposizione, sviluppo e ripresa e che inoltre viene declinato tanto nella conformazione più compiuta che diverrà paradigmatica nell'epoca classica quanto nella variante con ripresa acefala o incompleta e in quella priva di sviluppo o con la parte centrale ridotta a una breve ritransizione. Sin dalle sinfonie del primo periodo Sammartini dimostra un'*ars combinatoria* raffinatissima che ha il momento più significativo nella ripresa, di norma riformulata anche in misura radicale rispetto all'esposizione in virtù di procedimenti di cassazione, variazione, permutazione e sostituzione applicati a frasi o a intere sezioni. È soprattutto in quest'arte della ripresa che Sammartini denota

---

[32] Pubblicata in SAMMARTINI, *Ten Symphonies*, cit., pp. 53-72.
[33] Cfr. CHARLES ROSEN, *Le forme-sonata* (New York, 1980), Milano, Feltrinelli, 1986, pp. 19-25.

quella fantasiosa o addirittura capricciosa inventiva sottolineata dai contemporanei come Burney[34] e Carpani[35] e il gusto per la sorpresa e l'imprevedibilità che sarà proprio anche di Boccherini. Oltre che per mezzo delle varie tecniche combinatorie che contemplano anche l'introduzione di nuove idee nello sviluppo e nella ripresa, l'integrazione e coesione compositiva viene perseguita attraverso l'elaborazione di motivi e la derivazione tematica.

Nelle sinfonie dell'ultimo periodo lo stile di Sammartini conosce un ulteriore affinamento. La forma di sonata diviene ancora più pervasiva e si amplia nel formato; i temi acquisiscono maggiore pregnanza e individualità grazie alla diversificazione ritmica e motivica; la qualità lirica e cantabile del disegno melodico si diffonde anche nei movimenti mossi; l'armonia si arricchisce di nuove relazioni, inflessioni e sfumature; l'ordito orchestrale tende ad assumere i contorni della filigrana cameristica nell'intreccio mobilissimo e variegato delle parti che ricorre con frequenza alla scrittura dialogica e imitativa; il piano delle dinamiche si rende più mutevole nelle gradazioni e nelle ombreggiature dei volumi sonori. Un lavoro come la *Sinfonia* in mi bemolle maggiore J-C 26,[36] databile tra la fine degli anni Sessanta e l'inizio della decade successiva, illustra gli esiti ultimi raggiunti da Sammartini, degni di essere annoverati tra le più progressive esperienze compositive contemporanee. Tre movimenti di dimensioni equilibrate, *Allegro assai*, *Allegrino* e *Allegrissimo*, tutti in forma di sonata con proporzionate sezioni centrali di sviluppo e riprese variamente riformulate. La scrittura orchestrale degli archi, distribuita con equilibrio tra le parti, finemente differenziata; oboi e corni vengono impiegati in funzione di ripieno timbrico e armonico, rinforzo melodico, interpunzione sintattica. La presenza esclusiva di movimenti mossi o mediamente mossi (l'*Allegrino* è una specie di Allegretto o di Andantino ricorrente nella tarda produzione di Sammartini) che avrebbe infastidito Burney appare compensata dalla presenza di frasi cantabili nel gruppo tematico secondario dell'*Allegro assai* d'apertura e nell'*Allegrissimo* finale, la cui lavorata trama ritmica e tessitura strumentale fanno pensare alle difficoltà esecutive delle sinfonie di Sammartini di cui parlava Giovenale

---

[34] BURNEY, *Viaggio musicale in Italia*, cit., p. 94.
[35] CARPANI, *Le Haydine*, cit., pp. 62-63.
[36] Pubblicata in SAMMARTINI, *Ten Symphonies*, cit., pp. 167-90.

Sacchi nel passo sopra riportato a proposito dell'orchestra milanese; l'elemento lirico viene comunque valorizzato dall'*Allegrino*, nella tonalità del relativo minore, un movimento di profonda malinconia e tenera affettuosità costruito su nostalgici motivi di sospiro.

4. *L'estetica*

Sul piano del pensiero estetico l'inclinazione musicale dell'aristocrazia e della classe colta milanese si rispecchia in qualche modo nel *Discorso sull'indole del piacere e del dolore* (1773, nuova edizione 1781) di Pietro Verri, scritto che contiene un interessante quanto sinora misconosciuto contributo all'estetica musicale settecentesca. Assai significativo è il fatto che nel contesto dei riflessi estetici della dialettica dolore-piacere la musica, di norma nella gerarchia settecentesca collocata in posizione inferiore rispetto alla poesia, alla pittura e alla scultura, sia viceversa la prima arte presa in considerazione dall'autore (*VIII. I piaceri delle belle arti nascono dai dolori innominati*).

Un uomo che abbia della tristezza, s'egli avrà l'orecchio sensibile all'armonia, gusterà con delizia la melodia di un bel concerto, s'intenerirà, si sentirà un dolce tumulto di affetti, godrà un piacer fisico reale, cioè sarà rapidamente cessato in lui quel dolore innominato, da cui nasceva la tristezza, coll'esser l'animo assorto nella musica, e sottratto dalle triste e confuse sensazioni di dolori vagamente sentiti e non conosciuti. Anzi, per uscire dalla tristezza che lo perseguita, l'uomo da sé medesimo si aiuta, e cerca di abbellire e di animare coll'opera della fantasia l'effetto delle belle arti, e per poco che abbia l'anima capace di entusiasmo, come nella casual posizione delle nubi ei ravviserà le espressioni di figure in vario atteggiamento, così nelle variazioni musicali s'immaginerà molti affetti, molti oggetti e molte posizioni, alle quali il compositore medesimo non avrà pensato giammai. La musica singolarmente è un'arte, nella quale il compositore dà occasione a chi l'ascolta di associarsi al suo travaglio per ottenere l'effetto dell'illusione. Una bella pittura, una sublime poesia faranno qualche senso anche in chi non ne abbia gusto o passione; ma una bella musica resterà sempre un romore insignificante per chi non abbia orecchio a ciò fatto e positivo entusiasmo, per la ragione già detta che la musica lascia fare la più gran parte alla immaginazione di chi l'ascolta. Perciò la medesima musica piacerà a diverse persone nel tempo medesimo in cui le sensazioni di esse saranno diversissime; uno la troverà sommamente semplice e innocente; l'altro tenera e appassionata; il terzo la troverà armoniosa e ripiena, e così dicendo. Le quali diversità non accadranno sì facilmente nel giudicare della pittura, né della poesia; perché, come dissi, in queste l'artista è attivo, e l'ascoltatore, purché abbia una squisita sensibilità, è quasi puramente passivo; laddove nella musica l'ascoltatore deve coagire sopra sé stesso, e dalle diverse disposizioni del di lui animo accade che ora in un modo ora nell'altro agisca, e sieno così diverse le sensazioni prodotte dal medesimo oggetto occasionale.[37]

Secondo una concezione eminentemente empiristica dell'estetica, il fine dell'arte è per Verri quello di far cessare i cosiddetti "dolori innominati", ossia quelle sensazioni dolorose vaghe e transitorie che più di ogni altra cosa connotano l'esistenza umana, e dunque di suscitare piacere (IX. *Applicazione del principio alle belle arti*). In quanto rappresentazione, ogni espressione artistica comporta essa stessa come componente costitutiva la dinamica dolore-piacere, provocando sensazioni dolorose e facendole rapidamente cessare; nel caso della musica, tali sensazioni dolorose sono determinate dalle dissonanze che si avvicendano alle consonanze identificate con l'appagamento e la cessazione del dolore: "sarebbe intollerabile una musica, se non vi fossero opportunamente collocate e sparse delle dissonanze".[38] Al pari delle altre arti, la musica è dunque un rimedio contro la tristezza, la malinconia e la noia; il fatto rimarchevole è che l'accento cada con particolare forza sul momento della fruizione, sull'ascolto di un pubblico non comune bensì qualificato, di appassionati conoscitori. Infatti la musica si rivolge anzitutto a coloro che hanno orecchi per intenderla oltre che sensibilità e immaginazione: l'ascoltatore (e, si potrebbe aggiungere, l'esecutore) non è un fruitore passivo come chi legge una poesia o ammira un quadro, bensì attivo, che interagisce soggettivamente con l'opera d'arte interpretandola in prima persona.

Tra le righe di queste affermazioni si potrebbe leggere un elegante di-

---

[37] PIETRO VERRI, *Discorso sull'indole del piacere e del dolore* (Milano, 1781) in *Del piacere e del dolore ed altri scritti di filosofia ed economia*, a c. di Renzo De Felice, Milano, Feltrinelli, 1964, pp. 38-39. Sulle importanti implicazioni europee delle idee estetiche di Verri cfr. PIETRO GIORDANETTI, *Kant, Verri e le arti belle. Sulla fortuna di Verri in Germania*, in Carlo Capra (a c. di), *Pietro Verri e il suo tempo*, 2 voll., Bologna, Cisalpino, 1999, I, pp. 429-46.

[38] VERRI, *Discorso sull'indole*, cit., p. 43.

simpegno del filosofo e del letterato nei confronti dell'imbarazzante dilemma estetico connaturato, nel Settecento, alla specificità dell'espressione musicale, anche perché almeno in un'altra occasione Verri sottolinea in modo così esplicito e unilaterale il momento interpretativo e immaginativo della fruizione soggettiva da attribuirgli il senso stesso del discorso musicale:

> "Forse quello che io chiamo musica altro non è che l'occasione per cui da noi medesimi facciamo sorgere le passioni che a lei attribuiamo; forse la musica altro non è che quello che sono alcune macchie fatte a caso sulle pareti, ovvero alcune nubi accozzate pure a caso nel cielo, nelle quali gli uomini d'immaginazione più agile e fervente ravvisano facilmente ogni sorta di oggetti esattamente disegnati per la pittura".[39]

Il dubbio insinuato sulla consapevolezza semantica ed estetica della composizione musicale, che tradisce irriducibili residui di pensiero razionalista, risulta tanto più grave in quanto sembra negare ancora una volta al discorso musicale in sé e per sé, e cioè indipendente dall'immaginazione interpretativa del soggetto fruitore, la dignità di autonomo e strutturato linguaggio significativo e dunque, in ultima analisi, di arte: ridotta a informe benché godibile impressione sonora, la musica sarebbe in altri termini trasformata in opera d'arte dall'immaginazione soggettiva dell'ascoltatore. E tuttavia, se si considera il contesto estetico del secondo Settecento, la bella immagine delle nubi nel cielo cerca di cogliere la natura per così dire volatile e aerea della musica, la sua aconcettualità autoreferenziale, pur riconducendola e vincolandola al rapporto con l'immaginazione del soggetto fruitore. Lo sforzo di individuare il carattere specifico dell'espressione musicale non è di poco conto nell'Italia dell'epoca, anche perché pone in risalto la varietà di opzioni cognitive ed emozionali sollecitate dall'ascolto, e da un ascolto in prima istanza qualificato, invece di ricorrere a una vieta precettistica poietica che, classicisticamente trapiantata dalla poesia e dalle arti figurative, quel carattere specifico non riesce a cogliere.

---

[39] P. VERRI, *Scritti vari*, ordinati da Giulio Carcano, 2 voll., Firenze, Le Monnier, 1854, I, p. 130. Cfr. ARMANDO PLEBE, *Estetica musicale*, in Alberto Basso (a c. di), *La Musica*, vol. II, Torino, UTET, 1966, pp. 339-63: 351 e GIOVANNI GUANTI, *Estetica musicale. La storia e le fonti*, Milano, La Nuova Italia, 1999, pp. 219-20.

5. *Mozart e la cultura strumentale milanese*

Per quanto riguarda Mozart, è interessante rilevare come nella strumentazione delle composizioni scritte per Milano vi siano particolari che a vario titolo testimoniano la cultura strumentale della capitale lombarda. Nel *Mitridate, re di Ponto* (1770), la splendida aria di Sifare *Lungi da te, mio bene* (n. 13: atto II, scena 7) è pervenuta in una duplice versione, la seconda delle quali comporta una parte concertante di corno di elevato virtuosismo che richiede la padronanza della tecnica dei suoni chiusi (consistente nell'introdurre la mano nel padiglione dello strumento per ottenere suoni, e nello specifico passaggi cromatici, estranei alla serie degli armonici naturali). L'aria, per il castrato Pietro Benedetti detto Sartorino, già riscritta una prima volta fu quindi arricchita della parte concertante per soddisfare la richiesta del cantante o forse del primo corno dell'orchestra del Regio Ducal Teatro;[40] e, ciò che più conta sul piano drammatico-musicale, il morbido virtuosismo cantabile del corno solista introduce un tocco di magica nostalgia nell'aria d'addio di Sifare ad Aspasia evocando, con gusto preromantico, la lontananza del luogo in cui Sifare sente già di trovarsi sebbene abbia ancora l'amata dinanzi a sé. Più in generale, questa parte concertante prefigura il duttile impiego espressivo del corno nelle opere della maturità mozartiana. Nell'*Ascanio in Alba* (1771) l'organico di *Torna mio bene, ascolta* (n. 25: Parte seconda, scena 5) comprende insieme con due flauti, due fagotti, due corni e archi una coppia di "serpenti" (o "serpentini") da identificare con ogni probabilità con due corni inglesi[41] che contribuiscono a definire la tinta carezzevole dell'aria con cui Ascanio invoca il ritorno di Silvia dopo aver troppo a lungo dubitato dell'amore e della virtù della ninfa. Infine il *Concerto o sia Divertimento a 8* KV 113, scritto per un'accademia tenutasi il 22 o il 23 novembre 1771 nella casa di Albert Michael von Mayr, tesoriere dell'arciduca Ferdinando, segna il primo impiego da parte di Mozart dei clarinetti, strumenti all'epoca non ancora di uso comune ma evidentemente conosciuti e suonati a Milano.[42] Nella composizione, che include in organico anche due corni e quattro parti di archi, l'elemento concertante si

---

[40] Luigi Ferdinando Tagliavini, *Vorwort a* Mitridate, re di Ponto, Kassel-Basel, Bärenreiter, 1966 (NMA II/5, 4), pp. IX, XI e XVIII.

[41] L.F. Tagliavini, *Vorwort a* Ascanio in Alba, Kassel-Basel, Bärenreiter, 1956 (NMA II/5, 5), p. XIII.

[42] Cfr. Kurt Birsak, *Salzburg, Mozart und die Klarinette*, "Mitteilungen der Inter-

coglie nel rapporto tra le coppie di fiati e gli archi: clarinetti e corni sono spesso protagonisti o comunque·intessono con gli archi un articolato gioco dialettico basato ora sulla differenziazione e contrapposizione solistica ora sull'integrazione. Poiché clarinetti e corni inglesi ricompaiono anche nei *Divertimenti* gemelli per fiati KV 186 e KV 166 del marzo 1773, il primo dei quali potrebbe essere stato interamente scritto a Milano subito prima del ritorno a Salisburgo, l'utilizzo di questi strumenti sembra essere direttamente connesso con l'ambiente della capitale lombarda.

nationalen Stiftung Mozarteum", XXXII (1985), pp. 40-47; COLIN LAWSON, *Mozart: Clarinet Concerto*, Cambridge, Cambridge University Press, 1996, pp. 15-16.

APPENDICE

I documenti relativi alla costituzione dell'Accademia Filarmonica conservati presso l'Archivio di Stato di Milano (Studi Parte Antica, n. 165) furono scoperti da Guglielmo Barblan che li discusse nel saggio *Sanmartini e la scuola sinfonica milanese*, in *Musicisti lombardi ed emiliani*, a c. di Adelmo Damerini e Gino Roncaglia, Siena, Accademia Musicale Chigiana, 1958, pp. 21-40. D'altra parte, poiché la petizione con cui i fondatori chiesero a Francesco III l'assenso per poter costituire l'istituzione e soprattutto le *Leggi dell'Accademia* non sono sinora state pubblicate è parso opportuno riportare qui di seguito entrambi i documenti nella loro interezza. Nella trascrizione ci si è limitati a sciogliere le abbreviazioni, a normalizzare l'uso delle maiuscole (conservate solo per i nomi propri e i titoli), degli accenti, degli apostrofi, nonché a correggere la punteggiatura secondo le convenzioni moderne, mantenendo tutte le altre particolarità e singolarità della grafia originale.

A. Petizione rivolta al duca Francesco III per la costituzione dell'Accademia Filarmonica (10 aprile 1758)

ALTEZZA SERENISSIMA

Unitisi alcuni dilettanti di musica per formare una accademia filarmonica con certe leggi e regolamento costante tenor delle quali umigliano all'Altezza Vostra Serenissima, non solo a particolare piacere degli accademici quanto per ornamento di questo pubblico e per più facile adestramento della civile gioventù alla musica inclinata, né potendo congregarsi a tal fine senza il permesso dell'Altezza Vostra Serenissima e senza l'intervento di persona munita delle qualità di Reggio Assistente, a norma delle nuove constituzioni però li sottonotati supplicanti umilissimi servitori dell'Altezza Vostra Serenissima propongono li seguenti tre sogetti cioè

Pietro Francesco Bossi
Nicola Tantallora
Cristofforo Croce

Umilissimamente supplicando l'Altezza Vostra Serenissima voglia degnarsi eleggere altro di questi per Reggio Assistente della riferita accademia

lo che per
Pietro Francesco Bossi
Melchiore Caldara

Giuseppe Tinzi
Agostino Albris
Gaspare Bolla
Giovanni Battista S. Martino
Nicola Tantalora
Francesco Tantalora
Cristofforo Croce

B. Statuto dell'Accademia Filarmonica

LEGGI DELL'ACCADEMIA

Non si admetteranno in quest'accademia se non che persone dilettanti di musica, e nelle quali vi concorrino tutte quelle prerogative per le quali essere possano giudicate degne d'ogni civile comercio. L'ordine col quale dovrà procedere chi bramerà essere a questa ascritto e quello col quale si dovrà procedere dall'accademia nell'admetterlo sarà il seguente. Primo: il petente dovrà essere proposto da altro delli accademici, e dare dovrà per mezzo del medesimo quelle notizie di lui che giudicherà opportune per essere d'agradimento della accademia. Secondo: si passerà di poi dal corpo delli accademici co' rispettivi voti a determinare raporto al personale se debbasi o no ricevere, perché nissuno vi deve essere admesso che non sij di comune sodisfazione ed agradimento. Non risultando alcuna difficoltà in ordine alla persona, dall'accademia si determinerà, per prova della di lui abilità, la qualità dell'esame a cui dovrà sottoporsi, come pure si nomineranno li due esaminatori che lo dovranno esaminare. Terzo: seguito l'esame si rifferirà dalli esaminatori il risultato a tutta l'accademia, la quale co' rispettivi voti determinerà se debba admettersi o no; caso sij giudicato meritevole, quindi abbia ad admettersi, si stabilirà il giorno della accettazione, quale seguirà mediante la di lui sottoscrizione da farsi alle leggi dell'accademia in segno di approvazione ed accettazione delle medesime, egli si farà spedire la patente dal segretario, quale dovrà essere firmata dal capo di settimana, dalli due consultori, dal segretario, e munita col sigillo dell'accademia, quale avrà per impronta l'impresa della medesima.

Sarà questa accademia regolata da un capo di settimana, da due consultori, da due conservatori delli ordini, da un segretario, da un archivista e da un tesoriere.

Il capo di settimana, cominciando dal primo che al piede delle presenti leggi sarà sottoscritto, sarà sempre quello che all'altro succederà da settimana in settimana cominciando dalla domenica fino al successivo sabbato inclusive; e tutti gli altri ufficiali saranno in ufficio per tutto il corso dell'anno, e dovranno a maggiori voti eleggersi da tutto il corpo dell'accademia ogni anno.

Il capo di settimana, li due consultori, e li conservatori delli ordini coll'intervento ancora del segretario averanno la piena facoltà di convocarsi, e di determinare indipendentemente dal restante corpo accademico sopra ciò potrà occorrere, che meritar possa pronta providenza con obligo però di riferire il determinato all'accademia tutta, quale nel caso che abbisognasse dovrà dare la sua approvazione acciò non venghi del stabilito allegata ignoranza.

Il capo di settimana sarà quello che regolerà tutta l'accademia tanto facendosi nel luogo solito che in luogo terzo. Sarà quello dal quale si dovrà da tutti gli accademici dipendere. Sarà quello che destinerà in una accademia per l'altra chi dovrà suonare concerto, o pure suonare a solo. Sarà quello che avrà la facoltà di chiamare tutta l'accademia ove vorrà mediante però anticipato aviso almeno d'un giorno. Invigilerà seriamente pel buon regolamento della accademia. Convocherà occorendone il bisogno la gionta delli due consultori, conservatori delli ordini, e segretario. Sarà responsale all'accademia di tutto ciò le potrà occorrere in occasione sij da lui in luogo terzo condotta, e dovrà essere sollecito per il maggior decoro ed estimazione de' suoi colleghi.

Li consultori ogni volta che saranno chiamati dal capo di settimana dovranno ritrovarsi nel luogo le [sic] verrà dal medesimo assegnato per ivi trattare di ciò per cui saranno chiamati ed unitamente con li altri dare quella providenza che sarà del caso; come pure ciò sarà obligato farsi anche dalli conservatori delli ordini, quali specialmente dovranno essere solleciti perché si osservino le leggi dell'accademia, ed occorrendo doversi fare qualche nuova determinazione dovranno procurare che consentanea sempre sij alle già scritte leggi, ad ogetto che meglio sempre si stabilisca di quelle l'osservanza, e non già siano anche in menoma parte alterate o neglette.

Presso del tesoriere sarà quel danaro che, per la manutenzione di quelle spese che occorreranno all'accademia, sarà convenuto dalli accademici pagarsi ogni mese anticipatamente, e quello lo convertirà a tenore de' mandati, che li saranno spediti firmati dal capo di settimana, ed almeno da un consultore, ed allora che sarà capo di settimana lo stesso tesoriere, dovranno gli [sic] mandati, se occorrerà spedirne, essere firmati dalli due consultori, e sarà obligato ogni anno rendere li conti a tutta l'accademia, o a chi sarà da quella dellegato. Non farà alcun pagamento senza riportarne ricevuta perché non ci sarà ne' conti abbonnato, come pure farà confesso a tutti quelli che pagheranno il convenuto mensuale.

Presso dell'archivista sarà la chiave dell'archivio della musica, e questa dovrà custodirsi con tutta la fedeltà con prohibizione al medesimo di mai trasportare dall'archivio, né in tutto né in parte, quella musica, che ivi si troverà per uso dell'accademia, sotto pena per l'infedeltà d'essere privato immediatamente da tal ufficio, eccettuato però nel caso in cui trasportar si dovesse per uso dell'accademia stessa, come pure non permetterà sij da alcuno anche delli accademici trascritta, né in tutto né in parte.

Sarà ufficio del segretario intervenire alle soddette private radunanze e registrare nel libro delle ordinazioni tutto ciò si determinerà, come pure spedire le pattenti ed estendere li mandati che li veranno ordinati, servate sempre in tutto le formole che per ciò saranno stabilite.

Sarà compatibile in chi sarà eletto per qualunque de sopra rifferiti ufficij anche quello di capo di settimana cadendo nella sua persona secondo l'ordine sopra espresso.

Ne' giorni ne' quali sarà destinato farsi l'accademia, quale dovrà farsi una volta per ogni settimana cominciando da Santa Cattarina[43] fino a tutto settembre del susseguente anno, procureranno gli accademici tutti di non mancare e caso che per legitime occupazioni non puotessero intervenirvi saranno obligati preventivamente rendere avisato il capo di settimana, acciò quella regolare si possa a misura del numero e della qualità di quelli che vi concorreranno, come pure procureranno ritrovarsi in quel giorno nel solito luogo dell'accademia in quell'ora solita in cui sarà convenuto il cominciarla. E tutto ciò si contiene in questo capo parlando dell'accademia ordinaria sarà da osservarsi anche in occasione delle estraordinarie, e di quelle saranno invitate in luogo terzo. Nell'ultima accademia d'ogni anno, che si farà nel mese di settembre, si aviserà la giornata in cui doppo Santa Cattarina si riaprirà l'accademia acciò tutti possano essere prevenuti.

Nissuno delli accademici riceverà impegno di condurre tutta l'accademia in luogo terzo; ma bensì persuaderà chi brama averla di diriggere al capo di settimana le sue instanze, e da quello dipendere, e con quello intendersela circa al modo di ottenere e ricevere la medesima e suoi individui. Non potrà mai l'accademia disunirsi ma sempre dovrà andare tutta a corpo dovunque sia invitata, ed il capo di settimana non potrà invitare più l'uno che l'altro, e per quanto sarà possibile dovrà essere sollecito ogni accademico di non concorrere a formar corpo d'altra accademia fuori della sua, e ciò per quella buona legge d'unione, che da tutti gli accademici procurar devesi di conservare fra di loro, sì per la buona pace che per il maggior loro rispetto e decoro.

Sarà obligato ogni anno ciascuno delli accademici dare una suonata in proprietà alla accademia, o sia un overteur con tutte quelle multiplicate parti che potranno essere necessarie, e ciò a sua spesa, quale overteur però antecedentemente dovrà essere dall'accademia riconosciuto ed aprovato, dovendo essere di pieno agradimento della medesima.

Non sarà lecito ad alcuno dell'accademia il fare alcuno invito ne' giorni dell'accademia, perché tutte devono essere perfettamente private, a risserva di quelle che di comun consenso si destineranno per publiche, ed allora si puotrà

[43] Con ogni probabilità s'intende il giorno di Santa Caterina d'Alessandria che cade il 25 novembre.

dalli accademici fare quell'invito proprio e pulito che voranno, avuto però sempre riguardo alla capacità del luogo, ad ogetto di togliere le maggiori confusioni.

Non sarà admesso né a suonare né a cantare alcuno che non sij ascritto alla accademia; e caso che qualcuno vi dovesse essere per qualche volta admesso, questo non potrà seguire se non se con previa partecipazione ed approvazione di tutta l'accademia. Oltre le soddette leggi, di più vi saranno da osservarsi con pari inviolabilità tutte quelle ordinazioni che si faranno ne' casi che occorreranno necessarij di particolar providenza, ed occorrendo altri consimili casi a quelli per li quali saranno state fatte dette ordinazioni si dovrà per quanto sarà possibile osservare e praticare ciò che antecedentemente si sarà praticato e sempre procurar sfuggire tutte le novazioni etc.

PARINI E IL TEATRO DRAMMATICO

Paolo Bosisio

La marginalità del teatro drammatico rispetto alle diverse manifestazioni del teatro musicale nelle preferenze del pubblico come nella politica culturale lombarda del secondo Settecento, precedente la Cisalpina, si rispecchia negli interessi artistici e intellettuali di Giuseppe Parini che al melodramma dedicò energie e passione relativamente superiori a quelle dispiegate in favore della "prosa".

Come è noto, il teatro occupa nel XVIII secolo il posto eminente fra gli svaghi, mostrando di assumere una funzione ancor più significativa quale luogo privilegiato di incontro e scambio culturale e sociale, aperto quanto altri mai a una serie di contatti fra classi diverse, altrimenti impensabile entro una società rigidamente costituita su gerarchie di casta e censo. L'edificio teatrale è, nel secolo XVIII, "la grande sala comune di ricevimento"[1] dell'alta società, mentre i palchetti, il cui possesso rappresenta uno *status symbol* di indiscutibile prestigio,[2] si configurano come appendici delle dimore private, cui si intonano nell'arredo e nella scelta dei colori, essendo utilizzati dai proprietari in piena indifferenza rispetto a

---

[1] CARLO ANTONIO VIANELLO, *Teatri spettacoli musiche a Milano nei secoli scorsi*, Milano, Libreria Lombarda, 1941, p. 167.

[2] "Il possesso di un palco dava *rango* [...] questo ne giustifica il prezzo altissimo [...] e spiega le innumerevoli, tenaci e costose liti per la successione ereditaria o la divisione di un palchetto, nonchè il continuo aumento del numero di essi nelle successive trasformazioni che subirono il Salone Margherita e il teatro delle Commedie sino a conchiudersi nei 150 della Scala e nei 90 della Canobbiana" (*ibid.*, p. 168).

quanto avviene sul palcoscenico e, non di rado, in dispregio persino delle regole di una civile convivenza. L'esenzione dall'onere del biglietto d'ingresso appare, d'altro canto, come il ricercato privilegio che consente alle classi subalterne l'opportunità di partecipare o, almeno, di assistere al rito mondano per eccellenza. Nel mezzo di intrighi, amori più o meno leciti, maldicenze e chiacchiere, fra i palchi e la platea si consumano i fatti più significativi della vita mondana e non solo di quella.

Nell'arco di tempo che coincide grossomodo con la vita di Parini, la passione per il teatro musicale cresce a Milano in maniera esponenziale, tendendo a sommergere il teatro drammatico, fino a condurlo alla soglia di un collasso da cui si riprenderà per gradi solo a partire dall'inizio dell'Ottocento. Lo dimostra con chiarezza il paragone fra le spese sostenute in città per il teatro drammatico e per lo spettacolo musicale:

[...] le spese delle stagioni 1774-1776 mostrano con contrasto stridente un ammontare di sole lire milanesi 3285 per "ricognizioni delle compagnie comiche" contro la cospicua somma di £ 194.270.12.6 sborsate per i compensi di virtuosi di musica, suonatori, compositori di drammi, e persino contro le £ 6418.1.9 destinate a pagare gli alloggi dei cantanti.[3]

Una decisione assunta dall'amministrazione austriaca in Lombardia all'inizio di maggio del 1769 sancisce, poi, anche formalmente il declassamento del teatro drammatico, costretto a cedere all'opera buffa la stagione primaverile, ad esso tradizionalmente riservata presso il Teatro Ducale,[4] per esaurirsi in qualche sporadica recita in piena estate, allorché la maggior parte dei nobili spettatori è assente dalla città e i palchetti rimangono perciò chiusi. Non stupisce, pertanto, che il teatro drammatico milanese del secondo Settecento non presenti caratteristiche davvero originali, né figure di autentico rilievo all'interno del vasto movimento che altrove conduce alla riforma dei diversi generi drammaturgici, almeno fino agli ultimi decenni in cui si collocano l'attività speculativa dei redattori de "Il Caffè" e, soprattutto, l'intenso dibattito avviato nella capi-

---

[3] MARIAGABRIELLA CAMBIAGHI, *Compagnie comiche a Milano nel XVIII secolo,* in "Il castello di Elsinore", a. VIII, 23 (1995), p. 25.

[4] Il documento, datato 6 maggio 1769, e conservato presso l'Archivio di Stato in Milano, fondo Spettacoli Pubblici, p.a., cart. 34, è stato da me pubblicato in *Aspetti e tendenze del teatro drammatico a Milano nel secondo Settecento,* in "Il castello di Elsinore", a. VIII, 23 (1995), pp. 36 ss.

tale lombarda dagli intellettuali "giacobini" all'indomani dell'invasione napoleonica.[5]

Arbitra indiscussa in tema di spettacoli teatrali in Italia e all'estero rimane, nel corso del Settecento, Venezia, da cui provengono, infatti, le migliori compagnie, i testi più interessanti, i suggerimenti più incisivi in tema di rinnovamento. In Milano, invece, agisce alla metà del secolo XVIII un solo teatro, l'ormai vecchio Ducale, costruito dall'architetto Valmagini nel 1717, più volte ristrutturato nel corso del secolo finché, il 25 febbraio 1776, un incendio forse doloso lo riduce a un rudere fumante e inutilizzabile. Come già si è osservato, il palcoscenico del Ducale si apre a spettacoli drammatici, fino al 1769, nella sola avanzata primavera e nell'estate, scarsamente coinvolgendo il pubblico che le compagnie comiche cercano di conquistare con ogni mezzo. L'interesse dei milanesi per lo spettacolo teatrale, accanto a quello per la mondanità e il giuoco d'azzardo, cresce progressivamente negli anni seguenti, come dimostra l'ipotesi, formulata in sede di contrattazione degli appalti,[6] di costruire in città un secondo edificio da destinarsi esclusivamente agli spettacoli, con esclusione delle feste, destinandolo a un pubblico socialmente più diversificato rispetto a quello tradizionale, attraverso una politica di prezzi più popolare.

All'indomani dell'incendio del Ducale, le autorità adottano immediatamente soluzioni di ripiego per non lasciare la città priva dei suoi spassi preferiti, mentre fervono le trattative per la costruzione del nuovo grande teatro che sorgerà sull'area prima occupata dalla chiesa capitolare di S. Maria della Scala e che sarà inaugurato il 3 agosto 1778. Si lavora, intanto, anche sull'area delle scuole Canobbiane all'edificazione di un secondo teatro che si aprirà nel luglio dell'anno successivo: relativamente meno grande della Scala, la Canobbiana presenta una programmazione af-

---

[5] Non si dovrà dimenticare, tuttavia, che a Milano soprattutto opera Pietro Gonzaga a cui si deve lo sviluppo di una nuova scuola scenografica che, secondo l'ideale espresso dall'Algarotti, tende a un impianto solidamente e liberamente architettonico in un rapporto diretto con l'azione da rappresentarsi. Ancora a Milano si sviluppa la riforma del balletto, dovuta al francese Noverre e all'italiano Gaspare Angiolini, autentici artefici del coreodramma moderno, che Pietro Verri così definisce in una lettera al fratello: "Ti assicuro che questo genere di spettacolo va all'anima, e si sente il freddo e il fremito della tragedia" (*Carteggio di Pietro e di Alessandro Verri*, a c. di Francesco Novati e Emanuele Greppi, Milano, Cogliati, 1911, vol. III, p. 192).

[6] Cfr. PAOLO BOSISIO, *Aspetti e tendenze*, pp. 41 ss.

fine, seppure rivolta a un pubblico socialmente più composito, in cui l'alta
borghesia assume un rilievo particolare. Analoghe nella sostanza risultano
anche le abitudini degli spettatori che frequentano le due sale, come nota
ironicamente Vianello:

> Se alla Scala quando sul palcoscenico non si svolgeva la scena culminante o
> vi si cantava l'aria famosa, nei palchi si conversava o si gustavano i sorbetti
> tanto lodati dallo Stendhal, nei palchi della Canobbiana si scodellavano fu-
> manti minestroni e si gustavano appetitose costolette [...].[7]

Mentre la Scala mantiene il calendario del Ducale, alternando spettacoli musicali e feste da ballo nel corso dell'anno e riservando al teatro
drammatico la stagione detta dell'"autunnino", ristretta al solo mese di
agosto, la Canobbiana inverte, tuttavia, tale ordine, concedendo alla prosa
il più importante periodo del carnevale per aprirsi a opere e balli durante
l'estate.

Accanto alle due sale maggiori agiscono in Milano, sullo scorcio del
secolo, alcune strutture minori, riservate – per quanto si sa – a esibizioni
dilettantistiche, a sporadiche rappresentazioni musicali ad opera di compagnie girovaghe o a forme di spettacolo diverse quali le marionette. Nel
quadro del teatro drammatico milanese del secondo Settecento importanza determinante assumono le recite continuamente organizzate in ville
e palazzi nobiliari, sedi ecclesiastiche e accademiche, con il concorso di
dilettanti colti e raffinati, in qualche caso coadiuvati da attori professionisti. Ogni famiglia patrizia possiede nel palazzo cittadino e nelle ville di
campagna un teatrino, spesso bene attrezzato, cui suppliscono, in caso
contrario, una sala o un angolo del parco arredati provvisoriamente secondo il bisogno. Si possono così ricordare le serate organizzate nel palazzo della contessa Clelia Borromeo del Grillo in contrada Rugabella;[8]
le recite in casa dei conti Pertusati, a Porta Romana, allietate dalla brava
e leggiadra Teresa Mussi, cui Parini si lega di un sentimento profondo,
attestato con sofferta e inequivoca chiarezza dal carteggio, pur necessariamente mediato dai buoni uffici di Giuseppe Paganini, amico dell'abate

---

[7] C.A. VIANELLO, *Teatri spettacoli musiche a Milano*, pp. 146 ss.
[8] Si ricorda la recita de *L'invidia debellata*, composta da Giorgio Ghelfi, scrivano di
Pietro Verri, nel 1760 per la guarigione della contessa.

e della giovane signora;[9] gli spettacoli voluti da don Francesco Carcano nel suo palazzo sul Naviglio dell'Ospedale e nella villa di campagna, dove si stampano in una piccola tipografia domestica i testi che vengono rappresentati; gli intrattenimenti teatrali animati dalla duchessa Maria Vittoria Serbelloni, provetta attrice filodrammatica, che traduce il *Teatro comico* di Destouches (1754), pubblicandolo con una prefazione di Pietro Verri, assiduo frequentatore della casa insieme a Parini e a un Cicognini, discendente dell'omonimo drammaturgo; le interpretazioni drammatiche della marchesa Margherita Litta Calderara, nella cui villa a Turano pare si rechi Goldoni a leggere qualche sua commedia; le serate nel palazzo dei Castelbarco a Brera, dove si esibisce ripetutamente Mozart durante i suoi soggiorni milanesi; e ancora la deliziosa interpretazione di una commedia di Mercier avvenuta nella villa della medesima famiglia a Cislago ad opera della giovanissima Maria Castelbarco, nata Litta, la pariniana "inclita Nice"; gli spettacoli cui dà il testo l'austero padrone di casa, il conte Giulini, nella sua villa di Boffalora; le recite fastose organizzate in casa Grianta, dove il contino Verri si esibisce nel ruolo di Gamari nell'*Isacco* metastasiano, messo in scena nel 1765; i melodrammi allestiti nel palazzo di Giuseppe Diletti, marito della virtuosa cantante Prudenza Babbi e padre di cinque figlie, emule della madre, tutte impegnate a dar vita a spettacoli metastasiani per i quali Parini scrive più di un prologo; e ancora le recite avvenute in casa dei marchesi Isimbardi a Monforte e quelle organizzate a palazzo Taverna. Una vera passione per il teatro, insomma, induce gli aristocratici milanesi a proseguire nelle loro private dimore i passatempi serali consueti, spendendo nell'esercizio di un raffinato dilettantismo un impegno certamente superiore rispetto a quello profuso nella scarsa attenzione riservata agli spettacoli pubblici, utilizzati piuttosto come occasione di mondanità, più che di cultura. E non sarà un caso se, verso la fine del secolo, alcune grandi famiglie borghesi, ammesse nei pubblici teatri accanto alla nobiltà, decideranno di imitarla anche negli intrattenimenti privati, contribuendo decisamente a uno sviluppo ulteriore di quella teatralità diffusa che è caratteristica di Milano a quell'epoca.

Secondo un costume già proprio del secolo precedente, anche i collegi religiosi possiedono per solito una piccola sala teatrale, utilizzata per le

---

[9] Cfr. le lettere a Paganini in GIUSEPPE PARINI, *Opere*, a c. di Ettore Bonora, Milano, Mursia, 1969, pp. 875 ss.

recite dei convittori, giudicate parte integrante della loro educazione. In
Milano i padri Barnabiti gestiscono il Collegio dei Nobili, il cui teatrino,
attivo nel corso del secolo e utilizzato provvisoriamente per gli spettacoli
pubblici dopo l'incendio del Ducale, sarà requisito nel 1796 per essere affidato alla Società del Teatro Patriottico, prima che ad essa venga ceduta
l'area della chiesa dei SS. Cosma e Damiano, sulla quale si edificherà la
gloriosa sala che, dal 1800, diventerà uno dei punti di riferimento della
vita teatrale milanese, assumendo in seguito il nome di Accademia dei
Filodrammatici. I padri Gesuiti possiedono un importante collegio in
Brera, nel cui teatro si rappresentano, secondo una tradizione consolidata,
soprattutto tragedie appositamente composte da drammaturghi dell'Ordine, ma anche spettacoli d'altro genere, ivi incluse alcune commedie
dell'arte, in una cornice scenografica di norma particolarmente curata.
Proprio dai collegi milanesi usciranno, non a caso, molti fra gli aristocratici che, nella successiva "epoca giacobina", decideranno di mettere le
proprie doti filodrammatiche al servizio di nuovi ideali.

Nel quadro che ho cercato di delineare, il teatro drammatico è rappresentato, nella Milano del secondo Settecento, dalla presenza di alcune
importanti compagnie che vi transitano nei brevi periodi in cui sia loro
concesso di operare, interessate a conquistare, almeno episodicamente,
una piazza considerata comunque primaria, soprattutto per il numero di
potenziali spettatori. Così Milano può conoscere per la prima volta la commedia goldoniana, presentata nel 1749 dalla compagnia del veneziano
teatro S. Luca e ripresa, l'anno seguente, dal capocomico Girolamo Me-
debach, accompagnato di persona dal celebre commediografo, ospite nella
villa del marchese Arconati a Castellazzo. Nell'estate del 1761, la compagnia veneziana diretta da Antonio Sacchi presenta a Milano in prima
assoluta e con grande successo *Il Corvo*, seconda fra le fiabe teatrali composte dal temibile rivale di Goldoni, Carlo Gozzi. Con l'inaugurazione
dei due nuovi teatri, la programmazione si fa un poco più intensa, per
quanto riguarda il teatro drammatico, specie alla Canobbiana, dove si esi-
biscono le compagnie più importanti, mentre la Scala ospita nel mese di
agosto formazioni minori. Inaugura la prosa nel nuovo teatro, nel 1782,
la compagnia diretta da Maddalena Battaglia, cui seguono, in successione
negli anni, la Medebach-Paladini, la formazione guidata da Giuseppe Pel-
landi, in cui recita la già celebre Anna Fiorilli, e ancora la compagnia
Merli, la compagnia Nerini, quella diretta da Andrea Bianchi, in alternanza con la Paganini-Pianca, apprezzata fra tutte per l'opera meritevole
di diffusione del nuovo repertorio patriottico e repubblicano: la Canob-

biana diventa, infatti, dopo l'ingresso in Italia delle truppe napoleoniche
"il quartier generale del patriottismo giacobino, ospitando feste, comizi,
tragedie dell'Alfieri, drammi di circostanza",[10] ed è frequentata da un
pubblico socialmente assai composto, formato oltre che dalla borghesia
e dalla piccola nobiltà, anche dal popolo, numeroso nei casi in cui sia consentito l'accesso gratuito.

Pochi sono gli attori milanesi attivi sul mercato nazionale, cui la capitale lombarda fornisce, invece, un numero maggiore di musici e cantanti, più stabilmente richiesti sulle scene della città. Oltre a Giuseppe
Antonio Angeleri – valido professionista, di origini borghesi, amico di
Goldoni con il quale si trova nella sua città di origine, impegnato con la
compagnia del S. Luca sul palcoscenico del Ducale, allorché muore improvvisamente, nel 1754 – si potranno ricordare il primo amoroso Brambilla,[11] la comica Teresa Gandini[12] e la brava Teresa Fogliazzi, figlia di
una distinta famiglia, apprezzata e vezzeggiata dall'aristocrazia milanese
per la bellezza, l'intelligenza e il talento che rivela soprattutto nella danza,
non disdegnando, tuttavia, di esibirsi anche nel dramma. Sposata con il
noto coreografo Gaspare Angiolini, amata da Pietro Verri, corteggiata
senza successo da Casanova, protetta dal Kaunitz e dal conte Greppi, amica
del Metastasio, ella si lega di tenera amicizia con Parini che l'ama forse
meno spiritualmente e, se non è ricambiato, ne guadagna almeno la protezione che gli frutta la nomina a poeta del teatro Ducale.

Per quanto riguarda i repertori presentati sulle scene del tempo, occorre avvertire che la riforma imposta da Goldoni, attraverso una graduale
sostituzione della commedia scritta all'Improvvisa, diviene la norma cui

[10] DOMENICO MANZELLA e EMILIO POZZI, *I teatri di Milano*, Milano, Mursia, 1971,
p. 59.
[11] Nato a Milano, divenne celebre recitando con grande perizia nel ruolo di Innamorato. Morì intorno al 1750.
[12] Milanese di nascita e moglie dell'attore veronese Pietro Gandini, Teresa recitava
con il nome di Flaminia e si esibiva con successo anche come cantante (di lei si ricorda
la fortunata interpretazione di Grilletta nel *Porsignacco* di Mutti al Ducale nel 1735).
Amatissima dal pubblico veneziano, la Gandini fu apprezzata anche da Goldoni che,
tuttavia, nel 1753 le preferì Caterina Bresciani, affidando a costei di fatto il personaggio protagonista ne *La sposa persiana*, pur essendo seconda donna nella compagnia del S.
Luca, dove la Gandini manteneva, nonostante l'età e il parere del commediografo, la posizione di prima donna. A seguito di questo episodio, passò a Dresda al servizio dell'Elettore e, probabilmente, vi concluse i suoi giorni.

tende il teatro italiano. Il nutrito repertorio, composto annualmente in genere da oltre quindici testi, rappresentati a rotazione sulle piazze visitate nel continuo e fisiologico girovagare delle compagnie, è costituito da novità italiane (di Sografi, Federici, De Gamerra, Avelloni, De Rossi, Willi, Napoli Signorelli) o, più spesso, di autore straniero, liberamente tradotte (e sconciate) a uso (ed abuso) delle scene italiane, di proprietà esclusiva (o quasi) della compagnia che può, almeno in tale caso, sperare di attirare spettatori in numero sufficiente per svolgere un certo numero di repliche. Per il resto, il repertorio risulta composto da qualche ripresa della stagione precedente, da alcuni "classici contemporanei" (Goldoni, Chiari, Gozzi, Albergati Capacelli e Metastasio, i cui melodrammi vengono adattati per la rappresentazione in forma drammatica), evidentemente presenti anche nella programmazione di altre compagnie, e da un numero ancora cospicuo di commedie dell'arte che, per la loro intrinseca natura, oltre che per la semplicità delle esigenze scenografiche e costumistiche, continuano, nonostante la riforma in atto, a costituire un significativo polmone nel diuturno sforzo necessario per presentare spettacoli ognora diversi.

Alla tragedia il pubblico mostra di prediligere la commedia, soprattutto del genere lacrimoso, trapiantato felicemente da Inghilterra e Francia sui nostri palcoscenici. A ciò si aggiungono i "drammi" – come ormai si è soliti definire testi teatrali di genere mescidato – e le cosiddette "rappresentazioni spettacolose", in grande voga negli ultimi decenni del secolo. Nei confronti del teatro drammatico la maggior parte della cultura ufficiale manifesta un

[…] atteggiamento di sufficienza […] verso una forma di divertimento giudicata istrionica e guitta, da sommergere sotto la raffinata onda del canto.[13]

Fra gli intellettuali, Parini si dimostra amante più equilibrato del teatro, nella duplice sua veste, musicale e drammatica, ma non accecato al punto di risparmiargli gli strali dell'ironia per colpirne singole manifestazioni in cui esso si configuri come veicolo di frivolezza, amoralità e cattivo gusto: egli ne diviene un eccellente conoscitore leggendo e studiando la letteratura drammatica e frequentando assiduamente il Ducale, ove

---

[13] M. CAMBIAGHI, *Compagnie comiche*, cit., p. 17.

gode di accesso gratuito e posto fisso.[14] Ammiratore delle drammaturgie antiche, greca e latina, cui dedica spazio costante nei suoi programmi di insegnamento a Brera, buon conoscitore del teatro moderno italiano, sia sul versante comico, sia su quelli tragico e pastorale, e dei capolavori spagnoli e francesi (necessariamente non di quelli shakespeariani, all'epoca ancora circondati dall'oblio), Parini si mostra indifferente nei confronti della commedia contemporanea, mai menzionando il nome di Goldoni, non da lui solo, peraltro, incompreso. Prodigo di elogi nei confronti del Metastasio, "onore del [...] secolo e del teatro italiano",[15] molto ammira Pier Jacopo Martello e approva del Maffei la *Merope*. Con Alfieri sviluppa, certamente, un rapporto più intenso, fatto di ammirazione per il talento tragico dell'astigiano, per la rapidità, la compattezza strutturale e la forza del di lui teatro, poste al servizio di superiori ideali di libertà, ma anche di qualche perplessità nei confronti di uno stile e di un linguaggio che non gli sembrano rispondere sempre adeguatamente alle speciali esigenze dell'arte drammatica. Contrario certamente a un impiego mondano del teatro, all'epoca troppo spesso trasformato in altro da sé per ospitare feste e trattenimenti, Parini mostra di non apprezzare neppure il ballo, con il suo "barbaro sgambettamento"[16] di corpi, almeno nei frequenti casi di mediocrità artistica in cui esso si configura ai giorni suoi, interpretato, per di più, da artiste non di rado scollacciate e ineducate, in barba alle preoccupate raccomandazioni del conte Francesco d'Adda, custode del bel contegno presso il Teatro Ducale. Ciò non toglie, beninteso, che proprio a ballerine come Vittoria Peluso, detta la Pelosina, o a cantanti come la romana Caterina Gabrielli, detta "la cuochetta", che, per ricevere gli ospiti usava denudarsi (il suo costume di ricevimento essendo quello, come chiosa, pungente, Raffaello Barbiera),[17] o, ancora, come Clementina Piccinelli, detta la Francesina, interprete di notevole finezza attorica, Parini dedichi versi ammirati e, a tratti, non privi di un certo compiacimento sensuale, dai quali emerge, tuttavia, la sua non trascurabile competenza nella lettura e nella valutazione dei linguaggi della scena:

[14] Cfr. RAFFAELLO BARBIERA, *Vite ardenti nel teatro (1700-1900)*, Milano, Treves, 1931, p. 22; VINCENZO BORTOLOTTI, *Giuseppe Parini*, Milano, Verri, 1900, p. 91.
[15] "La Gazzetta di Milano", 4 gennaio 1769.
[16] "La Gazzetta di Milano", 25 gennaio 1769.
[17] BARBIERA, *Vite ardenti*, cit., p. 24.

Mirate come scioglie e come affrena
il passo altier, quasi ondeggiante mare,
e come grande e maestosa appare,
e sola di sé sola empie la scena.

Mirate, l'alma d'armonia ripiena,
le volubili braccia alto spiegare;
ed esser fiera e volgere e chinare
molle il bel corpo, or torbida or serena.[18]

Deciso a trattenersi, nell'ambito dell'insegnamento dell'eloquenza, sulla drammatica, come a quella parte "[...] che è la più ingegnosa, la più difficile e di più comune uso nella società",[19] Parini

[...] inneggia con sincera convinzione al poeta che, "per mezzo della scena", contribuisca "a farci prendere abborrimento al vizio, dipingendocene la turpezza; e a farci amare la virtù, imitandone la beltà", e si spinge fino a rivendicare ai "componimenti teatrali" la precipua facoltà di "giovare assaissimo" con "onesti sollazzi", "col dilettarci in alcuni momenti della nostra vita".[20]

Ma per parte sua non compone alcun testo drammatico per le scene di prosa e, allorché, nelle vesti di poeta del Ducale, è chiamato dal Greppi a ridurre in tutta fretta per le scene musicali la tragedia *Alcesti* del Calzabigi, riceve dall'autore per ringraziamento un giudizio davvero severo e magari ingiusto nella sua genericità, ma forse non privo di fondamento, provenendo dalla penna di persona certamente competente in materia:

Il Parini poi non conosce affatto né la concatenazione della frase teatrale né il vocabolario drammatico, tanto diverso da quello della canzonetta, Poemetto, Sonettino, che nulla più.[21]

---

[18] PARINI, *Opere*, cit., p. 429.

[19] G. PARINI, *Per la cattedra biennale di belle lettere*, in *Opere*, cit., p. 699.

[20] GIOVANNA BENVENUTI, *La* Sera *di Parini e l'occasione mancata del giovin signore*, in AA.VV., *Interpretazioni e letture del* Giorno, Milano, Cisalpino, 1998, p. 559. Al bel saggio della Benvenuti conviene rifarsi per l'interpretazione di ciò che avrebbe potuto essere la *Sera* in rapporto con gli interessi pariniani nei confronti del teatro.

[21] C.A. VIANELLO, *La giovinezza di Parini, Verri, Beccaria*, Milano, Baldini e Castoldi, 1933, p. 139.

E ancora:

> Quest'orgoglio poetico è insoffribile, tanto più in lui, che non ha merito affatto per assumerlo, non avendo a miei giorni veduto cosa più meschina, plus plate, che i suoi versi drammatici.[22]

Dei meriti, maggiori seppur non eccelsi, di *Ascanio in Alba*, altri ha detto con maggiore competenza di quanto io possa, anche se non sarà inutile sottolineare ancora, nel corredo paratestuale, costituito dalle corpose didascalie presenti nel libretto, l'esibizione di una non comune perizia tecnica dell'autore nel controllo preventivo di aspetti diversi dello spettacolo (dalla scenografia alla scenotecnica, dalla prossemica al movimento, fino alla gestualità degli attori), sostenuta dalla evidente convinzione che il compito del poeta drammatico non si esaurisca nell'atto della scrittura, bensì si estenda al concepimento almeno teorico di un allestimento scenico.

> Il suo – annota acutamente Bonora – era il punto di vista proprio dell'estetica sensistica: l'idea che le arti siano suscitatrici del sentimento del bello attraverso i sensi più alti della vista e dell'udito, non per un piacere che resti fine a se stesso, ma per quel più nobile piacere che consiste nell'esprimere i concetti e i sentimenti dell'anima in forme armoniche e gradevoli. [...] le belle arti [...] congiunte insieme e "guidate dal medesimo spirito e dal medesimo interesse" – come accade appunto nel caso di uno spettacolo teatrale musicale pensato e prodotto auspice la mente creatrice di un unico autore – potranno "produrre un effetto più sicuro e più grande, e recare alle anime delicate ed oneste il massimo de' piaceri.[23]

Pur scrivendo i prologhi per *Demetrio*, *Olimpiade* e *Achille in Sciro*, destinati – come si è visto – alle recite metastasiane di palazzo Diletti e, forse, a comporre – come vorrebbe il Barbiera – "programmi coreografici",[24] suggerendo soggetti per i balli che Gaspare Angiolini va creando, Parini non contribuisce in modo sostanzioso ad arricchire il drappello spa-

[22] *Ibid.*, p. 141.
[23] E. BONORA, *Parini e altro Settecento*, Milano, Feltrinelli, 1982, p. 39. La parte di citazione fra virgolette è tratta da GIUSEPPE PARINI, *De' principi fondamentali e generali delle belle lettere applicati alle belle arti*, in *Opere*, cit., pp. 717 ss.
[24] BARBIERA, *Vite ardenti*, cit., p. 22.

ruto e dilombato di drammaturghi lombardi dell'epoca sua, fra i quali si
potranno menzionare, per dovere di cronaca, sul versante della commedia, Francesco Marucchi,[25] Giuseppe Cerini da Solferino,[26] Giuseppe De
Necchi Aquila,[27] il gesuita abate d'Adda,[28] Gerolamo Birago[29] e il nobile don Francesco Carcano.[30] Commedie, tragedie e drammi danno anche Giorgio Giulini[31] e Cosimo Galeazzo Scotti,[32] ai quali si possono aggiungere i tragediografi padre Antonio Mainoni[33] e Giovanni Battista
Corniani, nativo di Orzinuovi, ma a lungo residente in Milano.[34] A parte
andranno ricordati i fratelli Verri, artefici di alcuni in verità non troppo
felici tentativi drammatici,[35] e Antonio Perabò meritevole per avere gua-
dagnato, nel 1774, con *Valsei ossia L'eroe Scozzese*,[36] il premio per la migliore fra le tragedie presentate al concorso indetto nel 1770 da Ferdinando di Borbone, duca di Parma, con un *Programma offerto alle Muse Ita-*

[25] Di lui si ricordano le commedie *La musica* e *Il novellista fanatico* (1765).

[26] Procuratore di casa Borromeo, poeta del Teatro Interinale e poi della Scala per il
1779, scrisse le commedie *Clary* e *La cattiva matrigna*, recitate al Ducale rispettivamente
nel 1772 e nel 1773.

[27] Patrizio, nato a Pavia, fu poeta del Ducale nel 1775-76 e scrisse commedie, rimaste inedite, oltre a più note composizioni per musica.

[28] Di lui fu rappresentata nel 1780, alla Canobbiana, la commedia *Il Sassone militare*.

[29] Nobile e professore di logica alle Scuole Canobbiane, poeta dialettale, diede la
commedia *Donna Perla*, pubblicata da Cherubini nella *Collezione delle migliori opere scritte
in dialetto milanese*, vol. IV, Milano, Pirotta, 1816.

[30] Di lui si ricorda *Erasto*, commedia ricavata da Gessner.

[31] Erudito, storico, iscritto all'Accademia dei Trasformati, scrisse le commedie *Il
Prodigo* (1745), *La Fantasima* (1746), *La Bottega del caffè* (1748), le tragedie *Lavinia* e
Alcmeone (1749) e il dramma *La Costanza di Scipione l'Africano*, che qualche storico indica come cantata per musica. Le opere del Giulini, rappresentate ai suoi tempi, rima-
sero inedite.

[32] Barnabita, nativo di Merate, allievo di Parini e poi al Longone maestro di Manzoni, diede commedie e tragedie fra cui si possono ricordare *Imelda*, *Roberto*, *Il Ritorno di
Ulisse*, *Zaccaria*, *Galeazzo Sforza*, *Ezzelino*, *Alberico da Barbiano*, *Bianca Visconti*, *I Principi
estensi*, *Il Conte di Santillana*, *Passeguado Settala*, *La Morte di Barnabò*, *Mercurio e Pallade*.

[33] Fu autore di un *Ciro in Media*, rappresentato dagli allievi del collegio Longone
nel 1772.

[34] Accademico Trasformato, diede le tragedie *Democrito*, *Dario in Babilonia* e *La
Morte di Socrate*.

[35] Pietro scrisse un dramma in tre atti, intitolato *Il Tutore*; Alessandro tradusse *Am-
leto*, *Otello* e compose in Roma *La congiura di Milano* e *Pantea*.

[36] Del Perabò i ricorda anche il dramma *Italia* (1772).

liane, steso da padre Paciaudi. Nel modesto panorama della drammaturgia milanese si ritagliano uno spazio più significativo Giuseppe Gorini Corio e Giovanni Greppi: il primo per avere dato, oltre a un trattato *Della perfetta tragedia* (1732), un gran numero di commedie, composte sulla scorta dell'esempio francese, e di tragedie giudicate positivamente dalla critica;[37] il secondo, bolognese di nascita, ma milanese di famiglia, per essere stato fra i più rappresentati autori dei tempi suoi.[38]

Non mancano, invece, nella Milano di fine secolo, coloro che, allineandosi con il lavoro intellettuale altrove svolto con maggiore tempestività, forniscono un contributo comunque originale al rinnovamento del teatro. Si pensi agli uomini del "Caffè" e ai due fratelli Verri, in particolare, cui si devono alcuni interventi chiarificatori nei confronti della complessa fase di trasformazione che l'Italia sta vivendo per quanto attiene alla drammaturgia e all'arte dell'attore. O ancora, e forse più, a Pietro Secchi che, con maggiore consapevolezza, si mostra sensibile alle istanze avanzate in Francia da Diderot, riflettendo in profondità sulle carenze che rivelano l'immaturità della nostra civiltà dello spettacolo, evidenti non solo negli artisti, bensì anche fra gli spettatori alla cui condotta deve essere attribuita, in parte almeno, la decadenza del nostro teatro. Esso

[...] diventa allora un luogo di ridotto, di conversazione, di gioco, di visite, la turba gli dà il tuono, ed i comici vedendo l'indifferenza per una banda, e gli applausi per l'altra, sono e per proprio interesse, e per propria inclinazione strascinati a continuare nel cattivo cammino incominciato [...].[39]

Un posto di qualche rilievo spetta, fra coloro che dibattono questioni

---

[37] Fra le commedie ricorderemo *Le Cerimonie*, *Il Guascone*, *Il Geloso vinto dall'avarizia*, *Il Baron polacco interrotto ne' suoi amori*, *Il Frippon francese colla dama alla moda*; fra le tragedie *Ecuba*, *La Morte d'Agrippina*, *Meemet*, *Rosimonda vendicata*, *Il duca di Guisa* e *Giezabele* che fu da qualcuno giudicata la migliore fra quelle del genere scritte prima dell'alfieriano *Saul*. Il *Teatro tragico e comico* del Gorini Corio fu ripubblicato in sei volumi dall'Agnelli nel 1744-45, dopo la prima edizione veneziana del 1732.

[38] Avventuriero e cavaliere pontificio di Pio VI, frate conventuale fattosi poi giacobino, commissario di polizia e prefetto napoleonico, pubblicò i suoi *Capricci teatrali* (Venezia 1787) fra i quali si ricordano le tragedie *Gertruda regina d'Aragona*, *Giulio Sabino in Roma*, *Odoardo*, e le commedie *Teresa e Claudio*, *Teresa vedova* e *Teresa e Wilck*.

[39] S. [Pietro Secchi], *Esame d'alcune cagioni, che tengono nell'attual mediocrità il teatro italiano*, in *"Il Caffè" ossia brevi e vari discorsi distribuiti in fogli periodici*, a c. di Sergio Romagnoli, Milano, Feltrinelli, 1960, t. II, f. XXX, p. 501.

connesse con le esigenze di avviare lo spettacolo a una fase di serie riforme, ancora una volta a Parini che, nel *Discorso sopra la poesia*,[40] sostiene la funzione morale del teatro, cogliendovi la motivazione principale della statalizzazione dello spettacolo a suo tempo attuata nelle antiche repubbliche che ad esso attribuivano il compito, socialmente rilevante, di diffondere la virtù e combattere il vizio: Parini può, invece, solo constatare l'uso deviato che del teatro si è fatto in tempi recenti, riducendolo a "salotto buono" dell'alta società, ricettacolo di vizi e gozzoviglie, "tempio di carnevaleschi "spropositi", [...] luogo di intrighi e di peccato",[41] al quale assicurano il loro sostegno persino i religiosi, cui il poeta non risparmia la sferza dell'ironia:

> Debb'io tacer però che spesso misti
> anzi allacciati in un con Clori e Fille,
> i vezzosi abatini giunger ci ho visti?
>
> e grondar tutti d'odorose stille
> co' manichetti candidi d'Olanda
> e i ricci sulla testa a mille a mille?[42]

Accostatosi seriamente al mondo delle scene attraverso diversi incarichi pubblici che lo vogliono poeta del Teatro Ducale, a far data dal 1768; autore e responsabile dell'allestimento del melodramma *Ascanio in Alba* messo in scena, nel 1771, in occasione delle nozze tra Ferdinando d'Austria e l'arciduchessa Maria Ricciarda Beatrice d'Este; incaricato di predisporre "una descrizione elegante delle feste nuziali"[43] stesse; "ideatore immaginoso"[44] del soggetto per i sipari del Teatro alla Scala (1778) e del Teatro Nuovo di Novara (1779), Parini concepisce un interesse non episodico e ognora più convinto nei confronti del teatro, nelle diverse sue manifestazioni, mostrandosi consapevole dell'importanza e del potenziale ruolo che esso può svolgere nell'evoluzione del gusto e della cultura, e auspicandone, dunque, un profondo rinnovamento, che lo renda capace di

---

[40] G. PARINI, *Discorso sopra la poesia*, in *Opere*, cit., pp. 593 ss.

[41] G. BENVENUTI, *La Sera di Parini*, cit., p. 558.

[42] G. PARINI, *Il teatro*, in *Opere*, cit., p. 364.

[43] Lettera di Giuseppe Parini al Consigliere Conte di Wilzeck, in PARINI, *Opere*, cit., p. 862.

[44] R. BARBIERA, *Vite ardenti*, cit., p. 17.

farsi mezzo di elevazione morale e di educazione civile, in un'analogia assai marcata con le convinzioni altrove espresse dagli enciclopedisti. Convinto dello straordinario valore pedagogico del teatro, Parini gli affida un compito importante come mezzo di formazione del cittadino che, se da un lato ha da essere buon cristiano, sorretto da una solida morale, d'altro lato deve crescere consapevole del proprio ruolo all'interno di una società, ormai avviata a radicali e prossimi cambiamenti. Ma non dimentica, per altro verso, la natura emotiva dell'azione che sull'uomo svolge il teatro, il quale "[...] innalza, rapisce, commove e mette in tempesta l'animo degli spettatori",[45] sicché, se lo scopo ch'esso dovrebbe porsi, secondo Parini, possiede un'indiscutibile valenza politica e sociale, il piacere che deve risolutamente provocare in chi ne fruisca

> [...] derivato da "fisiche sorgenti", è un distillato di sensazioni in assoluto gradevoli, un "dolce e forte affetto dell'animo" che in tanto va padroneggiato secondo "ragione" e secondo "buon senso" in quanto va sperimentato, secondo "natura", in libero e totale abbandono.[46]

Sensista e illuminista, Parini lascia una significativa traccia del suo originale pensiero sul teatro negli *Appunti*, conservati in Ambrosiana, in cui si coglie, sia pure in forma schematica, un interesse nuovo per il popolo, che vi è indicato come il destinatario elettivo dello spettacolo, modernamente inteso come momento di formazione, oltre che di divertimento per il cittadino. Per tale via Parini mostra di avere acquisito, con notevole tempestività, la ferma consapevolezza della speciale natura del teatro, capace – a differenza della poesia, della narrativa e di ogni altra forma di letteratura – di comunicare con un vasto e diversificato pubblico, non necessariamente alfabetizzato. Una natura che gli sarà, di lì a pochi anni, esplicitamente riconosciuta dai Romantici che ne faranno, non a caso, il campo privilegiato delle loro riflessioni e sperimentazioni.

L'idea di teatro che emerge dal complesso degli scritti direttamente o indirettamente riservati da Parini a tale tema, nelle ultime tre decadi del secolo, coincide, nella sostanza, con quella che al proposito fa sua il governo della neonata repubblica Cisalpina, riprendendo le elaborazioni intellettuali degli illuministi francesi, già confluite nel pensiero rivoluzio-

---

[45] G. PARINI, *De' principi fondamentali e generali delle belle lettere applicati alle belle arti*, in *Opere*, cit., p. 560.

[46] BENVENUTI, *La Sera di Parini*, cit., p. 560.

nario d'Oltralpe. Sicché non stupisce che, avendo deciso, nell'autunno del
1797, di consultare l'*intellighenzia* cisalpina sulla questione dell'organizzazione dei teatri nazionali, ora giudicata della massima importanza, il
governo pensi proprio all'ormai anziano e ammalato Parini per affidargli
la presidenza della commissione giudicatrice nel pubblico concorso che
viene indetto.[47] Nel bando pubblicato dal ministro dell'Interno Ragazzi
il giorno 8 annebbiatore a. VI (29 ottobre 1797), si legge, tra l'altro, a
proposito dei teatri:

> Questa salutare institzione la quale istruì già le Nazioni nella Morale e
> nella grand'arte di eccitare e correggere le passioni senza temere gli abusi
> del fanatismo, era presso di noi diventata la scuola dell'errore, dell'adula
> zione e del vizio. Il dispotismo, a cui torna meglio l'avere Cittadini più cor
> rotti, che virtuosi, più ignoranti, che illuminati, più stolidi, che ragione
> voli, abbandonava volentieri questa scuola del sentimento alla sola specula
> zione di un avido negoziante, il quale regolando il suo traffico sulla frivo
> lezza e sulla corruzione del Popolo, e null'altro presentando al suo sguardo,
> che il superbo spettacolo della grandezza dei despoti, rendeva domestica e
> cara la servitù e potentissimo l'impero della tirannide. Volendo dunque il
> Direttorio Esecutivo richiamare alla sua prima dignità questa nobilissima
> institzione, e sull'esempio de' Francesi e de' Greci, veri e sommi maestri
> di Libertà, accendere negli animi de' Cisalpini il fuoco e la gara delle grandi
> ed utili passioni repubblicane, mi ha autorizzato a proporre il premio di qua
> ranta zecchini a chi nel termine perentorio di due mesi dalla data del pre
> sente avrà esibito al Ministro dell'Interno il miglior progetto per l'organiz
> zazione de' Teatri Nazionali.[48]

La commissione giudicatrice, in un primo momento, avrebbe dovuto
comprendere i poeti Parini e Sertori, oltre al compositore di musica ope

---

[47] L'intera vicenda relativa al concorso cisalpino è trattata estesamente e ampiamente documentata nel capitolo III del mio libro *Tra ribellione e utopia. L'esperienza teatrale nell'Italia delle repubbliche napoleoniche (1796-1805)*, Roma, Bulzoni, 1990, cui pertanto devo rimandare.

[48] Programma per l'Organizzazione de' Teatri Nazionali, firmato Ragazzi, Milano,
8 annebbiatore a. VI (29 ottobre 1797). Il documento, come la maggior parte di quelli
relativi al concorso, è conservato presso l'Archivio di Stato in Milano, fondo Spettacoli
pubblici, p.a., cart. 14, Teatri, Provvidenze generali. Per brevità, dunque, ometterò di
qui innanzi la citazione della fonte quando il documento esaminato provenga da tale
fondo, specificandola, invece, ogniqualvolta ciò sia opportuno o necessario.

ristica Nicola Zingarelli.[49] Per ragioni che restano ignote, il 9 ventoso (27 febbraio 1798), il ministro provvede, tuttavia, alla nomina di una commissione parzialmente modificata nel suo organico e composta da Giuseppe Parini, Alfonso Longo e Lorenzo Mascheroni.[50]

A Parini scrive il Ministro il 9 ventoso a. VI (27 febbraio 1798):

> Conoscendo il Direttorio Esecutivo quanta sia l'influenza de' pubblici spettacoli su i costumi d'una nazione; ed a qual grado di corruttela sieno giunti presso di noi; premuroso di riparare il danno che ne verrebbe alla repubblica, se più oltre ne fosse diferito il rimedio, ha fatto invitare i cittadini con pubblico Programma a proporre dei progetti per la organizzazione de' Teatri Nazionali con un premio di 40 zecchini a chi ne avesse presentato il migliore. Essendone stati inoltrati varj entro il termine stabilito, e dovendosi ora passare ad esaminarli; il Direttorio medesimo confidando giustamente ne' vostri lumi anche su questa materia, vi ha destinato per uno de' tre giudici cui riportarsi per l'assegnamento del premio; dandovi per compagni i cittadini Longo e Mascheroni, co' quali potrete concertarvi. Tutti i progetti che sono in numero di 14, io li rimetto quest'istesso giorno al cittadino rappresentante Longo.[51]

Considerato, dunque, un esperto in tema di teatro e di pubblici spettacoli, Parini accetta l'incarico e affronta con i colleghi commissari l'analisi dei progetti presentati che variamente riprendono le idee diffuse nel medesimo torno di tempo dagli intellettuali più avvertiti e, in particolare, da Francesco Saverio Salfi sulle pagine del "Termometro Politico della Lombardia", e recepite nella sostanza dal Decreto del Governo Provvisorio di Brescia, pubblicato pochi giorni prima del bando del concorso.

Nel loro insieme, le memorie presentate non contengono proposte davvero innovative e interessanti per quanto attiene alla soluzione del

---

[49] Non sembra peregrino ipotizzare che il cognome Sertori, sia da intendersi come Sertor, in tal modo identificando il giudice proposto con Gaetano Sertor, autore del dramma *Piramo e Tisbe*, composto e rappresentato con successo nel 1783.·

[50] Del Longo (1738-1804) basterà qui ricordare che fu fra gli estensori del "Caffè" e fra i firmatari della Costituzione del 20 messidoro a. V, svolgendo in seguito attività politica quale membro del Consiglio de' Juniori. Il Mascheroni (1750-1800) fu poeta e scienziato oltre che deputato del Corpo Legislativo. Fu prescelto dal Monti della *Mascheroniana* per incarnare il simbolo dell'uomo libero.

[51] Il documento è riprodotto da V. BORTOLOTTI, *Giuseppe Parini*, cit., pp. 205 ss.

complesso nodo problematico creato dalla necessità di nazionalizzare la vita dello spettacolo nella Cisalpina. Per entro ai diversi progetti si coglie, tuttavia, la comune preoccupazione di sottrarre alle mani venali di impresari e proprietari privati la gestione del teatro, allo scopo di mondarla dagli abusi per trasformarla nel veicolo elettivo dell'auspicata riforma del costume e della cultura in direzione democratica e repubblicana.

Non manca, inoltre, agli estensori delle memorie la coscienza della deplorevole situazione dell'arte drammatica in Italia e della necessità di procedere a una revisione dei criteri di gestione delle compagnie e all'impostazione di una politica pedagogica adeguata allo scopo di assicurare un degno ricambio alla generazione attiva di artisti teatrali.

> Oimè! Quadro orribile e disonorante! – annota il Casori – Da una parte i sedicenti virtuosi, superbi, intolleranti, presuntuosi ed immorali. Dall'altra Comici meschini, avviliti, non protetti dalle leggi, disprezzati dalla forza dell'influsso del Dispotismo religioso e politico, e tiranneggiati. Dovunque il vizio in trionfo, o portatovi dall'insolenza, o indispensabile alla necessità. Individui senza il menomo principio di educazione, ignoranti per lo più, quindi Aristocratici per massima, e Democratici per interesse.

E aggiunge Giovanni Silva:

> Alcuni giovani perduti, ed ignoranti, alcune ragazze vendute al piacere degli uomini fino alla più tenera età formano ora la maggior parte di quelle Compagnie volanti, che a luogo di giovare al Popolo coi salutari ammaestramenti invitano tutti i Cittadini alla dissolutezza, e fanno tante volte palpitar giustamente il buon padre di famiglia.

La tradizionale struttura portante dell'attività teatrale italiana, la compagnia girovaga, appare ora come un'istituzione perniciosa, come l'ostacolo principale alla reificazione del progetto di riforma delle scene. Essa dovrà, perciò, essere bandita dal nuovo sistema, come incompatibile e dannosa, per essere sostituita da compagnie nazionali, controllate e finanziate direttamente dallo Stato.

Analizzati tutti i progetti presentati, la commissione si dichiara sostanzialmente insoddisfatta, sicché il ministro, il 30 ventoso (20 marzo 1798), bandisce nuovamente il concorso.

Otto elaborati pervengono in tempo utile al ministero, che provvede a inoltrarli a Parini in data 11 messidoro a. VI (29 giugno 1798), accompagnandoli con la seguente lettera:

Dopo il secondo programma, col quale fu riproposto il premio di 40 zecchini a chi fra concorrenti avesse presentato fra lo spazio di sei decadi il progetto migliore per la organizzazione de' teatri nazionali, otto di questi sono concorsi al paragone. Il Direttorio Esecutivo conscio del vostro patriotismo e de' vostri lumi, vi delega nuovamente per questo secondo esame, perché unitamente ai cittadini Longo e Mascheroni giudichiate, *se alcuno de' progetti, e quali di essi meriti il premio proposto*. Gli otto progetti numerizzati si trasmettono a voi, perché successivamente si partecipino agli altri. Salute e fratellanza. Pel Ministro dell'Interno, Il Segretario Centrale Rasori.

Anziano e ammalato, il poeta risponde nobilmente:

Cittadino Ministro,
Ho ricevuto le carte, che dal Direttorio Es. mi sono per mezzo vostro spedite da esaminare. Mi spiace che alle altre infermità della mia costituzione e dell'età mia, si è aggiunta una cateratta, che mi ha recentemente privato dell'uso d'un occhio, e minacciami anche l'altro. Dico ciò per giustificarmi se mi bisognerà per l'esecuzione qualche giorno di più che altrimenti non occorrerebbe, non potendo io almeno per ora insistere al leggere o scrivere continuato senza incomodarmi o nuocermi gravemente. Vorrei in persona dirvi quanto vi scrivo; ma le mie gambe non mi permettono che brevissimo e lentissimo cammino; e mi rendono impossibile il salire le scale. Del resto sarò sempre pronto ad impiegare in vantaggio della Patria fino alle ultime reliquie dei miei sensi e della mia mente. Salute e rispetto. Parini.[52]

Di lì a qualche giorno, il 19 messidoro (7 luglio), il segretario centrale Rasori così si rivolge ancora a lui:

Si presenta in questo punto un discorso del cittadino Galdi col titolo *Delle vicende e della rigenerazione de' Teatri*. L'averlo voluto stampare gli à impedito di presentarlo al tempo prescritto. Pendendo l'esame, ve lo trasmetto per unirlo all'elenco degli altri concorrenti. Mi rincresce di sentire che la vostra salute diventi sempre più cagionevole. Cercate di conservarla al meglio che sapete, essendo i momenti della vostra vita troppo preziosi alla repubblica delle lettere. Valetevi perciò di tutto il tempo che vi è necessario per l'esecuzione dell'esame che vi è stato affidato. Salute e fratellanza. Pel Ministro dell'Interno Il Segretario Centrale Rasori.[53]

[52] Il documento è pubblicato in BORTOLOTTI, *Giuseppe Parini*, cit., p. 209.
[53] *Ibid.*, p. 210.

Nella trattazione del Galdi, risaltano i giudizi nei confronti dei drammaturghi italiani contemporanei e in special modo di Alfieri, "Sofocle
giacobino" e di Goldoni, "Moliere dell'Italia".

> Alfieri, sempre anima libera e forte, sotto il giogo della tirannide, e nella li-
> bera Repubblica, restituì tutta la sua gloria al teatro Tragico Italiano [...]
> Alfieri supera tanto i rimanenti Tragici del secolo, quanto la libertà dovrà
> superare tutte le declamazioni de' regj Poeti.[54]

"Onde renderlo <il teatro> degno della repubblica, utile al popolo,
di cui è il primo maestro, e rigeneratore de' costumi",[55] sembra all'autore
sommamente idonea la tragedia, in cui forti passioni vengano messe in
gioco intorno alla vicenda di un personaggio virtuoso, meglio se scelto
fra i molti forniti dalla tradizione della storia antica, non avendo quella
recente prodotto gli eroi che Galdi si augura possano diventare i protagonisti per gli scrittori della posterità.

Convinto dell'importanza della musica, la "più delicata delle belle
arti", l'estensore del progetto propone originalmente ch'essa non venga
usata – secondo tradizione – per i soli "[...] intervalli nell'intermedio
tempo degli atti delle tragedie, e delle commedie",[56] ma assuma valore
espressivo autonomo, contribuendo a dare rilievo alle fasi salienti
dell'evento drammatico, secondo l'odierna consuetudine delle musiche di
scena.

La modesta originalità delle dissertazioni presentate convince la commissione, presieduta da Parini a stilare, in data 7 termidoro a. VI (25 luglio 1798), la seguente relazione conclusiva, in cui si può riconoscere la
penna mordace del poeta:

> Gran parte delle Dissertazioni prese in generale – vi si legge – propongono
> Piani qual più qual meno notabilmente incompleti; o troppo complicati,
> e minuziosi; o importanti troppo gran numero d'Impiegati, o troppo di-
> spendio in Fabbriche, in manutenzioni, in salarii, ecc.; o troppo difficile,
> per non dire impossibile occupazione del Governo per introdurli, mante-
> nerli, invigilarvi ecc.; o finalmente troppa restrizione dei diritti dell'uomo,
> e della libertà Sociale, riducendosi in alcuni di essi una molteplice, com-

---

[54] *Ibid.*, pp. 32 ss.
[55] *Ibid.*, p. 33.
[56] *Ibid.*, p. 51.

posta e variata azienda d'uomini, e di cose ad una disciplina presso che monastica. Molte delle Dissertazioni si perdono più o meno prolissamente in erudizione triviale pertinente al Teatro degli antichi, spesso male compilata dietro a compilatori moderni, spesso fondata sul falso, per lo più inopportuna, o stiracchiata per servire allo intento, senza badare alla differenza de' tempi, degli uomini, delle circostanze ecc. Finalmente queste Dissertazioni sono più, o meno scorrettamente scritte, sia per la parte grammaticale, sia per la parte logica. Varie poi sono assolutamente barbare nella novità irregolare de' termini, delle locuzioni, della costruzione, dei tropi, delle figure, del numero, e di tutto ciò, che concerne la proprietà, la semplicità, e la nobiltà del bene scrivere, e del bene scrivere italiano. Malgrado tutto ciò in alcune Dissertazioni si presentano delle idee giudiziose, ed anche nuove, le quali potrebbero servire in parte di utile materiale a chi volesse, e sapesse più compiutamente trattare il proposto argomento [...]. Ma qualora il Direttorio Esecutivo già da tante, e sì differenti cure occupato, credesse di doversi liberare da questa, e di non proporre altro concorso, ed altri esami; ed in oltre credesse non inferiore alla dignità delle sue funzioni l'approvare pubblicamente anche ciò, che non giugne ad un certo grado di perfezione, noi giudichiamo, che si potrebbe concedere il Premio alla Dissertazione sesta, registrata nell'Elenco sotto il n. 814 di Autore Anonimo, divisa in otto paragrafi. Le ragioni del nostro giudizio sono: 1. che in questa Dissertazione al confronto di tutte le altre si propone un Piano più compiuto, più semplice, più ovvio. 2. che questo Piano è fondato sopra più modeste, e circospette viste di politica. 3. che la giusta teoria delle arti, e del teatro vi è meglio conosciuta, e rispettata. 4. che l'erudizione tolta dall'antichità vi è più rettamente e più opportunamente introdotta a solo esempio e confermazione delle cose, che vi si dicono. 5. che in fine le cose stesse vi sono esposte con più abituale semplicità, coerenza, e precisione.

Scontento dell'esito dei lavori concorsuali, il ministro Guicciardi si rivolge a Parini per trasmettergli, in data 27 termidoro (14 agosto) una dissertazione pervenuta largamente fuori dei termini fissati dal bando per la consegna degli elaborati:

Voi vedrete – conclude il ministro – se questa siasi meglio avvicinata al propostosi scopo, e se meriti qualche prelazione sulle altre. Attenderò il vostro giudizio dettato da quella imparzialità, e buon gusto, che caratterizzano il precedente, per poterlo in seguito presentare al Direttorio Esecutivo.

Il progetto, presentato anonimo con il motto virgiliano "Italiam Italiam", è opera di Melchiorre Gioia:[57] economista e pubblicista di notevole fama, convinto assertore di idee democratiche e repubblicane, il piacentino era risultato vincitore del concorso bandito dall'amministrazione della Lombardia nel 1796 sul tema *Quale dei governi liberi meglio convenga alla felicità d'Italia*. Ciò contribuisce probabilmente a convincere il ministro dell'opportunità di riaprire arbitrariamente i termini di presentazione degli elaborati, per poter valutare il contributo fornito da un concorrente di provate capacità. In effetti l'elaborato del poligrafo piacentino appare assai ricco di spunti originali, distaccandosi in positivo dalle dissertazioni proposte dagli altri concorrenti. La memoria affronta la questione dell'utilità del teatro quale strumento di pubblica istruzione, analizza i caratteri distintivi dei diversi generi drammaturgici in rapporto con l'opportunità di farne oggetto di pubblica rappresentazione e discute, infine, gli aspetti organizzativi e amministrativi connessi con la riforma delle scene.

La particolare preferenza dimostrata dal ministro Guicciardi nei confronti della dissertazione presentata in ritardo dal Gioia si spiega con la sintonia che in essa si può constatare con gli orientamenti moderati del governo cisalpino nel 1798, come conferma la presenza di non poche e precise corrispondenze tra la memoria e il testo presentato dalla Commissione Teatri il 13 messidoro a. VI (1 luglio 1798), di cui l'estensore sembra abbia potuto e voluto tenere conto ricalcandone le linee di tendenza.

Il ministro deve, tuttavia, comunicare al Direttorio che, anche relativamente al progetto del Gioia,

> [...] la Commissione porta finalmente un giudizio simile a quello dato sopra le altre dissertazioni riputate meno imperfette, concludendo, che tanto le prime, quanto questa ultima in mezzo a delle idee plausibili abbondano a un dipresso degli stessi difetti.

Il giorno 1 vendemmiale a. VII (22 settembre 1798), si pubblica il terzo bando, che eleva il premio a sessanta zecchini: pervengono al mini-

---

[57] L'autografo della dissertazione, intitolata *Memoria sull'organizzazione de' Teatri Nazionali*, è conservato presso l'Archivio di Stato in Milano, fondo Autografi, cart. 175. Il testo fu pubblicato postumo per cura di Pietro Magistretti, Milano, Pirola, 1878.

stero cinque nuove dissertazioni, cui viene aggiunta d'ufficio quella giudicata più positivamente nella precedente tornata del concorso.

Essendosi recato Mascheroni a Parigi per rappresentare la Cisalpina nel corso della trattativa sui pesi e le misure, la commissione si trova a essere incompleta: fra i nomi proposti per sostituire il membro assente (Morali, Pindemonte, Savioli, Valeriani), il ministro Guicciardi sceglie a buon titolo Giovanni Pindemonte, rappresentante del Consiglio de' Juniori, assai noto per la sua ricca produzione drammaturgica, in gran parte ispirata dai nuovi ideali giacobini e frequentemente rappresentata con costante successo.

Conclusi i lavori, la commissione stila in data 10 germile (30 marzo 1799) la relazione finale, giudicando fra gli altri come il "men difettoso" il lavoro firmato da Luigi Gori e invitando perciò il ministro ad assegnargli finalmente il premio. Nel rapporto al Direttorio Esecutivo dell'1 fiorile (20 aprile 1799), tuttavia, il ministro riforma la decisione assunta dalla commissione presieduta da Parini, escludendo la memoria del Gori per essere pervenuta – sia pure proprio per mano del ministero – in ritardo rispetto alla scadenza del bando, e assegna il premio all'anonimo estensore della dissertazione che era stata giudicata come la migliore nella precedente tornata del concorso.

Tant'è: otto giorni dopo la stesura del rapporto al Direttorio Esecutivo, il 9 fiorile a. VII (28 aprile 1799), le truppe austro-russe fanno il loro ingresso in Milano, facendo sparire, provvisoriamente, il governo cisalpino e, definitivamente, il concorso che tanti ingegni aveva impegnato per rimanere, infine, privo di un vincitore e del premio, tre volte promesso dalle autorità.

Nonostante l'ingloriosa conclusione, il concorso – di cui si è dato qui sommario conto – rappresenta un episodio di notevole interesse per lo studio e la conoscenza del teatro giacobino italiano: una stagione breve e assai intensa nella storia delle scene del nostro paese, nel corso della quale, attraverso un fitto dibattito intellettuale e legislativo e una non meno densa sperimentazione drammaturgica e scenica, si giunge alla fondazione di alcuni fra i principali presupposti su cui, a un secolo e più di distanza, nascerà e si svilupperà, pur non senza contraddizioni e ripensamenti, il teatro moderno.

Ciò avviene, non a caso, a Milano che, pur non essendo la capitale del teatro nella penisola, ospita, nella seconda metà del Settecento, il più aggiornato e vivace dibattito intellettuale che traghetta l'Italia verso la modernità, contribuendo a integrarla ai moti di pensiero e alle acquisizioni politiche, amministrative e culturali più avanzate d'Europa. In tale contesto, formidabile risulta l'influsso degli uomini del "Caffè" e di Parini che, pur non avendo personalmente contribuito con opere drammaturgiche o teoriche di compiuto rilievo all'evoluzione del nostro teatro, ha saputo esprimere, anche in tale ambito tematico, idee forti e innovative.

Prescelto, oltre che per l'indiscussa sua autorevolezza intellettuale, per la competenza che gli viene riconosciuta nelle cose di teatro, a presiedere la commissione giudicatrice nel concorso sull'organizzazione dei teatri nazionali, Parini accetta un incarico, verosimilmente non retribuito, che agevolmente potrebbe declinare, per l'interesse che suscita in lui l'oggetto del contendere e per il piacere di contribuire, seppure indirettamente, all'affermazione di un'idea di teatro ch'egli aveva larvatamente percorso in alcuni suoi scritti e, in particolare, negli appunti oggi conservati all'Ambrosiana, e che ora vede, infine, affermata nella progettazione generosa della Cisalpina.

L'ATTIVITÀ DI GIUSEPPE PARINI
DAL TEATRO DUCALE ALLA SCALA

di *Laura Nicora*

La pubblicazione de *Il Mattino*, nel marzo del 1763,[1] e quella de *Il Mezzogiorno*, nel 1765,[2] diedero a Parini maggiore fama nell'ambiente culturale milanese e lombardo, ma non sicurezza economica. Il suo unico reddito era infatti l'esiguo beneficio lasciato dalla prozia e neppure quando Giuseppe Maria Imbonati lo volle precettore del figlio Carlo disponeva di proventi che gli consentissero un miglior tenore di vita, tanto che fu costretto a vendere la casa paterna di Bosisio. In questo periodo acquisì l'eredità dello zio Francesco Caspani, ma potè entrarne in possesso soltanto dopo aver sostenuto una causa giudiziaria che si concluse nel 1771; nel frattempo, nel 1766, Du Tillot gli offerse "la lettura d'eloquenza e di logica" all'università di Parma, ma Parini rifiutò; il poeta infatti, sia per la parziale infermità che lo rendeva zoppicante, sia per uno sperato incarico nelle scuole di Milano, preferì non lasciare la città.

Trascorsero alcuni anni durante i quali Parini non riuscì ad ottenere nulla di concreto; estintasi poi l'Accademia dei Trasformati[3] con la morte

---

[1] GIUSEPPE PARINI, *Il Mattino, Poemetto*, Milano, Agnelli, 1763 (pp. 62, in 16°; imprimatur del 24 marzo).

[2] G. PARINI, *Il Mezzogiorno, Poemetto*, Milano, Galeazzi, 1765 (pp. 64, in 16°, imprimatur del 24 luglio).

[3] Nell'orazione che Giorgio Giulini compose in morte di Giuseppe Maria Imbonati si legge un profilo dell'Accademia dei Trasformati: "Nacque in questa città [Milano] correndo l'anno di nostra salute 1546, l'Accademia de' Trasformati per opera di Camillo da Ro, di Gianfrancesco da Castiglione, di Andrea da Giussano, di Marc'Antonio da Missaglia, di Cesare Regna, di Gianfrancesco Mantegazza, di Carlo Visconte, di Marc'An-

dell'Imbonati, nel 1768, le cure per la cattedra e i rapporti cordiali con i governanti tennero occupato il poeta. Sono di questi anni le frequentazioni con il ministro plenipotenziario Karl Joseph Firmian, il conte Antonio Greppi, uno dei gestori del Teatro Ducale, e la ballerina Teresa Fogliazzi,[4] moglie del coreografo Gaspare Angiolini; grazie alla loro stima e al loro aiuto durante il 1768 venne offerto a Parini l'incarico di poeta del Teatro Ducale.

Questo teatro,[5] indispensabile elemento di cultura e di prestigio per

---

tonio de' Conti detto Maioraggio, di Filippo Pirogallo, di Fazio Gallerano, di Giampaolo Barzi e di Ottaviano Arcimboldo; tutti non meno per la nobiltà del sangue che per l'ampiezza dell'erudizione ragguardevolissimi. Scelsero questi per impresa dell'Accademia un bel platano ornato di molti frutti col motto preso da Virgilio *Et Steriles platani malos gessere valentes*. [...] Non tardarono molto a maturare i frutti di questa pianta ornata. [...] Dopo il secolo decimosesto, nel quale essa Accademia nacque e fiorì, non si trova memoria e indizio alcuno che almeno ci mostri il suo decadimento e il suo fine". Cfr. GIORGIO GIULINI, *Componimenti in morte di Giuseppe Maria Imbonati*, Milano, Galeazzi, 1769. Nel 1743 l'Accademia risorse ad opera del conte Imbonati e di altri letterati milanesi; per il regolamento della società vennero stabilite leggi severe e conformi a quelle dell'antico istituto, tra cui l'esercitarsi a pensare saggiamente e con "pulitezza" e ad operare con prudenza; gli accademici si radunavano in riunioni private ogni giovedì e in riunioni pubbliche tre volte l'anno nella pinacoteca di palazzo Imbonati, di fronte alla chiesa di S. Fedele. Cfr. GIOSUE CARDUCCI, *Studi su Giuseppe Parini. Il Parini minore*, Bologna, Zanichelli, 1937, pp. 78-79 e CARLO ANTONIO VIANELLO, *La giovinezza di Parini, Verri e Beccaria*, Milano, Baldini e Castoldi, 1933, pp. 65-67.

[4] Teresa Fogliazzi, sorella di Francesco, accademico Trasformato, fu, dal 1754, la moglie del coreografo Gaspare Angiolini. La donna fu un'attrice e ballerina eccezionale, tanto che Pietro Verri la ricordava con queste parole: "Io ho ascoltato una volta in vita mia a declamare bene ed era la Fogliazzi ballerina". Dalle lettere della donna inviate al Greppi emergono notizie molto significative sul rapporto di grande amicizia che esisteva tra lei e il conte, ma soprattutto si viene a conoscenza della grande stima della donna nei confronti del Parini. Al di là delle voci che hanno visto la Fogliazzi amante del Cancelliere Kaunitz e anche del poeta lombardo, resta sicura un'amicizia sincera e profonda che rimase viva anche quando la donna si trasferì a Vienna e a Pietroburgo. Cfr. Appendice, documenti nn. 1-2-4.

[5] Le rappresentazioni a Milano, fin dal XVII secolo, avevano luogo all'interno del palazzo Ducale. Nel 1699 sul perimetro del salone di corte furono allestiti i palchetti per volere del governatore spagnolo Vaudemont, ad opera dell'architetto Pietrasanta; questo teatro non ebbe lunga vita dal momento che il 5 gennaio 1708 fu distrutto da un incendio. Nel Fondo *Spettacoli pubblici parte antica*, presso l'Archivio di Stato di Milano (I-Mas), sono conservati alcuni documenti che ne testimoniano la distruzione; uno di questi, inviato dall'allora impresario del teatro Giovanni Martinazzi al principe Löwenstein, descrive la totale distruzione del palco e di tutti gli utensili necessari per l'alle-

la società della capitale lombarda, era considerato dal pubblico uno dei luoghi destinati al rituale mondano dove ciò che avveniva sul palcoscenico non era altro che una piccola parte, e di certo non la più importante, dello spettacolo. Nelle sale del ridotto, nei palchi e nei camerini i giochi d'azzardo furono per molto tempo una delle principali risorse degli impresari teatrali. Come scrive lo stesso Parini nei suoi appunti per la *Notte* "Il teatro è un alveare, i palchi le celle, i giovani le api che fanno il mèle [...] alla recita parlano, gridano [...] il recitante si dispetta del non essere ascoltato [...] termina non rimanendovi più di cinque o sei persone".[6]

La scelta delle opere da rappresentarsi era affidata ai Cavalieri Associati, i quali si impegnavano a far eseguire nel corso dell'anno tre opere serie, due nella stagione del Carnevale, che aveva inizio il 26 dicembre e terminava il primo giorno di quaresima, e una nel mese di agosto, mentre le buffe erano eseguite durante gli altri mesi dell'anno. Il ruolo della poesia era condizionante rispetto alla composizione musicale, in quanto la scelta del libretto era prioritaria e il compositore veniva chiamato a comporre su un testo precedentemente scelto dagli stessi Cavalieri. In sessantotto anni di rappresentazioni nel teatro milanese si alternarono libretti di molti poeti; per numero di drammi rappresentati, a Pietro Metastasio e ad Apostolo Zeno fanno seguito molti altri autori tra cui gli stessi poeti del Teatro Ducale. Infatti a Milano era contemplata la figura di "poeta di teatro", la cui attività non si esauriva nella compilazione di un testo completo, ma gran parte del loro talento veniva impiegato per rimaneggiare e adattare libretti di altri autori; se un testo di Metastasio

stimento delle opere: "[...] essendosi inceneriti in tal occas.ne tutto il palco, ordigni, scenari d'ambedue l'opere, vestiario, spade d'argento, oglio, candele, sete ed infiniti altri utensili necessari [...]". Cfr. I-Mas, Fondo *Spettacoli pubblici*, p. a., cart. n. 28. Tra il 1708 e il 1717 fu deciso di ospitare gli spettacoli d'opera nel vecchio teatro di corte addetto alle commedie, che sorgeva sul lato del palazzo Ducale prospicente l'arcivescovado. Il teatro fu perciò restaurato; venne ampliato il palcoscenico e il 21 giugno 1708 fu possibile iniziare il ciclo di spettacoli con il dramma serio *Engelberta* di Apostolo Zeno e Pietro Pariati con musica di Andrea Fiorè. Da una disposizione del 1601, perfezionata nel 1611, parte dei proventi del teatro erano utilizzati per finanziare un collegio di orfane di ufficiali morti al servizio della Spagna, il Collegio delle Vergini Spagnole. Questa disposizione fu mantenuta anche sotto Maria Teresa fino al 1755 quando i diritti sugli spettacoli passarono ad un impresario. Cfr. DAVIDE DAOLMI, *Le origini dell'opera a Milano*, Turnhout, Brepols 1997.

[6] Cfr. [G. PARINI], *Tutte le opere edite e inedite di Giuseppe Parini*, raccolte da Guido Mazzoni, Firenze, Barbèra 1925, pp. 119-23.

rappresentava una garanzia dal punto di vista del gradimento e del contenimento delle spese, non sempre la stesura corrispondeva alle esigenze del teatro e al gusto del pubblico, pertanto si rendevano indispensabili una serie di modifiche.[7] Dal 1721 questo incarico fu ricoperto da Carlo Nicolò Stampa; discendente da una famiglia gravedonese, arcade con il nome di Rodasco Alfasico, fu poeta e chirurgo (norcino come si diceva allora) del Ducale; per molti anni rappresentò in teatro gli interessi del conte Greppi, ebbe funzione di ispettore e di ambasciatore tra gli impresari e gli attori. Tra i suoi libretti ricordiamo l'*Argippo* (1721), *L'Arianna nell'isola di Nasso* (1723), *L'Agrippa tetrarca di Gerusalemme* (1724), *Il Sirbace* (1730) per il Teatro dei Risvegliati di Pistoia, *La Venere placata* (1731) per il Teatro Grimani di Venezia e il *Rosbale* (1732) per il Teatro Argentina di Roma.[8] Fu mordace scrittore di avvisi e gazzette manoscritte, fonte preziosa per la storia aneddotica della vita privata milanese del '700, ma le sue maldicenze gli procurarono tali noie da essere dimesso dalla carica di poeta di teatro nel 1768 e addirittura dall'essere allontanato dalla città di Milano nel 1771.[9] Pertanto, rimasto vacante il posto in teatro, Parini

---

[7] Talvolta i cambiamenti nei libretti erano dettati esclusivamente dalle bizze dei cantanti. In *Ipermestra*, rappresentata il 26 dicembre 1727, eseguita da Vittoria Tesi nella parte di Ipermestra e Antonio Bernacchi in quella di Linceo, le aggiunte erano così fuori luogo che l'impresa sentì il bisogno di giustificarsi con il pubblico: "Se, o cortese lettore, incontrerai nelle arie qualche sentimento non troppo adatto alla scena, sappi, che essendo state poste nel Dramma le dette Arie a piacimento de' Signori Attori, non si sono potute condurre con tutta la necessaria proprietà, a causa di dover mantenere il loro primiero impiego nella Musica, e per la scarsezza del tempo". Un esemplare del libretto è conservato nella Biblioteca Nazionale Braidense di Milano con segnatura RACC. DRAMM. 1679.

[8] Per maggiori informazioni sulla vita e le opere di Carlo Nicolò Stampa cfr. LAURA NICORA, *L'attività librettistica di Giuseppe Parini al Regio Ducal Teatro di Milano*, Tesi di Laurea, Cremona, Scuola di Paleografia e Filologia Musicale dell'Università di Pavia, a. a. 1996-97, pp. 14-20.

[9] Nei lessici musicali di questo secolo e dello scorso Carlo Nicolò Stampa non è mai nominato ad eccezione di poche righe scritte da Carl Schmidl nel suo Dizionario (Milano, Sonzogno, 1938, III Supplemento, p. 713). Da questa fonte emerge la notizia, che si rivelerà errata, di un lavoro di revisione svolto dallo Stampa sul libretto *Ascanio in Alba* di Parini, rappresentato in Portogallo nel 1785 con musica di Antonio Leal-Moreira. Addirittura il Sonneck afferma che fu Stampa l'autore della serenata teatrale e Parini l'accomodatore per la rappresentazione del 1771. Questa notizia è completamente priva di fondamento e l'errore sorse probabilmente dal fatto che il libretto dell'*Ascanio in Alba* non indica il nome dell'autore del testo poetico e dalla supposizione che Nicolò

non disdegnò di accettarne l'incarico, sperando in un aiuto economico per sollevarsi dalle ristrettezze di quegl'anni.

Per inaugurare la stagione teatrale del 1769 i Cavalieri Associati decisero di far eseguire l'*Alceste* di Ranieri de' Calzabigi con musica di Pietro Alessandro Guglielmi. L'opera era stata rappresentata nel dicembre del 1767 a Vienna con musica di Gluck. Il conte Greppi cercò in un primo tempo di ottenere dallo stesso Calzabigi un adattamento del testo per il teatro di Milano, ma il poeta, nella lettera di risposta del 6 aprile 1768, indignato, difese le novità della sua opera, a suo avviso massima espressione della "riforma" attuata in collaborazione con Gluck, spiegando le ragioni del suo rifiuto; tutto ciò non dissuase i responsabili dell'appalto, e l'adattamento di *Alceste* venne affidato appunto a Parini. La reazione di Calzabigi nei confronti di Greppi fu polemica ma moderata a causa di un antico debito verso il conte, a cui da tempo il poeta non restituiva un'ingente somma.

> Mi pervenne [...] della fiera mutilazione [...] della mia *Alceste*, o più tosto ampliazione perché mi disse che doveva lavorare sopra l'Ab.te Parrino [...] in quanto a me *Ego vos absolvo ab omni vinculo Excommunicationis* e solo mi ristringo a desiderare una prossima emenda.[10]

Tuttavia la reale indignazione del poeta livornese per la manomissione subìta dalla sua *Alceste* è documentata ancora oggi in alcune lettere indirizzate all'amico, matematico e astronomo milanese, Paolo Frisi:

> Hanno fatto a Milano con l'*Alceste* quello che farebbe a una sua dimostrazione Geometrica chi alla figura aggiungesse a capriccio delle linee inutili per arrotondarla, o riquadrarla, ad oggetto di renderla, a suo credere, più graziosa alla vista. Il poeta del *Mattino* non è niente proprio per la sera, al lume delle scene [...] Il Parini poi non conosce affatto nè la concatenazione della frase Poetica Teatrale, nè il vocabolario drammatico, tanto diverso da quello della Canzonetta, Poemetto e Sonettino, che nulla più. Hanno così ridotta la tragedia Alceste in opera buffa. [...] Previddi l'esito infelice della

---

Stampa collaborasse con il Ducale fino a quell'anno. Cfr. OSCAR GEORGE THEODORE SONNECK, *Catalogue of Opera Librettos Printed Before 1800*, Washington, Library of Congress, Government Printing Office, 1914, p. 173. L'argomento è stato trattato anche da LUIGI FERDINANDO TAGLIAVINI, *Ascanio in Alba*, in WOLFGANG AMADEUS MOZART, *Neue Ausgabe sämtlicher Werke*, II, 5, 5, Kassel, Bärenreiter, 1956, pp. VII-VIII.

[10] Cfr. MARIANGELA DONÀ, *Dagli archivi milanesi: lettere di Ranieri de Calzabigi e di Antonia Bernasconi*, in "Analecta Musicologica", 14 (1974), p. 280.

storpiata *Alceste* perché conoscevo il Poemetto del *Mattino*. Qui calza il nostro trito proverbio: il buon dì si conosce dal Mattino.[11]

E ancora:

Continuando a render grazie distinte a V. S. per l'accuratezza con cui si è degnata favorirmi le notizie sulla storpiata *Alceste*, sono d'altrove inteso della pessima Musica, colla quale vogliono scusare il Parrini. La Musica non poteva essere buona, cioè propria al libro, conoscendo io lo stile infelice del rappezzator di note Guglielmi. Costui, e quasi tutti gli altri maestri di cappella fuori di sapere che alla tal nota ci vuole la tal altra, sono affatto ignoranti e appena sanno leggere.[12]

Le trasformazioni inflitte da Parini al libretto originario dell'*Alceste* giustificarono le proteste dell'autore. Né basta ad assolvere il correttore la richiesta di perdono avanzata alla fine dell'*Argomento* dell'*Alceste* milanese, non firmato, ma certo scritto da lui:

Dei cambiamenti che si è osato fare in questa moderna tragedia per musica, si spera perdono dall'applaudito Autore, non essendosi fatto per intendimento di migliorare, ma per accomodarsi alle presenti inevitabili circostanze del nostro Teatro, senza perdere o differire il piacere di veder rappresentato un così nobile argomento.[13]

Dal confronto tra i due diversi "argomenti" risultano alcune differenze

[11] Lettera di Ranieri de Calzabigi a Paolo Frisi non datata, ma probabilmente della fine di dicembre del 1768. Cfr. DONÀ, *Dagli Archivi*, cit., p. 283.

[12] Cfr. DONÀ, *Dagli Archivi*, cit., p. 285. Un attento esame della partitura di Guglielmi, attualmente conservata in copia non autografa presso la Bibliotèque National di Parigi con segnatura D 5082-5083-5084, doveva essere svolto da Kathleen Hansell (come riporta GUIDO SALVETTI, *Un maestro napoletano di fronte alla riforma: l'Alceste di Pietro Alessandro Guglielmi*, in *Napoli e il teatro musicale in Europa tra Sette e Ottocento*, a c. di Bianca Maria Antolini e Wolfgang Witzenmann, studi in onore di Friedrich Lippmann, Firenze, Leo Olschki, 1993, pp. 97-119), ma fino ad oggi altri impegni l'hanno fatta desistere dall'impresa. Per un'analisi descrittiva della partitura cfr. L. NICORA, *L'attività librettistica di Giuseppe Parini*, cit., pp. 169-203.

[13] Gli esemplari dei libretti dell'*Alceste* milanese sono conservati presso le seguenti biblioteche: I-Bc - Ma - Mb - Mc - Rsc; C-Tu (Th. Fischer); US-Wc; Cfr. CLAUDIO SARTORI, *I libretti italiani a stampa dalle origini al 1800*, Cuneo, Bertola e Locatelli, 1990.

significative, una di queste nella trama:[14] il Calzabigi, pur impiegando come modello l'*Alceste* di Euripide, semplifica l'azione e concentra l'interesse del dramma sulla figura della protagonista e sul sentimento dell'amore coniugale che induce la donna ad accettare il verdetto dell'oracolo di Apollo, sacrificando la propria vita per la guarigione del marito Admeto. Il "lieto fine", con il ritorno in vita di Alceste, è attribuito dal Calzabigi ad Apollo: il dio, che ha imposto la prova, premia, in questo modo, l'amore che lega Admeto alla moglie.

La richiesta di Greppi di accrescere la tragedia di "personaggi interessanti" per dare spazio a tutti gli attori, suscitò la comprensibile reazione del poeta, e Parini, condizionato dalle esigenze degli interpreti e dal gusto del pubblico di Milano, fu costretto a rimodellare il libretto, inserendo la vicenda di Apollo in esilio presso la corte di Admeto malato; il dio, introdotto come Evandro fin dalle prime scene, regge le fila dell'azione per tutta la durata del dramma. Pertanto nel libretto di Parini all'atto di amore di Alceste, che cerca di revocare il destino di Admeto offrendo la propria vita, si affianca il "Dono di Apollo": il dio, infatti, rende ad Admeto la moglie come segno di riconoscenza per l'amichevole ospitalità.

Nel libretto milanese maggiore importanza rivestono i personaggi di Evandro e Ismene, tanto che Parini per accrescerne la loro presenza in scena assegna loro un maggior numero di arie; vengono soppresse le parti cantate dai figli di Alceste e vengono trasformate radicalmente le parti corali: mentre nel libretto viennese il coro è la rappresentazione dell'intera popolazione di Fera, nel libretto di Milano si riduce a coro di cortigiani di solo accompagnamento. Il 15 dicembre 1768 Calzabigi scriveva a Paolo Frisi:

> Io non ho saputo trovare nella favola d'*Alceste* altri personaggi importanti che Alceste, Admeto e i loro figli, avendone esclusi il padre e la madre di Alceste da Euripide introdotti, appunto perché non interessavano: il Sig. Abbate Parini sarà stato più acuto di me, e grato mi sarà di vedere come in mano di migliore ingegno possa crescere d'interesse un'azione [...] eccellente per la sua semplicità.[15]

---

[14] Cfr. ROSY CANDIANI, *L'Alceste da Vienna a Milano*, in GSLI, 514, CLXI (1984), pp. 227-40.

[15] Cfr. DONÀ, *Dagli Archivi*, cit., p. 281.

Il tentativo pariniano di coinvolgere il distratto pubblico milanese, fu così commentato da Pietro Verri in una lettera indirizzata al fratello Alessandro a Roma:

> Abbiamo un'opera del Calzabigi, l'*Alceste*; tetra e terribile ma eseguita in modo che si vede che non basta solo il voler spendere per avere un buon teatro; pur siccome non v'é da scegliere, così non mancano gli spettatori.[16]

Dopo il lavoro di revisione di *Alceste*, non esistono notizie certe sull'incarico di Parini al Ducale, per cui l'attività del poeta deve essere ricostruita sulla base dei pochi documenti conservati. Mentre i libretti d'opera di quegl'anni non indicano il nome del librettista o dell'adattatore della poesia, e pertanto non sono di aiuto, nell'Archivio di Stato di Milano, Fondo *Spettacoli pubblici* (fondo che raccoglie la maggior parte delle carte superstiti relative al Teatro Ducale), è conservata un'unica carta che riporta il nome del poeta lombardo. Il documento, non datato, presenta la seguente intestazione: "Esenti d'ingresso in teatro della corte di S. A. S. Signor duca di Modena" indicando il nome di tutti coloro che potevano entrare in teatro senza pagare il biglietto; tra questi compare quello dell'"abate Parini e abate Soresio" in qualità di poeti.[17] La mancanza di data sul documento può far pensare che questo risalga ad un qualsiasi anno in cui fu in carica Francesco III, duca di Modena e Governatore della Lombardia Austriaca, e cioè dal 1754 al 15 ottobre 1771, giorno delle nozze dell'arciduca Ferdinando, figlio dell'imperatrice Maria Teresa, con Maria Ricciarda Beatrice d'Este, nipote di Francesco III; a seguito del matrimonio il figlio dell'imperatrice verrà nominato Governatore della Lombardia succedendo a Francesco III. Ma un altro nome della lista può portare all'identificazione della data. L'8 marzo 1771 muore il giudice privativo del teatro, il marchese Gerolamo Castiglione; Francesco III, su richiesta degli appaltatori, passò a nominare un nuovo giudice e una lettera del 15 marzo (lettera anch'essa conservata nel Fondo *Spettacoli pubblici*) ne riporta il nome: Alessandro Ottolini; ed è proprio questo nome che, comparendo in qualità di giudice nella lista degli esenti dal pagamento del biglietto, porta con sicurezza a datare il documento tra il 15

---

[16] Cfr. PIETRO e ALESSANDRO VERRI, *Carteggio*, a c. di Francesco Novati, Emanuele Greppi e Alessandro Giulini, Milano, L.F. Cogliati, 1911, vol. II, p. 117.

[17] Cfr. Appendice, documento n. 3.

marzo 1771 e il 15 ottobre dello stesso anno. In realtà il documento non può essere posteriore al giugno di quell'anno, quando il livornese Giovanni De Gamerra fu nominato poeta di teatro. È il libretto del *Cisolfautte* che riporta l'indicazione di "poeta del Regio Ducal Teatro della città di Milano". Il dramma fu stampato dal Galeazzi nel mese di giugno del 1771. È pertanto probabile che Parini rimase in carica dal 1768 fino al giugno 1771, ma non fu l'unico in quegl'anni a ricoprire questo incarico. Accanto al suo nome, nella lista sopra citata, appare anche quello dell'abate "Soresio", cioè di Domenico Soresi.[18] L'abate fu precettore, letterato, negoziatore politico, impiegato del governo e uomo di commercio. Originario di Mondovì, conobbe Parini probabilmente in casa della duchessa Serbelloni e nonostante la differenza di età (Parini aveva circa venti anni di meno) erano di indole simile ed entrambi avevano generosi propositi in favore di un rinnovamento letterario e civile. Per quanto riguarda il suo incarico in teatro, gli avvenimenti purtroppo sono solo ipotizzabili: è probabile che all'abate Soresi non fosse stato affidato l'incarico contemporaneamente a Parini, ma fosse stato chiamato successivamente dal momento che nel dicembre del 1769 Parini venne incaricato di ricoprire la cattedra di professore di eloquenza e belle lettere alle Scuole Palatine di Milano, e per tutto il 1769 Firmian lo invitò a redigere la "Gazzetta di Milano".[19] Ritornando al lavoro svolto in teatro da Parini e Soresi, purtroppo le carte conservate non chiarificano quale fosse la mole di lavoro da svolgere in quegl'anni, ma dal momento che l'incarico spettò a due persone, è legittimo credere che la revisione dei libretti fosse piuttosto laboriosa; inoltre non conoscendo come i due dividevano i compiti, non avendo fonti da cui attingere informazioni, i rimaneggiamenti avvenuti in libretti come *La Buona figliola*, *La Didone abbandonata*, *Cesare in Egitto*, *La Nitteti* ecc. potrebbero essere di entrambi.

Il 26 dicembre 1770 venne rappresentato al Teatro Ducale il *Mitridate re di Ponto*, con musica di Mozart su libretto di Vittorio Amedeo Cigna-Santi. L'opera era stata eseguita con grande successo qualche anno prima, nella stagione operistica del Carnevale del 1767, al teatro Regio di Torino con musica del bergamasco Quirino Gasparini. Il libretto

---

[18] Cfr. Luigi Berra, *L'abate Pier Domenico Soresi da Mondovì collega ed amico di Giuseppe Parini*, in "GSLI", XXXVII (1919), fasc. 217, pp. 51 ss.

[19] Cfr. G. Parini, *La "Gazzetta di Milano" 1769*, a c. di Arnaldo Bruni, Milano-Napoli, Ricciardi, 1981.

dell'opera di Mozart e di Gasparini segue, con qualche variante, la tragedia di Jean Racine come è dichiarato sullo stesso libretto, alla fine dell'esposizione dell'"argomento": "Veggasi la Tragedia del Francese Racine, che
si è in molte parti imitata".

È opportuno, a questo punto, smentire un'affermazione che da anni
si è radicata nella letteratura musicologica relativa al *Mitridate* mozartiano, e cioè che il libretto di Cigna-Santi si basi su una traduzione italiana della tragedia di Racine operata da Giuseppe Parini. La prima fonte
che ha probabilmente sviato il lavoro dei musicologi, è il *Köchel Verzeich-*
nis dove si legge: "*Mitridate re di Ponto*, opera seria in tre atti, Text von
Vittorio Amedeo Cigna-Santi aus Turin, nach einer Übersetzung der
Tragödie von Racine durch Abbate Giuseppe Parini".[20] Questa indicazione è riportata anche da Otto Erich Deutsch in *Mozart: die Dokumente*
seines Lebens: "Das Textbuch von V.A. Cigna-Santi basierte auf Giuseppe
Parini italianscher Übersetzung von Jean Racines Tragödie und war schon
1767 von Qu. Gasparini Komponiert worden."[21] Esiste poi un esemplare
del libretto della rappresentazione di Milano, conservato presso la British
Library di Londra, che riporta, in un'indicazione manoscritta, il nome di
Giuseppe Parini e Amedeo Cigna-Santi in qualità di poeti.[22] A.C. Keys
in un articolo pubblicato in *Music and Letters* nel 1978[23] si pone il problema di un possibile errore perpetuato nel tempo relativamente a que-

---

[20] LUDWIG RITTER VON KÖCKEL, *Chronologisch-thematisches Verzeichnis Wolfgang Amadé
Mozart,* Weisbaden, Breitkopf & Härtel, 1964, p. 116.

[21] OTTO ERICH DEUTSCH, *Mozart, die Dokumente seines Lebens*, Kassel, Bärenreiter,
1961, p. 116.

[22] Cfr. C. SARTORI, *I libretti italiani*, vol. IV, p. 154. Anche *The New Grove Dictionary of Opera* riporta l'indicazione di Parini traduttore; ho creduto opportuno mettermi
in contatto con l'autore della voce *Mitridate re di Ponto*, il Prof. Julian Rushton dell'Università di Leeds, il quale mi ha risposto quanto segue: "As usual, the dictionary copies
other dictionaries, in this case, howewer *The New Grove Dictionary* itself; also this information is given in Köckel, Deutsch, etc. and in the literature as early as the first edition of E.J. Dent's book on Mozart operas. Carolyn Gianturco (*Mozart's Early Operas* is
the English title of her book) mentions this, giving as her source Deutsch *Mozart Dokumente* p. 116 (which is correct, I have checked) and also she says "and the libretto". From
this I assume the information about Parini having translated Racine is in the libretto,
but no on the title page. [...] I have never seen the translation and do not know whether
it has survived to the modern age, as it could well have been only in MS".

[23] ALLWIN CHARLES KEYS, *Two eighteenth-century Racinian operas*, in "Music and Letters", LIX, 1 (1978), p. 2 (nota).

sta traduzione, mentre il Prof. Bruno Brizi, ha "perentoriamente escluso che Parini abbia lavorato a una traduzione del *Mithridate* di Jean Racine e che tale traduzione sia servita a Cigna-Santi per la stesura del libretto. Ciò a rettifica di quanto si continua inerzialmente a ripetere dai critici".[24] Tra le opere di Parini non si trova traccia di questa traduzione, come pure non compare mai il nome del poeta tra le traduzioni in italiano a stampa del *Mithridate* di Racine[25] e neppure nessun accenno compare tra le carte manoscritte appartenute al poeta e conservate presso la Biblioteca Ambrosiana di Milano. Augusto Vicinelli, nel 1963, pubblicò l'inventario dei beni di Parini e neanche qui risulta nulla in proposito, se non che il poeta possedeva un'edizione delle opere di Racine (Cologne, 1723).[26]

Alla luce di quanto esposto, considerando il temporaneo impiego di Parini in qualità di poeta di teatro, credo sia molto più verosimile ipotizzare che siano del poeta lombardo i pochi cambiamenti intervenuti tra l'edizione originale del *Mitridate* e quella musicata da Mozart. Confrontando i due libretti, i recitativi appaiono ulteriormente tagliati nella versione milanese : la stampa, oltre ad eliminare le parti "virgolettate" dell'originale (e quindi non musicate neppure da Gasparini), ne estende l'uso in altre zone. Le principali varianti comprendono due arie sostituite (I 8 "Parto. Nel gran cimento" / "Tuoni adirato il vento"; II 8 "Nel grave tormento" / "Fra dubbi affetti miei"), una omessa (II 6 "D'un padre l'affetto"), una aggiunta (II 13 "Son reo; l'error confesso") e una ridotta in quanto viene utilizzata soltanto la prima strofa (III 3). Risultano inoltre tolte le battute iniziali del coro finale dell'opera. Di particolare interesse sono le mutazioni intervenute nel recitativo della settima scena del secondo atto e della quarta scena del terzo atto, entrambe realizzate da Mozart con l'accompagnamento orchestrale. L'opera di Mozart ebbe più di venti repliche: la "Gazzetta di Milano" del 2 gennaio 1771 scrive in proposito:

---

[24] Cfr. programma di sala relativo alla rappresentazione del *Mitridate re di Ponto* al teatro La Fenice di Venezia, luglio 1984.

[25] Cfr. LUIGI FERRARI, *Le traduzioni italiane del teatro tragico francese nei sec. XVII e XVIII. Saggio bibliografico di Luigi Ferrari*, Parigi, Champion, 1925; RENATA CARLONI VALENTINI, *Le traduzioni italiane di Racine*, in "Contributi dell'istituto di filologia moderna", serie francese, V (1968), pp. 203-448.

[26] Cfr. AUGUSTO VICINELLI, *Il Parini e Brera. L'inventario e la pianta delle sue stanze. La sua azione nella scuola e nella cultura milanese del secondo '700*, Milano, Ceschina, 1963, p. 262.

Mercoledì scorso si è riaperto questo Real Ducale teatro colla rappresentazione del dramma intitolato *Il Mitridate re di Ponto* che ha incontrata la pubblica soddisfazione sì per il buon gusto delle Decorazioni, quanto per l'eccellenza della Musica ed abilità degli Attori. Alcune arie cantate dalla signora Antonia Bernasconi esprimono vivamente le passioni e toccano il cuore.
Il giovin maestro di cappella, che non ha oltrepassato l'età di quindici anni,
studia il bello della natura e ce lo rappresenta adorno delle più rare grazie
musicali.

Qualche tempo dopo Parini era atteso da un altro impegno in teatro.
La città di Milano nel 1771 fu animata da un avvenimento eccezionale:
il figlio di Maria Teresa, l'arciduca Ferdinando, prendeva in sposa, il 15
ottobre, Maria Ricciarda Beatrice d'Este, nipote di Francesco III duca di
Modena, diventando così Governatore e Capitano Generale della Lombardia Austriaca.[27] Come ogni matrimonio reale che si rispetti, anche in
questo caso si doveva provvedere alla rappresentazione di un'opera e all'esecuzione di balli nel teatro più importante della città; per l'occasione le
opere rappresentate furono due, una voluta dalla stessa Maria Teresa, commissionata agli ormai anziani Metastasio e Hasse, fecendo riesumare il
libretto del *Ruggiero*, opera in vecchio stile e pensata, ma non rappresentata, per il matrimonio di Maria Antonietta con il Delfino di Francia, il
futuro Luigi XVI; la scelta dell'altra opera fu invece affidata ai responsabili milanesi degli spettacoli, tra cui Firmian e Greppi, i quali si prodi-
garono ad allestire un lavoro di carattere leggero e piacevole, con una
maggiore varietà di balli, cori e scene, da eseguire la sera successiva all'andata in scena del *Ruggiero*. Il libretto, che prese il nome di *Ascanio in Alba*,
fu commissionato da Firmian a Giuseppe Parini nei mesi in cui era ancora poeta di teatro, anche se questo incarico eccezionale esulava dal consueto lavoro di compilazione o riscrittura di opere serie e buffe. L'incarico fu comunicato probabilmente nel mese di marzo, ma il lavoro ter-
minato arrivò nelle mani del compositore non prima della fine di agosto,
dal momento che il manoscritto fu spedito a Vienna per essere approvato
dalla corte. L'incarico per scrivere la "serenata o cantata teatrale" fu affidato a Mozart dalla stessa Maria Teresa nel marzo 1771, su raccomanda-

[27] Per la definizione dell'atto di matrimonio cfr. LAURA NICORA, *I festeggiamenti a
Milano per la promessa di matrimonio e le nozze di Maria Ricciarda Beatrice Cybo d'Este con
l'arciduca Ferdinando d'Austria*, in *Atti e memorie della Deputazione di Storia Patria per le
antiche province modenesi*, serie XI, vol. XXI, 1999, pp. 369-89.

zione del conte Firmian; Leopold, in una lettera del 18 marzo di quell'anno, scrive:

> Un tal Sigr. Abate Porini sta attualmente facendo la poesia di questa cantata, che, come mi scrivono da Vienna, sarà terminata alla metà del mese venturo e sarà intitolata Ascanio in Alba.[28]

L'"abate Porini" evidentemente non era conosciuto dalla famiglia Mozart, ma nonostante non siano rimaste testimonianze circa eventuali contatti fra il poeta e il compositore non è pensabile che tra i due non sia esistito un qualche incontro o rapporto. Comunque, nonostante il successo ottenuto da Mozart a Milano, sia per il *Mitridate re di Ponto*, che per l'*Ascanio in Alba*, Parini non citò il nome del giovane compositore neppure nella "Descrizione dei festeggiamenti" delle nozze degli Arciduchi, e lo ricordò solo come "un giovinetto già conosciuto per la sua abilità in varie parti d'Europa".[29]

Per il libretto Parini si ispirò al mito di Enea, capostipite dei fondatori di Roma; la scena, che si svolge nel Lazio dove sorgerà la città di Alba, fra cori di Geni, Pastori e Pastorelle, vede come protagonisti Ascanio, figlio di Enea e di Venere, e la ninfa Silvia, della stirpe di Ercole, destinata ad essere sua sposa; la trama si avvale anche dell'intervento di Venere, del sacerdote Aceste, custode e guida di Silvia, e di Fauno, capo dei Pastori. Come dichiara lo stesso Parini, il libretto della "festa teatrale", divisa in due parti, "conteneva una perpetua allegoria relativa alle nozze delle LL. AA. RR: ed alle insigni beneficenze compartite da S. M. la Imperadrice Regina massimamente a' suoi sudditi dello Stato di Milano".[30] Infatti i personaggi del libretto rappresentano i protagonisti delle nozze e la loro importanza gerarchica è strettamente osservata da Parini nell'assegnazione dei ruoli. Mentre il *Ruggiero* ottenne scarsa approvazione da parte del pub-

---

[28] Cfr. WOLFGANG AMADEUS MOZART, *Briefe und Aufzeichnungen. Gesamastausgabe. Herausgegeben von der Internationalen Stiftung Mozarteum Salzburg*, in *Gesammelt und erlaentert von Wilhelm A. Bauer und Otto Erich Deutsch*, I, Kassel, Baerenreiter, 1962, p. 428.

[29] G. PARINI, *Descrizione delle feste celebrate in Milano per le nozze delle LL. Altezze Reali l'arciduca Ferdinando d'Austria e l'arciduchessa Maria Ricciarda Beatrice d'Este fatta per ordine della R. Corte l'anno delle medesime nozze MDCCLXXI da Giuseppe Parini*, Milano, Società Tipografica de' Classici Italiani, 1825, p. 21.

[30] Cfr. PARINI, *Descrizione delle feste*, cit., p. 21.

blico, la rappresentazione della serenata fu un vero successo: i balli e i molti cori che si alternarono alle arie divertirono il pubblico milanese e Leopold Mozart scriveva nella lettera del 19 ottobre:

> [...] die Serenata des Wolfg: hat die opera von Hasse so niedergeschlagen, das ich nicht beschreiben kann. [...].[31]

Anche il nobile milanese Eugenio Litta, commentando i festeggiamenti del matrimonio, ci informa che "la composizione del nostro Regio Professore d'Eloquenza A.te Parini incontrò maggiore gradimento". Seguendo il calendario delle rappresentazioni, la Serenata fu ripetuta le sere del 19, 24, 27 e 28 ottobre. I festeggiamenti durarono fino al 30 ottobre e in seguito la città riprese il suo assetto ordinario. Come era d'obbligo nei matrimoni tra rampolli di case reali, fu ordinata una descrizione dei festeggiamenti e l'incarico, affidato a Parini, fu ripagato con un compenso veramente misero. Così scrive il poeta al conte di Wilzeck in una lettera non datata dove elenca i servizi che aveva reso al governo ogni qualvolta questo aveva creduto opportuno avvalersi della sua opera:

> Nelle nozze di S. A. R. volle il governo un dramma allusivo, da recitarsi alternando con quello dell'abate Metastasio; ed io lo composi ed assistetti all'esecuzione: nella stessa occasione mi si comandò di fare una descrizione elegante delle feste nuziali, ed io la feci [...]. Di queste due cose non ebbi veruna remunerazione né dalla corte, né dagli arciduchi: benché S. E. il signor conte di Firmian mi facesse un regalo del proprio e in proprio nome.[32]

Non si conoscono i motivi per cui la descrizione, che riporta in modo scrupoloso gli avvenimenti giorno per giorno, venne pubblicata postuma; lo scritto venne infatti dato alla stampa soltanto nel 1825 per la venuta a Milano di Francesco I imperatore d'Austria.

Bruciato il Ducale nel febbraio del 1776, i milanesi si preoccuparono immediatamente di erigere un altro teatro che rischiò di chiamarsi "Nuovo Regio Ducal Teatro sito dov'era la chiesa di S. Maria della Scala". Un'intestazione lunga, ma esaustiva: il teatro era nuovo e andava a sostituire il Ducale bruciato mentre erano in corso le repliche della *Merope* di Tommaso Traetta; dalle vicinanze del Duomo si era spostato sui resti di S. Ma-

---

[31] Cfr. MOZART, *Briefe*, cit., p. 444.
[32] Cfr. PARINI, *Tutte le opere*, cit., pp. 999-1000.

ria della Scala, chiesa fatta erigere a suo tempo dalla moglie di Bernabò Visconti, la veronese Beatrice della Scala. Il teatro venne inaugurato il 3 agosto 1778; il sipario, dopo una tempesta di mare descritta dall'orchestra guidata dal primo violino Luca Ronconi, si apriva sull'*Europa riconosciuta* di Antonio Salieri e si avvaleva del testo di Mattia Verazi.

Parini, in questa occasione, fu incaricato dai palchettisti del teatro di scrivere un soggetto allegorico per il sipario, il primo dei tre principali della Scala, dovuti rispettivamente a Domenico Riccardi, Angeli Monticelli (1821) e Giuseppe Bertini in collaborazione con Raffaele Casnedi (1862). Il soggetto proposto dal poeta fu sinteticamente il seguente:

"Apollo addita alle quattro Muse del teatro i modelli del bongusto nelle arti teatrali, fugando col suo splendore i vizii opposti alla perfezione di queste". "Apollo sopra un gruppo di nuvole volgerà lo sguardo lieto e maestoso verso le quattro Muse situate alla parte sinistra sul piano della terra; a loro verranno mostrati i busti di uomini illustri collocati all'esterno del Tempio dell'Immortalità che sorgerà alla destra di quelle. Dalla parte delle quattro Muse sorgeranno varie piante di lauro. I vizii opposti verranno rappresentati da uno stuolo di donne baccanali, di satiri, di fanciulli, di capri e di uccelli notturni in atto di fuggire dalla luce di Apollo. Tra queste figure domineranno: il Cattivo Gusto, la Licenza e la Scurrilità. Questa parte sarà ingombra di piante selvagge e indocili che sorgeranno su un terreno incolto e dirupato. Il Tempio dove si vedranno collocati gli uomini illustri sarà di forma rotonda, circondato da un portico. Nelle nicchie si vedranno i busti di Sofocle, Terenzio e Metastasio".[33]

Il lavoro venne dipinto appunto da Domenico Riccardi, detto Donnino, probabilmente milanese, allievo del pittore Carlo Maria Giudici. Il sipario a tutt'oggi non esiste più, ma un bozzetto, un piccolo foglio di carta azzurra di 27 × 35 cm disegnato a matita con ombreggiature in seppia, conservato nel Museo Teatrale alla Scala e attribuito a Riccardi, ha sollevato qualche dubbio negli studiosi circa la sua corrispondenza con il primo sipario della sala milanese.[34] Parini comunque, suggeriva al pittore nell'ultimo capoverso del suo programma, "[...] di scegliere il partito che più gli piace per questo lavoro, salve però le cose essenziali del soggetto e i rapporti necessari alla integrità di esso".

[33] Per il testo completo cfr. PARINI, *Tutte le opere*, cit., pp. 891-93.
[34] Cfr. GIAMPIERO TINTORI, *Nostra Signora La Scala*, Milano, Vallardi, 1990, pp. 28-34.

Il lavoro fu ripagato personalmente a Parini da uno dei palchettisti, il marchese Giovanni Battista D'Adda. Il poeta ringraziandolo gli scrisse queste parole:

> [...] V. S. Ill.ma è così degno individuo, dopo avermi singolarmente distinto coll'onore dei Suoi comandamenti, aggiunge anche il nobile regalo che mi si presenta in questo punto. Io sono sinceramente persuaso di non meritarlo a verun titolo; ma il rispetto mi obbligano di non pensare ad altro che a riceverlo [...].[35]

Il dono fu una tabacchiera d'oro del valore di 50 zecchini; il telone rimase in uso fino al 1821. È da ricordare che Parini, oltre a quello scaligero, scrisse il soggetto anche per il sipario del nuovo teatro di Novara, nel 1779, attingendo non più ad Apollo e alle Muse, bensì al mito di Ercole.[36]

Furono molti i momenti nella vita di Parini che ebbero a che fare con la musica o con il teatro. Oltre a quelli già citati non sono da dimenticare i rapporti che ebbe con alcuni accademici Trasformati musicisti, tra cui Giorgio Giulini, Maria Teresa Agnesi Pinottini o Giovanni Battista Sammartini. L'arrivo a Milano della cantante Caterina Gabrielli ebbe una tale risonanza che alcuni degli stessi Trasformati le rivolsero più di un pensiero dando alle stampe due raccolte di poesie in suo onore le quali includevano versi di Tanzi, di Balestrieri, di Villa, di Soresi e dello stesso Parini. Il poeta l'ascoltò al Ducale nelle tre stagioni in cui dispensò le sue grazie vocali: nel 1758, nel 1759 e nel 1763.

La presenza del mondo teatrale nella produzione del poeta fu costante: dai componimenti satirici giovanili, agli appunti per la stesura del *Giorno*, ai componimenti d'occasione, agli scritti teorici e programmatici, nonché alle cronache per la "Gazzetta di Milano". Nonostante la secca brevità, molta importanza riveste lo *Schema di un Saggio sull'opera in musica*: in 26 punti (gli altri mancano), ben 9 – con suddivisioni varie – cercano di fissare il rapporto fra il teatro e il "popolo", con un'evidente tendenza, come afferma Augusto Vicinelli, quasi preromantica, e che nel Parini fu

---

[35] Lettera del 6 giugno 1778. Cfr. PARINI, *Tutte le opere*, cit., p. 1001.
[36] Cfr. GUIDO BUSTICO, *Il teatro antico di Novara (1695-1873)*, Novara, La Tipografica, 1922.

di spirito sociale più che politico: "4. Gli spettacoli si rappresentano al popolo. 5. Niuna cosa merita più rispetto del popolo. 6. Negli spettacoli si dee rispettare la morale del popolo. 7. Si dee rispettare il buon senso. 8. Si dee rispettare il buon gusto ecc.".[37]

Parini, pertanto, ammirava il teatro e per questo motivo ne flagellava le varie degenerazioni: l'ode *La musica* diventa una nobile protesta contro l'uso barbaro dell'evirazione praticato per creare i musici. Così scriveva il poeta: "Aborro in su la scena / un canoro elefante / che si trascina a pena / su le adipose piante / e manda per gran foce / di bocca un fil di voce. Ahi, pèra lo spietato / genitor che primiero / tentò, di ferro armato, / l'esecrabile e firo / misfatto onde si duole / la mutilata prole! [...].[38] I suoi versi di satira ritornano anche ne *Il teatro* contro un costume teatrale viziato da usi incredibili, da pregiudizi, nonchè da ineducazione del pubblico: "Qui sol Musa, s'aspetta / un fracido castron, ch'a' suoi belati / Il folto stuol de' baccelloni alletta [...]".[39] Purtroppo Parini, non componendo l'ultima parte de *La Notte*, non ha lasciato una descrizione di una serata a teatro. Serata e non rappresentazione: perché dagli appunti del poeta risulta quanta poca parte vi fosse destinata allo spettacolo scenico, quanta invece alla raffigurazione della sala. Parini, da buon osservatore, ebbe a riflettere, a sorridere, a indignarsi di quella società elegante che vivacchiava di giorno in giorno nel lusso, nell'ozio, nella mollezza, che anche a teatro si ammirava e ogni tanto mostrava di accorgersi di quel che accadeva sulla scena. E come recita uno dei tanti appunti "che non vuol essere veleno per uccidere, ma un caustico per bruciare la cancrena":

> Al teatro gli altri vanno per sollevarsi da fatiche. Tu solo vai per coronar con l'estrema le fatiche del giorno. Agli attori applaudi non quando il meritano, ma quando te ne vien capriccio. Il vulgo adoperi la ragione e quel senso che per ciò è detto comune; ma le voglie repentine sieno sole la tua norma.[40]

[37] Cfr. PARINI, *Tutte le opere*, cit., pp. 1036-37.
[38] *Ibid.*, p. 153.
[39] *Ibid.*, p. 417.
[40] *Ibid.*, p. 119.

APPENDICE

1

I-Mas, Fondo *Greppi*, cartella n. 401, residui; documento manoscritto autografo

Sig. compare e amico stimat.mo,

il nostro abate Parini mi dà precisa commissione di trasmetterle la qui inclusa prolusione; pensi il mio caro Sig. compare con quanto piacere l'addempio sapendo la stima, l'attaccamento ch'egli ha di lei e l'amicizia ch'ella ha di questo amabile letterato. con questa occasione poi godo anche il piacere di rammentarle la mia sincera e se vuole tenera amicizia. Spiacemi che gli affari la trattenghino lontano per ora; pensi a rendersi a suoi amici il più presto possibile e mi creda fra questi coi sentimenti della più perfetta stima e sincero attaccamento. De. Sig. compare stimt.mo

Milano, 16 dicembre 1769

Devoti.ma obli.ma serva
Angiolini Fogliazzi

2

I-Mas, Fondo *Greppi*, cartella n. 401, residui; documento manoscritto autografo

Sig.r compare e amico stimti.mo

sempre gentile, sempre grande è il mio Sig. Antonio e sempre mi rinasce motivi di obbligagione e di gratitudine. Dal Sig. Spadacini ho ricevuto la chiave del palco che da tanto tempo ne favorirmi questo favore viene doppiamente valutato da me e per la continuazione alterabile cin la quale mi favorisce e per la difficoltà che si ha per ristrovare i palchetti. Ella sia pur persuasa che conosco il prezzo di codesta sua gentile attenzione e che in ogni tempo mi farò gloria di avere presente quanto devo alla sua preziosa amicizia. Fortuna che il nostro conte è arrivato a tempo per giustificarsi: senza questo restavo in una bella inquietudine, oh, che malizia! Per altro se ella poi sapesse qualche sua risfedeltà, la prego di avvertirmene per mia regola essendo giusto che ognuno si ingegni.
Parini le fa i più distinti saluti e ringraziamenti. Non è a proposito di ingegnarsi, no, che nomino Parini. Mi conservi la di lei amicizia e mi creda con il maggior attaccamento.
Del mio Sig. compare stimati.mo

Milano, 27 dicembre 1769

Devoti.ma serva e comare
Angiolini

3

I-Mas, Fondo *Spettacoli pubblici*, p. a., cartella n. 34; Ordini di governo; documento manoscritto

[non datato, ma posteriore al 15 marzo 1771]

Esenti d'ingresso in teatro della corte di S. A. S. Signor duca di Modena
Sua Ecc.za il Sig.re Mar.e Bagnesi
Sig.ri Bali caval.e Selvatico
Conte Sanseverino
Conte Annone
Gente Mar.se Covaruvias
Conte Tapis
Caval.e Giovanni Villani
Co. Gius.e Mazzabarba
D.r Alessandro Olocati
Mar.se Carlo Corio
Co. Munarini
Lascaris
Co. Berettini Cornetta
Mar.se Tebaldi con tutte le guardie del corpo [...]
[...]

Esenti d'ingresso a teatro di vari dicasteri
Sua Ecc.za il Sig.r Co.te Firmian
Sua Ecc.za il Sig.r consultore De Silva
Sia Ecc.za il Sig.r Mar.se Presidente del Senato
Sua Ecc.za il Sig.r maresciallo Serbelloni
Sua Ecc.za il Sig.r Comandante del Castello
Sua Ecc.za il Sig.r Co. Alberico di Belgioioso capitano delle guardie svizzere e sua dama consorte
Sig.r tenente delle suddette guardie

Sig.r conte Marliani
Sig.r caval.e Erba   Aiutanti generali
Sig.r conte Spada

Sig.r D.r Alessandro Ottolini, giudice privativo del teatro e dama sua consorte
Sig.r Seg.o D.r Gius.e Castellini Cancelliere [...]
Sig.ri segretari di governo
Sig.r Capitano di giustizia

Sig.r giudice di guardia al teatro con notaio e scrittore
Sig.r D.r Gius.e Vitale segretario della reagia commissione generale di guerra e stato
Gli altri ufficiali fissi e soprannumerari della detta commissione
Sig.r D.r Gius.e Casati re d'Armi

Gli uffiziali della Cancelleria Segreta
Tutti li segretari e domestici di S. E. il Sig.r Co. de Firmian
Segretario dell'Ufficio di Posta
Portiere della Segreteria di guerra
Segretario di S. E. il S.r Presidente del Senato
Segretario di S. E. il S.r consultore De Silva
Portiere di Cancelleria Segreta
Stampatore di corte e due assistenti
Cartario di corte
Cancelliere provinciale del Magistrato Sig.r Seg.o D.r Gius.e Castellini
Due coadiutori al suddetto Sig.r Pietro e Gio', Carlo Schira
Portiere assegnato Cesare Fioretti
Medico del teatro
Chirurgo del teatro e suo aiutante

| Sig.r abate Parini | poeti |
| Sig.r abate Soresio | |

Sedie riservate ad uso d'alcuni de soprannominati

Numero delle sedie	Numero delle file		
	dritta	sinistra	
Conte Marliani aiutante gente		prima	
Conte Spada aiutante gente		prima	3
Medico del teatro	prima		11
D.r Gius.e Castellini cancelliere del Sig.r Giudice privativo del teatro	prima		12
Conte Salazar direttore del teatro		prima	1
S. E. il S.r Co. di Belgioioso capitano delle guardie svizzere		prima	2
Federico Castiglione vice direttore del teatro		prima	5
D.r Gius.e Castellini come cancelliere provinciale del Magistrato	terza		5
Pietro Schira Coadjutore del sud.to	terza		6
Notaio e scrittore di guardia		terza	11 e 12

Sedie riservate ad uso della stessa corte per li sottoscritti

Sig.ri balì Caval.e Selvatico	prima		1
D.r Orazio Paltrieri mastro di casa	prima		3
Cesare Sormani ufficiale di cassa	prima		9
Co. Marliani			
Michele Succareli ufficiale di cassa	seconda		3
Gaetano Lesmi simile	seconda		4
D.r Gaetano Rejna e Gius.e Porta simili	seconda		5
Carlo Ceregalli di guardaroba		seconda	2
Monsieur Canbon Contraleur		seconda	3
Antonio Bosi aiutante di camera		terza	1
Antonio Panelli di guardaroba		terza	2
Giacomo Balboni aiutante di camera		terza	3
Conte Sanseverino		terza	4

Tutti li sovraccennati individui godono ancora l'esenzione de' libri d'opera che l'impresario somministra loro gratis.

4

I-Mas, Fondo *Greppi*, cartella n. 410, residui; documento manoscritto autografo

Conoscendo la stima che il mio degni.mo Sig.r conte compare ha per le persone di merito e particolarmente per il Sig. abate Parini, ho accettato con piacere la commissione che questo mi ha dato di supplicare Ill.mo di anche proteggere il dottore Risi nel modo espresso nella qui annessa carta; non permettendo la di lui indisposizione di venire a fare quest'ufficio in persona. Nel sevire un amico stimabile, godo di poter assicurare Ill.ma di que' sentimenti di gratitudine, di rispetto con cui sarò sempre del mio rispetabile Sig.r conte e compare di casa.

Gen.o 1780

Devot.mas obb.ma serva e comare
Teresa Angiolini

[allegato foglio autografo di Parini]

Il dottore Giovani Risi, fratelli del fiscale, stato in questo ultimo triennio regio podestà di Piadena e liberato con lade dal suo sindacato, desidera d'esser raccomandato a S. E. il si.r conte di Firmian per ottenere la conferma nella stessa pretura per il triennio venturo al fine di risparmiare le spese gravi di trasporto della sua numerosa famiglia: oppure per essere trasportato a pretura migliore.

Le arti

Mentre il presente volume era in corso di stampa, l'Università degli Studi di Milano come contributo alle celebrazioni nel Bicentenario della morte di Giuseppe Parini, ha pubblicato *Parini e le arti nella Milano neoclassica*, direzione scientifica Gennaro Barbarisi, a c. di Graziella Buccellati e Anna Marchi, testi di GENNARO BARBARISI, FERNANDO MAZZOCCA, SILVIA MORGANA, Milano, Università degli Studi-Hoepli, 2000.

IL LETTERATO E LE ARTI: L'EREDITÀ DEL MODELLO PARINI

di *Fernando Mazzocca*

Nel 1837 Pietro Estense Selvatico, che nella prima metà dell'Otto-cento fu insieme a Leopoldo Cicognara l'unico nostro scrittore d'arte di dimensione europea, pubblicava a Milano le sue *Considerazioni sullo stato presente della Pittura Storica in Italia e sui mezzi di farla maggiormente prospe-rare*. Il notevole opuscolo ricuciva una serie di articoli usciti, nello stesso anno, sul periodico milanese "L'Indicatore", per poi travasare ed ampliare i propri contenuti nel monumentale e decisivo volume *Sull'educazione del pittore storico odierno italiano* edito a Padova nel 1842.

Esprimendo un pensiero, che nel 1842 giudicherà un "traviamento, a cui forse mi trascinò un mal inteso eclettismo ed il desiderio di conci-liarmi tutti i partiti", Selvatico confermava l'attualità dei "temi mitolo-gici siccome mezzi allegorici atti a significare i varii aspetti della natura ed i varii gradi di perfezionamento sociale". In questo convincimento era sorretto proprio dall'esempio di Parini, il cui modello poteva essere con-siderato in qualche misura ancora operante. Infatti, e l'argomentazione era questa,

> [...] stimo che temi così fatti potrebbero inventarsi ora con molta maggiore
> profondità e filosofia di un tempo, e venirci quindi presentati in foggie più
> leggiadre e più nuove. E per quanto spetta alla seconda opposizione, non so
> poi come possano dirsi affatto muti all'animo gli argomenti mitologici, per-
> ché in sostanza quei miti degli antichi Greci, che altro non furono se non o
> l'espressione de' varii aspetti della natura, od ingegnose allegorie ai vari gradi
> del perfezionamento sociale? Che altro furono se non un simbolo degli sforzi
> dell'uomo per dirozzare la selvatichezza de' suoi fratelli e condurli a civiltà?

[…] ora dunque quale età, sotto quale influenza dei principi anche i più positivi, si potrà mostrarsi indifferente a questa lingua, per così dire simbo-
lica, che poetizza e sublima quanto v'ha di più comune nella vita dell'universo e dell'uomo? Perché non possono adoperarsi quei soggetti, quasi come
un alfabeto emblematico, per denotare o le varie parti di cui si compone il
creato, o le varie istituzioni e scoperte che fecero l'uomo migliore? […] vor-
rete andar a cercare col fuscellino nella notte del medio evo i segni dimostrativi della sapienza, quando avete Minerva bella ed uscita dal cervello di
Giove per mostrarvi che il sapere ci viene da Dio? Bene avviso, parmi, quella
mente lanciata di Giuseppe Parini quando, richiamato a suggerire alcuni
soggetti tratti dai miti antichi, diede ai programmi da lui stesi una direzione tutta allegorica ai bisogni vari e alle varie condizioni dell'uomo.

Colpisce che un intellettuale cattolico come Selvatico riconfermi, nel
pieno clima della Restaurazione la validità del modello pariniano, chiaramente riferito ai cicli decorativi del Palazzo Reale di Milano. Il fatto
trova la sua spiegazione nella congiuntura storica di quegli anni e nel percorso culturale del nobile padovano. Nel 1837, nell'attesa della discesa
nella capitale del Lombardo Veneto del nuovo Imperatore Ferdinando I,
per essere consacrato in Duomo con la Corona ferrea di re d'Italia, si ria-
priva il cantiere della Reggia milanese. Quel cantiere, dove ai tempi di
Maria Teresa e Giuseppe II Parini era stato il consulente degli artisti che
ne avevano affrescato le volte e decorato gli ambienti, ora vedeva la sua
conclusione proprio nella sala principale, quella cosiddetta delle Cariatidi, il cui soffitto ancora vuoto – non erano a suo tempo riusciti a dipin-
gerlo né Mengs, né Appiani – veniva affrescato da Francesco Hayez, il
capo della Scuola romantica, che in questo caso sembrava derogare dalle
sue abitudini, con una complessa *Allegoria dell'ordine politico di Ferdinando
I d'Austria*. La vasta scena, che ricordava nel suo trascinante impianto formale più gli ariosi e capricciosi sottoinsù di Tiepolo che non le castigate
allegorie classiciste di Knoller e Traballesi, i pittori pariniani, era stata
suggerita nel dettaglio, di un meccanismo allegorico d'impianto neoset-
tecentesco, da Andrea Maffei. Il poeta e divulgatore trentino, seguace di
Vincenzo Monti, aveva avuto lo stesso ruolo di consulente iconografico
svolto da Parini, nella prima fase del cantiere, ed in seguito, come vedremo, negli anni napoleonici dallo stesso Monti e da Luigi Lamberti.
Bisogna anche non trascurare il fatto che Selvatico, appartenente ad
una famiglia di altissimo rango la cui l'ascendenza da un ramo della dina-
stia estense legava pur se alla lontana agli Asburgo, era di casa a Palazzo
Reale, quando soggiornava a Milano e quindi conosceva bene quanto gli

artisti vi avevano realizzato su suggerimento di Parini. Del resto nel clima di riconciliazione storica, seguito alle attese create dalla successione del mite Ferdinando I al rigido Francesco I, le testimonianze del periodo teresiano, rimpianto come una sorta di età dell'oro, ritornavano d'attualità.

Che del resto anche i grandi protagonisti di quegli anni non fossero mai stati dimenticati lo conferma la memoria di Parini ancora vivissima in tutta la Lombardia ed attestata da una serie di memoriali, come dalla fortuna goduta dai suoi scritti a partire dalla celebre edizione completa, la prima, delle *Opere* allestita da Francesco Reina e uscita, in sei volumi, tra il 1801 e il 1804. Nell'ultimo venivano radunati tutti gli interventi, spesso dal carattere frammentario od occasionale, come nel caso delle istruzioni agli artisti, sulle arti. Il testo che appariva più strutturato e che meglio esprimeva anche le convinzioni estetiche dell'autore riguardava *De' principi fondamentali e generali delle Belle Lettere applicati alle Belle Arti*. Risalente agli anni 1773-1776 che sono quelli centrali del suo impegno come consulente nei grandi cantieri di Piermarini, il testo venne incluso nelle edizioni, tutte milanesi, parziali delle *Opere* del 1832, 1836 e 1842, quindi piuttosto a ridosso dell'attenzione suscitata in Selvatico. Così come l'unica edizione autonoma che usciva, a riprova di un interesse anche al di fuori dei confini lombardi, a Livorno nel 1840.

Era un testo che Parini non aveva mai concluso e pubblicato, spiegando a Reina, quando lo aveva interpellato al proposito, che non occorreva più dopo l'uscita delle *Lezioni di eloquenza* di Angelo Teodoro Villa, edite per la prima volta a Pavia nel 1780, poi subito a Cremona nello stesso anno, e lette ancora negli anni della Restaurazione, come confermano la quarta edizione pisana del 1822 e la quinta edizione milanese, all'interno delle *Prose e poesie scelte*, nel 1833.

Reina, nell'introduzione al sesto volume delle *Opere* pariniane, riportava un giudizio piuttosto lusinghiero, per cui Parini avrebbe dichiarato che, "benché non forse quanto si vorrebbe filosofiche, sono ripiene di giustezza e stese in buon stile".

Tornando al Selvatico e all'ininterrotto interesse per l'età delle riforme o lo stesso periodo napoleonico, il saggio *Sull'educazione del pittore storico* ci offre un'altra testimonianza indicativa, quando proponendo di rinnovare, rispetto al repertorio più consueto, i temi della pittura storica, suggeriva ai pittori contemporanei di rappresentare le "azioni di sommi italiani, come a dire del Parini, del Pindemonte, dell'Appiani e direi del Monti, se l'animo versipelle e la proteiforme sua fede non ci avessero forzato a togliere al cuore di lui la stima che concedemmo all'ingegno".

Ma, prima che Monti proponesse un nuovo modello di intellettuale diversamente organico al potere, quale era stato il peso dell'eredità di Parini ed in particolare di quello suo specialissimo modo di porsi in relazione con il mondo delle arti? Una serie di verifiche, che coinvolgono tutta una schiera di protagonisti tra la fine del primo dominio asburgico e l'età napoleonica, consente un bilancio davvero significativo.

Il primo personaggio da considerare è un intellettuale della generazione subito successiva, Giuseppe Carpani che, nato a Villabese (Como) nel 1752 e scomparso a Vienna nel 1825, fu per la solida formazione filologica, acquisita presso il Collegio dei Gesuiti a Brera, e l'aggiornamento sulle pagine dei *philosophes*, un protagonista della scena culturale tra l'Antico Regime e la Restaurazione. Conosciuto ed apprezzato da Parini per la sua attività poetica, fu, dal 1792 al 1796, tra i redattori della "Gazzetta di Milano", il foglio di cui il poeta del *Giorno* fu responsabile. Noto soprattutto per la sua passione di musicologo, plagiato come sappiamo da Stendhal, e per la sua attività di librettista, di cui ricordiamo *Gli antiquari di Palmira*, un dramma buffo musicato nel 1780 da Giacomo Rust, dovette condividere gli interessi artistici di Parini. Stanno a confermarlo una serie di opuscoli, a cominciare dalle pagine *Sopra un quadro di Madama Le Brun. Lettera all'egregio pittore Sig. C.T. Romano*, edite a Milano nel 1792, dove descrive una *Sibilla Cumea* dipinta dalla celebre pittrice francese. Ma la coincidenza si fa stringente con i testi, senza data ma assegnabili alla seconda metà degli anni novanta, come le *Lettere sui giardini di Monza*, il *Piano generale delle pitture di Palazzo Serbelloni* ed in particolare la *Descrizione delle pitture della cupola di S. Celso in Milano*. Questi ultimi due interventi suggeriscono l'ipotesi di una sua attività di consulente iconografico in due cantieri che sono forse i più importanti, a parte Villa Belgiojoso, tra quelli successivi agli edifici della collaborazione tra Piermarini e Parini.

Il reazionario Carpani, anche dopo il trasferimento definitivo a Vienna, dove seguiva già nel 1796 l'Arciduca Ferdinando, continuò a occuparsi d'arte, pubblicando nel 1806 la *Spiegazione drammatica del Mausoleo della Reale Arciduchessa Maria Cristina, opera dell'immortale Canova*, per poi divenire, negli anni della polemica classico romantica, quando si scontrò aspramente con Andrea Maier (le celebri *Lettere* del 1820 intitolate *Del bello ideale e delle opere di Tiziano*), l'intransigente paladino di quell'idealismo classico di cui aveva attinto la linfa proprio da Parini.

Su un versante diverso, legato non solo alla dimensione teorica ma soprattutto a quella militante, si qualifica, come chiarisce Chiara Nenci nel suo contributo in queso stesso volume, il nesso con Giuseppe Bossi che nella sua straordinaria vicenda della rifondazione dell'Accademia di Brera, di cui fu Segretario dal 1801 al 1807, tenne sicuramente conto dei progetti pariniani relativi all'Accademia di Mantova ed alla stessa istituzione braidense.

Anche il successore di Bossi a Brera, l'architetto Giuseppe Zanoja (Genova 1752-Omegna 1817), Segretario dal 1807 al 1817, ebbe come modello di comportamento, ma anche di stile, nella sua pregevole attività letteraria, i *Sermoni* ma anche i dodici discorsi pronunciati a partire dal 1805 al 1817 in Accademia, il poeta di Bosisio. Lo ricordava anche Luigi Bossi nel suo notevole intervento, del resto anch'esso incentrato parinianamente sul connubio tra arti e lettere, *Della Erudizione degli Artisti*, pubblicato da Bettoni a Padova nel 1810, dove lo Zanoja appariva come "quello che l'arte nobilissima tratta e insegna di Vitruvio", ma anche come colui "in ogni genere di grave e amena letteratura versato, *emulare* nella dignitosa severità de' carmi l'autore difficilmente imitabile del *Mattino*".

Dunque Giuseppe Bossi e il suo successore erano uniti nel culto di Parini, cui si erano ispirati anche per la loro concezione civilmente impegnata dell'architettura e dell'urbanistica, come nella denuncia dei molti problemi che poneva la crescita della città. È significativo come lo stesso Bossi, nei versi della sua *Epistola a Zanoja*, denunci, rifacendosi a temi pariniani come quelli sviluppati nella *Salubrità dell'aria*, lo sviluppo incontrollato delle manifatture che aveva lasciato libero il diffondersi del

Morbo che da mille esala
Turpi officine a cui suo sen permise
L'immemore città, che lorda meno
Forse sorgea dal seminato sale
Al secolo di ferro.

Questa bellissima immagine evoca anche i precoci interessi per il Medio Evo da parte dei due intellettuali ideologicamente più impegnati del periodo napoleonico, che per tanti versi sembrerebbe orientarsi in una direzione alternativa rispetto a quella percorsa negli anni del primo dominio asburgico e tanto bene interpretata da Parini.

Nonostante la mancanza di celebrazioni ufficiali, la sua eredità non veniva dissipata e, al di là degli esempi appena ricordati, quell'eccezionale rapporto che egli aveva saputo instaurare tra un letterato ed il sistema delle arti, un rapporto organico, non limitato a tangenze occasionali ma ad un intervento articolato e sistematico, era destinato ad una lunga tenuta. La forza di tale modello dipendeva anche da una visione di ampio respiro avente come presupposto all'attività militante un aggiornamento ed una preparazione teorici che una maggiore concretezza e accessibilità doveva rendere più operanti. Così nei *Principi* aveva avvertito come

> Hanno gravemente errato coloro i quali anche nelle materie che appartengono ai sentimenti ed al gusto si sono troppo abusati dell'astrazione, talmente che hanno fatto della stessa teorica delle belle arti una cabala sublimemente superstiziosa. Noi non intendiamo già di condannare o d'infirmare l'autorità di molti uomini grandi [...]; solo condanniamo la troppa sottigliezza di alcuni di essi e delle scuole create da loro, per la quale sottigliezza si è fatta creder difficilissima e talvolta impossibile non solo l'assoluta, ma ancora una qualunque perfezione dell'arte, di modo che assai voltesi debbon esser sgomentati gl'ingegni con notabile pregiudizio delle arti medesime.

Del resto gli inconclusi *Principi* altro non volevano essere che lo schema di un corso o di un saggio, sulla scia di una divulgazione che faceva capo al modello di Algarotti e che doveva rispondere alle profonde preoccupazioni didattiche pariniane. Queste si esprimevano nella loro dimensione più operativa nel notevolissimo *Avvertimento al Segretario di un'Accademia di Belle Arti*, dove il poeta avocava a sé, almeno sulla carta, un ruolo che non avrebbe mai avuto, dato che gli sarà preferito nel 1778 sul seggio di Brera il bolognese Carlo Bianconi. Quel breve testo portava un fulminante incipit, che è un vero e proprio manifesto dei convincimenti pariniani:

> Le Belle Arti, oltre i varii usi politici, a cui, secondo la qualità dei governi e dei tempi si possono utilmente adattare, servono poi di loro natura alla dignità e all'ornamento delle pubbliche e delle private cose.

Questa generosa dimensione civile veniva ribadita nella direzione di un diretto impegno dei governi in una lettera che è stata datata tra 1768 e 1769 al conte di Wilczeck, che sarà il successore di Firmian, al quale scriveva:

> È dimostrato che il buongoverno delle Belle Lettere e delle Belle Arti, regolato e diretto da una saggia politica, contribuisce notabilmente al buon costume e alla felicità della nazione.

Questa ampia visione strategica presupponeva un aggiornamento, che non è solo sul versante del dibattito estetico di quel secolo, tra Hogarth, Webb, Bardon e Winckelman, i teorici più consultati da Parini stando alle presenze nella sua biblioteca e ai riscontri negli scritti, e della riflessione storica, come nel caso delle notevolissime riflessioni su Vasari, Cellini, Borghini, Baldinucci, ma anche in direzione del confronto con le situazioni culturalmente emergenti quali appaiono quelle di Roma, soprattutto per una nuova sensibilità verso l'antico, e di Parma, per un impianto istituzionale tra l'Accademia e i cantieri di corte che rappresentava un modello per Milano.

La sicurezza con cui intervenne, come consulente iconografico, nei cantieri di Piermarini si spiega meglio pensando a questo vivace retroterra. È dunque improprio limitarsi ad un Parini soggettista, quando i suoi interventi presuppongono il coordinamento delle esperienze di pittori, plasticatori e decoratori di formazione diversa, quali furono Traballesi, Knoller, Callani, Appiani, Franchi, Agostino Gerli, Levati, Albertolli. Se nei luoghi in cui è intervenuto si riesce a respirare un clima unitario il merito va in gran parte a lui che ebbe un ruolo decisivo non solo nella scelta, ma anche nella realizzazione dei soggetti e nella elaborazione dell'impianto generale degli interventi decorativi.

Il suo primo coinvolgimento risale al 1778, quando forniva il soggetto per i sipari della Scala e del Teatro Nuovo di Novara. Le scelte confermano un profondo legame con la cultura dell'Arcadia riformata, di cui proponeva due temi manifesto, come "Apollo che addita alle quattro Muse del Teatro i modelli del buon gusto nelle Arti teatrali, fugando con il suo splendore i vizi opposti alle perfezione di queste" nel teatro milanese e "Ercole che apprende la musica dal poeta Lino figlio di Apollo e Tersicore" a Novara. Il ricorso al significato esemplare di questi miti antichi significava dimostrare come "Le Belle Arti, e spezialmente la Musica, ingentiliscono i costumi degli uomini, stringono maggiormente i legami sociali, e servono di nobile ed onesto sollievo tra le cure della vita".

Dopo questa prima prova, il suo ruolo nei cantieri si dimostrava più complesso, presupponendo una strategia articolata su diversi piani. Sul piano tematico significava la reinterpretazione allegorico morale del tradizionale repertorio mitologico. Dal punto di vista operativo si servì, anche se assai liberamente, di uno strumento canonico come l'*Iconologia* del Ripa, da lui posseduta nell'edizione padovana del 1618. Dalle scelte iconografiche dipendeva poi anche la disposizione e la sequenza tanto delle pitture nelle volte, che delle sovrapporte e dei bassorilievi figurati. Non mancavano indicazioni più specifiche sulle soluzioni da adottare, come quando per le decorazioni consigliava ad Albertolli di rifarsi a Giulio Romano e Polidoro da Caravaggio, che già l'Algarotti aveva indicato come modelli per la riforma del gusto. Venivano infine anche suggerimenti stilistici sempre mirati a sollecitare una maggiore adesione, in artisti spesso di formazione rococò, ai nuovi modi neoclassici importati generalmente dalla Roma di Mengs o dalla Parma di Petitot. È lui stesso a confermare l'estensione del suo intervento, quando quasi a scusarsene e comunque spiegandone il motivo, precisava: "Nella descrizione dei presenti soggetti si è disceso a vari particolari, non già per dar legge al pittore, ma per dirigere e fecondare l'immaginazione di lui".

Dei rapporti con i vari artisti i più risolti ed approfonditi furono senz'altro con Giuseppe Franchi e Andrea Appiani. È proprio quest'ultimo che, se pur meno accertabile per la mancanza di documenti diretti della loro eventuale collaborazione, si proiettava nel futuro divenendo un elemento importante nel retaggio pariniano degli anni napoleonici. È del resto significativo che ancora nel 1818 venisse pubblicato un opuscolo di Antonio Lissoni, un ideale *Dialogo di Parini ed Appiani ai Campi Elisi*. Ma già lo stesso Reina aveva dato molto rilievo ad un'intesa che portava al riconoscimento, da parte del letterato, di una nuova dignità dell'artista e della sua posizione nella società.

Estremamente significativa è la dedica ad Appiani del sesto volume delle *Opere*, quello che come si è visto era riservato agli scritti d'argomento figurativo, compresi soprattutto i *Principi* e le istruzioni agli artisti. Merita riportarla integralmente, perché costituisce forse il primo profilo critico del pittore e l'avvio di una poi straordinaria fortuna:

Se la comunione della Patria, e la sua sincera amicizia, che nata a dispetto degl'invidi, e cresciuta per l'eccellenti doti dell'animo, e dell'ingegno vostro inteso alle Belle Arti, vi strinse sì dolcemente al Parini, non rendessero già cosa vostra il profondo ed originale Trattato in cui egli racchiuse i Principj comuni alle Belle Arti medesime; esso nondimeno si dovrebbe a Voi, siccome il più gran Pittore ed Artista filosofo dell'età nostra. Le dipinture vostre vere e delicate nell'affetto e nel costume, importanti nell'invenzione, regolari nella condotta, nobili e corrette nel disegno, vaghe, armoniose e grandeggianti ne' modi tutti del colorire, mal soffrendo il paragone dell'Opere degli Artisti viventi ne rapiscono soavemente la fantasia, ed attraverso alla egregia schiera degli Artisti Lombardi la trasportano alle leggiadrissime e vezzose Opere del nostro Bernardino da Luvino emulo della maestria di Lionardo, e della sublime e tranquilla bellezza di Raffaello. Se que' divini spiriti educati da valenti precettori, e spinti dall'entusiasmo delle generose no-

vità, rendettero colle esimie opere loro la Italia madre delle Bell'Arti, e mae-
stra delle moderne Nazioni, Voi senza maestri, e senza incitamenti cammi-
nando liberamente sulle orme loro, e ricercando il Bello antico, giungeste a
sostenere, nell'Arte vostra la gloria Italiana. Questo rigido Trattato vi ricorderà che i numeri dell'eccellenza voluti dall'Arte sono quegli stessi che
nell'Opere vostre risplendono, e nel dipingervi l'ingegno eternamente grande
dell'estinto nostro amico, vi spingerà alla felice esecuzione de' singolari lavori, che vi destina la virtuosa ambizione della nostra Repubblica.

Il felice innesto di riferimenti diversi, dal richiamo al modello di
Mengs, il "pittore filosofo", ai riferimenti alla tradizione lombarda, alle
forti sollecitazioni politiche legata ad una congiuntura innestata di grandi
attese, di cui il giacobino Reina si fa interprete, riescono a riattualizzare
l'esempio pariniano.

Nel secondo volume delle stesse *Opere* il curatore aveva voluto inserire
il frammento di un'ode ad Appiani, annotando come "è osservabile, che
un Poeta, e un Pittore sì grandi ci sieno venuti dalla terra di Bosisio. Parini compiacevasi forte delle idee raccolte per quest'ode, ch'egli stava ma-
turando negli ultimi tempi di sua vita". Che poi sono gli anni in cui dovrebbe collocarsi la frequentazione tra i due. Il componimento poneva
proprio l'accento sulla comune origine e sul cammino percorso da entrambi verso l'impegno civile e quella gloria che si conquista con l'esercizio dell'ingegno e della virtù:

Te di stirpe gentile
E me di casa popolare, cred'io,
Dall'Eupili natio,
Come fortuna varò di stile,
Guidaron gli avi nostri
Della città fra i clamorosi chiostri.
E noi dall'onde pure,
Dal chiaro cielo e da quell'aere vivo,
Seme portammo attivo,
Pronto a levarne da le genti oscure,
Tu Appiani col pennello,
Ed io col plettro, seguitando il bello.

Ma il nuovo inerte clima
E il crasso cibo, e le gran tempo immote
[...]

Che Reina vedesse, e questi versi interrotti ne erano anche la toccante conferma, una tale corrispondenza tra il percorso del vecchio poeta e quello del più giovane pittore lo riprova il progetto, per cui aveva raccolto gli straordinari materiali ora al Fondo Custodi della Biblioteca Nazionale di Parigi, di una monografia in più volumi su Appiani, quasi ideale seguito dell'impresa delle *Opere*.

Fu, come sappiamo, Giuseppe Beretta a realizzare, anche se riducendone moltissimo le ambizioni, un simile progetto, pubblicando nel 1848 *Le opere di Andrea Appiani*. Egli vi sottolineava quanto avesse giovato all'artista la vicinanza e la frequentazione del grande letterato, suggerendo, anche se genericamente dato che non forniva dati concreti, un rapporto di consulenza, per cui "i soggetti mitologico storici gli venivano da quell'ingegno sminuzzati all'evidenza". Ma di più, Parini vi veniva individuato come il responsabile dell'educazione estetica di Appiani, visto che "gli supplisce col proprio talento alle dottrine non anco conosciute di Winckelmann, di Lessing, di Mengs. Anzi il poeta più direttamente gli poté tornar utile, giacché profitto a dismisura agevole ricavasi di consueto più confabulando, che leggendo".

Certo la frequentazione tra i due si interruppe troppo presto, e forse fu uno dei motivi per cui la fortuna di Appiani non poté avere la dimensione di quella di un Canova. Infatti, per Beretta,

> Appiani ebbe, vivendo, la sorte di Vico; pochi il conobbero, pochi non seppero interpretarlo. Anche il sostegno di un potente scrittore mancò al suo lato, e certamente non fu tanto la poca stima delle di lui opere, quanto la scarsità di chi si occupasse in tali materie. Come tutto concorse ad ingrandire la fama del Possagnese, mancò invece ad Appiani un forte sussidio, che valesse a proclamarlo grande quale egli era, quale lo teneva in conto Canova stesso.

Aggiungendo in nota come

> Lamberti, il Giornale Italiano e qualche altro non resero conto che di alcune opere di lui, ma non dimostrarono la sua primazia d'arte, sicché non valsero a costituirgli una fama da essere presa a modello.

Questo rapporto irrisolto, secondo Beretta che pretendeva davvero un po' troppo pensando che Appiani meritasse la stessa fama di Canova, tra Appiani e il mondo dei letterati, ci riporta alla questione fondamentale dell'eredità di Parini nella Milano napoleonica. Eredità non solo dal punto di vista dell'affermazione letteraria, ma nel saper gestire il rapporto tra il poeta e l'artista.

Sappiamo che il grande pretendente fu Ugo Foscolo, che nelle efficacissime memorie pariniane inserite tra le *Ultime lettere di Jacopo Ortis* del 1802 e i *Sepolcri* del 1807 si proponeva come l'ultimo amico ed il depositario dell'insegnamento dell'illustre estinto. La sua strategia, vincente a livello popolare, perché la sua seducente poesia, pensiamo all'enorme fortuna dei *Sepolcri*, riusciva a conquistare il cuore del pubblico, si dimostrò invece un fallimento sul piano ufficiale, dove il prestigio e l'influenza nel sistema culturale che erano stati di Parini, passarono ad altri. Mi riferisco a Vincenzo Monti e Luigi Lamberti, venuti entrambi dalla stessa formazione ed esperienza svolte a Roma. Non a caso avranno, soprattutto il secondo, un rapporto speciale con gli artisti ed in particolare proprio con Appiani. Questo non si può dire per Foscolo, il cui celebre ritratto conservato a Brera pone forti dubbi sia sull'autografia, sia forse sulla stessa identificazione dell'effigiato.

Monti, che faceva di Parini il protagonista della sua *Mascheroniana,* dichiarò più volte, diversamente dal suo predecessore, la sua incompetenza figurativa, confessando, senza mezzi termini, di non essere "mai entrato ne' misteri dell'arte pittorica". Nonostante questo Monti frequentò Appiani, che lo inserì nella scena della *Federazione della Cisalpina* nel celeberrimo ciclo dei *Fasti di Napoleone* eseguiti per la Sala delle Cariatidi in Palazzo Reale a Milano e lo raffigurò nel ritratto del 1806 conservato presso la Galleria Nazionale d'Arte Moderna a Roma.

Così è stata avvertita una corrispondenza tra la celebrazione napoleonica di Appiani a Palazzo Reale ed i componimenti encomiastici di Monti, vero legislatore liturgico del culto imperiale, due poemi epici *Il Bardo della Selva Nera*, *La spada di Federico II* e le odi l'*Anniversario della morte di Luigi XVI*, *Dopo la battaglia di Marengo*. Si presenta anche il caso inverso de *La Jerogamia di Creta*, l'ode composta nel 1810 per celebrare le nozze tra Napoleone e Maria Luisa d'Asburgo, dove il poeta inseriva una nota, avvertendo che

> Con gli emblemi che si accennano, il celebre Cavalier Appiani in un quadro allegorico destinato al Gabinetto di S.M. l'Imperatore e Re, ha rappresentato Giove in riposo seduto accanto a Giunone: pittura di meravigliosa bellezza.

Passando sul terreno di relazioni più concrete, Beretta a proposito del caso che poi vedremo meglio, degli affreschi per la Sala del Trono a Palazzo Reale, dichiarava che Monti "gli fornì alquanto co' suoi lumi, per rendere più esatta e savia la disposizione dell'opera". La notazione rimane in realtà alquanto generica, mentre sembra avere maggiori riscontri il caso di un intervento irrealizzato, come la medaglia con *Il trionfo di Giove dopo la Vittoria sui Giganti in Flegra* prevista per il grande soffitto della Sala delle Cariatidi nella stessa reggia milanese. Nel 1804 una Commissione formata da Bossi, Traballesi e Monti ne dava conto al Ministro dell'Interno, nei termini della proposta di un soggetto mitologico allegorico, ispirato alla *Musogonia* montiana, relativo alla rappresentazione di Giove, incoronato dalla Vittoria e dalle Grazie, e fiancheggiato da un doppio corteo di divinità, mentre nel mezzo, su una fascia di nuvole, doveva apparire la figura colossale del Destino ed, infine, in basso nell'oscurità i Giganti sconfitti.

Tornando al caso della Sala del Trono, e della rappresentazione dell'*Apoteosi di Napoleone* sulla volta e delle virtù del buongoverno nelle lunette al di sotto, Beretta precisava in una nota come "Lamberti e Monti consigliarono specialmente Appiani intorno alle allegorie dei soggetti". L'abbinamento, visto i percorsi paralleli e la stretta sintonia tra i due, era più che plausibile, anche se poi la fama anche successiva del poeta di Alfonsine finiva con l'oscurare il contributo di Lamberti che, in effetti, fu il vero erede di Parini nel ruolo di consulente degli artisti.

Famoso perché sapeva a memoria *Il Giorno*, condivideva con l'amico l'origine emiliana. Monti che morirà nel 1828 a Milano, era nato nella citata località del ferrarese nel 1754, Lamberti, scomparso sempre a Milano molti anni prima nel 1813, proveniva da Reggio Emilia, dove era venuto alla luce nel 1759. Entrambi arcadi, erano stati insieme a Ferrara, Roma, Parigi e Milano, con un itinerario esemplare che li condusse da abati di corte nella Roma di Pio VI a cittadini, poi apologeti di Napoleone, a Milano.

Egli si contraddistinse rispetto a Monti, e soprattutto a Parini, per la sua vera competenza di grecista, che ne fa uno di quei grandi classicisti di reputazione europea dei quali ci ha lasciato profili indimenticabili Paolo Treves. Ne derivava anche una competenza antiquaria confermata dai rapporti con Ennio Quirino Visconti e Seroux d'Agincourt.

Monti, Segretario di Luigi Braschi, nipote di pio VI, aveva recitato nel 1799 in Arcadia la *Prosopopea di Pericle*, davanti all'omonima erma da poco scoperta a Tivoli e collocata al Museo Pio Clementino in Vaticano. Era stata fondamentale nell'occasione la consulenza di Ennio Quirino Visconti, ancora più determinante per la compilazione da parte di Lamberti, Maestro di Camera del Principe Camillo Borghese, dei tre volumi dedicati ad illustrare le *Sculture del Palazzo della Villa Borghese detta Pinciana*, che pubblicati nel 1796 verranno riediti nel 1816, quando, dopo la famigerata vendita, la maggior parte di quei magnifici marmi si trovava ormai a Parigi.

La comune amicizia con Bodoni li legava a Parma, quella della grande splendida stagione riformista di du Tillot e Petitot, dell'Accademia che, retta da due illustri arcadi come Frugoni e Carlo Castone di Rezzonico, aveva avuto un'influenza decisiva sulla nascita di quella milanese.

Nel 1799, l'anno della morte di Parini, li ritroviamo insieme a Parigi, dove ritorneranno spesso; mentre dopo Marengo si stabilivano a Milano, la cui scena politica e culturale si presenta ora assai più interessante di quella romana. Lì si inserivano presto, seguendo le orme di Parini, in posti chiave di un sistema culturale molto avanzato. È giunto il tempo degli emiliani di formazione romana e arcade, dato che a loro, con interessi coincidenti, si affiancherà il piacentino Pietro Giordani.

In realtà a Monti veniva proposta la cattedra di eloquenza, che era già stata di Parini, al ginnasio di Brera; ma egli non l'accettava, preferendo quella dell'Università di Pavia e lasciando quindi, siamo nel 1801, il posto all'amico. Lamberti si distingueva subito per un brillante e famoso *Discorso sulle Belle Lettere*, molto ammirato tra gli altri da Barnaba Oriani, l'astronomo di Brera. A questo incarico seguiva subito un compito ancora più prestigioso, cioè la direzione della grande Biblioteca Nazionale, un'istituzione su cui il Governo puntava molto, conservata sino alla morte nel 1813, quando gli subentrava un altro antiquario e grecista, che sarà anche il suo biografo, Robustiano Gironi.

Intanto l'attività di Lamberti in quegli anni è sorprendente. È determinante il suo aiuto a Monti per la famosa traduzione dell'*Iliade*; mentre gli veniva una reputazione personale dalla lodatissima versione dell'*Edipo Re* di Sofocle, che dischiudeva a Giuseppe Bossi nuovi orizzonti tematici sugli impervi sentieri del sublime.

Come Parini aveva avuto un ruolo decisivo nella regia delle cerimonie e dei festeggiamenti legati alla celebrazione delle nozze tra l'arciduca Ferdinando e Maria Beatrice d'Este, fornendo nell'occasione a Mozart il testo per il melodramma *Ascanio in Alba*, così il grecista, in un clima assai diverso, componeva nel 1808 per le musiche di Ray il libretto dell'*Alessandro in Armozia, azione scenica rappresentata alla Scala al ritorno dell'armata italiana dalla Guerra Germanica*; come era stato il regista della grande Festa Nazionale organizzata a Milano nel 1803. Lo confermano un'ode e una preziosa *Descrizione*, dove vengono presentati per la prima volta i sedici chiaroscuri di Appiani che, insieme a quelli che verranno eseguiti negli anni successivi, comporranno la magnifica serie dei *Fasti di Napoleone* destinata al ballatoio della Sala delle Cariatidi a Palazzo Reale.

Lamberti ricorda dunque la

> Loggia, per la lunghezza di duecento braccia, dipinta da Andrea Appiani, con un grandissimo numero di figure per rappresentare le imprese dell'Eroe Bonaparte [...] imitando in questo l'esempio della Repubblica Ateniese, che da' pittori celebri fece rappresentare nel Pecile tutti gli avvenimenti, che avevano elevata e sostenuta la sua grandezza.

Non è dunque da escludere un suo ruolo di suggeritore, visto che i dipinti appianeschi presentano tutta una serie di decisivi rimandi ad una cultura antiquaria e ai repertori, come quelli di Sante Bartoli, con cui Lamberti aveva una consumata consuetudine.

Altrettanto si può supporre per gli apparati approntati in diversi luoghi della città, la cui invenzione rivela precise tangenze sia con la tradizione dell'antico sia con la cultura dell'Arcadia, con notevoli riprese di immagini allegoriche già proposte a sua volta da Parini. Così nel Bosco dei Giardini Pubblici era stato eretto un grande simulacro della Repubblica Italia, che si caratterizzava soprattutto per l'ara circolare che le faceva da base, istoriata, ricordava Lamberti, da "bassorilievi, in cui si rappresentano i diversi dipartimenti, che, in sembianza di giovani donne, si tengono per mano, e si muovono in danza, a quella guisa che in alcune famose pitture si vedono le Ore esultanti intorno al cocchio del Sole". Si tratta di un'invenzione iconografica di grande effetto, pronta ad essere ripresa, di lì a cinque anni, nella grande medaglia della Sala del trono a Palazzo Reale, rappresentante l'*Apoteosi di Napoleone come Giove*, la cui iconografia sappiamo che spetta a Lamberti.

Nell'itinerario della festa del 1803 seguivano poi un obelisco egizio, ed il Bosco sacro, con entro i mausolei dei guerrieri, i cenotafi dei più illustri letterati italiani e la statua dell'Immortalità "che da una Musa e da Marte riceve i nomi dei Letterati e dei Guerrieri scritti a lettere d'oro". Vi si coniugavano dunque, nella migliore tradizione classicista ed arcadica, i fasti militari con la gloria derivata dall'esercizio delle lettere.

Il percorso proseguiva lungo una via trionfale, al termine della quale si ergevano le "statue delle due Repubbliche Francese e Italiana che amorosamente si abbracciano; ai lati quattro Fame in atto di annunziare alle diverse parti del mondo la fausta unione".

L'ipotesi più attendibile, sapendo che fu Appiani a fornire i progetti per realizzare sculture e apparati effimeri, è che ci sia stata una stretta collaborazione tra il letterato ed il pittore; mentre a conferma della loro intesa rimane un ritratto appianesco di Lamberti, oggi noto attraverso il rame che ne ricavò il bolognese Francesco Rosaspina, lo stesso che incise i *Fasti di Napoleone*, per illustrare il frontespizio delle *Poesie e versioni inedite e disperse* del letterato reggino pubblicate nel 1822.

L'elegantissimo opuscolo di Lamberti dedicato alla *Descrizione dei dipinti a buon fresco eseguiti dal Sig. Cavaliere Andrea Appiani nella Sala del Trono del Palazzo Reale di Milano*, pubblicato presso la Stamperia Reale nel 1808, conferma il suo ruolo di consulente in questa seconda fase del cantiere della reggia, intervento che si connota in una direzione nuova, rispetto agli anni teresiani, come chiarisce il significativo esordio:

> La ricchezza e la magnificenza de' mobili e delle tappezzerie non possono da sé sole reputarsi ornamento bastevole alle maestose abitazioni dei re. Quindi sino dalle più lontanissime età si è avuto in costume d'introdurvi la nobilissima arte della pittura [che] non solo alletta la vista con la luce e la varietà dei colori, ma genera ancora un sodo piacere nell'animo, e dà occupazione al pensiero.

Mentre, infatti, ai tempi di Knoller e di Traballesi la pittura rimaneva fortemente subordinata a tutto l'insieme dell'apparato decorativo, con Appiani diventava l'arte guida, determinata da un impegno celebrativo identificato in una dimensione di respiro internazionale.

L'ultimo atto della collaborazione tra l'artista e il letterato veniva rappresentato dall'esecuzione della volta del salone di conversazione a primo piano della Villa Reale, già dimora di Ludovico Barbiano di Belgiojoso. Un luogo magnifico, dove già Parini, in quella che era stata la sua consulenza finale, aveva dettato i soggetti per le sculture ed i bassorilievi a soggetto mitologico collocati nell'attico e sulle due facciate. Ora era Lamberti a suggerire ad Appiani la rappresentazione di un tema, quello del *Parnaso* (o *Apollo citaredo circondato dalle nove Muse*), con cui Mengs aveva aperto nel 1761, dal soffitto della Galleria di Villa Albani a Roma, la lunga stagione del Neoclassicismo. Al letterato reggino si deve anche l'elegante opuscolo, edito nel 1811 – la stessa data che compare accanto alla firma del pittore nell'affresco – da Bodoni a Parma relativo alla *Descri-*

zione del dipinto a buon fresco eseguito nella Reale Villa di Milano dal Sig. Cavaliere Andrea Appiani, dove, riproponendo quando aveva già pubblicato nel "Poligrafo Milanese", sottolineava quanto quel soggetto canonico, e ormai abusato, avesse ritrovato, proprio attraverso i suoi suggerimenti, una dimensione iconografica nuova, dato che

> Le Muse, come ognuno ben sa, non altro sono fuorché una simbolica rappresentazione della Poetica facoltà; e le varie figure, e gli emblemi diversi che loro furono assegnati, servono a significare le varie specie, in cui fino dagli antichissimi tempi, si divise la Poesia medesima. Da cio si scorge, che volendosi un filosofico intendimento effigiarle per mezzo dell'Arte, il coro di quelle immaginarie Divinità, insieme con Apollo, considerato come il loro Duce, e perciò chiamato col nome di Musagete, conviene stringerle bene, l'una con l'altra, e riferirle tutte al Nume che le governa. Insomma figurarle in maniera, che, comunque separate, pure mostrino di essere altrettante qualità della stessa sustanza, ossia altrettante parti di un'idea composta.

La tradizionale rappresentazione di questo tema, da Raffaello a Mengs, non aveva tenuto conto di tale esigenza, rispettata invece da Appiani, "guidato da quella metafisica dell'Arte che suole mai sempre dirigere ed animare i suoi concetti e le sue felici composizioni". Si torna dunque all'identificazione del pittore filosofo che nel letterato ha un mediatore insostituibile.

L'*UT PICTURA POESIS* MEDIATRICE
TRA POESIA E CRITICA PARINIANA

di *Gennaro Savarese*

A distanza di più di un quarto di secolo dal mio primo incontro con le implicazioni teoriche e storico-critiche di quella che allora chiamai *iconologia pariniana*,[1] ancora non saprei trovare miglior punto di partenza (e anche spartiacque, crinale), per un discorso sulla particolarissima natura della poesia pariniana, che due giudizi di Foscolo, uno su quella che per lui era "la regola capitale" della poesia, l'altro sul risultato dell' assiduo impegno poetico di Parini. Il primo di quei giudizi suona: "Chi disse primo, e quanti hanno poi ripetuto che *ut pictura poesis*, diede, a quanto io credo, la regola capitale della Poesia" (giudizio che aveva il suo presupposto nell'idea foscoliana della poesia "non solo madre della pittura, ma impareggiabile madre di sua figlia"); l'altro, quasi verifica sull'opera pariniana di questi postulati teorici, afferma: "Tutta la vita del Parini fu impiegata nel praticare la massima che *la poesia dovrebbe esser pittura*, ed infatti, eccettuato Dante, tutti gli altri poeti italiani soltanto eccezionalmente dipingono, e per tutto il resto ·descrivono. A forza di meditare al Parini riuscì quel che fu il prodotto naturale del meraviglioso genio di Dante, e sarebbe difficile indicare dieci versi consecutivi del poema pariniano, da cui un pittore non possa

---

[1] La prima edizione del mio libro *Iconologia pariniana. Ricerche sulla poetica del figurativo in Parini* apparve a Firenze, edit. La Nuova Italia, nel 1973; una seconda edizione ampliata è stata pubblicata a Roma dall'editore Bulzoni nel 1990.

trarre un compiuto dipinto con tutte le varietà richieste di attitudini e di espressione".[2]

Questi punti di vista foscoliani sull'essenza della poesia in generale, e su quella di Parini in particolare, guardano, come un Giano bifronte (ma sempre nell'ambito delle 'arti sorelle', nella prospettiva dell'*ut pictura poesis*), da un lato al farsi della poesia pariniana, dall'altro alla natura del condizionamento che questa poesia ha esercitato e continuerà ad esercitare, proprio in virtù della sua peculiarissima storia, sui suoi lettori e commentatori. Perciò poco fa parlavo di spartiacque é di crinale: e infatti queste mie considerazioni in buona parte ancora *in fieri*, alla ricerca di un meno provvisorio *ubi consistam*, (in altri termini, almeno per la prima metà, più spunti, ipotesi di ricerca, che conclusioni in qualche misura finali), riguarderanno per una parte il percorso di Parini verso l'esito di "poeta pittore" (o "dipintore"), secondo la prospettiva foscoliana; e per un'altra tutte le implicazioni collegabili all'immagine del *Giorno* come inesauribile repertorio di "istruzioni al pittore", nel secondo giudizio di Foscolo, in primo luogo quelle che proporrei di chiamare, se non proprio "istruzioni", almeno "indicazioni", "raccomandazioni" per il critico e per il commentatore.

Se il punto centrale del giudizio foscoliano ("a forza di meditare al Parini riuscì") esige che si conoscano sempre meglio i tempi, le occasioni, i modi di quel "meditare" come costitutivi di una tensione verso una "poesia-pittura", allora assume rilievo primario l'attenzione che, per testimonianza del biografo Reina, Parini avrebbe dedicato allo studio delle "collezioni degli eccellenti disegnatori ed incisori", parte nella bottega dell'"eruditissimo libraio" Domenico Speranza, parte nella frequentazione dell'amico e collega scultore Franchi.[3] È su questo punto che si avverte la necessità di orientare la lente d'ingrandimento delle ricerche, per mettere meglio a fuoco alcuni dati generali già sufficientemente assestati (ad esempio, l'esistenza e circolazione in Italia di raccolte delle stampe, più che di altri, di Hogarth), e sui quali una studiosa come Ilaria Magnani Campanacci, ad esempio, ha potuto costruire in parte un analitico studio assai

---

[2] Per i passi foscoliani citati cfr. rispettivamente UGO FOSCOLO, *Esperimenti di traduzione dell'Iliade*, a c. di Gennaro Barbarisi, Firenze, Le Monnier, 1961, p. I, pp. 218-19; e ID., *Saggi sulla letteratura contemporanea in Italia*, in *Saggi di letteratura italiana*, a c. di Cesare Foligno, parte II, vol. XI delle *Opere*, Firenze, Le Monnier, 1958, p. 511.

[3] Cfr. *Opere di Giuseppe Parini*, pubblicate ed illustrate da Francesco Reina, Milano, Genio Tipografico, 1801-1804, vol. I, *Vita di G.P.*, pp. XXX e LVII.

pregevole intorno alle *Suggestioni iconografiche del Giorno*, in un volume datato appena un biennio fa.[4]

La questione particolare si inquadra in problemi più generali, uno dei quali è, ad esempio, quanto e per quali vie Parini sapesse di cose inglesi, a cominciare dalla lingua. Carducci si era posto l'interrogativo, ed aveva risposto con grande misura: "Non apparisce che il Parini sapesse d'inglese: ma ciò non importa. A mezzo il secolo decimottavo la letteratura inglese era diffusa in Italia più forse che oggi, e non pure per le traduzioni francesi, ma per conoscenza propria della lingua e in traduzioni italiane".[5] E poiché quando si parla di Hogarth non si può non pensare al prosatore inglese col quale il pittore-vignettista costituisce una delle più celebri coppie esemplari nella storia delle "arti sorelle", Henry Fielding, un libro che mi piace immaginare caduto qualche volta sotto gli occhi di Parini è il *Joseph Andrews*, del quale esistevano traduzioni anche italiane, come quella anonima, di Venezia (del 1743 o 1753).[6] Si deve a Fielding l'accostamento tra la "narrazione comica" del suo *Joseph Andrews* e la "pittura narrativa comica" di Hogarth[7] (del quale, tra l'altro, era amicissimo:

---

[4] Dico "in parte" perchè i riferimenti alle stampe di Hogarth sono soltanto una parte dell'ampio saggio della Magnani Campanacci, che tocca in modo ravvicinato anche dell'Albani e dei due Tiepolo, del Ghislandi e del Ceruti, di Watteau e Boucher e Greuze, per citare piuttosto alla rinfusa. Lo studio di Ilaria Magnani Campanacci è nel volume *Interpretazioni e letture del* Giorno, (Atti di un seminario tenuto a Gargnano del Garda nei giorni 2-4 ottobre 1997), a c. di Gennaro Barbarisi e Edoardo Esposito, Milano, Cisalpino, 1998, pp. 579-620.

[5] Giosue Carducci, *Storia del* Giorno, in *Opere* (Ediz. nazion.), vol. XVII, *Studi su Giuseppe Parini. Il Parini maggiore*, Bologna, Zanichelli, 1952, p. 105. Occorre distinguere tra un Parini conoscitore dell'inglese e un Parini informato e curioso di cose inglesi: il giudizio di Carducci non esclude questa seconda possibilità, e le cose che verrò dicendo sulle cronache dall'Inghilterra nella "Gazzetta di Milano" convergono in questa direzione. Mi sembrano perciò eccessivamente limitative le implicazioni del giudizio di Franco Fido: "Non c'è nella lista dei suoi libri un solo titolo inglese, né un solo romanzo". (Franco Fido, *Riscontri europei (e improbabili "fonti") del Giovin Signore*, in Id., *Le metamorfosi del Centauro. Studi e letture da Boccaccio a Pirandello*, Roma, Bulzoni, 1977, pp. 247-51).

[6] Cfr. Henry Fielding, *Joseph Andrews*, Introduzione di Maria Teresa Chiari Sereni, Traduzione di Giorgio Melchiori, Milano, Garzanti, 1998, p. XVII.

[7] È questa la tesi che percorre tutta la *Prefazione* del Fielding al suo *Joseph Andrews* (pp. 3-9), e sulla quale si veda Frederick Antal, *Grandi e libertini nella pittura di Hogarth*, Milano, Il Saggiatore, 1964, pp. 168-69. Antal tra l'altro ricorda che lo stesso Hogarth, in una tavola del 1743 su *Caratteri e caricature*, rinvia alla *Prefazione* del *Joseph*

"L'inimitabile pennello del mio amico Hogarth"; la natura che "si era tanto bene adoperata nel definire la fisionomia *di madama Tow-wouse*, che Hogarth stesso non avrebbe potuto dar più espressione ad un ritratto"); si deve a lui questo rivoluzionario giudizio sulle "figure" dell'"ingegnoso Hogarth": "È sempre stata ritenuta gran lode per un pittore dir che le sue figure sono parlanti; ma certamente è lode assai maggiore dire che sembrano pensanti".[8] Ricordo che quando per la prima volta, nel corso di certe lezioni su Parini, mi imbattei in questo giudizio, mi venne quasi naturale la tentazione (grazie agli statuti dell'*ut pictura poesis*), di applicarlo alla poesia del *Giorno*. "Se lo smembramento del poemetto pariniano di cui parla Foscolo — mi dissi — può dar luogo ad una serie, non di quadri soltanto, ma anche di 'stampe' (le 'stampe di Parini'!), non si potrebbe applicare anche a qualcuna di esse ciò che Fielding scrive dei disegni di Hogarth, e cioè che, più che 'parlante', essa sembri 'pensante'?" (E il mio ricordo andava, soprattutto, al sublime ritratto della "matrona del loco", nei versi 539-600 della *Notte*: "Sola in tanto rumor tacita siede / la matrona del loco: e chino il fronte / e increspate le ciglia, i sommi labbri / appoggia in sul ventaglio, arduo pensiere / macchinando tra sé").

Ma con ancora maggiore insistenza l'ombra di Hogarth, della sua arte satirica e polemica, e, perché no?, di sue stampe e incisioni eventualmente circolanti a Milano negli anni di Parini, mi si affacciava scorrendo i fogli della "Gazzetta di Milano" del 1769, l'anno della gestione pariniana.[9] C'è in quei fogli una fitta serie di notizie dall'Inghilterra riguardanti la celebre vicenda del politico e pamphlettista della contea di Middlesex, John Wilkes, la cui storia (come quella del movimento che da lui prese nome, *Wilkes and liberty*), è stata ormai giustamente acquisita alla maggiore storiografia politica e parlamentare, non solo dell'Inghilterra, di quegli anni.[10]

Andrews, della quale la tavola stessa intendeva essere una illustrazione programmatica.

[8] Per questa citazione (e per le precedenti) cfr. H. FIELDING, cit.., rispettivamente pp. 6, 39 e 63-64.

[9] Della "Gazzetta" abbiamo ora l'ottima ed utilissima edizione curata da Arnaldo Bruni: G. PARINI, *La "Gazzetta di Milano" 1769*, a c. di A. B., Milano-Napoli, Riccardo Ricciardi editore, MCMLXXXI, t. I, pp. LXX-308, e t. II, pp. 309-800.

[10] Per essenziali informazioni su John Wilkes e le sue vicende politico-parlamentari cfr. *La "Gazzetta di Milano"*, cit., vol. I, p. 8, n. 14. Ad uno stretto rapporto tra il caso Wilkes e "la primavera dei lumi" allude FRANCO VENTURI in *Utopia e riforma nell'illuminismo* (Torino, Einaudi, 1970), nel cap. V, *Cronologia e geografia dell'illuminismo*, p. 158: "In gran Bretagna, dove si sta preparando in Scozia lo sbocciare di un grande mo-

Le vicende di Wilkes, curiosa mescolanza, nelle cronache utilizzate dalla *Gazzetta di Milano*, di commedia e di tragedia ("Il tratto è da commedia; ma nella Storia nostra si veggono molti esempi, dove il tragico è stato tanto più orribile per la mescolanza del comico, alla maniera delle Tragedie di Schakspear", si legge nella corrispondenza del 2 maggio da Londra),[11] hanno quasi l'esclusiva nelle notizie dall'Inghilterra accolte nella *Gazzetta* pariniana. Ma la storia di Wilkes aveva forti agganci con l'arte di Hogarth, che prima amico, poi nemico dell'uomo politico inglese, in una stampa del 1763 aveva disegnato, come ci informa Antal, "una caricatura in cui Wilkes tiene in cima ad un bastone il berretto della libertà, che è in realtà il berretto di pazzo": disegno che ebbe un successo enorme e "divenne il ritratto tipico di Wilkes".[12] Se qualche sentore della satira hogarthiana sul personaggio aveva accompagnato le cronache inglesi accolte nella "Gazzetta di Milano", questo potrebbe configurarsi come un altro stimolo di curiosità e canale della penetrazione delle stampe di Hogarth nella Milano teresiana.

Sempre per rimanere nell'ambito della "Gazzetta" gestione-Parini, un'altra notizia con implicazioni sulla cultura figurativa del poeta è quella del n. XXXII, *Per il Mercoledì 9 Agosto 1769*, datata "Vienna 26 Luglio". Vi si legge che la "Maestà dell'Imperadrice ha fatto collocare nella Sala, in cui radunasi il Collegio de' Medici di questa Università, il busto in bronzo del Barone Van-Swieten, posto sopra di un piedestallo di marmo", con un'iscrizione che viene di seguito riportata per intero. "Quest'opera, – conclude la notizia – che è del Sig. Mesterschmit, Membro dell'Accademia Imperiale, e Regia di Pittura, Scultura, ed Architettura di questa Capitale, fa in ogni sua parte molto onore al detto Artefice, già noto per altre cose consimili".[13] Il noto artefice, il cui cognome sulla "Gazzetta" è leggermente storpiato, è lo scultore Franz-Xaver Messerschmidt (1736-1783), dal 1769 professore aggiunto di scultura all'Accademia di Vienna, i cui busti gli meritarono, dopo la morte (a quanto pare) il nome di "Hogarth austriaco", perché "venivano considerati studi di "fisionomia" umana,

vimento intellettuale, sentiamo a Londra risuonare il grido di 'Wilkes and liberty'"; e si veda anche p. 162.

[11] La *"Gazzetta di Milano"*, cit., vol. I, pp. 250-52.
[12] ANTAL, *Grandi e libertini nella pittura di Hogarth*, cit., pp. 22-23.
[13] La *"Gazzetta di Milano"*, cit., vol. II, pp. 379-80.

di 'carattere', oppure raffigurazioni delle passioni umane", come scrive l'autore del più importante studio che si abbia su di lui, Ernst Kris.[14]

Esistevano, è lecito domandarsi, e circolavano, nella Milano di Parini, riproduzioni delle opere del Messerschmidt? Che oltre tutto era stato anche fuori della patria: nel 1765 a Roma, e dopo, forse, anche a Parigi e a Londra. La "notorietà" dell'artista, cui accenna la notizia della "Gazzetta di Milano", era circoscritta alle sole città che avevano ospitato mostre dei suoi celebri busti, dei quali il libro di Kris offre una cospicua serie di riproduzioni, compreso quello di cui si parla nella "Gazzetta", il ritratto di Jan Gerhardt van Swieten, archiatra del Sacro Palazzo e medico dell'Imperatrice e della sua famiglia, commissionatogli da Maria Teresa, appunto, nel 1767? Non è probabile che il trafficatissimo canale Vienna-Milano, e in particolare quello tra le due omologhe Accademie di Belle Arti, di Vienna, alla quale apparteneva il Messerschmidt, e quella in gestazione di Brera, possa aver anche favorito la produzione e lo scambio di stampe e incisioni, soprattutto se concernenti la raffigurazione di 'caratteri', in un tempo che fu l'età d'oro della "fisiognomica", iniziata da Le Brun nel secolo precedente, e culminata proprio negli anni di Messerschmidt e di Parini con le teorie di Lavater e di Lichtenberg? Non è un caso che l'ampio saggio di Roberto Longhi su Gaspare Traversi, là dove tocca dei "caratterismi del tempo", menzioni anche i "'caratteri' in iscoltura del Messerschmidt", giudicati da lui "rigoristi e classicheggianti".[15]

Scorrendo le immagini e i titoli dei "caratteri in iscoltura" di Messerschmidt quali appaiono nello studio del Kris ("Sonno quieto, tranquillo", "L'artista come si è immaginato nell'atto di ridere", "Il generale coraggioso", "Il melanconico", "Un anziano, burbero soldato", "Uomo fidato", "Uomo di cattivo umore", "Uomo che fa del sarcasmo", "Uomo che sbadiglia", "L'ostinato", "Un vecchio intrattabile con gli occhi doloranti", "Appena salvato dall'annegamento", "L'impiccato", "L'irritato",

[14] ERNST KRIS, *Uno scultore psicotico del XVIII secolo*, in *Ricerche psicoanalitiche sull'arte*, Prefazione all'edizione italiana di Ernst H. Gombrich, Traduzione di Elvio Fachinelli, Torino, Einaudi, 1967, pp. 122-45; la citazione è a p. 128. Anche Antal (*Grandi e libertini*, cit., pp. 256-57) ricorda la fama di cui godette Messerschmidt come "Hogarth della scultura".
[15] ROBERTO LONGHI, *Di Gaspare Traversi*, in ID., *Da Cimabue a Morandi*, Saggi di storia della pittura italiana scelti e ordinati da Gianfranco Contini, Milano, Mondadori, 1978, p. 993.

"Odore intenso", "Un sempliciotto", "Vecchio che sorride contento", "Ipo-crita calunniatore", le "Teste a becco", "Figura sinistra", "Suonatore in-capace", "Afflitto da stitichezza", "Dolore senza sfogo esterno", "Pianto fanciullesco", "Zingaro irato e vendicativo", "Il tormentato"), vien quasi naturale di immaginare quale modello e fonte di ispirazione per i "carat-terismi" di un poeta, quelli verbali, potessero essere rappresentazioni di questo genere (e, naturalmente, una volta portate da due a tre le conven-zionali "arti sorelle", seguendo il suggerimento di A. Gargiulo, che pro-poneva di chiamare "figurative" le tre arti "soggette al modello di na-tura", cioè scultura, pittura e poesia).[16]

A questo punto apro una piccola digressione, che può esser presa come una favola. C'è stato un poeta, che tra l'altro credeva di non essere "un poeta particolarmente visivo", e che forse proprio per questo, quando com-poneva delle liriche che poi intitolò *Canzonette*, è stato attratto da una poe-sia ricca di "pittorico" (di *dipintivo*) come quella di Parini, che in una di queste *Canzonette*, ricche di succhi pariniani, esprime un suo sogno di poeta sulle "arti sorelle", *L'incisore*. In essa — come informa lo stesso au-tore in *Storia e cronistoria del* Canzoniere — "Saba immagina di essere, in-vece di un poeta, un antico incisore; vede, in questo mestiere, la felicità. *Mi sogno io qualche volta / di fare antiche stampe. / È la felicità.* E la canzo-netta elenca con amore tutte le cose che, se questa felicità gli fosse stata concessa, egli avrebbe incise sulla lastra. Ma, anche sulla lastra, avrebbe voluto mettere e il vero e, al di sopra del vero, qualcosa dell'anima sua. Saba incisore avrebbe fatto le stesse cose che fece Saba poeta: *Io guardo il vero, e calco / qual è la dolce vita*".[17]

La digressione-favola ha naturalmente una sua morale, che è questa. Se un poeta non "particolarmente visivo" come Saba ha potuto sognare la felicità di essere "incisore", di "fare antiche stampe", non è forse assurdo pensare che un poeta come Parini, l'autore dei *Soggetti e appunti per pitture decorative*, il professore dei *Principii fondamentali e generali della belle lettere*

---

[16] "'Figurative' bisognerebbe chiamarle, se non si temesse di urtar troppo l'uso", scriveva di quelle tre arti il critico (ALFREDO GARGIULO, *Il verde e l'albero*, in *Scritti di estetica*, a c. di Manlio Castiglioni, Le Monnier, Firenze, 1952, pp. 120-21).

[17] UMBERTO SABA, *Storia e cronistoria del* Canzoniere, in *Prose*, a c. di Linuccia Saba, Milano, Mondadori, 1964, pp. 490-92. Su questo, e altri temi affini nell'opera di Saba, ho in corso di stampa un saggio su *I colori di Saba. (Saba, il figurativo e l'"ut pictura poe-sis")*.

applicati alle belle arti, abbia, anche se di poco, varcato la soglia del sogno sabiano, per tracciare non più "istruzioni al pittore", ma "istruzioni all'incisore", al vignettista satirico, all'Hogarth di turno, insomma, ("le stampe di Parini"), anche se i suoi suggerimenti, a conti fatti, sarebbero stati in buona misura il prodotto di una civiltà visiva gestita proprio da quei disegnatori e affini.

Si parlava, poco fa, anche del Messerschmidt, lo "scultore psicotico". Confesso che per me è stato sempre poco meno che ovvio pensare ai volti deformati, distorti in smorfie, in lineamenti esasperati dei busti del Messerschmidt, non già come modelli per certe "stampe" pariniane, ma sì come garanti di certe estremizzazioni fisiognomiche disegnate dal poeta, e spiegabili con cause diverse da quelle sottese all'arte dello scultore tedesco. Penso, ad esempio, a un celebre "ritratto" del *Mezzogiorno*: "Avvien sovente, / che un grande illustre or l'Alpi, or l'oceàno / varca e scende in Ausonia, orribil ceffo / per natura o per arte, a cui Ciprigna / ròse le nari; e sale impuro e crudo / snudò i denti ineguali. Or il distingue / risibil gobba, or furiosi sguardi, / obliqui o loschi; or rantoloso avvolge / tra le tumide fauci ampio volume / di voce che gorgoglia, ed esce alfine / come da inverso fiasco onda che goccia."[18] O ancora questa "stampa" dello stravolgimento fisico che "l'alato veglio", il Tempo, prima o poi produrrà nelle fattezze armoniose del "giovin signore", facendone ripiegare in dentro le labbra, e sporgere spropositatamente il mento per la caduta dei denti: "...Egual ventura / t'è serbata, o signor, se ardirà mai, / ch'io non credo però, l'alato veglio / smovere alcun de' preziosi avorii / onor de' risi tuoi, sì che le labbra / si ripieghino a dentro e il gentil mento / oltre i confin de la bellezza ecceda".[19] In altri termini, per rimanere alla similitudine col sogno di Saba, anche Parini "incisore" avrebbe fatto le stesse cose che fece il poeta del *Giorno*.

Se questi sono alcuni punti da servir per commento al giudizio foscoliano su Parini impegnato a realizzare una poesia che vorrebbe "esser pittura", molto più lunga sarebbe la rassegna dell'*ut pictura poesis* nella storia della critica pariniana, a considerarla in stretta connessione con l'altra idea di Foscolo, che interpretava il *Giorno* come una naturale e ricca

[18] G. PARINI, *Il Mezzogiorno*, vv. 704-14.
[19] ID., *La Notte*, vv. 750-56.

riserva di "istruzioni al pittore". Per evitare di percorrere quasi intera la storia di quella critica, mi limiterò ai picchi del fenomeno, che sono poi anche i picchi di quella storia. Intanto colpisce già, fino a configurarsi quasi *in limine* come un *leit-motiv* dei più importanti nella critica successiva, una delle prime testimonianze biografiche, quella contenuta nelle *Lettere di due amici* (L. Bramieri e P. Pozzetti), del 1802, nella quale l'immagine di Parini "dipintore" è sviluppata in un gioco meticoloso di associazioni metaforiche, che mettono anche l'accento sul *Giorno* come fedele rappresentazione della vita contemporanea in continuo divenire. "Già da più lustri – suona il passo – era a finimento condotta una quantità di graziosissime dipinture, nelle quali prendeva l'ammaestrato a un tempo e celebrato eroe molteplici, opportune, ben disegnate e vivamente colorite attitudini; né altro quasi mancava che le pareti, per dir così, a cui si appendessero per formarne una amenissima galleria. Mentre però si accingeva ad ordinarle e collegarle insieme con transizioni e nodi, onde ne risultasse un tutto pieno di vaghezze e di armonia, eccoti che la sempre cangiante moda, le varie sociali ridicolaggini solite a collidersi di continuo e a dissiparsi vicendevolmente, rendevano inutile, perché men vera da un mese all'altro, or questa or quella dipintura e poco men che vana la fatica del dipintore".[20]

Uno dei due autori di queste *Lettere*, il padre Pompilio Pizzetti, raccontava inoltre che era stato proprio il poeta a dargli questa spiegazione della sua attitudine all'osservazione, a studiare sul vero e sul vivo i vizii e le figure umane (un'attenzione, diremo noi, molto simile a quella di un pittore che dal suo punto di osservazione raccolga disegni, schizzi, abbozzi da usare nei suoi lavori): Parini l'attribuiva alla sua infermità, che gl'impediva l'uso agevole delle gambe e lo costringeva a restar seduto nelle compagnie "curioso e comodo spettatore di tutto quanto accadesse alle veglie, alla danza, al corso, ai teatri, ai ridotti, ai tavolieri".[21] Più tardi "un francese che scrisse del Parini con amorosa intelligenza" (Raymond Dumas, *Parini. Sa vie, ses oeuvres, son temps*, 1878: il giudizio è di Carducci), a proposito della "sfilata degli imbecilli" nella *Notte*, quasi a rifinire, forse anche senza saperlo, quel profilo di un Parini raccolto nel suo angolo di

---

[20] LUIGI BRAMIERI e POMPILIO PIZZETTI, *Della vita e degli scritti di G.P. Lettere di due amici*, Piacenza, Ghiglioni, 1801, p. 10.

[21] *Della vita e degli scritti di G.P.*, cit., II ediz., Milano, Mainardi, 1802, p. 41.

osservazione, avrebbe scritto: "Qui non abbiamo che sbozzi, figure viste di scorcio, profili fuggitivi e fissati con due o tre colpi di matita. Di questa frivola società l'artista non volle incider co'l bulino le fisionomie svanite, i tipi nulla dicenti e senza carattere, e così dà a divedere il vuoto di quelle teste".[22]

Dopo aver ricordato come gravitanti intorno alla prospettiva teorico-critica di Foscolo i contributi di un Camillo Ugoni sulle qualità pittoriche del *Giorno* (mi limito a quello sulla Favola del Piacere: "Il quadro nella pittura gareggia coll'Albano, né forse è indegno di un socialista nell'intenzione"), e un po' forse anche l'immagine sintetica di Cesare Cantù al termine del suo studio sul poema ("Qui lasciò interrotta la pittura il gran Lombardo... E deh l'avesse potuta o voluta colorire"),[23] voglio segnalare un passo primo-ottocentesco che somiglia tanto ad un'imitazione o aggiunta ai *Programmi di belle arti* di Parini, notevole sia per l'autore che lo tracciò, sia per i problemi di critica letteraria che sfiora. "Io penso – scrive l'autore – che l'antichità, specialmente romana o greca, si possa convenevolmente figurare nel modo che fu scolpita in Argo la statua di Telesilla, poetessa, guerriera e salvatrice della patria. La quale statua rappresentavala con un elmo in mano, intenta a mirarlo, con dimostrazione di compiacersene, in atto di volerlosi recare in capo; e a' piedi, alcuni volumi, quasi negletti da lei, come piccola parte della sua gloria". L'autore di questa *ècfrasi* è Parini, ma non il Parini storico, bensì l'eponimo della grande *Operetta* leopardiana *Il Parini, ovvero della gloria*.[24] La descrizione di Telesilla che Leopardi mette sulla bocca del poeta settecentesco, anche se attinta da Pausania e dal Barthélemy, è scritta nello stile dei *Soggetti* pariniani, ed apre un interessante spiraglio sull'attenzione di Leopardi per i problemi delle "arti sorelle" e della "letteratura delle immagini", sulla quale si è aperto da qualche anno un promettente filone della critica leopardiana.[25]

---

[22] RAYMOND DUMAS, *Parini. Sa vie, ses oeuvres, son temps*, Paris, Durand, p. 132.

[23] Si vedano rispettivamente: CAMILLO UGONI, *Della letteratura italiana nella seconda metà del sec. XVIII*, Milano, Bernardoni, 1856, vol. I, p. 380; e CESARE CANTÙ, *L'abate Parini e la Lombardia nel secolo passato*, Milano, Gnocchi, 1854, p. 354.

[24] GIACOMO LEOPARDI, *Operette morali: il Parini, ovvero della gloria*, capitolo primo.

[25] Per alcune cospicue "concomitanze" tra il figurativo della poesia e quello di altre arti in Leopardi, mi permetto di rinviare al mio saggio *Leopardi e la caricatura* (relazione al Convegno recanatese del 1995 su *Il riso leopardiano. Comico, satira, parodia*, ora negli Atti del IX Convegno internazionale di studi leopardiani, Firenze, Olschki, 1998,

E vengo ora all'altro "picco" dell'*ut pictura poesis* nella storia della critica pariniana, Carducci, che peraltro è tutto ancora da studiare nel suo contrastato rapporto odio-amore con quella pseudo-teoria. Un episodio del quale rapporto è proprio in una pagina de *Il Parini minore*, a proposito della strofe ripudiata della *Vita rustica* ("E perché a i numi il fulmine / di man più facil cada; / pingerò lor la misera / sassonica contrada, / che vide arse sue spiche / in un momento sol; / e gir mille fatiche / col tetro fumo a vol".). "Per due bei versi, gli ultimi – si infuriava Carducci – … dover… portare in pace la scioperataggine di quel *Pingerò*. Vi *pingete* voi, o lettori, l'abate Parini là in Brianza che sonando la cetra, descrive, anzi dipinge, a Domeneddio il guasto menato da Federico II in Sassonia nell'estate del '58?".[26] La sfuriata, come dire?, "anti-dipintiva", fa il paio con quella che già ebbi a segnalare nell'*Iconologia pariniana* a proposito dei versi finali de *L'Impostura*: "Le ultime due strofe sarebbe meglio non ci fossero, soprattutto per quel *E me nudo nuda accogli* che fa ridere, facendo pensare alla bella figura che farebbero quei due nudi lì, la Verità e l'abate… Quei nostri vecchi, con tutte le lodi del buon tempo antico, doveano aver da vero di molto poca stima o dell'intelligenza o dell'onestà dei loro lettori o uditori: attaccavano sempre la moralità dove n'era meno bisogno. Oggi affettiamo invece la immoralità. Né l'uno né l'altro è arte".[27]

Era dunque Carducci nemico giurato della "poesia-pittura" teorizzata da Foscolo proprio sul modello pariniano? O non nascevano, forse, le sue sfuriate "anti-dipintive", da una più rigorosa concezione di una poesia che vorrebbe "esser pittura", soggetta a dover mostrare le sue incongruenze

pp. 123-38). Qualche ulteriore ipotesi su possibili aperture della cultura leopardiana verso la "letteratura delle immagini" e la teoria delle "arti sorelle" ho avanzato nel toccare il tema del rapporto Leopardi-Segneri (*Avventure segneriane tra Sette e Ottocento: Parini, Leopardi, De Sanctis*, in AA.VV., *Paolo Segneri: un classico della tradizione cristiana*, Atti del Convegno internazionale di studi su Paolo Segneri nel 300° anniversario della morte, 1694-1994, Nettuno 9 dicembre 1994, 18-21 maggio 1995, Forum Italicum Inc., Stony Brook, NY, 1999, pp. 47-62.) Su questi aspetti della cultura di Leopardi si veda ora l'esauriente volume di FRANCESCA FEDI, *Mausolei di sabbia. Sulla cultura figurativa di Leopardi*, Lucca, Pacini Fazzi editore, 1997.

[26] G. CARDUCCI, *Pariniana. II. La vita rustica*, in *Opere* (Ediz. nazion.), vol. XVI, *Studi su Giuseppe Parini. Il Parini minore*, Bologna, Zanichelli, 1952, p. 175.

[27] ID., *Pariniana. IV. L'Impostura*, in *Opere*, vol. XVI, cit., p. 240. Per la precedente segnalazione alla quale alludo, si veda la mia *Iconologia pariniana*, cit., II ediz., pp. 189-90.

se sottoposta alla prova della traduzione in immagini mentali? (Il poeta che "dipinge" sonando la cetra, la Verità "nuda" che accoglie il poeta-"abate" "nudo"!). Perché poi Carducci, per suo conto, era capace di ardimenti degni del miglior allievo del Batteux, passando spensieratamente sopra alla teoria lessinghiana della inconciliabile diversità dei mezzi espressivi: come quando, ad esempio, in una lettera a Lidia del luglio 1877 da Perugia, mette a paragone alcune pitture del Perugino e gli *Inni sacri* di Manzoni: "Il natale del Manzoni dirimpetto a questa roba qui fa l'effetto d'un pugno di frasche secche".[28]

Gli imprestiti di lessico, di immagini e di argomenti dall'*ut pictura poesis* nelle pagine dei due volumi di Carducci su Parini sono a dir poco innumerevoli, sia che il critico scelga e riporti giudizi altrui, sia che scriva di proprio. La pagina, ad esempio, delle *Heures de lecture* (1891) di Émile Montégut che si legge nella *Storia del* Giorno equivale ad una piena accettazione di quel punto di vista storico-critico, che il nostro Domenico Petrini avrebbe in seguito ulteriormente sviluppato. "Il sig. Montégut – scrive Carducci nel 1892 – in un recente finissimo studio su'l Pope, notò accortamente che le descrizioni del Riccio iniziano e, per così dire, rivelano quella po' di poesia che è nella pittura del secolo decimottavo, rimessa in onore dai Goncourt; notò che Pope è come il precursore di Hogarth, di Watteau, di Fragonard; che pare avere inspirato quelle scenette di genii di amorini di silfi, que' languori e svenimenti di mistica sensualità in un roseo tepor mitologico, quell'arte insomma di alcove di salotti e villini, che anche il Parini ha più di una volta graziosamente tradotta in versi" […].[29]

Egli poi, scrivendo in proprio, nel 1900, *Dentro, fuori, intorno ai sonetti di G.P.*, a proposito dei due sonetti per nozze *Fingi un'ara o pittor* e *O tardi*

---

[28] Ecco il più ampio contesto della lettera a Lidia: "Quel che ti piacerebbe, spero, è la pinacoteca dove sono pitture del Perugino, senza più meravigliose: la purezza, la delicatezza, la finitezza della scuola umbra, con l'ideale religioso, qui hanno toccato il colmo: l'adorazione della Vergine al suo nato, e il battesimo di Gesù, paiono divini anche a me che sono pagano. Il natale del Manzoni dirimpetto a questa roba qui fa l'effetto d'un pugno di frasche secche! E quanti natali! Questa gente non facea che natalizi e crocifissioni e madonne: ma che roba!" (G. CARDUCCI, lettera da Perugia a Lidia del 28 luglio 1877, in Ediz. nazion. delle *Opere*, cit., *Lettere*, vol. XI, Bologna, Zanichelli, 1947, pp. 163-66).

[29] Per questo riferimento all'opera del Montégut (Paris, Hachette, 1891) si veda *Storia del* Giorno, cit., p. 113.

alzata, avrebbe osservato: "L'uno è una rappresentazione vagamente archeologica delle nozze antiche, e meritò di esser tradotto in leggiadro disegno da Andrea Appiani: l'altro è l'indomani delle nozze moderne, e avrebbe potuto dar soggetto a un pastello del Watteau o dell'Angelica Kauffmann [...]".[30] E come non ricordare certi passi della *Storia del* Giorno, come quello sul confronto tra la vecchia e la moderna nobiltà, ridotto a contrasti di luce nei "quadri" del poema: "Altro effetto di varietà e motivo a contrasti di luce stranamente illustranti i suoi quadri trae il poeta del Giorno dai raffronti [...]"; o questo sulle "comparazioni", dove spunta una "fantasia pittrice" che nella memoria di Carducci serba forse qualcosa dell' "arcana / armoniosa melodia pittrice" che il Foscolo della *Grazie* chiedeva alle dee: "Nuova fonte, viva e fresca, di fantasia pittrice a illuminare con un subito getto di colore che rinnova la scena e percuote gradevolmente la immaginazione del lettore, sono nel Giorno le comparazioni [...]"?[31]

Questi ed altrettali aspetti della poesia pariniana presenti all'attenzione di Carducci critico convergono ad un insuperabile giudizio sintetico dell'intera personalità del poeta, in quanto studioso del "dipintivo" delle arti figurative ed artefice ("grande artiere") della parola e del verso. "Nato artista, il Parini finamente sentiva e passionatamente cercava l'accordo armonico dell'invenzione con le linee e col disegno. Anche qualche strofe delle *Odi* (*Tal cantava il centauro*) pare una gemma greca; qualche sonetto (*Fingi un'ara, o pittor*) è un rilievo finito, e l'Appiani lo eseguiva. Professore all'accademia di belle arti, studiò monumenti e modelli antichi e nostri, lesse e rilesse il Vasari e altri scrittori d'arte, compose anch'egli programmi d'arte su'l gusto dei cinquecentisti, ideando soggetti di pitture o statue e altro per teatri e palazzi. In poesia, dal disegno che netto con la visione poetica fermava nella fantasia, il sentimento così educato lo confortava e aiutava a tradurre la espressione mossa e la espressione calma, la rappresentazione simpatica e la patetica, dell'idea, dell'oggetto, dell'immagine nella materia, per elezione e per lavoro cerea, agevole, flessuosa, della parola, della frase, del verso [...]".[32]

Dei critici più o meno direttamente coinvolti (o coinvolgibili) nell'attenzione al problema delle "corrispondenze" tra arti visive e poesia pari-

---

[30] CARDUCCI, *Opere*, cit., vol. XVI, p. 325.
[31] *Ibid.*, vol. XVII, p. 253.
[32] *Ibid.*, pp. 257-58.

niana (Momigliano, Praz, Petrini, Binni, Ulivi, Petronio, Antonielli, Isella, Bosco: sono i nomi che facevo all'inizio del capitolo conclusivo del mio libro, *Iconologia e poesia*), quello sul quale mi sembra quasi necessario recare un supplemento d'indagine, perché dopo Carducci è veramente un picco di quel filone di storia della critica, è Attilio Momigliano, non l'autore di pur fondamentali pagine critiche sul poeta, ma il commentatore del *Giorno* (1925).[33]

La lettura del *Giorno* è una delle cose più vive di Momigliano, la più vicina ad una 'lezione', vera, però, non accademica, con i suoi aggettivi giudicanti (*faticoso, freddo, goffo, insipido*; oppure *maestoso, sublime, concisa potenza pittrice*), con le sue perplessità e confidenze da lettore a lettore, con la ricerca delle cause di certi fallimenti, con la cura prestata anche alle varianti e ai frammenti estravaganti, alla ricerca del meglio che poteva essersi perduto, o che si sarebbe potuto conseguire. Alla base di questa immersione nella lettura del *Giorno* c'è però quell'idea, che nasceva, come si è visto, da una confidenza di Parini al padre Pozzetti, del poeta "nell'attitudine dell'osservatore metodico e compiuto" della vita e società nobiliare, dalla quale poteva nascere la "pittura" (ma qualche volta anche non nascere, com'è ad esempio il "Più che il quadro, avete lo spunto", sui versi 883-885 del *Mattino*, o del "quadro più osservato che dipinto" di certi versi estravaganti della Notte).[34] Nonostante tutto, l'ipotesi di un *a-priori* visivo della poesia pariniana anima per intero il commento di Momigliano, dal quale si può citare a caso: "Tema da pittore e canzonatore del Settecento" (M., 104-105); "Versi che, si direbbe, dipingono e cantano, con la grazia d'un pittore settecentesco" (Mt, 262 ss.); "Il largo endecasillabo seguente dà all'accenno di questa parola uno sviluppo di quadro maestoso [...]" (Mt, 419); "Vi è qui il primo quadretto rococò del poema [...]" (Mt,

---

[33] Su Momigliano lettore e critico del Settecento si veda il mio *Momigliano e il Settecento*, relazione svolta al Convegno di Studi nel Centenario della nascita del critico (Firenze, 10-11 febbraio 1984), apparsa prima su "La Rassegna della Letteratura Italiana", Anno 88°, n. 3 (Settembre-Dicembre 1984), pp. 363-73, quindi negli Atti del Convegno, a c. di Alvaro Biondi, Firenze, Olschki, MCMXC, pp. 49-64. Il commento di Momigliano al *Giorno* apparve nel 1925 a Catania presso l'editore Muglia; è stato poi ristampato, con l'aggiunta delle *Odi* e di un'antologia della critica, a c. di Lanfranco Caretti (Torino, G.B. Petrini, 1966). Tutti i miei riferimenti al capolavoro pariniano saranno fatti su questa ristampa.

[34] Cfr. G. PARINI, *Il Giorno*, interpretato da Attilio Momigliano (ediz. Caretti, cit.), rispettivamente p. 50 e pp. 132-33.

474 ss.); "[...] Vivacità sintetica, pittura e quadretto insieme "; "Quadretto settecentesco. È un motivo da pittore del tempo" (Mz, 30-40); "Immagine leggiadra, tratteggiata colla morbidezza d'un ritrattista settecentesco" (Mz, 126-129); "Osserva [...] l'abilità che ha il Parini di nobilitare le quisquiglie e trarne motivo di pittura" (Mz, 339-346); l'"abbozzo di ritratto schifoso" (Mz, 704 sgg.), al quale "un colpo brutale di scalpello fa saltar fuori dalle gengive quella schiera di denti corrosi". (Sarà un caso, ma è la sola volta che Momigliano si avvale dei soccorsi metaforici della scultura, in una "stampa" che a me faceva venire a mente lo scultore psicotico Messerschmidt). E ancora, proseguendo la lista, "la pennellata caotica con la quale si chiude il quadro" nei versi 384-393 della *Notte*, nel ritratto di colui che ha la mania di fare il postiglione: "E il marito e l'ancella e il figlio e il cane!".[35]

In una nota a Mz, 394-407, intanto, era affiorato un esplicito confronto della pittura con l'arte della parola, quello che anche il giovane Leopardi, in una lettera al Giordani, definisce il "cimento proprio terribile di mettere alle prese l'arte di scrivere colla pittura".[36] "Non tutto è chiaro – scrive Momigliano – nella minuta e ardua pittura: qui, come altrove, rimangono i segni dell'aristocratico tentativo di descrivere poeticamente e concretamente un oggetto insolito all'arte della parola [...] Unica grande bellezza del quadro, l'effige incantata del marito". Anche uno dei vertici della poesia pariniana, l'episodio della "vergine cuccia", è commentato dal critico con la sua abituale attenzione ai valori sia "visivi" che verbali del testo: "Nella scena eroicomica tutto è dipinto con un'evidenza signorile, con una significazione profonda, con una proporzione di rilievi e di ombre, che fanno di questo tratto una delle cose perfette della nostra poesia [...] Tutto vi si dipinge dinanzi in venti versi, dei più sobri e densi che abbia la nostra poesia, dei più ricchi d'intenzioni, di scorci e di colori [...]. Se nel *Giorno* le pagine come questa fossero numerose, pochi capolavori pari a questo in uma-

---

[35] *Ibid.*, p. 129.

[36] La lettera, con la quale Leopardi diciannovenne ringraziava il Giordani dell'invio del volume delle *Prose* nell'edizione Silvestri del 1817, nella sua attenzione alla tendenza della prosa giordaniana all'*ecphrasis*, all'*ante oculos ponere* ("mettere innanzi agli occhi", com'egli scriveva), è un interessante documento della sensibilità del giovane poeta alla problematica delle "arti sorelle".(Si veda la lettera da Recanati a Pietro Giordani in data 30 maggio 1817 in G. LEOPARDI, *Tutte le opere*, a c. di Walter Binni e Enrico Ghidetti, Firenze, Sansoni, 1969, vol. I, pp. 1029-32).

nità e concisa potenza pittrice avrebbe l'intera letteratura italiana".[37]

Se il caso di Momigliano esercitante sul Giorno un'ermeneutica memore dell'*ut pictura poesis* può sembrare poco sorprendente e quasi naturale, nella storia e personalità del critico, solo che si ricordi un altro suo studio pur esso pionieristico nel campo delle "istruzioni al pittore", della collaborazione tra "pensiero per immagini" e "pensiero per vocaboli" (mi riferisco al lungo saggio *Il Manzoni illustratore dei "Promessi Sposi"*, relativo ai soggetti proposti da Manzoni a Gonin per le illustrazioni al romanzo),[38] quando invece ci si imbatte in aperture sul "dipintivo" in un critico in prevalenza, e assai sottilmente, attento alla sostanza verbale della poesia, come Giuseppe De Robertis, allora acquistano maggiore plausibilità certi piccoli corollari teorici del problema, parte già richiamati, parte da precisare tra poco. In uno dei *Saggi* del 1939 De Robertis scrive: "[…] Il dipinger minuto portò il Parini a comporre la sua prosa più nuova, il *Discorso sopra le caricature*, dove, non foss'altro, c'è la pittura d'una piazza che certo piacerebbe a un modernissimo; con un agro sapor di parole, e un disegno asciutto, che fa capire che umor bolliva nella testa d'un poeta così severo[…]".[39] Ed ecco la "piazza" di Parini: "[…] Io capitai, così andando alla ventura, sur una piazza accerchiata all'intorno da certe fabbricuzze, che voi vi maravigliereste come potesson reggere in piedi. Esse parean fatte di cartapesta con mille ghirigori, arabeschi e lavori d'acquerello all'intorno delle finestre;e al basso di ciascuna di esse certe ferriate che porgevano in fuori, fatte, siccome mi fu detto, per mostrare le belle gambe degli abitatori e delle abitatrici, ché tutti quanti le hanno d'una varietà maravigliosa".[40]

È evidente, a mio parere, che il "modernissimo" al quale, secondo De Robertis, sarebbe piaciuta questa piazza delle *Caricature*, piuttosto che un prosatore novecentesco, dovesse essere della famiglia, poniamo, dei Carrà e dei De Chirico (in altri termini, un pittore del nostro tempo non disdegnoso di dipingere una piazza dietro "istruzioni" provenienti da lontano, ma firmate da un antico che di queste cose se ne intendeva). E a proposito del quale, della essenza della sua poesia (e anche di qualche sua

[37] PARINI, *Il Giorno*, interpretato da A. Momigliano, cit., p. 75.

[38] Si veda il mio *Momigliano e il Settecento*, cit., in RLI (Sett.-Dic. 1984), p. 373, n. 53.

[39] GIUSEPPE DE ROBERTIS, *Saggi*, Firenze, Le Monnier, 1939, p. 42. Lo studio del De Robertis, col titolo *Il Parini*, era apparso in "Pegaso", I (1929), 6.

[40] *Discorso che ha servito d'introduzione all'accademia sopra le caricature*, in G. PARINI, *Opere*, a c. di Ettore Bonora, Milano, Mursia, 1967, p. 642.

prosa, come si è visto) in intimo rapporto col visivo (col "dipintivo", per dare una più adeguata circolazione allo specifico termine pariniano ignorato anche dai nostri grandi dizionari), io avrei da fare una modesta proposta circa i corollari teorici del problema di cui parlavo poc'anzi. Già all'inizio avevo suggerito di pensare alla poesia pariniana come ricca, oltre che di "istruzioni al pittore", così come indicato da Foscolo, anche di istruzioni, indicazioni, o addirittura di percorsi obbligati per il commentatore e per il critico, nel senso che quel genere di poesia, come anche una scorsa sommaria alla storia della critica pariniana sembra confermare, può dar luogo a una critica pur essa sensibile al richiamo del visivo, del "dipintivo". Una delle più famose formule estetiche del vecchio De Sanctis diceva: "Tal contenuto, tal forma", volendo significare che la forma è "generata dal contenuto, attivo nella mente dell'artista":[41] mi si potrà perdonare l'azzardo di proporre, per il rapporto poesia pariniana-critica pariniana, l'idea che quella poesia, attiva nella mente del critico, produca quella tal critica, e perciò "Tale poesia, tale critica?".

[41] Il passo desanctisiano, nella sua integrità, suona così: "La forma non è *a priori*, non è qualcosa che stia da sé e diversa dal contenuto, quasi ornamento o veste, o apparenza, o aggiunto di esso; anzi è essa generata dal contenuto, attivo nella mente dell'artista: tal contenuto, tal forma". Il passo appartiene a una lunga *Nota dell'Autore* al saggio *Settembrini e i suoi critici*, ora nel vol. FRANCESCO DE SANCTIS, *Verso il realismo*, a c. di Nino Borsellino, Torino, Einaudi, 1965, pp. 305-06, n. 1.

PARINI E I TEORICI DEL NEOCLASSICISMO

di *Francesca Fedi*

Recensendo, nel 1973, l'importante mostra londinese dedicata l'anno prima all'*Età del Neoclassicismo*,[1] Alvar Gonzáles-Palacios lamentava con garbata fermezza le molteplici "assenze ingiustificate" di pittori e scultori tacitamente esclusi, per dimenticanza o per errore, dal catalogo degli artisti neoclassici.[2] Un catalogo ch'egli suggeriva di lasciare, invece, assai più aperto (senza temere l'inevitabile sovraffollamento), posta l'impossibilità pratica di trovare, fra gli studiosi, un accordo stabile su "che cosa s'intenda o si debba intendere per Neoclassicismo".[3] E insisteva abbozzando provocatoriamente un inventario delle diverse forme di Neoclassicismo ("femmineo", "virile", "romantico", "neo-medievale", "neo-manierista", "egizio", "neo-seicentesco", "neo-rinascimentale", "ossianico", "rococò") via via riconosciute come tali da teorici e critici d'arte, o ancora individuabili adducendo esempî di contaminazioni e ambivalenze da moltiplicare all'infinito.

Per le buone ragioni addotte da Palacios, non meno arduo di quello che si erano assunti gli organizzatori della mostra londinese è parso a me, *si parva licet*, il compito preliminare di circoscrivere a un elenco 'ragionato' i teorici del Neoclassicismo. Il problema aggirato dal critico con il

---

[1] *The Age of Neo-classicism*, Catalogo della mostra (London 1972), London, The Arts Council of Great Britain, 1972.

[2] ALVAR GONZÁLES-PALACIOS, *La grammatica neoclassica*, in "Antichità viva", XII (1973), 4, pp. 29-55.

[3] *Ibid.*, p. 29.

ricorso ad una manovra brillante di rilancio (quale Neoclassicismo? tutti!)
tornava a propormisi nella sua scoraggiante urgenza. Ma a piccarsi di af-
frontarlo direttamente c'era il rischio di finire come monsignor Baiardi:
quel grave erudito che, incaricato da Ferdinando IV d'introdurre la pubblicazione delle *Antichità di Ercolano*, scrisse svariati volumi di *Prodromi*,
senza riuscire ad andare oltre l'analisi delle fonti del mito di Ercole.

Meglio quindi mi è parso accogliere il *topos* critico sfruttato già da Palacios, e del resto ragionevolmente condivisibile, ribadendo l'impossibilità di definire attraverso una formula inconfutabile che cosa sia stato il
Neoclassicismo. Categoria fluida e ambigua, che effettivamente regge meglio alle dilatazioni che alle delimitazioni e da tempo – superando la pur
grande lezione praziana – si è dimostrata applicabile con successo anche
all'àmbito letterario.[4] In questa prospettiva, è chiaro, fra le varie, possibili definizioni di Neoclassicismo, migliori risultano quelle che tendono
a disegnare un panorama ampio e vario. Per cui resta esemplare, credo,
l'affermazione di Hugh Honour:

[4] Alla difficoltà di fornire una definizione sintetica ed esaustiva del concetto di 'Neo-
classicismo/neoclassico' fanno riferimento in modo più o meno esplicito la massima parte
degli studiosi che si sono misurati con questo problema, indipendentemente dal loro
porsi in una prospettiva critico-letteraria o storico-artistica. Mi limiterò quindi a citare
la conclusione formulata in proposito da Pierre Francastel, che mi sembra paradigmatica sia per l'autorevolezza della fonte che per la sua pregnanza espressiva: "[…] le néoclassicisme n'est ni le palladianisme ni le style d'imitation érudite de l'antiquité. Il est
tout autre, aussi bien artistiquement qu'esthétiquement parlant, suivant qu'on le re-
garde sous l'angle des sources archéologiques ou, au contraire, à travers ses formes ori-
ginales, – très différentes lorsqu'il s'adapte aux programmes londoniens, moscovites ou
romains, très différentes aussi lorsqu'elles nourrissent les vastes domaines imaginaires
d'un Ledoux ou d'un Piranèse. Il existe des néo-classicismes comme il existe des Lumières" [PIERRE FRANCASTEL, *L'esthétique des Lumières*, in *Utopie et institutions au XVIIIe
siècle. Le pragmatisme des Lumières*, textes recueillis par P. Francastel et suivis d'un essai
sur l'esthétique des Lumières, Paris-La Haye, Mouton, 1963, pp. 331-57 (per la citazione cfr. p. 342)]. Quanto poi alla tradizione critica sul Neoclassicismo, e alle linee interpretative che si sono affermate all'interno di essa, è d'obbligo rimandare ai due ampi
contributi di ROBERTO CARDINI, *Neoclassicismo, Momigliano, Praz*, in *Attilio Momigliano*,
Atti del Convegno di studi nel centenario della nascita (Firenze 1984), Firenze, Olschki,
1990, pp. 65-101 e *"Neoclassicismo". Per la storia del termine e della categoria*, in "Lettere
italiane", XLIV (1992), 3, pp. 365-402. Molto meno convincente, benché fondata su
presupposti almeno in parte analoghi, la messa a punto tentata da FRANCIS CLAUDON,
Un exemple de reflexion interdisciplinaire: qu'est-ce que le Neo-classicisme?, in "Neohelicon:
Acta Comparationis Litterarum Universarum", XVII (1990), 1, pp. 255-65.

Il neoclassicismo è lo stile del tardo Settecento, della fase culminante, rivoluzionaria, di quella grande esplosione di ricerca umana nota col nome di illuminismo. L'impegno morale, la profonda serietà, l'alto, a volte visionario, idealismo di liberi pensatori, *philosophes* e *Aufklärer*, tutto si rifletté in esso. Infatti il neoclassicismo, nelle sue espressioni più vitali, condivise appieno il loro spirito di riforma che si sforzava di realizzare, sia attraverso un paziente progresso scientifico sia attraverso un ritorno catartico, alla Rousseau, alla semplicità e purezza primitive, un mondo nuovo e migliore governato dalle immutabili leggi della ragione e dell'equità, un mondo in cui *l'infâme* sarebbe stato *écrasé* per sempre.[5]

Impegno morale, serietà, idealismo, spirito di riforma, fiducia nelle leggi immutabili − antiche − della ragione e dell'equità. Se è possibile definire 'teorici del Neoclassicismo' quanti insistettero sulla possibilità di esprimere attraverso uno *stile* queste istanze (ragionando in termini di *stile*, appunto, più che di specifici contenuti o di specifiche forme d'arte); volendo attenersi a questo criterio − dicevo − allora è possibile arrivare a una sorta di catalogo essenziale (o canone breve) dei teorici neoclassicisti. Dove accanto a Winckelmann, Lessing, Sulzer e Moses Mendelssohn (implicitamente proposti già da Gennaro Savarese come *auctoritates* prime),[6] dovrebbero, credo, figurare anche Mengs (troppo a lungo sottovalutato come teorico)[7] e, fuori dall'asse portante tedesco-romano, almeno Diderot e Joshua Reynolds: cioè il più neoclassicista degli uomini dell'*Encyclopédie* e il grande promotore del classicismo accademico inglese. Ma un catalogo così concepito − ed è questo che particolarmente ci interessa − non potrebbe non includere proprio Giuseppe Parini.

---

[5] HUGH HONOUR, *Neoclassicismo* [*Neo-classicism*, 1968], Torino, Einaudi, 1980, p. 3.

[6] GENNARO SAVARESE, *Iconologia pariniana. Ricerche sulla poetica del figurativo in Parini*, Firenze, La Nuova Italia, 1973, p. 92, nota 120.

[7] Sulla sottovalutazione degli apporti teorici di Mengs da parte degli storici dell'estetica aveva richiamato l'attenzione fino dalla *Premessa* della sua monografia ROSANNA CIOFFI MARTINELLI, *La ragione dell'arte. Teoria e critica in Anton Raphael Mengs e Johann Joachim Winckelmann*, Napoli, Liguori, 1981. Più di recente un meritorio tentativo di restituire dignità all'opera teorica di Mengs è venuto da Michele Cometa, che ha ripubblicato e commentato i *Gedanken über die Schönheit* nella traduzione coeva di José Nicolas de Azara: ANTON RAPHAEL MENGS, *Pensieri sulla pittura*, a c. di Michele Cometa, Palermo, Aesthetica edizioni, 1996.

Parini che fu maestro (ha ragione Isella)[8] a due generazioni di letterati. Ma anche, bisogna aggiungere, punto di riferimento imprescindibile (benché non sempre esplicito) per una generazione almeno di teorici
dell'estetica: quella di Leopoldo Cicognara, d'Ignazio Martignoni, del suo
diretto allievo Giuseppe Bossi. Cioè dei neoclassicisti della seconda fase,
meno noti ma non meno attivamente impegnati nello sforzo d'insegnare
e diffondere – come Parini aveva raccomandato – il gusto per la bellezza
neo-classicamente intesa, vale a dire concepita come strumento di civiltà
e di educazione. Uno strumento da mettere alla prova (e che prova) negli
anni febbrili delle repubbliche giacobine e del bonapartismo, fra Marengo
e Waterloo.

Non è tuttavia l'entità del debito contratto con Parini da questi più
giovani teorici che ho cercato di valutare in vista del nostro incontro, per
quanto credo che una simile indagine avrebbe dato risultati di qualche
interesse.[9] Piuttosto, muovendo appunto dalla convinzione che a Parini
spetti un posto fra i teorici del "primo" Neoclassicismo, ho preferito ragionare sulla specificità – rispetto a quel canone – della posizione pariniana in fatto di estetica, sui connotati del *suo* Neoclassicismo. Ho quindi
scelto di centrare l'attenzione sugli scritti teorici, a cominciare dall'insi-
diosa sintesi rappresentata dai cosiddetti *Principî di belle lettere applicati
alle belle arti*.

I quali peraltro si presentano come un testo problematico non solo dal
punto di vista filologico, e per il loro contenuto non paiono affatto sufficienti ad autorizzare l'annessione di Parini al nostro famigerato catalogo
dei teorici neoclassicisti. È vero infatti che un celebre giudizio di Mario
Praz li ha da tempo consacrati come "la massima opera teorica del neoclassicismo lombardo".[10] Ma a parte che questo riconoscimento suonava
fra il mesto e l'ironico (al "moderato gusto lombardo" – chiosava Praz –

---

[8] DANTE ISELLA, *Foscolo e l'eredità del Parini*, in *I Lombardi in rivolta*, Torino, Einaudi, 1984, pp. 79-102 (e si vedano in particolare le pp. 85-88).
[9] Per un nuovo contributo sull'importante questione dell'eredità pariniana in Giuseppe Bossi si potrà leggere il saggio di Chiara Nenci in questo stesso volume.
[10] MARIO PRAZ, *Architettura neoclassica in Lombardia*, in *Gusto neoclassico*, III ed. aggiornata e notevolmente accresciuta, Milano, Rizzoli, 1974, pp. 152-54 (cito dalla p. 153).

non fu possibile far digerire tesi più innovative: per esempio quelle elaborate da Memmo):[11] a parte questo – dicevo – resta il fatto che nelle lezioni pariniane sarebbe ancora più giustificato considerare dominante l'impronta di una matrice teorica diversa da quella neoclassica. È quello che aveva già proposto a suo tempo Ettore Rota, nell'assegnare a Parini il ruolo di vivace interprete italiano delle tesi di Condillac e Batteux (alla pari con Beccaria, Soave, Pagano e Spalletti), e anzi di ultima voce originale dell'estetica sensista in Europa.[12]

Insomma, se della lunga fedeltà pariniana al metodo e alle teorie del sensismo nessuno dubita (e argomenti ulteriori ci ha offerto in proposito Marco Cerruti), la sua adesione ai principî fondamentali dell'estetica neoclassica di stampo – per intenderci – winckelmanniano non è altrettanto facilmente documentabile. E soprattutto non è sufficiente a documentarla il mèro contenuto delle sue lezioni. Le quali, ridotte alla somma delle singole affermazioni che se ne ricavano, e pensate al di fuori del rapporto coi più tardi *Soggetti per le belle arti* e con le ultime *Odi*, testimoniano solo un felice innesto del pensiero sensista sul sostrato del classicismo tradizionale, fondato sui precetti della retorica. Quell'innesto di cui già Spongano – e si era nel 1933 – aveva saputo descrivere con finezza le ragioni e i modi.[13]

Ma la semplice somma di sensismo e classicismo non produce come risultato meccanico una visione di chiaro stampo neoclassicista dei fenomeni legati all'estetica. E infatti questo genere di conti, con Parini, non tornano: per cui si rischia di cercare invano, nella sua produzione teorica, alcune cifre inequivocabili del codice neoclassicista.

È molto significativo, ad esempio, che Parini non parli mai in modo esplicito di "bellezza ideale". Certo, fa suo il principio chiave (e già con-

---

[11] *Ibid.*

[12] "Les écrivains qui suivirent Parini – conclude Rota – n'ajoutèrent rien de nouveau aux théories des sensualistes": cfr. ETTORE ROTA, *L'esthétique du sensualisme français dans la Littérature italienne du XVIIIe siècle*, in "Nouvelle Revue d'Italie", XVII (1920), 4, pp. 517-34 (cito dalla p. 532).

[13] RAFFAELE SPONGANO, *La poetica del sensismo e la poesia del Parini*, Milano-Messina, Principato, 1933 (ma l'edizione più recente è quella di Bologna, Pàtron, 1964).

sacrato dalla tradizione classica, per esempio attraverso l'elogio di Zeusi)[14] secondo cui l'artista arriva a produrre il bello solo scegliendo e componendo nella sua opera gli sparsi elementi della bellezza naturale. Addirittura, anzi, lo enuncia nell'esordio del suo corso, dove afferma che la bellezza delle opere d'ingegno "consiste nella presentazione di varii oggetti gradevoli per se medesimi, e talmente scelti, composti ed ordinati, che formino un oggetto solo notabilmente gradevole ed interessante".[15] Tuttavia, significativamente, non mette in relazione la *scelta* (questo tratto qualificante del fare artistico) con l'obiettivo di dar vita ad una bellezza depurata da ogni naturale accidente, e perciò ideale: obiettivo rilanciato da Winckelmann, da Sulzer e da Reynolds come mèta ultima dell'arte.[16] Gli effetti che l'opera bella può produrre (piacere e interesse) premono, si direbbe, a Parini più dell'essenza dell'opera stessa.

---

[14] Uno degli aneddoti più celebri legati alla figura di Zeusi vuole che il pittore, per rappresentare in Elena il sommo modello di bellezza femminile, avesse convocato le più belle fanciulle di Crotone e, armonizzando nel suo dipinto i tratti migliori di ciascuna, avesse saputo creare una figura ideale, superiore in bellezza alle singole figure "naturali". Per le fonti dell'aneddoto e il suo valore di paradigma teorico cfr. KURT GSCHWANTLER, *Zeuxis und Parrhasios. Ein Beitrag zur antiken Künstlerbiographie*, Wien, Verband der wissenschaftlichen Gesellschaften Österreichs Verlag, 1975.

[15] Cito da GIUSEPPE PARINI, *De' principii fondamentali e generali delle belle lettere applicati alle belle arti*, in ID., *Tutte le opere edite e inedite*, raccolte da Guido Mazzoni, Firenze, Barbèra, 1925 (da ora in poi citato in forma abbreviata = PBL), p. 763.

[16] Giustamente Michele Cometa (MENGS, *Pensieri*, cit., p. 70, nota 21) ricorda, citando Arteaga [ESTEBAN DE ARTEAGA, *La bellezza ideale* (*La belleza ideal*, 1789), a c. di Elena Carpi Schirone, presentazione di Paolo D'Angelo, Palermo, Aesthetica edizioni, 1993], l'enorme fortuna, presso i teorici neo-classicisti, della teoria della "scelta" come base per la costruzione dell'ideale. Quanto ai tre autori che ho chiamato in causa (s'intende a scopo esemplificativo), di Winckelmann si suole citare, in proposito, soprattutto un passo dei *Pensieri sull'imitazione* (*Gedanken über die Nachahmung der griechischen Werke*, 1755): cfr. JOHANN JOACHIM WINCKELMANN, *Il bello nell'arte. Scritti sull'arte antica*, a c. di Federico Pfister, Torino, Einaudi, II ed., 1980, p. 18; ma il tema percorre in realtà tutta la sua opera. Per Sulzer cfr. *Allgemeine Theorie der schönen Künste* [1771-74], mit einer Einleitung von Giorgio Tonelli, Hildesheim-Zürich-New York, Georg Olms Verlag, 1994 (anastatica dell'edizione Leipzig, in der Weidmannschen Buchhandlung, 1792-99), soprattutto il vol. III, pp. 668-72 (voce *Ideal*) e IV, pp. 716-18 (voce *Wahl*). Di Reynolds risultano particolarmente incisive, in merito, alcune pagine del *Discorso VI* (10 dicembre 1774), ora leggibili nel volume JOSHUA REYNOLDS, *Discorsi sull'arte*, con un'introduzione di Andrea Gatti, traduzione di Paola Prestini, note al testo di Brunello Lotti, Segrate, Nike, 1997, pp. 76-95 (e si vedano in specie le pp. 83-86).

Ma questa resistenza, questo rifiuto di staccarsi dalla concretezza della prospettiva sensista non vanno, credo, intesi come un'aporia, bensì come l'espressione di una latente diffidenza nei confronti di ogni possibile rigurgito innatista. Una diffidenza non del tutto ingiustificata: se anche nell'ambito della critica più recente si è tornati a valutare il segno dei residui platonizzanti (di derivazione schaftesburiana) nel pensiero di Winckelmann,[17] tanto meno si può fare una colpa a Parini di aver guardato con sospetto agli slanci "idealisti" dei suoi contemporanei. Un breve *excursus* metodologico incastonato nei *Principî di belle lettere* chiarisce almeno in parte la sua posizione. Scrive Parini:

> Tutte le volte che si tratta delle passioni e delle operazioni dell'uomo e che si cerca di ben conoscerne l'indole ed il carattere per istabilire i veri Principii ad uso di noi medesimi o d'altrui, la più breve, la più sicura, anzi l'unica via da battersi è quella di tener dietro continuamente all'uomo stesso e di andarlo, per così dire, spiando nella successione delle sue sensazioni e nella serie delle sue idee. Nel che, se noi non attribuiamo di troppo alla nostra opinione, hanno gravemente errato coloro, i quali, anche nelle materie che appartengono ai sentimenti ed al gusto, si sono troppo abusati dell'astrazione, talmente che hanno fatto della stessa teorica delle Belle Arti una cabala sublimemente superstiziosa [...].[18]

A chi si riferisca questa critica si può solo congetturare, perché notoriamente (se ne doleva già Spongano)[19] né le critiche né i consensi che Parini esprime riguardo al pensiero estetico dei "moderni", cioè dei suoi contemporanei, si concretizzano mai in riferimenti precisi. In questo caso, tuttavia, ci soccorre la biografia di Reina. Il quale ricorda come il maestro "non convenisse" con Sulzer e Mendelssohn (gli unici teorici moderni citati come oggetto di un giudizio critico da parte di Parini)[20] proprio nella misura in cui costoro identificavano l'essenza delle arti con la "perfezione sensibile" da esse rappresentata. Parini infatti, spiega Reina, non

---

[17] Si veda ad esempio CARDINI, *Neoclassicismo, Momigliano, Praz*, cit., pp. 78-79.

[18] PBL., p. 770.

[19] SPONGANO, *La poetica*, cit., pp. 69-70 (ed. 1933) o pp. 82-83 (ed. 1964).

[20] Il quale invece viene implicitamente presentato come il teorico più moderno della linea che faceva capo a Du Bos, André e Batteux (cfr. FRANCESCO REINA, *Vita di Giuseppe Parini*, in *Opere di Giuseppe Parini*, pubblicate ed illustrate da Francesco Reina, 6 voll., Milano, presso la Stamperia del Genio Tipografico, 1801-04, vol. I, p. XLV).

credeva che la perfezione fosse raggiungibile, essendo un puro "tipo *ideale superiore ai sensi*". E indicava piuttosto lo scopo delle belle arti nella bellezza "derivante dalle *sensibili proporzioni*", bellezza che *"cade sotto i sensi"* e l'artista semplicemente "aspira" a perfezionare.[21] Il punto insomma è questo. La solidissima formazione sensista portava Parini a diffidare di ogni ragionamento che facesse perno sul concetto di bellezza ideale, in cui evidentemente scorgeva il rischio di una deriva verso le aborrite costruzioni di sistemi astratti.

È chiaro peraltro che questa riserva non dovette pregiudicare *in toto* i rapporti di Parini con gli *altri* teorici del Neoclassicismo, i depositari – per così dire – dell'ortodossia neoclassica. Ma data la sua assoluta reticenza (cui già accennavo) nel nominare autori e testi moderni, la volontà di far luce su questi rapporti mi ha costretto a mettermi in traccia delle fonti implicite cui Parini poteva avere attinto.

Le basi materiali della ricerca sono state da un lato le scarne indicazioni ricavabili dalla biblioteca personale di Parini (la biblioteca essenziale di un professore di pochi mezzi); dall'altro le linee di diffusione delle teorie di Winckelmann e dei suoi colleghi. Teorie che circolavano a Milano soprattutto attraverso le traduzioni francesi o italiane dei saggi originali in lingua tedesca o inglese, meno accessibili al pubblico italiano. Qualche esempio: solo fra il 1763 e il 1776, cioè fra l'uscita del *Mattino* e l'apertura dell'Accademia di Brera, in anni cruciali per l'evoluzione del pensiero estetico pariniano, furono pubblicati, nell'ordine:

1) la traduzione francese del *Sendschreiben von der herculanischen Entdeckungen* di Winckelmann;[22]
2) la traduzione francese (posseduta anche da Parini) della *Inquiry into the Beauties of Painting* di Daniel Webb: un'opera sùbito al suo apparire (nel 1760) denunciata da Winckelmann come plagio dei *Gedanken über die Schönheit und über den Geschmack in der Malerei* di Mengs, inedito fino al '66, il cui manoscritto Webb aveva avuto in lettura dallo stesso autore;[23]

---

[21] *Ibid.*, p. XLVII (i corsivi sono miei).
[22] *Lettre de M. l'abbé Winckelmann [...] a M. le C.te de Bruhl sur les découvertes d'Herculanum, traduit de l'allemand*, Paris, Tilliard, 1764.
[23] DANIEL WEBB, *Recherches sur les beautés de la peinture et sur le mérite des plus célèbres peintres anciens et modernes*, Ouvrage traduit de l'anglais par M. B***, Paris, Briasson, 1765.

3) la traduzione francese della *Geschichte der Kunst des Altertums* di Winckelmann, poi ripubblicata in varie edizioni. E se non erro l'edizione inventariata fra i beni di Parini doveva essere la prima della serie, quella in due volumi in ottavo uscita a Parigi da Saillant;[24]

4) la fortunata miscellanea dal titolo *De l'allegorie, ou Traités sur cette matière par Winckelmann, Addison, Sulzer etc.*, già segnalata come fonte per Parini da Gennaro Savarese;[25]

5) ancora di Winckelmann, e stesi direttamente in italiano, i due volumi in folio dei *Monumenti antichi inediti*, preceduti dall'importante *Trattato dell'arte del disegno degli antichi popoli*;[26]

6) la *Nouvelle théorie des plaisirs* esposta da Sulzer all'Accademia reale di Scienze e Lettere di Berlino;[27]

7) *I pregi delle belle arti celebrati in Campidoglio* da Anton Raphael Mengs;[28]

8) la seconda edizione della *Description des pierres gravées du Baron von Stosch* di Winckelmann, già pubblicata (sempre in francese) nel 1760 a Firenze.[29]

Si tratta di pubblicazioni tutte reperibili anche a Milano, tanto è vero che – ripeto – Parini ne possedeva personalmente due.[30] E sarebbe facile integrare la lista dilatando di poco i limiti cronologici che ho indicato per comodità. Già negli anni Cinquanta infatti circolavano in francese gli interventi di Sulzer all'Accademia di Berlino,[31] e alla fine degli anni Set-

---

[24] J.J. WINCKELMANN, *Histoire de l'art chez les Anciens, ouvrage traduit de l'allemand par Gottfried Sellius et rédigé par Jean Baptiste René Robinet*, Paris, Saillant, 1766.

[25] *De l'allegorie, ou Traités sur cette matière par Winckelmann, Addison, Sulzer etc. Recueil utile aux Gens de Lettres, et nécessaire aux Artistes*, Paris, Jansen, 1766.

[26] J.J. WINCKELMANN, *Monumenti antichi inediti*, Roma, a spese dell'autore, 1767.

[27] *Nouvelle théorie des plaisirs, par Mr. Sulzer*, [...] *avec des réflexions sur l'origine du plaisir par Mr. Kaestner*, s.n.t., 1767.

[28] A.R. MENGS, *I pregi delle belle arti celebrati in Campidoglio per* [...] *concorso*, Roma, Casaletti, 1771.

[29] J.J. WINCKELMANN, *Description des pierres gravées du feu B.on von Stosch, par feu M. l'abbé Winckelmann*, Nuremberg, J.A. Schweikart, 1775.

[30] Si veda in proposito il classico AUGUSTO VICINELLI, *Il Parini e Brera. L'inventario e la pianta delle sue stanze. La sua azione nella scuola e nella cultura milanese nel secondo Ottocento*, Milano, Ceschina, 1963, pp. 257-68.

[31] J.G. SULZER, *Tableau des beautés de la nature, Ouvrage traduit de l'allemand*,

tanta sarebbero usciti in italiano i *Discorsi* accademici di Reynolds e i *Princìpî generali delle Belle Lettere e Bell'Arti* di Mendelssohn.[32] Proprio a Milano, poi, vide la luce nel 1779 la prima traduzione italiana della *Storia dell'arte* di Winckelmann, voluta e maturata nell'ambiente di Brera.[33] Del 1780, infine, è l'edizione completa, stampata a Parma, delle *Opere* di Mengs tradotte dal d'Azara.[34] Mi pare invece da correggere l'ipotesi secondo la quale gli artisti della Milano tardo-settecentesca avrebbero nutrito un precoce interesse per il *Laocoonte* lessinghiano, attestato da una presunta versione coeva dall'originale tedesco, opera del pittore Francesco Londonio.[35] L'equivoco risale ad una nota che si legge nel saggio di Giorgio Nicodemi su *La pittura milanese dell'età neoclassica*, dove al suddetto Francesco Londonio, direttore della Quadreria di Brera, si attribuisce erroneamente l'iniziativa dovuta invece al suo più celebre omonimo Carlo Giuseppe: il quale tradusse effettivamente il *Laocoonte*, ma nel 1833, cioè in anni in cui Lessing era ormai un autore piuttosto frequentato anche dagli intellettuali italiani.[36]

Non occorre – credo – insistere in questi sondaggi bibliografici. Tanto più che le linee di diffusione (come le abbiamo chiamate) del pensiero estetico neoclassicista non seguirono sicuramente i soli canali bibliografici. Anzi. Soprattutto per Parini, dal 1769 inserito finalmente a pieno titolo nei ranghi della vita accademica, è ovvio postulare la fondamentale importanza dei contatti con gli artisti investiti a Milano di commissioni

---

Francfort-sur-le-Mein, Knock et Esslinger, 1755; ID., *Pensées sur l'origine et les differens emplois des sciences et des beaux arts. Discours prononcé dans l'assemblée publique de l'Academie royale de sciences et des belles lettres, le 27 de janvier 1757*, Berlin, Haude & Spener, 1757.

[32] J. REYNOLDS, *Delle arti del Disegno. Discorsi [...] trasportati dall'inglese nel toscano idioma*, Firenze, s.e., 1778; MOSES MENDELSSOHN, *Princìpî generali delle Belle Lettere e Bell'Arti. Trattato del sublime e del Naturale nelle Belle Lettere*, traduzione dal tedesco di M. Mendelssohn, da Carlo Ferdinandi, Losanna, Società Tipografica, 1779.

[33] J.J. WINCKELMANN, *Storia delle arti del disegno presso gli antichi*, tradotta da Carlo Amoretti e P. Angelo Fumagalli sulla edizione di Vienna 1776, con note originali degli editori, Milano, S. Ambrogio Maggiore, 1779.

[34] *Opere di Antonio Raffaello Mengs, Primo pittore della Maestà di Carlo III Re di Spagna [...]. Pubblicate da D. Giuseppe Niccola d'Azara*, Parma, dalla Stamperia Reale, 1780.

[35] Cfr. G. SAVARESE, *Iconologia pariniana*, cit., p. 93, nota 120.

[36] Cfr. GIORGIO NICODEMI, *La pittura milanese dell'età neoclassica*, Milano, Alfieri e Lacroix, 1915, p. 35 e nota 3: qui Nicodemi cita a sua volta da GIUSEPPE BERETTA, *Le opere di Andrea Appiani [...]. Commentario*, Milano, Silvestri, 1848, p. 84, che è dunque la fonte della confusione tra Francesco e Carlo Giuseppe Londonio.

pubbliche e poi passati, come lui, all'insegnamento accademico. Almeno quattro di loro erano approdati a Milano dopo un soggiorno più o meno lungo a Roma e a Napoli, i centri più importanti in Europa di studio dell'arte antica. Giuseppe Piermarini e Giocondo Albertolli, pur in anni diversi, si erano formati professionalmente negli *ateliers* vanvitelliani. Martin Knoller (in seguito – come sappiamo – uno dei più fedeli interpreti dei *Soggetti* pariniani) era stato intrinseco a Roma di Winckelmann e di Mengs; e lo stesso si può dire di Giuseppe Franchi, che Reina ricorda come amicissimo di Parini.[37] Quindi è del tutto naturale che grazie a questi artisti egli abbia conosciuto meglio, e magari discusso, i presupposti teorici delle scelte stilistiche che ora poteva vedere operanti: e questo anche *prima* di avviare con alcuni di loro una più stretta collaborazione attraverso i *Soggetti* (opportunamente datati da Gennaro Savarese agli anni Ottanta).[38]

Insomma, che Parini abbia potuto conoscere, o meglio non abbia potuto ignorare le tesi più significative elaborate dopo gli anni Cinquanta dai teorici neoclassicisti, specialmente da quelli di cultura tedesca naturalizzati romani, è un'ipotesi ben documentabile. Altrettanto evidente – e già illustrata in più d'un contributo critico – è l'impronta lasciata nei *Soggetti* e nei versi dell'ultima stagione poetica dall'adesione a principî di gusto che senza dubbio possiamo definire neoclassici. Così, per esempio, restano inconfutabili le tesi di Savarese sulla ricezione, da parte di Parini, delle tesi esposte da Sulzer e da Winckelmann sulle diverse forme di allegoria, e sul diverso loro grado di applicabilità all'espressione figurativa.[39] E pur nel suo estremismo offre ancora qualche buono spunto la tesi di Pietro Frassica, secondo cui la "scoperta" dell'estetica winckelmanniana avrebbe avuto un tale impatto su Parini da costituire un importante "fattore di dissolvimento" rispetto alla progettata struttura del *Giorno*.[40]

---

[37] Notizie più approfondite su questo gruppo di artisti e sui loro rapporti con Parini si possono ricavare dal Catalogo della bella mostra *La Milano del Giovin Signore. Le arti nel Settecento di Parini* (Milano 1999-2000), a c. di Fernando Mazzocca e Alessandro Morandotti, Milano, Skira, 1999; nuovi contributi critici si attendono naturalmente anche da altri saggi pubblicati in questo stesso volume (vedi *supra*, nota 9).

[38] SAVARESE, *Iconologia pariniana*, cit., p. 105.

[39] *Ibid.*, in particolare alle pp. 87-93.

[40] PIETRO FRASSICA, *Appunti sul linguaggio figurativo del Parini dal* Giorno *ai* Soggetti, in "Aevum", L (1976), pp. 565-87; la tesi cui faccio riferimento è sintetizzata alla p. 577.

Ma se ancora torniamo agli scritti teorici di Parini, per cercare lì le prove concrete, puntuali, di una dipendenza dalla "scuola" – per così dire – "winckelmanniana", di nuovo ci troviamo in una *impasse*. Perché il tentativo di individuare, in quella specie di biblioteca neoclassica ideale che abbiamo disegnato, le fonti precise di singoli passi delle prose pariniane si rivela un tentativo deludente. Certo, non si può ignorare che i testi del Parini teorico sono tutti ancora disperatamente bisognosi di cure filologiche. Per cui è lecito sperare che quando potremo disporre almeno dell'edizione critica dei *Principî* (della quale si sta occupando Silvia Morgana Scotti), e magari in funzione di un commento, ci sarà lo spazio per azzardare qualche ipotesi più fondata, anche di tipo intertestuale. Ma allo stato attuale la situazione è quella che ho descritto. Cioè non è possibile riconoscere con sicurezza, circoscrivere a luoghi o a espressioni significative degli scritti pariniani l'apporto delle teorie estetiche neoclassiciste.

Spesso invece, quando si riescono a identificare fonti "moderne" ancora non riconosciute (cioè diverse da Du Bos, Batteux o Dandré-Bardon), esse coincidono con opere a rigore non ascrivibili all'àmbito della cultura neoclassica. È il caso – se non ho visto male – del trattato *Dell'opera in musica* di Antonio Planelli: un testo pubblicato a Napoli nel 1772 e posseduto personalmente da Parini, come altri dello stesso autore, intellettuale e scienziato legato ai circoli illuministici napoletani.[41] Ebbene, mi pare che almeno le pagine dei *Principî di belle lettere* dedicate all'opera in musica, pagine in cui Parini si stacca bruscamente e con decisione dalla traccia argomentativa di Du Bos, debbano non poco alla lezione di Planelli. Non mi è possibile, in questa sede, addentrarmi in un confronto puntuale

[41] Un profilo biografico relativo ad Antonio Planelli, corredato delle indicazioni bibliografiche essenziali, si legge in calce all'*Introduzione* premessa da Francesco Degrada all'unica, meritoria edizione moderna del trattato *Dell'opera in musica* (Fiesole, Discanto, 1981, pp. XXIII-XXIV). A quelle notizie vale però la pena di aggiungere che Planelli fu un esponente importante della massoneria napoletana, vicino a Filangieri, e che si deve forse a lui il *Piano di legislazione* della "colonia" protoindustriale e utopisticheggiante di San Leucio (sulla quale cfr. MARIO BATTAGLINI, *La fabbrica del re. La manifattura di San Leucio tra assolutismo e illuminismo*, Roma, Edizioni Lavoro, 1983). Che a sua volta Planelli fosse interessato all'opera pariniana si evince da un appunto di Mascheroni, che ricordando alcuni illustri intellettuali da lui conosciuti a Napoli scrive fra l'altro: "Il Cavalier Planelli al quale ho promesso di mandar l'ode di Parini sul musico Sacchi" (cfr. MARCO PACATI, *Da Pavia a Napoli. Appunti di viaggio (1791)*, in "Bergomum", LXXXVI (1991), 2 (n. monogr. su Mascheroni), pp. 193-227 (cit. alla p. 211).

fra i due testi, che peraltro andrebbe condotto tenendo a riscontro sia il *Saggio sopra l'opera in musica* di Algarotti[42] (a sua volta fonte di Planelli e forse noto a Parini), sia il pur scarno *Schema* pariniano per un *saggio sull'opera in musica*, pubblicato a suo tempo dal Mazzoni.[43] Posso affermare però che il veloce sondaggio che ho condotto mi sembra deporre a favore di una dipendenza del testo pariniano da quello di Planelli, per esempio nell'insistenza sul valore dell'opera in musica come spettacolo capace di destare un piacere tanto più certo e duraturo quanto più legato all'armoniosa sollecitazione di sensi diversi, grazie al concorso di arti – appunto – diverse, dalla poesia alla musica, dall'architettura 'decorativa' alla danza.

Come dicevo, invece, non mi è riuscito di trovare riscontri precisi con le opere-manifesto dell'estetica neoclassica. Indagini del genere, peraltro, erano già state tentate, e sempre con poco frutto. Così, per esempio, un'operazione analoga a quella condotta da Norbert Jonard, che ha identificato nei *Principî* una serie di passi in cui Parini riprende fedelmente (spesso con un accenno appena di parafrasi) brani interi delle *Réflexions critiques sur la poésie et la peinture* di Du Bos,[44] si è rivelata debole quando si è voluto applicarla a Lessing. E se all'inizio del secolo Ferdinando Pasini aveva voluto scorgere sia nel *Discorso inaugurale* di Parini che nei *Principî di Belle Lettere* una profonda consonanza col *Laocoonte*,[45] già Savarese, accogliendo e rilanciando questa ipotesi, ne ha messo implicitamente in rilievo le debolezze. Così, sottolineando la probabile matrice lessinghiana della distinzione – nel *Discorso* suddetto – fra l'impressione momentanea suscitata dalle opere d'arte e quella più duratura e profonda della poesia, correttamente ricordava che, per quanto fosse stato Lessing a sviscerarne tutte le conseguenze, "tale distinzione era di dominio pubblico, per così dire, nell'estetica del Settecento, e veniva esibita perfino da coloro che, come il Caylus, erano convinti assertori dell'*ut pictura poesis*".[46] Lo stesso vale per il secondo presunto debito contratto da Parini nei confronti del *Lao-*

---

[42] Francesco Algarotti, *Saggio sopra l'opera in musica*, s.n.t., 1755 e Livorno, Coltellini, 1763.

[43] Parini, *Tutte le opere*, cit., pp. 1036-37.

[44] Norbert Jonard, *L'abbé Du Bos et l'Italie*, in "Revue de Littérature comparée", XXXVII (1963), pp. 177-201.

[45] Ferdinando Pasini, *La prolusione del Parini alle scuole Palatine*, in "Rassegna Bibliografica della Letteratura Italiana", XIII (1905), pp. 229-34.

[46] Cfr. Savarese, *Iconologia pariniana*, cit., p. 93, nota 120.

coonte, cioè l'idea che artisti e musicisti debbano osservare una particolare cautela nel rappresentare il dolore: "dove potrebbe esserci un ricordo degli argomenti addensati da Lessing", anche se, chiosa Savarese, "in Parini prevale ancora, sensisticamente, la considerazione del soggetto ricevente, più che la preoccupazione per la bellezza dell'opera d'arte in se stessa".[47]

Risultati ugualmente deludenti ha sortito l'analisi dei luoghi pariniani che si configurano come altrettante riprese di *topoi* cari anche all'estetica neoclassica, ma non tanto cristallizzati in un'opera singola, quanto piuttosto circolanti in un *corpus*. A uno di questi ho già accennato, ed è il *topos* della scelta come criterio guida dell'imitazione. Altri se ne potrebbero elencare, ma mi limiterò intanto ad un caso circoscritto che mi sembra paradigmatico. Fra i principî generali comuni alle belle lettere e alle belle arti Parini include la Facilità, cioè – secondo la sua definizione – "la prontezza dell'artista nel concepire l'idea, nel porre i mezzi e nel superare gli ostacoli, tendendo al suo fine, riconosciuta nell'opera dell'arte da chi contempla l'opera stessa". Tale facilità si acquista con lo studio e l'esercizio, ma allo spettatore deve sembrare naturale, pena il dissolversi del piacere estetico. Spiacciono infatti all'uomo tutti gli oggetti che richiamano l'idea della difficoltà e dello sforzo, e tanto più lo urta trovare l'idea della difficoltà associata a quegli oggetti "dai quali egli spera o gli è fatto sperare diletto": cioè agli oggetti artistici.[48]

Ora, è fin troppo facile – trattandosi di Parini – leggere queste argomentazioni come un rilancio della polemica contro i virtuosismi e le forzature del gusto secentista. Pensando, di conseguenza, ad una pronta assimilazione dei precetti in più occasioni richiamati da Winckelmann, severo critico della passione michelangiolesca per "lo straordinario e il difficile", e applicati da Mengs alle sue riflessioni sulla pittura.[49] Sta di fatto

---

[47] *Ibid.*

[48] PBL, p. 800.

[49] Cfr. WINCKELMANN, *Della Grazia nelle opere d'arte* (*Von der Grazie in den Werken der Kunst*, 1759), in *Il bello nell'arte*, p. 72. E ancora: "L'arte, come imitatrice di essa [= la natura], deve andare in cerca del naturale per formare con questo la bellezza, e per quanto possibile deve evitare tutto ciò che è sforzato, perché atteggiamenti sforzati rendono, anche nella vita, spiacevole la stessa bellezza" (*Dissertazione sulla capacità del sentimento del bello nell'arte* [*Abhandlung von der Fähigkeit der Empfindung des Schönen in der Kunst*, 1763], *ibid.*, p. 105). Scrive invece Mengs: "Le opere di pittura, che comunemente si so-

però che l'idea secondo cui miglior artista sarebbe quello che più sa celare la sua arte si trova già espressa, con applicazione alla retorica, da Ari-
stotele. E ricorre (lo ha dimostrato Paolo D'Angelo con un bel saggio
dell'86), in Quintiliano come in Cicerone, in Ovidio, nell'*Ars poetica* ora-
ziana (che Parini cita esplicitamente)[50] come nello Pseudo-Longino: fino
a Leon Battista Alberti e soprattutto a Castiglione, che nel *Cortegiano* rifor-
mulò il precetto e, connettendolo all'ideale della sprezzatura, si fece responsabile primo della sua diffusione fra i moderni.[51] Ma allora a chi guardava Parini nel raccomandare ai suoi allievi la *facilità*?

Difficile davvero stabilire, in casi del genere, se sia stata l'autorità della
tradizione a rendergli assimilabili i dettami del moderno pensiero estetico o se la fiducia nella possibilità di rifondare il gusto secondo quei
'nuovi' dettami lo abbiano spinto a ripensare la tradizione, cercando in
essa conferme. Da questo punto di vista, anzi, è interessante constatare
che si attaglia bene anche a Parini il giudizio proposto a suo tempo da
Wilhelm Waetzoldt proprio per uno dei massimi teorici neoclassicisti,
Mengs, e opportunamente ripreso da Michele Cometa: "uno di quegli
eclettici che illuminano le epoche di transizione".[52]

Quanto detto fino ad ora non toglie, tuttavia, che ci si possa avviare
a qualche conclusione meno provvisoria accettando di porsi in una prospettiva più generale. Anzi, personalmente sono ormai convinta che la le-
gittimità dell'annessione di Parini al catalogo dei teorici del Neoclassicismo si debba dimostrare non tanto valutando il tasso – per così dire – di

gliono dire e stimare di buongusto, sono quelle in cui o si vedono ben espressi gli oggetti principali, oppure vi si osserverà una facilità tale che l'arte e la fatica restino coperte. Ambedue queste maniere piacciono, e fanno prender un gran concetto dell'autore, che si crede abbia saputo tutto per aver scelto così bene le cose principali; o che abbia saputo assai, per aver fatto le cose con tanta facilità" (MENGS, *Pensieri*, cit., p. 38).

[50] PBL, p. 800: "Questa è quella facilità, che poi, nell'opera comparendo, fa, come
dice Orazio, *ut sibi quivis Speret idem, sudet multum frustraque laboret Ausus idem*". La citazione, come già precisava Mazzoni, è dai vv. 240-42 dell'*Ars poetica*.

[51] PAOLO D'ANGELO, *"Celare l'arte". Per una storia del precetto 'Ars est celare artem'*, in
"Intersezioni", VI (1986), 2, pp. 321-41.

[52] Cfr. MENGS, *Pensieri*, cit., p. 12.

'neoclassicità' di certi singoli enunciati,[53] quanto piuttosto mettendo in luce il suo modo schiettamente neo-classico di *pensare l'arte*.

Un modo di pensare l'arte che rappresenta, si badi, un punto di approdo, non un presupposto. Parini comincia a ragionare da neoclassicista, in termini di estetica, poco prima di diventare professore: cioè da quando – dopo la metà degli anni Sessanta – il rapporto con il potere lo incoragga e poi fortemente lo spinge a riflettere sulla funzione *pubblica* delle arti, sulla loro utilità per la vita civile, sull'opportunità di mobilitare gli artisti per ridisegnare anche fisicamente gli spazi della vita collettiva: la città, la nuova Milano. La città il cui riassetto urbano, che Parini celebrerà poi nella *Descrizione delle feste celebrate in Milano* per le nozze dell'arciduca e nel libretto dell'*Ascanio in Alba*, sembra quasi prefigurarsi già nella descrizione immaginosa dell'Atene repubblicana tracciata, per bocca di Pericle, nel *Discorso inaugurale* del 6 novembre 1769:[54] e solo cinque giorni

---

[53] L'ultimo capitolo della I parte dei PBL, intitolato *Della convenevolezza*, si apre per esempio con una sintetica ripresa dei principî discussi analiticamente in precedenza. Ne risulta un enunciato che, in termini generali, ciascuno dei nostri teorici classicisti avrebbe potuto sottoscrivere: "Non solo è necessario che per l'opera dell'arte si scelgano oggetti atti ad interessare notabilmente l'uomo, che questi oggetti abbiano varietà, che abbian proporzione, che formino un oggetto totale per mezzo dell'unità, che sieno trovati, accordati, presentati con semplicità e facilità di mezzi ed operazioni; ma è necessario ancora che questi oggetti, componenti l'opera dell'arte e tutta l'opera stessa, sieno convenienti alla maggior perfezione dell'uomo ed alla maggior perfezione delle circostanze, in cui può egli rispettivamente trovarsi" (cfr. PBL, p. 803).

[54] Cito soltanto l'incipit della *sermocinatio* che Parini introduce a sostegno della sua celebre tesi sull'imprescindibile funzione della cultura letteraria, fondamentale anche per un rapido diffondersi del buon gusto in campo artistico. "O Ateniesi, onde viene questa felice rivoluzione, che io veggo quasi subitamente esser seguita fra voi? Onde questi portici, che con tant'ordine, con tanta varietà, con tanta grandezza, ombreggiano le vostre piazze, e sorprendono insieme e rapiscono i vostri sguardi? Onde questi tempii, queste gallerie, questi teatri, dove l'ordine e l'ornamento, temperando la mole e rompendo l'uniformità e alleggerendo la gravezza, solleticano, non istordiscono, l'immaginazione e appagano gli animi vostri mentre gli occhi non si stancano di mirare? Onde queste statue, dove la regolarità, l'armonia, la verità, la morbidezza, le grazie, regnano per ogni parte? [...] Chiedete, o Ateniesi, ai vostri non ancor decrepiti padri qual fosse Atene nel tempo della loro fanciullezza. I loro edificii portavano in fronte il suggello della rozza necessità che gli aveva innalzati; i loro tempii più venerandi erano capanne coperte di lauro. [...]". Cfr. PARINI, *Tutte le opere*, cit., pp. 652-53.

prima – si badi – era stato nominato Imperial-Regio Architetto Giuseppe Piermarini, che di quel riassetto urbano sarebbe stato il massimo interprete.[55]

Fuori di Milano, del resto, il Neoclassicismo pariniano non sarebbe forse esistito. E d'altra parte senza Parini il Neoclassicismo milanese non avrebbe avuto quello spessore teorico che gli si può invece riconoscere, e che permette di guardare a Milano come ad un centro effettivo di diffusione dell'estetica neoclassica, minore ma complementare rispetto a Roma.[56] Se infatti l'elemento propulsivo del Neoclassicismo romano era lo studio diretto dell'Antico, nelle sue forme originali, nella 'moderna' Milano, dove la lezione dell'Antico era attingibile piuttosto attraverso la tradizione letteraria, questo ruolo cardine toccò all'insegnamento accademico. Dal punto di vista formale, si potrebbe dire con un paradosso, le prime opere classiche – nel soggetto e nello stile – visibili a Milano sono quelle realizzate dagli artisti che, venendo da esperienze diverse, fanno comunque capo a Brera.

Brera, dunque: e sùbito prima la nuova scuola pubblica milanese. È questo il terreno in cui si radica l'estetica di Parini. Il quale, come già accennavo (ma ora posso essere più precisa), arriva ad elaborare una teoria neoclassica dell'arte man mano che si convince della sua *insegnabilità*; man mano che si rende conto che l'arte non solo si può, ma si deve insegnare. Una consapevolezza – questa – sempre viva nelle fasi di rivalutazione dei modelli classici: ma nel secondo Settecento fatta propria con forza dai teo-

---

[55] Per questo aspetto dell'attività di Piermarini risulta ancora utile la lettura della monografia di ENRICO FILIPPINI, *Giuseppe Piermarini nella vita e nelle opere. Con documenti inediti, illustrazioni e bibliografia*, Foligno, Arti Grafiche Sbrozzi, 1936: ma si vedano anche, naturalmente, i cataloghi delle mostre *Piermarini e il suo tempo* (Foligno, 1983), Milano, Electa, 1983 e *La Milano del Giovin Signore* (per cui v. *supra*, nota 37).

[56] Gennaro Barbarisi ha giustamente sottolineato la profonda influenza esercitata anche sul pensiero estetico pariniano dalla cultura e dalla storia milanese del tardo Settecento. Fra i suoi contributi in merito, oltre a quello raccolto nel presente volume, vanno ricordati almeno *La cultura neoclassica*, in *Storia letteraria d'Italia. L'Ottocento*, t. I, nuova ed. a c. di Armando Balduino, Milano, Vallardi, 1990, pp. 121-61 (e si cfr. in particolare il § 3) e *Giuseppe Parini*, in AA.VV., *Storia della Letteratura Italiana*, vol. VI, *Il Settecento*, Roma, Salerno, 1998, pp. 569-633.

rici del Neoclassicismo e rinvigorita dal concreto fiorire delle istituzioni in cui l'insegnamento pubblico poteva finalmente inscriversi.[57]

È vero, lo ha spiegato Nikolaus Pevsner, che il rapido moltiplicarsi delle nuove Accademie d'arte fu determinato anche da fattori economici, cioè dalla volontà, da parte dei governi illuminati, di dare impulso al commercio, soprattutto attraverso le manifatture di stato.[58] Ma questa finalità fu sempre considerata dai teorici del Neoclassicismo del tutto accessoria, se non pregiudizievole rispetto all'esigenza di diffusione – attraverso l'insegnamento – del buon gusto e della cultura figurativa. E anche un ministro come Kaunitz – annota ancora Pevsner – si rendeva ben conto che gli obiettivi economici non erano perseguibili a prescindere da quelli culturali.[59]

Sta di fatto che per il buon funzionamento delle nuove istituzioni accademiche si impegnarono, più o meno direttamente, tutti i maggiori neoclassicisti. Mengs e Reynolds soprattutto, anima e perno l'uno dell'Accademia di Madrid, l'altro di quella londinese. Ma anche Winckelmann, che in àmbito accademico ebbe solo cariche onorifiche, fu strenuo sostenitore della insegnabilità dell'arte.[60] O meglio ancora, sostenne che dovesse essere insegnata la capacità di sentire il bello nell'arte, sulla quale soltanto il futuro artista avrebbe potuto fondare la sua ricerca tecnica. È del 1763, lo ricordo *en passant*, la sua dissertazione intitolata appunto *Sulla capacità del sentimento del bello nell'arte e sull'insegnamento della capacità stessa*:[61] saggio che condensa le riflessioni su questo tema sparse nel resto della sua opera.

Quanto a Parini, abbiamo già detto che il suo rapporto con l'ambiente accademico fu decisivo, per quanto tutt'altro che semplice. Anzi, a pre-

---

[57] Una sintesi utile per fissare i termini della questione è offerta dal contributo di ANTONIO PINELLI, *L'insegnabilità dell'arte. Le Accademie come moltiplicatori del gusto neoclassico*, in *Ideal und Wirklichkeit der bildenden Kunst im späten 18. Jahrhundert*, hsg. von H. Beck, P.C. Bohl, E. Maek-Gérard, Berlin, Gebr. Mann Verlag, 1991, pp. 193-205.

[58] NIKOLAUS PEVSNER, *Le Accademie d'arte* [*Academies of Art. Past and Present*, 1940], traduzione italiana con introduzione di Antonio Pinelli, Torino, Einaudi, 1982, soprattutto alle pp. 168 ss.

[59] *Ibid.*, pp. 168 e 178.

[60] *Ibid.*, soprattutto alle pp. 166-67.

[61] Si legge in WINCKELMANN, *Il bello nell'arte*, cit., pp. 81-106 (v. anche *supra*, nota 49).

star fede al frammento sulle *Cagioni del presente decadimento delle Belle Lettere e delle Belle Arti*, si potrebbe pensare che egli nutrisse una totale sfiducia nell'utilità delle accademie, tollerabili solo a patto di non costituire "né un monopolio né una servitù" per i giovani talenti, com'era nell'uso degli antichi.

> Le Belle Arti fiorirono presso gli antichi e risorsero in Italia nei tempi moderni senza accademie né scuole stabilite e regolate con prescrizioni governative. Le loro accademie erano le libere conversazioni dei bravi artisti, nelle quali si perfezionavano, comunicandosi le loro cognizioni, e si eccitavano, mostrandosi i loro esempii e le loro opere. Le loro scuole erano le officine dei bravi artisti, e i loro esemplari e i loro documenti comunicati agli alunni. Qualora dunque si vogliano accademie o scuole, queste non debbon essere esclusive; e le leggi da imporsi ad esse non debbon essere che quelle meramente esteriori, che risguardano il buon ordine da mantenersi in ogni conversazioni di uomini.
> La sola utile protezione che il governo possa dare a simili stabilimenti è di provvederli d'eccellenti esemplari e modelli, di bravi e zelanti maestri, di mezzi e di sussidii e di comodità per lo studio e per l'esercizio. Tutto il resto non è che pompa e magnifica superfluità.[62]

Ma a prescindere dall'attendibilità di questo abbozzo (molto maneggiato dal Reina), sappiamo bene che il modello pedagogico di cui Parini sommamente diffidava era quello dogmatico e fortemente normativo di stampo gesuitico:[63] e infatti anche in questo testo il perno dell'argomentazione è la polemica contro "tutti i generi di scuole formalmente poste o tacitamente ridotte sotto la direzione de' frati".[64] Mentre, chiusa la fase segnata dal *Discorso sulla poesia* (dove prevale ancora l'idea che 'artisti si nasce'),[65] era arrivato a convincersi (e lo attestano sia il corso di Belle Lettere sia, per esempio, le *Avvertenze intorno al segretario di un'Accademia*): era arrivato a convincersi – dicevo – che la libertà dell'artista dovesse essere sì garantita, ma non lasciata senza una guida.

---

[62] PARINI, *Tutte le opere*, cit., p. 945.

[63] Su questo punto ha richiamato opportunamente l'attenzione, nel suo intervento a questo convegno, anche Renato Martinoni.

[64] PARINI, *Tutte le opere*, cit., pp. 945-46.

[65] Cfr. PARINI, *Tutte le opere*, cit., p. 689. Utili spunti critici relativi al *Discorso sopra la poesia* si trovano da ultimo in G. BARBARISI, *Giuseppe Parini*, cit., pp. 589-91, dove il passo cui alludo è citato per esteso.

Il fine delle Belle Arti si è il ritrovamento e la produzione del Bello. Pochissimi sono que' fortunati genii, che, naturalmente, quasi per istinto, e
senza nessun esteriore soccorso, vengono rapiti alla volta di esso. La maggior parte degli altri talenti hanno bisogno che sia loro appianata la via che
ad esso conduce. Per molti è necessario di farne loro sentire una volta le at-
trattive, perché, conosciuto, vi corrano poi dietro da sé, e divengano al pari
d'ogn'altro eccellenti.[66]

È il buon gusto dunque – suggerisce Parini – che bisogna risvegliare
nei giovani di talento. Non imponendo regole e modelli indiscutibili, ma
portando gli allievi a riconoscere gradualmente, sulla base della personale
e sensibile esperienza, i principî universali della bellezza.

Molte slegate notizie, molte piccole osservazioni, che la moltitudine degli
uomini trascura di fare sopra i sottili rapporti degli oggetti fra loro e di questi oggetti all'anima nostra, l'abitudine che si contrae a veder gli eccellenti
modelli e a paragonarli fra essi più per consuetudine che per determinata riflessione, le considerazioni fatte a poco a poco, e senza quasi avvedersene, sopra le menome avvertenze ch'ebbero nell'operare i migliori maestri, la conoscenza delle regole generali e comuni a tutte le Belle Arti, e mille altre
cose simili, che non è possibile di qui esporre, son quelle che insensibilmente
formano il gusto d'uno artista.[67]

L'artista ha da essere libero e "filosofo". Ecco due capisaldi – altri due
– del Neoclassicismo pariniano. L'antidogmatismo infatti, per quanto una
lunga tradizione critica ostile abbia propagandato l'idea contraria, è un
tratto qualificante del pensiero neoclassico, che è intrinsecamente progressivo. Tanto è vero che nessuno dei grandi teorici del Neoclassicismo
ha mai davvero postulato la insuperabilità dei modelli, ma solo teso a sottolineare la loro funzionalità. Si arriva prima a conoscere la bellezza 'leg-
gendola' nelle opere classiche di quanto non si farebbe osservando la natura: questa è la tesi di Winckelmann come di Reynolds.[68] "Ognuno sia

[66] PARINI, *Tutte le opere*, cit., p. 884.
[67] *Ibid.*, pp. 884-85.
[68] In uno dei suoi tanti moti polemici contro Bernini, Winckelmann ricorda come
questi si compiacesse di aver imparato, studiando la *Venere medicea*, ad apprezzare nella
natura bellezze che prima – per "pregiudizio" – aveva creduto di poter trovare solo
nell'arte antica. "Non segue da ciò – obietta Winckelmann – che la bellezza delle statue greche può essere scoperta prima della bellezza della natura, e che pertanto quella

greco a suo modo, ma sia!", avrebbe raccomandato da parte sua Goethe.[69] E Mengs volentieri ribadiva la necessità di abituarsi a vedere i difetti dei grandi maestri: non per biasimarli – si badi – ma per acquistare fiducia nelle proprie capacità di emulazione.[70] Ora, già dai tempi delle dispute linguistiche con Bandiera e Branda Parini aveva dato notoriamente prova di un antidogmatismo vigoroso. E convince l'ipotesi di Savarese, secondo cui la sua posizione nell'àmbito della polemica sulla perfezione di Raffaello, innescata da un saggio di Ferguson del '76, sarebbe caratterizzata

commuove maggiormente e non è dispersa come questa, ma più concentrata? Quindi, a chi vorrà raggiungere la conoscenza del bello perfetto, lo studio della natura sarà per lo meno più lungo e più faticoso che non lo sia quello dell'antico; e il Bernini non avrebbe insegnato la via più breve ai giovani artisti additando quale bello supremo il bello che si trova in natura" (cfr. WINCKELMANN, *Pensieri sull'imitazione dell'arte greca*, in *Il bello nell'arte*, cit., p. 21). Reynolds per parte sua, nel rammentare ai giovani artisti la necessità di studiare la natura cercando la "forma centrale" – ideale – del bello, aggiungeva: "Tuttavia la ricerca di questa forma, lo ammetto, è faticosa ed io conosco un solo mezzo per accorciare il cammino, ossia uno studio accurato delle opere degli scultori antichi i quali, allievi instancabili della scuola della natura, hanno lasciato dietro di sé modelli di quella forma perfetta che un artista, che avesse trascorso tutta la vita in quest'unica contemplazione, eleggerebbe come sommamente belli" (REYNOLDS, *Discorsi sull'arte*, cit., p. 32).

[69] "Jede sei auf seine Art ein Grieche, aber sei es!". Cfr. JOHANN WOLFGANG GOETHE, *Antico e moderno* [*Antik und Modern*, 1818], in *Scritti su l'arte*, a c. di Nicola De Ruggiero, Napoli, Ricciardi, 1914, p. 138.

[70] MENGS, *Pensieri sulla pittura*, cit., p. 34: "Avvertano pertanto gli addetti a quest'arte di non pensar mai che i gradi più sublimi nella medesima siano già occupati, e che non vi si possa arrivar più oltre. Una tale idea quanto è falsa, altrettanto è nociva per loro. [...] Nessuno deve perciò intimidirsi al vedere altri grandi, celebri, e perfetti; anzi la loro grandezza e fama deve a ciascheduno servir da stimolo per combatterli, e per disputar loro quel posto che occupano; e se anche restasse soccombente, gli sarà non ostante sempre di gloria l'esser stato vinto da loro, purché gli abbia imitati". E alle pp. 63-64, nella *Conclusione* del III capitolo: "Desidero di essere interpretato non sinistramente, ma colla debita discrezione sopra il giudizio che ho fatto di questi tre uomini grandi [Raffaello, Tiziano e Correggio]. Quando ho detto di loro rispettivamente, che non possedevano questa, o quella parte, ciò si vuol intender sempre in paragone di quelle altre di cui erano in pieno possesso; oppure a proporzione di un altro di loro, che abbondava in tal parte. Nello stesso senso deve anche prendersi il silenzio, che osservo delle bellezze di molti altri uomini grandi, o la poca stima, con cui pare ch'io ne parli. Non è certamente tale la mia intenzione; e mi servo soltanto di simili espressioni per far comprendere a' miei lettori la diversità, che è tra gli spiriti anche belli nel loro genere. Si sa bene da ognuno, che nessuna umana operazione è tanto egregia, che non lo possa essere in un più alto grado".

da una ferma volontà di "lasciare impregiudicati il diritto alla libera critica e, soprattutto, i risvolti pedagogici del problema".[71]

L'artista moderno insomma – Parini professore lo ha ben chiaro – deve avere un rapporto libero e sereno con l'esemplarità dei grandi maestri. Deve allenarsi ad imitare non le loro opere, ma il loro modo di dar vita alla bellezza:[72] cosa possibile solo andando oltre l'acquisizione dell'abilità tecnica (un'acquisizione necessaria ma non sufficiente), per educarsi a riconoscere (prima che a riprodurre) il bello,[73] a riflettere sui meccanismi del piacere estetico. L'artista, come si è detto, deve essere filosofo: e anche questa è una tesi già classica, ma rivitalizzata dai teorici del Neoclassicismo, forti di una duplice consapevolezza. Da un lato l'indagine sui meccanismi di ricezione e produzione del bello era ormai a pieno titolo riconosciuta come una branca autonoma della filosofia (l'estetica appunto);[74] dall'altro, rivendicare all'artista una piena dignità culturale e sociale assumeva in quel nuovo contesto, in una fase di forte espansione della borghesia, un significato inedito e ben più concreto.

Non erano dunque strumentali, o non solo, le insistenze di Parini (dal '76 in avanti) perché gli fosse concesso di non insegnare agli allievi più giovani dell'Accademia, ancora 'illetterati' e principianti nelle discipline

---

[71] SAVARESE, *Iconologia pariniana*, cit., p. 33.

[72] Le "regole greche", come le aveva chiamate Winckelmann. Il quale del resto distingueva nettamente fra atteggiamento passivo e attivo (meccanico e creativo), di fronte ai modelli: "L'opposto del pensiero indipendente è per me la copia, non l'imitazione: per la prima intendo il servire servilmente; per mezzo della seconda la cosa imitata, se è fatta con intendimento, può assumere quasi un'altra natura e divenire originale" (cfr. WINCKELMANN, *Avvertimenti sul modo di osservare le opere d'arte antica* [*Erinnerung über die Betrachtung der Werke der Kunst*, 1759], in *Il bello nell'arte*, cit., p. 58).

[73] La priorità del momento conoscitivo rispetto a quello creativo è esplicitata fin dal primo paragrafo dei PBL (p. 763), che vale la pena di citare: "Lo studio delle Belle Lettere non è altro che lo studio de' principii, delle regole, degli esempii e della erudizione, che servono a renderci abili a intendere, a gustare, a comporre quelle opere dell'ingegno, le quali sono destinate a giovar dilettando l'animo umano per mezzo della parola, non solo colla bellezza delle loro parti, ma singolarmente colla bellezza del loro tutto".

[74] Per una messa a punto recente sul costituirsi dell'estetica come disciplina nel secolo XVIII si può consultare il saggio di ELIO FRANZINI, *L'estetica del Settecento*, Bologna, Il Mulino, 1995.

tecniche.[75] Il suo insegnamento – si legge ancora in una sua relazione ufficiale del '91[76] – avrebbe voluto e dovuto essere riservato "ai professori, agli alunni ed agli amatori di queste arti", cioè ad un pubblico qualificato, capace di assimilare lezioni d'impianto filosofico e di forte impatto ideologico. Un pubblico che infatti (ricorda Reina) includeva regolarmente un buon numero di uditori. Non sempre illustri come il cardinale Durini, ma spesso – per cultura, posizione sociale e censo – identificabili come i potenziali committenti di quelle "opere d'ingegno destinate a giovar dilettando" che Parini voleva insegnare – in questo preciso ordine, come ripeto – a "intendere, gustare e comporre".[77]

L'ambizione di Parini era sinceramente quella di diffondere il buon gusto in tutto il corpo sociale. Un'utopia, si dirà: anzi un'utopia neoclassicista. Ma sul piano teorico il ragionamento era ineccepibile. Educare il pubblico, oltretutto, era il modo più certo per garantire all'artista autonomia creativa e una degna posizione sociale. Se lasciato libero di dar vita alla bellezza con le sue opere, l'artista avrebbe potuto diventare a sua volta educatore, e lusingando i sensi dei suoi spettatori rinvigorire quella conoscenza del bello che era il miglior veicolo alla conoscenza del buono e del giusto.

Ora, i presupposti di questo modo di concepire l'arte erano già ben radicati nella formazione illuministica di Parini. Ma nell'offrire al giovinetto Imbonati il suo progetto di educazione, o quando sferza la frangia più torpida e improduttiva della nobiltà milanese con i versi del *Giorno*, Parini è ancora al di qua di una consapevolezza che diventerà sempre più forte negli anni. Una consapevolezza tutta neoclassica: la persuasione che si educa non solo trasmettendo dei contenuti (pur con la massima chia-

---

[75] Sulle funzioni, gli obblighi e le rivendicazioni del Parini professore ha scritto pagine ancora utili Augusto Vicinelli nell'opera citata. Scarsi mi paiono invece gli apporti originali in GIUSEPPE LORENZO MONCALLERO, *L'insegnamento del Parini*, Ravenna, Longo, 1968. Sulle riforme del sistema educativo con cui Parini dovette confrontarsi si può infine rimandare all'ampio contributo di Elena Brambilla in questo stesso volume.

[76] Cfr. PARINI, *Tutte le opere*, cit., pp. 1023-25. Su questa relazione e il parere in merito della Commissione governativa che la prese in esame cfr. VICINELLI, *Il Parini a Brera*, cit., pp. 100-04.

[77] PBL, p. 763. Cfr. *supra*, nota 75.

rezza e pregnanza possibile, come ha commentato Enrico Roggia riferendosi alle scelte sintattiche pariniane), ma insegnando a riflettere sulle belle forme, sull'armonia dello stile. Perché le forme belle contengono già in sé, a saperla intendere, una lezione di equilibrio, di ragionevolezza, di armonia, di giustizia. Non a caso l'attenzione allo stile era stata l'elemento più innovatore della critica e della storiografia artistica winckelmanniana.[78] Ma sarà Schiller a sviluppare le tesi di Winckelmann fino alle conseguenze più alte. "Solo il gusto – si legge nelle *Lettere sull'educazione estetica*, del '95 – porta armonia nella società, perché stabilisce armonia nell'individuo. [...] Solo la comunicazione bella unisce la società, perché si riferisce a ciò ch'è comune a tutti. [...] Solo il bello noi godiamo come individui e come specie insieme, cioè come *rappresentanti* della specie. [...] La bellezza sola rende felice tutto il mondo, e ogni essere dimentica i suoi limiti fin tanto che ne subisce il fascino".[79]

Parini non avrebbe letto Schiller. Ma era – io credo – arrivato a conclusioni non molto diverse.

---

[78] Alcune utili osservazioni in merito in CIOFFI MARTINELLI, *La ragione dell'arte*, cit., pp. 28, 33-34, 38.

[79] Cito dalla traduzione ormai classica di *Über die ästhetische Erziehung des Menschen* (1795) pubblicata in FRIEDRICH SCHILLER, *Saggi estetici*, a c. di Cristina Baseggio, Torino, UTET, 1968, pp. 203-323 (per i passi citati cfr. pp. 321-22).

A BRERA.
NEI LUOGHI DI CHIRONE

di *Francesca Valli*

> *Ove l'arti migliori e le scienze...*
> *Fan le capaci volte echeggiar sempre*
> *Di giovanili strida*
> Il Mattino, 27-30

Se ancora tiene l'illusione di svelare attraverso il mito la sostanza profonda delle cose e conquistarle a un significato rinnovato, nella cadenza di una lingua figurata familiare agli attori di questa storia — per le vie di Tessaglia percorse da quel maestro famoso — pare forse più facile accedere alla scena.[1] All'interno delle mura di Brera, dentro il palazzo degli studi. Il tema dell'educazione all'arte, della codificazione dei modelli e della loro trasmissione, sarà affrontato nei prossimi contributi, intenti a valutare alcuni aspetti di una vicenda avviata a Milano più o meno a partire dall'ottavo decennio del Settecento, fino alla sua definizione alla svolta del secolo. Più estesamente, l'argomento è da qualche anno oggetto di studio all'interno del Progetto Finalizzato CNR Beni Culturali, con una indagine su "Il tirocinio artistico nella prima metà dell'Ottocento attraverso le raccolte didattiche di Brera: gessi, disegni, incisioni, fotogra-

---

[1] Il significato fondamentale della figura di Chirone per la poetica di Parini, fino all'identificazione, è stato messo in risalto da GENNARO BARBARISI nell'*Introduzione* agli atti di questo convegno, in particolare alle pp. 24-25. Lo stesso mito del resto è un topos ricorrente del dibattito accademico sull'educazione artistica e, già a partire dall'inizio del secolo (anche un po' prima con Giuseppe Maria Crespi), era stato soggetto di dipinti famosi, legati a commissioni illuminate.

fie. Progetto pilota per una banca dati delle accademie di belle arti". Lo
scopo del lavoro è stato quello di ricostruire, attraverso l'analisi capillare
dei materiali sopravvissuti e con l'ausilio di un programma informatico approntato per la circostanza, l'intera organizzazione didattica. Cioè di con-
nettere organicamente nomi, oggetti, documenti – testimonianze esterne
anche –, legati soprattutto alla fase fondativa, napoleonica, del sistema; e
quindi di risalire a quell'area faticosa d'indagine che restano a tutt'oggi
le origini dell'Accademia di Brera. Senza sottrarre peso alle dichiarazioni
ufficiali d'intenti, l'attenzione è stata pazientemente rivolta anche alle
piccole interferenze dei frammenti a tutt'oggi trascurati, nella cornice
quotidiana dei luoghi del lavoro. Il riferimento a Giuseppe Parini non ha
la pretesa di proporre un'ulteriore analisi dei suoi scritti programmatici
in materia di belle arti, alla difficile scoperta di una genesi interna, semmai di valutare la continuità di una presenza, il senso e la reale incidenza
in quel preciso contesto.[2]

In un faldone abbastanza frequentato dell'Archivio di Stato di Milano,
che conserva un buon numero di carte relative all'attività dell'Accademia
di Brera durante i primi anni dell'occupazione francese, fra i documenti
preparatori alla stesura dello statuto del 1803, per mano di Giuseppe
Bossi, solo di recente si è reso visibile, come dire accessibile a un riconoscimento, il manoscritto autografo (Fig. 1) delle *Avvertenze intorno al segretario d'un'accademia di belle arti* del Parini.[3] La casualità fortunata del

[2] Ha tentato ultimamente di mettere ordine nell'incerta sequenza degli scritti "artistici" di Parini, quelli per intenderci legati al suo impegno istituzionale, ANTONIO
MUSIARI, *Parini e gli artisti di Brera: le istruzioni letterarie*, in "Rivista di letteratura italiana", XVII (1999), n. 2-3, numero dedicato all'*Attualità di Giuseppe Parini: poesie e impegno civile*, a c. di Giorgio Baroni, pp. 491-499. Il primo, importante, contributo di riferimento è naturalmente GENNARO SAVARESE, *Iconologia pariniana. Ricerche sulla poetica
del figurativo in Parini*, Firenze, La Nuova Italia, 1973; ma si veda, soprattutto per i programmi figurativi, il recente *Parini e le arti nella Milano neoclassica*, a c. di Graziella Buccellati e Anna Marchi, testi di GENNARO BARBARISI, FERNANDO MAZZOCCA, SILVIA MOR-
GANA, Milano, Hoepli, 2000.
[3] ASM, Studi p.m. 334. I due manoscritti conosciuti a tutt'oggi, conservati all'Ambrosiana (BA, VIII,11 e 12) non sono autografi. Il testo cui si fa riferimento è pubblicato in MAZZONI (*Tutte le opere edite e inedite di Giuseppe Parini* raccolte da Guido Mazzoni, Firenze, Barbèra, 1925), pp. 879-885. EVA TEA nel suo *Il Professore Giuseppe Parini e l'Accademia di Belle Arti a Brera in Milano (1773-1799)*, Milano, Scuola Tipografica Artigianelli, 1948, p.11, datava lo scritto 1774 circa, ora MUSIARI, *Parini* cit., p.
92, lo anticipa alla fine del decennio precedente, nel periodo del primo impegno pubblico, culminato nel magistero delle Scuole Palatine.

ritrovamento poggia in verità su una serie di coincidenze non banali che
agevolano la comprensione di un equilibrio sottile di consonanze, tese
nella durata di un vero passaggio di testimone. L'ansia di aggiornamento
del progetto giacobino - la raccolta di documentazione che guida per tutta
la vita l'impegno di Giuseppe Bossi è cosa nota - si mescola, nella dimensione del tramando, a un legame di memoria. Quasi uno spostamento
di *ut pictura poesis* per persona, dalla candidatura mancata di un poeta alla
investitura del ruolo per un suo allievo pittore.[4] Quello della segreteria
di Bossi è assoluto e travolgente, ma la forza del suo attivismo poggia su
una consapevolezza intellettuale che ha radici nell'utopia illuminista del
maestro, così il nuovo programma educativo ha il suo motore, il suo re-
ferente certo, nella lettura metodica dei testi, nella traduzione visiva della
parola letteraria (ne parla Chiara Nenci in questo stesso volume).

Nell'arco di trent'anni o poco più, intorno alla figura del segretario,
elevata poi in età napoleonica a una centralità mai più raggiunta (se non
il caso veneziano, ugualmente tormentato, di Pietro Selvatico), per Brera
si gioca la fase più delicata della propria vicenda, quella della sua crescita
istituzionale.[5] Non solo perché è il segretario a avanzare proposte colla-
borative nei confronti del governo o a stendere personalmente bozze di
statuto; ma anche perché, in progressione di tempo, diverrà sempre più
decisiva la sua responsabilità di coordinatore della didattica e più importante la sua funzione di tramite col mondo esterno della produzione e,
nello stesso tempo, di interprete del passato. I contorni di tali compiti
erano già stati fissati nel tempo: stesura degli atti, corrispondenza, ren-
diconti, convocazione delle adunanze, distribuzione dei premi, redazione
delle memorie degli accademici defunti.[6] "Incombenza di storiografo

[4] Delle aspirazioni di Parini fa fede la chiusa delle *Avvertenze*, "L'Autore si riterrebbe
ben felice, qualora ne fosse creduto capace" – di stilare cioè un piano di un'accademia
di belle arti –, "di contribuire con altri suoi suggerimenti ad una così utile fondazione,
in MAZZONI, *Tutte le opere edite e inedite di Giuseppe Parini*, cit., p. 885.

[5] Come sarà per Selvatico negli anni Cinquanta dell'Ottocento, Bossi pose fine all'incarico con le proprie dimissioni. Fino a quel momento, mancando la figura del presidente, i suoi poteri di segretario erano stati assoluti.

[6] Facilmente si può riscontrare la stessa normativa di base già nei regolamenti delle
accademie storiche – San Luca, Clementina o Académie Royale –. Ma confronta le *Avvertenze* cit. direttamente con il testo del degli *Statuti* del 1803, in GIUSEPPE BOSSI, *Scritti
sulle arti*, a c. di Roberto Paolo Ciardi, Firenze, Spes, 1982, voll.2, I, p. 235. Sulla stessa
linea anche la proposta austriaca del 1780 nella *Costituzione della Reale Accademia di Belle
Arti istituita in Milano* (ASM, Studi p.a. 195) Il manoscritto è già stato attribuito a Carlo
Bianconi (LUCA TARGETTI, *Carlo Bianchi, primo segretario perpetuo dell'Accademia di Belle*

dell'Accademia" l'aveva chiamata il Parini da parte sua alla fine degli anni
Sessanta; e Bossi ancora la riprenderà, seppure distendendola entro una
nozione definita e allo stesso tempo allargata di arte lombarda, sciolta
dalla gabbia tradizionale delle vite.[7] Ma è su quella funzione mediativa
fra la storia e il presente, che ha la sua espressione ufficiale nel discorso
annuale sulle arti del disegno, nella proposizione dei modelli e più ancora
dei fondamenti teorici della didattica, che meglio si può misurare, nell'arco
di un trentennio, la complessità di un passaggio d'epoca.

Sulla questione illuminista dei principi, "precisi e sicuri", si affron-
tano posizioni contrastanti. A distanza dal ruolo corrente del segretario
di un'accademia italiana, poco incline, secondo l'idea classicista, alle elaborazioni dottrinarie – "con cautela" era stato l'*Avvertimento* di Giovan
Pietro Zanotti in merito alle regole –, Parini avanza al governo austriaco
la proposta di un tipo diverso di segretario, ispirato piuttosto al precedente francese della Académie Royale.[8] Come Frugoni per Parma e Rezzonico poi o il grecista Paciaudi per Torino, un poeta d'Arcadia, impegnato nell'insegnamento pubblico de "i principi universali del buongusto" desunti dalla letteratura e "applicabili a tutte le Belle arti".[9] Non più

Arti di Brera, tesi di laurea, Politecnico di Milano, Fac. Arch., a.a. 1982-83, relatore
Giuliana Ricci), in realtà la calligrafia è di Trogher, segretario del conte Firmian, che
potrebbe averlo ispirato: si confronti con il testo delle stesse istruzioni passate da Trogher a Bianconi al momento del suo arrivo a Brera nel 1778 (ASAB, Carpi D V 12).

[7] Sappiamo come il modello vasariano fosse per Parini un modello di riferimento
(MAZZONI cit., pp. 831-33) ne *Dei principi generali e particolari delle Belle Lettere applicati
alle Belle Arti...* Per il progetto storiografico di Bossi, di derivazione lanziana, cfr. DA-
RIO TRENTO, *Il "Cenacolo" di Bossi protolibro di storia dell'arte lombarda*, in *Milano, Brera
e Giuseppe Bossi nella Repubblica Cisalpina*, atti del convegno (Milano 1997) a c. di Liana
Castelfranchi, Roberto Cassanelli, Matteo Ceriana, "Istituto Lombardo – Accademia di
Scienze e Lettere", n. 12 (1999), pp. 177-206.

[8] GIOVAN PIETRO ZANOTTI, *Avvertimenti per lo incamminamento di un giovane alla Pittura*, Bologna, Dalla Volpe, 1756: ma si veda STEFANO BENASSI, *L'Accademia Clementina.
La funzione pubblica. L'ideologia estetica,* Bologna, Nuova Alfa Editoriale, 1988. La situazione francese contemporanea è presa in esame da CHARLES MICHEL, *Charles-Nicolas Cochin
et l'art des lumières* , Roma, Ecole Française, 1993. Anche per CARLO BIANCONI il modello
resterà Felibien, in *Memorie del segretario Carlo Bianconi {...}*, 1802; ASAB, Carpi, D V 13.

[9] Vedi il *Discorso recitato nell'aprimento della nuova cattedra delle belle lettere* del 1769,
in MAZZONI, *Tutte le opere edite e inedite di Giuseppe Parini*, cit., pp. 649-57. Sul modello
parmense, che è riferimento costante delle origini di Brera, GIUSEPPINA ALLEGRI TAS-
SONI, *L'Accademia parmense e i suoi concorsi*, in *L'arte del Settecento emiliano. L'arte a Parma
dai Farnese ai Borbone*, catalogo della mostra (Parma 1979), Bologna, Alfa, pp. 185-230.

soltanto nei termini elettivi di una consulenza privata offerta agli artisti, secondo la formula tradizionale, ma semmai in quelli di una collaborazione programmata fra i rappresentanti di una pubblica istituzione. Che costituirà peraltro la sua esperienza milanese più fortunata.[10]

Preferita tuttavia nel 1776 la nomina provvisoria di Albuzio, un erudito locale di fama, la chiamata alla segreteria di Brera si sposta subito dopo sul nome di Carlo Bianconi, bolognese, ma allora residente a Roma, architetto, collezionista, antiquario, progettista d'interni.[11] Nella sua *Guida di Milano* del 1787, sul punto di presentare gli abitanti più autorevoli del palazzo, quasi contrapponendosi un po' maliziosamente a Parini – titolare di una cattedra di estetica, aggregata all'Accademia – che in poesia (e soltanto) aveva "saputo sì bravamente dipingere i nobili moderni costumi", scriverà di sè stesso come di persona "che alle teorie e storiche cognizioni di quest'Arti unisce per suo piacere qualche pratica ancora delle medesime".[12] E nella *memoria* di commiato del 1802, travolto dal nuovo clima ideologico, ancora ribadirà "che i precetti aerei e puramenti mentali non dovranno prendersi mai di mira. [...] Che il precettista di belle arti sia uno dell'arte e non un semplice letterato. Ciascuna scienza ed arte non può essere trattata nelle storie sue da chi non è al fatto Questo principio appartiene specialmente alle belle arti che ricercano la

[10] FERNANDO MAZZOCCA, *Parini consulente degli artisti e la diffusione del gusto neoclassico*, in *La Milano del Giovin Signore. Le arti nel Settecento di Parini*, catalogo della mostra a c. di Fernando Mazzocca e Alessandro Morandotti, Milano, Skira, 1999, pp. 118-31 e anche *Parini e le arti* cit.

[11] Inizialmente il principe Belgioioso aveva pensato a Carlo Verri, "l'unico cavaliere che dia saggi di vero pittore", lettera di Alessandro a Pietro Verri, 17 agosto 1776, in *Carteggio di Pietro e di Alessandro Verri*, a c. di Alessandro Giulini e Giovanni Seregni, Milano, Milesi, 1934, VIII, pp.155-56. Sulla personalità di Carlo Bianconi, ancora da ricostruire nel suo insieme (anni bolognesi, romani e milanesi), dopo il profilo di Samek Ludovici in *Dizionario Biografico degli Italiani*, *ad vocem*, una bibliografia aggiornata è nella scheda di STEAFANO TUMIDEI, in *La pittura in Italia. Il Settecento*, Milano, Electa 1989, voll. 2, II, *ad vocem*; quindi nell'intervento di FRANCESCA LUI, *L'allegoria della virtù. Il programma iconografico di una galleria bolognese nelle lettere inedite di Carlo Bianconi a Giambattista Biffi (1770-1779)*, in "Accademia Clementina", n.s., 33-34 (1994), pp. 157-75; per gli anni della segreteria milanese, anche FRANCESCA VALLI, *Dalle raccolte didattiche al museo. Modelli della formazione artistica a Brera fra Sette e Ottocento*, in *Milano, Brera e Giuseppe Bossi*, cit., pp. 281-309 (note 16-25). Importanti piste d' indagine si trovano negli studi di Giovanna Perini, confluiti nell'impegno su GIOVAN LUDOVICO BIANCONI, *Scritti tedeschi*, a c. di Giovanna Perini, Bologna, Minerva Edizioni, 1998.

[12] CARLO BIANCONI, *Nuova Guida di Milano*, Milano, Stamperia Sirtori, 1787, pp. 395, 397.

cognizione, figlia d'esercizio".[13] Al di là della difesa quasi corporativa, è significativo che negli stessi luoghi di Chirone – recuperando la metafora –, la differenza, ma anche il mutamento, attecchisca persino nella quotidianità del vivere, negli oggetti stessi dell'abitare. Libri ovviamente, il busto scolpito da Giuseppe Franchi, qualche gesso, paesaggi alle pareti, nelle stanze quasi spoglie di Giuseppe Parini vicino all'Orto Botanico. Collezioni di stampe e disegni, bronzetti, zolfi di cammei, vasi, una copia del sepolcro di Scipione, una di quello di Marco Agrippa..., nei locali stipati, sotto lo scalone, dove risiede Carlo Bianconi.[14]

Nel segno di "un rapporto non completamente risolto", come Fernando Mazzocca definisce la posizione di Parini all'interno del palazzo, in linea con alcune osservazioni che nel 1974 erano state di Anna Finocchi e ancora prima di Eva Tea, i termini visibili di un contrasto, seppure per semplici indizi, di una frustrante incomprensione da parte degli amministratori – come si ricava dal Vicinelli –, crescono in progressione al passaggio degli anni Ottanta. Nel 1791 infine "la mitologia da insegnarsi colle iconologie stampate", utili più che le "belle e studiate dissertazioni", verrà affidata espressamente alla cura del segretario Bianconi.[15]

Già negli anni precedenti la morte di Anton Raphael Mengs, una generazione fitta di allievi copre le postazioni più importanti fra le istituzioni accademiche europee, a Stoccarda, come a Dresda, come a Vienna; a Torino (Pecheux), come a Genova (Ratti). E, si potrebbe dire, come a Brera. Lo dimostrano le acquisizioni di *accademie* di nudo, di provenienza romana, proprio all'arrivo del nuovo segretario: di Batoni, Corvi, Maron e dello stesso

---

[13] BIANCONI, *Memorie*, cit.

[14] Inventario della sostanza ritrovata nell'eredità del [...] Parini, 15 agosto 1799, in AUGUSTO VICINELLI, *Il Parini e Brera*, Milano, Ceschina, 1963, pp. 247-301. Inventario degli oggetti esistenti nelle stanze della Segreteria, in ASAB Carpi D V 13.

[15] MAZZOCCA, *Parini consulente degli artisti*, cit., p. 119. Sul presunto dissidio fra i due si veda TEA, *Il Professore Giuseppe Parini*, cit., pp. 19-20 e anche, sul problema della scelta del segretario, della stessa TEA, *L'Accademia di Belle Arti a Brera Milano*, Firenze, Le Monnier, 1941, pp. 17-21, 26-27, 36-43. Nel contributo su *La Scuola d'Ornato dell'Accademia di Brera e Giocondo Albertolli*, in *Architettura in Emilia- Romagna dall'Illuminismo alla Restaurazione*, atti del convegno (Faenza 1974), Firenze, Istituto di Storia dell'Architettura, 1977, pp. 159-69, ANNA FINOCCHI contrappone "l'aulica scuola superiore di belle arti" immaginata dal Parini alle esigenze di una scuola artigiana avanzate dal governo austriaco. VICINELLI, *Il Parini e Brera*, cit., accenna alla stessa ambiguità e documenta la progressiva restrizione del ruolo del poeta, come dimostra nel 1791 il rapporto di Giuseppe Bovara in merito al suo insegnamento, pp. 99-127, 350-60, in particolare p. 359.

Mengs (Tavv. 7-8). Quasi nel medesimo anno in cui esce postumo a Milano l'*Elogio storico* dell'artista boemo, scritto dal fratello di Carlo, Giovan Ludovico Bianconi, abituale frequentatore negli anni Settanta del suo studio romano, dove si giocava all'*ut poeta pictor*, nel confronto significativo dei modi e dei comportamenti, più che dei contenuti.[16] A un certo distacco dai principi universali dell'unità delle arti belle – "principi generali" li definisce Parini nelle *Avvertenze* –, tradizionalmente ispirati alle leggi della retorica, è il momento in cui si affronta a più riprese il problema nodale della "scienza dell'arte", della "speculativa", secondo la definizione mengsiana, della specificità delle regole da adottare, per una "lingua" speciale com'è quella pittorica.[17] Di un "Regolamento scientifico" cioè affidato al segretario – definito nel 1786 nel testo del Piano Giusti –, che avrà il compito di provvedere alla stesura dei principi base dello studio.[18]

È un senso diverso della liberalizzazione del mestiere, un diverso riscatto che passa ora per la "scienza" e non solo per la letteratura, grazie al codice di norme sicure che liberino dalla servile imitazione dei modelli e garantiscano all'invenzione, consapevolmente, la piena libertà delle scelte. La *querelle* sulla validità di applicazione del modello raffaellesco, in cui si trovano schierati su fronti contrapposti Giuseppe Parini e Giuseppe Franchi, già nel 1776, ne è la controprova. Così la presa di posizione dello scultore, sull'*Antologia romana* diretta dallo stesso Giovan Ludovico Bianconi, non ha valore personale, ma i toni di una difesa di campo da parte della nuova istituzione accademica, dell'esclusiva facoltà di giudizio in merito all'educazione. [19]

[16] ANTONIO PINELLI, *L'insegnabilità dell'arte. Le Accademie come moltiplicatori del gusto neoclassico*, in *Ideal und Wirlichkeit der bildenden Kunst im spaten 18. Jahrundert*, a c. di Herbert Beck, Peter C. Bol, Eva Maek-Gérard, Berlino, Mann, s.a., pp. 193-206, in particolare p. 199. L'*Elogio* è ristampato in BIANCONI, *Scritti tedeschi* cit., cui si rimanda per il commento di Giovanna Perini; e si veda l'ottava fra le *Lettere di Giovan Ludovico Bianconi {...} sopra il libro del canonico Luigi Crespi intitolato Felsina Pittrice*, Milano 1802. Sui disegni romani, si rimanda a STEFANO SUSINNO, *Le accademie di Domenico Corvi*, in *Domenico Corvi*, catalogo della mostra a c. di Walter Curzi e Anna Lo Bianco, Viviani arte, Roma 1998, pp. 173-89 e FRANCESCA VALLI, *Modelli romani all'Accademia di Brera*, *ibid.*, pp. 190-97.

[17] Sono i principi espressi nel *Ragionamento su l'Accademia delle Belle Arti di Madrid*, in ANTON RAPHAEL MENGS, *Opere*, Venezia, 1785, voll. 2, II, pp. 207-22.

[18] PIETRO PAOLO GIUSTI, *Piano generale e Costituzioni della Regia Imperiale Accademia* [...], 15 ottobre 1786 in ASAB. A un certo distacco da "qualche istruzione in quelle parti della letteratura e dell'antichità" dello scritto di Trogher del 1780 o "nella parte scientifica", previo consenso dei rispettivi professori.

[19] L'intreccio degli interventi a proposito di uno scritto di James Ferguson è stato ricostruito con precisione da SAVARESE, *Iconologia pariniana*, cit., pp. 28-46.

I termini emergenti del dibattito degli anni Settanta sono quelli istituzionali della formazione e del precetto e quelli formali della struttura e
della funzione, che vedono sovrapporsi allo studio rinnovato della statuaria classica l'analisi scientifica del corpo. Le perplessità avanzate nel 1780
da Pietro Verri al fratello Alessandro sui due "nudi" di Mengs, da poco
appesi nella Sala dei Gessi di Brera, per il segno minuto e "paziente", ma
"stentato" e poco nobile nel contorno, sono testimonianza della prima reazione milanese a questa tendenza. E non a caso fanno seguito, nella stessa
lettera, a un'esplosione d'insofferenza contro Winckelmann – da poco tradotto a Milano – e la sua pedanteria tedesca nel "confrontare al sistema
militare le belle arti", per la pretesa impossibile di ragionarne in termini
dimostrativi.[20] Ma cinque anni dopo Carlo Bianconi, nella sua proposta
di *Costituzioni*, ribadirà il suo impegno di segretario riguardo alle "Teorie
delle arti" e alle "scientifiche cognizioni delle rispettive province del Disegno", svolte in forma di lezioni da affidare alle stampe.[21] La chiave di
quell'eterno affannarsi dell'abate bolognese, erede di Ercole Lelli (Tav. 9),
a favore dell'insegnamento autonomo dell'Anatomia sta esattamente in
questi propositi che, a Milano, assumono una connotazione pragmatica
più estesa.[22]
     Non si può in definitiva comprendere la vicenda "accademica" di Pa-
rini, senza calarsi concretamente in quella realtà pedagogica, senza attra-
versare un problema connesso alla fondazione di Brera: il riscatto istituzionale cioè delle arti meccaniche e la loro elezione all'olimpo delle liberali, da
conciliare con le esigenze di un controllo governativo sulla formazione professionale e sulla produzione. Si tratta in sostanza della priorità tutta milanese assegnata alla Scuola d'Ornato, come è già stato rilevato negli scritti
di Anna Maria Brizio e di Aurora Scotti[23] (ne tratta Alessandro Oldani in
questo stesso volume), "arte a Milano molto viva, e di pratica in ogni pro-

---

[20] Lettera di Pietro a Alessandro Verri, 26 gennaio 1780, in *Carteggio di Pietro e di Alessandro Verri*, a c. di Giovanni Seregni, Milano, Giuffrè 1940, XI, pp. 18-19.

[21] CARLO BIANCONI, *Costituzioni della Reale Accademia di Pittura, Scultura e Architettura istituita in Milano*, 19 gennaio 1785, ASM, Studi p.m. 195.

[22] L'esperienza bolognese di Bianconi e la sua adesione a una linea polemica nei confronti della Clementina, trova riferimenti nelle affermazioni di MENGS, *Opere*, cit., p. 218, a favore dell'Anatomia, un tema chiave di tutte le proposte del Segretario. Sulla collezione, in gran parte dispersa, di cere e di disegni, ereditati dal Lelli e portati a Milano, quindi acquistata da Bossi nel 1802 per l'Accademia, *Giuseppe Bossi al consigliere ministro dell'interno*, 9 settembre 1802, in BOSSI, *Scritti*, cit., I, pp. 218-24.

[23] ANNA MARIA BRIZIO, *L'Accademia di Brera nei suoi rapporti con la città di Milano,*

fessione", secondo l'apprezzamento di Giuseppe Franchi nel 1799.[24] È questa una ragione della preferenza rivolta a Carlo Bianconi, aggiornato sulle esperienze inglesi di Adam, grazie all'amicizia con Francesco Algarotti e in qualche modo garante della definizione di un nuovo design.

Dentro a quella contraddizione si configura allora il ruolo svolto da Giuseppe Parini. La consapevolezza dell'utilità delle "arti pratiche" vincolate a una norma e nello stesso tempo l'aspirazione a una funzione rinnovata delle belle arti, destinate alla "dignità, ed all'ornamento delle pubbliche e delle private cose", come conviene alle aspirazioni di un moderno segretario.[25] Con la sua presenza, la soluzione prese forma entro una congiuntura fortunata fiorita nel giro di pochi anni dalle richieste di una committenza orientata verso una nuova decorazione: una pellicola lucida e "morale" che, innalzata al linguaggio del mito, rivestì la città nei suoi luoghi più rappresentativi, migliorandone il profilo della vita.

1776-1814, in Mostra dei Maestri di Brera (1776-1859), catalogo della mostra, Milano, Permanente, 1975, pp.13-22. AURORA SCOTTI, Il conte Firmian, collezionista e mediatore del"gusto" fra Milano e Vienna, in Lo stato e la città, Milano, Angeli, 1984, pp. 283-309, in particolare p. 297.

[24] Lettera di Alessandro a Pietro Verri, 16 aprile 1779, in Carteggio, cit., X, pp. 248-49.

[25] MAZZONI, Tutte le opere edite e inedite di Giuseppe Parini, cit., p. 881.

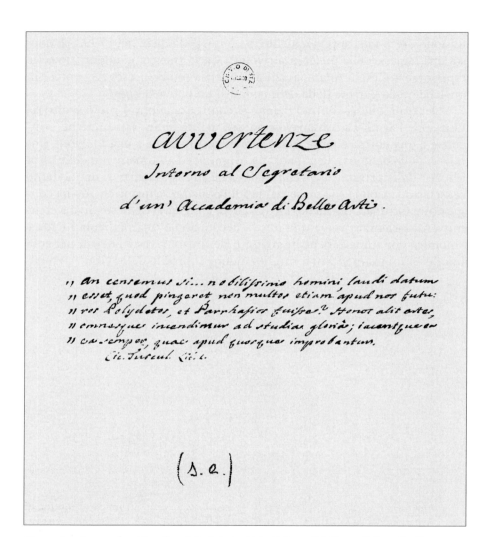

Figura 1 – Autografo calligrafico di Parini. Archivio di Stato di Milano. Colloc.: Studi parte moderna.334 (fascicolo grande di 8 ff., cm 22,2 × 34,2; gli ultimi 3 in bianco).

LA SCUOLA DI ORNATO DELL'ACCADEMIA DI BRERA[*]
Materiali e modelli

di *Alessandro Oldani*

"Anche il buon gusto nella decorazione ornamentale potrebbe essere purificato mediante uno studio approfondito dell'allegoria ed acquistare carattere di verità e d'intelligenza. Fin da quando Vitruvio si dolse amaramente della corruzione di esso, si è sempre più guastato, specie nei tempi moderni, in parte per i grotteschi messi in voga da un certo Morto, pittore nato a Feltre, in parte per le insignificanti pitture delle nostre stanze […] I nostri cartocci e le nostre predilette conchiglie, senza le quali nessun ornamento sembra più possibile, spesso non hanno più naturalezza dei candelabri di Vitruvio, che reggevano castelli e palazzine. L'allegoria potrebbe conferire un fondo di dottrina anche ai minimi ornamenti in modo da renderli più adatti al luogo in cui sono posti".

Si trovava ancora a Dresda, nel 1755, quando Johann Joachim Winckelmann scriveva queste parole nei suoi *Pensieri sull'imitazione dell'arte greca*.[1] Sono riflessioni che rivendicano anche all'ornato, alle "pitture sulle

[*] Questo breve contributo è nato in margine ad una ricerca più ampia all'interno di un progetto finalizzato dai Beni Culturali del CNR, riguardante "Il tirocinio artistico nella prima metà dell'Ottocento attraverso le raccolte didattiche di Brera: gessi, disegni, incisioni, fotografie". Desidero ringraziare Francesca Valli, coordinatrice di questo progetto, per avermi fornito, anche in occasione del convegno su Parini, consigli e indicazioni come sempre utilissimi. Ringrazio inoltre Fernando Mazzocca per aver attentamente letto e discusso il mio testo.
[1] JOHANN JOACHIM WINCKELMANN, *Gedanken über die Nachahmung der griechischen Werke in der Malerey und Bildauerkunst*, Dresden, 1755; cito dall'edizione italiana in *Il bello nell'arte. Scritti sull'arte antica*, a. c. di Federico Pfister, Torino, Einaudi 1973, pp. 49-50. Alcune riflessioni su Winckelmann e l'ornato si leggono ora in Fausto Testa, *Winckelmann e l'invenzione della storia dell'arte. I modelli e la mimesi*, Bologna, Minerva, 1999, pp. 97-104 e 253-60.

volte e al di sopra delle porte" una concorrenza a quel duplice fine delle arti che è una delle consegne più importanti lasciate al suo secolo dallo scrittore tedesco: "dilettare e allo stesso tempo istruire".

Una moralità dell'ornato, così potremmo chiamarla, appresa attraverso lo studio, che dopo Winckelmann sarà da ogni scuola d'arte o Accademia ritenuto indispensabile, dell'allegoria e della convenienza delle immagini decorative al luogo cui sono destinate: "Questa è la ragione per cui l'artista che è abbandonato al suo capriccio, spesso, per mancanza d'immagini allegoriche, dipinge soggetti che sono la satira piuttosto che la lode del signore a cui è dedicata la sua arte; e forse per sottrarsi a questo pericolo, si richiede con previdenza al pittore di dipingere quadri che non significhino nulla [...] Le pitture, invece, che in posti adatti potrebbero avere un significato, perdono ogni valore se collocate in posti inadatti o incomodi".[2]

Questa funzione sociale e didattica dell'ornato doveva sicuramente essere presente a Giuseppe Parini, durante gli anni in cui si assunse l'incarico di insegnare proprio quei concetti di allegoria ed eloquenza ai futuri artefici dell'Accademia di Brera, una scuola che delle arti decorative farà per numerosi decenni a seguire il suo punto di forza, e che lancerà con successo una declinazione tutta milanese, legata almeno idealmente al mondo della produzione seriale, dell'illuministica unità delle arti.

E se non ci viene in aiuto l'elenco dei libri lasciati alla morte del poeta, pubblicato da Vicinelli, dove i *Pensieri* non appaiono, ci conforta però sapere che Parini possedette la *Storia dell'Arte presso gli antichi*, e non nella prima traduzione italiana, apparsa peraltro a Milano per i Tipi del Monastero Maggiore, ma bensì in quella francese, uscita nel 1766.[3]

Possiamo dunque immaginare Parini, sulla scorta di quanto riferito da Vicinelli riguardo alla sua conoscenza del francese, certa seppure non documentata, intento a leggere il libretto di Winckelmann appunto nell'edizione francese, apparsa a Parigi lo stesso anno della *editio princeps* tedesca.[4]

Ormai è nota la vicenda di Parini estensore di programmi per le imprese decorative affrontate negli anni Ottanta a Milano e per il Teatro di Novara dall'équipe di architetti e decoratori di Brera, e a poco servirebbe ripercorrere qui la storia di quei suoi testi, pensati avendo ben presente

[2] J.J. WINCKELMANN, *Gedanken*, cit., p. 50.
[3] AUGUSTO VICINELLI, *Il Parini e Brera*, Milano, Ceschina, 1963, p. 263, n. 241.
[4] Su Parini lettore del francese vedi A. VICINELLI, *Il Parini e Brera*,cit., p. 163.

la funzione winckelmanniana di collante morale attribuito all'allegoria; anche, lo si è visto, per la decorazione d'interni.

Più interessante ci sembra individuare, all'interno dei suoi *Programmi di Belle Arti*, un tema specifico, quello dei materiali di studio concretamente proposti ai decoratori; non sembra casuale che uno dei pochi punti in cui vi si nominano delle opere d'arte specifiche, portate come *exempla* da imitare, sia un passo, già analizzato da Savarese,[5] relativo proprio a saggi di pittura decorativa.

Come "idea de' sopraporti della prima stanza" per il palazzo Belgioioso il poeta non esita a suggerire "Spade, scudi, elmi, corazze, dardi, turcassi ed armi d'ogni genere antiche, con puttini che scherzano fra quelle e le ornano e le spargono d'erbe e di fiori. Si potrà prendere idea di quelle armi e della loro vaga composizione dai trofei e dagli archi di trionfo antichi, come pure dalle cose di Giulio Romano e di Polidoro da Caravaggio".[6]

Più avanti, sempre per dei sovraporta "per la terza stanza degli arazzi" si ripete che "si potrà prendere idea delle armi e dei vasi e dalla loro composizione dai trofei e dagli archi di trionfo degli antichi, come pure dalle cose di Giulio Romano e di Polidoro di Caravaggio".[7]

È facile capire cosa fossero, nell'idea di Parini, le "cose di Polidoro", semplicemente interrogando gli inventari delle suppellettili didattiche dell'Accademia che lo ospitava. In un elenco di stampe per la Scuola di Ornato datato 1777 e pubblicato da Francesca Valli,[8] si legge ad esem-

---

[5] GENNARO SAVARESE, *Iconologia pariniana. Ricerche sulla poetica del figurativo in Parini*, Firenze, La Nuova Italia 1973, p. 79.

[6] GIUSEPPE PARINI, *Tutte le opere edite e inedite*, raccolte da Guido Mazzoni, Firenze, Barbèra, 1925, p. 910.

[7] PARINI, *Tutte le opere edite e inedite*, cit., p. 914. Negli anni in cui Parini li raccomanda agli artisti, questi riferimenti erano del resto già diffusi nella letteratura più avvertita: un esempio precoce sono i suggerimenti di Francesco Algarotti per le collezioni di Augusto III di Sassonia, dove le "belle forme di vasi antichi, e di quelli di Polidoro, con bassirilievi ornati, o con pitture a chiaroscuro imitanti il bassorilievo cavate dall'antico" sono indicate proprio come modelli di gusto antichizzante per la produzione di raffinati oggetti d'uso quali le porcellane delle manifatture reali di Meissen: vedi FRANCESCO ALGAROTTI, *Progetto per ridurre a compimento il Regio Museo di Dresda*, 1742, in *Opere*, Venezia, Palese, 1791-1794, p. 373. Il ruolo didattico delle stampe è sottolineato da Algarotti a p. 355 dello stesso testo, in quanto esse "servirebbono moltissimo ad una scuola, che il Re volesse erigere in Dresda delle belle arti".

[8] Milano, Archivio Storico dell'Accademia di Brera, Carpi D V 13, *Stampe appartenenti all'Accademia di Brera*; per questo e per i successivi inventari citati vedi FRANCESCA VALLI, *Le stampe (1776-1859)*, in *Le raccolte storiche dell'Accademia di Brera*, a c. di Giacomo Agosti e Matteo Ceriana, Firenze, Centro Di, 1997, p. 127.

pio: "Polidoro da Caravaggio, 8 *Fregi* istoriati, di P. Santi Bartoli". È l'album di incisioni tratte dal fregio di Palazzo Gaddi a Roma, che il Bartoli aveva pubblicato attorno alla fine del Seicento con la dedica al classicista Giovanni Pietro Bellori, e di cui un esemplare si trova tuttora in Accademia (Fig. 1).[9]

Esemplificative di un indirizzo antiquario e programmatico nella grande decorazione, queste stampe dovettero essere un correttivo di una certa importanza, anche a Milano, per superare, nella decorazione di figura, le morbidezze barocchette della tradizione lombarda; un esempio che si ritroverà ancora, e con quale forza!, in Appiani e nei suoi *Fasti* di età napoleonica.

Ma è in un inventario successivo[10] che la consonanza col dettato pariniano si fa ancora più stretta: "La serie dei Vasi di Polidoro incisa da J. Sadeler e quella incisa da G.B. Galestruzzi", oltre ad "alcuni *Vasi* antichi incisi da Agostino Veneziano e da altri incisori del Cinquecento",[11] citati nell'inventario del 1779 si possono agevolmente far risalire alle copiatissime decorazioni a finto bassorilievo di Palazzo Milesi in via della Maschera d'Oro a Roma (Fig. 2).[12]

Naturalmente possiamo solo ricostruire l'aspetto di queste dotazioni, tenendo conto che nulla rimane oltre alla voce di inventario, la consunzione dei materiali didattici essendo inevitabile soprattutto per una scuola

[9] Milano, Biblioteca dell'Accademia di Brera, O IV 112.

[10] Milano, Archivio Storico dell'Accademia di Brera, Carpi D V 13, *Nota dele Statue, Busti e Bassorilievi, Disegni e Stampe*, 25 dicembre 1779.

[11] Per le incisioni da Polidoro di Giovanni Battista Galestruzzi (1618-dopo il 1677), che constano di due serie di sei pezzi, realizzate in tempi diversi, vedi *The Illustrated Bartsch*, 46, ai nn. 41-46 e 47-52. Per Agostino De Musi, detto Agostino Veneziano (n. ca. 1490), vedi DANIELA MINONZIO, *ad vocem* in *Dizionario Biografico degli Italiani*, 38, Roma, Istituto dell'Enciclopedia Italiana, 1990. Numerose sue stampe di vasi sono citate in DESIRÉ GUILMARD, *Les maitres ornemanistes*, Paris, Plon, 1881, pp. 285-86.

[12] Quanto fosse antica (e dunque autorevole) la funzione esemplare delle facciate dipinte da Polidoro ce lo dicono le regole, stese in seconda edizione nel 1596, della romana Accademia di San Luca, dove si spiega che tra gli artisti vi sarà "chi disegnerà disegni a mano, chi cartoni, chi rilievi, chi teste, piedi, e mani, e chi anderà fra la settimana, disegnando all'antico e alle facciate di Polidoro [...]" (cit. in NIKOLAUS PEVSNER, *Le Accademie d'arte*, Torino, Einaudi, 1982, p. 59). Per alcuni disegni di allievi di Brera copiati da queste stampe, col corretto riferimento al testo di Parini, si legga la densa scheda di ARNALDA DALLAJ in *Il fondo Amati del Castello Sforzesco*, a c. di Arnalda Dallaj e Caterina Mutti, Venezia, Marsilio, 1997, II, p. 89.

come quella di Ornato che contava numerosissimi allievi, in ragione del suo stretto rapporto col mondo delle manifatture e della produzione; un rapporto tanto più sorprendente quanto più lo si colloca negli anni in cui Parini ambisce a conferire all'insegnamento un sostrato culturale in linea col principio classicista dell'*ut pictura poesis*.

La fortuna di un artista come Polidoro da Caravaggio, il Polidoro romano autore delle facciate dipinte e campione del classicismo raffaellesco, il cui prototipo nella storia della critica si fa risalire a Vasari, ha poi uno sviluppo notevole soprattutto presso una cerchia di collezionisti e amatori di stampe e disegni del Settecento francese: Pierre Crozat, per fare un esempio, possedeva ben 280 disegni dell'artista, 65 dei quali furono acquistati da Pierre Mariette, e non dimentichiamo il riflesso di Polidoro su Caylus e quindi, anche per questo tramite, su Ennemond Alexandre Petitot e la sua *Suite des Vases* (Parma, 1764).[13]

Parlare di cultura francese, e di personaggi come il conte di Caylus, in rapporto alle accademie italiane del Settecento significa infatti naturalmente pensare a Parma, e all'opera di Petitot: una componente, questa franco-parmense, che è in qualche modo confermata dalle altre stampe enumerate dagli stessi inventari (1777-1779). Qui, molti degli esempi proposti sembrano curiosamente avere un legame non dichiarato con la cultura accademica della città emiliana, il cui ruolo di modello per il neoclassicismo milanese è del resto ben noto agli studi.

Per scendere più nello specifico poi, si sarebbe tentati di pensare, dietro questi orientamenti di gusto, a Carlo Bianconi: quel Bianconi che al momento della redazione del primo degli inventari da noi considerati (1777) si trovava ancora a Roma presso il fratello Giovanni Ludovico, ma che proprio in quell'anno riceve la nomina a Segretario di Brera, e non è fuori luogo supporre che da Milano gli venissero richiesti, prima ancora

---

[13] Per la fortuna di Polidoro vedi soprattutto ALESSANDRO MARABOTTINI, *Polidoro da Caravaggio*, Roma, Edizioni dell'Elefante, 1969, I, pp. 226-98; per le numerose copie dalle facciate dipinte, molto materiale si trova riprodotto in *Polidoro Caldara da Caravaggio (Monumenta Bergomensia XLVIII)*, a c. di Lorenzo Ravelli, Bergamo, Credito Bergamasco, 1978, pp. 619-66 (per Palazzo Gaddi) e pp. 667-911 (per Palazzo Milesi). CAYLUS parla con entusiasmo di Polidoro nei suoi *Tableaux tirés de l'Odyssée d'Homere et de l'Heneide de Vigile, Paris 1757* (un testo che poteva rientrare nell'orizzonte culturale di Parini), come riportato da SAVARESE, *Iconologia pariniana*, cit., p. 80: non ci stupisce a questo punto leggere come l'antiquario francese apprezzasse, nell'artista rinascimentale, non lo spregiudicato manierista che noi amiamo oggi, ma la "précision marveilleuse" e il "véritable goût de l'antiquité".

di prendere servizio in Accademia, pareri in merito ai materiali di studio da utilizzare. La sua provenienza dalla Bologna di Luigi Ferdinando Marsigli, dove fiorisce il commercio di stampe e dove proprio l'introduzione in Accademia di un insegnamento di incisione genera vivaci polemiche in cui egli stesso gioca un ruolo attivo, così come il suo studio ricolmo di stampe e antichità, presso il quale organizza numerose imprese architettoniche e decorative, danno sostegno a questa supposizione.[14] E ancora pensiamo al suo assai apprezzato ruolo di consulente presso conoscitori e collezionisti, per il principe Hercolani nel 1766, per il lucchese Lodovico Domenico Bernardi nel 1772-74, e ancora più tardi per il conte Giacomo Carrara di Bergamo: sono indizi che ci fanno ritenere plausibile che gli venissero richiesti lumi sulla costituzione di una raccolta di stampe per l'istruzione della gioventù, anche da parte di un'istituzione pubblica da poco creata nel clima di riforme della Milano teresiana.[15]

E si rilegga infine, a riprova della costante attenzione di Bianconi verso il ruolo didattico delle stampe, anche in relazione all'ornato, il suo "parere" manoscritto, conservato nell'Archivio di Stato di Milano e a lui attribuito da Aurora Scotti, dove, partendo dall'antico e dal Rinascimento come modelli formativi, si arriva ad una definizione illuministicamente intesa delle arti decorative: "Una serie d'ornamenti e belli saranno miliori se più saranno vicini al punto primo di bellezza ornatista, cioè all'antichità, e dopo, quelli che più ad essa si avvicinano. L'esperienza fa vedere quanto è neces-

---

[14] Per nuove notizie su Bianconi si veda F. VALLI, *Dalle raccolte didattiche al museo. Modelli della formazione artistica a Brera fra Sette e Ottocento*, in *Milano, Brera e Giuseppe Bossi nella Repubblica Cisalpina. Incontro di studio n. 12*, Milano, Istituo Lombardo di Scienze e Lettere, 1999, con una bibliografia aggiornata a p. 288, nota 16. Sulla diffusione della grafica a Bologna vedi LUCIA TONGIORGI TOMASI, *Libri illustrati, editori, stampatori, artisti e connoisseurs*, in *Produzione e circolazione libraria a Bologna nel Settecento. Avvio di un'indagine. Atti del V colloquio*, Bologna, Istituto per la Storia di Bologna, 1987, pp. 311-56. La polemica bolognese sul discrimine tra arti maggiori e minori (essendo l'incisione inserita tra queste ultime) è riassunta in MASSIMO FERRETTI, *Il notomista e il canonico. Significato delle polemica sulle cere anatomiche di Ercole Lelli*, in *I materiali dell'Istituto delle Scienze*, catalogo della mostra, Bologna, CLUEB, 1979, pp. 100-14.

[15] Vedi, nell'ordine: GIOVANNA PERINI, *Giovanni Ludovico Bianconi, un bolognese in Germania*, in GIOVANNI LUDOVICO BIANCONI, *Scritti tedeschi*, Bologna, Minerva, 1998, p. 12, nota 16; *Ibid.*, *Un breve trattato inedito per il conoscitore di stampe compilato da Carlo Bianconi*, in *Artisti lombardi e centri di produzione italiani nel Settecento. Studi in onore di Rossana Bossaglia*, a c. di Gianni Carlo Sciolla e Valerio Terraroli, Bergamo, Bolis, 1995, pp. 229-35; *Ibid.*, *Count Giacomo Carrara and the foundation af an art Academy in Bergamo*, in *Art between Reinassance and Romanticism - Leids Kunsthistorisch Jaarboek*, 's-Gravenhage 1989, pp. 139-62.

sario il coltivare la provincia del disegno che orna le stanze nostre, ed a cui è consegnata l'esecuzione delle cose che ci stanno sempre attorno".[16]

Quelli elencati dai due inventari di cui stiamo trattando sono materiali eterogenei, in cui l'idea di un ornato nuovo, compiutamente neoclassico, quale uscirà dai repertori di modelli di Giocondo Albertolli negli anni successivi, sembra ancora alla ricerca di una definizione, tra spinte "in avanti" (se possiamo usare questa formula parlando di una cultura eminentemente antiquaria) e persistenze tardo-barocche.

Vi troviamo così le stampe delle Logge Vaticane di Giovanni Volpato "affisse in giro alle pareti"[17] o i "Trofei, Candelieri, Calici" di Jean Charles Delafosse;[18] vi troviamo l'Arco di Traiano a Benevento (Fig. 4), rilievo eseguito dal giovane Piermarini durante il tirocinio napoletano presso Luigi Vanvitelli[19] (e sono, per tornare a Parini, i "trofei e archi di trionfo degli antichi" citati nei Programmi); ma incontriamo anche le Cartelle di Agostino Mitelli incise da Parisini,[20] 24 Grottesche dello stesso,[21] e perfino stampe di un artista estroso e quanto mai improba-

---

[16] Archivio di Stato di Milano (d'ora in poi ASM), Studi, p.a., cart. 201; cito da AURORA SCOTTI, *Brera 1776-1815. Nascita e sviluppo di una istituzione culturale milanese*, Firenze, Centro Di, 1975, p. 44, nota 40.

[17] Per la circolazione delle stampe di traduzione dalle Logge di Raffaello nella Milano di questi anni, testimoniata tra l'altro dal carteggio dei fratelli Verri, si legga A. MORANDOTTI, *Francesco Corneliani (1742-1814). Realtà e senso nella tradizione pittorica lombarda*, in "Nuovi Studi", 2 (1996), p. 80, nota 53.

[18] JEAN CHARLES DELAFOSSE (1734-1789), *Premier livre de trophes, contenant divers attributs d'Eglise*; *Cahiers de douze flambeaux et chandelier de table*; *Cahiers de calices, ciboires, burettes* (qualche riproduzione di queste stampe si può vedere in GENEVIEVE LEVALLET, *L'ornemaniste J.-Ch. Delafosse*, in "Gazette des Beaux-Arts" [1929], pp. 160, 164, 165). Incisioni dalla *Nouvelle iconologie historique* di Delafosse si trovano in abbondanza nei materiali di lavoro degli ebanisti Maggiolini (vedi ENRICO COLLE, *Modelli d'ornato per Giuseppe Maggiolini*, in "Prospettiva", 65 [gennaio 1992], pp. 78-84). Una sola stampa superstite da questa serie è oggi conservata nelle raccolte storiche dell'Accademia di Brera (Fig. 3). Per Delafosse vedi inoltre *Piranèse et les Francais. 1770-1790, catalogo della mostra*, Roma, Edizioni dell'Elefante, 1976, pp. 103-16.

[19] *Piermarini e il suo tempo*, catalogo della mostra, Milano, Electa, 1983, pp. 138-41.

[20] Per Agostino Mitelli, incisore bolognese (1609-1660), vedi GUILMARD, *Les maitres ornemanistes*, cit., pp. 314-15.

[21] Dovrebbe trattarsi, data la corrispondenza del numero di incisioni, dei ventiquattro *Freggi dell'Architettura*, pubblicati nel 1682, e riproducenti gli ornati formigineschi del portico della chiesa bolognese di San Michele in Bosco. Incisioni in tutto simili a queste, di Domenico Bonaveri, pure bolognese, erano tra le carte di Maggiolini (vedi COLLE, *Modelli di ornato*, cit., p. 22).

bile nei panni del neoclassico *ante litteram* come Stefano della Bella.[22]

Completano l'insieme, piuttosto eterogeneo, le incisioni tedesche di Theodor Baig e quelle olandesi di Bongaert.

Solo nel 1786, accanto a questi stessi modelli, si potranno finalmente appendere le "incisioni dei disegni di G. Albertolli", in un processo di normalizzazione che possiamo per ora solo ipotizzare, ma che è evidente quando si scorrano i documenti relativi ai concorsi di seconda classe, dove le copie da Albertolli si ripetono fino alla nausea, anno dopo anno, accanto a pochi nuovi acquisti, come i sei quaderni di ornati di Charles Moreau,[23] indicativi comunque di un gusto ormai ben definito (siamo, del resto, nel 1806).

Anche la fortuna di Giulio Romano, l'altro artista citato nel testo di Parini da cui abbiamo preso le mosse, non è un episodio isolato o un riflesso di gusto personale, ma si inserisce assai bene nel quadro delle accademie riformate.

Giulio Romano significa naturalmente Mantova, e Mantova nel Settecento è sede della prima Accademia teresiana, fondata nel 1752, dunque con più di un ventennio d'anticipo su quella milanese.

Del problema della compresenza delle due accademie sul territorio governato dagli austriaci fa menzione un manoscritto conservato presso la Biblioteca dell'Accademia di Brera: è il *Piano* elaborato nel 1787 da Pietro Paolo Giusti, funzionario di governo particolarmente attento alle riforme dell'istruzione, allo scopo di fornire l'Accademia di un organico ordinamento (ricordiamo che essa non avrà dei veri e propri statuti se non in epoca napoleonica, con Bossi).

[22] Le *Cartelle* citate dall'inventario braidense possono con ogni verosimiglianza identificarsi con la *Raccolta di Varii Capricci et nove inventioni di cartelle et ornamenti*, eseguite e pubblicate dall'incisore fiorentino durante il suo soggiorno a Parigi, nel 1646. Vedi *Mostra di incisioni di Stefano della Bella*, catalogo della mostra a c. di Anna Forlani Tempesti, Firenze, Olschki, 1973, n. 47.

[23] CHARLES MOREAU, *Fragmens et ornemens d'architecture, dessinée à Rome d'après l'antique*, Paris, 1802. L'opera, intesa come supplemento al trattato di architettura di Desgodetz, è pensata espressamente per il miglioramento delle industrie artistiche attraverso una presentazione scientifica e normativa dei "types invariables du bon goût des anciens". Per questo acquisto voluto da Giuseppe Bossi, oltre agli inventari pubblicati in F. VALLI, *Le stampe*, cit., p. 127, vedi anche CHIARA NENCI, *Un "repertorio di materie attinenti alle belle arti" di Giuseppe Bossi*, in *Milano, Brera e Giuseppe Bossi*, cit., p. 385, nota 35.

L'Accademia mantovana, nelle parole di Giusti, "ha fatto dei progressi assai commendevoli, ed ha influito sul progresso del paese specialmente nella parte degli ornati". Eppure, se questa scuola "è stabilita in un terreno troppo svantaggioso per le arti, essa ha per un'altra parte una superiorità decisa su quella di Milano [...] Questa città, eccettuate le pitture e i disegni della biblioteca ambrosiana e alcune chiese, è sprovvista di materiali e modelli propri per lo studio dell'arte. Mantova all'incontro possiede due tesori di questo genere nelle opere di Giulio Romano, e nel museo delle statue ultimamente così ben ordinato ed arricchito".

Vediamo così l'Accademia di Mantova, che pure aveva avuto un carattere di sperimentazione provinciale in anticipo su Milano, e che comprendeva una ricca Colonia di Arti e Mestieri, avviarsi ad un destino quasi museale, anche se si tratta pur sempre di un museo posto al servizio delle rinnovate esigenze didattiche: e se uno dei poli di questo "sistema museale" è costituito dai marmi delle collezioni gonzaghesche, restaurati da Giuseppe Franchi a partire dal 1779, l'altro è senza dubbio da individuarsi in Palazzo Te.

Se ci soffermiamo su questo monumento, oggetto come vedremo di numerose attenzioni da parte dell'Accademia di Mantova negli anni '70-'80, è perché un riflesso della fortuna e della circolazione didattica delle decorazioni di Giulio Romano al Te è presente anche a Brera. Si tratta di un album di 193 disegni a china con acquarellatura grigia (Tavv. 10-11), recante sulla copertina la seguente scritta: "del Prof.e Gius.e Bottani N° 193 Disegni Originali tratti dai dipinti di Giulio Romano al Te" (un'ulteriore scritta sulla prima pagina, in grafia settecentesca, ne ribadisce l'attribuzione, che come vedremo non deve però essere presa alla lettera).[24]

Sono, come è facile verificare, delle copie degli innumerevoli rilievi in stucco ispirati ad antichi cammei che incorniciano l'affresco di Giulio Romano nella Sala del Sole, e che dovevano molto piacere ad uomini di fine Settecento proprio per questo riferimento all'antico e forse anche per

---

[24] Milano, Biblioteca dell'Accademia di Belle Arti di Brera, Fondo Storico, Q III 155. I singoli disegni (due per foglio) sono numerati e i fogli sono piegati al centro, tra un disegno e l'altro. L'album è già stato presentato da ROBERTO CASSANELLI in un intervento dedicato a *La soppressione degli enti ecclesiastici e la formazione della Pinacoteca di Brera. Il caso mantovano* in *L'abbazia di San Benedetto in Polirone. Convegno di studi in occasione del bicentenario della soppressione napoleonica 1797-1997*, San Benedetto Po, 1998, in corso di stampa. Ringrazio il prof. Cassanelli per avermi concesso di ripresentare questi disegni e per avermi fornito utili indicazioni per la ricerca.

le loro curiose raffigurazioni allegoriche ed emblematiche, capaci di trasportare il gioco dell'erudizione e del significato moralizzante anche nella semplice decorazione di un soffitto.[25]

Scartata l'attribuzione a Giuseppe, insostenibile sulla base della scarsa qualità dei disegni, una pista più praticabile ci fa collegare questi appunti grafici con i "faticosi disegni fatti al Palazzo Te" di cui parla Giovanni Bottani in una lettera spedita il 18 settembre 1780 al collezionista e mecenate Antonio Greppi;[26] si tratta di un'operazione intrapresa con gli allievi dell'Accademia, che doveva risolversi in una traduzione incisoria delle pitture di Giulio al Te: progetto rimasto incompiuto, ripreso solo parzialmente anni dopo dall'Agazzi con incisioni tratte da disegni di Agostino Comerio, come riferisce Eugenia Bianchi.[27]

Giovanni Bottani, il cui nome è legato anche ai restauri di Palazzo Te iniziati a partire dagli anni Settanta,[28] doveva infatti essere una figura di primo piano in questa progettata traduzione incisoria del monumento mantovano. Operazione che ci piacerebbe studiare più da vicino, in quanto coinvolge entrambe le accademie lombarde, Mantova e Milano: un carteggio risalente agli anni 1777-1780 conservato all'Archivio di Stato di Milano tra il principe Kaunitz, il ministro Firmian e Giuseppe Bottani[29]

---

[25] Questi stucchi, che si possono vedere riprodotti in GIOVANNI PACCAGNINI, *Il Palazzo Te*, Milano, Cariplo, 1957, Fig. 13, sono tradizionalmente attribuiti al Primaticcio, da alcuni ritenuto autore anche dell'affresco al centro della volta (vedi CHIARA TELLINI PERINA in *Mantova. Le arti*, II/1, Istituto Carlo D'Arco per la Storia di Mantova, 1965, p. 434). Uno studio aggiornato sugli stuccatori cinquecenteschi a Palazzo Te, ma purtroppo senza alcun riferimento per la Sala del Sole, è MARIA TERESA SAMBIN DE NORCEN, *Primaticcio e gli "altri giovani che stavano con Giulio a lavorare". Precisazioni sugli stuccatori di Palazzo Te*, in "Accademia Nazionale Virgiliana di Scienze Lettere ed Arti. Atti e Memorie", n.s., LXIII (1995), pp. 65-88.

[26] ASM, Fondo Greppi, cart. 128; la lettera è citata in EUGENIA BIANCHI, *Novità per Giuseppe e Giovanni Bottani e un appunto per la formazione di Andrea Appiani*, in "Paragone", 569 (luglio 1997), p. 68.

[27] BIANCHI, *Novità*, cit., nota 40.

[28] I lavori vengono intrapresi con la supervisione dell'Accademia e in particolare del professore di architettura Paolo Pozzo, autore di restauri tanto improntati ad un'assimilazione del linguaggio cinquecentesco da aver tratto in inganno gli studiosi fino a non molto tempo fa. Giovanni Bottani, che dal 1784 dirige la scuola di pittura in Accademia, opera sugli affreschi, con un intervento a dire il vero non sempre apprezzato (si veda a tal proposito la lettera di Giuseppe Franchi a Paolo Pozzo, in CARLO D'ARCO, *Delle arti e degli artefici di Mantova*, Mantova, Giovanni Agazzi, 1857, t. II, p. 196).

[29] ASM, Fondo Studi, p.a., cart. 10.

testimonia dell'importanza ad essa attribuita dal governo austriaco, ma anche delle difficoltà incontrate da subito nell'attuarla. In un promemoria di mano di Firmian (e databile per motivi interni al documento non oltre il 1776) si fissa il piano dell'opera, che doveva consistere di tre tomi, relativi all'architettura, alla pittura e all'ornato: Milano avrebbe potuto fornire un aiuto per i disegni dalle pitture, inviando un suo insegnante, il toscano Giuliano Traballesi, a copiarle durante i periodi di vacanza di Brera (ipotesi che poi non si verificherà), ma soprattutto fornendo gli incisori[30] e le strutture per realizzare le stampe; motivo per cui i disegni avrebbero dovuto essere sempre spediti a Milano, ed approvati dall'establishment politico-culturale cittadino, che si fa carico anche in questa occasione di un'attenzione per le arti assai puntuale e non di mera circostanza.

È dunque un'ipotesi plausibile che anche il nostro album sia giunto a Brera in questo momento e in previsione di questa operazione, in seguito arenatasi per vari motivi.

Maggiori dubbi restano invece per l'autografia dei disegni, da attribuirsi certamente ad allievi, ma non sappiamo (a dispetto della scritta sulla coperta dell'album) se di Giuseppe, di Giovanni Bottani o non piuttosto del maestro di Ornato a Mantova, l'orafo e bronzista Giovanni Bellavite, portavoce di un purismo neorinascimentale che contrappone la scuola di ornato di Mantova a quella milanese di Albertolli, nella quale il ventaglio dei modelli antichi e cinquecenteschi è sicuramente più ampio e riletto in modo insieme più personale e più aggiornato sulle novità europee del tempo.[31]

Una ricognizione, per ora piuttosto rapida e condotta solo sui documenti dell'Archivio di Stato di Milano, ma che fa presumere ulteriori conferme da documenti mantovani, ci mostra infatti il poco indagato Bella-

---

[30] I nomi che vengono fatti sono quelli di Carlo Nolli e Domenico Cagnoni.

[31] Sul Bellavite e la sua scuola, esempio curioso seppur nei suoi limiti provinciali, della fortuna visiva settecentesca di Giulio Romano e di un precoce revival neorinascimentale, oltre alla voce nella nuova edizione del *Thieme Becker* (di S. Partsch, 1994) vedi C. TELLINI PERINA, *Le arti minori*, in *Mantova. Le arti*, cit., III, pp. 625-30. Sullo scontro tra l'ambiente mantovano e Albertolli, presente a Mantova nel 1779 per la decorazione di una sala di Palazzo Ducale, si legga la lettera di Paolo Pozzo a Giacomo Frey del 18 ottobre 1779 pubblicata in CARLO D'ARCO, *Delle arti e degli artefici di Mantova*, Mantova, Giovanni Agazzi, 1957, t. II, pp. 203-04.

vite fervidamente attivo nell'impresa di traduzione incisoria degli ornati in Palazzo Te. Nel 1786 è Pietro Paolo Giusti che, intercedendo presso il governo per ottenere un aumento di onorario per l'ornatista, ci informa di come questi abbia promesso, in cambio, di "rassegnare ogni anno due disegni del Te senza veruna ricompensa". Nel 1790 poi, è lo stesso Bellavite che, nel ripetere la richiesta non ancora esaudita, dichiara tra le altre voci del suo curriculum proprio il "comporre disegni del Te" (notizia confermata pure dal sopra citato promemoria di Firmian).[32]

Non stupisce questo rinnovato interesse per Giulio Romano, in particolare nell'ambito di questa circolazione di modelli accademici, e in anni così fertili per la decorazione di interni. In un discorso letto presso la Reale Accademia di Scienze e Belle Lettere di Mantova nel 1774, Saverio Bettinelli aveva ricordato che, se "Alberti, e Mantegna avevan fondato il buon gusto dell'arti, Giulio Romano il sostenne, e l'amplificò fin dal principio del secolo" e si era diffuso sul ruolo esemplare di Palazzo Te, dove la sala dei Giganti "è per Mantova ciò che sono per Roma il Belvedere, la Farnesina, e le stanze del Vaticano".[33]

Qualche anno più avanti, nel 1783, Leopoldo Camillo Volta è autore di un'operetta sul palazzo (anch'essa presente nella biblioteca dell'Accademia di Brera), per lungo tempo ritenuta dello stesso Giovanni Bottani, cui si deve in realtà solo il ritratto di Giulio stampato sul frontespizio e la dedica a Wilzeck (Fig. 5).[34]

Sono anni in cui la critica neoclassica, non solo locale, è impegnata in una rivalutazione dell'artista romano in buona parte dovuta al suo apprendistato presso Raffaello, tema cui le accademie, e Milano in testa, dovevano essere assai sensibili: una lettura che deliberatamente ignora le evi-

---

[32] ASM, Fondo studi, p.a., cart. 7, relazione di Pietro Paolo Giusti, 4 dicembre 1786 (è nel fascicolo intitolato *Bellavite Gio.: Maestro d'Ornati*); il promemoria di Firmian (vedi *supra*, nota 29) è in ASM, Fondo Studi, p.a., cart. 10: "I disegni per l'architettura fatti già in gran parte dal professore d'architettura Pozzo, e quelli degli ornati dal Bellavite, sarebbe cura d'entrambi di terminarli dentro del 1776".

[33] *Delle lettere e delle arti mantovane. Discorsi due accademici ed annotazioni dell'abate Saverio Bettinelli. In Mantova 1774*, pp. 67-68. Parlando di Palazzo Te, Bettinelli fa cenno pure a "gli esattissimi disegni fattine dal Sig. Paolo Pozzo per ordine sovrano quanto all'architettura, e quei de' Signori Bottani quanto alla pittura: beneficio immortale, che salva dal tempo sì gran tesori dell'arti".

[34] LEOPOLDO CAMILLO VOLTA, *Descrizione storica delle pitture del Regio Ducale Palazzo del Te fuori della porta di Mantova detta Pusterla con alcune tavole in rame*, Mantova, 1783. Milano, Biblioteca dell'Accademia di Brera, D III 70.

denti licenze del suo linguaggio architettonico e figurativo, le palesi artificiosità manieristiche e la disinvoltura del suo rapporto con l'antico, tratti che noi oggi consideriamo intrinseci al ruolo storico di Giulio. Analogamente, lo abbiamo visto, a quanto accade per Polidoro.

È dunque questo Giulio Romano che, partendo dal recupero di Vasari, filtra, attraverso numerose voci critiche, da Francesco Milizia a André Félibien fino a Quatremère de Quincy, nelle Accademie del nuovo classicismo.[35]

Naturalmente, anche dopo aver analizzato questi intrecci tra le due accademie neoclassiche nel nome di Giulio Romano, non possiamo non tenere ben distinte le due differenti realtà culturali, Mantova e Milano: nella prima si afferma una scuola di ornatisti tutto sommato provinciale, in cui il riferimento al grande artista rinascimentale è normativo e dà luogo ad un vero e proprio revival. La seconda è una capitale cosmopolita, in cui i riferimenti sono europei e anche la citazione, sia essa dall'antico come dal rinascimento, è rielaborata con autonomia e creatività: Albertolli, nella pratica di cantiere come nell'insegnamento, si confronta con le novità francesi, apprese a Parma, e con gli ornati inglesi degli Adam, più che con i modelli provvisti dall'archeologia o dai monumenti del Cinquecento milanese.[36]

---

[35] Sulla ricezione storica di Palazzo Te, vedi AMEDEO BELLUZZI-WALTER CAPEZZALI, *Il palazzo dei lucidi inganni. Palazzo Te a Mantova*, Firenze, Centro di architettura Ouroboros, 1976 (in particolare il capitolo *Trasformazioni fisiche e descrizioni*, pp. 75-97). Per la fortuna di Giulio Romano, limitatamente alla sua figura di architetto, si veda anche PAOLO CARPEGGIANI, *La fortuna critica di Giulio Romano architetto,* in *Studi su Giulio Romano. Omaggio all'artista nel 450° della venuta a Mantova (1524-1974)*, San Benedetto Po, Accademia Polironiana, 1975, pp. 15-29.

[36] Del resto le opere a stampa di Robert e James Adam erano sicuramente già presenti da tempo a Milano, prima ancora dell'acquisto per Brera ad opera di Giuseppe Bossi (Milano, Archivio Storico dell'Accademia di Brera, TEA I M 8, 7 maggio 1804): prova ne sia la biblioteca di Firmian, dove i quattro volumi dei *Works in Architecture*, assieme alle *Ruins of the Palace of the Emperor Diocletian at Spalatro,* si trovavano, accanto a opere di William Chambers, Stuart & Revett e John Wood, nella collezione dei libri inglesi (*Bibliotheca Firmiana sive thesaurus librorum*, Mediolani, 1783, n. 109 e 113. Cfr. A. SCOTTI, *Il conte Carlo Firmian, collezionista e mediatore del "gusto" tra Milano e Vienna,* in EAD., *Lo stato e la città. Architetture, istituzioni e funzionari nella Lombardia illuminista*, Milano, Angeli, 1984, pp. 283-309). Una bella testimonianza della diffusione in Italia del gusto inglese, che può aver avuto riflessi su Brera, è nella lettera di Francesco Algarotti a Carlo Bianconi (Pisa 1763) che si può leggere in F. ALGAROTTI, *Opere*, Venezia, Palese 1791-1794, t. VIII, p. 339-44: in essa, dopo citazioni aggiornate e dettagliatissime di architetti e opere del neo-

In coda a queste divagazioni sui materiali dell'Accademia, ciò che si può proporre non va al di là di poche indicazioni, bibliografiche o di metodo, nella speranza che esse siano utili come introduzione ad uno studio sulla scuola di Ornato a Brera, volto ad aggiornare il contributo ancora imprescindibile di Anna Finocchi. [37] Si tratta di una ricerca ancora da svolgere e con molti punti da chiarire, che ambisce a leggere la scuola braidense come caso esemplare della didattica delle arti decorative nelle accademie riformate, tra fine Settecento e primi anni dell'Ottocento: un tema che non ha finora goduto dell'interesse dedicato ad altri settori dell'insegnamento accademico. [38]

Intanto, il caso milanese è pesantemente condizionato dalla perdita (dovuta ai rifacimenti o alle vicende del secondo conflitto mondiale) e dalla scarsa visibilità di buona parte delle realizzazioni della scuola, ciò che rende in molti casi difficile capire l'effettiva incidenza dei modelli sulla pratica di cantiere. I grandi palazzi cittadini, progettati e realizzati dall'*entourage* di Albertolli e Piermarini, non hanno comunque goduto di una fortuna storiografica capace di cogliere il fenomeno d'assieme, e non solo le singole emergenze monumentali. [39]

classicismo inglese, con particolare riferimento agli ornati (Bianconi a Bologna aveva svolto proprio attività di ornatista e progettista di interni), Algarotti conclude: "E se eglino [gli inglesi] hanno da far dipingere i soffitti delle loro stanze, crede ella forse che piglino uno di que' tanti eroi usciti dal cavallo troiano dei Bibbiena? Sono così semplici, che si contentano della barbogia antichità; e faranno copiare ne' soffitti delle grottesche tolte da' sotterranei di Roma, delle quali si fa grande incetta in quello erudito paese".

[37] ANNA FINOCCHI, *La scuola d'ornato dell'Accademia di Brera e Giocondo Albertolli*, in *Architettura in Emilia Romagna dall'Illuminismo alla Restaurazione*, Atti del convegno (Faenza 1974), Firenze, s.n., 1977, pp. 159-69. Vedi, in seguito, E. COLLE, *I disegni di ornato*, in *Le raccolte storiche dell'Accademia di Brera*, Firenze, Centro Di 1997, pp. 61-71.

[38] Si veda ad esempio il caso del nudo, a partire dal tradizionale contributo di Kenneth Clark fino alle recenti indagini di MARTIN POSTLE e ILARIA BIGNAMINI, *The Artists' Model. Its Role in British Art from Lely to Etty*, catalogo della mostra, Nottingham 1991, e di LILIANA BARROERO, *I primi anni della scuola del Nudo in Campidoglio*, in *Benedetto XIV e le arti del disegno*, a c. di Donatella Biagi Maino, Roma, Quasar, 1998, pp.367-84 in F. VALLI, *Modelli romani all'Accademia di Brera*, in *Domenico Corvi*, catalogo della mostra, Roma 1998, pp. 190-96, per diverse indicazioni sullo stesso tema.

[39] Proprio di questi mesi è il lavoro di recupero degli allestimenti storici di Palazzo Reale, i cui attesi risultati sono stati presentati in *Palazzo Reale di Milano: il prgetto per il Museo della Reggia e contributi alla Storia del Palazzo*, a. c. di Enrico Colle e Claudio Salsi, Milano, Comune di Milano, 2000; su Villa Reale di Monza vedi *La Villa Reale di Monza*, a. c. di Francesco de Giacomi, Monza, Associazione Pro Monza, 1984; su Palazzo Greppi vedi *Il palazzo di Antonio Greppi in Milano. Un'opera del Piermarini*, Milano, Centro Ambrosiano, 1995 (con un saggio di GERMANO MULAZZANI sugli interventi figurativi); in-

Per lo stesso caposcuola Albertolli, del resto, non possediamo ancora un intervento monografico che aggiorni i dati del fondamentale testo di Arthur Kauffmann, pubblicato a Strasburgo nel 1911. Ancora più frammentarie le figure di Giuseppe Levati, ma anche quella di Agostino Gerli, personaggio estraneo all'Accademia ma essenziale per ricostruire il diffondersi a Milano del gusto decorativo neoclassico, di impronta specialmente francese.[40]

Il lavoro da compiere è dunque allo stesso tempo di più ampio respiro ma anche più analitico: di più ampio respiro in quanto non limitato ad episodi di gusto eclatanti o a manufatti di particolare pregio,[41] ma tale da coinvolgere un insieme di oggetti, modelli, strategie didattiche da situare sullo sfondo, europeo e non solo italiano, di una storia (quella delle arti cosiddette decorative) che per altro non conosce, se non con molti limiti, repertori né manuali recenti.[42]

Più analitico, questo lavoro di ricerca, in quanto bisognerà ricostruire, anche per l'ornato, quel sistema di relazioni tra oggetti (stampe, disegni, gessi) e funzioni (modelli da copiare, prove di concorso, esemplari per il museo) che costituisce, nelle parole di Francesca Valli "l'insegnamento nella sua quotidianità operativa. Solo varcando la soglia di iniziazione di quel codice è possibile orizzontarsi: operazione archeologica quindi, di scavo e ricostruzione, non inutilmente antiquariale, classificatoria, che consenta il recupero di un'Atlantide sommersa".[43]

---

teressante anche *Palazzo Litta Modignani*, a c. di Alberico B. di Belgiojoso, Milano, Centrobanca, 1994, e PIERO PEROGALLI, *Palazzo Cusani a Milano,* Milano, Electa, 1986 mentre manca del tutto uno studio aggiornato su Palazzo Belgiojoso, tanto più importante per il nostro discorso data la presenza come committente di Alberico Barbiano di Belgiojoso, presidente dell'Accademia.

[40] A. KAUFFMANN, *Giocondo Albertolli. Der Ornamentiker des Italienischen Klassizismus,* Strassburg, Heitz & Mündel, 1911. Tra gli interventi più recenti, mi sento di segnalare TARCISIO CESARI, *Giocondo Albertolli. Cronaca di una vita al servizio dell'arte,* Bedano, 1991.

[41] Sembra essere questa la linea seguita dai recenti interventi, pur meritori, sulla bottega dei Maggiolini: GIUSEPPE BERETTI, *Giuseppe e Carlo Francesco Maggiolini. L'officina del neoclassicismo,* Milano, Malavasi, 1994.

[42] Forse il solo tentativo di una storia unitaria che io conosca risale a prima della Seconda Guerra Mondiale: JOAN EVANS, *Pattern. A Study in Western Europe,* Oxford, Clarendon Press, 1931. Il repertorio più utile per le stampe rimane D. GUILMARD, *Les maitres ornemanistes,* cit., mentre si sente il bisogno di repertori di modelli antichi analoghi in qualche misura a quelli, usati e abusati dalla storiografia più recente, di Bober & Rubinstein o di Haskell & Penny per la statuaria.

[43] F. VALLI, *Le stampe,* cit., 1997, p. 118.

Figura 1 – Pietro Santi Bartoli, *Fregio*, da Polidoro da Caravaggio, mm 159 × 456, acquaforte. Milano, Accademia di Belle Arti di Brera, Gabinetto Disegni e Stampe.

Figura 2 – Giovanni Battista Galestruzzi, *Corazza tra due scudi e due vasi*, da Polidoro da Caravaggio, mm 112 × 186, acquaforte.

Figura 3 – Jean Charles Delafosse, *Inquisition. Medisance et Calomnie* (da ▶ *Nouvelle Iconologie historique*, tav. 89), mm 364 × 218, acquaforte. Milano, Accademia di Belle Arti di Brera, Gabinetto Disegni e Stampe.

Figura 4 – Giuseppe Piermarini, *Rilievo dell'arco di Traiano a Benevento: particolari*, mm 336 × 215, acquaforte.

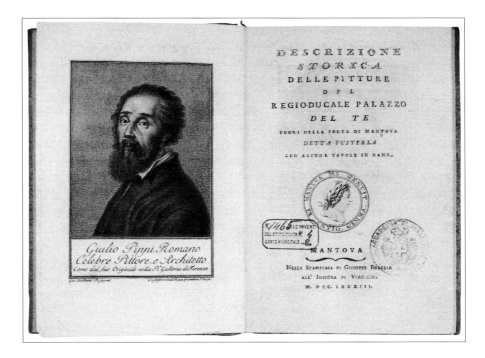

Figura 5 – Leopoldo Camillo Volta, *Descrizione storica delle pitture del Regio Ducale Palazzo del Te*, Mantova 1783, frontespizio con il ritratto di Giulio Romano disegnato da Giovanni Bottani. Milano, Biblioteca dell'Accademia di Brera.

L'EREDITÀ DI ACHILLE.
GIUSEPPE BOSSI, ALUNNO DEL *PRECETTOR GENTILE*[*]

di *Chiara Nenci*

> {...} *Or più non odia*
> *De le scole il sermone Amor maestro;*
> *Ma l'accademia e i portici passeggia*
> *De' filosofi al fianco, e con la molle*
> *Mano accarezza le cadenti barbe...*
>
> Mezzogiorno, 988-992

Potrebbe parere soltanto una coincidenza fortuita, ciò non di meno curiosa, che in margine a uno schizzo veloce del pittore Giuseppe Bossi (Tav. 12), sia citato a memoria il verso del *Mezzogiorno* "ed accarezzan [*sic*] le cadenti barbe. Ma il fatto si carica di un significato simbolico, se notiamo che l'*ecphrasis* del poeta conduceva proprio nei luoghi dell'educazione: l'accademia e i suoi portici, ovvero i *queruli ricinti* del *Giorno* (vv. 24-30).

Così, un Amorino seduto ad accarezzar la barba a un filosofo si rivela essere, nel foglio bossiano, l'immagine delicata che quei versi ispirarono, ad un *alunno famoso*[1] dell'Accademia e del Parini stesso.

Quando nel 1793 Giuseppe Bossi si iscriveva alla Sala dei Gessi e alla Scuola del Nudo dell'Accademia milanese, la cattedra di Belle Lettere

---

[*] Il presente intervento è nato nell'ambito del "Progetto Finalizzato CNR Beni Culturali": *Il tirocinio artistico nella prima metà dell'Ottocento attraverso le raccolte didattiche di Brera; gessi, disegni, incisioni, fotografie. Progetto pilota per una banca dati per le accademie di belle arti.* Per la continuità di alcuni temi già affrontati, mi sia concesso di rimandare a CHIARA NENCI, *Giuseppe Bossi: il segno, le parole. Riflessioni sul patrimonio storico bossiano all'Accademia di Belle Arti di Brera*, tesi di Dottorato in Storia dell'Arte, Università di Pisa, 1998.

[1] GIUSEPPE PARINI, *Per la guarigione di Carlo Imbonati (L'Educazione)*, v. 64. Ed. cons. *Tutte le opere edite e inedite di Giuseppe Parini*, raccolte da Guido Mazzoni, Firenze, Barbèra Editore, 1925 (d'ora in poi, MAZZONI). Ricordiamo, per inciso, le altre occasioni in cui Bossi cita Parini: un verso stralciato dall'ode *Nell'Inverno 1785 (La caduta)* compare in

dell'abate Parini, professore del Ginnasio di Brera, era unita ai corsi accademici, nonostante il poeta avesse ceduto al Segretario Carlo Bianconi, più competente in materia,[2] il corso di iconologia e mitologia per gli artisti. Bossi, prima di partire per il pensionato romano nel 1795 e poi al suo ritorno nel 1798, ebbe modo di frequentarne le lezioni, in compagnia di illustri nomi del patriziato milanese, sparsi tra le fila dei circa cinquanta alunni che Parini arrivava a raccogliere in quegli anni, pur rammaricandosi sempre di essere costretto nel ruolo di un maestro d'artisti, e di non potersi rivolgere in una forma più alta "specialmente ai professori, agli alunni ed agli amatori di queste arti".[3]

Sappiamo ben poco degli argomenti affrontati in quelle lezioni: notizie indirette tramandate da Francesco Reina,[4] programmi didattici espressi dal poeta nelle linee generali,[5] indizi di aspirazioni forse mai realizzate.[6] Parlano quasi di più i laconici elenchi di scrittori,[7] stesi da Parini attraversando in senso diacronico la storia del pensiero, con la padronanza del profondo studioso e lo schematismo del professore eccezionalmente colto, nella cui biblioteca non mancavano accanto ai classici greci, latini e italiani, testi di storia e teoria artistica.[8] O ancora, le pa-

---

una lettera ad Antonio Canova del 1805, cfr. *Giuseppe Bossi. Scritti sulle arti*, a cura di R. P. Ciardi, Fireze, Spes, 1982 , II, 604; il "cantor del Giorno" è ricordato ancora nella *Epistola a Luigi Zanoja*, 1810, con rammarico per la mancanza di un degno monumento eretto alla memoria del poeta, cfr. *ibid.*, 820. Il disegno in questione, tracciato sul *verso* di una lettera indirizzata da Bossi al Ministro della Pubblica Istruzione, è databile al 1802.

[2] Sulla figura di Carlo Bianconi, cfr. l'intervento di FRANCESCA VALLI in questo stesso volume. Sulla teoria didattica si veda anche il recente A. MUSIARI, *Parini e gli artisti di Brera: le istruzioni letterarie*, in *Attualità di G. Parini. Poesia e impegno sociale* (a c. di G. Baroni), in "Rivista di Letteratura Italiana", 2-3, XVII (1999), pp. 491-99.

[3] MAZZONI, p. 1024.

[4] FRANCESCO REINA, *Introduzione* all'edizione delle *Opere* di Giuseppe Parini, Milano 1801.

[5] G. PARINI, *Dei principi particolari delle Belle Lettere*, in Mazzoni, pp. 834-36.

[6] G. PARINI, *Avvertenze intorno al Segretario di un'Accademia di Belle Arti*, in MAZZONI, pp. 881-85.

[7] G. PARINI, *Elenchi di scrittori*, in MAZZONI, pp. 1038-41.

[8] ORLANDI, *Abecedario Pittorico*, Venezia, 1753; RIPA, *Iconologia*, Padova, 1618; D. WEBB, *Recherches sur les boutés de la Peinture*, Paris, 1765; DANDRÉ BARDON, *Traité de Peinture et Sculpture*, Paris, 1765; *Costituzioni dell'Accademia di Pittura Scultura, ed Architettura*, Parma, 1760; JOHANN JOACHIM WINCKELMAN, *Histoire de l'Art chez les Anciens*; MUSSI, *Poesie pittoriche*, Pavia; GIORGIO VASARI, *Vite dei Pittori*, Roma, 1749; VIGNOLA, *Architettura*, Roma, 1607; VITRUVIO, *Architettura*, Venezia, 1584. L'inventario completo della libreria è pubblicato in AUGUSTO VICINELLI, *Il Parini e Brera*, Milano, Ceschina Editrice, 1963, pp. 257-68.

gine che tracciano il progresso delle Lettere in Italia, come il noto paragrafo dedicato al Vasari, di cui apprezza soprattutto la capacità mimetica, quel suo adattare lo stile ai colori della materia trattata, e ne attribuisce significativamente il merito ai consigli di un letterato, Annibal Caro, "grande amico ed utile consigliere de' più eccellenti artisti del suo tempo".[9] Tra l'altro, se Parini, scrittore di *Soggetti e appunti per pitture decorative*, si riconosceva volentieri in questo ruolo "rinascimentale" di ispiratore e consigliere degli artisti, Bossi, ormai pittore maturo, commentando Caro molti anni dopo, annota: "Strane invenzioni fanno i poeti che poco sanno di pittura. Vedi quelle di Annibal Caro nella Vita di Taddeo Zuccaro".[10]

Ma tornando al periodo del suo alunnato, sappiamo che Bossi assistette[11] a un ciclo di lezioni dedicate all'*Edipo Re* di Sofocle, scelto dal maestro per il forte contrasto delle passioni umane che vi entravano in gioco, a dimostrazione dell'eccellenza del poeta tragico nell'imitare gli 'affetti'. Se a questa circostanza aggiungiamo la stima e l'amicizia che unirono sia Parini che, più tardi, lo stesso Bossi, al grecista Felice Bellotti, impegnato nelle traduzioni sofoclee,[12] è più facile comprendere i motivi che spinsero il giovane pittore, appena rientrato dal soggiorno romano, ad affrontare così presto[13] e del tutto autonomamente[14] un soggetto difficile quale l'*Incontro di Edipo cieco con le figlie*. Nei numerosi disegni preparatori al dipinto,[15] l'artista affronta l'ultima scena della tragedia, scegliendo il momento corale e fortemente lirico dell'incontro di Edipo cieco con le figlie,

[9] G. PARINI, *Dei principi particolari*, in MAZZONI, p. 831.

[10] Milano, Biblioteca Ambrosiana, S.P. 6/13 E, sez. B, c. 135.

[11] La notizia è in EVA TEA, *Il Professore Giuseppe Parini e l'Accademia di Belle Arti di Brera in Milano (1773-1799)*, Milano, Artigianelli, 1948, p. 16.

[12] L'edizione delle *Tragedie* di SOFOCLE curata da Bellotti esce a Milano, Mussi editore, nel 1813.

[13] Secondo il biografo Cattaneo, Bossi vi lavorava immediatamente dopo il ritorno da Roma, cfr. CARLO CASATI, *Un ricordo a Giuseppe Bossi. Sue poesie edite e inedite colla vita scritta da Gaetano Cattaneo (1836)*, Milano, 1885, p. 14.

[14] L'opera non era stata commissionata da alcuno, tanto che in una lettera a Canova del 1808, parlando del quadretto delle *Ceneri di Temistocle*, Bossi lamentava: "Ho venduto onoratamente al Governo il mio cartone [...] Senza quelle prime combinazioni esso sarebbe rimasto nel mio studio o avrei pagato pigione per collocarlo, come avviene del mio Edipo [...]" (*Giuseppe Bossi, Scritti sulle arti*, a c. di Roberto Paolo Ciardi, Firenze, Spes, 1982, II, p. 648).

[15] Su disegni preparatori e opera finita, cfr. CATERINA PASZTORY PEDRONI, *Cinque dipinti di G. B. attraverso l'analisi delle fonti*, in "Arte lombarda", XXX (1985), pp. 132-45.

e si concentra soprattutto sul rapporto emozionale fra i protagonisti, racchiuso nel cieco protendersi di Edipo e nella sua preghiera :"Figlie mie dove siete? Qua, venite qua verso le mie mani fraterne [...] (Fig. 1).[16]

Per Bossi, il disegno resterà sempre un *medium* altamente esplorativo, momento di esercizio dedicato a *inventio* (espressione del soggetto) e *dispositio* (studio della composizione), e già in questa occasione il pittore dimostra di trarre dalla lettura diretta del testo gli elementi più significativi, funzionali alla *verosimiglianza* delle circostanze storiche (la peste dell'Attica sullo sfondo della scena) e all'intima comprensione dei personaggi (le diverse prove per la posizione ed il gesto di Edipo). In questa fase, Bossi consulta anche il *Trattato della pittura* di Leonardo; ricordandosi probabilmente di quanto Parini vi aveva insistito nel suo ultimo corso interamente dedicato al *Cenacolo*,[17] annota su un foglio — come promemoria- due capitoli dedicati alla composizione e agli affetti:[18] "*Delle azioni dei circostanti a un caso notando*" (cap. 219) e "*Che le figure piccole non debbono per ragione esser finite*" (cap. 282).[19]

Certamente il genere tragico era il banco di prova per eccellenza, per l'artista che volesse avventurarsi nella resa dei moti dell'animo umano, sia per le complesse dinamiche di gruppo messe sulla scena, sia per gli affondi psicologici nei caratteri, senza contare che i componimenti teatrali di Sofocle, Euripide, nonché di Alfieri — tanto apprezzato da Parini e da Bossi —, oltre che dilettare spargevano "per mezzo della scena i sentimenti di probità, di fede, di amicizia, di gloria, di amor della patria, ne' lor cittadini".[20]

Ma se da una parte ne traeva ispirazione, è anche vero che la pittura possedeva le armi per rivaleggiare con la poesia e superarla, grazie alle proprie qualità di sintesi espressiva. Questo dimostra anche un disegno di Bossi ispirato alla storia di *Medea*, che l'artista, conosceva non solo dalla tragedia euripidea, ma anche dalla versione di Seneca e da quella di Corneille commentata da Voltaire (1797).[21] Rispetto al testo di Eu-

---

[16] SOFOCLE, *Edipo Re*, vv. 650-652. Ediz. cons., Milano, Rizzoli, 1982, p. 266. Traduzione di Franco Ferrari.

[17] Lo ricorda GENNARO SAVARESE, *Iconologia pariniana. Ricerche sulla poetica del figurativo in Parini*, Firenze, La Nuova Italia, 1973, p. 34, riportando la notizia di Francesco Reina.

[18] Milano, Biblioteca Ambrosiana, S.P. 6/15 E, sez. B, c. 450: "Per l'Edipo vedi Leonardo cap. 219. Delle azioni dei circostanti ad un capo notando- la dove tocca &cc. E l'altro del non finire le figure piccole cap. 282".

[19] Cfr. edizione del *Trattato* stampata da DE ROMANIS, Roma 1817, pp. 173, 209.

[20] G. PARINI, *Discorso sopra la poesia*, in MAZZONI, p. 687.

[21] Cfr. *La libreria di Giuseppe Bossi. Catalogo del 1817*, Firenze, Spes, 1975, p. 77.

ripide, cui si ispira, l'espressione sul volto dell'infanticida ed il fatto che già abbia con sé la spada rappresentano una crasi figurativa di due momenti distinti della narrazione (Fig. 2). Mentre gli occhi ancora dubbiosi, rivolti ai figli di sbieco, rimandano al soliloquio di Medea: "*Ma perché mi guardate così figli miei {...} Mio dio, che devo fare? Mi manca il cuore se guardo gli occhi luminosi dei miei figli. No, non posso. Rinuncio ai miei progetti {...} Ma cosa dico {...}. no, devo osare*";[22] il suo appoggiarsi pensoso alla spada, spinge in avanti l'azione, ovvero al momento decisivo che precede il gesto scellerato: "*Fatti coraggio anima mia, che cosa aspetti... Prendi povera mano mia, prendi la spada {...} .non essere vile e cerca di dimenticare che sono figli tuoi e che li ami tanto...*".[23] Una rivalsa della pittura sulla poesia, operata attraverso mimesi e sintesi estremamente sottili; un confronto dal quale è comprensibile che si lasci tentare Bossi, la cui componente colta assume un peso rilevante in tutta la sua produzione e soprattutto nei suoi disegni.

Esaminando i disegni di Bossi negli album di Brera,[24] emerge quanto l'artista avesse un modo assolutamente personale di lavorare sulle fonti, pur mantenendosi in rapporto con il mondo artistico contemporaneo e sempre in linea con la poetica neoclassica. I temi dei disegni, infatti, sono molto spesso gli stessi che ricorrono nei concorsi accademici di quegli anni (*Adamo ed Eva in atto di cordoglio {...} alla scoperta di Abele ucciso*),[25] al *Grand Prix de Rome* o nei *Salons francesi* (*Morte di Epaminonda*,[26] *Faustolo consegna Romolo e Remo ad Acca Laurentia*),[27] nei disegni e nei dipinti degli artisti frequentati durante il periodo romano oppure durante il viaggio in Francia, quando apprezzò David, Gros, Gérard. E non è irrilevante che nella libreria di Bossi fossero presenti gli *Annales du musée et de l'école*

[22] EURIPIDE, *Medea*, vv. 1040-1063. Ediz. cons., Venezia, Marsilio, 1997. Traduzione di Maria Grazia Ciani.

[23] Vv. 1244-1250, *ibid.*

[24] I disegni bossiani conservati nel Gabinetto dei Disegni dell'Accademia, cui ci riferiamo in questo intervento, sono arrivati a Brera nel 1882 con il lascito di Giberto Borromeo e sono raccolti in due album di grande formato.

[25] Uno dei temi proposti nel 1804 da Bossi, in qualità di Segretario, per il concorso al pensionato romano di Pittura e Scultura, in Archivio Accademia di Brera, Milano (d'ora in poi AAB), CARPI E III, 9.

[26] *Grand Prix de Rome*, anno 1811, cfr. *Autour de David. Disegni neoclassici del Museo di Lille*, catalogo esposizione, Roma, Palazzo Braschi, 1984, p. 137.

[27] *Salons*, anni 1777 e 1781, cfr. *Le Néoclassicisme francais. Dessins des musées de province*, catalogo esposizione, Paris, Grand Palais, 1974, p. 60.

moderne de Beaux Arts di Charles Landon, resoconto delle opere d'arte francesi contemporanee aperto al chiarimento e alla discussione delle fonti storiche e letterarie utilizzate dagli artisti, che oltre all'utile documentario recava al pittore lo stimolo del confronto artistico.

Tra i soggetti tratti dalla storia greca, anche quando illustra l'episodio – non inconsueto nella pittura neoclassica – della morte di Epaminonda, Bossi non segue la fonte[28] cui fanno riferimento altri artisti, da Benjamin West (1774) a Laurent Pécheux (1805), da P. Jean David d'Angers (1811) a Francesco Nenci (1811). Come annota lui stesso,[29] Bossi legge la vicenda del generale tebano in Giustino,[30] dove trova anzitutto una descrizione più penetrante del carattere di Epaminonda[31], che gli permette una comprensione del personaggio più profonda e totale ed una partecipazione a quel modo di morire sul campo di battaglia, molto più sentita di quanto non gli potessero procurare le pagine di Cornelio Nepote. Il centro patetico della scena, Epaminonda morente che bacia lo scudo – "compagno di fatiche e di gloria" –, si distacca dalla consuetudine dei pittori di rappresentare il momento in cui gli viene estratto il giavellotto che lo ha ferito. La ricercatezza di questa scelta rimanda all'impegno pariniano speso nel trasmettere agli alunni finezza di sentimento e fecondità d'immaginazione necessari a cogliere le "immagini delicate o affettuose o sublimi che s'incontrano massimamente ne' grandi storici e nei grando poeti".[32] L'immagine del bacio dato sul punto di morte, eccezione di delicato sentimentalismo in uno scrittore storico, ha inoltre qualcosa del lirismo dei poeti ellenistici prediletti da Parini, e particolarmente dell'ultimo bacio di Afrodite nel *Canto funebre di Adone* del greco Bione.

Avviene cioè, nella *Medea* come nell'*Epaminonda*, quel salto di qualità dalla pura rappresentazione di *un tema* (la scelleratezza dell'eroina, la morte del guerriero) alla comprensione di *un testo*. La fonte letteraria non è più, soltanto, veicolo per le invenzioni dei pittori e gran repertorio dei "colpi

---

[28] CORNELIO NEPOTE, *Vita di Epaminonda*, 9, 3-4.

[29] Scritta autografa sul foglio, "Morte di Epaminonda. Giustino libro 6. Verso la fine", in Album Bossi, I, 44.

[30] GIUSTINO, *Storie filippiche*, VI, 8.

[31] "Dotato di cultura letteraria e dottrina filosofica così grandi, che destava meraviglia donde un uomo nato in mezzo agli studi avesse desunto una tale conoscenza dell'arte militare", GIUSTINO, *Storie filippiche*, VI, 8, 9.

[32] G. PARINI, in MAZZONI, p. 1024.

più dipintìvi della storia",[33] come la intendono i manuali dedicati agli artisti,[34] né sono sufficienti i sunti storici come quello del Rollin,[35] che Bossi non utilizza neanche per la *Morte di Cesare* (Fig. 3)[36] o il *Giuramento di Bruto* (Fig. 4).[37] Più difficile è capire se questa aderenza diretta alle fonti, questo amore per la filologia anche, derivino esclusivamente dall'insegnamento pariniano, o non rientrino piuttosto in una declinazione illuministica dell'*ut pictura poesis* che porta l'artista del secondo Settecento a "studiare l'intera Storia, per conoscere i caratteri della persone da rappresentare" invece che a "contentarsi de' soli passi scelti", come raccomandava Mengs nei suoi precetti.[38]

Con maggiore certezza, invece, è riferibile all'impronta pariniana il fatto che Bossi tragga da autori classici poco frequentati i soggetti di alcuni disegni, che, per quanto ci è noto, non sono trasposti in pittura, ma hanno il pregio di mantenere vivo ai nostri occhi il percorso dell'immaginazione che li ha ispirati. Si tratta di alcuni schizzi che colpiscono per la loro essenzialità, tracciati in uno stile sommario che il pittore affermava di preferire alla perfezione dell'opera finita in quanto "spesso le cose abbozzate sono meglio delle finite [...] così si amano sempre più i disegni dei quadri, perché i disegni come gli abbozzi lasciano operare la fantasia che li perfeziona a suo modo".[39] Al contrario di quanto raccomandava Du Bos, il pittore oltrepassa i confini dei "sujets generalement connus"[40] per cimentarsi in composizioni meno consuete, verso le quali, forse, è portato anche da un certo snobismo intellettuale da *dottore-pittore* – per citare l'appellativo indirizzatogli dal Foscolo –[41] e da appassionato bibliofilo quale era.[42]

[33] G. PARINI, *Avvertenze intorno al Segretario*, in MAZZONI, p. 885.

[34] *Nouveau sujets de Peinture et de Sculpture*, Parigi, 1758; G. ANDRÉ BARDON, *Histoire universelle, traitée relativement aux arts de peindre et de sculpter*, Parigi, 1763; A. MALASPINA DI SANNAZZARO, *Soggetti per quadri ad uso dei pittori*, Vienna 1798.

[35] CHARLES ROLLIN, *Histoire Romaine*, Paris, 1738.

[36] Cfr. NENCI, *Giuseppe Bossi*, cit., pp. 218-19.

[37] Cfr. NENCI, *Giuseppe Bossi*, cit., pp. 215, 216.

[38] ANTON RAPHAEL MENGS, *Lezioni pratiche di pittura*, Roma 1783, II, 286.

[39] Cfr. GIUSEPPE BOSSI, *Scritti sulle arti*, a c. di Ciardi, cit., I, p. XV.

[40] L'artiste ne doit jamais entreprendre de traiter un sujet tiré de quelques ouvrage peu connu [...] il faut que ce monde les connoise déja [...]", in SAVARESE, *Iconologia*, cit., p. 23.

[41] Lettera di Ugo Foscolo a Isabella Teotochi Albrizzi, 1812, in *Epistolario*, Firenze, Sansoni, IV, 1954, 177 (in SAVARESE, *Iconologia*, cit., p. 34).

[42] Sarebbe fuori luogo segnalare le numerose edizioni, anche pregiate, di autori greci e latini nella libreria di Bossi, ma è bene sottolineare quanto i libri collezionati rivelino preferenze sovrapponibili a quelle della sua produzione artistica.

Sarebbe infatti difficoltoso identificare in due di questi schizzi le coppie amicali di Gonippo e Panormo (Tav. 13) e di Mero e Selinonzio, se non fosse per le scritte sui fogli che svelano le rispettive fonti letterarie, la *Guida della Grecia* di Pausania[43] e le *Favole* di Igino.[44] In entrambi i casi si tratta di una scelta molto personale di rappresentare il tema dell'amicizia senza ricorrere a coppie di assodata fortuna figurativa, come quelle di Achille e Patroclo o di Armodio ed Aristogitone, e per quanto concerne Igino, il cui nome stupisce più di quello di Pausania, potremmo ricordare che l'autore latino era considerato un maestro all'altezza di Fedro nel genere della *favola*, prediletto da Parini,[45] e compariva nel suo *Elenco degli scrittori*.[46]

Come abbiamo visto finora, non è raro che Bossi accosti la parola scritta al linguaggio artistico, ed è comprensibile che il più delle volte lo faccia – come è stato notato[47] – nel solco della tradizionale erudizione del pittore di storia che cita dai testi letterari, come Rubens nei taccuini del viaggio in Italia.

Ma è in un gruppo di disegni dedicati all'*Inferno*, che avviene l'accostamento più suggestivo delle due grammatiche, poetica e figurativa. È superfluo ricordare quanto il figurativismo dantesco impressionasse l'immaginazione dei pittori – in uno scorcio di secolo che trovava *sublime* il terrifico espresso nell'*Inferno* – e in che misura diventasse fonte ispiratrice per artisti italiani e stranieri (Flaxman, Koch, Giani, Palagi, Füssli, Minardi), o oggetto di discussione artistico-letteraria da parte di Saverio Bettinelli, Francesco Algarotti, e del Parini stesso, che lo sottopone agli alunni come "pittura dei costumi e delle usanze dei tempi suoi", considera il canto di Ugolino espressivo quanto l'*Edipo Re* di Sofocle,[48] e scrive a proposito del poema: "non con minor evidenza che fierezza ed energia del pennello, erano descritti i castighi de' malvagi dell'inferno".[49]

---

[43] "Gonippos et Panormos. Pausanias". L'episodio è, più precisamente, in PAUSANIA, libro IV, 27, 1-2.

[44] "Selinonzio ostaggio moriva proprio mentre Mero sopraggiunge e lo salva. Igino Fab. 10 [*sic*]". Il numero corretto della favola è CCLVII.

[45] Oltre che di quelle esopiane, Parini era ammiratore delle favole moderne di Aurelio Bertola, Carlo Passeroni e commentatore di quelle di Carlo Perego, cfr. inventario della biblioteca pariniana in MAZZONI, pp. 258-59.

[46] Cfr. MAZZONI, p. 1039.

[47] FRANCESCA VALLI, *Viaggio a Roma,* Milano, Edizioni dell'Accademia di Brera, 1995, p. 10.

[48] FRANCESCO REINA, *Introduzione,* cit., p. XLIII.

[49] G. PARINI, *Dei principi particolari delle Belle Lettere,* in MAZZONI, p. 813.

In modo autonomo rispetto ai pittori sopra ricordati, anche se a conoscenza delle loro interpretazioni, Bossi si appropria del poema in una forma più concettuale e sincopata, lontana dalle forti colorazioni espressive raggiunte dagli altri artisti. La scelta di trascurare le occasioni narrative di maggior impatto e di più facile rappresentazione, a favore di alcuni passaggi dei primi canti in cui si vanno scoprendo i rapporti psicologici tra i protagonisti (Dante e Virgilio soprattutto, ma anche Beatrice),[50] è già significativa di per sé, e non estranea a una non convenzionale ammirazione di Bossi per il poema, nonché a una lettura meno superficiale delle cantiche. Si ritrovano infatti frequentemente, nei suoi discorsi accademici e nel suo epistolario, passaggi tratti dalla *Commedia* e trascritti a memoria con qualche scorrettezza, e inoltre il pittore aveva formato una collezione di codici danteschi del cui valore siamo a conoscenza attraverso i successivi passaggi in biblioteche pubbliche e private,[51] non soltanto milanesi.[52]

I disegni danteschi conservati a Brera presentano tutti una caratteristica mancanza di ambientazione e un'assoluta economia di mezzi espressivi, da cui non emerge altro che l'intenso fraseggio dei personaggi in un'atmosfera estremamente rarefatta, come nell'incontro di Virgilio e Beatrice (Fig. 5), momento di sublime cortesia sintetizzato nel gesto elegante rivolto al poeta. La trascrizione delle terzine in margine alla scena,[53] sempre nella stessa posizione sul foglio, attraverso il rimando al testo poetico crea un disvelamento reciproco dei due mezzi espressivi – poetico e figurativo –, e potremmo considerarla un esempio emblematico di quella "capacità creativa indotta", già notata nel Bossi poeta.[54] Dante, Boccaccio, Ariosto e Petrarca, che erano stati per aspetti diversi valorizzati da Parini e spesso elogiati nelle sue lezioni, sono anche gli scrittori scelti da Bossi per i quattro cartoni allegorici della *Scuola Italiana*, impresa commissionatagli da Gaetano Battaglia in pieno impero napoleo-

---

[50] *Inferno* c. I, vv. 58-59; c. II, vv. 121-123; c. III, vv. 1-3; c. III, 19-21.

[51] M. Romano (a c. di), *Lettere di Costanza Monti Perticari*, Bologna, 1903, 27.

[52] CATERINA SANTORO, *Biblioteche di enti e di bibliofili attraverso i codici della Trivulziana*, in "Archivio storico lombardo", XCV (1968), pp. 76-109.

[53] "O anima cortese mantovana di cui la fama ancor nel mondo suona [*sic*]".

[54] La definizione, utilizzata a proposito della produzione poetica di Bossi rifacentesi a modelli petrarcheschi e stilemi danteschi, è in GIULIANA NUVOLI, *I sonetti italiani di Giuseppe Bossi*, in *Studi di lingua e letteratura lombarda*, II, Pisa 1983, p. 33.

nico (1806), mai portata a termine dal pittore. L'appunto autografo "Tutte le Muse attorno all'Ariosto", scritto su un bel disegno rappresentante il *Conte Ugolino* (Fig. 6), fa pensare che, nell'arco di tempo a cavallo delle sue dimissioni da Segretario, il pittore si dedicasse all'illustrazione dell'*Inferno* e progettasse contemporaneamente i "monti" allegorici dedicati alla letteratura italiana e ai suoi eccellenti scrittori, con spirito non diverso da quello che aveva animato la Società Patriottica di Parini qualche decennio prima.

Negli stessi anni, Bossi è anche – e verrebbe da dire *soprattutto* – Segretario dell'Accademia di Brera, prosecutore *in pectore* di quel che Parini aveva desiderato essere, come lui fiducioso in un governo illuminato promotore delle arti ed altrettanto persuaso dell'utile funzione dei letterati "che collaboreranno co' loro scritti al lustro, ed incremento delle Arti, che vili sono, ed inanimate, se dalle belle lettere si disgiungono".[55] Con queste parole di accompagnamento aveva inviato al Governo nel 1801 una lista di cinquanta nomi proposti per il Corpo Accademico di Brera, nella quale comparivano oltre ai nomi di pittori, scultori, architetti ed ornatisti, anche quelli di Vincenzo Monti, Antonio Mussi, Carlo Verri, Luigi Lamberti – professore di Eloquenza succeduto sulla cattedra di Parini – e di Ennio Quirino Visconti.[56] Addirittura, scopriamo che nel presentare al Governo il *Rapporto riservato sulla Pianta Nominativa dei Professori*,[57] nel 1803 si offriva di cedere il suo incarico di Segretario proprio ad Ennio Quirino Visconti, "uno dei più grandi letterati Italiani viventi, autore d'illustrazioni eruditissime del Museo Pio Clementino".[58] Memore forse delle osservazioni sollevate da Carlo Bianconi in merito alla pratica artistica che deve necessariamente avere un segretario d'accademia, carenza questa spesso rimproverata a Parini, Bossi difende la candidatura di Visconti da prevedibili critiche scrivendo: "la sola cosa, di cui può mancare, sarebbe la pratica almeno parziale di qualcuna delle arti del disegno, che sarebbe pur necessaria per tal carica, ma nel proposto in-

---

[55] G. BOSSI, *Al Cittadino Pancaldi Ministro dell'Interno (Milano, 21 aprile 1801)*, in C. NENCI, *Un repertorio di materie attinenti alle Belle Arti e un'addenda all'epistolario bossiano*, in *Atti del convegno Milano, Brera e Giuseppe Bossi nella Repubblica Cisalpina*, Milano, Istituto Lombardo di Scienze e Lettere, 1998, p. 407.

[56] NENCI, *Giuseppe Bossi: il segno, le parole*, cit., pp. 76-77.

[57] *Rapporto riservato sulla Pianta Nominativa de' Prof.ri ed altre persone addette all'Accademia*, AAB, Miscellanea.

[58] *Ibid.*

dividuo questa mancanza viene supplita da tante altre doti luminose, che quel vuoto che potrebbe lasciare rimane sovrabbondantemente riempito",[59] tanto più che l'esperienza di Visconti al Musée National parigino avrebbe recato un valore aggiunto al suo incarico, ed il Governo con il titolo di "Antiquario Nazionale" avrebbe potuto affidargli "non solo l'ispezione su tutto ciò che concerne l'antichità, per invigilarne la conservazione, ma incombenzandolo altresì di raccogliere i monumenti antichi dispersi qua e la per la repubblica, senza alcun vantaggio per le Città che li possiedono, in una sola utile collezione nazionale, che in breve tempo potrebbe divenire importantissima".[60]

Si potrebbe dire che il ruolo che aveva avuto il *letterato* a metà Settecento, nel clima di Arcadia ed *aequa potestas* tra le arti che visse Parini, si vada spostando verso la figura dell'*antiquario*, buon conoscitore dell'antichità e lettore dei testi classici, che nel caso di Visconti ha anche l'esperienza di un "funzionario" del Governo francese.

Oltre all'eredità pariniana di un Segretario che ricopra la funzione di storico ed annalista dell'istituzione[61] e reciti pubblicamente ogni anno l'elogio delle Arti durante la distribuzione dei premi, eccitando *l'entusiasmo*[62] e l'emulazione tra gli allievi, è ancora più significativo che permanga in Bossi il desiderio di ispirare negli allievi un rapporto di lettura e comprensione delle fonti letterarie meno superficiale. In questa direzione, Bossi riprende il programma pariniano del Segretario che tiene una o due volte al mese una lezione sulle Belle Arti[63] — intervenendo così nel vivo della didattica — per trasformarlo in un appuntamento fisso dell'Alta Scuola di Composizione, mai realizzata in Accademia.[64] In quell'occasione i mi-

[59] *Ibid.*

[60] *Ibid.*

[61] "Storiografo" è il termine usato da Parini, *Avvertenze intorno al Segretario*, in MAZZONI, p. 882.

[62] Per comprendere in che misura l'accezione pariniana, e bossiana poi, di *entusiasmo* risenta del pensiero di Saverio Bettinelli, si confronti quanto scritto sull'elevazione attraverso studio e contemplazione dei grandi del passato (SAVERIO BETTINELLI, *Dell'entusiasmo delle Belle Arti*, Milano, 1768, ed. cons. Venezia, 1780, pp. 32 ss.), con le pagine pariniane del *Discorso recitato nell'aprimento della cattedra di Belle Lettere*, in MAZZONI, pp.650-52, e con le bossiane *Sulla utilità politica delle Arti del Disegno*, in *Scritti sulle arti*, a c. di Ciardi, cit., I, pp. 35-43.

[63] G. PARINI, *Avvertenze intorno al Segretario*, in MAZZONI, p. 885.

[64] Il *Rapporto sull'Alta Scuola di Composizione* è trascritto, senza riportarne la provenienza, in E. TEA, *L'Accademia di Belle Arti a Brera*, Firenze, La Nuova Italia, 1941, p. 59.

gliori disegnatori della Scuola del Nudo e della Sala delle Statue avrebbero dovuto ascoltare la lettura da parte del Segretario di "qualche passo suscettibile di essere rappresentato in pittura" tratto dalla storia antica. Dopo aver dato varie spiegazioni sui personaggi, la loro età, il carattere, "si investigano le notizie necessarie sugli abiti e sui costumi", fino a stabilire "alcuni principi intrinsecamente attaccati al soggetto e concernenti le varie parti dell'arte". Studiate le quali cose, dopo un mese si tiene un'altra seduta nella quale ciascuno presenta la propria composizione e la sottopone al giudizio dei professori e dei compagni. Il fatto, poi, che il vincitore ricevesse un libro in premio, la dice lunga sullo spirito del *certamen* accademico, con cui si intendeva plasmare quel pittore erudito aderente alla verità storica, come Poussin, e come si augurava Reynolds che diventassero gli allievi della Royal Academy quando scriveva "non potrà mai essere un grande artista chi è grossolanamente ignorante".[65] Esercizio, comunque, quello di "comporre dietro lettura della Storia ed istruzione dei costumi di tutti i tempi",[66] che perdurerà in Accademia fino a quando si continuerà a far pittura di storia e a proporre nei concorsi soggetti obbligati, ovvero fino al 1854; quanto agli anni della segreteria Bossi, il pittore aveva convogliato in misura sensibile i fondi governativi in acquisti librari,[67] come emerge da alcune liste d'ordine[68] e dall'inventario della suppellettile didattica risalente al 1807, tra cui sono registrati i migliori manuali sui costumi antichi[69] e l'*Historia Naturalis* di Plinio.[70]

Il progetto dell'Alta Scuola di Composizione non avrà successo a Brera,

---

[65] Joshua Reynolds, *Discorsi sulle arti*, ed. cons. Roma, Nike, 1997 (*Discorso VII*, anno 1776) p. 98. Bossi, che ammirava profondamente il Reynolds Segretario d'accademia, acquista nel 1803 per la biblioteca di Brera *The Works of Sir J. Reynolds* (AAB, TEA M I 8) e traduce dall'inglese il *Discorso* del 1769 (*ibid.*, CARPI C I 28).

[66] Parole di Francesco Hayez riportate in Francesca Valli, *Milano pareva deserta*, Atti del Convegno, Milano, 1999, p. 202.

[67] Per i libri sull'antichità classica e i repertori d'architettura, cfr. C. Nenci, *Un repertorio, passim*.

[68] Nel 1804 arrivano alla biblioteca dell'Accademia le *Historiae* di Tito Livio tradotte da Luigi Mabil, cfr. AAB, TEA M I 8.

[69] Andre Lens, *Les costumes des peuples de l'antiquitè*, Dresda, 1784; Dandré Bardon, *Costumes des Anciens peuples à l'usage des Artiste*, Parigi, 1784; Cesare Vecellio, *Abiti antichi*, Venezia, Sessa, 1598; Jean Maillot, *Recherches sur les moeurs, les usages des anciens peuples*, Parigi, Imprimerie de P. Didot L'Ainé, 1804; Philippe Caylus, *Recueil d'Anriquités*, Parigi, Desaint et Saillant, 1761-1767. In AAB, TEA M II 3.

[70] Nell'edizione parigina del 1526.

che restava pur sempre una scuola artistica frequentata da un gran numero di artigiani, più desiderosi di "applicare" le arti che di diventar pittori, e Bossi dovrà attendere di aprire la Scuola Speciale di Pittura per avere la soddisfazione di puntare l'insegnamento sulla teoria dell'arte.[71] Restano però sporadiche tracce di quanto il pittore auspicava ed andava raccomandando nei discorsi accademici, nei commenti che accompagnano le prove annuali degli allievi, e ci riferiamo in particolare al Disegno di Figura nei concorsi di Prima Classe.

Il caso più interessante è quello di Ferdinando Castelli, che nel 1805 concorre sia nella Sala dei Gessi che alla Scuola del Nudo, e si cimenta anche nel Disegno di Figura con il tema di *Saffo e Alceo negli Elisi*. Nella lunga descrizione del disegno presentata alla commissione, Castelli dimostra di aver letto personalmente la nota ode di Orazio dalla quale era tratto il tema del conorso:[72] "ho consultata la sopradetta Ode da dove ho tratti i due principali gruppi, situando quello d'Alceo in luogo più distinto per renderlo superiormente dall'altro interessante [...] in qualche distanza ho posta la Lesbia Musa [...]". Rispetto alla poesia l'alunno decide liberamente quale parte illustrare, attua quella *scelta* in cui davvero consiste l'*invenzione*[73] del pittore, e la motiva così: "Non ho creduto bene di seguire le altre immagini che Orazio dopo il verso *Densum humeris*[74] ha introdotto nella sua Ode; avendo attribuite queste ad un tratto della sua fervida fantasia, ad un volo pindarico. Infine, per arricchire la composizione di personaggi verosimili, l'alunno si serve di quelle che sono le sue conoscenze letterarie, e scrive di aver utilizzato le descrizioni di Omero e del sesto canto dell'Eneide per rappresentare gli Spiriti negli Elisi e Caronte.

---

[71] "La teoria deve in tutto preceder la pratica", scriveva in una lettera al Ministro dell'Istruzione sottoponendogli il piano generale della Scuola che aveva appena aperto, nel 1811; la lettera è in *Scritti sulle arti*, a c. di Ciardi, cit., I, 441.

[72] ORAZIO, *Od.* XIII, *Lib.* II, che Castelli chiama erroneamente Ode XIV. Il componimento godeva di rinnovata fortuna tra gli artisti a partire dalla seconda metà del Settecento anche grazie al *Saggio sopra Orazio* di FRANCESCO ALGAROTTI, pubblicato a Venezia nel 1760. L'apprezzamento algarottiano per il poeta latino passava attraverso la sua riscoperta in Inghilterra con Pope, Addison, Swift, cfr. BARTOLO ANGLANI, *L'Orazio di Francesco Algarotti*, in *Saggio sopra Orazio*, Venosa, Edizioni Osanna Venosa, 1990.

[73] Cfr. FRANCESCO MILIZIA, *Dizionario delle Belle Arti del Disegno*, Bassano, 1797, *ad vocem Invenzione*; FRANCESCO ALGAROTTI, *Saggio sopra la pittura*, Livorno, Coltellini, 1763, pp. 85-106 (*Della Invenzione*).

[74] Orazio, *Od.* XIII, *Lib.* II, vv. 32 ss.

I poeti augustei eredi di Saffo e Alceo, tra cui Orazio, ma soprattutto gli ellenistici Anacreonte, Teocrito, Callimaco, Mosco e Bione erano pre-diletti da Parini, che aveva composto alcuni epigrammi in stile anacreon-tico e liberamente trascritto il noto carme *Multas per gentes* di Catullo.[75] Presenti nella sua biblioteca e nel citato *Elenco degli scrittori*,[76] avevano inol-tre ispirato al poeta i leggiadri soggetti per pitture decorative, in particol-lar modo Telemaco. Anche Bossi condivide la passione per questi poeti, dei quali possiede molte traduzioni sia in latino che in italiano, ed apprezza moltissimo un'opera ellenistica che per i suoi tratti poteva anche piacere al poeta, il *Romanzo di Cherea e Calliroe* di Caritone di Afrodisia, al quale sono dedicati due schizzi conservati a Brera (Tav. 14).[77] La storia delle pe-ripezie dei due amanti siracusani, degne della penna di un Ariosto per l'in-tricatissima geografia che attraversano, era un rarissimo soggetto pittor-rico, ma proprio questa miscela di fantasie rocambolesche – caratteristica dei romanzi ellenistici – deve aver colpito il pittore.[78] Il personaggio di Calliroe compare anche in una rassegna di figure femminili – vittime delle pene d'amore – in un'ode bossiana,[79] rafforzandoci nell'idea di un pensiero unificatore che si stende sull'universo artistico di Bossi.

Questo preliminare tentativo di segnalare – dove vi è stata – l'ere-dità pariniana in Giuseppe Bossi non può essere chiuso senza che si torni brevemente a parlare di quei soggetti dei disegni cui si è accennato in apertura. Si tratta di schizzi veloci, non di rado goffi, gli unici per i quali si può spendere l'aggettivo "grazioso", caduto in disuso a fronte della la-conicità del genere storico e della fortuna crescente di tutto ciò che era considerato austero, eroico, composto. Giochi di putti, Veneri con l'arco (Fig. 7) e amorini alle prese con incudine e frecce (Fig. 8), sono inter-

[75] Per queste poesie di Ripano Eupilino, cfr. MAZZONI, pp. 303-05.
[76] Cfr. *supra* nota 43.
[77] Album I, 109; Album II, 275.
[78] Bossi possedeva la prima edizione de *La Narration de Cherea et Calliroe*, pubbli-cata ad Amsterdam nel 1750, cfr. *La libreria di Giuseppe Bossi. Catalogo del 1817*, Firenze, Spes, 1975, p. 52.
[79] *Per N.N. poetessa*, in ENRICO FARINA, *Odi inedite di Giuseppe Bossi*, in *Milano, Brera e Giuseppe Bossi nella Repubblica Cisalpina*, Milano, Istituto Lombardo di Scienze e Let-tere, 1998, pp. 160-61.

preti non troppo lontani di quei *Soggetti e appunti per pitture decorative*,[80] in un sistema di aggraziato classicismo che è l'altra faccia dello stile bossiano, certamente dettato dalle richieste di una committenza nobiliare, il cui gusto decorativo si manterrà ancora a lungo su questi *clichée*. Su questi soggetti leggeri, anacreontici, leziosi ed ammiccanti, Bossi ritorna più volte fino ai suoi ultimi giorni,[81] e non sarà un caso se in alcuni di questi schizzi, conservati negli album di Brera, sembra di ritrovare l'eco, quando non la precisa suggestione, di alcune invenzioni pariniane. L'*Ercole che solleva Atlante dal peso del Cielo*,[82] la *Venere e amorino* (Tav. 15), l'*Ercole incatenato da Amore* (Fig. 9),[83] o i *Putti che raccolgono pomi* (Fig. 10),[84] e la *Venere sorpresa nel sonno* (Tav. 16)[85] sono tutti soggetti che si incontrano di continuo nelle imprese decorative della Milano di quegli anni, e alle quali neanche Bossi si sottrae, pur ironizzando lui stesso su questo genere di "immaginette"[86] nel suo *Te vedet Appianin che bel gabinettin {...}*,[87] che è forse una consapevole parodia in dialetto milanese del pariniano *Fingi un'ara, o pittor*, omaggio del poeta al pittore, sotto il segno dell'*ut pictura poesis*, composto in occasione delle nozze di G.B. Litta con Beatrice Cusani e accompagnato da un disegno di Andrea Appiani raffigurante un'ara.

---

[80] Si veda a questo proposito: FERNANDO MAZZOCCA, "Parini consulente degli artisti e la diffusione del gusto neoclassico", in *La Milano del giovin Signore. Le arti nel Settecento di Parini*, catalogo mostra, Milano, Skira, 1999, pp. 118-31; ID., pp. XXVI-XXXIII, in *Parini e le Arti nella Milano neoclassica*, a c. di Graziella Buccellati e Anna Marchi, Milano, Università degli Studi-Hoepli, 2000.

[81] Cfr. la pagine delle Memorie negli anni 1814 e 1815, in G. BOSSI, *Le Memorie*, a c. di Giorgio Nicodemi, Milano, 1925.

[82] Album I, 222.

[83] In PARINI invece "Un Amorino forte e ardito si sforza di legare il Tempo con catene di rose", cfr. MAZZONI, p. 909.

[84] In PARINI "Genii che giocano coi pomi d'oro tolti da Ercole nel giardino delle Esperidi", cfr. MAZZONI, p. 902.

[85] L'Amorino che sorprende Venere addormentata ricorda il lincenzioso soggetto pariniano "La Immodestia dispiace ad Amore", in MAZZONI, p. 909.

[86] Termine usato da Parini a proposito delle imitazioni di Mosco, Anacreonte e Teocrito nella poesia del Tasso ("certe immaginette, certi vezzi insomma che paiono affatto naturali eppur sono artifiziosissimi e delicati"), in *Principi particolari delle Belle Lettere*, MAZZONI, p. 836.

[87] *Scritti sulle arti*, a c. di Ciardi, cit., II, p. 789.

Figura 1 – Giuseppe Bossi, *L'incontro di Edipo cieco con le figlie*, Milano, Accademia di Belle Arti di Brera, Gabinetto dei Disegni, Album Bossi, II, 273.

Figura 2 – Giuseppe Bossi, *Medea*, Album II, 268.

Figura 3 – Giuseppe Bossi, *Morte di Cesare,* Album II, 349.

Figura 4 – Giuseppe Bossi, *Giuramento di Bruto*, Album II, 326

Figura 5 – Giuseppe Bossi, "*O anima cortese mantovana*", Album I, 55.

Figura 6 – Giuseppe Bossi, *Conte Ugolino*, Album II, 364.

Figura 7 – Giuseppe Bossi, *Venere con grande arco e putti ai suoi piedi,* Album I, 63.

Figura 8 – Giuseppe Bossi, *Amorini che forgiano frecce,* Album I, 116.

Figura 9 – Giuseppe Bossi, *Ercole incatenato da Amore*, Album II, 246.

Figura 10 – Giuseppe Bossi, *Putti che raccolgono pomi*, Album II, 312.

IL RITRATTO E LA SOCIETÀ MILANESE
NELL'ETÀ DI PARINI

di *Alessandro Morandotti*

Se dovessimo indicare un momento di svolta all'interno della storia del ritratto lombardo del Settecento sarebbe opportuno ricorrere all'aiuto di un compagno di strada di Parini nell'avventura della Milano dei lumi: quel Pietro Verri che, nei propri progetti di riforma della società, preferì anteporre alle ragioni della poesia etica e civile care all'abate di Bosisio quelle della lotta politica e del dibattito filosofico. Subito prima e subito dopo l'anno 1770, alcune scelte di Verri come committente e "teorico" delle arti ci permettono infatti di capire che la libertà dello stile e la vocazione naturalista dei maestri lombardi (quei pittori della realtà celebrati da Roberto Longhi, Renata Cipriani e Giovanni Testori nella memorabile mostra svoltasi a Milano nel 1953) vennero imbrigliati e in qualche modo trasfigurati dagli ideali dei mecenati, particolarmente intensi in quegli anni di rivolgimenti sociali e culturali, e dalla conseguente esigenza di rinnovare le iconografie. Ci occuperemo di questi mutamenti privilegiando l'analisi delle vicende pittoriche, relativamente meglio note rispetto a quanto non sia conosciuta la storia del ritratto in scultura,[1] senza dimenticare di segnalare che quanto andremo raccontando si raccorda agli

Barbara Agosti e Giorgio Panizza riconosceranno qui i frutti delle discussioni comuni in merito agli interessi artistici e culturali dei fratelli Verri.

[1] Mi permetto per questo di rimandare a ALESSANDRO MORANDOTTI, *Un Pantheon illuminista: Pietro Verri e il valore del ritratto scultoreo*, in *Itinerari d'arte in Lombardia dal XIII al XX secolo. Scritti offerti a Maria Teresa Binaghi Olivari*, a c. di Matteo Ceriana, Fernando Mazzocca, Milano, Aisthesis, 1998, pp. 271-81.

spunti offerti dalla mostra, e dal relativo catalogo, dedicata alle arti figurative nell'età di Parini.[2]

L'anonimo pittore al quale va assegnato il *Ritratto di Pietro Verri che indica una massima politica delle Filippiche* (1765-1770) (Tav. 17)[3] non ci offre la possibilità di indagare gli aspetti più intimi della personalità dell'intellettuale milanese, ma ce ne consegna l'effige idealizzata in una vera e propria icona illuminista, utile a documentare l'impegno di chi come Verri era allora attivo nella vita politica della città per perseguire il pubblico interesse. Dietro al tono informale dell'ambientazione (Pietro Verri, in veste da camera, ci accoglie infatti in un interno estremamente sobrio) si coglie una chiara volontà programmatica da parte del committente di presentarsi come difensore della patria, ricorrendo al paragone e all'identificazione con gli "eroi" dell'antica Roma, come avvenne in momenti diversi della sua riflessione filosofica e politica. Il passo del libro di Cicerone al quale Pietro Verri sembra particolarmente interessato al punto da indicarlo con grande rilievo si riferisce infatti alla certezza che un uomo giusto e saggio come Ottaviano, ottenuto il potere dal popolo e dal Senato romano, non ne abuserà, soddisfatto di perseguire il bene pubblico, unica sua vera gloria ("Ea natura rerum est, patres conscripti, ut, qui sensum verae gloriae coeperit quique se ab senatu, ab equitibus Romanis populoque Romano universo senserit civem clarum haberi salutaremque rei publicae, nihil cum hac gloria comparandum putet").

La data di questo ritratto oscilla verosimilmente fra il 1765 e il 1770 circa, anni in cui la fortuna pubblica di Pietro Verri era in ascesa e il suo sogno di poter partecipare in prima persona ai cambiamenti della società non era ancora infranto dalle delusioni professionali; una data che non contrasta con l'immagine ancora giovanile di Pietro, il quale, nato nel 1728, dimostra qui un'età compresa fra i trentacinque e i quarant'anni. Impegnato allora in prima linea nella politica delle riforme promosse dal governo asburgico (è del 1765 la sua nomina a consigliere del Supremo Consiglio di Economia e sovrintendente della Ferma generale), Pietro Verri, come un ritrovato Ottaviano, volle celebrare il suo misurato orgoglio e la propria dedizione alla pubblica felicità.

---

[2] *La Milano del Giovin Signore. Le arti nel Settecento di Parini*, catalogo della mostra a c. di Fernando Mazzocca, Alessandro Morandotti, Milano, Skira, 1999.

[3] Reso noto in varie occasioni a corredo illustrativo degli studi novecenteschi dedicati a Pietro Verri, è stato esposto di recente alla mostra sulla *Milano del Giovin Signore*, e schedato nel catalogo da chi scrive.

Il dipinto è quindi un importante documento per seguire la storia personale di Pietro Verri e i fermenti che percorrevano allora tutta la città e non riusciamo a immaginare come sarebbe potuto essere affidato a un ritrattista caustico e amante delle licenze espressive come lo erano stati, in chiaro parallelo alla poesia satirica di Giuseppe Parini, Fra' Galgario e Giacomo Ceruti, per nominare due grandi pittori di ritratti attivi a Milano negli anni cruciali delle trasformazioni della società nel corso del Settecento.

Ceruti morì peraltro nel 1767, a ridosso quindi del momento in cui venne eseguito il *Ritratto di Pietro Verri*, ma difficilmente sarebbe stato scelto da Verri per eseguire la sua immagine eroica di uomo dei lumi; ce ne rendiamo conto rievocando alcuni passi poco noti dell'epistolario fra Pietro e il fratello Alessandro, di stanza a Roma fin dal 1767, che vedono protagonista proprio il pittore lombardo, oggetto di una disputa che un maestro della realtà come lui avrebbe senz'altro considerato lusinghiera. Pietro Verri, uomo del migliore Settecento, considerava il ritratto (dipinto, scolpito e inciso) come uno strumento utile ad accendere non solo le proprie passioni etiche e civili, come abbiamo già indicato, ma anche le care memorie familiari; proprio per questo, intorno al 1772, egli si era adoperato per avere una copia di un ritratto del fratello, eseguito da Giacomo Ceruti negli anni in cui Alessandro era studente al Collegio imperiale di Milano (dipinto ancora oggi da rintracciare), per avere sempre di fronte la cara immagine di quel compagno di avventura "emigrato" nell'Urbe.

Il copista si trovò però a reinventare il modello, seguendo le esigenze del committente al quale il ritratto di Ceruti non convinceva, come risulta da questo brano compreso in una lettera dell'8 gennaio 1772, scritta da Milano: "Sto facendo ricopiare il tuo caro ritratto al Collegio Imperiale. Frisi si incarica di far venire in sua stanza un buon pittore e ti ricopierà la maschera, il vestito poi lo voglio far fare altrimenti e pittoresco. Quel Ceruti ti ha fatto somigliantissimo, ma strapazzatamente; ti voglio meglio dipinto e avrò in mia stanza la fisionomia del mio amico[…]".[4]

Pietro ci consegna, con un superlativo e un avverbio di modo che dovrebbe trovare spazio in un dizionario dei termini artistici, un pezzo da antologia nella storia della fortuna critica del ritratto lombardo, che dovrebbe essere posto ad epigrafe di una vera, grande mostra su quel genere

---

[4] *Carteggio di Pietro e Alessandro Verri dal 1766 al 1797*, a c. di Francesco Novati, Emanuele Greppi, Alessandro Giulini, Giovanni Seregni, Milano, Giuffré, 1910-1942, V (1926), p. 3.

pittorico che cancelli il ricordo della volgare esposizione dedicata ai volti senz'anima vista qualche anno fa a Milano.

Pietro Verri era colpito dalla verità del ritratto dipinto da Ceruti con una tecnica libera e sprezzante, per nulla diligente e rifinita,[5] ma nella sua ricerca di un'immagine del fratello da collocare nel suo pantheon privato – dove avrebbe trovato posto accanto alle immagini incise di Voltaire e Rousseau, da lui considerate più preziose "che se fossero dei Raffaelli"[6] – un ritratto "somigliantissimo", ma eseguito "strapazzatamente", non ci poteva stare. Le iconografie dovevano adeguarsi ai tempi dell'impegno e non si poteva più accettare il capriccio e l'intelligenza interpretativa di un artista che sapeva rapire l'intima essenza di un individuo, mettendone a nudo i tratti somatici e il carattere: era ormai il tempo delle riforme dello stile e i committenti "aggiornati" perseguivano un moderato e temperato classicismo vagheggiando, per i propri ritratti, le sembianze di filosofi ed eroi, antichi e moderni.

Alessandro Verri risponde divertito alla lettera del fratello e si capisce tra le righe che anche per lui quel ritratto di Ceruti apparteneva a un lontano passato, all'età acerba del disimpegno giovanile; la sua missiva da Roma, datata 18 gennaio 1772, recita così: "Mio caro amico, mi fa tenerezza la premura che hai di avere in casa il mio ritratto. Il Ceruti mi ha presa molto bene la fisionomia d'allora, ma è venuta la barba e il giudizio e vi sarebbero delle correzioni a fare".[7]

Ceruti aveva ritratto Alessandro Verri quando i Verri non erano ancora i Verri, ma solo dei giovani rampolli di una famiglia della piccola nobiltà in decisa ascesa sociale: e con gli ambiziosi il grande ritrattista era spesso irriverente, almeno ai nostri occhi, o, perlomeno, per nulla disposto a ingentilire o a temperare la sua vocazione realista. Basterebbe pensare al suo *Ritratto*

---

[5] Pur nella connotazione negativa che ne dà Verri, mi pare appunto che il termine "strapazzatamente" possa essere associato, nei suoi riferimenti alla velocità e alla disinibita facilità nel superare le difficoltà che comporta l'esecuzione di ogni opera d'arte (ideali che non potevano piacere a un uomo del neoclassicismo), al più antico termine "sprezzatura", utilizzato nel linguaggio della critica d'arte, in accezione perlopiù positiva, fin dal Rinascimento (qualche accenno nella bellissima voce curata da Luciano Bellosi, *Linguaggio della critica d'arte. I.*, in G. Previtali [a c. di], *Enciclopedia Feltrinelli Fischer. Arte 2*, Milano, Feltrinelli Editore, 1971, I, pp. 284-85). Verri, nel suo giudizio critico, sembra quasi anticipare la definizione negativa del termine fornita da uno dei principali teorici del neoclassicismo [F. Milizia, *Dizionario delle belle arti del disegno* (1787), Milano Agnelli, 1802, *ad. v. strapazzare*: "è far male per negligenza, o per affettar facilità. Quanti artisti strapazzatori!"].

[6] *Carteggio*, cit., IV (1919), p. 152.

[7] *Ibid.*, V (1926), p. 8.

del marchese Carlo Cosimo Medici di Marignano (?) (Tav. 18)[8], dipinto intorno alla metà del Settecento "strapazzatamente", vale a dire con una libertà esecutiva e un'acutezza che non lascia scampo, negando qualsiasi tono idealizzato; ne risulta un personaggio degno di un ritratto pungente di Parini, colto in un attimo di pausa dopo le "fatiche" della caccia, con la camicia attillata che impietosamente segna il ventre gonfio di quello che si qualifica come un Giovin Signore, un eroe dell'inesistenza, pronto a farsi celebrare non tanto per le proprie buone letture o le proprie scelte collezionistiche (come avrebbero dovuto insegnargli i gentiluomini del *Grand Tour*, che proprio allora davano vita con le proprie frenetiche commissioni a una grande stagione della ritrattistica in Europa), ma unicamente per il proprio talento di cacciatore di selvaggina comune. I Verri non avrebbero però mai corso il rischio di trovarsi in quella situazione: indifferenti al proprio censo (che il Medici di Marignano invece esalta, facendosi ritrarre, in aperta campagna, con lo stemma di famiglia al seguito, capricciosamente inserito come decoro di una fontana architettonica) e contrari agli ozi, ad esclusione di quelli delle lettere.

Proprio a Pietro Verri, negli anni degli entusiasmi "giacobini", spetta la più spettacolare galleria di ritratti della vecchia aristocrazia, ormai in crisi nel clima del nuovo regime francese, i cui inutili fasti sono evocati dallo scrittore milanese con grandissima vivacità descrittiva in una sua memoria scritta nel 1797: "Avete perduto il privilegio di portar la chiave, di aver al collo una croce, un caprone, etc. Ma se queste dorate insegne erano un bollo della vostra schiavitù, se per la maggior parte di voi nobili erano una umiliante privazione, se nella opinione del popolo attualmente non comparirebbero più che come un distintivo di ciarlatano, realmente la perdita è un nulla; ora l'uomo che si distinguerà sarà l'uomo di merito, non l'uomo dei nastri, la virtù e il sapere danno una distinzione vera fra uomo e uomo, i nastri, le chiavi, i titoli di Eccellenza, Altezza, Illustrissimo, Principe, Duca, Marchese, Conte, Barone, Don sono buffonate vendute da Monarchi nelle botteghe della Vanità e comprate da' merlotti".[9]

---

[8] Reso noto da A. MORANDOTTI, *Due dipinti di Giacomo Ceruti ai "confini della realtà"*, in "Nuovi Studi", 1, I (1996), pp.181-82; più recentemente è stato esposto alla mostra sul Giovin Signore e studiato in catalogo da Francesco Frangi.

[9] Il manoscritto, conservato tra le carte dell'Archivio Verri depositato alla Fondazione Raffaele Mattioli per la Storia del Pensiero Economico di Milano, è stato pubblicato da GENNARO BARBARISI, *Pietro Verri e il culto della memoria*, in *Pietro Verri e il suo tempo*, Atti del convegno di studi (Milano, 9-11 ottobre 1997), a c. di Carlo Capra, Milano, Cisalpino, 1999, II, pp. 543-84.

Eppure, solo qualche tempo prima del 1797, Alberico XII Barbiano di Belgioioso, uno dei più illustri mecenati della Milano neoclassica, si faceva ritrarre da Paolo Borroni ancora con l'orgoglio e la superbia di chi poteva ostentare titoli nobiliari e pubbliche onorificenze (Tav. 19):[10] fra tosoni d'oro (i "caproni" a cui accennava Verri), scudetti araldici e così via. Senza dimenticare che anche i fratelli Verri, dedicando al padre Gabriele un ritratto postumo affidato, nel 1782, al pittore di famiglia Francesco Corneliani, organizzarono l'ideale seduta di posa non senza ambizione (Fig. 1):[11] immaginando il padre, avvolto in una gran toga con il collo di pelliccia e una di quelle onorificenze in seguito tanto disprezzate da Pietro appuntata al petto, seduto su una poltrona da grande dignitario; il tono solenne della celebrazione è poi ancora sottolineato da un artificio illusionistico, grazie al quale gli scaffali della biblioteca che connota l'ambiente sono destinati a contenere unicamente le opere scritte dal nobile giureconsulto, scrittore poligrafo.

Tensioni ideali si alternavano quindi alla pervicace resistenza della tradizione, che faticava dunque a tramontare, almeno nelle mode e nelle consuetudini della ritrattistica. Erano però in molti, negli ambienti più sensibili e aggiornati della classe patrizia, a farsi celebrare per le proprie buone letture, e si ha la sensazione che nell'età dei lumi le iconografie care alla nobiltà più aggiornata si sovrapponessero a quelle tradizionalmente vagheggiate dagli intellettuali. Proprio in quegli anni la serie molto ampia di disegni con i ritratti degli accademici trasformati e di altre personalità milanesi illustri nelle scienze, nelle arti, nella vita politica e religiosa commissionata dal canonico Giuseppe Candido Agudio – amico di Parini – fra il 1743 e il 1768 circa, ristabiliva in qualche modo la tradizione umanistica dei ritratti degli uomini illustri, dando ora conto unicamente degli insigni "contemporanei". Senza dimenticare che quell'impresa, troppo

---

[10] Il dipinto gode di una notevole fortuna bibliografica ed espositiva, dato che si è visto non solo nelle recenti mostre sulla Milano dei Verri e di Parini, ma già in precedenza in quella dedicata al Settecento lombardo, svoltasi a Palazzo Reale nel 1991 (ma già in precedenza venne segnalato tra le opere del pittore nella mostra monografica a lui dedicata dalla città natale: VIRGINIO GIACOMO BONO, *Paolo Borroni. Un pittore vogherese nell'Europa del '700*, catalogo della mostra, Voghera, Cooperativa Editoriale Oltrepo, 1985, p. 130, n. 43).

[11] Il dipinto è stato visto in pubblico per la prima volta alla mostra dedicata ai Verri (1998), della quale è uscito un catalogo sommario qualche tempo dopo la chiusura: C. CAPRA, F. MAZZOCCA, A. MORANDOTTI, *Pietro Verri e la Milano dei lumi*, in *Pietro Verri e il suo tempo*, cit., II, pp. 1044, 1048.

a lungo creduta opera di un solo artista (l'incisore Benigno Bossi, trasferitosi a Parma nel 1760), diede vita idealmente a una sorta di concorso accademico tra vari specialisti nell'arte del ritratto; quando avremo modo di precisare i nomi degli autori dei disegni, saremo così in grado di mettere a fuoco le personalità di alcuni non disprezzabili comprimari di Giacomo Ceruti, e non solo.[12]

In altri contesti trovava invece un'attualizzazione trasfigurata il meraviglioso *Ritratto di Manfredo Settala fra alcuni strumenti scientifici e musicali e lavori al tornio di sua invenzione* (Fig. 3), eseguito intorno al 1646 da Carlo Francesco Nuvolone per celebrare il talento vulcanico del pluridotato "Archimede" milanese,[13] come venne denominato il Settala dai contemporanei; un dipinto che, nella dichiarata volontà celebrativa degli interessi scientifici e culturali del committente, mi pare possa essere considerato un ideale precedente dell'esemplare eseguito oltre un secolo dopo da Francesco Corneliani per ricordare il valore delle scoperte botaniche di Luigi Castiglioni: il nobile milanese che si fece ritrarre da Corneliani (Fig. 2 e Tav. 20) per ricordare il proprio viaggio di studio in America.[14] In quel dipinto (*La famiglia Castiglioni ripercorre idealmente il viaggio in America di Luigi Castiglioni*, 1790-1795) si misura il consapevole orgoglio della famiglia Castiglioni — una delle più illustri del patriziato milanese — per l'attività scientifica del proprio congiunto, ritratto sulla destra del quadro mentre, confortato dai cari libri di lavoro, ripercorre il proprio itinerario avventuroso con l'aiuto di una carta geografica e di un globo terrestre.

I devoti delle scienze e delle lettere favorivano quindi gli impegni di molti pittori attivi in Lombardia; ed è per questo che bisogna immaginare di studiare il ritratto del Settecento anche attraverso le antiporte, i controfrontespizi, le illustrazioni nei libri, che allora si diffusero impe-

---

[12] Sulle vicende della committenza di quell'importante serie di disegni e sulla loro identità attributiva si veda l'intervento di Eugenia Bianchi in questo stesso volume.

[13] Reso noto da MORANDOTTI, *Note brevi per Cerano animalista, Vermiglio pittore di figura e Carlo Francesco Nuvolone autore di ritratti* in *Seicento lombardo*, Atti del convegno di studi di Varese, a c. di Mina Gregori e Marco Rosci, Torino, Artema, 1996, pp. 68-69.

[14] Fatto conoscere da SANDRA SICOLI, *Intorno alla figura di Luigi Castiglioni, viaggiatore, naturalista e presidente dell'Accademia di Belle Arti di Brera*, in *Giardini di Lombardia tra età dei lumi e romanticismo*, incontro di studio (15-16 ottobre 1998), Cinisello Balsamo, Centro di Documentazione Storica del Comune, 1999, pp. 64, 65, 67; il dipinto è stato esposto alla mostra sulla *Milano del Giovin Signore* e schedato in catalogo da chi scrive.

gnando talvolta artisti di primo piano. Aspettando di indagare in modo sistematico quell'ambito della ricerca, si può rammentare che come autori di disegni per l'incisione furono spesso attivi due significativi protagonisti della stagione illuminista nella storia del ritratto a Milano: Ferdinando Porta (1686 circa-1763) e Antonio Perego (attivo nella seconda metà del Settecento), la cui attività venne promossa in molti casi da Domenico Balestrieri (1714-1780), di cui si vanno precisando gli stretti legami con la città degli artisti (Tav. 21).[15]

I letterati e i nobili milanesi più illuminati coltivavano quindi i geni locali: Balestrieri si appassionò a Porta e a Perego, i Verri e i Castiglioni a Francesco Corneliani. Era una società di uomini che viaggiavano in Europa e in America, intrecciavano epistolari con gli uomini di cultura delle principali città europee, formavano aggiornate biblioteche con tutte le novità editoriali francesi, inglesi e tedesche, scrivevano libri e articoli per le riviste aperte al confronto internazionale, ma nel fondo mantenevano interesse a promuovere gli artisti milanesi e lombardi, senza per questo pensare di rimanere provinciali.

Senza dimenticare, naturalmente, molti incontri felici di milanesi e lombardi girovaghi e internazionali, chiamati fuori dalle mura della città, ma anche fuori dall'Italia, per ragioni di servizio. In quegli anni la storia del ritratto a Milano (o, meglio, dei milanesi attraverso il ritratto) annovera esemplari dipinti da Anton Raphael Mengs, Joshua Reynolds, Elisabeth Vigée-Lebrun, vale a dire opere di alcuni protagonisti del genere in ambito internazionale. Si tratta però di modelli che in gran parte non incisero a fondo nella realtà artistica locale, essendo rimasti a lungo fuori dal territorio lombardo, conservati nelle città dove erano stati commissionati: a Roma il [*Ritratto del cardinale Alberico Archinto* di Mengs (Fig. 4), databile intorno al 1756 e oggi conservato al Musée des Beaux-Arts di Lione arrivò a Milano solo nei primi decenni dell'Ottocento],[16] a Londra [il *Ritratto del conte Ludovico Belgioioso* di Reynolds (Fig. 5), eseguito tra il 1777 e il 1779[17] e attualmente in collezione privata, venne ospitato ab-

[15] Il ritratto di Domenico Balestrieri, identificato come opera di Antonio Perego da Dante Isella, è stato esposto alla mostra sulla *Milano del Giovin Signore* e schedato da chi scrive.

[16] STEFFI ROETTGEN, *Anton Raphael Mengs, 1728-1779. Band 1. Das malerische und zeichnerische Werk*, Monaco, Hirmer Verlag, 1999, pp. 261-62, n. 192.

[17] ALGERNOON GRAVES, WILLIAM VINE CRONIN, *A History of the Works of Sir Joshua Reynolds*, 4 voll., Londra, Henry Graves and Co., 1899-1901, I (1899), pp. 78-79.

bastanza precocemente nelle sale della villa Belgioioso di via Palestro, edificata fra il 1790 e il 1793 da Leopoldo Pollack], a San Pietroburgo [il *Ritratto di Giulio Renato Litta Visconti Arese* della Vigée-Lebrun (Fig. 6), eseguito nel 1796 e ora al Museo di Milano, giunse nella capitale lombarda dopo la morte del nobiluomo nel 1839].[18]

Sempre alla Vigée-Lebrun spetta il ricordo in effige di Carlo Gastone Della Torre Rezzonico (Napoli 1742-1796), un uomo di cultura nato a Como, a pochi chilometri dalla Bosisio del Parini, le cui ricche vicende biografiche lo portarono a confrontarsi con le avanguardie artistiche italiane e non solo. Nel 1768 Rezzonico, dopo essersi formato fra Parma, Roma (dove nel 1758 venne nominato papa suo cugino Carlo Rezzonico, eletto con il nome di Clemente XIII) e Napoli, divenne infatti segretario dell'Accademia di Belle Arti di Parma, uno dei centri propulsivi del neoclassicismo nell'Italia settentrionale. Il *Ritratto di Carlo Gastone Della Torre Rezzonico* (firmato e datato 1791 dalla Vigée-Lebrun) (Fig. 7) testimonia nei toni informali della seduta di posa, relativa consuetudine fra un intellettuale e una pittrice 'itineranti', i quali ebbero forse modo di frequentarsi a Napoli tra il 1790 e il 1791.

Rievocare qui il profilo di un letterato – conterraneo di Parini – dal destino erratico, ci permette di immaginare che se la sua storia personale non lo avesse portato definitivamente lontano da Milano, Della Torre Rezzonico avrebbe potuto svolgere un ruolo molto importante per rendere di pubblico dominio le sue relazioni artistiche: un po' come il conte Carlo di Firmian, vero motore dei mutamenti del gusto in città negli anni in cui si inaugura l'Accademia di Belle Arti di Brera.

Giuseppe Parini è invece figura stanziale, ma nella città degli artisti, con la quale ebbe costanti relazioni in qualità di teorico e suggeritore di iconografie, egli seppe riconoscere in Andrea Appiani il migliore professionista in grado di restituire la sua effige di grande "vecchio" delle lettere, come documentano una serie di disegni autografi di quell'artista centrale nelle vicende della Milano neoclassica, tradotti anche in incisione. Parini aveva scelto bene, visto che proprio con Andrea Appiani si andò allora definitivamente trasformando il genere del ritratto, ormai concepito secondo schemi che potremmo tranquillamente definire di classici-

---

[18] ANNA BERNARDINI, *Elisabeth-Louise Vigée-Lebrun. Ritratto del conte Giulio Renato Litta Visconti Arese*, in Flavio Caroli (a c. di), *L'anima e il volto. Ritratto e fisiognomica da Leonardo a Bacon*, catalogo della mostra, Milano, Electa, 1998, pp. 333-35.

smo eroico ed idealizzato, come avevano indirettamente indicato, con le proprie scelte e i propri critici rifiuti, i Verri; il ruolo centrale dell'artista in questo ambito della produzione pittorica è colto bene in un intervento di Fernando Mazzocca, che conviene qui rievocare: "[...] nella teoria dei funzionari che costruivano l'Italia moderna (Melzi, di Breme, Fontanelli, Mejan), di un'intellettualità fermata in sembianti essenziali (Bodoni, Monti, Foscolo, Landriani) e delle femmine senza vezzi e rifiniture, l'Appiani si imponeva [...] come un vero riformatore del genere, che opponeva ai lenocinii arredativi del tardo batonismo e alle ossessioni sartoriali degli smaltati Gérard (che incantavano ogni italiano a Parigi), una ritrattistica percorsa da furori ideali, intellettuali ed esistenziali, fissati da pennellate rapide e luminose come colpi di pastello in straordinarie risoluzioni di non finito, che David avrebbe apprezzato".[19]

Una nuova committenza, nuove classi sociali, sanciscono il rinnovamento stilistico e iconografico nell'opera di Andrea Appiani, mentre, pressochè negli stessi anni, l'attività di Antonio Perego, artista dei lumi, scade verso frivole notazioni d'ambiente e il pittore sembra così prediligere la minuziosa descrizione degli interni più che esaltare il valore simbolico del ritratto; di fronte al ritrovato *Ritratto di Ermes Visconti fanciullo* (1790) (Fig. 8)[20] non riconosciamo più il pittore impegnato a rievocare le riunioni informali dell'*Accademia dei pugni* (1766) (Tav. 22), anche se il tono della miniatura del 1790 lo si ritrova già in precedenza nella sua bellissima scena di conversazione con *L'arciduca Ferdinando con la famiglia a Milano* (1776) (Tav. 23), conservata a Vienna, Bundesmobilierverwaltung.[21] Non c'è da meravigliarsi troppo se all'interno del catalogo dello stesso pittore si possono cogliere differenze di toni a seconda delle scelte dei committenti; nonostante questa convinzione, dispiacerebbe però concludere la nostra rassegna sul ritratto nell'età di Parini con l'immagine cre-

---

[19] F. MAZZOCCA, *La pittura dell'Ottocento in Lombardia*, in Enrico Castelnuovo (a c. di), *La pittura in Italia. L'Ottocento*, Milano, Electa, 1990, I, pp. 88-89.

[20] *Gouache* su pergamena, mm 160 × 125. La miniatura, proveniente dalla raccolta dei Visconti di San Vito, è stata venduta, con la dubitativa attribuzione ad Antonio Perego (indicata da un'antica scritta al verso), all'asta: *Arredi e dipinti antichi da un'abitazione milanese e altre provenienze. Una collezione di miniature*, Milano, Finarte, asta 1061, 17 ottobre 1998, lotto n. 832a. Conosco la miniatura per la cortese segnalazione di Chiara Parisio.

[21] Tradizionalmente assegnata a Gaetano Perego, è stata definitivamente assegnata da chi scrive ad Antonio Perego in occasione della recente mostra sulla *Milano del Giovin Signore*, dove era esposta nella sezione documentaria curata da Giuliana Ricci.

puscolare, in qualche modo postilluminista, di Ermes Visconti nelle vesti di paggetto, se non ci arrivasse in aiuto il *pendant* di quell'immagine, sempre assegnabile ad Antonio Perego ed eseguita nello stesso anno per quella stessa famiglia di committenti: il *Ritratto di Francesco Visconti* (1790) (Fig. 9),[22] un'opera che, sottolineando le assidue letture del maturo ritrattato, ci fa capire che forse anche in casa Visconti, così come – *mutatis mutandis* – già presso i Verri, con il passare degli anni arrivava "la barba e il giudizio".

---

[22] *Gouache* su pergamena, mm 160 × 125. Venduta all'asta della Finarte come il suo *pendant* qui sopra evocato, lotto n. 832b.

Figura 1 – Francesco Corneliani, *Ritratto postumo di Gabriele Verri*, 1782. Lurago d'Erba, Villa Sormani Andreani Verri.

Figura 2 – Francesco Corneliani, *La famiglia Castiglioni ripercorre idealmente il viaggio in America di Luigi Castiglioni*, 1790-1795 circa. Mozzate, collezione privata.

Figura 3 – Carlo Francesco Nuvolone, *Ritratto di Manfredo Settala fra alcuni strumenti scientifici e musicali e lavori al tornio di sua invenzione*, 1646 circa. Ubicazione ignota.

Figura 4 – Anton Raphael Mengs, *Ritratto del cardinale Alberico Archinto*, 1756 circa. Lione, Musée des Beaux–Arts.

Figura 5 – Joshua Reynolds, *Ritratto del conte Ludovico Belgioioso*, 1777-1779. Collezione privata.

Figura 6 – Elisabeth Vigée-Lebrun, *Ritratto di Giulio Renato Litta Visconti Arese*, 1796. Milano, collezioni dell'Ospedale Maggiore (in deposito al Museo di Milano).

Figura 7 – Elisabeth Vigée-Lebrun, *Ritratto di Carlo Gastone Della Torre Rezzonico*, 1791. Collezione privata.

Figura 8 – Antonio Perego, *Ritratto di Ermes Visconti fanciullo*, 1790. Già Milano, Finarte.

Figura 9 – Antonio Perego, *Ritratto di Francesco Visconti*, 1790. Già Milano, Finarte.

I RITRATTI DEL CANONICO GIUSEPPE CANDIDO AGUDIO, AMICO DEL PARINI [*]

di *Eugenia Bianchi*

"Canonico, verseggiatore, amico del Parini e dei letterati, ospita i Trasformati a Malgrate e introduce fra essi il Parini" e "commissiona a Benigno Bossi i ritratti di un gruppo di canonici del duomo; di accademici
trasformati; di artisti e di persone insigni". Così su Giuseppe Candido
Agudio (Fig. 1) come da indice della *Storia di Milano* Treccani, nel cui
XII volume edito nel 1959 si trova pubblicata in tavole fuori testo la maggior parte dei ritratti a cui è dedicato questo contributo. La citazione pare
doverosa per la rilevanza editoriale concessa alla raccolta che, all'epoca,
era nota da circa trent'anni. A riesumarla dal solaio di Palazzo Agudio poi
Consonni a Malgrate (Lecco) era stato Carlo Antonio Vianello, meritorio
non solo di averla segnalata e valorizzata in due contributi usciti nel 1930
e nel 1933,[1] ma anche di averla preservata da una presumibile dispersione, invitando l'allora proprietario Gabriele Consonni a farne donazione
alla Biblioteca Ambrosiana e alla Civica Raccolta di Stampe Achille Bertarelli di Milano.[2] Certo saremmo ancora più grati a Vianello, se in merito all'attribuzione non avesse avanzato il nome di Benigno Bossi per la

[*] Un ringraziamento particolare a Simonetta Coppa e Alessandro Morandotti per le
preziose indicazioni riguardanti l'argomento trattato.

[1] CARLO ANTONIO VIANELLO, *Il canonico Agudio e il Parini*, in "Periodico della Società
Storica Comense", XXVII, (1930), pp. 7-20 e *La giovinezza del Parini, Verri e Beccaria*,
Milano 1933.
[2] Sulla donazione all'Ambrosiana cfr. GIOVANNI GALBIATI, *Itinerario per il visitatore
della Biblioteca Ambrosiana della pinacoteca e dei monumenti annessi*, Milano, Hoepli, 1951,
p. 135.

maggior parte dei ritratti, interpretando in modo poco filologico alcuni versi di Gaetano Guttierez[3] (Fig. 2), di cui si accennerà in seguito. Coerentemente con Vianello, nel volume Treccani i ritratti compaiono con un'attribuzione all'artista di Arcisate, che non tiene conto degli evidenti scarti stilistici e qualitativi, anche perché la pubblicazione dei ritratti Agudio in quella sede è estranea a qualsiasi problematica attributiva e collezionistica, ma risponde all'intento di dare un volto alle personalità che hanno in qualche modo segnato la storia politica e culturale della Milano di metà Settecento. È in effetti su questa linea che si gioca la fortuna critica dell'intera raccolta, i cui esemplari si trovano spesso a corredo iconografico di approfondimenti di carattere storico e letterario,[4] come si è visto anche nella mostra svoltasi nel 1999 all'Ambrosiana.[5] Sconcerta, ma non sorprende, visti i molti temi di Settecento lombardo ancora da approfondire, la loro assenza nei contributi di carattere artistico almeno fino ai tempi recentissimi della mostra *Pietro Verri e la Milano dei Lumi*.[6] In quell'occasione l'esposizione di una parte dei ritratti conservati alla Bertarelli è valsa tra le altre cose a sottolineare la necessità di uno studio mirato che potrebbe portare, nella migliore delle ipotesi, al recupero di personalità nuove o di percorsi inediti di artisti già noti. Diversamente si sarebbe approfondita parte della produzione ritrattistica lombarda che si pone tra Ghislandi, Ceruti e i primi orientamenti neoclassici di personalità quali Francesco Corneliani.

La collezione Agudio, come è pervenuta attraverso le vicende di oltre due secoli e mezzo, annovera più di duecento ritratti disegnati su cartoncini colorati di dimensioni pressoché uguali[7] e recanti sempre sul verso il

---

[3] *Al Sig. Benigno Bossi Milanese valente Delineatore, ec.* in *Le Stagioni con altre poesie del canonico don Gaetano Guttierrez del Hoyo*, Milano, Antonio Agnelli, 1760.

[4] Si vedano ad esempio i vari contributi in *La Lombardia nell'età delle Riforme (1706-1796)*, a cura di Carlo Capra, Milano, Utet, 1987 e in l'*Europa riconosciuta anche Milano accende i suoi lumi*, Milano, Cariplo, 1987.

[5] *"Con dotte carte". L'Ambrosiana e Parini. Manoscritti e documenti sulla cultura milanese del Settecento*, catalogo della mostra di Milano a c. di Giulio Carnazzi, Milano, Cisalpino, 1999.

[6] Mostra svoltasi nel Museo di Storia contemporanea di Milano nel 1998. Per il catalogo della mostra cfr. ALESSANDRO MORANDOTTI, *La mostra "Pietro Verri e la Milano dei Lumi"*, in *Pietro Verri e il suo tempo*, a c. di C. Capra, Milano, Cisalpino, 1999, II, pp. 1001-13.

[7] Le misure sono di media mm 400 × 300. In prevalenza sono cartoncini azzurri e marrone chiaro.

cognome dell'effigiato scritto a penna probabilmente dallo stesso Agudio. La tecnica prevede, salvo qualche rara eccezione,[8] l'uso del carboncino, della matita e dello sfumino e la presenza di biacca e di ritocchi a penna per caricare le ombre. La raccolta si presenta come un insieme organico e omogeneo anche per il modo con cui è rappresentata la figura, nella maggioranza dei casi ritratta a mezzo busto e colta nell'immediatezza di un atteggiamento familiare e con lo sguardo vivace di chi vorrebbe dialogare con lo spettatore. A creare un certo distacco vi è però la presenza di una cornice ovale, contenente una didascalia relativa al personaggio raffigurato. Tale "paspartout", contraddistinto da motivi decorativi a volute di tipico gusto barocchetto, si arricchisce a volte di oggetti che rimandano alla figura, come ad esempio nei ritratti di *Giovanni Battista Ratto* e di *Benigno Bossi* (Figg. 3, 4), dove compaiono tavolozza e pennelli e un disegno a indicare le rispettive specializzazioni artistiche. In altri esemplari è lo sfondo a contenere puntuali rimandi iconografici: l'architetto *Carlo Giuseppe Merlo* (Fig. 5) ad esempio è affiancato da un progetto architettonico, mentre il pittore di architetture *Pietro Rapetti* (Fig. 6) da una tela raffigurante un colonnato.[9]

Una selezione sicuramente da ricondurre al canonico malgratese e basata sul ruolo sociale e gli interessi culturali del personaggio rappresentato divide la raccolta in sei nuclei. Attualmente circa centoventi ritratti compongono la serie dei Trasformati,[10] una cinquantina sono i cultori delle arti e delle scienze, ventisei i canonici del Duomo di Milano contemporanei all'Agudio, ventitré gli esponenti del clero regolare, ventiquattro i senatori in carica nel 1755 e infine tre i rappresentanti del corpo degli alabardieri del comune di Milano. Il gruppo dei Trasformati è anche preceduto da un frontespizio recante la nota insegna con il platano carico di frutti e il motto virgiliano "Et sterilis platani malos gessere valentes". Va segnalato che i pezzi citati, di cui solo una trentina si conservano all'Ambrosiana e i restanti alla Bertarelli, non esauriscono la collezione lasciata dall'Agudio ai suoi eredi. Ad una parziale dispersione fanno pensare la recente comparsa presso Sotheby's di un altro *Ritratto del cano-*

---

[8] Rari i casi di ritratti ritoccati a tempera come ad esempio il *Ritratto di Giuseppe Antonio Valli* conservato alla Bertarelli.

[9] I ritratti citati si conservano alla Raccolta di Stampe Achille Bertarelli, cart. 32 (segnatura valida anche per i restanti esemplari conservati in quella sede).

[10] Di cui viene indicata anche la data di ingresso del personaggio ritratto nell'Accademia.

nico Agudio, transitato con un'attribuzione a Bartolomeo Nazari, e la presenza presso la Rhode Island School of Design di Providence di un ritratto forse della serie degli ecclesiastici, reso noto nel 1982 sempre con un riferimento al pittore clusonese[11] (Fig. 7).

Riguardo invece della figura di Giuseppe Candido Agudio, Vianello[12] scrive: "bonaria figura di prelato, ricco, faceto, colto e generoso, grande amico dei letterati e verseggiatore, invero mediocre, lui stesso", riassumendo così le testimonianze di chi l'ha conosciuto. Tra questi Domenico Balestrieri (Fig. 8) ad esempio, che propone un profilo del canonico in alcuni versi editi nelle *Rimm milanès*,[13] di cui ci si limita a citare il capoverso "Oh bell'uomo di buon cuore", di per se già indicativo del contenuto. Anche alcune lettere che il letterato e giornalista monferrino Giuseppe Baretti (Fig. 9) invia all'Agudio tra il 1742 e il 1754, offrono informazioni significative per documentare una personalità alla mano, vivace e propositiva, estroversa, amata per la sua giovialità e generosità.[14] Uomo di buon carattere l'Agudio, ma anche scadente letterato, come appare evidente a chi lo legge: i suoi sono infatti versi involuti, scritti in latino, italiano, milanese e veneziano o prose del genere dell'*Effemeride letteraria per l'Anno 1748*, il cui esito non va oltre una cronaca noiosa e confusa.[15] Appare del tutto legittimo quindi il giudizio del Tanzi che nel 1749 dissuadeva l'accademico trasformato Gian Maria Mazzucchelli a inserire opere del nostro nel suo volume *Scrittori d'Italia*.[16] Ma l'Agudio non era soltanto l'uomo dal carattere faceto e bonario o il modesto letterato. Egli doveva vantare una posizione e un ruolo di un certo prestigio nella società milanese dell'epoca. Alle spalle contava un'antica e nobile famiglia di Mal-

[11] Cfr. *Sotheby's Libri, Stampe e Disegni*, Milano, 1999, Asta del 11 e il 12 maggio 1999, lotto 287 e FERDINANDO NORIS, *Bartolomeo Nazari*, in *I pittori bergamaschi Il Settecento*, Bergamo, Bolis, 1982, I, p. 238, cat. 64, fig. 5 a p. 267.

[12] C.A. VIANELLO, cit., 1930, p. 10.

[13] Milano, 1744 consultate nell'edizione *Opere di Domenico Balestrieri*, Milano, 1816, VI, p. 229.

[14] cfr. GIUSEPPE BARETTI, *Epistolario*, a c. di Luigi Piccioni, Laterza, Bari, 1936, vol. I, *ad indicem*.

[15] *Effemeride letteraria per l'Anno 1748 in Milano All'ill.mo, e valor. Mo Sig. Don Giampietro Locatelli, Marchese di Ripalta, e Cameriere segreto di Cappa, e Spada di Sua Beatitudine Giuseppe Candido Agudi*, Malatesta 1748. Per l'elenco degli scritti dell'Agudio cfr. VIANELLO, 1930, p. 14, nota 2.

[16] Lettera scritta a Milano il 22 novembre 1749 riportata da Vianello, 1930, pp. 14-15 e nota 1, con la segnatura Biblioteca Vaticana, Mss. Vat. Latini.

grate, resa illustre da antenati prelati, scrittori e accorti imprenditori dediti alla fabbricazione e al commercio della seta. Il patrimonio era passato quasi tutto nelle mani del nostro, il quale però nel 1745 si defilava da ogni onere e responsabilità imprenditoriale e finanziaria. Ben altro interessava Giuseppe Candido, che era gesuita, dottore, canonico notaio del Duomo di Milano, a lungo professore di retorica a Brera e proprio per questo titolo chiamato tra il 1774 e il 1775 a collaborare con Giuseppe Parini e altri alla pianificazione della riforma scolastica.[17]

Per cultura, posizione sociale e carattere estroverso l'Agudio poteva sicuramente contare su un "entourage" di amici illustri, di cui amava attorniarsi in uno dei due palazzi aviti di Malgrate, in particolare quello posto sulla riva del lago.[18] Qui ad esempio si radunavano i Trasformati, alternando l'ospitalità di casa Imbonati a Milano e a Cavallasca.[19] Qui si recava anche la dotta nobildonna Francesca Manzoni[20] (Fig. 10), soprat-

---

[17] Archivio di Stato di Milano, Fondo Studi, p.a., 209 segnalato da AUGUSTO VICINELLI, *Il Parini a Brera. L'inventario e la pianta delle sue stanze*, Milano, Ceschina, 1963, p. 27. Sulla famiglia Agudio già esistente a Malgrate nel 1300 e sull'Agudio oltre ai citati contributi di Vianello del 1930 e del 1933 si vedano: IGNAZIO CANTÙ, *Le vicende della Brianza*, Milano, G. Redaelli, 1855, pp. 204-05; GIUSEPPE FUMAGALLI, *Albo pariniano. Iconografia di Giuseppe Parini*, Bergamo, Arti Grafiche, 1899; DIONIGI PURICELLI, *La mia parrocchia Cronistoria di Malgrate*, Lecco, Corti, 1922; *Parini e il canonico Agudio di Malgrate*, (articolo non firmato), in "All'ombra del Resegone", III, n. 6 (1929), pp. 129-32; ALOISIO BONFANTI, *Malgrate, ieri Breve storia di vicende e personaggi*, Lecco, ed. Stefanoni, 1972. L'Agudio doveva possedere anche una ricchissima biblioteca come ipotizza ERNESTO TRAVI, *Cultura e letteratura neoclassica nel dipartimento del Lario*, in *Civiltà neoclassica nella provincia di Como*, Milano 1980, pp. 39-40

[18] Per i due palazzi Agudio a Malgrate cfr. VIANELLO, 1930, p. 18.

[19] Dei soggiorni nel Palazzo Imbonati a Cavallasca da parte di alcuni Trasformati offre una interessante testimonianza SANTO MONTI, *Atti della Visita Pastorale Diocesana di F. Feliciano Ninguarda Vescovo di Como (1585-1593)*, Como, New Press, I, 1892-1898, pp. 173-74, nota 1. Sui Trasformati a Cavallasca si veda anche la breve scheda di Carnazzi in "Con dotte carte"..., 1999, p. 27. In generale sull'Accademia dei Trasformati ROBERTO FONTANA, *Cenni storici sulla Accademia dei Trasformati di Milano*, Genova, Tip. Fassicomo, 1975. Tra gli scritti editi a cura di questo sodalizio si citano la *Raccolta milanese Dell'Anno 1756 dedicata a sua eccellenza il Signor don Giovanni Marchese Corrado Olivera* e *Raccolta milanese Dell'Anno 1757 dedicata all'ill. mo Sig. Marchese don Teodoro Alessandro Trivulzio* editi a Milano nel 1756 e nel 1757 contenenti dissertazioni su vari argomenti (arte, medicina, letteratura).

[20] Sulla nobildonna (Barzio, 1710-Lecco, 1743), letterata e scrittrice si veda VIANELLO, 1930, cit., p. 13, nota 2.

tutto dopo essersi legata sentimentalmente con un'altra figura a cui era gradita l'ospitalità dell'Agudio: Luigi Giusti, uomo politico e letterato, amico del Muratori e di Pietro Verri.[21] Anche a Balestrieri era caro il soggiorno a Malgrate, come si può intuire leggendo due sue canzonette pubblicate nelle *Rimm Milanès*, da cui emerge tra l'altro un legame con il canonico, forte altrettanto quello che coinvolse Giuseppe Parini (Fig. 11). Un sincero affetto che il letterato manifesta nel sonetto scritto in occasione della morte del canonico e che vedeva quest'ultimo attento non solo a favorirgli la carriera professionale, ma anche a far fronte a problemi di carattere privato.[22] Anche Parini frequentava casa Agudio a Malgrate come sottolinea per primo Francesco Reina il quale, celando una punta di orgoglio personale, dato che del canonico era nipote, scrive che Parini "stese i suoi poemetti[23] sul lago di Como a Malgrate da Candido Agudio amicissimo suo", oltre che a Bellagio nella casa del Conte della Riviera.[24] Non è questa la sede, né si avrebbe la competenza, di discutere cosa Parini scrisse a Malgrate. È sufficiente sottolineare che i suoi soggiorni sono emblematici di quella gratuita disponibilità nei confronti del letterato che le fonti, Vianello "in primis", hanno sempre riconosciuto all'Agudio.[25] Fu certamente un legame di generoso e costante mecenatismo, nato attraverso l'amico comune don Ambrogio Fioroni e che valse al letterato l'ingresso nel 1753 nell'Accademia dei Trasformati, le rendite necessarie per l'ordinazione sacerdotale del 1754, la pubblicazione della diatriba linguistica con il barnabita Paolo Onofrio Branda, finanziamenti per la pub-

[21] Su tale personalità e sui suoi scritti si veda sempre VIANELLO, cit., p. 13, nota 1.

[22] Nel 1747 l'Agudio procurava una somma di denaro quale dote per la futura moglie del Balestrieri, Rosalba Casatti. Cfr. Archivio di Stato di Milano, Fondo Notarile, 42224 atto del 13 agosto 1759 rogato da Giovanni Maria Mantegazza e contenente una ricevuta di mano del Balestrieri datata 15 aprile 1747. Dei suoi soggiorni a Malgrate Balestrieri rende testimonianza in due canzonette per cui si rimanda a *Opere*, cit., Milano, 1816, vol. IV, pp. 216-19. È significativo per il legame Agudio-Balestrieri anche il sonetto *In morte del canonico Agudi, Accademico Trasformato*, scritto da Balaestrieri dopo la morte dell'amico (cfr. *Opere*, cit., vol. VI, 1816, p. 196).

[23] Ovvero le parti e le varie redazioni del *Giorno*.

[24] *Opere di Giuseppe Parini* pubblicate e illustrate da Francesco Reina, Milano, Genio Tipografico, 1801, I, p. XXIX. Cfr. dello stesso anche *Vita di Giuseppe Parini scritta da Francesco Reina*, Milano 1811.

[25] Sempre nei contributi più volte citati del 1930 e 1933. Su Agudio e Parini si veda anche FUMAGALLI, *Albo pariniano*, cit., e soprattutto *Parini e il canonico Agidio di Malgrate*, cit.

blicazione del *Mattino* e non ultimo un soccorso economico trovandosi il Parini in precaria situazione economica, come egli stesso informa in alcune terzine indirizzate al suo protettore in un momento di forte disagio, probabilmente da collocare nell'inverno tra il 1761 e il 1762.[26]

I ripetuti soggiorni a Malgrate di Parini, di Balestrieri, degli accademici trasformati o di altri amici, dovevano essere assai graditi e gratificanti per l'Agudio, altrimenti non si sarebbe circondato, proprio in quella sede prediletta, di una collezione che gli richiamava alla memoria persone con cui aveva condiviso momenti sereni e piacevoli. In effetti la collezione Agudio, a prescindere da problematiche storiche o artistiche, potrebbe corrispondere ad un'odierna raccolta di foto ricordo. Ed è lecito pensare che così doveva essere per il canonico e per chi ne prendeva visione. A questo proposito risultano significativi alcuni versi di Gian Carlo Passeroni tratti da *Il Cicerone*[27] edito nel 1773. La citazione dei letterati che meglio di lui avrebbero potuto realizzare l'opera a cui si stava dedicando, porta lo scrivente a ricordare la collezione dell'amico Agudio, entrando nello specifico nel ricordare che questi li "ha fatti ritrar con lungo studio: La loro patria, il nome, ed il cognome V'ha scritto intorno"; e aggiunge "Gongolo, e tripudio, Perch'io son pur fra tanti valentuomini". È poi viva nel Passeroni l'immagine del collezionista che presenta agli ospiti la sua raccolta e "additando ora questo, or quel ritratto Secca talvolta chi lo sta' ad udire". Le finalità illustrative della raccolta che l'Agudio non a caso chiamava "Museo", come informa ancora il Passeroni in un altro passo de *Il Cicerone*, emergono anche da altre fonti settecentesche. Meritano la priorità di citazione alcune terzine che il trasformato Gaetano Guttierez[28] dedica "Al Sig. Benigno Bossi Milanese valente Delineatore" nella circostanza di una malattia. Rivolgendosi all'artista, Guttierez contrappone ad una serie di personificazione delle umane miserie, le figure che gli si presentano quando va dal "Biancaccio (Agudio)". Qui, egli scrive, "il bel Ritratto Miro che da voi stesso vi faceste, E meglio il Vandick non l'avrebbe

---

[26] Cfr. l'epistola in terzine *Al Canonico Candido Agudio*. Fu probabilmente il curato di Canzo Ambrogio Fioroni (per cui si veda in seguito e la nota 32) a presentare Parini ai letterati milanesi, tra cui l'Agudio. Sulla questione, VICINELLI, *Il Parini a Brera*, 1963, p. 15.

[27] *Il Cicerone Poema di Gian Carlo Passeroni*, Milano 1773, II t., parte I, pp. 234-35.

[28] Si veda la nota 2. Per la prima edizione rizzardiana del 1760, Benigno Bossi fornì quattro incisioni raffiguranti le *Stagioni* incise da Gerolamo Cattaneo.

fatto" e "col viso al naturale espresso Vi son dipinte tante brave teste Eccellenti in ogni arte, e d'ogni sesso". Pietro Domenico Soresi invece sottolinea la fama imperitura concessa dalla collezione Agudio. In un "memento mori" espresso in un sonetto pubblicato da Vianello[29] scrive infatti che lo conforta sapere che l'amico canonico gli ha dato "nuove membra immortali" facendo dipingere il suo "sembiante in tavola spirante". Come specchio memorabile di virtù umane, il Museo dell'Agudio viene ricordato da Ludovico Ricci nel *De vita, scriptisque Josephi Mariae Imbonati*.[30] Nel paragrafo in cui si ricorda l'Accademia dei Trasformati risorta nel 1743 grazie al mecenatismo del nobile, si accenna anche alla collezione Agudio, come una pinacoteca i cui quadretti danno un volto a tutti i membri di quel sodalizio e a quelle personalità degne di essere ricordate per i valori umani e per i contributi nel campo della letteratura, delle arti e della politica. La fonte del Ricci si rivela preziosa anche perché riporta l'immagine di una collezione di ritratti disposti lungo le pareti di una galleria o di una sala, con una sequenza forse corrispondente a quella con cui è pervenuta. Riguardo ai tempi di formazione invece è utile la testimonianza di Anton Francesco Frigeri, le cui *Rime in morte di Gianambrogio Fioroni* del 1758,[31] accolgono tra l'altro una stampa con l'immagine del defunto tratta dal rispettivo ritratto fornito dall'Agudio[32] (Fig. 12). Nel testo si dice in modo esplicito che quest'ultimo aveva fatto ritrarre il defunto "e posto appresso gli altri poeti, e uomini illustri nel Museo" che in quel periodo stava "raccogliendo con molta sua lode". Quella dell'Agudio quindi era una collezione in divenire, avviata probabilmente verso la metà degli anni Quaranta e che nel 1758 era ancora in crescita, per quanto avesse

[29] VIANELLO, cit., 1933, p. 260.
[30] LUDOVICI RICCI, *De Vita, scriptisque Josephi Matiae Imbonati comitis et patricii mediolanensis commentarius*, Brescia, Rizzardi, 1773, pp. 20-21. La nota 3 offre notizie circostanziate sulla collezione, dove si legge che i ritratti sono raffigurati "in papyri tabellis per lucem e umbram ad prominentiam [...]".
[31] *Rime in morte di Gianambrogio Fioroni curato di Canzo con alcune notizie intorno alla di lui vita*, Milano 1758, p. 10, in particolare la nota 2. Parroco di Ello dal 1716 al 1732 e poi curato di Canzo morto nel 1758, presentò probabilmente il Parini ai letterati milanesi tra cui l'Agudio (cfr. VICINELLI, *Il Parini a Brera*, 1963, p. 15, nota 15, e ricevette la protezione del nobile milanese Antonio Calderara che a Ello aveva un palazzo e fu amico di Gabriele Verri, di Guttierez, del Tanzi e di Antonio Verri.
[32] Lo si dice esplicitamente nel testo. Il disegno già Agudio si conserva alla Bertarelli, (cart. 32). La stampa di cui esiste anche un esemplare alla Bertarelli reca in basso "De Grandi delin. / Pansieur sculp."

già raggiunto un'entità non lontana da quella finale. È lo stesso collezionista a documentarlo in una lettera scritta il 12 novembre 1757 al prefetto della Biblioteca Ambrosiana Baldassarre Oltrocchi.[33] Si tratta di una missiva interessante anche perché attesta nel mittente un progetto editoriale che però non venne mai attuato. "Seguitando io già da alcuni anni a raccogliere un Museo di Ritratti nel quale si comprendono tutti i soggetti della nostra Accademia de' Trasformati, della Gerarchia Ecclesiastica della Metropolitana e dell'Ecc. mo Senato di questa città di Milano; e in oltre vari altri Ritratti d'uomini di conto o per lettere, o per Ministero o per arti", scrive l'Agudio "sono ora venuto in determinazione di pubblicare, il più presto, che si possa le notizie di tutti coloro, i cui Ritratti adornano il mio Museo". Per questo progetto chiede all'Oltrocchi un *curriculum vitae*, consapevole che nessuno, meglio dei diretti interessati, può fornirgli e dati di cui necessita. È probabile che con questo metodo l'Agudio avesse raccolto un cospicuo materiale, di cui però sono stati reperiti solo i profili biografici del teologo Giuseppe Boni e del padre carmelitano Gian Francesco Trezzi incollati sul retro dei rispettivi ritratti.[34]

A prescindere da tale progetto, che esula dal tema di questo intervento, va sottolineato che nella storia del collezionismo lombardo la raccolta Agudio si colloca all'interno di una tradizione assestata, che annovera tra i casi più illustri il cinquecentesco museo di Paolo Giovio e la galleria di ritratti dell'Ambrosiana, il cui nucleo originario è da ricondurre a Federico Borromeo. Non mancano esempi cronologicamente vicini all'Agudio, come la raccolta di santi arcivescovi milanesi (ora Milano, Museo Diocesano), lasciata in eredità ai suoi successori nel 1737 dal presule Benedetto Erba Odescalchi o le incisioni raffiguranti ritratti di artisti milanesi, poste corredo iconografico delle *Memorie* di Francesco Antonio Albuzio.[35] Circa trent'anni dopo sorgerà il "Gabinetto dei ritratti dei pittori" voluto da Giuseppe Bossi per le Gallerie dell'Accademia di Milano.[36]

---

[33] Biblioteca Ambrosiana, nel primo dei sei volumi di lettere inviate all'Oltrocchi e recanti la segnatura X 336 inf.

[34] Sono profili manoscritti dall'Agudio su fogli che si trovano incollati sul verso dei rispettivi ritratti conservati alla Bertarelli, cart. 32.

[35] *Memorie per servire alla storia de' pittori, scultori e architetti milanesi*, ms 1776, pubblicato da GIORGIO NICODEMI in "L'Arte" (1951-1952). Sulla collezione degli arcivescovi milanesi cfr. SIMONETTA COPPA, *La donazione Erba Odescalchi*, in *Quadreria dell'Arcivescovado*, Electa, Milano 1999, pp. 228-252.

[36] Sul gabinetto bossiano si veda il recente contributo di S. COPPA, *Qualche osserva-*

All'interno di questa tradizione l'originalità della collezione Agudio sta nell'essere composta esclusivamente da ritratti di personalità contemporanee a chi l'ha raccolta, la maggior parte conosciute in modo diretto o legate da stretti vincoli di amicizia. Segno di uno spirito immerso nel suo tempo, ma anche specchio di una tendenza abbastanza diffusa nella società nobile e colta dell'epoca, a cui non dovevano essere immuni neppure figure del genere del senatore Gabriele Verri, che in casa aveva un *Ritratto di Maria Gaetana Agnesi*, noto attraverso una stampa di riproduzione ottocentesca conservata alla Bertarelli. Risultano a questo proposito significative anche alcune lettere indirizzate all'Agudio da Baretti,[37] il quale condivideva con il canonico l'intento di creare una raccolta di ritratti di amici.[38] Non a caso l'11 luglio 1742 chiedeva al canonico un suo "ritratto in carta" da collocare, una volta tradotto in pittura, vicino a quello del Balestrieri, che avrebbe commissionato ad un suo "amico pittore, in picciolo, cioè poco più grande di quello dell'edizione in grande del Gatto".[39] Baretti prosegue esprimendo l'intenzione di mettere insieme "appoco appoco (...) un gabinetto de' ritratti dè miei amici, e so che tu col tuo concorrerai a farmi questo piacere". È significativa anche la lettera datata 15 aprile 1754, che Baretti invia da Londra all'Agudio, in allegato ad un suo ritratto "fatto fare da un valente giovane chiamato Machpherson" il quale, scrive, "non dovrebbe esserti incognito, per quanto dice, essendo che mi ha saputo far con parole la pittura tua non meno somigliante che col pennello seppe far la mia".[40] Baretti informa poi l'amico di sapere "come e perchè" egli desidera la sua immagine e si augura che, una volta esposta, sia accompagnata da un'iscrizione relativa alle sue qualità. Uomo di spirito il Baretti che un mese dopo, in una missiva datata 8 agosto, manifestava il desiderio "di vedere

zione sul "Gabinetto dei ritratti dei pittori" di Giuseppe Bossi, in *Milano, Brera e Giuseppe Bossi nella Repubblica Cisalpina. Incontro di studio n. 12*, estratto, Milano, Istituto Lombardo di Scienze e Lettere, 1999, pp. 352-63.

[37] Per cui si veda la citata edizione a cura di Piccioni, *ad indicem*.

[38] Dalle lettere si intuisce che la raccolta era composta da ritratti in pittura.

[39] Riferendosi verosimilmente alla stampa di Gaetano Bianchi tratta da un disegno di Ferdinando Porta e pubblicata nelle *Rimm Milanès*. Per il disegno del Porta, conservato all'Ambrosiana, cfr. Amalia Barigozzi Brini e Rossanna Bossaglia, *Disegni del Settecento lombardo*, Milano, Neri Pozza Editore, 1973, p. 59, fig. 80.

[40] L'Agudio infatti possedeva un ritratto dell'artista ora alla Bertarelli.

què tanti galantuomini milanesi e non milanesi, di cui mi fate parole".[41]

Passando alle problematiche attributive della raccolta, preme sottolineare l'impossibilità di un riferimento ad uno stesso artefice. Purtroppo le fonti settecentesche non offrono alcun dato attributivo, fatta eccezione per il Guttierez, da cui però si viene soltanto a sapere che il *Ritratto del Bossi* è opera dello stesso effigiato. Non è il caso di dubitare dell'informazione, che tra l'altro può essere sufficientemente argomentata dallo stile del disegno, eseguito dal Bossi probabilmente tra il 1757 circa e il 1759, quando soggiornava a Milano, dopo avere abbandonato Dresda e in attesa di trasferirsi a Parma.[42] Contrariamente all'opinione di Vianello che vorrebbe riferire al Bossi la gran parte dei ritratti Agudio, nessun altro esemplare della raccolta condivide con tale autoritratto i suoi caratteri formali. È probabilmente un autoritratto anche il *Ritratto di Giuseppe Machperson*, contraddistinto da una grafia più omogenea rispetto a quella bossiana, ma altrettanto controllata e in grado di suggerire effetti pittorici e luministici senza l'uso della biacca. Poiché la produzione milanese del pittore è ancora tutta da ricostruire, non si hanno elementi sufficienti per accertare tale ipotesi, che comunque appare avvalorata dal diretto contatto con l'Agudio testimoniato da Baretti e la pratica di ritrattista di cui accenna lo Zani.[43]

---

[41] Da quest'ultima lettera emergono i contatti londinesi di Baretti con lo Zuccarelli, come del resto riporta MICHAEL LEVEY, *Francesco Zuccarelli in England*, in "Italian Studies", XIV (1959), pp. 1-21, in particolare p. 5.

[42] Sul Bossi si vedano ad esempio le fonti *Notizie degli intagliatori con osservazioni critiche raccolte da varj scrittori ed aggiunte a Giovanni Gori Gandellini dal padre maestro Luigi De Angelis*, VII, Siena, 1810, pp. 104-05 e ANTONIO CAIMI, *Delle arti del disegno e degli artisti nelle provincie di Lombardia dal 1777 al 1862*, Pirola, Milano 1862, pp. 113-114. Più recenti i contributi di M. CASTELLI ZANZUCCHI, *Contributo allo studio su Benigno Bossi*, in "Parma per l'Arte", III, (1960), pp. 3-17 (che cita un disegno del Bossi raffigurante *testa di frate cappuccino* datato "Mediolani 1758", documento della presenza dell'artista a Milano in quell'anno. Il soggiorno a Milano si prolungò molto probabilmente anche nel 1759, dato che i primi disegni datati a Parma risalgono al 1760); di ALFREDO PETRUCCI e P. CESCHI LAVAGETTO, *Bossi, Benigno*, in *Dizionario Biografico degli Italiani*, Roma, Treccani, 1971, 13, pp. 290-93; di ENRICO RICCOMINI, *I fasti, i lumi, le grazie del Settecento parmense*, Parma 1977 e di LUCIA FORNARI SCHIANCHI, *Il momento illuminista nell'arte parmense del '700 (Baldrighi-Ferrari-Bossi)*, in *L'Arte del Settecento emiliano. L'arte a Parma dai Farnese ai Borbone*, catalogo della mostra di Parma, Bologna, Alfa, 1979, pp. 122-25. Solo CHIARA NENCI, *Bossi, Benigno*, in *Kunstler-Lexicon*, Leipzig-Munchen, K. G. Saur, 1996, 13, p. 215 inserisce nel catalogo dell'artista anche i ritratti dei Trasformati conservati all'Ambrosiana e alla Bertarelli.

[43] *Enciclopedia metodica critico-ragionata delle Belle Arti dell'abate D. Pietro Zani fiden-*

Certo verrebbe da pensare che anche altri ritratti di pittori facenti parte della collezione Agudio siano da riferire agli stessi effigiati, soprattutto nel caso di artisti attivi a Milano. Questo ad esempio potrebbe valere per *Ferdinando Porta* (Fig. 13), già autore del *Ritratto di Balestrieri*, o per *Giovanni Battista Ratto*, pittore poco noto e con un catalogo per ora limitato al *Ritratto di Antonia Caterina Lanzani Silva* del Pio Albergo Trivulzio, firmato e datato 1756.[44] In effetti, a prescindere dalle differenze riconducibili all'uso di una diversa tecnica, non si ritiene forzato vedere parallelismi tra quest'ultima opera e il ritratto già dell'Agudio, nella posa e nella sagoma del volto, nella tipologia dei caratteri fisionomici e nella distribuzione della luce. Per altri pittori, quali ad esempio Pietro Mazzucchello, Giovanni Battista Riccardi o Pietro Antonio Rapetti, non si possono avanzare argomentazioni a favore di un loro diretto contributo nella formazione della raccolta. Del primo infatti non si conosce nulla, salvo la frequentazione insieme al Ratti e ad altri all'Accademia Ambrosiana, di Riccardi e Rapetti invece è nota solo la produzione nel genere ruinistico e delle architetture dipinte. Diversamente si può dire per il *Ritratto di Francesco Londonio*[45] (Fig. 14), da considerare quasi una replica in controparte del disegno dell'Albertina di Vienna (Fig. 15), con cui condivide oltre alle componenti tipologiche, anche il tratteggio che delimita la figura in modo preciso e che si ammorbidisce e quasi si stempera nella resa dei caratteri fisionomici e degli elementi di costume. Non meno puntuali sono i parallelismi con l'*Autoritratto* del museo d'Arte Antica del Castello Sforzesco (Tav. 24), rispetto al quale il ritratto appartenuto all'Agudio potrebbe valere quasi come disegno preparatorio. Tra l'altro non è inedito il richiamo a Londonio in relazione alla collezione Agudio, in quanto già Galbiati nel 1951[46] faceva il nome del pittore milanese per la maggior parte dei ritratti che all'epoca si trovavano esposti nel *Parinianum* dell'Ambrosiana L'attribuzione merita di essere approfondita, non foss'altro perché essa è l'unica a contrastare il tradizionale riferimento al Bossi.

---

tino, I, vol. XII, p. 185 dove si legge che Machperson fu "miniatore, ritrattista, pittore copista, incisore all'acquaforte".

[44] Recentemente pubblicato da Silvia Colombo in *Pittura a Milano dal Seicento al Neoclassicismo*, Milano, Cariplo, 1999, p. 282. Della studiosa è anche il profilo biografico (*ibid.*, p. 282), dove è citato anche il ritratto appartenuto all'Agudio.

[45] Come mi è stato gentilmente segnalato da Simonetta Coppa.

[46] 1951, p. 135: "sono chiaroscuri in gran parte del Londonio".

In attesa di prove documentarie, che potrebbero forse scaturire dall'archivio dei conservatori della veneranda Biblioteca, si può ipotizzare che il nome di Londonio non sia stato fatto da Galbiati, ma abbia accompagnato la raccolta Agudio nel momento della sua donazione, rispecchiando una tradizione attributiva precedente a quella diffusa da Vianello. Del resto è assai probabile che l'Agudio conoscesse Londonio. I due frequentavano un medesimo ambiente sociale e culturale e contavano amici comuni, fra i quali il Tanzi, segretario perpetuo dell'Accademia dei Trasformati e committente di Londonio. Inoltre la presenza di "diverse carte rappresentanti li ritratti de' pittori" eseguite da Londonio[47] nell'inventario dell'eredità di Carlo, pronipote del pittore, indica nel percorso professionale dell'artista milanese un'attività ritrattistica non limitata al dipinto del Castello o al *Ritratto del fratello don Giuseppe* ricordato da Böhom nella collezione Ferrari Scaravaglio.[48] Va da sé che anche l'incarico ricevuto da Londonio nel 1775 di selezionare con Antonio de Giorgi il materiale grafico dell'Accademia Ambrosiana[49] indica che la sua immagine presso i contemporanei andasse oltre quella di un pittore "che ha un pennel celeste per far le capre, che belar le senti", come recita il Gutierrez nelle citate terzine dedicate al Bossi.

Nella collezione Agudio si possono individuare ritratti caratterizzati da una medesima cifra stilistica e, tra questi, quelli dei *canonici*, dei *senatori* e il gruppo degli *alabardieri*, sono sicuramente da ricondurre a commissioni licenziate in serie e non a richieste occasionali, come per i ricordati ritratti di *Bossi* e di *Machperson*.

I senatori, gran parte dei trasformati e alcuni cultori delle arti e della scienza e i tre alabardieri si contraddistinguono per una stesura a tratti

---

[47] Si veda l'inventario conservato nell'Archivio Storico Civico di Milano, Fondo Londonio, cart. 2, fasc. 2 e pubblicato in *Francesco Londonio (1723-1783)*, a c. di Marco Bona Castellotti e Cristina Geddo, Milano, Piva&C, 1998, pp. V-VI.

[48] Citato in quella collezione da LINA BÖHOM, *Pittori milanesi del Settecento: Francesco Londonio*, in "Rivista d'Arte", XVI, (1934), p. 250; si segnala anche un *Ritratto di Leopoldo Pollack* pubblicato come probabile Londonio da ANNA ZADOR, *Leopoldo Pollack*, in "L'Arte", LXII (1963), pp. 347-90 (tavola posta all'inizio del contributo). L'ubicazione presso la Galleria d'Arte Moderna di Milano del dipinto non è stata confermata dalla verifica.

[49] G. NICODEMI, *L'Accademia di pittura, scultura e architettura fondata dal card. Federigo Borromeo all'Ambrosiana*, in *Studi in onore di Carlo Castiglione prefetto dell'Ambrosiana*, Milano, Giuffrè editore, 1957, p. 692.

abbastanza sottili, che si fa omogenea nella resa delle vesti e dei manti
scuri e si dirada a suggerire pelliccia e capelli. Alla resa dei panneggi e
dei tratti fisionomici contribuisce un gioco chiaroscurale carico di lu-
meggiature di biacca, che vivacizzano la figura, già per altro particolarmente espressiva e disinvolta entro lo spazio che la contiene. Lo sfondo si
arricchisce a volte di elementi descrittivi, altre volte appare neutro. Il
gruppo dei canonici, raffigurati entro una semplice cornice ovale, rivela
invece un tratteggio più spesso e marcato nella definizione del volto e dei
capelli, che si stempera nella resa della veste contraddistinta da ampi risvolti. Scompaiono quasi del tutto i rialzi a biacca e l'impostazione del ritratto prevede la figura in primo piano, ripresa da un punto di vista ravvicinato ed emergente dallo sfondo reso omogeneo dallo sfumino. L'ipotesi di ricondurre al Londonio parte dei ritratti della collezione Agudio
riguarda il primo gruppo. Alle sintonie formali con il supposto autoritratto, si uniscono anche i richiami stilistici con la produzione grafica
dell'artista, dove si ritrova anche la tecnica dei disegni Agudio, compresa
la predilezione per i supporti colorati di azzurro e di marroncino. Certo,
le analogie formali con alcuni disegni di Londonio quali la *Pastorella* conservata all'Ambrosiana non risultano sufficienti ad attestare l'identità di
mano. La conferma o la smentita di questa ipotesi attributiva potrebbe
invece scaturire dal confronto diretto con i ritratti dell'eredità del pronipote dell'artista, di cui però finora non sembra esservi rimasta traccia. Tale
eventualità tra l'altro affiderebbe al Londonio una produzione che esula
dal genere per cui è noto alle fonti e alla critica e aprirebbe uno spiraglio
nell'assenza di dati che riguardano la sua attività giovanile, ovvero quella
compresa tra il quinto e il sesto decennio del Settecento,[50] quando probabilmente operava nel raggio d'attrazione dei suoi maestri, Giovanni
Battista Sassi e Ferdinando Porta.

    Riguardo agli altri ritratti invece si registra la difficoltà di suggerire

---

[50] Al 1756 risale la prima opera datata dell'artista: un *Paesaggio con pastori e animali*
di ubicazione ignota, pubblicato dalla Böhm nel 1934. Sul Londonio oltre ai citati di
Böhm, *Pittori milanesi del Settecento* e Bona Castellotti e Geddo, *Francesco Londonio (1723-
1783)*, si vedano S. Coppa, *La storia e l'arte*, in S. Coppa e Elisabetta Ferrario Mez-
zadri, *Villa Alari, Cernusco sul Naviglio*, Cernusco sul Naviglio 1984; Id., in *Pinacoteca
di Brera*, Milano, Electa, 1989, pp. 259-99; A. Morandotti, *Francesco Londonio*, in *La
natura morta in Italia*, Electa, Milano 1989, I, pp. 308-11, Monica Scola, *Catalogo ragionato delle incisioni di Francesco Londonio*, Milano, Artes, 1994 e le schede a c. di S. Coppa,
in *La pittura a Milano dal Seicento al Neoclassicismo*, Milano, Cariplo, 1999, pp. 315-16.

attribuzioni verosimili. Solo per la serie dei canonici si ritiene probabile un riferimento a Ferdinando Porta, autore del citato *Ritratto di Domenico Balestrieri* e di altri disegni conservati all'Ambrosiana stilisticamente prossimi agli esemplari Agudio. Per eterogeneità formale molti ritratti della raccolta in questione necessitano di specifici approfondimenti, che potrebbero dare risultati significativi solo se ricondotti ad una trama o a punti di riferimento già individuati. Nel caso ad esempio dell'attribuzione a Bartolomeo Nazari del *Ritratto dell'Agudio* transitato da Sotheby's e del *Ritratto di ecclesiastico* di Providence, sarebbe utile sapere qualcosa di più sull'attività milanese di questo pittore, che proprio il 2 agosto 1758, poco prima di morire, scriveva dal capoluogo lombardo al conte Giacomo Carrara che da alcuni mesi stava facendo ritratti per la nobiltà ed era "contentissimo perché li medesimi sono contenti delle mie opere".[53]

[53] La lettera è pubblicata da GIOVANNI BOTTARI e STEFANO TICOZZI, *Raccolta di lettere sulla pittura, scultura ed architettura scritte da' più celebri personaggi dei secoli XV, XVI e XVII*, Milano, Giovanni Silvestri, 1822, IV, pp. 125-26.

Figura 1 – *Ritratto di Giuseppe Candido Agudio*, Milano, Civica Raccolta delle Stampe Achille Bertarelli.

Figura 2 – *Ritratto di Gaetano Guttierez*, Milano, Civica Raccolta delle Stampe Achille Bertarelli.

Figura 3 – *Ritratto di Giovanni Battista Ratto*, Milano, Civica Raccolta delle Stampe Achille Bertarelli.

Figura 4 – *Ritratto di Benigno Bossi*, Milano, Civica Raccolta delle Stampe Achille Bertarelli.

Figura 5 – *Ritratto di Carlo Giuseppe Merlo*, Milano, Civica Raccolta delle Stampe Achille Bertarelli.

Figura 6 – *Ritratto di Pietro Rapetti*, Milano, Civica Raccolta delle Stampe Achille Bertarelli.

Figura 7 – *Ritratto di ecclesiastico*, Providence, Rhode Island School of Design.

Figura 8 – *Ritratto di Domenico Balestrieri*, Milano, Biblioteca Ambrosiana.

Figura 9 – *Ritratto di Giuseppe Baretti*, Milano, Civica Raccolta delle Stampe Achille Bertarelli.

Figura 10 – *Ritratto di Francesca Manzoni Giusti*, Milano, Civica Raccolta delle Stampe Achille Bertarelli.

Figura 11 – *Ritratto di Giuseppe Parini*, Milano, Biblioteca Ambrosiana.

Figura 12 – *Ritratto di Gianambrogio Fioroni*, Milano, Civica Raccolta delle Stampe Achille Bertarelli.

Figura 13 – *Ritratto di Ferdinando Porta*, Milano, Civica Raccolta delle Stampe Achille Bertarelli.

Figura 14 – *Ritratto di Francesco Londonio*, Milano, Biblioteca Ambrosiana.

Figura 15 – Francesco Londonio, *Autoritratto*, Vienna, Albertina.

LA POLEMICA SUL LUSSO: L'ARREDO

di *Enrico Colle*

Nel 1754, non appena il Parini, dopo essere stato ordinato sacerdote, fu assunto come istitutore in casa Serbelloni, a Milano già da almeno un paio di decenni l'interesse dell'aristocrazia per decorare e arredare i propri palazzi si era rivolto verso le soluzioni più aggiornate della *rocaille* europea. Il cambio di dominazione del ducato aveva voluto dire anche un'evoluzione nel campo della moda e quindi un progressivo abbandono dello stile barocco il cui gusto aveva scandito i tempi della dominazione spagnola. I Dugnani, i Clerici, i Litta, i Cusani o i Sormani furono le prime famiglie milanesi ad abbellire gli interni delle loro residenze secondo le nuove norme dello stile rococò chiamando artisti di fama come il Tiepolo (attivo nel 1740 nel salone di Palazzo Clerici) o i Carloni (dal 1737 in Lombardia) che diffusero presso la committenza lombarda gli ornati *rocailles* ideati dagli architetti e decoratori tedeschi. Dal 1749, infine, l'attività dei Galliari, variamente impegnati ad affrescare le sale delle ville della locale nobiltà (ad esempio villa Crivelli e villa Bettoni a Bogliaco del 1761) aveva fatto conoscere in Lombardia le novità decorative elaborate negli ambienti artistici bolognesi, romani e tedeschi.[1]

---

[1] Per quanto riguarda l'evoluzione delle decorazioni in Lombardia durante i primi tre quarti del Settecento si veda ENRICO COLLE, *Il mobile barocco in Italia. Arredi e decorazioni d'interni del 1600 al 1738*, Milano, Electa, 1996, pp. 345-57 e AMALIA BARIGOZZI BRINI, *I quadraturisti*, in *Settecento lombardo*, catalogo della mostra, Milano, Electa, 1991, pp. 419-27. Nel 1737 il Carloni ritornò in patria dopo aver lavorato in Austria, in Boemia e nella Germania Meridionale e iniziò un periodo di intensa attività artistica insieme ai quadraturisti Felicino Biella e Giuseppe Coduri detto il Vignoli.

Tale nuova linea stilistica è oggi documentata nelle decorazioni del Salone da Ballo di Palazzo Malacrida a Morbegno, in Valtellina eseguite da Giuseppe Coduri (1761), in quelle di Palazzo Sertoli in Quadrivio a Sondrio[2] e negli interni milanesi come la Sala degli specchi già in Palazzo Trotti-Bentivoglio, in contrada dei Bossi vicino a Palazzo Clerici e ora documentata da alcune foto pubblicate dal Bascapè il quale asseriva che gli intagli che adornavano questo ambiente furono eseguiti da un certo Pastore di cui non si hanno altre notizie documentarie circa la sua attività di intagliatore,[3] o il Salone di Palazzo Clerici ornato di grandi specchiere con cornici dorate, intagliate, insieme alle porte e alle sovrapporte – a quanto riferisce sempre il Bascapè –, da un artigiano di origine lodigiana da individuarsi in Gerolamo Cavanna autore degli armadi della biblioteca di Lodi.[4] Da Lodi provenivano anche altri abili intagliatori che con tutta probabilità furono utilizzati dall'aristocrazia milanese per eseguire gli arredi dei loro palazzi: gli intagli a cartouche che ornano il confessionale della Collegiata di San Giovanni Battista a Morbegno realizzati da Giuseppe Scotti da Lodi nel 1749 o quelli degli arredi della Sagrestia dell'Incoronata di Lodi eseguiti nel 1744[5] da Antonio Rotta presentano non poche analogie con le decorazioni delle consoles e delle specchiere già nella sala da ballo di palazzo Sormani rinnovato nel 1763 dall'architetto

---

[2] A questo proposito si vedano le schede redatte da LAURA MELI BASSI in *Civiltà artistica in Valtellina e Valchiavenna. Il Settecento*, a c. di Simonetta Coppa, Bergamo, Bolis, 1994, pp. 177-81, 205-09.

[3] Si veda a questo proposito quanto riportato da GIACOMO C. BASCAPÈ (*I palazzi della vecchia Milano*, Milano, Hoepli, 1945, p. 182, nota 4) il quale informa che il Palazzo, dopo il 1871, fu venduto e "alcune delle magnifiche sale vennero acquistate da Attilio Pirotta, che le fece opportunamente restaurare e montare nella sua abitazione in piazza di Santa Maria delle Grazie".

Gli intagli lignei che ornavano le pareti di questo ambiente e delle successive sale del palazzo (la seconda sala, tappezzata di velluto soprarizzo, era anch'essa decorata con specchi con cornici rococò così come la terza sala i cui parati erano racchiusi entro fregi in legno intagliato e dorato) furono eseguiti, come riferisce sempre il BASCAPÈ (*I palazzi*, cit., p. 181), "dall'intagliatore Pastore del quale non sappiamo altre notizie".

[4] Il BASCAPÈ, (*I palazzi*, cit., p. 179) riporta i nomi di Giacomo e Angelo Cavanna, mentre ARMANDO NOVASCONI, *Le arti minori nel Lodigiano*, Milano, Edizioni della Banca Mutua Popolare Agricola di Lodi, 1961, p. 78, cita Gerolamo Cavanna.

[5] Cfr. A. NOVASCONI, *Le arti minori nel Lodigiano*, cit., 1961, p. 79. Per quanto riguarda Giuseppe Scotti si veda SANDRA SICCOLI, in *Civiltà artistica in Valtellina*, cit., pp. 157-66, fig. 135.

Francesco Croce, con gli arredi del Salone e della contigua Saletta d'oro al piano nobile di Palazzo Morando[6] o con le cornici e i rilievi che contornano gli specchi dell'omonima sala di Palazzo Litta (Tav. 25) probabilmente eseguita tra il 1743 e il 1760, gli stessi anni in cui l'architetto Bartolomeo Bolla realizzava la monumentale facciata.[7]

Il gusto di rivestire le pareti delle stanze con specchi — secondo una moda importata da Parigi e che aveva trovato una sua diffusa applicazione nelle principesche residenze tedesche — dovette incontrare il favore della nobiltà lombarda come documentano, tra le altre, le sale ancora oggi visibili in Palazzo Terzi a Bergamo[8] o nel Palazzo Borromeo all'Isola Bella (Fig. 1). Anche gli arredi chiesastici risentono dei nuovi orientamenti stilistici e per la costruzione degli altari si utilizzano ora, in alternativa ai marmi policromi, intagli dorati disposti su fondi di specchio come si vede negli altari della chiesa parrocchiale di Cané e di quella di Santa Maria Assunta a Esine (Tav. 26) nel bergamasco realizzati tra il 1750 e il 1756 dall'intagliatore Antonio Fusi.[9]

Intorno alla metà del secolo gli interni milanesi si caratterizzano dunque per una estrema preziosità di decorazioni e di arredi il cui stile è per lo più derivato dalla mobilia prodotta nei paesi germanici o in Austria come documentano le incisioni pubblicate da Schubler nel 1750 e da Franz Xaver Habermann tra il 1755 e il 1770 e sicuramente conosciute in Lombardia se alcuni fogli, dell'Habermann, si conservano tuttora tra le carte appartenute a Giuseppe Maggiolini.[10]

Questi esemplari, insieme alle *cartouches* ideate da Babel, rinomato incisore d'ornati rococò attivo a Parigi tra il 1736 e il 1765, testimoniano l'interesse da parte del Maggiolini, nella sua fase iniziale, e più in generale dei mobilieri e decoratori di interni lombardi, nei confronti della rocaille tedesca. Precisi riscontri possono essere instaurati ad esempio tra le elaborate soluzioni strutturali e ornamentali presenti nei mobili incisi da Habermann e quelli realizzati a Milano a partire dagli anni Quaranta del

---

[6] Cfr. E. COLLE, *Museo d'Arti Applicate. Mobili e intagli lignei*, Milano, Electa, 1996, p. 30.

[7] Cfr. FILIPPO TARTAGLIA e ALESSIO CAMUSSO, *Palazzo Litta*, Torino, Editrice BBE, 1986; G.C. BASCAPÈ e CARLO PEROGALLI, *Palazzi Privati di Lombardia*, Milano, Electa, 1964, figg. 17-18.

[8] Cfr. G.C. BASCAPÈ e C. PEROGALLI, cit., fig. 98.

[9] Cfr. GABRIELLA FERRI PICCALUGA, *Il confine del Nord. Microstoria in Vallecamonica per una storia d'Europa*, Brescia, La Cittadina, 1989, pp. 10-11, Figg. 8-11.

[10] Cfr. E. COLLE, *Modelli d'ornato per Giuseppe Maggiolini*, in "Prospettiva", 65 (1992), pp. 78-84.

secolo, mentre un eco lontana dei motivi a cartouches tedeschi e francesi si risente nelle cornici che racchiudono le cineserie intarsiate dal Maggiolini nella commode delle Civiche Raccolte milanesi.[11]

Gli antichi parati di velluto ricamato o di cuoio dipinto cedono ora il posto alle tappezzerie di seta e alle ampie specchiere utilizzate per moltiplicare lo spazio degli ambienti i cui arredi seguono le fogge della mobilia realizzata in Francia.[12] Le forme di questi ultimi si fanno sempre più mosse e i sedili dilatano la loro struttura per meglio accogliere le ampie gonne delle matrone "e fra quelli – come sottolinea il Parini – eminente i fianchi estende il grave Canapè" per il quale gli artigiani lombardi elaborarono braccioli di una particolare e del tutto originale sagoma arcuata che "volge a i lati, come far soglion flessuosi acanti, o ricche corna d'Arcade montone".[13]

Dalle ricerche condotte da Marica Forni[14] sulle residenze nobiliari pavesi si apprende che la distribuzione delle sale nei palazzi della locale aristocrazia era così composta: per i membri più autorevoli della famiglia erano riservati due appartamenti al piano terreno (estate) e al primo piano (inverno) separati da un salone centrale e da camere di parata disposte a formare, secondo l'uso francese un'infilata di ambienti a cannocchiale. Ogni adulto disponeva di un appartamento proprio composto da almeno tre locali: anticamera, camera con alcova e gabinetto. I figli più piccoli avevano una camera contigua a quella della madre ed alle stanze della servitù che utilizzavano fino all'età di circa otto anni quando solitamente, dopo una iniziale educazione impartita dal precettore, venivano mandati in collegio.

Questi dunque gli ambienti in cui si poteva muovere il Parini poco dopo la metà del secolo e che fanno da sfondo alla giornata del giovin signore. Ambienti che, con la preziosità dei loro arredi, tendevano a creare ai nobili abitatori un adeguato scenario che facesse da sfondo alla favola irreale della loro esistenza scandita dalla futile ripetività di azioni e ce-

---

[11] Cfr. E. COLLE, cit., 1996, p. 77, n. 76.

[12] Si vedano a questo proposito gli esemplari pubblicati in E. COLLE, *Nota sul mobile rococò in Lombardia*, in "Antichità Viva", IV (1990), pp. 61-110.

[13] CLELIA ALBERICI (*Il mobile lombardo*, Milano, Gorlich, 1969, pp. 142-45) pubblica alcune varianti del "canapè" citato dal Parini.

[14] Cfr. MARICA FORNI, *Cultura e residenza aristocratica a Pavia tra '600 e '700*, Milano, Franco Angeli, 1989.

rimoniali in cui le immagini dipinte sui soffitti si confondevano con quelle reali nel gioco illusorio dello spazio infinito creato dagli specchi.

Lo stile rococò diventava agli occhi del poeta quello di una generazione che aveva dimenticato la dimensione eroica degli antenati per gli effimeri fasti quotidiani:

> Di là dell'Alpi è forza
> Ricercar l'eleganza: e chi giammai
> Fuor che il Genio di Francia osato avrebbe
> Su i menomi lavori i Grechi ornati
> Recar felicemente? Andò romito
> Il Bongusto finora spaziando
> Su le auguste cornici, e su gli eccelsi
> Timpani de le moli al Nume sacre,
> E agli uomini scettrati; oggi ne scende
> Vago al fin di condurre i gravi fregi
> Infra le man di cavalieri e dame:
> Tosto forse il vedrem trascinar anco
> Su molli veli, e nuziali doni
> Le Greche travi; e docile trastullo
> Fien de la Moda le colonne, e gli archi
> Ove sedeano i secoli canuti.

Recitano i versi del mezzogiorno dove il riferimento all'abuso delle mode francesizzanti è implicitamente anche una condanna dello stile rococò e dei suoi eccessi decorativi propugnati dagli ornatisti francesi capeggiati da Juste Aurele Meissonier, a tutto favore del nascente neoclassicismo che troverà una sua applicazione nel campo della decorazione d'interni solo a partire dagli anni ottanta del secolo dopo un lungo periodo di gestazione teorica che aveva coinvolto in accesi dibattiti letterati e decoratori.[15]

Agostino Gerli nei suoi *Opuscoli*, dati alle stampe nel 1785, asseriva

---

[15] Per quanto riguarda la nascita e l'evoluzione del gusto neoclassico nel campo della decorazione e dell'arredo a Milano si veda: E. COLLE, *Alle origini del gusto neoclassico nell'arredo*, in *La Milano del Giovin Signore. Le arti nel Settecento di Parini*, catalogo della mostra, Milano, Skira, 1999, pp. 150-59, da cui sono stati stralciati alcuni passi, e il saggio sulle arti decorative nel volume *Milano neoclassica*, in corso di pubblicazione presso la casa editrice Longanesi.

che a Milano il "gusto di fabbricare, abbellire, ed addobbare le Abitazioni" si era uniformato negli "ultimi tempi ad un'aggiustatezza ed eleganza molto migliore" di quello che non fosse stato in precedenza: "le esatte regole della geometria, le più approvate proporzioni della architettura, l'unità dei punti, la gradazione dei lumi, e l'equilibrio delle forze" avevano "proscritta la irregolarità e il capriccio" tipici dell'ornamentazione *rocaille* fino ad allora in voga presso gli architetti e i decoratori lombardi.

A questo proposito Gerli portava come esempio di eleganza, "che alla sicurezza e al comodo aggiunge il decoro e l'amenità", gli appartamenti da poco realizzati in Palazzo Reale e nelle ricche dimore dei Belgioioso, dei Cusani, dei Melleri, dei Castelbarco, dei Greppi, degli Anguissola, dei Casnedi, dei Moriggi, dei Castiglioni e dei Serbelloni. In tali ambienti, nonostante si fossero fatti "gran passi verso l'antica perfezione", non si era però riusciti a raggiungere, precisa Gerli, "quell'apice sommo, al quale arrivarono gli antichi nostri predecessori, restandoci campo a migliorare di molto il presente gusto", in parte ancora affezionato a quello "scompiglio, che gusto francese si chiama". Bisognava dunque, per ovviare a tale mancanza di unità tra le decorazioni e gli arredi che componevano un interno, cercare di progettare con un unico criterio stilistico le sale dei palazzi poiché a "render bella, e perfetta in suo genere una cosa fa di mestieri che tutte belle l'una all'altra corrispondenti sieno le parti di essa", condizioni necessarie per "formare ordinate e vaghe abitazioni" che aspirassero ad un assetto organico ed elegantemente unitario, tanto da includere, ad esempio i pavimenti o gli ornati delle pareti. Per i primi, il decoratore lombardo proponeva di reintrodurre l'uso degli impiantiti a mosaico sul genere di quelli antichi, ma realizzati, anziché con costosi marmi pregiati, con una nuova tecnica a smalto "forte e tenace" da lui stesso inventata. Con questa si sarebbero potuti imitare "marmi e porfidi, e formare qualunque ornato e figura" in modo da uniformarsi alla "grandiosità del rimanente" arredo, concepito secondo i canoni del "moderno buon gusto" che prevedeva anche sulle pareti e sulle volte decorazioni dai colori vivaci, in grado di contrastare la persistente moda rococò degli stucchi dorati.

"Entrate in un appartamento modernamente addobbato – scrive Gerli, memore degli scritti sul gusto di Montesquieu e insieme disgustato dalla licenza ornamentale dell'*ancien règime* –, voi vedete le pareti coperte di ricchi serici arazzi di interi brillanti colori: alzate gli occhi, vi si affaccia una volta colorita nel fondo con una mezza tinta sfumata, leggiera, tutta mi-

nutamente intersecata di ornati, di rabeschi, di viticchi di stucco indo-
rati; vi pare, che un fulmine venga fendendo l'aria, e segnandovi una lucida striscia. Quant'è più folto e minuto l'ornato, tant'è più ricco; ma altrettanto più ivi si confonde, e vi si stanca l'occhio". A ciò si aggiunga
che spesso si applicavano alle pareti e alle volte elaborate cornici dove l'artigiano incaricato del lavoro non finiva mai di "ammucchiare modinature
e sagome minutissime" affaticando lo sguardo del visitatore il quale, "am-
miratone l'interno campione in due o tre palmi di lunghezza", smarriva
il senso dell'unità decorativa attribuendo il valore dell'opera non alla qualità della concezione e del disegno ma alla quantità farraginosa degli ornati. Senza dire che l'altezza delle volte non lasciava "scorgere i molteplici membri e travagli" di cui questi si componevano, e che li facevano
sembrare nulla più che "un fosco, ed offuscante ingombro".

Ad ovviare l'inconveniente dato dalla eccessiva frammentazione degli
ornati *rocailles*, Gerli proponeva che, sull'esempio degli antichi, si rinno-
vasse l'usanza di dipingere le pareti e le volte con "colori lucidi all'encausto" su cui poter poi applicare stucchi policromi includenti "campi,
medaglie, tazze da istoriare ... allora sì – continua Gerli –, che si potrà
dire di aver rescuscitato l'antico gusto, allora il lucido nel dare fondo, al-
zamento, giovialità prevarrà alle decantate tintarelle; allora istruttive saranno le decorazioni". Solo in questo modo si potevano infatti conciliare
le nuove decorazioni con l'usanza allora invalsa di collocare in alcune sale
arazzi, i quali altrimenti avrebbero provocato, con i loro vivaci colori, stri-
denti contrasti con il resto degli ornati; mentre i "campi" forniti dagli
stucchi alla varietà delle immagini e delle allegorie, meglio si potevano
armonizzare con i soggetti intessuti dagli arazzieri sulla traccia di più va-
sti programmi iconografici che avrebbero visto impegnati – ad esempio
nelle anticamere di Palazzo Reale – letterati ed eruditi della levatura di
Parini.

Gli stuccatori e gli intagliatori dovevano quindi indirizzare la propria
abilità a cercare ornati in grado di "fregiare nicchi, incassature, contorni
di pezzi d'Arti migliori" quali potevano essere "le dipinture, le scolture"
e "i bassirilievi istoriati". Infatti, se "soli stucchi si ammucchiano, questi
non son che foglie: il tronco, i frutti dove sono?", si chiedeva Gerli asse-
rendo che nulla di buono si poteva ricavare dalla "stucchevole monotonia" di "tanti fusti, foglie, fogliarelle e fiori incrocicchiati, variati, distribuiti", su cui si era soliti dare abbondanti dorature che eclissavano con il
loro splendore il "minuto travaglio" delle composizioni, dove colpiva di
più il "luccicar dell'oro" che "la finezza del lavoro". "Ad onta della pre-

dilezion vostra per gli stucchi – concludeva il decoratore e teorico – l'intendete pure, che egli è uno sproposito il fare, che una lussureggiante siepe d'ornati grotteschi di stucco abbia la radice, il centro, l'appoggio suo in un crocicchio di fusti, listelli cornici, o in una gran rosaccia ficcata nel mezzo, il tutto parimenti di stucco; che l'ellera vuole il tronco, ed una chioma suppone un capo".

Il recupero della decorazione ad encausto, grazie ai variopinti effetti cromatici tesi a miscelare il "grave, il dolce, il temperato" e alla partizione geometrica delle superfici, veniva d'altra parte incontro anche all'altra esigenza di porre al centro delle pareti e delle volte affreschi con soggetti storici e mitologici: la "Pittura e la scoltura istoriate" avrebbero così potuto rifiorire, dopo un periodo di abbandono, e fornire ai committenti un "ragionato ornamento" dei loro pensieri, ai figli una sicura scuola e ai visitatori "materia di contemplazione e discorso".

Il gusto per ambienti connotati da vivaci contrasti cromatici che traevano origine dagli ornati dell'antica Roma si diffuse in Lombardia durante gli anni Ottanta del Settecento proprio grazie all'attività dei Gerli, cui bisognerà affiancare quella di Giocondo Albertolli che, insieme con il Piermarini (a Milano dal 1769), fu tra i protagonisti dello stile neoclassico milanese. Ad Agostino Gerli andrebbe però il merito, secondo quanto riferito dal decoratore stesso, di aver introdotto in Lombardia fin dal 1769 – "cioè cinque anni più avanti che si cominciassero le interne decorazioni della Regia Ducal Corte" – quelle "antiche norme, vaghe a un tempo stesso, esatte, e gravi" tipiche delle decorazioni neoclassiche. "Norme" che il Gerli aveva avuto modo di apprendere sia attraverso le opere del Petitot che durante il soggiorno parigino, dove prestò la sua opera nella bottega dell' intagliatore Honoré Guibert.

Dieci anni prima della stampa degli *Opuscoli*, e più precisamente nel 1775, il letterato ed artista Carlo Maria Giudici – a conclusione delle *Riflessioni in punto di Belle Arti dirette ai suoi scolari* – aveva richiamato l'attenzione delle nuove generazioni d'artisti sul moderno gusto per le decorazioni ispirate ai modelli antichi. Gli ornati, ribadiva il teorico, nel corso dei secoli avevano troppo spesso soggiaciuto alla mutevolezza delle mode non accordandosi "colla semplicità della natura" e degli ordini architettonici classici che, basati sullo studio delle proporzioni umane "sempre immutabili", avevano perciò resistito alle trasformazioni stilistiche delle varie epoche. L'asserzione del Giudici, tendente a riportare l'attenzione degli artisti sulla nobile semplicità degli antichi ("il soverchio Ornato, come quello, che non si accorda colla semplicità della natura, ha sempre guasto il gusto dell'Architettura"), era dunque una esplicita condanna rivolta a chi, in quegli anni, sosteneva le decorazioni rocailles, peraltro assai apprezzate dall'aristocrazia milanese, contro le novità stilistiche propugnate dal nascente Neoclassicismo. Socio dell'Accademia di Parma, protostatuario del Duomo e pittore, Carlo Maria Giudici era stato uno dei più convinti assertori del nuovo stile appreso durante il suo soggiorno a Roma e poi divulgato a Milano allorché, dopo un lungo iter burocratico, era riuscito a farsi assumere all'Accademia di Brera come custode della collezione delle sculture in gesso ed economo, ufficio che in seguito venne abolito per far posto alla carica di segretario occupata, dal 1778, – cioè dopo il pensionamento del Giudici – dall'abate Carlo Bianconi di Bologna.

Lo stesso Parini, in polemica con gli aspetti più futili del rococò, aveva condiviso le istanze di ordine compositivo propugnate dai teorici del Neoclassicismo: "Poiché l'artista ha raccolta una quantità d'oggetti – scrive il letterato nell'*Introduzione al corso sui principi di belle lettere* –, affine di presentarli simultaneamente, e con ciò eccitare un più forte sentimento di piacere nell'animo nostro; poiché ha raccolto di quel genere d'oggetti che hanno o possono avere nell'opera dell'arte più proporzione fra sé, affine di combinarli agevolmente nell'unità; poiché ha diviso in parti proporzionate il tutto che egli si è proposto, dee serbar l'ordine che dalla rispettiva natura dell'arte, ch'ei tratta, gli è permesso di serbare; dee cioè talmente distribuire e collocare ne' luoghi più convenevoli gli oggetti e le parti dell'opera, che poi vengano a produrre il miglior effetto possibile". Parini, nel suo intervento, invitava dunque gli artisti a prestare maggior attenzione alle proporzioni e alla distribuzione delle varie parti di cui si componeva un'opera d'arte; così come gli architetti "per operar congruamente alla natura dell'arte" avrebbero dovuto collocare gli ornati in quelle parti di un edificio a loro specificamente destinate, in modo da non generare "confusione veruna per la proporzione che hanno essi ornati coll'altezza totale dell'edificio". Così, "avendo a propria disposizione più sorte di marmi od altre materie da potersi mettere in opera" per abbellire una costruzione, si sarebbero dovute collocare "le più belle e le più preziose nelle parti più distinte e più visibili", come ad esempio nelle "colonne, ne' capitelli e simili, acciocchè in tal guisa si senta meglio la bellezza de' particolari oggetti, e meglio risplenda la prima fronte di tutto l'edificio". Per Parini, l'ordinato dispiegarsi degli ornati sulle superfici di una co-

struzione, le cui parti architettoniche avrebbero dovuto essere ben proporzionate fra loro, costituiva dunque la base essenziale per l'ideazione di
un'architettura dove, a differenza di quanto era accaduto precedentemente,
si doveva essere in grado di contemplare "agevolmente il carattere di tutta
l'opera" e, allo stesso tempo, "la bellezza particolare di ciascun membro".

Figura 1 – Veduta del Gabinetto con gli specchi in Palazzo Borromeo all'Isola Bella [quarto decennio del XVIII secolo (?)].

IN MARGINE AL MONDO PARINIANO DEGLI "IGNOBILI"
Considerazioni sull'abbigliamento delle classi inferiori nella Milano della seconda metà del XVIII secolo

di *Grazietta Buttazzi*

Sul lusso vestimentario dei ceti più abbienti nella Milano del secondo Settecento, ampiamente evidenziato dal poemetto pariniano, la ricerca storica finora condotta, completata dalla conservazione di un discreto numero di esemplari originali, ha offerto un quadro di riferimento tutto sommato attendibile. Mancano invece indicazioni relative all'altra fascia sociale – il "terzo stato" pariniano in cui si trovavano compresi quanti svolgevano una qualsiasi forma di attività utile: lavoro manuale, impiego, professione[1] – rispetto alle esigenze legate all'abbigliarsi, sia per i bisogni essenziali che per la necessità di presentarsi e comparire con la decenza e la *propreté* richiesta dal ruolo sociale. Necessità la cui soddisfazione doveva incontrare difficoltà non da poco se, calcolando le spese di una famiglia operaia tipo di quattro persone per il periodo 1750-1769, Capra concludeva che "quasi nulla avanzava per il vestiario o per spese voluttuarie anche supponendo che la paga del capofamiglia fosse arrotondata da attività lavorative della moglie e di un figlio".[2] Sul finire del secolo, poi, la situazione economica si era notevolmente aggravata per quella fascia che non riusciva a superare la soglia della pura sussistenza: nel 1798,

[1] Cfr. GIULIO CARNAZZI, *L'altro ceto: "ignobili" e Terzo Stato nel* Giorno, in *Interpretazioni e Letture del* Giorno, a c. di Gennaro Barbarisi e Edoardo Esposito, Gargnano del Garda, 2-4 ottobre 1997, Bologna, Cisalpino Istituto Editoriale Universitario, 1998, pp. 275-92: 275.

[2] CARLO CAPRA, *"Ogni cosa prospera e prende incremento"*, in *L'Europa riconosciuta. Anche Milano accende i suoi lumi (1706-1796)*, Milano, CARIPLO, 1987, pp. 165-95: 175.

a un impiegato *single* con uno stipendio annuo di £ 1000, dopo aver dedotto i costi di alloggio e vitto, avanzava una somma sufficiente solo a procurare, in numero esiguo, calzature e panciotto necessari, ma non per acquistare una marsina e un soprabito da soprammettervi, per decoro e per difendersi dai rigori del clima.[3]

Questo intervento intende soprattutto proporre alcune riflessioni in questo senso, sottolineando anche quella rete di contatti e reciproche influenze tra moda più informata e consumo allargato di abbigliamento "alla moda", che contraddistingue gli ultimi decenni del XVIII secolo, segnando, per quanto riguarda l'estetica e il lusso dell'apparire, il tramonto del mondo del "giovin signore".

Conviene chiedersi, intanto, quali fossero, per i vari elementi vestimentari, le fonti di approvvigionamento della fascia sociale meno fortunata, dato che nell'ultimo decennio del secolo a Milano sarebbero indicati solo 43 mercanti di moda.[4] Pochi anche per una città che alla vigilia dell'invasione francese contava poco più di 130.000 abitanti, ma indubbiamente sufficienti, in quanto l'economia cittadina ruotava unicamente attorno ai consumi aristocratici e di una ristretta *élite* di forti risorse; uniche categorie in grado di frequentare negozi per la vendita di articoli ispirati dalla "vezzosissima dea", i cui costi difficilmente avrebbero potuto essere sostenuti da mezzi modesti o del tutto inadeguati. Nell'elenco sopra citato, l'indicazione di 70 Pattari offre una diversa possibilità di lettura riguardo alle risorse che la città offriva a chi non poteva permettersi il diretto accesso al mercato della moda in età pre-industriale. Lo statuto dell'antica università dei Pattari, riconfermato anche nel 1732, assegnava ai propri immatricolati, oltre alla compravendita di suppellettili, quella di "robbe, drappi, vestimenti […] e altra qualsivoglia cosa frusta e usata", nonché le operazioni di "retagliare vestimenti e drappi frusti e emendare".[5] Tali interventi di riparazione e ricostruzione di indumenti vecchi,

[3] C. CAPRA, *"Il dotto e il ricco ed il patrizio vulgo". Notabili e funzionari nella Milano napoleonica*, in *I cannoni al Sempione. Milano e la "Grande Nation" (1796-1814)*, Milano, CARIPLO, 1986, pp. 37-72: 64, n. 48. Il documento citato è *Promemoria alla commissione delegata del Gran Consiglio per il piano de' salariati ed impiegati*, Milano, Pirola, 1798.

[4] CARLO ANTONIO VIANELLO, *Il '700 milanese*, Milano, Baldini & Castoldi, 1934, p. 305.

[5] ASCM, Materie, c. 733. Su questo argomento, e in particolare sull'Università dei Pattari, cfr. PAOLA VENTURELLI, *Milano tra Sei e Settecento: persone, modalità, luoghi per la diffusione dell'abito preconfezionato*, in *Per una storia della moda pronta. Problemi e Ricerche*,

anche attraverso l'utilizzo di fodere nuove, da loro tagliate e applicate, costituivano una specificità professionale che allargava, e nello stesso tempo rendeva più controversa, l'area merceologica di loro pertinenza; circostanza che li pose spesso in contrasto con categorie contigue, ad esempio quella dei Giupponari e Calzanti, cui spettava la lavorazione di indumenti maschili nuovi come giubbe e calzoni, evidentemente diretti a una fascia di utenza più legata al mercato ambulante che non alle ordinazioni su misura. Proprio una supplica di questo paratico, dopo il dicembre 1712, riconosceva nei Pattari una categoria forte del commercio cittadino, ammettendo che erano ormai divenuti numerosi e "danarosi".[6] Il loro potere è dimostrato dalla capacità di ostacolare gruppi concorrenti avversando, nella seconda metà del secolo, anche i Banchineri, piccoli ambulanti, senza possibilità di aprire bottega, cui, dopo il 1769, venne consentito di tenere banchetti provvisori con "cose vecchie", tra cui "ritagli di poco valore".[7]

Se è lecito supporre una corrispondenza tra un'espansione del mercato dell'usato così documentata e un ampliamento della domanda, il testo di un accordo convenuto nel 1771 tra Pattari e Banchineri consente di considerare, tra le merci contrattate, anche capi di abbigliamento di qualità: agli ambulanti, infatti, veniva proibita la compravendita di abiti intessuti o "decorati con filati preziosi", consentiti solo negli occhielli e nella copertura dei bottoni.[8] A questo proposito, conviene anche ricordare le critiche mosse dalla rivista di moda pubblicata a Milano dal luglio 1786, che in quello stesso anno, ponendo a confronto un'eleganza affidata alla semplicità contro lo sfoggio di ornamenti a ricamo censurava "quelli che credono di distinguersi con un abito ricco [...] poiché chicchessia può comprare a molto buon prezzo da un Rigattiere un abito ricamato senza che si sappia se l'abbia comperato, o fatto fare espressamente".[9]

Attraverso le suppliche che, tra gli anni Trenta e Sessanta, segnano lo svolgersi di numerose controversie, si delinea il percorso del commercio

---

Atti del V Convegno Internazionale del CISST, Milano 26-28 febbraio, 1990, Firenze, EDIFIR, 1991, pp. 51-66: 52-53.

[6] ASCM, Materie, c. 81, doc. a stampa non datato (dopo 1712); cfr. anche P. VENTURELLI, *Milano tra Sei e Settecento*, cit., p. 55.

[7] VENTURELLI, *Milano tra Sei e Settecento*, cit., p. 56.

[8] *Ivi*, p. 57.

[9] *Giornale delle Nuove Mode di Francia e d'Inghilterra*, a c. di Grazietta Buttazzi, Torino, Allemandi, 1989, p. 26, figurino n. VII, 15 ottobre 1786.

dell'usato: dall'andare "per le case de' cittadini e per le piazze cercando e contrattando Robbe, e vestimenti di Pattaria, quelle comprando, vendendo e rivendendo anche per le strade pubblicamente", fino al tener bottega e all'esposizione della mercanzia "sopra Cantoni, o Porte" della città.[10]

Fondamentale, quindi, la fonte – e la destinazione – privata per l'acquisizione e lo smercio di abiti di seconda mano; a questa i Pattari aggiungevano la frequentazione delle aste pubbliche, in genere organizzate dalle grandi famiglie per la liquidazione di rimanenze ereditarie o dai pii istituti per convertire in danaro le donazioni ricevute, e di quelle periodiche dell'Ospedale Maggiore per la vendita all'incanto degli effetti dei pazienti deceduti.[11] Dalle valutazioni economiche affiancate alle voci degli inventari e delle liste dotali – stime solitamente affidate a un Pattaro immatricolato o a un sarto – si ricava che, in genere, per indumenti classificati come "usati" viene indicato un valore pari alla metà di quelli specificati come "nuovi", anche se probabilmente le due definizioni si riferiscono a uno stato più o meno evidente di usura piuttosto che al significato letterale.

Non è da escludere che, nel garantirsi la gestione del mercato dell'usato, i Pattari milanesi si avvantaggiassero anche di canali al di fuori dalla legalità, visto che il furto di elementi vestimentari costituiva, nel XVIII secolo, una delle principali voci tra i reati contro la proprietà. Nel 1778, proprio Parini era derubato per la seconda volta di tutta la biancheria, venendone questa volta graziosamente risarcito dal conte Greppi che gli donò due pezze di finissima tela d'Olanda.[12]

È ormai riconosciuto il contributo apportato alla dimensione e all'assortimento di questo mercato dai servitori, che qui facevano confluire, rivendendoli, molti degli indumenti usati ricevuti dalle famiglie che li ingaggiavano, come dono o come parte del compenso dovuto; e, a Milano, si calcola che un'ampia fetta della popolazione fosse impiegata nel servizio domestico. In genere, i servitori erano considerati una categoria protetta, per avere garantite tutte le necessità di sussistenza, e veri privilegiati erano ritenuti i domestici delle famiglie aristocratiche sui quali do-

---

[10] ASCM Materie, c. 733, cfr. in particolare i documenti a stampa del 29 novembre 1732 e 14 settembre 1761.

[11] VENTURELLI, *Milano tra Sei e Settecento*, cit., p. 57.

[12] Cfr. ALESSANDRO GIULINI, *Un diario settecentesco inedito della Biblioteca Ambrosiana*, in "Archivio Storico Lombardo", s. VI (1928), parte I, pp. 152-67: 153, 24 giugno-1 luglio 1778.

veva riflettersi, nell'apparire, lo status e la magnificenza del casato. Nel 1768 il numero complessivo dei servitori a Milano è indicato corrispondente all'8,5% della popolazione, quindi oltre le 10.000 unità; tra questi, quasi la metà era sistemata presso famiglie nobili.[13] Una tradizione spagnolesca ancora viva portava infatti a utilizzare schiere di servitori, fino oltre i 50 membri, che costituivano, da soli, una voce importante del lusso. La livrea servile, comunque segno della più umile dipendenza, era studiata e composta per completare la rappresentazione della preziosità aristocratica, divenendo – lo nota Parini nell'episodio della vergine cuccia – "venerabile al vulgo" come ogni altro segno esteriore di quella grandezza e, insieme, metafora di benessere.

L'inventario stilato per l'eredità del marchese Antonio Giorgio Clerici,[14] elenca complessivamente 59 livree composte da marsina, giubba (cioè la sottomarsina), e calzoni di panno nei colori rosso e blu guarnite con galloni e bottoni d'argento, che sicuramente non si riferiscono a un pari numero di servitori dato che non tutti indossavano livrea e che comunque non a tutti i livreati spettava la stessa tipologia vestimentaria. Del tutto aderenti alla moda maschile del periodo, erano riservate ai valletti di anticamera, al personale che serviva a tavola o che si recava all'esterno della casa. Per l'abbinamento delle due tinte e la particolare decorazione non si può non sottolineare le concordanze tra le livree descritte e le uniformi militari; un'omogeneità molto comune nella Lombardia austriaca che, proprio per la parte decorativa relativa alla gallonatura e all'applicazione di spalline, era stata probita dal governo nel 1765.[15] Meno vicine ai modelli contemporanei erano le livree dei lacché, dei paggi e degli aiduchi che seguivano il signore nelle sue uscite o che per lui eseguivano commissioni in città come quella di recapitare lettere e biglietti:

[13] CAPRA, *"Ogni cosa"*, cit., p. 172.; VIANELLO, *Il '700 milanese*, cit., p. 76 considera intorno ai 5500 il numero di servitori impiegati presso famiglie nobili per ruoli di servizio sia maschili che femminili.

[14] *1770. Inventario Generale della sostanza Clerici rog.to dal Sig.re D.re e C.C. Carlo Negri not.o di Milano*, ASM, Antico 7/7.

[15] ROSITA LEVI PISETZKY, *Come vestivano i milanesi nel Settecento*, in *Storia di Milano*, vol. XII, Milano, Istituto Editoriale Italiano, 1958, pp. 907-46: 941. Con riferimento alle livree servili settecentesche cfr. anche G. BUTTAZZI, *Per l'abbigliamento della servitù tra XIX e XX secolo in relazione a esemplari della raccolta di Moda e Costume*, in "Rassegna di Studi e di Notizie", vol. XIX, a. XXII (1995), Milano, Castello Sforzesco, pp. 55-81: 56-60.

vestiti di fantasiosi costumi, con ampi riferimenti militari, sconfinanti, però, con il travestimento, proprio con il loro abbigliamento sottolineavano, assieme alla ricchezza della casata, il basso rango del loro servizio. Tra le processioni indette nell'aprile 1779 per impetrare la fine della siccità, veniva notata quella dei lacché "tutti nelle loro livree ed abbigliati col solito della galanteria di questa qualità di servitù", e il loro numero era collegato al "fasto non indifferente di questo lussureggiante secolo".[16] L'inventario Clerici elenca "bonetti" di velluto celeste con stemma di rame dorato per i lacché e bastoni per gli stessi con fiocchi di seta e argento, berrettoni per gli aiduchi con penne e galloni d'argento e seta, spade e sciabole "guarnite d'ottone inargentato" per ussaro e guarda portone. Anche nella gestualità, e nel modo di muoversi, quindi, il servitore poteva in qualche modo conformarsi al gentiluomo, che, condizionato dal portare la spada al fianco, sostituita semmai dalla lunga canna o dal breve palosso, era immediatamente individuabile al portamento perché non faceva oscillare ambedue le braccia come i borghesi o gli altri ceti sociali cui non era consentito portare spada o canna.

Nell'inventario già citato le livree elencate sono sempre descritte in panno, come molti degli abbigliamenti signorili ivi indicati, ovviamente influenzati dalla carriera militare del proprietario, generale d'artiglieria; in estate probabilmente tale assimilazione veniva a cadere, o forse era del tutto inesistente presso famiglie modeste con scarsa servitù per la quale non era previsto l'uso della livrea. Si ricorreva evidentemente in questi casi a tessuti ordinari, magari di produzione locale, come i tessuti "barracani" delle manifatture cremonesi, usati appunto "per livree d'estate e per abiti per il basso popolo".[17] Per esigenze legate al clima, e per ovviare ai disagi – denunciati anche da Parini – derivati al "cocchier stanco" a causa delle lunghissime soste al freddo, nell'ultimo decennio del secolo la livrea dei cocchieri venne sostituita da più funzionali, ampi soprabiti di pesante panno di lana, con "il pelo d'orso" al collo e ai polsi, di uso inglese.[18]

[16] GIULINI, *Un diario*, cit., p. 159, 21-28 aprile 1779.

[17] *Relazioni sull'industria il commercio e l'agricoltura lombardi del '700*, a c. di C.A. Vianello, Milano, Giuffrè, 1941, p. 118: "Relazione della visita fatta d'ordine del Supremo Consiglio dal Consigliere Damiani 1766".

[18] A. GIULINI, *A Milano nel '700. Studi e profili*, Milano, 1926, p. 179. Per la trasformazione nell'abbigliamento dei cocchieri di case signorili avvenuta in Inghilterra, cfr. PHILLIS CUNNINGTON, *Costumes of Household Servants from the Middle Ages to 1900*, Londra, A & C Black, 1974, p. 14.

Difficile cogliere attraverso le liste di corredo consultate il risultato della maggiore attenzione igienica, affermatasi nella seconda metà del secolo, per il corpo e la biancheria che immediatamente lo ricopre: il numero di un indumento-chiave in questo senso come la camicia oscilla, anche nei corredi modesti, da poche unità alle due dozzine, probabilmente sostituita, nel primo caso, da tagli di tela, non indicati nell'elenco, per confezionarle quando se ne presentava la necessità. Le differenze sociali sono sottolineate dai materiali impiegati, che vanno dalla finissima tela d'Olanda d'importazione, ampiamente citata nei corredi signorili, al più rude Cambrado, o tela di Costanza, e alla "tela muneghina" o "nostrana", filata e tessuta nei conventi e nei convitti, di lino o più comunemente di canapa o stoppa, presente nei corredi delle "povere filie" dei Luoghi Pii. Di tela "nostrana" anche la camicia dei fanciulli assistiti nell'Orfanotrofio maschile in San Pietro a Gessate per i quali, all'inizio degli anni Settanta, era stabilito "infallibilmente" il cambio settimanale della camicia;[19] la notevole disparità tra il numero di indumenti da indossare all'esterno e quello dei capi di biancheria riscontrata in un elenco del Pio Albergo Trivulzio fa supporre, anche qui, l'abitudine a un avvicendamento abbastanza frequente.[20]

Un elemento di cerniera tra i corredi femminili di zone provinciali dello Stato e quelli milanesi, corrispondenti a doti modeste, è costituito dall'attestazione di *bianchete* e *rosete*, che non vengono citate dalla Levi Pisetzky, indicate quasi costantemente come formate da due elementi: corpetto, o camiciola, abbinata a sottanino.[21] Nei corredi più dimessi il loro

---

[19] In MARIAPIA BORTOLOTTI e MARINA VALORI, *Luoghi di pietà, luoghi di pena: le uniformi nei documenti dell'Archivio di Stato di Milano*, in *Per una storia della moda pronta*, cit., pp. 151-59: 152.

[20] *Ivi*, p. 154. I documenti citati si riferiscono a tabelle compilate nel marzo 1791 per la redazione del bilancio annuale del Pio Albergo Trivulzio, in cui sono elencate, tra l'altro, 263 camicie da uomo e 351 da donna contro 10 marsine, con relativa giubba, e 11 vesti femminili.

[21] Vedi l'esempio di *Nota delli parafrenali portati in dote da Rosa Lavina al Sig. Carlo Gabaglia*: "una Bianchetta cioè sottanino e corpetto di roverso bianco", ASM Notarile 40843, 20 gennaio 1756. Per l'attestazione dei due elementi in zone provinciali dello Stato cfr. MARIALUISA RIZZINI, *Abbigliamento tradizionale femminile nelle "Tre Pievi" nel XVIII e XIX secolo*, in *Abbigliamento tradizionale e costumi popolari delle Alpi*, Atti del convegno internazionale, Torino, Museo Nazionale della Montagna "Duca degli Abruzzi", 1994, pp. 13-21: 16, e P. VENTURELLI, *L'abbigliamento tradizionale femminile di Premana e dintorni negli atti dotali tra il 1734 e il 1790: affinità, dipendenze, autonomie*, ivi, pp. 33-42: 36.

costo è considerevole rispetto ad altre voci: pari, ad esempio, a quello di veste con sottanino, che rappresenta la tipologia vestimentaria più comune in un ceto di scarse possibilità economiche.[22] Anche nella consuetudine provinciale, come nella realtà cittadina, l'ipotesi rimane quella di un uso interno, al di sotto della veste, probabilmente per consentire una maggiore difesa dal freddo, senza scartare l'altra, di impiego come abbigliamento esterno, probabilmente in casa.

Riguardo alla biancheria, anche nei corredi più modesti si riscontra a volte la presenza di camicie con guarnizione, di costo superiore a quelle più semplici: ad esempio, £ 36 per 6 camicie "soglie", £ 42 per 6 guarnite, mentre arriva a £ 12 una "camiscia da sposa fornita di pizzi fini".[23] Nel 1775, il consigliere Odescalchi menzionava, a S. Angelo Lodigiano, una lavorazione di merletti "triviali e, come diressimo, dozzinali" che occupava stabilmente circa 1000 donne e fanciulle della zona,[24] riferibile a un'accresciuta richiesta di ornamentazione a buon mercato in decenni in cui, soprattutto nelle città, la diffusione sociale della moda procedeva di pari passo con i risultati della rivoluzione industriale.

Fogge e materiali condizionati da occupazioni anche manuali erano interpretate e assunte dalle classi superiori che vi trovavano una corrispondenza con i principi di uguaglianza diffusi dall'illuminismo, e, insieme, un allettante sapore di novità, garanzia di rapidi avvicendamenti assicurati dalla mutabilità della moda. Contemporaneamente, la semplicità delle forme, la disponibilità sul mercato di tessuti a basso costo, e il minor quantitativo di tessuto necessario per gli abiti femminili, in seguito alla cancellazione del guardinfante a cerchi avvenuta, fuori dall'ambiente delle corti, fino dagli anni Ottanta, rendeva, per la prima volta nella storia della moda, le novità accessibili anche a fasce sociali economicamente più disagiate. In ambito vestimentario, il concetto di lusso concludeva in questi anni un processo iniziato tra la fine del Cinquecento e gli inizi del secolo seguente, quando lo sfarzo non coincise più con la

[22] *Ivi*, Notarile 41080, 20 gennaio 1762, *Mobili et otensili che porta in dote Caterina Gelfi al Sig. Francescho Portalupi suo legittimo consorte*, "una Roseta di Roverso nova bianco" £ 18 (il costo è pari a quello di una veste di camelottino con il suo sottanino).

[23] ASM Notarile 41080, 1761. *Inventario di quanto ha portato in dote Giovanna Semina*[...]; per la camicia da sposa: ivi, Notarile 40843, 9 marzo 1757. *Notta della mobiglia ed altro che si porta in dote della Si.ra Teresa Brambilla* [...].

[24] VIANELLO, *Relazioni sull'industria*, cit., pp. 211-12.

sola ricchezza dei materiali ma fu soprattutto affidato alle possibilità di cambiamento e rinnovamento. Nel nostro periodo, le stesse critiche mosse alla moda colpivano principalmente la rapidità dei cambiamenti — Roberti ne segnala "di due mesi in due mesi alla più lunga" e di settimanali[25]— e la confusione sociale derivata dalla troppo rapida diffusione delle mode.

A Milano, fornisce un bell'esempio di questo processo la produzione delle calze, attraverso le note vicende del contenzioso tra fabbricanti di maglia eseguita a mano, con i ferri, e quelli che lavoravano a telaio.[26] Dopo l'introduzione nello stato dei primi telai da maglia alla metà del XVII secolo e la loro legalizzazione avvenuta dal 1722, questa lavorazione, molto più rapida e quindi più economica, finì con l'espandere l'uso delle calze più fini, in seta — bianche come, in genere, quelle delle classi superiori — al posto delle più grossolane in lana o refe, lavorate ai ferri, che comunque compaiono ancora nei corredi più poveri degli ultimi decenni del secolo;.di refe sono sempre le "sottocalzette" indossate tanto per ottenere maggiore protezione quanto per ritardare l'usura della calza soprastante.[27] Dalle fonti d'archivio emerge che, in seguito alla maggior diffusione delle calze di seta eseguite a telaio, la distribuzione di quelle ai ferri, di lino o di lana, non era più controllata dalla corporazione dei mercanti ma si era ristretta alla lavorazione domestica o al rapporto diretto tra cliente e lavoranti, senza alcuna mediazione.[28] In molti casi, la qualità della produzione locale a telaio non riusciva a reggere il confronto con i prodotti forestieri, a causa soprattutto della cattiva qualità della seta impiegata che faceva risultare le

[25] GIAMBATTISTA ROBERTI, *Lettera critica sulla qualità del lusso presente in Italia*, in *Opuscoli quattro sopra il lusso*, Bassano, 1785, p. 238.

[26] Cfr. ETTORE VERGA, *Le corporazioni delle industrie tessili a Milano; loro rapporti e conflitti nei secoli XVI-XVIII*, in "Archivio Storico Lombardo", s. III, voll. XIX e XX (1903), pp. 64-125.

[27] Vedi ROSITA LEVI PISETZKY, *Storia del costume in Italia*, vol. IV: *Il Settecento*, Milano, Istituto Editoriale Italiano, 1967, p. 96. Vedi anche ISA MELLI, *Gli archivi di una cultura orale* in *Mondo popolare in Lombardia*, vol. X: *Premana, ricerca su una comunità artigiana*, Milano, Regione Lombardia e Silvana Editoriale, 1979, p. 158.

[28] È quanto appare da una supplica (senza data) dell'Università de Mercanti Fabbricatori di Calzette, Camiciole, Guanti, et altre oppere di Bombace, Lana et Stame fatte a gugia, per avere ridotta la quota di Estimo: "[...] e se alcuni pochi ancora usano calzette di lana, o stame, o filo ed altro fatte a guggia, non più le provedono da marcanti ma le fanno travagliare in casa propria, oppure ne ordinano privatamente la fattura a persone che non pagano Estimo [...]". ASCM, Materie 81.

calze "ineguali, di poco bella vista e di minor durata".[29] Nel 1793, infatti, tra le merci provenienti dalla Francia che venivano perquisite per sequestrare eventuale materiale di propaganda rivoluzionaria, risultavano prevalenti le balle di calze;[30] il prodotto di scarsa qualità probabilmente copriva un mercato meno esigente e di più scarse possibilità economiche.

Partecipe della rivoluzione vestimentaria che investiva tutti i paesi dell'Europa occidentale nell'ultimo quarto del Settecento, lo stato milanese si trovò ad affrontare l'offensiva di quello definito spesso come il "democratico" cotone: una moda seguita alle iniziali importazioni, da parte delle Compagnie delle Indie, di tessuti di cotone decorati a stampa e alla conseguente produzione di alcuni centri europei, visto l'iniziale successo di questa tipologia tessile. Già negli anni Cinquanta esistevano a Milano una ventina di piccole fabbriche per la stampa su stoffe di lino e canapa. Si trattava però di una produzione di nessuna qualità, talvolta eseguita anche su tessuti usati, con tinte che non reggevano affatto la lavatura; un documento della Giunta di mercimonio del 1757 ne indicava un utilizzo limitato alla "povera plebe" e ai contadini.[31] Sul finire degli anni Ottanta il Kaunitz giudicava ancora l'impiego delle tele di cotone tipico dell'abbigliamento popolare,[32] anche se, in particolare tra il 1766 e il 1772, si era consumata la breve esperienza di Carlo Francesco Rho. Questa fabbrica aveva prodotto tele definite Indiane – in parte filate e tessute nella fabbrica stessa – e calancà di ottima fattura che guadagnarono anche il mercato più alto, secondo un recente ritrovamento che collega un tessuto con il suo marchio a un letto proveniente da casa Arconati.[33] Delle due tipologie tessili, le Indiane rappresentavano la produzione meno pregiata, mentre per i calancà esisteva un tipo medio, stampato su tele grezze provenienti dalla Svizzera, e uno definito "sopraffino", importato dalla Compagnia olandese delle Indie. Negli inventari consultati, Indiane e calancà non sono molto rappresentati e comunque citati con maggior frequenza solo per grembiuli per i quali erano preferiti tessuti uniti o bianchi, che

---

[29] Vedi la relazione del consigliere De La Tour in visita a Cremona nel 1766, in VIANELLO, *Relazioni sull'industria*, cit., p. 33.

[30] *Ivi*, p. 36.

[31] MARGHERITA ROSINA BELLEZZA, *La Lombardia, una potenziale temibile concorrente*, in M. Bellezza Rosina e Marzia Cataldi Gallo (a c. di), *Cotoni stampati e mezzari dalle Indie all'Europa*, Genova, SAGEP ed., 1993, p. 53 e n. 3.

[32] VIANELLO, *Il '700 milanese*, cit., p. 245.

[33] BELLEZZA, *La Lombardia, una potenziale temibile concorrente*, cit., pp. 55 ss.

presentavano meno rischi di scoloritura nel lavaggio, e costituivano un impegno economico inferiore.[34]

Gli "scossali" presenti nelle doti sono in genere molto semplici e riferibili a grembiuli di uso domestico. Tra la fine degli anni Ottanta e l'inizio del decennio successivo, l'impiego decorativo del grembiule come complemento dell'abito trova riscontri, a Milano, tanto nei corredi come nella rivista di moda: una foggia destinata a sopravvivere per qualche anno, che proprio il Giornale di moda rende legittimo considerare come un *revival* delle pastorellerie di metà secolo.[35] Del resto, gli ultimi decenni del Settecento segnano l'introduzione, nella moda aulica, di elementi tratti dall'abbigliamento delle classi popolari, acquisiti a un uso sociale diverso per motivazioni di carattere culturale e ideologico, ma anche per la loro funzionalità. Sono anni, questi, in cui andava deteriorandosi la valenza di status legata a vesti immediatamente avvertibili come scomode e inadatte al movimento – e quindi al lavoro – proprio per la loro grandiosità e magnificenza.

L'uso del mantello, o del tabarro, non sembra qui trovare troppo favore presso la società elegante,[36] più aperta al modello inglese che mostrava preferenza per soprabiti da indossare sopra la marsina, come è più facile trovare indicati negli inventari signorili; la sua utilizzazione rimarrebbe pertanto tipica delle classi medio-basse dove all'indumento si poteva anche offrire una certa ricercatezza.[37] Come elemento coprente,

---

[34] Vedi come esempio la differenza di costo tra 6 scossali di tela bianca a £ 18 e 2 di calancà a £ 14 (ASM Notarile 41080, 1761, *Inventario di quanto ha portato in dote Giovanna Semina al suo marito Giambattista Fornaghi*); 2 scossali d'Indiana a £ 3 (ivi, gennaio 1762, *Stima fatta della robba di Rosa Ceppi che sposa Giuseppe Landiano*).

[35] ASM Notarile 45601, 1789, *Nota della scherpa consegnata alla Sig.ra Rosa Annoni Albrizzi nell'atto del suo collocamento, stimata dal sarto Giovanni Lombardi*: "[…] Alevitte e sottana nuovi di lustrino cangiante guarniti di bindelo, pizzo e velo con suo scossale e fazzoletto di velo e pizzo"; figurino n. CCXVIII, 1 ottobre 1792, in *Il Giornale delle Nuove Mode*, cit., vol. II, p. 600, con relativa didascalia.

[36] Cfr. LEVI PISETZKY, *Come vestivano*, cit., p. 917, dove viene citato l'uso, per la persona elegante, del tabarro bianco foderato, inserito tra le regole di un'Accademia dei Petits Maîtres, che sembra essere stata attiva tra il 1756 e il 1783; vedi GIULIO GIULINI, *Arcobaleno di vita gioconda. Circoli e ritrovi milanesi dalle origini ai giorni nostri*, Milano, Pio Istituto Bassini, 1934, pp. 81-86.

[37] Vedi l'esempio di un "tabarro di panno blou orlato d'oro" indicato in un inventario molto modesto, dove risulta tra gli indumenti di maggior prezzo (ASM Notarile 41085, 7 giugno 1764, *Inventario de mobili moventi e semoventi ritrovati nella casa del fu Sigr. Andrea Bergomo*).

per maschera o per restare in incognito, si diffonde nella buona società, per le occasioni mondane, l'avvolgente domino, solitamente nero fino almeno alla metà degli anni Ottanta, che sostituiva, per i "balli grandi e nobili", le mascherature *en travesti* "disgustose e vili".[38] Pur connotato da un preciso significato di status, il domino, nella sua uniformità di taglio che copriva interamente gli abiti, collaborava ad annullare ogni segno esteriore di distinzione sociale, aiutato in questo dalla diffusa omogeneità del colore nero.

Le liste di corredo offrono evidenza delle assimilazioni, riscontrabili in questa fine secolo, tra abbigliamento popolare e moda colta, e mostrano la scelta di nuovi modelli accolti, nello stesso giro di anni, in ambienti di diversa condizione sociale. È il caso dell'abito *scemis* (l'abito *chemise* indicato molto spesso con grafia corrispondente alla pronuncia), passato in pochi anni dagli splendori della corte francese alle doti della piccola borghesia, come dell'abbinamento giacchino-sottana (con le denominazioni di *flacco*, *carraco* o *caraco*, probabilmente anche *capottino*) che compie invece il percorso inverso, dalla campagna verso la città, fino alla moda alta.

Negli anni Ottanta e Novanta, molte novità a carico dell'abbigliamento femminile proponevano cambiamenti che traevano ispirazione dal mondo popolare e, in particolare, dalla campagna. La penetrazione di elementi collegabili ai cambiamenti e alle innovazioni della moda si riscontra nell'abbigliamento delle fasce sociali meno abbienti, anche nelle zone più periferiche dello Stato, e segnala, per alcuni elementi, una singolare contiguità tra soluzioni vestimentarie apparentemente estreme. Indagini recenti hanno constatato, ad esempio, la presenza del cappello femminile fino dal 1745 in area comasca, sia nella zona montana che nella fascia costiera – attestato nella versione invernale, in panno, e in quella estiva, in paglia – mentre in località del premanese le prime, sporadiche tracce dello stesso accessorio risalirebbero al terzo decennio del secolo;[39] una testimonianza quasi anticipatrice dell'effettiva diffusione di questa tipologia di accessorio, nella moda femminile in ambito urbano, riscontrata dagli anni Ottanta.

L'impatto della moda dei ceti più alti sulle fasce non agiate, con risvolti già consumistici, si manifesta essenzialmente nella città, come di-

---

[38] Vedi la didascalia al figurino n. XLVII, 20 dicembre 1787 della rivista milanese in *Giornale delle Nuove Mode*, cit., vol. I, p. 157.

[39] Cfr. M. RIZZINI, *Abbigliamento tradizionale*, cit., p. 17 e P. VENTURELLI, *Abbigliamento tradizionale*, cit., p. 37.

mostra la frequenza con cui i corredi propongono, tra gli anni Ottanta e Novanta, fazzoletti e sciarpe da collo per salvaguardare quell'*escalation* delle scollature, ripetutamente osservata da Parini, che costituisce comunque l'indice di un neoclassicismo ormai pienamente elaborato dalla moda, anche per quegli abbigliamenti per i quali era più evidente la difficoltà di seguirne i dettami.

CONTRO L'EFFIMERO URBANO. FESTE E PROGETTI PER MILANO NELLA SECONDA METÀ DEL XVIII SECOLO

di *Giuliana Ricci*

Il secondo Settecento milanese registra atteggiamenti nuovi nell'ambito della riflessione sulla città[1]. Il governo mette a punto dispositivi di

[1] Mentre si rimanda per il quadro di riferimento all'ampio saggio di CARLO CAPRA, *La Lombardia austriaca nell'età delle riforme (1706-1796)*, Torino, UTET, 1987 e alla bibliografia relativa, si deve precisare che i contributi sul tema "urbano" a Milano nel Settecento sono stati diversi, anche in pubblicazioni meno recenti ma molto significative per l'intreccio tra aspetti progettuali e istituzionali come *Milano nell'arte e nella storia* di GIACOMO BASCAPÉ e PAOLO MEZZANOTTE, Milano, Bestetti, 1948, e il cap. *L'architettura a Milano nel Settecento* in *Storia di Milano,* vol. XII, Milano, Fondazione Treccani degli Alfieri, 1959, in modo particolare pp. 675-709. La più recente *L'architettura neoclassica in Lombardia* di GIANNI MEZZANOTTE, Napoli, ESI, 1966, mette l'accento sui protagonisti e in particolare sulla figura di Giuseppe Piermarini, responsabile dei progetti di trasformazione urbana. Tutti gli studiosi sono partiti dal testo di ERCOLE SILVA, *Elogio dell'architetto Giuseppe Piermarini*, Monza, Corbetta, 1811, che in una paginetta (8-9) elenca gli interventi di Piermarini più significativi per l'immagine della città (contrada di S. Redegonda, circondario di San Pietro Celestino, "l'allargamento delle case al ponte di Porta Romana", la piazza del Tagliamento – piazza Fontana –, i bastioni, i giardini pubblici). Il tema è approfondito sull'onda degli studi piermariniani da ANNA MARIA BRIZIO nel suo *Il rinnovamento urbanistico di Milano nella seconda metà del Settecento* in *Nuove idee e nuova arte nel '700 italiano*, "Atti dei convegni Lincei", 26, 1977, pp. 361-408, e ripreso nel catalogo della *Mostra dei maestri di Brera (1776-1859)* da lei curata con Marco Rosci e con vari collaboratori, Milano, Società per le Belle Arti ed Esposizione Permanente, 1975. Punto indispensabile di riferimento è LILIANA GRASSI e GIANNI MEZZANOTTE, *Teoria e riforme nell'età teresiana: riflessi sulla città* in *Economia, istituzioni, cultura in Lombardia nell'età di Maria Teresa* a c. di Aldo de Maddalena, Ettore Rotelli, Gennaro Barbarisi, Bologna, Mulino, 1982, vol. II, pp.545-78, oltre al breve ma densissimo saggio di Gianni Mezzanotte *Il centro antico di Milano. Sviluppo e declino della città settecentesca*, Milano, nel centenario della Banca Lombarda, s.d. (ma: 1974), indispensabile per chiunque affronti l'argomento. Mi permetto di segnalare anche il mio *Milano: la regola e la città* in *Civiltà in Lombardia. La Lombardia delle riforme* a c. di Aldo Castellano, Milano, Electa, 1987, pp. 183-208.

conoscenza [verifica catastale e censuaria (Tav. 28),[2] di rilievo della città
e del territorio], di trasformazione (acquisizione pubblica di aree e fabbricati, incentivazione dell'attività edilizia, ristrutturazioni), di controllo
(provvedimenti per le nuove edificazioni e la sanità, oltre che per la formazione delle figure professionali)[3] e di gestione dell'impianto urbano ed
extraurbano.[4] Si riflette anche, tuttavia, sulla cultura della città invitando
allo studio delle memorie locali[5] mentre si pubblicano guide e incisioni
per la diffusione della sua immagine rinnovata.[6]

Se si confrontano gli obiettivi e i modi dell'ideazione sui quali si sono
impegnati il governo austriaco e il successivo governo francese per i nuovi
interventi sull'impianto della città, non può sfuggire il diverso tipo di
approccio. Durante la dominazione austriaca la differente fisiologia
dell'ambiente urbano dal naviglio ai bastioni, lungaggini di carattere bu-

---

[2] Sul tema vedi: SERGIO ZANINELLI, *Il nuovo censo dello Stato di Milano dall'editto del
1718 al 1733*, Milano, Vita e pensiero, 1963; *La misura generale dello Stato. Storia e attualità del Catasto di Maria Teresa d'Austria nel territorio di Como*, catal., Como, New Press,
1980; GIOVANNA MAZZUCCHELLI, *Catasto e volto urbano. Milano alla metà del Settecento*,
Roma, Istituto Storico Italiano per l'età moderna e contemporanea, 1983; G. MAZZUC-
CHELLI, *Riforma censuaria e beni comunali nella Lombardia del Settecento*, Mantova, Gianluigi
Arcari, 1984; MARIO SIGNORI, MAURIZIO SAVOJA, GIOVANNI LIVA, *L'immagine interes-
sata. Territorio e cartografia in Lombardia tra '500 e '800*, Milano, Archivio di Stato di Milano, 1984.

[3] Il tema è trattato in *Mostra dei maestri di Brera*, in A. SCOTTI, *Brera 1776-1815.
Nascita e sviluppo di un'istituzione culturale milanese*, Firenze, Centro Di, 1979, e sviluppata dalla sottoscritta in *Aspetti della cultura architettonica e della pratica edilizia nella seconda metà del XVIII sec.*, in *Costruire in Lombardia* a c. di A. Castellano, Milano, Electa,
1983, pp.161-190, e in AA.VV., *L'architettura dell'Accademia di Belle Arti di Brera: insegnamento e dibattito*, in *L'architettura nelle accademie riformate: insegnamento, dibattito culturale, interventi pubblici,* a c. di Giuliana Ricci, Milano, Guerini, 1992, pp. 253-81.

[4] Ho già trattato il tema nel mio *Milano: per il decoro della città. Appunti in materia
di microurbanistica* in *Piermarini e il suo tempo*, catal., Milano, Electa, 1983, pp. 45-60 e
in *Milano: la regola*, cit.

[5] Si rimanda ad alcuni testi in nota 1 e in particolare a *Teoria e riforme* in cui si cita
la ricerca sugli artisti milanesi commissionata da Vienna all'abate Antonio Albuzzi, segretario interinale dell'accademia di Belle Arti di Brera, e inedita sino alla pubblicazione a puntate da parte di Giorgio Nicodemi sull'"Arte" tra il 1948 e il 1952.

[6] Le incisioni di Domenico Aspar (ora ripubblicate in *La Milano di Giuseppe Parini
nelle vedute di Domenico Aspar (1786-1792)* a c. di Guido Bezzola, Milano, Polifilo, 2000)
puntano sul volto nuovo della città, pur legittimata come luogo storico. Carlo Bianconi,
segretario dell'Accademia di Belle Arti di Brera pubblica una *Nuova guida della città di
Milano* nel 1783 (Milano, Stamperia Sirtori; 2a ediz. ampliata: 1786) riedita nel 1787
(*Nuova guida di Milano per gli Amanti delle Belle Arti*) e nel 1795.

rocratico, difficoltà di contrattazione, ingresso di più attori nelle procedure,[7] ma anche probabili incertezze d'immagine spaziale connesse con il riconoscimento delle preesistenze storiche, avviano a Milano procedimenti progettuali contrastati, immaginati e realizzati "per parti". I meccanismi di trasformazione controllati da canoni di economicità, per quanto riguarda lo Stato, e di sicurezza, per quanto riguarda la popolazione,[8] attivano processi di valorizzazione del suolo urbano e soprattutto di settori di esso. La considerazione dell'impianto intero è, comunque, sempre presente (come dimostrano anche i provvedimenti relativi agli obblighi di localizzazione per gli insediamenti produttivi), nonostante che la città sia ideata per parti e come contenitore da modificare, da aggiornare alla "moderna", considerando caso per caso.

La soppressione di alcuni monasteri[9] rende disponibili aree e fabbricati sui quali si avviano attività immobiliari – purché convenienti – (Fig. 1) relative all'installazione di servizi (scuole, biblioteche, collegi, ospedali, case di riposo, cimiteri, teatri, ecc.) o relative, in ogni modo, alla riformulazione in termini utili a nuove destinazioni. Mentre si colmano le lacune nel tessuto edilizio, si esercita un controllo continuo sull'ambiente circostante e si edificano volumi dialoganti con la città attraverso la moltiplicazione degli affacci. L'agglomerato urbano precedente presentava invece numerose sequenze di complessi religiosi con scarse porte e finestre nei muri prospettanti le strade.

Anche se le operazioni non possono configurare una consapevolezza urbanistica, è comunque dimostrabile che vengono istruiti e seguiti alcuni principi di riorganizzazione e di progettazione dello spazio urbano e che vengono studiate e attivate normative anche se prevalentemente

---

[7] Vedi quanto afferma a questo proposito CARLO OLMO nel cap. *La costruzione della città e i suoi valori* in ROBERTO GABETTI e CARLO OLMO, *Alle radici dell'architettura contemporanea*, Torino, Einaudi, 1989.

[8] Già in *Milano: la regola*, cit. (p. 112), segnalavo che Kaunitz suggeriva di offrire alle monache di Santa Margherita o di Santa Radegonda, in procinto di trasferirsi, l'acquisto delle case adiacenti a San Gerolamo "per meglio fabbricarle, e così rendere più abitato e frequentato quel sito, che sento essere assai solitario" (24 novembre 1774. Archivio di Stato di Milano, d'ora in poi: ASM, Fondi Camerali, p.a., 238).

[9] La prima campagna di soppressioni risale al 1769 per provvedere al mantenimento delle parrocchie prive di congrua. Le ordinanze giuseppine dal 6 dicembre 1781 provvedono alla soppressione delle congregazioni non utili alla società, destinando aree, edifici e beni alla fondazione o al riassetto di servizi controllati dallo stato.

episodiche e quindi non in grado di essere identificate nella complessità di un corpus basato su principi generali. Le decisioni prese riguardano elementi singoli (la strada, l'edificio, il canale) raramente considerati nelle loro interrelazioni. Un'eccezione in questo senso è rappresentata dalla *Raccolta degli ordini e dei regolamenti delle strade della Lombardia austriaca stabiliti in seguito ai reali dispacci de' 13 febbraio 1777 e de' 30 marzo 1778*, pubblicata nel 1785. Frutto dell'applicazione e del lavoro del conte Francesco D'Adda raccoglie tre blocchi temporali (1777, 1778, 1784) di deliberazioni relative alla manutenzione e agli interventi sugli assi stradali, che coinvolgono anche controlli sulla progettazione degli edifici.[10] Gli interventi, da considerare sotto il doppio registro di rinnovo edilizio e di riassetto urbano, aprono un vasto campo alla sperimentazione: da un lato il settore dei servizi e quanto riguarda il disegno dell'ambiente cittadino (selciatura e pavimentazione di strade e piazze;[11] illuminazione, arredo urbano),[12] dall'altro la nuova casa (oltre all'abitazione nobiliare, la casa borghese con botteghe e la casa per il "basso popolo").[13]

Alla fine del secolo Milano risulta rinnovata dall'incessante attività edilizia non nel tracciato,[14] ma nei volumi percorribili di strade e di case, tanto che il diario Borrani identifica l'attualità del fenomeno urbano nel numero delle fabbriche nuove e di quelle "ridotte alla moderna forma elegante e pulita".[15]

Riempie di meraviglia l'esiguo numero di persone che collaborarono

[10] Una prima riflessione sui rapporti tra legislazione e progettazione contenuti nella Raccolta si trova in BRIZIO, *Il rinnovamento*, cit. Già in *Milano: la regola*, cit., mettevo in evidenza come l'attenzione del governo fosse concentrata soprattutto sulla 'bella presenza' degli assi stradali.

[11] Agostino Gerli. Pianta e sezione del dispositivo di scolo delle acque del corso di Porta Orientale. 1794. China e acquarelli, bistro 520 × 355. Milano, Archivio Storico Civico, d'ora in poi: ASC, Località Milanesi, 273.

[12] MEZZANOTTE, *Il centro antico di Milano*, cit.

[13] ASM, Culto, p.a. 1639. Nella seconda metà del XVIII secolo sembra emergere la tendenza a sostituire la divisione per edifici e per isolati alla consueta stratificazione sociale per piani.

[14] Come è dimostrato in: Arcang. Lavelli del., Ang. Pestagalli inc., *Pianta della Città di Milano*. 1788. Incisione 660 × 690. Milano, Civica Raccolta Stampe Bertarelli. Sulla *Pianta* cfr. MEZZANOTTE, *Il centro antico di Milano*, cit.

[15] GIAN BATTISTA BORRANI, *Diario milanese* in 42 volumetti manoscritti conservati in Biblioteca Ambrosiana a Milano.

al progetto e alla realizzazione di interventi così complessi.[16] Colpisce, in particolare, la capacità del cancelliere di stato Venceslao Kaunitz di Rietberg[17] di affrontare e risolvere, da Vienna, problemi anche diversi, avendone presente la complessità.

Gli archivi conservano la fitta corrispondenza scambiata tra Milano e la capitale austriaca, ma anche quella quotidiana intrattenuta dal ministro plenipotenziario Carlo Firmian[18] con il figlio dell'imperatrice Maria Teresa, arciduca Ferdinando,[19] gli altri due poli del dibattito che affrontavano giorno per giorno tutte le questioni con l'architetto Giuseppe Piermarini e con il fermiere Antonio Greppi. Tra le qualità dei responsabili politici vanno segnalate anche la grande cultura e la passione per le arti che li guidavano sia nella costruzione delle loro raccolte che nelle scelte relative al rinnovo dell'architettura e della città che nell'azione di stimolo dell'ambiente intellettuale (si pensi alla complessa vicenda dello sviluppo del centro di Brera). È significativa in questo senso la figura di Firmian bibliofilo, collezionista[20] e protettore di Giuseppe Parini[21] che, non a caso,

[16] La prima pubblicazione dedicata alla struttura burocratica è di ALESSANDRO VISCONTI, *La pubblica amministrazione nello Stato Milanese durante il predominio straniero (1541-1796)*, Roma 1913 (rist. an.: Milano, Cisalpino-Goliardica, 1972). Seguono il testo di UGO PETRONIO, *Il Senato di Milano. Istituzioni giuridiche ed esercizio del potere nel Ducato di Milano da Carlo V a Giuseppe II*, Milano, Giuffré, 1972. Minore attenzione è stata riservata ai responsabili della trasformazione della città; si possono richiamare i saggi degli storici dell'architettura citati in nota 1 e 4 (MEZZANOTTE, *L'architettura neoclassica in Lombardia*, cit.; BRIZIO, *Il rinnovamento urbanistico di Milano*, cit.; GRASSI-MEZZANOTTE, *Teoria e riforme nell'età teresiana*, cit.; RICCI, *Milano: per il decoro della città*, cit. e RICCI, *Milano: la regola e la città*, cit.) oltre ad AURORA SCOTTI, *Architettura e burocrazia nella Lombardia neoclassica: l'architetto funzionario da Marcellino Segré a Pietro Gilardoni*, in *Civiltà neoclassica nell'attuale territorio della provincia di Como* in "Arte Lombarda", n.s., nn. 55-57 (1980), pp. 311-22, ad A. SCOTTI, *Lo Stato e la città. Architetture, istituzioni e funzionari nella Lombardia illuminista*, Milano, Angeli, 1984; e, infine, ad ANTONELLA DORIA, *L'architetto di Stato e le fabbriche pubbliche* in *Piermarini e il suo tempo*, cit., pp.61-72 e le schede nn. 4.34-4.36.

[17] Sulla figura di Kaunitz vedi soprattutto: FRANZ SZABO, *Kaunitz and enlightened absolutism*, Cambridge 1994.

[18] *Ad vocem* a c. di Elisabeth Garms-Cornides, DBI, vol. 48, Roma, Istituto dell'Enciclopedia Italiana, 1997, pp. 224-31.

[19] ASM, Uffici Regi, cartelle 222-26.

[20] Cfr. A. SCOTTI, *Il conte Carlo Firmian, collezionista e mediatore del «gusto» fra Milano e Vienna* in *Economia, istituzioni, cultura*, cit., pp. 667-89; ROSSANA MUZII CAVALLO, *La raccolta di stampe di Carlo Firmian*, Trento, Temi, 1984; A. SCOTTI, *Carlo conte di Firmian e le belle arti*, in *Il Trentino nel Settecento* a c. di Cesare Mozzarelli e Giuseppe Olmi, Bologna, Mulino, 1985, pp. 431-65.

[21] È probabile che sia stato proprio Firmian a suggerire al coregente Giuseppe II di

gli dedicò un sonetto nel 1760, in occasione della nomina a ministro plenipotenziario della Lombardia austriaca.

I preparativi per l'arrivo dell'arciduca Ferdinando, futuro governatore della Lombardia, innescano già dal 1769, in occasione del viaggio del coreggente Giuseppe II a Milano, le prime operazioni sul corso di Porta Orientale (l'attuale corso di Porta Venezia).

Mentre si procede alla rettificazione dell'ultimo tratto del corso tra il 1769 e il 1770,[22] si pensa di dare forma dignitosa alla porta del dazio (Fig. 2), conferendo l'incarico a Luigi Vanvitelli,[23] a Milano nel 1769 per la ristrutturazione del palazzo di corte. La rettificazione del corso, la copertura della roggia dell'Acqualunga, la prima versione della porta del dazio precedono e accompagnano l'ipotesi di "fabbricare di pianta" la residenza arciducale in luogo diverso da quello di fianco al Duomo. Queste operazioni definiscono l'inizio del periodo milanese di Piermarini, assunto nel frattempo come Imperial Regio Architetto e proiettato in primo piano in un momento di crisi della generazione precedente: sono respinte le soluzioni di Vanvitelli per il palazzo di corte e per la porta del dazio ed è criticata quella di Antonio Bibiena per la facciata dell'accademia di Mantova.

Dopo la bocciatura dei primi progetti di ristrutturazione per la resi-

affidare al poeta nel 1769 la direzione della "Gazzetta di Milano", incarico conservato per poco tempo fino alla nomina alla cattedra di Belle Lettere alle Scuole Palatine.

[22] BRIZIO, *Il rinnovamento*, cit., pp. 394-95. RICCI, *Milano: per il decoro*, cit., pp. 50, 56. RICCI, *Milano: la regola*, cit., p. 120, ripubblicato in G. RICCI, *La Milano del Giovin Signore*, a c. di Fernando Mazzoca e Alessandro Morandotti, Milano, Skira, 1999, p. 185.

[23] Luigi Vanvitelli. Arco del Corso di Porta Orientale. Due soluzioni di studio del prospetto e un accenno di pianta. [Dicembre 1769]. China, bistro e matita su carta, 420x267. Quotato. Biblioteca Comunale di Foligno, d'ora in poi BCF, B 40 (RICCI, *Milano: per il decoro*, cit., p. 49, p. 177 scheda 4.159; scheda a c. di Giuliana Ricci in LUCIANO PATETTA, GIOVANNI PARISI, *Milano nei disegni di architettura. Catalogo dei disegni conservati in archivi non milanesi*, Milano, Guerini, 1995, p. 121). Luigi Vanvitelli inv., Giuseppe Piermarini dis. Pianta dell'arco [1769-1770]. China e matita su carta, 484 × 348. Quotato. BCF, A 86. (RICCI, *Milano: per il decoro*, cit., p. 49; scheda in RICCI in *Milano per il decoro*, cit., 1995, p. 121). La pianta è probabilmente un'elaborazione piermariniana per un esecutivo sulla base dello schizzo di Vanvitelli (BCF, B 40). Luigi Vanvitelli inv., Giuseppe Piermarini dis., *Porta Orientale* (sul verso). Prospetto parziale dell'arco. [1769-1770]. China e matita, 464 × 587. BCF, A 85. Corrisponde ai fogli B 40 e A 86 (scheda di RICCI in *Milano per il decoro*, cit., 1995, p. 121).

denza arciducale, nel 1770 si pensò, appunto, di costruire un palazzo ex novo nelle adiacenze del corso di Porta Orientale nell'area della Cavalchina. Il progetto fu affidato a Giuseppe Piermarini.

Il disegno[24] (Tav. 27) costituisce un'interpretazione aggiornata dei progetti di "palazzo-giardino" viennesi ai margini della città. Si tratta dell'unica esperienza piermariniana di così vasto impianto se si esclude quella successiva per la Villa di Monza. Si anticipano soluzioni realizzate più tardi, come lo snodo dei Boschetti, il modo di articolare i giardini pubblici, gli interventi sul Collegio Elvetico, la sistemazione dei bastioni, il complesso della Villa Belgiojoso del Pollach. La preoccupazione di saldare il tessuto preesistente con il nuovo consente di avere un riferimento dettagliato alla realtà condizionante della zona. Il progetto s'ispira in parte ai modelli francesi soprattutto nel rispetto dell'assialità, sino dove è possibile, e nell'uso della prospettiva con fondale. Nello sviluppo delle zone a giardino dietro il palazzo è abbandonata la rigida perpendicolarità dei tracciati per accettare l'introduzione della diagonale, elemento che qualifica il disegno del parco di Schönbrunn,[25] mentre non caratterizza l'impianto del parco di Caserta.

La zona di Porta Orientale risultava all'epoca tra le meno compromesse dall'edificazione e si presentava con vaste superfici a orto e a giardino. Questi caratteri giustificavano la vocazione ad area per il tempo libero verificata in occasione degli apparati per il matrimonio degli arciduchi nel 1771 e applicata con la successiva sistemazione effimera di *vauxhalls* e di *caffehaus* e, soprattutto, con l'impianto dei giardini pubblici nel 1783, l'inserimento del recinto per il gioco del pallone[26] e la

---

[24] Giuseppe Piermarini. *Piano della Cavalchina col Nuovo Progetto del R.e Palazzo.* [1770]. China, bistro e acquerello (505 × 715). BCF, N 4. ANGELA OTTINO DELLA CHIESA, *L'età neoclassica in Lombardia*, catal., Como, Nani, 1959, p.52; ANTONINO CALECA, *Disegni di Giuseppe Piermarini nella Biblioteca Comunale di Foligno*, Pisa, V. Lischi e Figli, 1962, p. 7; GISELLA GALLETTI in *Mostra dei maestri di Brera*, cit., p. 63; RICCI in *Piermarini*, cit., pp. 47-49, 176.

[25] Pianta dei giardini di Schönbrunn. Marginato. China e acquerelli. 760 × 730. BCF, D1. RICCI, *Milano: per il decoro*, cit., p. 32.

[26] L'attribuzione a Piermarini non sembra azzardata, tanto più che l'edificio del gioco del pallone rientrerà nel progetto Crippa del novembre 1783 per i giardini pubblici, definiti come verde attrezzato nella lettera dell'arciduca Ferdinando (15 dicembre 1783. ASC, Località Milanesi, 179). La pubblicazione nel 1783 dell'opuscolo *Il gioco del Pallone* (Milano, Gaetano Mazzotta) decreta ufficialmente il successo dell'iniziativa.

trasformazione di parte del monastero delle Carcanine in edificio per le feste.

Nel marzo 1771 era giunto l'annuncio ufficiale della celebrazione del matrimonio arciducale a Milano eletta a stabile residenza della famiglia.

Si avviò, quindi, il complesso progetto dei festeggiamenti (ingressi; balli, mascherate, pranzi e rappresentazioni al palazzo di corte; manifestazioni diverse lungo il corso di Porta Orientale)[27] curato dal ministro plenipotenziario Firmian sia a Vienna sia al suo ritorno a Milano con Khewenhüller, futuro maggiordomo maggiore dell'arciduca. L'episodio offrì lo spunto per una serie di provvedimenti relativi all'ordine pubblico, all'uso e alla manutenzione della città (Giovanni Battista Borrani afferma nel suo *Diario* che "il corso fu ripulito, le case imbiancate")[28] e per un'esercitazione sui temi delle porte urbane, del giardino pubblico, del corso e del passaggio dalla zona urbana alla campagna, realizzati più tardi.

L'avvenimento, che si svolse a Milano tra il 15 e il 31 ottobre, è illustrato da Parini nella *Descrizione delle feste celebrate in Milano per le nozze delle LL. Altezze Reali l'Arciduca Ferdinando d'Austria e l'Arciduchessa Maria Beatrice d'Este fatta per ordine della R.Corte l'anno delle medesime nozze MDCCLXXI*. La *Descrizione*, non autografa ma conservata tra le carte di Parini in Biblioteca Ambrosiana e quindi da attribuire a lui come concezione, fu pubbli-

---

[27] Il calendario delle manifestazioni prevedeva il 15 ottobre le nozze in Duomo; il 16 ottobre pranzo e baciamano in corte seguito dalla benedizione nuziale in Santo Stefano e dal pranzo delle coppie povere e a sera illuminazione di palazzo di corte e del teatro di corte e rappresentazione del *Ruggiero ovvero l'eroica gratitudine*; il 17 ottobre visita dell'arcivescovo a Palazzo Clerici, dimora provvisoria della famiglia arciducale, nel pomeriggio corso delle carrozze da piazza Duomo al berceaux cui erano state tolte le testate e alla sera rappresentazione dell'*Ascanio in Alba* nel teatro di corte; il 18 ottobre replica del corso delle carrozze e ricevimento in corte; il 19 antico baccanale milanese della "Facchinata" e replica sera dell'*Ascanio in Alba*. Il 20 ottobre messa nella cappella reale di S.Gottardo e visita alla chiesa di S.Maria della Scala; il 22 visita degli sposi a palazzo Firmian e pranzo seguito dalla corsa dei cavalli berberi; il 23 corso delle carrozze, replica teatrale e festa da ballo in maschera; il 24 cuccagna sulla collinetta del tempietto della Dea Flora; il 25 corso delle carrozze e ricevimento in corte; il 26 corso delle carrozze, replica del *Ruggiero* e festa da ballo in corte; il 27 ringraziamento nella Basilica di S. Ambrogio; il 28 corsa dei calessetti; il 29 pranzo offerto dal Duca di Modena Francesco III e illuminazione del corso di Porta Orientale; l'ultimo giorno una nuova corsa dei cavalli berberi. Sulle feste cfr.: RENZO GERLA, *Una corsa di barberi nella Milano rococò*, in "La Martinella di Milano", XXI (1967), pp. 1-15; BRIZIO, *Il rinnovamento urbanistico di Milano*, cit.; BRIZIO, *Mostra dei Maestri di Brera*, cit., pp; 41-43, 335; RICCI, *Milano: per il decoro*, cit., pp. 50-52, 57-58, p. 180-81, n. 4.176; RICCI, *La Milano del Giovin Signore*, cit., pp. 184-89.

[28] BORRANI, 1771, volumetto n. 30. Citato in RICCI, *Milano: per il decoro*, cit., p. 50.

cata postuma nel 1825.[29] Vi è contenuto l'ampio racconto di tutti i festeggiamenti, sia quelli privati in corte che quelli pubblici nella città, e
l'attribuzione a Piermarini non del solo apparato di architettura ma anche
dell'illuminazione notturna, che riscosse grande successo.

Nasce spontaneo il raffronto con la *Descrizione delle feste celebrate in
Parma l'anno MDCCLXIX per le nozze di Sua Altezza Reale l'Infante, Don
Ferdinando colla Reale arciduchessa Maria Amalia.*[30] La descrizione dei festeggiamenti, che avevano avuto luogo nel giardino ducale, era stata illustrata, per espressa volontà della casa d'Austria,[31] da incisioni sui disegni del progettista, Ennemond Alexandre Petitot. Le affinità tra i due avvenimenti, identificabili nel gusto, nella scelta e nei modi dello svolgimento delle celebrazioni (a Parma: le "pastorelle d'Arcadia", festa campestre in un boschetto d'Arcadia "il più acconcio a disporsi in guisa che
più che dell'arte, opera sembrasse della natura"; la "fiera chinese", piazza
rettangolare con botteghe, l'"anfiteatro" con gradinate ed archi di verzura) (Fig. 3) fanno supporre che anche i festeggiamenti milanesi dovessero essere pubblicati in un testo (la *Descrizione* di Parini) accompagnato
da incisioni, ancor'oggi conservate, ma in fogli sparsi.[32]

Il tono retorico dello scritto milanese lega i mutamenti atmosferici
(dalla pioggia al sole) ai mutamenti nel quadro urbano, riprendendo i
temi dell'*Ascanio in Alba* ("[...] veggonsi improvvisamente cambiarsi i
tronchi degli alberi, che stanno adornando di ghirlande, in altrettante co-

---

[29] GIUSEPPE PARINI, *Descrizione delle feste celebrate in Milano per le nozze delle LL.AA.RR.
l'Arciduca Ferdinando d'Austria e l'Arciduchessa Maria Beatrice d'Este fatta per ordine della
R.Corte l'anno delle medesime nozze MDCCLXXI da Giuseppe Parini*, a c. di Francesco Reina,
Milano, Dalla società Tipografica de' Classici Italiani, 1825. Citata in BRIZIO, *Mostra
dei Maestri di Brera*, cit., pp. 41, 42, 43.

[30] Il testo era stato pubblicato a Parma nel 1769 a c. della Reale Stamperia.

[31] Per "esporre [...] in maniera permanente le feste agli occhi dell'Europa col mezzo
dell'impressione e dell'intaglio", come in Francia, "per maggior eccitamento ai progressi
del gusto ed alle imprese dell'ingegno".

[32] G. Cesare Bianchi. *Veduta della Sala verde e Banchetto costrutta nel 1771 per le nozze
di SAR il Sig. Arciduca Ferdinando d'Austria governatore di Milano*. Incisione marginata colorata (261 × 385). Milano, Museo del Risorgimento, n. 23. G. Cesare Bianchi. *La cuccagna e Tempio illuminato*. 1771. Incisione marginata colorata 260 × 390. Milano, Museo del
Risorgimento, n. 24. G. Cesare Bianchi [?]. *Dissegno del Maestoso Carro Rappresentante l'Abon-
danza quadriga con il palio di broccato*. Incisione marginata, 500 × 730, già in G.B. BOR-
RANI, *Diario Milanese*, Milano, Biblioteca Ambrosiana, Raccolta Stampe, n. 13.558.

lonne, le quali formano di mano in mano un sodo, vago e ricco ordine di architettura...e si promette un felice cambiamento al paese").[33] All'encomio generale appartiene anche il contenuto futurocentrico delle prospettive di felicità pubblica (una sorta di lieto fine per lo stato) affermate nelle ultime righe che riconducono a una stagione successiva il riconoscimento delle qualità salvifiche di Ferdinando e Maria Beatrice. L'occasione è quindi dilatata in un tempo lungo che consente di agganciare l'avvenimento alle future realizzazioni urbane.

Parte dell'apparato era stato già descritto nell'*Allegoria della Treggea, o vogliam dire del Parterre*, documento redatto quasi sicuramente su suggerimento di Parini che ne dettò il piano iconografico spiegandone anche l'allegoria: "[...] rappresenta il detto Parterre un delizioso Giardino isolato, e posto in seno come d'un vasto lago proveniente dall'acque che vanno sgorgando perennemente a larghi Rivi da quattro alpestre Rupi [...] Nel mezzo di questo Giardino s'erge magnifico rotondo Tempio da otto colonne sostenuto, e da quattro archi [...] Evvi poscia nel Tempio un simulacro, cui altri quattro servono come di piedestallo, e l'accennato simulacro si tiene fra le mani una lucida catena ornata di fiori, che raggirandosi intorno alla cupola di detto tempio va leggermente scherzando altresì intorno ai varj Genj [...] e lega insieme ed i Fiumi surriferiti, e le due Aquile, che...hanno fra gli artigli due Cuori" [...] L'ameno giardino è quel tratto di fertile Paese [...] Che è di ragione di S.M.R.I.A. che si estendeva dalla Germania sino ai possedimenti del duca di Modena [...] Il tempio che sorge in mezzo al Giardino è la reggia d'Amore".[34]

Con la notizia dell'attribuzione di 514 doti a fidanzate povere, invitate a celebrare le nozze a Milano e ad intervenire a un pranzo pubblico, arrivarono da Vienna suggerimenti per l'allestimento in Corso di Porta Orientale degli spazi all'aperto per i festeggiamenti: il banchetto e il ballo; le corse delle carrozze, dei cavalli e dei calessetti; la cuccagna. Si raccomandava di applicare la semplicità e il buon gusto più che il lusso e di conservare il carattere di festa campestre e nuziale "cosicché disconverrebbe di ornar l'apparato con oro ed argento, ma bensì con verdura, fiori e ghirlande...".[35]

[33] Descrizione della scena alla fine della prima parte dell'"Ascanio in Alba", serenata su libretto di Giuseppe Parini. Ringrazio Gennaro Barbarisi per la segnalazione dei contenuti della serenata, inventati dal poeta a fini encomiastici.

[34] S.d., ASM, Potenze Sovrane, 76.

[35] 26 agosto 1771. Lettera di Firmian da Vienna a Moriggia. ASM, Potenze Sovrane, 77.

Il maggiore impegno progettuale e finanziario fu rivolto all'assetto del corso dal piazzale della chiesa dei Cappuccini sino al dazio con una sequenza di apparati (i berceaux, un anfiteatro per il pranzo pubblico delle coppie povere, e gli orti pensili, pergolati di verzura sistemati sulle mura dei conventi, conclusi in prossimità della porta del dazio da una collinetta con il tempio della dea Flora) che occupavano tutta l'ampiezza del tracciato viario e si appoggiavano alle mura dei conventi delle Turchine e di S.Dionigi e alle case già del capitolo di S. Celso.[36] La chiusura di questa sezione del corso definita dall'apparato ripercorreva una consuetudine che nelle altre città d'Italia interessava le piazze. Milano, che ne era priva, offriva uno spazio tutto da progettare, ancora ampiamente caratterizzato da murature quasi prive di affacci.

I progetti per le nozze costituirono un banco di prova della duttilità dell'architetto nei rapporti con i committenti e della capacità di progettare in tempi brevi in un contesto urbano che il governo intendeva valorizzare. Il successo dell'avvenimento consentì a Luigi Vanvitelli di scrivere a Firmian il 7 gennaio 1772: "[...] Non posso a meno di ringraziare V.E. nell'aver posto l'occhio sopra [...] Giuseppe Piermarini, di cui nelle feste ed altro ne sarà riconosciuta non meno l'onestà che l'abilità sua".[37]

Parini descrive l'apparato dei Berceaux[38] come "una vasta sala di R. Giardino, determinata e cinta d'alti e larghi portici convenienti al carattere che voleva darsi al luogo e alla funzione (Tav. 29). Erano i portici vagamente architettati di ramuscelli e di fronde, distribuite ne' varii membri dell'architettura; di modo che e distinguevansi assai bene le parti, e rompevasi piacevolmente l'uniformità nello stesso colore fondamentale. Il quale perché non venisse facilmente a smarrire col disseccar de' rami e delle foglie, erasi usata la cautela di valersi degli alberi del nasso e del pino [...] Le facciate parimenti dello stesso verde, che nelle due estremità

---

[36] L'ideazione di Piermarini fu realizzata con la sovrintendenza del conte Melzi Monti e del marchese Moriggia e con l'assistenza dei Ghezzi padre e figlio.

[37] ASM, Studi, p.a., 7.

[38] Giuseppe Piermarini. Apparati per le nozze arciducali. "Berseaux". Pianta e prospetto-sezione longitudinale. 1771. BCF, B 20. China, bistro e acquerello: Marginato. 480 × 710. Pubblicato per la prima volta in A. OTTINO DELLA CHIESA, *L'età neoclassica*, cit., p. 52, n. 2, è stato riproposto da BRIZIO, *Mostra dei maestri di Brera*, cit., pp. 41, 335 da RICCI, *Milano: per il decoro*, cit., pp. 50-51 e note 36-39, p. 180, n. 4.176 e da RICCI, *La Milano del giovin signore*, cit., p. 189.

della lunghezza della grande sala si univano con assai garbo ai portici laterali, erano aperte sotto a due grandi archi, sopra de' quali saliva un pezzo d'ornato che nobilmente presentavasi all'occhio di chi veniva di lontano [...] La lunghezza dei portici era giudiziosamente interrotta nel mezzo da due altri grandi archi simili a quelli delle facciate, i quali davano assai largo spazio a due palchi, l'uno de' quali posto alla mano destra della sala era preparato ad uso de' Principi, e interiormente coperto di damasco cremesi; e l'altro corrispondente dall'altro lato doveva servire per la numerosa sinfonia destinata a perpetuo decoro delle prossime feste. Sotto ai grandi porticati poi stendevasi per tutta la lunghezza una gradinata a quattro ordini di sedili, disposta dalla parte destra per la nobiltà e dall'altra per li cittadini...".[39] Il racconto si diffonde sulle tre tavole per i 450 sposi poveri e beneficati con dote, decorate con *parterres* alla cinese, e sul "grazioso e nobile divertimento" che il pranzo aveva offerto agli arciduchi, alla cui partenza una pioggia leggera e di breve durata aveva creato un felice scompiglio tra i presenti. Tutta la narrazione si articola sui temi del "bell'ordine", della "vaghezza", della varietà e del decoro, temi fondamentali nell'estetica pariniana.

Nel dettaglio della versione definitiva degli orti pensili[40] (Tav. 30) Piermarini sembra attestarsi su un esplicito riferimento all'*ars topiaria*, diffusa in Europa dal trattato di Dézailler d'Argenville (cui si deve anche il termine di "berceaux", spesso volgarizzato in Italia in "bersò") e forse più congrua all'indirizzo classicheggiante del tempietto, ma anche su un richiamo ai sistemi terrazzati delle ville delle colline laziali e toscane, ol-

[39] PARINI, *Descrizione*, cit., pp. 8-9.

[40] Giuseppe Piermarini. Orti Pensili. Particolare del prospetto verso la collinetta e il tempietto. 1771. China, bistro e acquarello 528 × 324. Biblioteca Cantonale di Lugano, Raccolta Fraschina. Prima versione dell'ultimo tratto dell'apparato verso il dazio. Il foglio venne probabilmente regalato da Piermarini a Luigi Canonica. È previsto un alto zoccolo a bugnatura liscia orizzontale e un coronamento ad arcate di verzura con un andamento ancora tardobarocco (che verrà rettificato nella versione definitiva). La presenza degli obelischi, poi sostituiti da alberi della cuccagna, anticipa la soluzione dello snodo dei Boschetti. Da me citato per la prima volta in, *Apparati per le nozze arciducali* in *La Milano del Giovin signore* a c. di F. Mazzocca e A. Morandotti, p. 189. Giuseppe Piermarini. Orti Pensili. Pianta e prospetto-sezione del corso di Porta Orientale e del tempietto della dea Flora. 1771. China, bistro e acquarello 443 × 686. Marginato. BCF, D 19. versione definitiva CALECA, *Disegni*, cit., p. 7; RICCI, *Milano: per il decoro*, cit., pp. 52, 181, n. 4.184.

tre che alle soluzioni di giardini pensili nelle dimore signorili rinasci-
mentali. I palchi per i musici e per i principi dei berceaux sono espressi-
vamente affini ai grandi archi degli orti pensili e ricorrono ad un linguaggio rococò con qualche declinazione di gusto orientaleggiante richiamata anche nei *parterres* della sala del banchetto e nel carro "alla chinese" dell'ultimo giorno dei festeggiamenti, in un clima generale sensibile alla moda del giardino anglocinese.

Gli orti pensili (Tav. 30) appaiono "improvvisamente" al pubblico il
22 ottobre, quando per la corsa dei cavalli berberi si abbattono le due facciate in curva della "sala" (berceaux) i cui grandi portici "si videro [...] con-
giungersi" con i portici sui muri dei giardini del corso, gli orti pensili. I
due spazi contigui sono riutilizzati il 23 ottobre per il corso della carrozze
alla romana e il 28 per la corsa dei calessetti. Nella sola area degli orti pensili e della collinetta il 24 ottobre si svolge la festa della Cuccagna.

Diversi fogli della raccolta folignate illustrano il percorso creativo sino
alla versione definitiva del tempio (Tav. 31), illustrata anche dalla *Descrizione* di Parini: un edificio dorico, ma con le colonne inghirlandate a reggere un tamburo con due fame, che mostrano una medaglia con il ritratto
degli sposi, concluso da una cupoletta.[41] Il tema sarà nuovamente indagato da Piermarini in occasione delle progettazioni di padiglioni per i
vauxhall[42] e di padiglioni da giardino (tra cui il tempietto della Villa

[41] Studi per il prospetto e per la pianta soprattutto in BCF, B 77 e B 80. Giuseppe
Piermarini. Apparato per le nozze arciducali: tempietto della dea Flora. Prospetto-sezione sul corso di Porta Orientale (con vista dell'apparato sui bastioni) e del tempietto
della dea Flora. 1771. China, bistro e acquarello, 450×625. BCF, L 7. CALECA, *Disegni*, cit., p. 8; ANNA MARIA BRIZIO, *Mostra*, cit., p. 41-43, 335; RICCI, scheda in *Piermarini*, cit., p. 181, n. 4.182. Giuseppe Piermarini. Apparato per le nozze arciducali:
tempietto della dea Flora. Pianta. 1771. China, bistro e acquarello, 450×625. BCF, L
7. CALECA, *Disegni*, cit., p. 8; ANNA MARIA BRIZIO, *Mostra*, cit., p. 41; RICCI, scheda in
Piermarini, cit., p. 181, n. 4.182.

[42] Sarà BORRANI, *Diario milanese*, cit., ad attribuire nel 1780, sia nel suo diario che
in un trafiletto della "Gazzetta Letteraria", il progetto a Piermarini (esecutore Ghezzi)
e a richiamare il precedente vauxhall del 1778 (per il quale si potrebbe supporre quindi,
se non altro, un'influenza piermariniana): "Laddove però allora una sola ala della detta
strada formava il nobile giardino, ed il paesaggio sotto i pergolati, ed in prospetto, vi
era nel mezzo l'orchestra, restando poi l'altra ala per una boschereccia; in quest'anno
all'opposto ambedue le ale formavano un giardino ed un quadruplice pergolato e l'orchestra fu innalzata lateralmente alle medesime, cioè all'imboccatura del vicolo chiamato S. Primo. Sotto l'orchestra stava disposto il caffehaus per comodo di chi avesse voluto ogni sorta di rinfreschi".

Reale di Monza). Il piccolo edificio poggiava su una collinetta artificiale e su un basamento rifinito in bugnato rustico che doveva rispecchiare il tono agreste della composizione (con un accento silvano documentato da riferimenti simbolici alla caccia), sottolineato dalla presenza di pecorelle, di piccoli alberi e di fontane di vino.

L'occasione festiva giustificava l'uso, nella *Descrizione*, della terminologia del pittoresco e, nel disegno piermariniano, sia l'ispirazione arcadica alla natura illeggiadrita (gli "orti pensili", i festoni, gli alberelli) e alla vita campestre (gli alberi del "maggio" e la distribuzione del vino anche se attraverso le fontane) sottolineate dalla resa grafica del piccolo, del sottile, del fragile in versione anglocinese, sia il riferimento alla progettazione cinquecentesca "di villa" (la scalinata in curva, il bugnato rustico), sia l'evocazione classica del tempietto.

Il taglio degli orti pensili si propone con dimensioni e sistema di rappresentazione uguale a quello dei berceaux; con quest'ultimo e con il prospetto del tempio costituiva probabilmente la serie di disegni sottoposta al giudizio della committenza.

Per lanciare l'attività edilizia sul corso di Porta Orientale, arteria privilegiata per la direzione verso Vienna, il governo austriaco aveva organizzato dispositivi di normativa non rigidi, oltre a facilitazioni diverse e all'esenzione dal pagamento del dazio sui materiali di cantiere per chi intendesse edificare in zona. I provvedimenti operavano in corrispondenza di una già avvenuta risemantizzazione di quel brano di città: era stato rettificato il tracciato stradale, era stata curata la ristrutturazione di spazi conventuali in un complesso residenziale a carattere borghese (S. Pietro in Celestino), si aprivano i giardini pubblici e, ancora prima, si era trasformato il Collegio Elvetico in palazzo di governo, anche se era stato abbandonata la Cavalchina, il progetto alternativo al palazzo di corte nei pressi della cattedrale.

Le demolizioni per creare i giardini pubblici e la porta del dazio sono modesti: il monastero delle Turchine è riutilizzato ed il complesso di S. Dionigi resiste in parte per anni, mentre il muro che lo circonda connota per lungo tempo il disegno urbano.

La composizione del sistema delle feste per il matrimonio aveva avuto un andamento che, in pianta, si allargava dai berceaux agli orti pensili ed era concluso dalla collinetta mentre, in alzato, saliva e culminava nella medaglia con gli arciduchi e con la cupoletta, accompagnando la natura della veduta prospettica.

La realizzazione del giardino pubblico,[43] iniziata nel 1784 su progetto del 1783, fece tesoro dell'esperienza visiva introdotta dagli apparati per il matrimonio. Dall'arteria seicentesca, fiancheggiata da edifici e cinte di mura e conclusa nel fuoco della porta – ancora margine e non cerniera tra due realtà distinte, quella urbana e quella rurale –, si passava ad un quadro che sfuocava l'allineamento visivo per allargarsi a vari elementi d'attenzione (prati, aiuole, alberi, edifici nel verde) mediati da una "griglia" (cancellata), novità nel panorama cittadino a sostituzione della chiusura opaca del muro nei giardini privati.[44]

In questa trasparenza, in questa vocazione ad un riferimento prospettico multiplo si deve leggere la novità della soluzione. Non sono state stabilite, tuttavia, soltanto nuove modalità di apprezzamento visivo in diagonale su un'arteria urbana: i giardini, i bastioni, il dazio, lo stradone di Loreto sono tutti termini di un atteggiamento diverso nel considerare la città ai suoi margini e, quindi, nel rapporto con il suo esterno, che tende a diventarne parte integrante.

Si noti come la declinazione degli spazi e del materiale verde consegua a una precisa gerarchia di significati (Fig. 4). La passeggiata un poco austera

[43] L'opera fu elogiata da ERCOLE SILVA sia nel celebre testo *Dell'arte dei giardini inglesi*, Milano, Stamperia e Fonderia al Genio Tipografico, anno IX (1801), p. 316, sia nell'*Elogio dell'architetto Piermarini*, cit., pp. 8-9. Segue il testo *Il nuovo giardino di Milano*, ivi, Zanetti Francesco, 1869 e, nel ventesimo secolo, G. GALLETTI, *I giardini in Mostra dei Maestri*, cit., pp. 22-30, il mio *Milano: per il decoro*, cit., pp. 51, 58, schede 4.161-4.168, VIRGILIO VERCELLONI, *Il giardino a Milano per pochi e per tutti*, Milano, Archivolto, 1986, pp. 157-160, 166, e soprattutto, SILVANA GARUFI, SANDRA SICOLI, *I giardini pubblici di via Palestro*, Milano, Diakronica, 1992, cui si rimanda per citazioni archivistiche e aggiornamento bibliografico.
[44] Giuseppe Piermarini. Cancellata [1787]. China, bistro e matita su carta, 530 × 348. BCF, A 31. *L'idea della magnificenza civile. Architettura a Milano, 1770-1848*, a c. di Luciano Patetta, Milano, Electa, 1978, p. 21; RICCI, *Piermarini*, cit., 1983, p. 178 n. 4.164; MARISA TABARRINI, *Catalogo del fondo piermariniano di Foligno* in *Giuseppe Piermarini. I disegni di Foligno. Il volto piermariniano della Scala*, catal., Milano, Electa, 1998, p. 148. Giuseppe Piermarini. Vaso decorativo della cancellata [1787]. China su carta, 120 × 170. BCF, A 157. TABARRINI, *Catalogo del fondo piermariniano*, cit., p. 248. Giuseppe Piermarini. *Pilastro del Rastello del Giardino Pubblico*. [1787]. China su carta, 120 × 170. BCF, Zibaldone II, 11 v. Giuseppe Piermarini. *Piedistallo della griglia*. China su carta, 120 × 170. [1787]. BCF, Zibaldone II, 12 r; Giuseppe Piermarini. *Guglia nel Giardino Pubblico*. China su carta, 120 × 170. [1788]. BCF, Zibaldone II, 12 r. Ricci, schede in *Milano nei disegni*, cit., pp. 107-08.

dei Boschetti,[45] piantati a quinconce, accompagna con pluralità di assi visivi il percorso lungo il palazzo di governo, realizza lo snodo con l'obelisco in corrispondenza di contrada S. Primo e continua individuando il fuoco prospettico nelle scalinate di collegamento con il bastione dopo una successione di siepi e di *parterres*, mentre i filari d'alberi hanno funzione di schermo trasparente laterale. Sulla destra la spina di attrezzature è separata dal corso dalla cancellata (Fig. 5), da un viale alberato e da una nuova serie di *parterres*.

Se nella pianta il riferimento è ancora il giardino all'italiana, questo modo di proporsi visivamente, la mancanza di simmetria, la rinuncia alla potatura geometrica, l'inserimento di un elemento di natura romantica (l'obelisco, quasi un *object retrouvé*), la concezione di verde attrezzato (oltre all'impianto di alberi di sentieri e di aiuole, un edificio per le feste e un recinto murario per il gioco del pallone) discosta i giardini pubblici di Milano dai modelli convenzionali e li propone come *unicum* non soltanto per l'Italia, ma anche per l'Europa (Fig. 6).

Vienna concepisce i propri spazi verdi in modi diversi; un breve riferimento è utile alla comprensione del contrastato sviluppo del progetto del giardino milanese, . Ancora dissonante rispetto alle ricerche inglesi risulta il giardino del palazzo di Albrechtsburg, acquistato e adattato da Kaunitz nel 1759. L'apertura al pubblico dei giardini imperiali dell'Augarten (1775) e del Prater (1776), voluti da Giuseppe II, configura un'esigenza, ma limita l'invenzione progettuale a pochi interventi all'interno delle aree, destinati soprattutto al tempo libero, e a un diverso modo di concepire la natura nell'assetto dei parterres e nella limitata potatura degli alberi.[46] Quali parchi e riserve di più antica formazione essi sono legati a una concezione barocca dello spazio. Al primo giardino paesaggistico sembra approdare Isidoro Canevale, forse tra il 1781 e il 1783, per il giardino di Josephstockl, ampliamento dell'Augarten, ma di esclusivo uso dell'imperatore, appassionato dilettante di botanica.

Mi preme introdurre tali paralleli per sottolineare come il giardino pubblico in Austria sia legato (al contrario che a Milano) a una ri-formulazione di spazi esistenti, e come d'altra parte la consulenza dei giardinieri austriaci per il parco della villa di Monza, tante volte richiamata, sia

[45] Le operazioni per i boschetti sono avviate prima di quelle dei giardini: il 19 maggio 1783 sono già approntati i disegni per la base dell'obelisco e per la "Prospettiva nel Pubblico giardino verso il bastione" con i relativi preventivi (ASC, Località Milanesi, 179).
[46] MARIA AUBÖCK, *Die Garten der Aufklärung*, in AA.VV., *Österreich zur Zeit Kaiser Joseph II*, catal., Salzburg-Wien, Residenz Verlag, 1980, pp. 214-17.

collegabile forse alla scelta delle essenze, ma non apra prospettive nell'individuazione di un campo progettuale rinnovato, che ha altre fonti.[47]

Un piano per i giardini pubblici di Milano è presentato il 25 novembre 1783. Con esso l'arciduca intendeva "dare alla città un maggior lustro ed ornamento, e all'universale de' cittadini un pubblico comodo e divertimento sull'esempio delle più grandi, e colte città d'Europa".[48] L'operazione è collaudata il 20 settembre 1786. Soppressi e demoliti in gran parte i conventi di San Dionigi e delle Carcanine a partire dal 1782,[49] si collegano le aree dei loro giardini con quella del Collegio Elvetico e si realizza il primo progetto europeo di verde attrezzato, creando una quinta alberata in direzione dell'uscita dalla città. La pianta di Piermarini[50] presenta anche i caselli del dazio, realizzati entro il 1788. Con la creazione dei boschetti (dal 1783), e il successivo impianto della Villa Belgiojoso, poi Reale, nell'arco di pochi anni si dà forma, grazie anche a una serie di esenzione fiscali e di controllo degli interventi, allo sviluppo ordinato di un settore privilegiato di città.

Una diversa idea della corte viennese per un "passeggio pubblico" è basata sull'immagine di un recinto chiuso ed esterno alla cinta muraria, evidentemente desunta dall'antico. In quest'ipotesi s'inquadra la più tarda critica di Giuseppe II: "[…] è peccato che invece di spendere del denaro a fare un bruttissimo giardino di pubblica spasseggiata, non si sia preso

---

[47] G. RICCI, *Il primo tra noi a dar saggio de' giardini inglesi* in *Giardini di Lombardia tra età dei Lumi e Romanticismo* a c. di Roberto Cassanelli e Gabriella Guerci, Cinisello Balsamo 1999, pp. 95-100.

[48] 6 dicembre 1783. Decreto del Consiglio Generale della città di Milano sopra il progetto di Crippa per la formazione di un pubblico giardino. ASC, Località Milanesi, 179.

[49] Le soppressioni rientrano nel desiderio d'impiantare un giardino pubblico sul quale Ferdinando lavorava già dal novembre 1782 (13 dicembre 1782. Ferdinando a Pecci. Österreichisches Staats Archiv Wien, d'ora in poi: ÖSAW, Familienkorrespondenz A, 51). Da alcuni appunti di una corrispondenza da Milano del Fondo Belgiojoso (cartella 228 in ASC), 6 agosto s.d. (ma probabilmente: 1782), sembra che l'arciduchessa avesse avuto in regalo il monastero delle Carcanine da Giuseppe II e avesse intenzione d'impiantarvi un palazzo di delizia.

[50] Giuseppe Piermarini. Piano generale de' giardini pubblici di Milano. [1787-1788]. China, bistro e acquarelli: 530 × 935. Raccolta Stampe Bertarelli di Milano, Raccolta Cagnola, n. 3403. Giuseppe Piermarini. Pianta parziale del settore verso il bastione. [1787-1788]. China bistro e acquerelli con tracce di matita, 530 × 930. BCF, N 5. CALECA, *Disegni*, cit., p. 11; RICCI, *Piermarini*, cit., pp. 53, 178-79; V. VERCELLONI, *Il giardino a Milano*, cit., p. 157.

il Lazzaretto e piantato a quello, lasciandovi tutti li corridoi, che lo circondano per poter ancora spasseggiarvi al coperto, e le piccole stanze avrebbero potuto servir per Bottiglierie, Pasticcerie, ed altri usi di specolazione, come la Chiesa di mezzo per una piccola saletta di ricovero; questo avrebbe fatto la più bella spasseggiata alla Porta arrenza; dove già esiste il corso pubblico tanto d'inverno, che d'estate".[51] Al desiderio dell'imperatore sembra voler corrispondere l'impresario Ambrogio Crippa che nel 1788 espone un progetto, senza esito, per trasformare il Lazzaretto in luogo per il pubblico passeggio, citando Pollach per la direzione e il collaudo lavori.[52]

L'impegno dell'arciduca Ferdinando era invece tutto relativo a un nuovo disegno e non a un intervento di recupero: "[...] o portato questa sera al conte Wilzeck una mia consulta a S.M. per formare un Giardino Pubblico che m'interessa molto et non poco mi occupa a combinarlo da un mese a questa parte. Non avendo niente da rilevare o pregato il ministro di volerlo comunicare a lei et curarne la spedizione a Vienna."[53]

Il 25 novembre 1783 Ambrogio Crippa invia all'arciduca il progetto per la costruzione del giardino pubblico, impegnandosi a consegnare l'opera finita il 1° giugno 1785, dopo aver concordato il disegno (non ancora redatto) con Piermarini. Si sottopone all'obbligo della manutenzione sino al 1794, grazie al puro reddito degli affitti derivanti dall'uso dei caseggiati riattivati, e della costruzione della cancellata sul corso al posto del muro esistente, con un andamento da rettificare, sentito il parere del giudice della strade.

Il 6 dicembre 1783 il consiglio della città di Milano decreta l'adesione al progetto e l'acquisto a titolo livellario del caseggiato e giardino delle soppresse Carcanine e del convento di S. Dionigi, raccomandando l'economicità dell'intervento e ricordando che i giardini hanno lo scopo di dare alla città "un maggior lustro e ornamento ed all'universale dei cittadini un pubblico comodo e divertimento sull'esempio delle più grandi e colte città d'Europa".[54]

Il 15 dicembre l'arciduca scrive ai due delegati Cavenago e Cicogna

[51] 22 luglio 1785. ASM, Sanità, p.a., 92.

[52] Archivio dell'Ospedale Maggiore di Milano, Patrimonio attivo. Case e poderi. Lazzaretto, 178.

[53] Ferdinando a Pecci, 13 dicembre 1782. ÖSAW, Familienkorrespondenz A, Fascicolo 51. Cit. in nota 49.

[54] ASC, Località Milanesi, 179.

che: "[...] eccettuata la griglia verso il corso, la costruzione del Gioco del Pallone, e dell'altro luogo laterale ad esso caseggiato destinato a guisa di anfiteatro a gradinate per altri giochi e spettacoli venali, che sono fissati e sono gli oggetti della maggior spesa, e dell'obbligazione Crippa, per quel che riguarda la decisione de' viali, e giardini[...] può darsi e si è riservato l'arciduca di consenso del Crippa e senz'alterare il contratto, di potere a tenore delle risultanze e sul luogo nell'atto pratico mutare dall'attuale disegno. In carta separata vedranno poi annesso altro disegno fatto dietro li discorsi tenuti con li due cavalieri delegati di aggrandimento d'esso giardino verso Strada Marina. Questo però fatto formare in soli due giorni potrà soffrire ancora molto maggiori perfezionamenti, ma servirà intanto a dare un'idea, come ritenendo anche una strada per l'attuale uso pubblico della Strada Marina per le carrozze, il restante troppo largo sito si potesse agevolmente destinare all'ingrandimento del giardino".[55] A questa data quindi Piermarini ha approntato disegni per le attrezzature, l'edificio delle feste (Fig. 7) e il recinto per il gioco del pallone,[56] e per il tracciato del giardino suscettibile di ulteriori cambiamenti.

Il rinnovo urbano della zona comporta un'altra operazione: l'abbattimento del vecchio dazio nel 1785 e la costruzione di un nuovo ingresso in città. Piermarini disegna due caselli, al posto della tradizionale porta con arco (Fig. 8).[57]

[55] 15 dicembre 1783. Lettera di Ferdinando ai due cavalieri delegati Cavenago e Cicogna. ASC, Località Milanesi, 179.

[56] Per l'edificio delle feste: Giuseppe Piermarini. Edificio per le feste nel giardino pubblico. Probabile pianta del lato del monastero delle Carcanine prospiciente i giardini con modifiche per la nuova destinazione d'uso a edificio per le feste. [1785]. China e matita su carta, 522 × 372. BCF, A 76. RICCI scheda in *Milano nei disegni*, cit., p. 109. Tra il 1785 e il 1786 Piermarini interviene sul soppresso convento delle Carcanine, di cui mantiene quasi tutto il volume, apportando modifiche allo spazio interno e alle facciate. RICCI, scheda in *Milano nei disegni*, cit., p.109. Giuseppe Piermarini. Edificio per le feste nel giardino pubblico. Prospetto verso i giardini pubblici. [1785]. China su carta, 120 × 170. BCF, A 94. RICCI, scheda in *Milano nei disegni*, cit., p.109. Giuseppe Piermarini. Edificio per le feste nel giardino pubblico. Prospetto verso il corso di Porta Orientale. [1785]. China, bistro e acquarello su carta, 390 × 225. BCF, A 78. *L'idea*, cit., p. 21; RICCI, *Piermarini*, cit., pp. 53, 177 n. 4.161; RICCI scheda in *Milano nei disegni*, cit., p. 109. L'edificio per il pallone è documentato nelle piante del giardino di cui alla nota 50. L'aspetto esterno è leggibile nell'edificio sulla sinistra nel disegno di Domenico Aspar (Fig. 6 conservato in Biblioteca Nazionale Braidense e probabilmente redatto per un'incisione) che mostra la veduta dei giardini pubblici dal bastione.

[57] Giuseppe Piermarini. Pianta di un casello della porta del dazio. 1786. China e bistro, 477 × 637. Quotato. BCF, C 48. CALECA, *Disegni*, cit., p. 11 n. 85; RICCI, *Pier-*

Le rappresentazioni cartografiche in date diverse tra l'ultimo quarto del Settecento e i primi anni dell'Ottocento documentano la sopravvivenza di ampi settori dell'abbazia di S. Dionigi. Il complesso, nuovamente rilevato e stimato nel 1787, denuncia un avanzato stato di degrado. La dotazione di edifici e di aree è progressivamente intaccata dal 1769, quasi a cancellare insensibilmente le tracce dell'importante memoria storica del monastero fondato dall'arcivescovo Ariberto da Intimiano. Dopo la demolizione, completata nell'agosto 1789, sull'area liberata si costruisce un muro di contenimento del terrapieno del bastione.

Le operazioni che riguardavano il nucleo antico della città avevano altre motivazioni e altri obiettivi.

Mentre si procedeva alla ristrutturazione di palazzo ducale, riducendolo a vera e propria residenza, si decentravano i ruoli amministrativi e di abitazione di funzionari ed addetti al palazzo, gli spazi per la burocrazia e per il tempo libero presenti in corte. La città tutta era investita dai nuovi luoghi per la gestione dello stato insediati in edifici preesistenti, resi disponibili dalle soppressioni religiose e, generalmente, rispettati nell'immagine storica dei prospetti salvo modifiche interne legate alle destinazioni d'uso. Si creavano poli alternativi, nuove aree rilevanti che comportavano un diverso uso dell'insediamento urbano da parte degli abitanti e che attivavano nuovi percorsi.

In periodo teresiano si produce un nuovo panorama urbano intorno alla cattedrale. L'apertura della piazzetta reale sul lato sud-ovest, operata da Piermarini, è il primo atto di una serie d'interventi miranti a rendere più dignitoso e regolare il settore di Milano circostante il palazzo di corte, cui seguono l'assetto di piazza Fontana, l'inizio della liberazione della zona dietro l'abside del Duomo e il tracciato di via S. Radegonda.

Le modifiche del tessuto cittadino attribuiscono progressivamente al

---

marini, cit., p. 177. Ricci, scheda in *Milano nei disegni*, cit., p. 122. Giuseppe Piermarini. Prospetto di un casello della porta del dazio. 1786. China e bistro, 477 × 633. Quotato. BCF, A 45. Caleca, *Disegni*, cit., 1962, p. 11 n. 86; Ricci, *Piermarini*, cit., p. 177. Ricci, scheda in *Milano nei disegni*, cit., p. 122. Non di mano di Giuseppe Piermarini. Porta Orientale. Pianta e sezione dei caselli di Porta Orientale. 1787. China, bistro, matita e acquarello su carta, 355 × 500. BCF, N 7. Ricci, *Piermarini*, cit., pp. 177, scheda n. 4.160. Ricci, scheda in *Milano nei disegni*, cit., p. 122. Giuseppe Piermarini. *Porta Orientale in Milano. Giardino Publico* (sul verso). Prospetto e sezione della finestra di un casello. 1786. China e matita su carta, 430 × 652. BCF, A 105. China su carta, 120 × 170. Ricci, scheda in *Milano nei disegni*, cit., p. 122.

Duomo quel ruolo di "monumento isolato" che le teorie ottocentesche relative all'ambiente urbano e al restauro definiranno e la sperimentazione progettuale sulla piazza del Duomo, individuata come luogo deputato del nuovo sistema politico, realizzerà compiutamente in età unitaria. Serviliano Latuada aveva auspicato già nella *Descrizione di Milano* del 1737 la riduzione della piazza del Duomo in forme regolari:"[...] Ed ora rimane disoccupata, e selciata nel perimetro con cordoni di pietra viva, che la dividono per quadrato. A fine di dare compimento al premeditato disegno dovrebbe questa essere allargata con la demolizione dell'isola di case, che sta alla destra, ed indi ridursi in un perfetto quadrato circondato in ogni parte da portici lavorati ad uniforme struttura, con perenne fontana nel mezzo. A noi basta per ora di dire ciò che essa fosse, e sia la presente, senza aggiungere ciò che sarà per essere in avvenire, massimamente non avendovi alcun fondamento per credere, che ciò in brieve possa essere ridotto a perfezione."[58]

Il rammarico per la sistemazione non ancora realizzata dell'area prospiciente la cattedrale torna nella *Nuova Guida di Milano* di Carlo Bianconi nell'edizione del 1783, mentre in quella del 1787, assecondando i provvedimenti a carattere urbano appena realizzati, il segretario dell'accademia auspica l'apertura di una piazza dietro l'abside del Duomo dalla parte del Camposanto, "per poterlo vagheggiare più comodamente".[59]

Oltre al desiderio della corte di garantire il decoro della città in prossimità del palazzo di corte[60] e a motivi di "comodo pubblico"[61] per abbreviare il percorso sino al teatro alla Scala, inaugurato da poco, nell'agosto 1778, l'arciduca Ferdinando aveva intravisto nell'apertura della strada anche la possibilità dell'"accrescimento di case e botteghe in centro"[62] e del riordino urbano in prossimità della residenza arciducale, avviato con la definizione di piazza Fontana e completato con lo spostamento dei "marmorini" dalla piazza del Camposanto, dietro l'abside del Duomo, nell'area di S. Radegonda. Era il 4 settembre e il ministro plenipotenziario Wilzeck comunicava al vicario di provvisione Benedetto Arese Lucini che l'ar-

---

[58] SERVILIANO LATUADA, *Descrizione di Milano*, vol. I, Milano 1737, pp. 9-10.

[59] Cfr. il mio *Anticipazioni settecentesche a Milano in tema di rapporto con la preesistenza* in *Esperienze di storia dell'architettura e di restauro*, I, Roma 1987, pp. 289-91.

[60] RICCI, *Milano: per il decoro*, cit., pp. 45-46.

[61] 4 settembre 1784. Lettera del ministro plenipotenziario Wilzeck al Vicario di Provvisione Arese Lucini. ASC, Località Milanesi, 399.

[62] *Ibid.*

ciduca Ferdinando aveva preso in considerazione il progetto di aprire una strada pubblica all'interno del complesso, larga 6 metri "dalla porta attuale del sud.to circondario situata dirimpetto agli scalini del Duomo alla così detta Porta Falsa in faccia alla Contrada del Marino",[63] destinando all'uso pubblico la piazza del Camposanto.

Il raffronto tra cartografia, documenti posteriori e il progetto del Seregni in Raccolta Bianconi[64] (Fig. 9), che documenta l'assetto del complesso prima dell'intervento settecentesco, sembra individuare il tracciato della strada all'interno della zona meno edificata del complesso monastico Santa Radegonda, recuperando l'ala comprendente il refettorio, di cui è stato probabilmente riutilizzato il muro verso il grande porticato abbattuto, pur riplasmandone la superficie e riaggregando i volumi con le nuove edificazioni. Intervento dunque di grande acutezza di cui s'intravede una capacità di adattamento alla preesistenza e alla nuova destinazione. I documenti non citano la paternità dell'opera (Fig. 10). Il primo ad attribuirla a Piermarini è stato Ercole Silva,[65] seguito da Ignazio Fumagalli[66] e ripreso da Ferdinando Cusani.[67] Enrico Filippini aggiunge, come riferimento sicuro, un documento settecentesco della collezione Vambianchi, non rintracciato, che critica la progettazione piermariniana "ch'empie di fascie che vi stanno a stento fin le pareti d'una strada storta".[68]

La spesa dell'intervento è a carico del capomastro Carlo Bollino, salvo una sovvenzione iniziale di £. 200.000 somministrata per tre anni, mentre la successiva manutenzione della strada è prevista a carico del pubblico erario. Bollino s'impegna a costruire case e botteghe con "un esteriore decente ornato"[69] dopo l'approvazione del disegno da parte del giudice delle

[63] *Ibid.*

[64] Pianta del circondario di Santa Radegonda, Biblioteca Trivulziana, Raccolta Bianconi, t. VIII.

[65] ERCOLE SILVA, *Elogio dell'architetto Giuseppe Piermarini*, cit., p. 8: " L'intiera contrada di S. Redegonda è stata elevata sopra i suoi disegni, le cui case sono state le prime tra noi ad indicare come si dovevano intendere le abitazioni comunali colle annesse botteghe".

[66] IGNAZIO FUMAGALLI (*Elogio dell'architetto Giuseppe Piermarini* in "Atti dell'I.R. Accademia delle Belle arti di Milano", 1837, p. 19) alle parole di Silva aggiunge che le case furono "tutte elevate ad uno stesso livello, distribuite con bella euritmia".

[67] FERDINANDO CUSANI, *Storia di Milano*, Milano, Pirotta, 1865, p. 61; PAOLO MEZZANOTTE, *La contrada di Santa Radegonda* in "La Martinella di Milano", IV e VI (1951), pp. 202-08, 283-87.

[68] ENRICO FILIPPINI, *Piermariniana. Saggio sulla bibliografia e sugli autografi dell'architetto Piermarini*, Foligno, S. Carlo, 1900, p.37.

[69] S.d.: ASC, Località Milanesi, 399.

strade; a creare la strada secondo le prescrizioni del Regolamento delle Strade del 26 aprile 1784; ad aprire il maggior numero possibile di botteghe in contrada dell'Agnello "abilitando e le botteghe medesime e li superiori per quanto riguarda l'esteriore in una forma decente e con una verosimile uniformità".[70] L'intervento è, quindi, su tutto il triangolo urbano.

Da un diario manoscritto[71] alla data del 13 settembre 1784 i lavori risultano iniziati già da qualche giorno.

Sulla formazione di un luogo urbano rappresentativo, una piazza, si riflette già dal 1774, quando s'intende destinare a tale scopo l'area di fronte alla collegiata di S.Maria alla Scala o quella di fronte a S. Fedele, spazi su cui il pensiero progettuale si sofferma periodicamente.[72]

Ma è dal 1775, nel lungo processo di accordi per il luogo del "Verzaro" destinato a diventare piazza Fontana,[73] che Milano perde la grande occasione di creare uno spazio unitario dotato di teatro, mentre anche in Francia si riflette sul tema (Bordeaux, Grand Théâtre; Parigi, Nouvelle Comédie Française). Così scrive Firmian all'arciduca Ferdinando il 4 giugno 1776: "[...] Greppi persuadé de Piermarini est de sentiment de batir le théâtre, dont il s'agit maintenant, dans le vieux verzaro".[74] Il successivo assetto dello spazio, operato tra il 1775 e il 1783,[75] perde di efficacia rispetto ai possibili sviluppi di un disegno di piazza caratterizzato da un luogo per gli spettacoli, ma afferma il rapporto tra potere politico consolidato e suo rispecchiamento nella struttura urbana. Ragioni di opportunità politica e difficoltà nelle trattative per l'acquisizione dell'area

---

[70] *Ibid.*

[71] ASC, Acquisti e doni, 8.

[72] Sull'idea di formare "una piazza regolare" nel sito della Scala o in quello di S.Fedele scrive il principe Kaunitz al ministro plenipotenziario Firmian il 22 agosto 1774 (ÖSAW, *Lombardei Korrespondenz*, 164). Il tentativo d'intervenire su piazza S.Fedele è ripreso nell'Ottocento e se ne occupa senza esito Zanoja intorno al 1812 (s.d.: Archivio Accademia di Brera, CARPI, A.I., 27). Su piazza Fontana vedi: RICCI, *Piermarini e il suo tempo*, cit., pp. 45-47, 56, 179-80; RICCI, *Il Palazzo Arcivescovile* in *Costruire in Lombardia*, Milano, Electa, 1983, pp. 184-90, e bibl. rel.

[73] DOMENICO ASPAR. *Veduta della Piazza Fontana, e Palazzo Arcivescovile*. 1788. Milano, Civica Raccolta Stampe Bertarelli, Albo K 4 bis, n. 5. Incisione. 474 × 682. Proposto al pubblico per la prima volta in A.Ottino della Chiesa, *L'età neoclassica*, cit., p. 167, n. 455 è stato ripreso in *Mostra dei Maestri*, cit., p. 57, n. 23 con bibl. relativa ad Aspar.

[74] ASM, *Uffici regi*, p.a., 225.

[75] Cfr. il mio *Milano: per il decoro*, cit., pp. 47, 56, 179-80.

fanno fallire il progetto, anche per l'urgenza di realizzare il nuovo teatro, a seguito dell'incendio del Teatro Ducale.

Nell'agosto 1775 si comunica al Capitolo della Veneranda Fabbrica la decisione dell'arciduca di liberare il Verziere dalle baracche che creano "brutto effetto" con "pregiudizio del pubblico ornato, perché si tratta di una piazza di figura più regolare delle poche altre che sono in Milano, nel centro della città in faccia al Palazzo Arcivescovile e vicina al Duomo e alla Corte".[76]

Forse proprio il carattere ambiguo del binomio piazzetta reale/piazza del Duomo induce la corte a tentare l'impresa della futura piazza Fontana, per opporre all'area religiosa un'area totalmente laica.

L'operazione di spostamento delle baracche nella vicina piazza di S Stefano, opportunamente rimodellata da Piermarini, inizia subito e nel 1778 si perfeziona l'atto di vendita del Verziere congiuntamente a quello di altre proprietà della Veneranda Fabbrica.

L'arciduca si mette in viaggio il 30 dicembre 1779, non senza aver prima comunicato, attraverso una lettera di Firmian al conte Trotti, esposta durante la riunione della Congregazione di Patrimonio della città e provincia di Milano del 13 dicembre, il desiderio che, sgombrata la piazza dalle baracche, si provveda alla selciatura e a impiantarvi una fontana "a imitazione di molte altre città",[77] con spesa limitata, se all'operazione per la necessaria condotta d'acqua fossero interessati anche i proprietari di giardini vicini. La congregazione di patrimonio, considerando l'opera di "comodo e ornato della città",[78] decide di coinvolgere i due professori di Brera, Piermarini per l'architettura e Franchi per la scultura, gli ingegneri Prada e Carminati con l'assistenza del matematico Del Re e il giudice delle strade, per quanto deve avere rapporto con la "superficie".[79] Nei giorni successivi si esaminano relazioni, preventivi e progetti per la somministrazione dell'acqua.

Il Diario Borrani relaziona sull'inaugurazione della fontana[80] il 15 agosto 1782 e fornisce una serie d'informazioni sulla piazza. Abbando-

---

[76] S.d. ASM, Catasto, 2493.

[77] 5 dicembre 1779. ASC, Località Milanesi, 172.

[78] Riunione Congregazione Patrimonio Città e Provincia di Milano. 13 dicembre 1779. ASC, Località Milanesi, 172.

[79] Ibid.

[80] Diario Borrani, cit. Giuseppe Piermarini. Dima della fontana del Verziere senza statue [Gennaio 1780?]. China e matita su carta, 840 × 530. BCF, A 235. RENZO GERLA, Una piazza, una fontana, una macchina in "La Martinella di Milano", XX (1966), pp. 206-14; RICCI, Piermarini, cit., 1983, p. 179, n. 4.171).

nata l'idea d'insediarvi gli uffici della posta, si sono coperte le fondazioni iniziate, allargando l'invaso pubblico, e si è continuato a procedere nell'opera di demolizione e ricostruzione di alcune case. Il pavimento si presenta selciato "con disegno e simmetria".

La vicenda di Piazza Fontana, collegata all'ammodernamento della facciata del palazzo arcivescovile,[81] propone la figura di Piermarini che affronta problemi di carattere microurbanistico, di restauro, di arredo urbano, di nuova edificazione in una nuova complessità progettuale a definizione di uno spazio attrezzato. Il risultato è un volume tutto rinnovato che allinea al palazzo urbano l'esperienza delle case civili con botteghe al piano terreno, ma che si propone anche di uniformare la piazza con mezzi semplici e poco costosi, come il progetto dei cornicioni[82] di edifici preesistenti (Fig. 11).

Muta l'assetto delle guide e dell'apparato iconografico.

Se le incisioni di Marc'Antonio Dal Re presentavano gli edifici con scarsa attenzione all'intorno urbano, è con la campagna di incisioni di Aspar, che propone la città come tessuto vivo e col taglio particolare delle sue vedute, che Milano acquista valore nei suoi 'vuoti' e che i nuovi interventi vengono esaltati, messi a confronto con la preesistenza e valutati nei loro termini ambientali. Anzi le proposte di Aspar sembrano segnalare talvolta una città consunta dal tempo, una città in cui non sono distinguibili le fabbriche antiche da quelle nuove, a tratti slabbrate o intaccate dai processi vitali (Fig. 12). Del resto l'attenzione dell'incisore per le Colonne di San Lorenzo, per le quali redige ben due tavole, sembra indicativa. Quasi che Aspar volesse diventare il Piranesi di Milano.[83]

[81] Giuseppe Piermarini. *Fenestra dell'Arcivescovato al piano superiore.* China su carta, 240 × 170. BCF, Zibaldone II, pp. 45 v e 46 r. La definizione di piazza Fontana con interventi anche sui prospetti degli edifici sul lato Nord si completa con il ridisegno della facciata del Palazzo dell'Arcivescovado (1783-1784), che Giulio Galliori aveva definito "della maniera di Bramante" (RICCI, *Il Palazzo Arcivescovile*, cit., p.185). Del progetto esistente Piermarini rispetta il solo portale pellegriniano. Giuseppe Piermarini. Sezioni verticali sulla finestra. China su diversi pezzi di carta incollati tra loro, 500 × 1521. BCF, A 227. RICCI, schede in *Milano nei disegni*, cit., p. 11.

[82] Giuseppe Piermarini. *Cornicione fatto per la Posta al Verzaro non eseguito.* China e matita. 1260 × 740. BCF, A 225. ENRICO FILIPPINI, *Giuseppe Piermarini nella vita e nelle opere*, Foligno, Sbrozzi, 1936, p. 163, nota 2; TABARRINI, *Giuseppe Piermarini*, cit., p. 143

[83] Già Pollach aveva sottolineato lo "stil Pirenese" di Aspar, come cita la Scotti nel suo *Formazione e diffusione dell'immagine di Milano capitale tra 1770 e 1815* in *Centri storici di grandi agglomerati urbani*, a c. di Corrado Maltese, Bologna, CLUEB, 1982, pp. 127, 133.

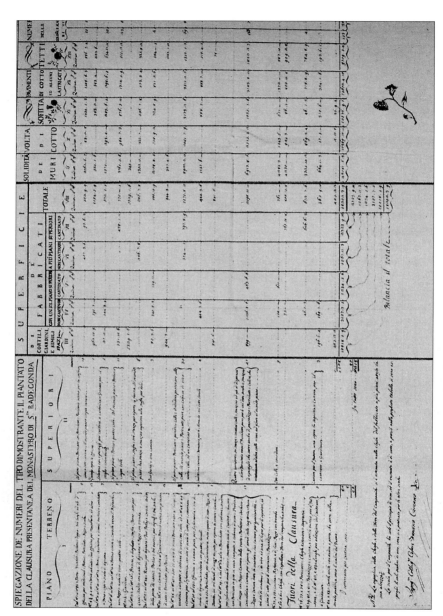

Figura 1 – Cesare Francesco Carcano (ing.), *Spiegazione de' numeri del tipo dimostrante il piantato della clausura presentanea del monastero di S.ta Radegonda*. 1783. Milano, Archivio di Stato, Culto p.a., 1935.

Figura 2 – Luigi Vanvitelli (arch.; attr.), Studio del prospetto dell'arco di Porta Orientale (ora corso di Porta Venezia). Foligno, Biblioteca Comunale, Fondo Piermarini.

Figura 3 – Ennemond Alexandre Petitot (arch.), *Prospetto dell'anfiteatro e della giostra*, 1769. In: *Descrizione delle feste celebrate in Parma l'anno MDCCLXIX per le nozze di Sua Altezza Reale Infante Don Ferdinando colla Reale Arciduchessa Maria Amalia.* Parma, 1769.

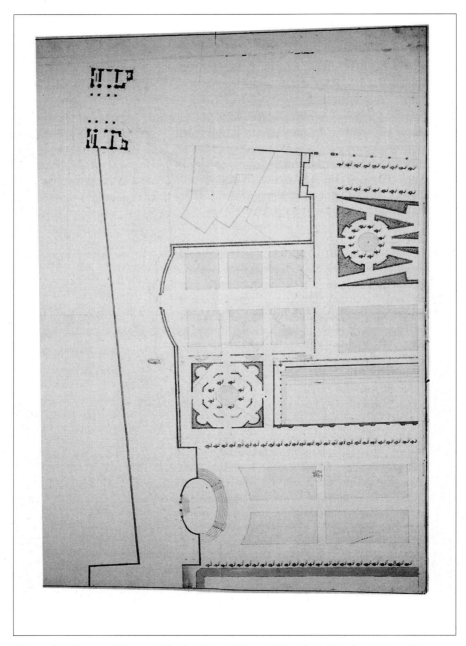

Figura 4 – Giuseppe Piermarini (arch.), Zona di Porta Orientale dai Boschetti ai caselli daziari. 1788 (t. p. q.). Milano, Civica Raccolta di Stampe Bertarelli, Fondo Cagnola.

Figura 5 – Giuseppe Piermarini (arch.), Cancellata dei Giardini Pubblici. 1787.
Foligno, Biblioteca Comunale, Fondo Piermarini.

Figura 6 – Domenico Aspar (dis. e inc.), Veduta dei Giardini Pubblici dal bastione.
Milano, Biblioteca Nazionale di Brera.

Figura 7 – Giuseppe Piermarini (arch.), Prospetto dell'edificio per le feste verso il corso di Porta Orientale. 1785. Foligno, Biblioteca Comunale, Fondo Piermarini.

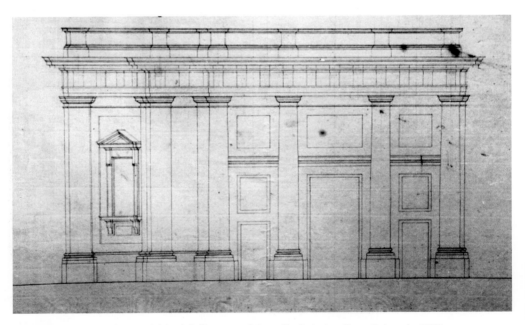

Figura 8 – Giuseppe Piermarini (arch.), Prospetto del casello daziario a Porta Orientale. 1771. Foligno, Biblioteca Comunale, Fondo Piermarini.

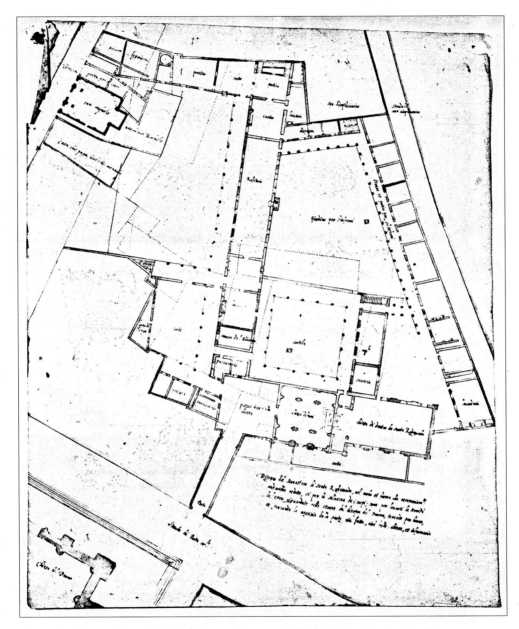

Figura 9 – Vincenzo Seregni (arch.), *Dissegno del monastero di Santa Radegonda nel modo et forma che necessariamente andrebbe redotto.* Pianta del piano terreno. Metà del XVI sec. Milano, Biblioteca Trivulziana, Raccolta Bianconi, T. VIII.

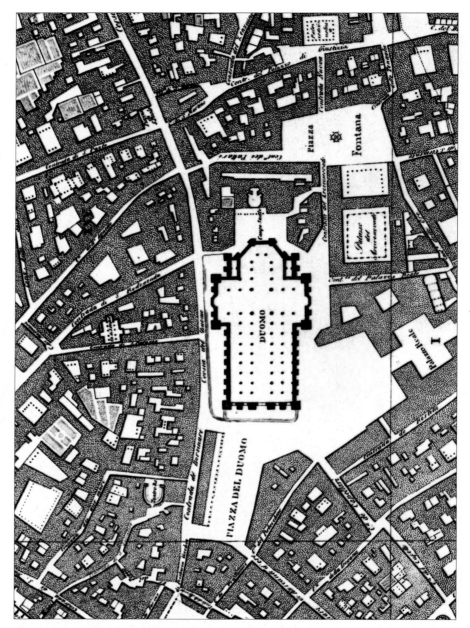

Figura 10 – Milano. Pianta degli Astronomi di Brera. 1814. Particolare relativo agli interventi sul palazzo di corte, su piazza Fontana, sulla zona tra contrada dell'Agnello e contrada Santa Prassede (ora via San Raffaele). Milano, Civica Raccolta Stampe Bertarelli.

Figura 11 – Domenico Aspar (dis. e inc.), *Veduta della Piazza Fontana e Palazzo Arcivescovile*. 1788. Milano, Civica Raccolta Stampe Bertarelli.

Figura 12 – Domenico Aspar (dis. e inc.), *Veduta del Real Teatro alla Scala*. 1790. Milano, Civica Raccolta Stampe Bertarelli.

DAI PITOCCHI AL "BUON VILLAN"
Metamorfosi della pittura di genere a Milano negli anni di Parini*

di *Francesco Frangi*

Fin dalle bellissime pagine scritte nel 1930 da Domenico Petrini,[1] gli studi pariniani del XX secolo hanno sottolineato a più riprese il ruolo di grande rilievo giocato, all'interno della poetica dello scrittore lombardo, dall'evocazione del lavoro dei campi e delle quotidiane fatiche dei contadini.

Nel contesto della produzione pariniana, com'è noto, questa tematica si impone con particolare, esplicita evidenza specie a partire dalle odi dedicate a *La vita rustica* e a *La salubrità dell'aria*, composte nei tardi anni Cinquanta in seno all'Accademia dei Trasformati, l'istituzione nella quale Parini era stato accolto nel 1753. I temi affrontati in quelle odi furono suggeriti al poeta dalla stessa Accademia, ma che l'argomento interessasse Parini anche al di là delle indicazioni fornite dai Trasformati, lo dimostreranno, poco dopo, le pagine del *Giorno*, e in particolare quelle del *Mattino*, punteggiate da celebri e vivide immagini della vita contadina che

---

*Stimolato dalle ricerche svolte in occasione della mostra *La Milano del Giovin Signore. Le arti nel Settecento di Parini*, tenutasi al Museo di Milano nel 1999, il presente intervento costituisce un ampliamento delle riflessioni sulla pittura di genere in Lombardia nel Settecento, da me esposte nel catalogo di quella rassegna (cfr. FRANCESCO FRANGI, *La vita in campagna tra realtà e arcadia*, in *La Milano del Giovin Signore. Le arti nel Settecento di Parini*, catalogo della mostra a c. di Fernando Mazzocca e Alessandro Morandotti, Milano, Skira, 1999, pp. 98-115, e schede relative).

[1] DOMENICO PETRINI, *La poesia e l'arte di Giuseppe Parini*, in *Dal Barocco a decadentismo. Studi di Letteratura Italiana*, a c. di V. Santoli, Firenze, 1957, in particolare pp. 114-53.

occupano un posto di primo piano nell'economia del poema, come già da solo dimostra il grande rilievo assunto, in apertura proprio del *Mattino*, dalla descrizione del "buon villan" che "sorge dal caro letto" all'alba e si reca al lavoro "seguendo i lenti bovi", "sul dorso portando i sacri arnesi". Una visione cui faranno seguito altre non meno partecipi e intense, dal "falcato mietitore" dai "fianchi [...] piegati e lassi", al "buon Cultore", cui, faticando "nel sacro campo", "suda e incallisce al vomere la mano", fino alla toccante e realistica apparizione dei "villan polverosi" in sosta stanchi "innanzi ai carri del ricolto".

Il fatto che queste rievocazioni assumano, all'interno della dinamica narrativa del *Giorno*, un significato eminentemente strumentale, e cioè che esse vengano utilizzate da Parini in funzione di monito e di richiamo, in contrapposizione esplicita agli ozii del Giovin Signore, nulla toglie alla forza di quelle immagini, che hanno difatti consentito già a suo tempo a Petrini di individuare tra le prerogative più alte di Parini proprio la predisposizione per una vera e propria "poesia del lavoro umano",[2] come appunto ebbe a definirla il giovane studioso.

Riguardo al significato e alla collocazione per così dire culturale e ideologica, oltre che strettamente poetica, di queste aperture dello scrittore, molto è stato detto, sottolineando in particolare come esse, pur trovando un'evidente radice nella sensibilità arcadica, le cui tracce appaiono avvertibili soprattutto ne *La vita rustica* e ne *La salubrità dell'aria*,[3] sappiano poi affrancarsi dai toni sempre un poco generici e trasognati di quel movimento, in favore di un approccio più vivacemente impegnato, caratterizzato non solo da un'acuta individuazione delle concrete situazioni di vita e di lavoro dei contadini, ma anche da un atteggiamento di quasi incondizionata ammirazione per i protagonisti di quel mondo e per il ruolo da essi svolto all'interno della vita sociale. Un fatto apprezzabile in particolare nel *Giorno* e sulla scorta del quale si è più volte ragionevolmente ipotizzata una simpatia da parte di Parini per le teorie fisiocratiche diffusesi nella Francia illuminista e basate, com'è noto, sull'esaltazione dell'agricoltura quale unica attività autenticamente produttiva all'interno del sistema economico.

---

[2] *Ibid.*

[3] Per una precisa individuazione delle componenti arcadiche che emergono nelle *Odi* giovanili di Parini cfr. PIERO DE TOMMASO, *Il Giorno e l'ideologia agraria del Parini*, Roma, Edizioni dell'Ateneo, 1983, pp. 67, 119.

Particolarmente significative, in questo senso, appaiono le indicazioni offerte in un recente intervento di Giulio Carnazzi[4] e, prima di lui, da un ricco contributo di Piero De Tommaso,[5] cui si deve una specifica riflessione sulla sintonia di Parini con le idee di Turgot, Quesnay e seguaci, cioè con le idee dei fisiocratici: una sintonia che, come emerge chiaramente dal libro di De Tommaso, si configura in verità in termini sempre piuttosto prudenti, senza cioè implicare un'adesione da parte dello scrittore alle prerogative più oltranziste sottese a quelle teorie, e in particolare all'anelito verso l'abbattimento dei diritti feudali della nobiltà e, di conseguenza, verso l'eliminazione del suo esclusivo controllo della proprietà terriera. Tutte prospettive, queste ultime, chiaramente ben lontane dalla visione pariniana.[6]

Al di là di queste disquisizioni, che certo esulano dalle mie specifiche competenze, ciò su cui si vuol puntare l'attenzione in questa occasione è il fatto che le suggestive e spesso indimenticabili aperture sulla vita degli "ignobili" (cioè, letteralmente, dei non nobili) proposte da Parini nelle *Odi* e nel *Giorno* vengono a collocarsi in un contesto, quella della Milano poco oltre la metà del Settecento, nel quale quelle tematiche già da tempo avevano trovato ampio accoglimento pubblico, sotto forma però non di parole ma di immagini dipinte, vale a dire di quadri con scene di vita quotidiana: una specializzazione che, nel corso del Settecento, ebbe proprio nel capoluogo lombardo la sua più clamorosa affermazione e il suo più largo consenso, contrastato solamente da quello ottenuto negli stessi decenni a Napoli dalle opere di Giuseppe Bonito e di Gaspare Traversi.[7]

Considerata la specificità milanese del fenomeno, cioè di questa produzione di scene di genere, la sua coincidenza tematica e cronologica con le propensioni poetiche di Parini non può essere lasciata cadere alle stregua di un fatto occasionale, tanto più che la sensibilità visiva di Parini e la sua ben nota famigliarità con le arti figurative e con gli ambienti ad esse

---

[4] GIULIO CARNAZZI, *L'altro ceto: "ignobili" e Terzo Stato nel* Giorno, in *Interpretazioni e letture del* Giorno, a c. di Gennaro Barbarisi e Edoardo Esposito, in "Quaderni di Acme", 33, (1998), Bologna, Cisalpino, pp. 275-92.

[5] P. DE TOMMASO, *Il* Giorno *e l'ideologia agraria del Parini*, cit.

[6] *Ibid.*, pp. 96-97.

[7] Per un ricco e articolato panorama della diffusione della pittura con scene di genere in Italia si veda ora *Da Caravaggio a Ceruti. La scena di genere e l'immagine dei pitocchi nella pittura italiana*, catalogo della mostra a c. di Francesco Porzio (Brescia), Milano, Skira, 1998.

legati si pongono come invitante stimolo alla ricerca di eventuali relazioni tra il mondo della parola scritta e quello delle rappresentazioni dipinte.

Animati proprio da questo proposito appare innanzitutto necessario cercare di verificare per sommi capi quali furono, nel loro complesso, i caratteri e gli sviluppi della pittura con scene di genere a Milano nel corso del secolo: un percorso che trova il suo obbligatorio punto di partenza nella vicenda di Giacomo Francesco Cipper, detto il Todeschini (Feldkirch 1664-Milano 1736), l'artista di origine austriaca che i documenti attestano con continuità a Milano dalla fine del Seicento fino all'anno della morte e la cui ben riconoscibile formula stilistica, a giudicare dall'amplissima produzione autografa e di bottega a noi nota, dovette riscuotere un grande successo presso il collezionismo cittadino.[8]

Caratterizzati da un naturalismo pungente e a volte aspro, i dipinti di Cipper raffigurano per lo più personaggi del popolo colti nelle varie circostanze della loro vita di strada, dalla partita a carte alle scene di mercato, dalla rissa improvvisa alle allegre bevute tra le mura di una bettola (Fig. 1). Un campionario di soggetti straordinariamente vasto, dunque, che non può tuttavia essere inteso come mera rappresentazione del dato reale, in quanto appare chiaro che le scelte tematiche del pittore rispondono immancabilmente ad un copione prefissato e ripetuto, sulla scorta del quale i protagonisti dei suoi dipinti si configurano come marionette di un teatrino convenzionale, dalle regole ben precise. E se il più delle volte quel copione risulta destinato semplicemente a creare effetti comici e a suscitare curiosità, non mancano gli episodi nei quali esso si colora di implicazioni a sfondo moralistico, individuabili nella propensione a intendere la sguaiate consuetudini di vita dei popolani come esempio negativo, da irridere ed evitare. Tutte prerogative che non impediscono peraltro alle opere di Todeschini di toccare, in alcuni casi, accenti di più commossa verità rappresentativa, qual è quella che ad esempio compare in alcune opere riferibili per lo più ai primi anni di attività del pittore, come avviene nella tela raffigurante una *Vecchia contadina che si scalda e un ragazzo che mangia*, datata 1705 (Tav. 32) e animata da un sentimento di accorata partecipazione che la qualifica come uno dei vertici della produzione dell'artista.

---

[8] Sulla complessiva vicenda dell'artista, documentato a Milano a partire dal 1696, si veda in particolare GERLINDE GRUBER, *Giacomo Francesco Cipper detto il Todeschini*, tesi di dottorato, a.a. 1997, Università di Vienna, Vienna.

Sia che ridano fragorosamente, che litighino o che meditino in silenzio sulle proprie amare condizioni di vita, i personaggi delle opere di Cipper ci appaiono comunque quasi sempre come protagonisti di un mondo
a parte, socialmente emarginato e privo di qualsiasi possibilità di riscatto.
Veri e propri pitocchi, insomma, che portano su di sé, ad ogni apparizione, i segni della propria povertà: vesti stracciate, movenze spesso goffe
e indecorose, volti e mani cotti dal sole e segnate dai lavori pesanti. E il
fatto che nella moltitudine di presenze che popola i quadri del pittore
compaiano assai spesso anche i mendicanti, effigiati col cappello proteso
verso lo spettatore per chiedere la carità, non fa che confermare queste indicazioni.

Che Cipper non fosse l'unico, nella Lombardia a cavallo tra Seicento e
Settecento, a percorrere simili strade lo dimostra questo bellissimo dipinto
raffigurante una *Madre con due figli* (Tav. 33), presentato per la prima volta
in occasione della mostra dedicata alla pittura con scene di genere, tenutasi a Brescia nel 1998,[9] e che, proprio per la sua famigliarità con le opere
più precoci e intensamente realistiche di Todeschini, va certamente col-
locato in prossimità dell'ambito milanese, ad una data vicina allo scorcio
del Seicento. Gli accenti pauperistici di Cipper risultano qui decisamente
enfatizzati e interpretati con un alto respiro drammatico che nulla con-
cede all'ironia, puntando piuttosto a restituire la sofferenza che scandisce
l'incedere grave e incombente di queste tre figure di diseredati in cerca di
qualche spicciolo per sopravvivere e vestiti con abiti laceri tra i quali spicca,
come nota singolarissima, la gonna blu della madre, ottenuta ricucendo
in qualche modo delle pezze della cosiddetta "tela di Genova", il moderno
blue jeans, riconoscibili per la loro particolare tramatura.

Oltre ad accentuare il sapore realistico della scena, nella sua rarità quel
dettaglio contribuisce a far del dipinto un vero e proprio documento di
cultura materiale, la cui affidabilità è confortata dal fatto che il medesimo
inserto compare in un altro dipinto raffigurante una *Madre che cuce con due
figli* (Tav. 34), conservato presso la collezione della Fondazione Cariplo a
Milano:[10] un'opera che mi pare certamente riferibile allo stesso, notevolissimo e ancora anonimo artista responsabile del dipinto precedente, come

---

[9] GRUBER, in *Da Caravaggio*, cit., pp. 425, n. 90.

[10] Come opera di scuola francese del XVII secolo il dipinto è stato recentemente
reso noto da RAFFAELLA COLACE, in *Fondazione Cassa di Risparmio delle Province Lombarde.
Le collezioni d'arte dal Classico al Neoclassico*, a c. di Maria Luisa Gatti Perer, Cinisello Balsamo, Amilcare Pizzi, 1998, pp. 226-29.

indica a chiare a lettere non solo, evidentemente, il motivo della gonna
di blue jeans indossata nuovamente dalla madre, ma anche l'identico accento espressivo, accorato e silente, con cui è descritta la condizione di
povertà estrema e irrimediabile dei tre protagonisti della tela.

È certamente anche alla luce di esempi come questi che meglio si ca-
piscono i presupposti stilistici e culturali che stanno alla base dell'affermazione del grande protagonista della pittura con scene di vita quotidiana in Lombardia nel corso del Settecento, vale a dire Giacomo Ceruti
(Milano 1698-1767).

Attivo inizialmente soprattutto a Brescia, Ceruti dovette tuttavia trovare il terreno più fertile per la propria formazione proprio a Milano, città
nella quale risiedette almeno fino al 1718[11] e presso la quale aveva fin da
subito potuto entrare in contatto con la copiosa produzione di Todeschini,
di una generazione più giovane di lui. Pur non trascurando le possibili
suggestioni che potevano giungere da vicende meno note, come quella
relativa al bellissimo e anomino maestro prima esaminato, è chiaro infatti
che proprio la frequentazione delle opere milanesi di Cipper dovette costituire la fondamentale esperienza sulla quale si innestò il linguaggio del
pittore, che non a caso nelle sue prove più precoci si trovò molto spesso a
replicare i temi divulgati da Cipper nei decenni precedenti, dai giocatori
di carte, ai mendicanti, alle scene di rissa e di mercato, fino alle ben note
scuole di cucito.

È tuttavia evidente come, al di là di questa dipendenza iconografica,
le immagini create negli anni giovanili da Ceruti si differenzino profondamente da quelle todeschiniane, proponendo un approccio a quei temi
popolari assai differente, caratterizzato dall'abbandono della componente
comica e grottesca e di quel campionario di allusioni moralistiche che
scandiscono la produzione di Cipper, in favore non solo di una più sincera verità di sguardo, ma anche di un approccio commosso ai protagonisti di quelle scene. Tutti requisiti che emergono in modo ben evidente
nelle tele del ciclo di Padernello, il grande capolavoro realizzato per l'appunto da Ceruti nei suoi primi tempi, tra gli anni Venti e i primi anni
Trenta del Settecento, in coincidenza col lungo soggiorno bresciano del
pittore (Figg. 2, 3).

---

[11] Cfr. VITTORIO CAPRARA, *Regesto*, in *Giacomo Ceruti. Il Pitocchetto*, catalogo della
mostra (Brescia), Milano, Mazzotta, 1987, p. 202. Dai documenti a nostra disposizione
possiamo stabilire che il trasferimento del pittore a Brescia avvenne entro il 1721.

Il valore profondamente innovativo di queste immagini e il loro posto di assoluta preminenza all'interno della contemporanea pittura di genere europea sono circostanze troppo note, perché le si debba ribadire.[12]

Ciò che qui preme piuttosto sottolineare, è il fatto che, come le opere fino ad ora chiamate in causa hanno fatto capire in termini eloquenti, le scene di genere milanesi e lombarde dei primi decenni del Settecento presentano, da un punto di vista iconografico, caratteri piuttosto omogenei, individuabili in una netta propensione per la rappresentazione di immagini dagli espliciti caratteri pauperistici. Scene nelle quali, cioè, i protagonisti sono sempre o quasi esponenti dei ceti più umili, spesso veri e propri emarginati e vagabondi, raffigurati mettendo in risalto, a volte in modo estremamente perentorio, i connotati della loro povertà, resi ancor più espliciti dalla predilezione per la rappresentazione delle figure al naturale: una caratteristica che si pone come prerogativa importante della produzione di genere milanese e lombarda di questi anni.

Le cose, però, non andarono in questo modo per tutto il Settecento. A partire dai decenni centrali del secolo, infatti, la situazione mutò sensibilmente, ed è proprio su questa svolta radicale, ricca di significati e di implicazioni che paiono anche andare al di là delle pure questioni figurative, che si vuole puntare l'attenzione in questa sede.

Per rendersi conto di questa decisiva inversione di tendenza non c'è viatico migliore che ripercorrere brevemente la vicenda del maggiore protagonista della nostra storia, e cioè Giacomo Ceruti, partendo ovviamente da dove l'avevamo lasciata, vale a dire al momento del ciclo di Padernello, la sua impresa bresciana certamente ultimata intorno al 1734-1735. Com'è noto, infatti, proprio in prossimità di quegli anni, l'artista milanese pose fine alla sua lunga permanenza a Brescia per trasferirsi in Veneto, e in particolare a Padova, dove le carte d'archivio lo attestano fino al 1739 dando notizia, tra l'altro, anche dei suoi rapporti con il contesto veneziano, do-

---

[12] Per quanto riguarda la giovanile produzione pauperistica di Ceruti resta di fondamentale rilevanza l'ampio studio di MINA GREGORI, *Giacomo Ceruti*, Cinisello Balsamo, Amilcare Pizzi, 1982, in particolare pp. 41-68. Sulla questione si vedano anche M. GREGORI, *Centralità del ciclo Avogadro-Salvadego nella pittura di Giacomo Ceruti e nel Settecento preilluminista lombardo*, in *Giacomo Ceruti. Il Pitocchetto*, catalogo della mostra (Brescia), Milano, Mazzotta, 1987, pp. 29-48; FRANCESCO FRANGI, *L'immagine dei poveri tra genere, realtà e cultura assistenziale: riflessioni in margine al ciclo di Padernello di Giacomo Ceruti*, in *Da Caravaggio*, cit., pp. 43-62.

cumentati dalle opere realizzate per il maresciallo Matthias Schulenburg, uno dei più illustri e intelligenti collezionisti presenti in laguna in quegli anni.

Successivamente a questa fondamentale esperienza, che comportò evidentemente un confronto ravvicinato con la pittura veneziana degli anni d'oro della stagione rococò, il pittore dovette quindi fare rientro nella sua città natale, Milano appunto, dove i documenti lo segnalano a partire dal 1742 e dove, eccezion fatta per un soggiorno piacentino collocabile tra il 1743 e il 1746, Ceruti dovette risiedere con buona continuità fino alla morte, avvenuta nel 1767.[13] Da quanto possiamo oggi arguire, durante questa lunga e importante presenza milanese nel cuore del Settecento, coincidente con gli anni degli esordi di Parini, l'artista si dedicò soprattutto al ritratto (disciplina peraltro da lui coltivata con successo fin dagli esordi), entrando in contatto con la migliore aristocrazia cittadina del tempo, dai Cicogna Mozzoni, ai Litta, ai Medici di Marignano, e così via.

Ciò non significa, però, che Ceruti abbandonò l'altro versante prediletto della propria produzione, quello delle scene di vita quotidiana: anche negli anni milanesi, infatti, l'artista tornò a più riprese a frequentare la pittura con scene di genere, dando vita ad esemplari eccellenti e di grande impegno, caratterizzati tuttavia da un profondo scarto non solo stilistico ma anche di registro espressivo rispetto alle opere bresciane prima esaminate: un fatto questo, che emerge con particolare rilievo in alcune tele di grandi dimensioni e di tema pastorale, databili con ogni probabilità già oltre la metà del secolo, come la *Pastora* già presso Colnaghi a Londra (Tav. 35 e Fig. 4), la *Pastorella con la rocca* già nella collezione Suida Manning a New York, e il ben noto quadro con *Giovane filatrice e contadino con la gerla* (Tav. 36 e Fig. 5) dei Musei Civici del Castello Sforzesco di Milano.[14]

È sufficiente passare in rassegna rapidamente queste opere, tra loro intimamente legate, per rendersi conto che esse parlano ormai una lingua ben differente da quella, drammatica e toccante, del ciclo di Padernello. I toni apertamente pauperistici e l'intonazione sofferente dei quadroni bresciani, realizzati davvero, come ebbe a rilevare Roberto Longhi, con

---

[13] Caprara, *Regesto*, cit., pp. 204-13.

[14] Le tre opere citate (cui va collegata la tela raffigurante la *Mamma col bambino e una mucca*, di collezione privata bresciana) sono state per la prima volte avvicinate tra loro da Mina Gregori, che le ha giustamente collocate negli anni più avanzati del percorso di Ceruti (Gregori, *Giacomo Ceruti*, cit., p. 84).

una pittura "color di polvere e di stracci",[15] ha lasciato il posto ad un registro decisamente disteso e rasserenato. I protagonisti delle tele non sono più laceri pitocchi, confinati ai margini estremi della convivenza civile, ma contadini dignitosamente vestiti e atteggiati,[16] sui cui volti, dai tratti delicati, compare quasi sempre un'espressione di pacificata soddisfazione, ben lontana dagli accenti di dolore che si leggevano negli sguardi dei disperati pitocchi delle tele di Padernello.

Lo scarto, insomma, non riguarda solamente le scelte stilistiche, orientate ora verso una stesura lustra e preziosa, ma anche il repertorio tematico e iconografico. Spariti i mendicanti e i vecchi abbandonati al loro destino, salgono ora alla ribalta contadini del tutto pacati e sereni, fiduciosi della loro esistenza saldamente radicata alla ricchezza della terra che li circonda.

Leggere questa trasformazione come il segnale o quanto meno l'indizio di un miglioramento delle reali condizioni di vita dei ceti più umili appare un'operazione quanto meno avventata, la cui validità risulta minata sul nascere dalle indagini condotte dagli storici, e in particolare da Carlo Capra,[17] sulla situazione economica delle plebi rurali e cittadine milanesi, proprio in relazione agli anni che qui ci interessano. Indagini dalle quali emergono risultati che non offrono alcuna giustificazione al tono ottimistico e quasi idillico di quelle rappresentazioni di Ceruti.

E del resto, già le ricerche condotte da Alessandro Morandotti in occasione della recente mostra bresciana prima ricordata, hanno puntato l'attenzione sulla sostanziale impossibilità di interpretare i dipinti con scene di vita quotidiana quali fedeli testimonianze della realtà sociale del loro tempo.[18]

Il punto è un altro, e riguarda piuttosto il mutare di una sensibilità, l'affermarsi cioè di un nuovo modo di intendere e di rappresentare quel

[15] ROBERTO LONGHI, in *Pittura della realtà in Lombardia*, catalogo della mostra, Milano, 1953, p. 63.

[16] Come mi fa notare Grazietta Buttazzi, che ringrazio per il prezioso suggerimento, tanto nella *Pastora* già Colnaghi, quanto nella *Giovane filatrice e contadino con gerla* dei Musei Civici di Milano, i protagonisti sembrano infatti indossare non tanto gli abiti da lavoro quanto quelli che normalmente portavano nei giorni di festa.

[17] CARLO CAPRA, *"Ogni cosa prospera e prende incremento"*, in *L'Europa riconosciuta. Anche Milano accende i suoi Lumi (1706-1796)*, Cinisello Balsamo, Amilcare Pizzi, 1987, pp. 165-97.

[18] A. MORANDOTTI, *Poveri, pitocchi, emarginati: fonti figurative e storia sociale (nella prospettiva dell'epopea di Giacomo Ceruti)*, in *Da Caravaggio*, cit., pp. 63-74.

mondo a parte costituito dall' "ignobil vulgo": un cambiamento di sensibilità sulla scorta del quale quell'universo popoloso veniva ora chiamato in causa non più per ridere delle sue rozzezze e per commiserare il suo stato di sofferenza, bensì per evocare una condizione di benessere placido e senza drammi, ritmata dai quotidiani doveri ma anche dalle quotidiane soddisfazioni che il rapporto con la terra e con la natura poteva garantire.

Non v'è dubbio che a sollecitare questa trasformazione del linguaggio di Ceruti dall'accorato pauperismo delle opere precoci al carattere quasi arcadico dei dipinti milanesi degli anni Cinquanta del Settecento, contribuì innanzitutto il decisivo soggiorno veneto dei tardi anni Trenta. Una permanenza che obbligò il pittore a fare i conti con le diverse interpretazioni della scene di genere offerte dagli artisti della laguna e in particolare da Giovan Battista Piazzetta, che già a partire dal secondo decennio del secolo aveva dato vita ad una raffinatissima produzione di scene di carattere agreste, pervase da un lirismo malinconico di ascendenza chiaramente arcadica, di cui è altissima testimonianza la grande *Scena pastorale* dell'Art Institute di Chicago: un'opera riferibile ai primi anni Quaranta del Settecento e significativamente realizzata per quello stesso maresciallo Matthias Schulenburg che abbiamo visto figurare tra i sostenitori veneziani di Ceruti.[19]

Che non tutto possa essere spiegato in quella direzione lo dimostra però non solo il fatto che le opere di Ceruti prima ricordate cadono quasi quindici anni oltre quell'esperienza, ma anche la stessa forte indipendenza stilistica rispetto ai modelli veneti che distingue questi dipinti milanesi dell'artista, nei quali a prevalere, come ha notato Mina Gregori,[20] è se mai il rimando alle fortunatissime incisioni seicentesche di tema pastorale di Abraham Bloemaert, abilmente adattate dal pittore alla limpida nitidezza di visione, tipicamente settecentesca, che connota tutte queste opere. Esse si configurano dunque come il frutto di una scelta sostanzialmente autonoma, che dovette trovare ampi consensi presso il collezionismo cittadino, con ogni probabilità quella stessa aristocrazia che Ceruti andava immortalando nei molti ritratti eseguiti in quegli stessi anni.

Il fatto che tutto ciò sia avvenuto a Milano, proprio nel tempo in cui Parini componeva le sue odi alla vita rustica e alla salubrità dell'aria è una

---

[19] Sulla tela di Chicago e, più in generale, sulla coeva produzione di scene di genere di Piazzetta, cfr. GEORGE KNOX, *Giambattista Piazzetta*, Oxford, 1992, pp. 186-98.

[20] GREGORI, *Giacomo Ceruti*, cit., p. 59.

coincidenza sulla quale appare difficile sorvolare. Senza voler forzare i termini della questione, mi pare infatti che la rievocazione luminosa, sottilmente idealizzata, della vita dei campi che traspare nei dipinti di Ceruti, assomigli non poco, per molti aspetti, a quella che connota in particolare *La Salubrità dell'aria*, la cui sintonia con i dipinti dell'artista milanese sembra giocarsi soprattutto sul terreno di una comune sensibilità poetica, abilmente giocata sul crinale tra arcadia e realismo. Al punto che pare difficile trovare immagini che meglio del quadro di Ceruti conservato ai Musei Civici milanesi restituiscano le sembianze e il carattere di quella "Beata gente che di fatiche onusta è vegeta e robusta", celebrata dall'ode pariniana. Anche perché a ribadire questa sintonia contribuisce la propensione, individuabile tanto nell'anziano Ceruti quanto nel giovane Parini, per una rappresentazione che pur non rinunciando alla schiettezza naturalistica, la sottopone al vaglio di un'impeccabile e cesellata eleganza di stile.

Tutte considerazioni che credo possano trovare ulteriori stimoli nella notevole e coeva serie di tele cerutiane presentate per la prima volta alla recente mostra pariniana tenutasi al Museo di Milano[21] e all'interno della quale il vivace ritratto di un bonario cacciatore è affiancato da due giovani e deliziose contadinelle, una intenta a cucire, l'altra invece colta nell'atto di mostrare con soddisfazione il proprio gatto accucciato nella cesta di vimini (Tavv. 37, 38). Due immagini, queste ultime, che nel loro realismo ingentilito e aggraziato costituiscono nuovamente il più pertinente commento visivo, non in senso letterale, ma nello spirito e nell'accento poetico, alle "villanelle a cui sì vivo e schietto aere ondeggiare fa il petto", evocate da Parini quasi in conclusione de *La Salubrità dell'aria*. Oppure ai bei volti, "giocondi e rubicondi", dei contadini, chiamati in causa poco prima dal poeta, sempre all'interno di quell'ode.

L'assenza pressoché totale di notizie riguardo alla concreta identità anagrafica e culturale dei committenti di tutte queste opere mature di Ceruti non consente evidentemente di verificare se le indubbie affinità di spirito e di stile con i testi pariniani siano da leggersi come indizio di una complicità culturale più profonda. Se cioè anche i caratteri e i contenuti dei dipinti del pittore milanese possano in qualche modo avere a che fare con quell'appassionata rivalutazione dell'agricoltura e dell'attività dei contadini che le teorie fisiocratiche contribuirono a diffondere, trovando i

---

[21] F. FRANGI, in *La Milano del Giovin Signore*, cit., p. 231, n. 34 a-c.

consensi, come si è detto, dello stesso Parini, oltre che di Cesare Beccaria e di altri intellettuali della Milano del tempo.

La sensazione, comunque, è che investire le tele cerutiane di un esplicito significato per così dire programmatico, e connotarle in senso strettamente ideologico, sarebbe un'operazione sostanzialmente scorretta e poco rispettosa della funzione in fondo decorativa che simili opere dovevano assolvere.

Proponendosi quasi come un commento visivo alle terse pagine delle odi pariniane, le tele di Ceruti e la loro fortuna milanese sembrano piuttosto costituire la spia preziosa dell'instaurarsi, all'interno dell'élite cittadina del tempo, di un comune sentire, di una diffusa propensione a guardare la realtà della vita dei campi in un modo nuovo, fiducioso e forse un po' edulcorato, a metà strada tra il sogno arcadico e una più moderna lucidità di visione.

Che si trattasse di un sentimento ben radicato lo dimostra il fatto che la svolta in chiave arcadico-pastorale di Ceruti non si configura come un episodio isolato e interno alla sua vicenda, ma costituisce il punto di avvio di una cospicua produzione tutta milanese che si allineerà, in sostanza, alle coordinate espressive e tematiche del grande artista lombardo, dimostrando il profondo ed esteso gradimento di quel tipo di dipinti presso il collezionismo cittadino. Un fenomeno che coinvolgerà anche pittori solitamente poco propensi alla pittura di genere, come il vogherese Paolo Borroni (Voghera 1749-1819) e il ben più dotato Francesco Corneliani (Milano 1742-1814), il pittore preferito dai Verri,[22] la cui dimestichezza con la pittura di genere è attestata da un raffinatissimo dipinto raffigurante *Due pastorelli musicanti*, collocabile intorno agli anni Ottanta del Settecento e già pervaso da una delicatezza sentimentale preromantica che lo rende equivalente, più trepido e sincero però, delle contemporanee immagini fanciullesche di Jean Baptiste Greuze.[23] Mentre per quanto ri-

---

[22] Su questo artista, certamente da annoverare tra le personalità più interessanti della cultura figurativa in Italia settentrionale alle soglie del Neoclassicismo, cfr A. MORANDOTTI, *Francesco Corneliani (1742-1814). Realtà e senso nella tradizione pittorica lombarda*, in "Nuovi Studi", 1, I (1996), pp. 73-103.

[23] Il dipinto, di ubicazione sconosciuta, è stato riferito a Corneliani da Daniele Benati, cui vanno i miei ringraziamenti per la preziosa segnalazione. In precedenza la tela era stata resa nota come opera di Francesco Londonio in *Naturaliter. Nuovi contributi alla natura morta in Italia settentrionale e Toscana tra XVII e XVIII secolo*, a c. di Gianluca e Ulisse Bocchi, Casalmaggiore, 1998, p. 256.

guarda Borroni, la sua produzione di genere trova una significativa testimonianza nelle allegorie agresti delle *Quattro stagioni* (Tav. 39), di schietto sapore cerutiano, esposte anch'esse alla mostra del Museo di Milano:[24] un ciclo eseguito intorno al 1780 e che risulta di un certo interesse evocare in questo contesto, dal momento che i biografi del Borroni ci accertano che egli, allorchè frequentava il collegio elvetico milanese, fu in rapporti proprio con Parini.[25]

È bene peraltro tenere presente che all'epoca delle opere di Corneliani e di Borroni la diffusione di queste tematiche aveva ormai assunto i connotati di una vera e propria moda, in virtù soprattutto dell'affermazione di Francesco Londonio (Milano 1723-1783), le cui idilliche favole pastorali, immancabilmente immerse in un'atmosfera assorta e popolate da spensierati contadini dall'aspetto del tutto rassicurante, già a partire dagli anni Cinquanta avevano preso a diffondersi nelle case milanesi, incontrando un successo quasi incontrastato (Tav. 40). La raffinata formula stilistica escogitata poco prima da Ceruti trovava così il modo di diventare patrimonio di tutti o quasi, stemperandosi in un linguaggio un poco ripetitivo e disimpegnato che comunque confermava il radicarsi ad ampio raggio di una propensione del gusto ben precisa, che ancora una volta nulla ci autorizza a immaginare sollecitata da qualche precisa spinta teorica, fisiocratica o meno che fosse. Ciò che dettava le scelte dei collezionisti era probabilmente solo il desiderio di collocare sulle pareti del proprio palazzo, un'immagine che rievocasse, come una poesia arcadica, le delizie della campagna. E che questo avvenisse proprio nel momento in cui l'aria, in città, cominciava a non essere più salubre, era la cosa più naturale.

---

[24] FRANGI, *L'immagine dei poveri*, cit., p. 233, n. 38 a-d.
[25] La notizia si deduce da GIUSEPPE MARIA SCARAMUZZA, *Elogio storico del cavaliere Paolo Borroni pittore vogherese*, Milano, 1820, p. 14.

Figura 1 – Giacomo Francesco Cipper, il Todeschini, *Partita a carte*, collezione privata.

Figura 2 – Giacomo Ceruti, *Filatrice e bambina*, collezione privata (particolare).

Figura 3 – Giacomo Ceruti, *Scuola di cucito*, collezione privata.

Figura 4 – Giacomo Ceruti, *Pastora*, già Londra, Colnaghi.

Figura 5 – Giacomo Ceruti, *Giovane filatrice e contadino con gerla*, Milano, Musei Civici del Castello Sforzesco.

LE TAVOLE

Tavola 1 – Pietro Gonzaga, *Sotterraneo sepolcrale*, *Giulio Sabino*, Crema 1788. Venezia, Fondazione Giorgio Cini.

Tavola 2 – Pietro Gonzaga, *Sotterraneo sepolcrale*, Milano, Museo Teatrale alla Scala.

Tavola 3 – Pietro Gonzaga, *Luogo orrido con antro*, Venezia,
Fondazione Giorgio Cini.

Tavola 4 – Francesco Fontanesi (acquaforte di Giovanni Rocca da),
Sepolcri, 1794, Reggio Emilia, Civici Musei.

Tavola 5 – Pietro Gonzaga, *Portico rustico*, San Pietroburgo, Ermitage.

Tavola 6 – Alessandro Sanquirico (litografia da), Piazza nel villaggio, *L'elisir d'amore*, Milano 1832. Raccolta privata.

Tavola 7 – Pompeo Batoni, *Nudo seduto*, 1775, Milano, Accademia di Belle Arti di Brera, Gabinetto disegni e stampe.

Tavola 8 – Anton Raphael Mengs, *Nudo come Telamone*, Milano, Accademia di Belle Arti di Brera, Gabinetto disegni e stampe.

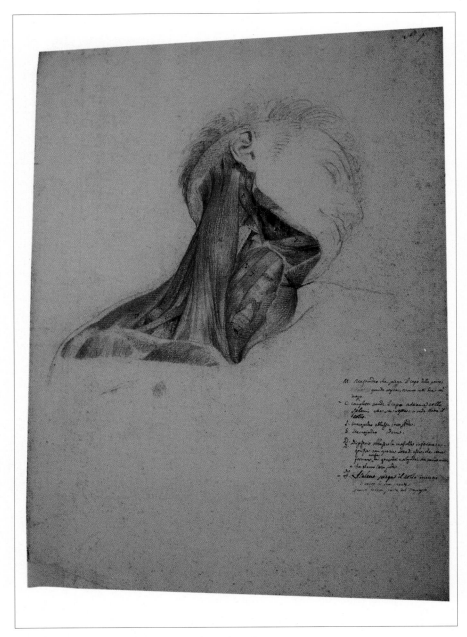

Tavola 9 – Ercole Lelli (o scuola), *Muscolatura superficiale del collo*, Milano, Accademia di Belle Arti di Brera, Gabinetto disegni e stampe.

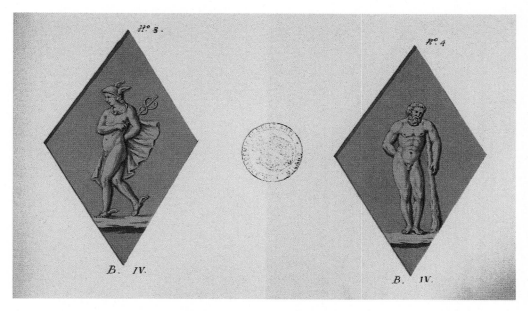

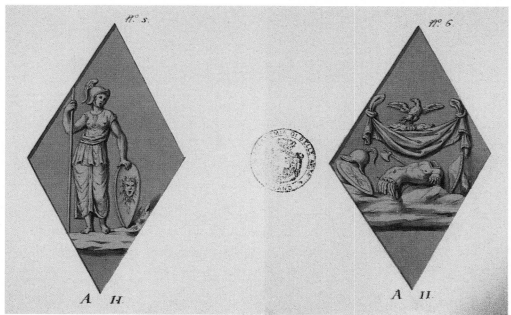

Tavole 10-11 – Scuola mantovana, seconda metà del XVIII sec., *Figure allegoriche e decorative*, da Giulio Romano, mm 193 × 200 ciascuno, disegni a china acquerellata. Milano, Accademia di Belle Arti di Brera, Gabinetto Disegni e Stampe.

Tavola 12 – Giuseppe Bossi *"Ed accarezzan le cadenti barbe"*, Milano, Accademia di Belle Arti di Brera, Gabinetto dei Disegni, Album Bossi, I, 220.

Tavola 13 – Giuseppe Bossi, *Gonippo e Panormo*, Album I, 49.

Tavola 14 – Giuseppe Bossi, *Plangona conduce Cherea da Dioniso*, Album I, 109.

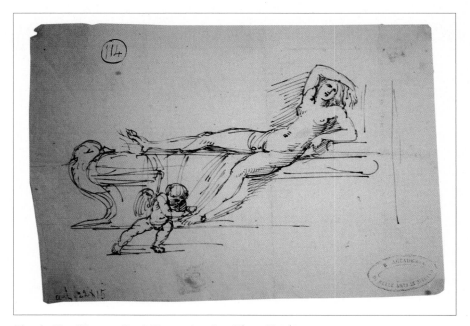

Tavola 15 – Giuseppe Bossi, *Venere e Amorino*, Album II, 343.

Tavola 16 – Giuseppe Bossi, *Venere sorpresa nel sonno*, Album I, 152.

Tavola 17 – Anonimo artista lombardo, *Pietro Verri che addita una massima politica delle Filippiche*, 1765-1770 circa. Milano, collezione Luisa Sormani Andreani Verri.

Tavola 18 – Giacomo Ceruti, *Ritratto del marchese Carlo Cosimo di Marignano*, (?) 1745-1755 circa. Collezione privata.

Tavola 19 – Paolo Borroni, *Ritratto di Alberico XII di Belgioioso d'Este*, 1790-1791. Voghera, collezione Ferdinando Casati.

Tavola 20 – Francesco Corneliani, *La famiglia Castiglioni ripercorre idealmente il viaggio in America di Luigi Castiglioni*, 1790-1795 circa. Mozzate, collezione privata.

Tavola 21 – Antonio Perego, *Ritratto di Domenico Balestrieri*, 1777-1778.
Pavia, collezione privata.

Tavola 22 – Antonio Perego, *L'Accademia dei pugni*, 1766.
Milano, collezione Luisa Sormani Andreani Verri.

Tavola 23 – Antonio Perego, *L'arciduca Ferdinando con la famiglia a Milano*, 1776. Vienna, Bundesmobilierverwaltung.

Tavola 24 – Francesco Londonio, *Autoritratto*, Milano, Museo d'Arte Antica del Castello Sforzesco.

Tavola 25 – Particolari degli intagli delle cornici degli specchi nell'omonima sala in Palazzo Litta a Milano (1743-1760).

Tavola 26 – Antonio Fusi, altare della chiesa di Santa Maria a Esine (Bg), 1750 ca.

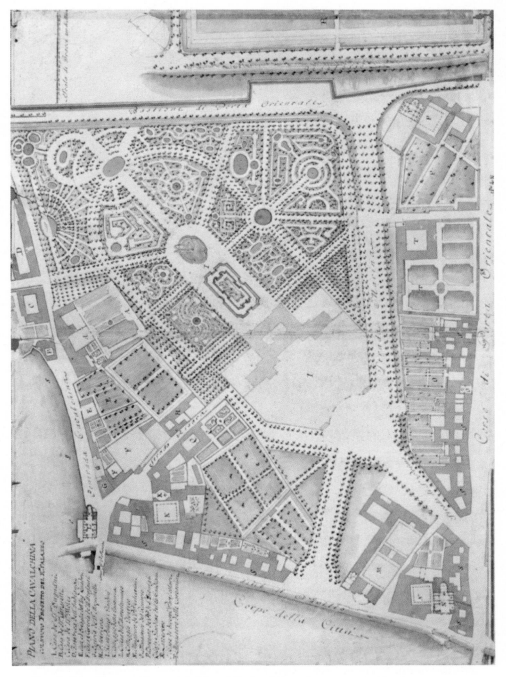

Tavola 27 – Giuseppe Piermarini, *Piano della Cavalchina col nuovo progetto del regio palazzo*, 1770. Foligno, Biblioteca Comunale, Fondo Piermarini.

Tavola 28 – Porzione di Milano. Parrocchie sotto porta orientale e Porta Tosa, 1751. Milano, Archivio di Stato, Mappe Carlo VI, 3551.

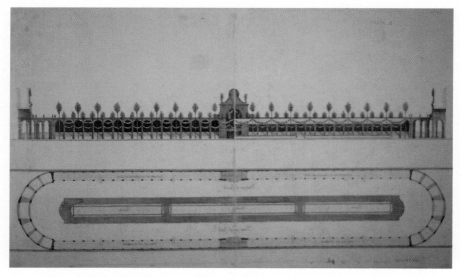

Tavola 29 – Giuseppe Piermarini, Berceaux. 1771. Foligno, Biblioteca Comunale, Fondo Piermarini.

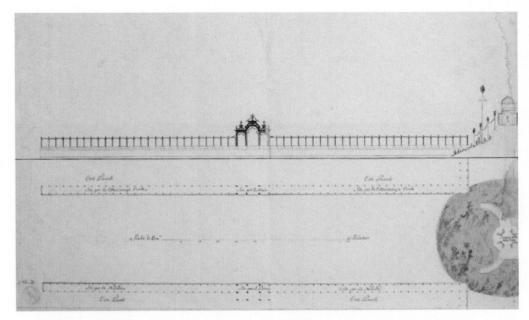

Tavola 30 – Giuseppe Piermarini, *Orti pensili*, 1771. Foligno, Biblioteca Comunale, Fondo Piermarini.

Tavola 31 – Giuseppe Piermarini, *Tempio della dea Flora*, 1771. Foligno, Biblioteca Comunale, Fondo Piermarini.

Tavola 32 – Giacomo Francesco Cipper, il Todeschini, *Vecchia contadina che si scalda e ragazzo che mangia*, collezione privata.

Tavola 33 – Pittore attivo in Lombardia alla fine del XVII secolo, *Madre con due figli*, collezione privata.

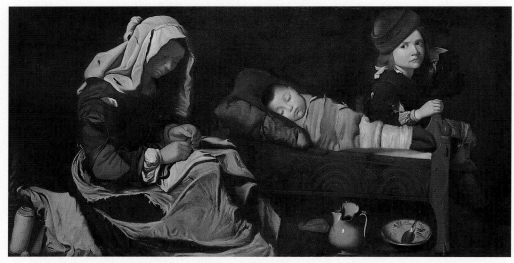

Tavola 34 – Pittore attivo in Lombardia alla fine del XVII secolo, *Madre che cuce con due figli*, Milano, Collezione della Fondazione della Cassa di Risparmio delle Province Lombarde.

Tavola 35 – Giacomo Ceruti, *Pastora*, già Londra, Colnaghi.

Tavola 36 – Giacomo Ceruti, *Giovane filatrice e contadino con gerla*, Milano, Musei Civici del Castello Sforzesco.

Tavola 37 – Giacomo Ceruti,
Contadina che cuce, Collezione privata.

Tavola 38 – Giacomo Ceruti,
Contadina col gatto, collezione privata.

Tavola 39 – Paolo Borroni,
L'inverno, collezione privata.

Tavola 40 – Francesco Londonio, *Scena campestre con contadini e animali*,
Milano, Musei Civici del Castello Sforzesco.

INDICE DEI NOMI

Marcocchi Massimo, 868

Margairaz Dominique, 253

Mari Michele, 105, 150, 188, 198, 301, 327, 335, 337, 399, 403, 411, 429, 437, 451, 500, 520, 638

Maria Antonia Ferdinanda di Borbone-Savoia, 249

Maria Antonietta d'Asburgo, 922

Maria Carolina, regina di Napoli, 112

Maria Cristina d'Austria (arciduchessa), 772

Maria Giovanna Battista di Savoia-Nemours, 55

Maria Luisa d'Asburgo, 945

Maria Luisa di Borbone, 759

Maria Teresa d'Asburgo (regina di Boemia e Ungheria), 33, 65, 66, 69, 108, 116, 120, 122, 125, 141, 161, 162, 165, 195, 246, 251, 288, 416, 417, 663, 664, 743, 745, 746, 747, 757, 758, 764, 767, 778, 784, 797, 803, 807, 913, 918, 922, 923, 936, 956, 1115

Maria Ricciarda Beatrice d'Este (arciduchessa), 64, 65, 107, 161, 198, 291, 416, 417, 700, 733, 757, 778, 794, 863, 900, 918, 922, 947, 1120

Mariani, 816

Marino Giambattista, 393

Marivaux Pierre de, 485, 492

Marliani Rocco, 618

Marmontel Jean-François, 485, 532

Maron Anton von, 998

Marpurg Friedrich Wilhelm, 866

Marrara Danilo, 50

Marri Federico, 762, 784

Marsigli Luigi Ferdinando, 1008

Martello Pier Jacopo, 448, 895

Martignoni Ignazio, 972

Martin Angus, 485

Martin Xavier, 170

Martinazzi Giovanni, 912

Martinelli Gaetano, 737

Martini Carlo Antonio (barone), 23, 153, 663

Martini Ferdinando, 717

Martinoni Renato, 22, 267, 268, 296, 297, 301, 455, 547, 549, 551, 553, 554, 562, 638, 987

Marucchi Francesco, 898

Marucci Valerio, 241

Marx Karl, 249, 250, 651

Mascheroni Lorenzo, 147, 903, 905, 909, 980

Masiello Vitilio, 691, 741

Masi Ernesto, 762

Masini Andrea, 352, 378, 381, 384, 387, 430, 517

Massafra Angelo, 45

Massimiliano III di Baviera, 739

Masson M. André, 495

Matarrese Tina, 347, 375, 383, 396, 398, 399, 402, 411

Mathieu Vittorio, 577

Mattei Diletti Colomba, 419

Mattioli Raffaele, 1049

Mauzi Robert, 322, 330, 337, 339, 340, 341, 586

Mayr Albert Michael von, 879

Mazza Angelo, 196

Mazzali Ettore, 373, 447, 696, 710

Mazzini Giuseppe, 85

Mazzocca Fernando, 19, 125, 319, 700, 934, 979, 994, 997, 998, 1003, 1016, 1036, 1045, 1046, 1050, 1054, 1117, 1122, 1145

Mazzocchi Giuseppe, 197, 335, 483

Mazzoni Guido, 20, 29, 137, 256, 268, 291, 299, 307, 347, 413, 416, 418, 419, 524, 533, 548, 576, 578, 617, 620, 621, 627,

Rezzano Francesco, 288
Rezzonico Carlo Castone della Torre, 111, 321, 520, 947, 1053, 1061
Rho Carlo Francesco, 1106
Ricaldone Luisa, 190
Riccardi Domenico, 925
Riccardi (fratelli), 817
Riccardi Giovanni Battista, 1076
Ricci Giuliana, 19, 125, 700, 996, 1054, 1112, 1116, 1117, 1118, 1119, 1120, 1121, 1123, 1125, 1127, 1129, 1131, 1133, 1134, 1135
Ricci Ludovico Maria, 267, 268, 270, 271, 272, 273, 274, 275, 276, 277, 278, 279, 280, 281, 282, 283, 285, 286, 287, 288, 289, 290, 291, 294, 296, 297, 298, 1072, 1115
Riccomini Enrico, 1075
Richini Malatesta Giuseppe, 101, 312
Ricuperati Giuseppe, 19, 57, 60, 64, 103, 112, 153, 154, 233
Ridolfi Cristoforo, 648
Riedlbauer Jörg, 743
Rieu Alain Marc, 484
Rigault Claude, 492
Rigoni Mario Andrea, 607
Rigutini Giuseppe, 47
Ripa Giulio Cesare, 29, 543, 545, 941
Ripamonti Giuseppe, 706
Ripano Eupilino, 24, 321, 322, 324, 327, 328, 352, 386, 430, 549, 550, 650, 706, 707, 1036
Ritter von Köckel Ludwig, 920
Riviera (conte della), 1070
Rizzardi Giammaria, 285, 290
Rizzini Marialuisa, 1103, 1108
Rizzo Onofrio, 121
Roberti Giambattista, 1105
Robert Marie-Anne Rounier Madame, 489

Robinet Jean-Baptiste René, 977
Robinson Michael F., 863
Roche Daniel, 246
Rochefort, 849
Rodella Giambattista (abate), 268, 279
Roettgen Steffi, 1052
Rogendorf (conte), 734
Roggero Marina, 116, 128, 132, 133, 140
Roggia Enrico, 992
Rognoni Francesco, 864
Rognoni Giovanni Domenico, 864
Rohlfs Gerhard, 379
Rolla Alessandro, 863, 869
Rollin Charles, 490, 1029
Rolli Paolo, 319, 320, 322, 324, 325, 330, 337, 382, 392, 398, 409
Romagnani Gian Paolo, 45
Romagnoli Sergio, 23, 105, 153, 211, 220, 246, 308, 309, 329, 349, 508, 514, 570, 584, 652, 669, 695
Romanelli Raffaele, 45, 56
Romani Mario, 35
Romano Giulio, 942, 1005, 1010, 1011, 1012, 1013, 1014, 1015, 1018
Romano Maria, 1031
Romei Danilo, 388
Roncaglia Gino, 860, 881
Ronconi Luca, 925
Rosaspina Francesco, 949
Rosci Marco, 1051, 1111
Rosenblum Robert, 688
Rosen Charles, 874
Rosiello Luigi, 436, 442
Rosmini Serbati Antonio, 579, 580
Rossetti Antonio, 817
Rossi Attilio, 861
Rossi Ichino Costanza, 131
Rossi Vittorio, 717

INDICE

Tomo primo

1204

Tomo secondo

Hanno collaborato al presente Quaderno:

Gennaro Barbarisi, ordinario di Letteratura italiana, Università degli Studi di Milano

Carlo Capra, ordinario di Storia moderna, Università degli Studi di Milano

Andrea Merlotti, dottore di ricerca in Storia moderna, Università degli Studi di Torino

Vittorio Criscuolo, associato di Storia moderna, Università degli Studi di Milano

Giuseppe Ricuperati, ordinario di Storia moderna, Università degli Studi di Torino

Elena Brambilla, associato di Storia Moderna, Università degli Studi di Milano

Gigliola di Renzo Villata, ordinario di Storia del diritto italiano, Università degli Studi di Milano

Roberto Bizzochi, straordinario di Storia moderna, Università degli Studi di Pisa

Luisa Ricaldone, ricercatrice di Letteratura italiana moderna e contemporanea, Università degli Studi di Torino

Carlo Borghero, ordinario di Storia della filosofia moderna, II Università di Roma "Tor Vergata"

Franco Arato, dottore di ricerca di Letteratura italiana, Università degli Studi di Genova

Rosa Maria Colombo, ordinario di Lingua e Letteratura inglese, Università di Roma "La Sapienza"

Ermino Gennaro, segretario generale dell'Ateneo di Scienze, lettere e arti di Bergamo

Matilde Dillon Wanke, associato di Letteratura italiana, Università degli Studi di Bergamo

Silvia Morgana, ordinario di Letteratura italiana, Università degli Studi di Milano

Andrea Masini, ordinario di Letteratura italiana, Università degli Studi di Milano

Pier Vincenzo Mengaldo, ordinario di Storia della lingua italiana, Università degli Studi di Padova

Ilaria Bonomi, associato di Grammatica italiana, Università degli Studi di Milano

Carlo Enrico Roggia, dottorando di ricerca in Filologia Romanza e Italiana, Università degli Studi di Padova

Piero Gibellini, ordinario di Letteratura italiana contemporanea, Università di Venezia

Lionello Sozzi, ordinario di Letteratura francese, Università degli Studi di Torino

Giuseppe Nicoletti, ordinario di Letteratura italiana, Università degli Studi di Firenze

Stefano Carrai, ordinario di Letteratura italiana, Università degli Studi di Trento

Maria Antonietta Terzoli, ordinario di Letteratura italiana, Università di Basilea

Renato Martinoni, ordinario di Letteratura italiana, Università di San Gallo

Mario Alessandro Cattaneo, ordinario di Filosofia del diritto, Università degli Studi di Milano

Marco Cerruti, ordinario di Letteratura italiana moderna e contemporanea, Università degli Studi di Torino

Ottavio Besomi, ordinario di Lingua e Letteratura Italiana, Politecnico federale, Università di Zurigo

Marco Ballarini, dottore della Biblioteca Ambrosiana, Milano

Felice Milani, direttore della Biblioteca Civica "Carlo Bonetta" di Pavia

Bartolo Anglani, associato di Letteratura comparata, Università degli Studi di Bari

Giovanna Scianatico, associato di Letteratura teatrale italiana, Università degli Studi di Lecce

William Spaggiari, associato di Letteratura italiana, Università degli Studi di Parma

Francesco Degrada, ordinario di Storia della musica moderna e contemporanea, Università degli Studi di Milano

Anna Laura Bellina, associato di Storia della musica moderna e contemporanea, Università degli Studi di Padova

Roberta Carpani, docente di Drammaturgia, DAMS, Università Cattolica del Sacro Cuore, Brescia

Mercedes Viale Ferrero, studiosa di Storia della scenografia, Torino

Alessandro Pontremoli, dottore di ricerca in Discipline dello spettacolo, Università degli Studi di Torino

Cesare Fertonani, ricercatore presso il Dipartimento di Storia delle arti, della musica e dello spettacolo, Università degli Studi di Milano

Paolo Bosisio, ordinario di Storia del teatro e dello spettacolo, Università degli Studi di Milano

Laura Nicora, bibliotecaria della Fondazione Mondadori, Milano

Fernando Mazzocca, associato di Storia della critica d'arte, Università degli Studi di Milano

Gennaro Savarese, ordinario di Letteratura italiana, Università di Roma "La Sapienza"

Francesca Fedi, ricercatrice di Letteratura italiana, Università degli Studi di Parma

Francesca Valli, docente di Storia dell'Arte, Accademia di Belle Arti di Brera, Milano

Alessandro Oldani, storico dell'arte, Milano

Chiara Nenci, storico dell'arte, Milano

Alessandro Morandotti, storico dell'arte, Milano

Eugenia Bianchi, cultrice di Storia dell'Arte, Università Cattolica del Sacro Cuore, Milano

Enrico Colle, docente di Storia delle arti decorative, Università degli Studi di Bologna

Grazietta Buttazzi, studiosa di Storia della moda, Milano

Giuliana Ricci, ordinario di Storia dell'Architettura, Politecnico di Milano

Francesco Frangi, ricercatore di Storia dell'Arte moderna, Università degli Studi di Torino

Lorenzo Caratti di Valfrei, studioso di genealogia, Milano

QUADERNI DI ACME

1. Istituto di Lingue dell'Europa Orientale, *Studi di letteratura russa*
F. Malcovati, *Viačeslav Ivanov e Dionisio: mito e premito* – A. Pasquinelli, *Le poesie di I.A. Krylov degli anni 1790-1798: documenti di una crisi* – L. Pletneva, *Mezzi espressivi e analisi stilistica:* Colpo di sole *di Ivan Banin* – G. Spendel, *Aleksej Kručěnych e l'Avanguardia russa: dai primi manifesti ai nuovi discepoli del Samizdat* – A. Sudakova Roccia, *La poetica delle immagini nella satira di Bulgakov*

2. Dipartimento di Filosofia, Franco Cambi, *Razionalismo e prassi a Milano (1945-1954)*
Introduzione. La cultura filosofica a Milano negli anni '40 – *I. Idea di ragione e marxismo in Antonio Banfi* – *II. Ragione e marxismo in «Studi filosofici»* – *III. Trascendentalismo della prassi e ragione*

3. Istituto di Anglistica, *Shéhérazade in Inghilterra. Formule narrative nell'evoluzione del* romance *inglese* (a cura di Patrizia Nerozzi Bellman)
P. Nerozzi Bellman, *Prefazione* – M. Grossi, *La retorica della passione nel romanzo popolare del primo settecento: la narrativa di Eliza Haywood* – L. De Michelis, *Il labirinto dell'illusione: luoghi ed occasioni mondane nella narrativa di Mary de la Rivière Manley e di Eliza Haywood* – M. Bignami, *ll fantasma e la maschera:* Pantomina *di Eliza Haywood* – P. Nerozzi Bellman, *Terrore e consumo: la popolarizzazione del gotico nel romanzo di Ann Radcliffe* – A. Paschetto, *Un primo e un ultimo uomo: il problema Mary Shelley da* Frankenstein *a* The Last Man

4. Istituto di Archeologia, Marina Castoldi, Luigi Malnati, *Studi e ricerche archeologiche in Basilicata*
M. Castoldi, *La ceramica con decorazione «a tenda» dell'Incoronata (Metaponto)* – L. Malnati, *Tombe arcaiche di S. Maria d'Anglona (scavi 1972-1973)*

5. Istituto di Filologia classica, *Graeco-latina Mediolanensia*
A. Aloni, *L'intelligenza di Ipparco (II). La presenza degli eroi attici in Omero e nelle tradizioni arcaiche* – D. Del Corno, *Note di lettura ad Archiloco, Menandro, Eschilo* – G. Zanetto, *Archiloco, la* τέρψις *e la* νεβρός – L. Lehnus, *Revisione di Pindaro, Partenio I* – G. Guidorizzi, *Sogno, malattia, guarigione da Asclepio a Ippocrate* – I. Gualandri, *Rileggendo l'ode di Archita (Orazio C. 128)* – L.F. Coraluppi, *Un'interpretazione liviana (XLV 13,13-16)* – G. Lozza, *Due note al «De infantibus praemature abreptis» di Gregorio Nisseno* – B. Moroni, *«Tituli Serenae»: motivi di un encomio femminile in Claudiano, C. m. 30* – F. Conca, *Per una nuova edizione critica del romanzo di Niceta Eugeniano. Collazione dei codici Vat. Urb. gr. 134 e Laur. acquisti e doni 341*

6. Istituto di Archeologia, *Nuovi contributi sulle fortificazioni pompeiane* (a cura di Cristina Chiaramonte Treré)

C. Chiaramonte Treré, *La questione delle mura* – C. Chiaramonte Treré, *La cortina esterna tra Porta Nola e la Torre VIII* – C. Chiaramonte Treré, L. Romanazzi, *I saggi di Porta Nola e la Torre VIII* – L. Romanazzi, A.M. Volonté, *Gli scarichi tra Porta Nola e la Torre VIII*

7. Istituto di Glottologia, *Contributi di orientalistica, glottologia e dialettologia*

C. Della Casa, *Contatti tra popoli e scambi culturali: la leggenda dell'unicorno* – F. Baldissera, *Danza o danze indiane* – M.L. Mayer Modena, *«Vedere», «illuminare», ed «esprimere», nella comparazione semantica indeuropeo-camito-semitica (sem. 'mr, lat. loquor, scr. svar- ecc.)* – F. Aspesi, *Sciroppare e sorbire sorbetti* – V. Brugnatelli, *Alternanze accentuali e morfosintassi nominale nel berbero orientale* – R. Arena, *Di alcune particolarità dei dialetti greci della Sicilia* – G. Boccali, *Per un'etimologia di «Sūriyănǧ-Sīrāf»* – M. Negri, *Ancora sul mic. «pa.ro»* – E. Banfi, *Problemi di lessico balcanico. II. Elementi lessicali del latino italo-meridionale in area balcanica* – G. Bonfadini, *Le denominazioni del «tutolo» nei dialetti bergamaschi* – R. Giacomelli, Εῶσος *ἑσώοη (A proposito di un epigramma di Simonide)* – G. Massariello Merzagora, *L'opera di Sever Pop nel campo della dialettologia romanza*

8. Dipartimento di Filosofia, *Miscellanea Secentesca* *Saggi su Descartes, Fabri, White*

A. De Pace, *Descartes critico di Descartes. Il concetto di quiete nelle leggi del moto da* Il Mondo *ai* Principi – M. Tamborini, *Tematiche algebriche vietiane nelle* Regulae *e nel* Libro Primo *della* Géométrie *di Descartes* – E. Caruso, *Honore Fabri gesuita e scienziato* – A. Lupoli, *La filosofia politica di Thomas White*

9. Istituto di Storia antica, *Studi di antichità in memoria di Clementina Gatti*

T. Alfieri Tonini, *I mercenari sacrileghi e il problema delle fonti di Diodoro Siculo per la storia di Timoleonte* – I. Calabi Limentani, *Due caratteristiche dell'onore della corona in Atene* – M. Caltabiano, *I trionfi di Costanzo II* – F. Cantarelli, *Le possibilità insediative e produttive dell'isola di Pantelleria dalla preistoria alla romanizzazione. Aspetti storici e proposte per il riconoscimento di una «limitatio»* – P.A. Carozzi, *Sulle origini religiose della «physis» greca. A proposito dell'edizione francese (1965) di «Eterno femminino mediterraneo» di Umberto Pestalozza (dal carteggio inedito U. Pestalozza - M. De Corte 1963-1966)* – G. Daverio Rocchi, *La ἱερὰ ὀργάς e la frontiera attico-magarica* – D. Foraboschi, *Economia e guerra del «De rebus bellicis»* – M.A. Levi, *Note di metodo* – P.G. Michelotto, *Intorno a Serviano cognato e vittima dell'imperatore Adriano* – E. Marinoni, *Silla, Delfi e l'Afrodite di Afrodisia. Per una interpretazione di Appiano, B. c. 197,451-55* – L. Moscati Castelnuovo, *Sul rapporto storiografico tra Antioco di Siracusa e Strabone (Nota a Strab. Vl 1,6 C257)* – A. Sartori, *Un sarcofago reticente di Comum* – A. Simonetti Agostinetti, *Greci e Ateniesi nella storia dei Diadochi di Diodoro Siculo (Libri XVIII-XX). Alcune osservazioni*

10. Istituto di Filologia moderna, *Ricerche di lingua e letteratura italiana (1988)*

G. Carnazzi, *Il primo canzoniere di Gasparo Visconti e il suo rapporto con il modello petrarchesco* – M. Mari, *Riflessi della fortuna di Eloisa nelle traduzioni italiane del Settecento* – P. Bosisio, *Un difensore di Goldoni e Chiari: Placido Bordoni nelle sue inedite lettere al canonico Lodovico Ricci* – R. Candiani, *L'intervento di Giuseppe Parini nella polemica coreutica tra*

1212

Angiolini e Noverre – G. Berardi, *«Cangiare in inno l'elegia». La rivoluzione della «Ginestra»* – G. Cartago, *Il 'vocabolario dei gesti' nei «Promessi sposi» e altri popolari romanzi dell'800* – M. Barenghi, *Diciture per un inedito del secolo decimo settimo. L'autorità narrativa nel «Fermo e Lucia» e nei «Promessi sposi»* – M. Tancini, *Luigi Carrer e la novella in prosa del primo Ottocento* – P. Giovannetti, *La strofa allusa. Esempi di parodia metrica nella poesia italiana fra Otto e Novecento* – E. Esposito, *Preliminari sul ritmo*

11. Istituto di Geografia umana, *Studi geografici sul paesaggio*
(a cura di Giorgio Botta)
G. Corna Pellegrini, *L'Atlante di Marinelli strumento per la conoscenza fisica e antropica del territorio italiano* – G. Scaramellini, *«Paesaggio», tipi geografici e rappresentazione cartografica. L'opera di Olinto Marinelli nel primo quarto del nostro secolo ed il problema della «geografia descrittiva»* – E. Arrigoni, *Fasti attico-salomonici ed Atene islamica. Il periegeta turco Evliya Celebì (sec XVII) e la reinterpretazione del paesaggio archeologico della campagna attica* – G. Botta, *Acque, vegetazione, colture nel paesaggio della Bassa milanese* – A. Violante, *Suolo e paesaggio agrario nell'Italia romana: l'apporto delle sistemazioni idrauliche* – E. Bianchi, *Verso nuovi paesaggi umani: modelli di insediamento residenziale per anziani nella società occidentale* – M. Carazzi, *Il paesaggio dell'industria a tecnologia avanzata* – F. Lucchesi, *Da villaggio peninsulare a metropoli costiera: l'evoluzione del paesaggio urbano di Boston* – G. Monaci, *Paesaggio industriale e paesaggio urbano: le trasformazioni del paesaggio urbano milanese* – A. Fumagalli, *Un difficile intervento di salvaguardia di beni ambientali: il Parco delle Groane* – A. Pagani, *Piani paesistici e spazio metropolitano* – G. Roditi, *Paesaggi della città: il paesaggio dei parchi, dei giardini, del verde urbano* – A. Treves, *Anni di guerra, anni di svolta. Il turismo italiano durante la prima guerra mondiale* – R. Mainardi, *Generi di vita popolamento paesaggi*

12. Dipartimento di Filosofia, *De motu. Studi di storia del pensiero su Galileo, Hegel, Huygens e Gilbert*
E.I. Rambaldi, *Introduzione* – A. De Pace, *Galileo lettore di Girolamo Borri nel* De motu – D. Majerna, *Copernico nella interpretazione hegeliana dell'astronomia moderna* – G. Mormino, *La relatività del movimento negli scritti sull'urto di Christiaan Huygens* – L. Sianesi, *Controversisti gestiti su magnetismo e moto terrestre*

13. Istituto di Archeologia, *Calvatone romana. Studi e ricerhe preliminari*
(a cura di Giuliana Facchini)
C. Della Porta (a cura), *Abbreviazioni bibliografiche* – G. Sena Chiesa, *Introduzione* – M.P. Lavizzari Pedrazzini, *Considerazioni sul progetto «Clavatone '90»* – L. Passi Pitcher, *Storia degli scavi* – M. Corsano, *Le fonti antiche* – G. Bonora, *Ricognizioni topografiche lungo la via Postumia* – E. Banzi, *Considerazioni topografiche sulla via Postumia nel territorio di Bedriacum* – M.T. Grassi, *Ricerche di superficie condotte a Calvatone negli anni 1986/87* – G.M. Facchini, *Appunti sulle anfore provenienti da ricerche di superficie nel territorio di Calvatone* – P. Cerri, *Scavi a Calvatone romana: Terra Sigillata proveniente dall'area della «strada porticata»* – C. Della Porta, *Considerazioni sulla ceramica comune proveniente da Calvatone romana: le olle* – C. Greco, *Studio di una forma in ceramica comune da Calvatone romana: i tegami* – E.A. Arslan, *Osservazioni preliminari sulla circolazione monetale antica a Calvatone* – G. Valenti, *Catalogo delle monete provenienti da Calvatone romana scavi 1957-61*

14. Istituto di Geografia umana, *Varietà delle geografie. Limiti e forza della disciplina* (a cura di Giacomo Corna Pellegrini e Elisa Bianchi)
G. Corna Pellegrini, *La varietà delle geografie* – G. Scaramellini, *Leggendo Paul Claval: introduzione al convegno* – P. Claval, *Varietà delle geografie: limiti e forza della disciplina* – E. Bianchi, *La soggettività ambientale in geografia: tradizione o innovazione?* – P. Bonora, *Spazio e tempo in geografia* – P. Coppola, *Diversità della geografia, geografia delle diversità* – B. Cori, *Transizione o stabilità della geografia?* – C. Da Pozzo, *Le nuove geografie e il recupero della tradizione* – P.R. Federici, *Geografia fisica e geografia umana: verso una maggiore collaborazione* – M. Quaini, *Geografia, marxismo e uso della metafora* – M. Tinacci Mossello, *Geografia economica e studio del territorio* – A. Vallega, *La geografia tra epistemologia interna e epistemologia esterna* – G. Zanetto, *Riflessioni su una diversità necessaria* – M.C. Zerbi, *Varietà dei discorsi geografici e loro possibili interazioni* – E. Balmas, *Il viaggio come strumento di conoscenza* – P. Beonio Brocchieri, *Geografie o etnografie* – G. Giorello, *Geografia mitica e geografia moderna. Sulla relatività delle rappresentazioni* – A. Marazzi, *Geografia, antropologia, etnologia* – A. Martinelli, *Geografia e sociologia* – R. Massa, *Geografia e pedagogia: scienze analogiche?* – G. Nardi, *Geografia e progettazione* – S. Pizzetti, *La geografia umanistica e alcuni aspetti della più recente storia della storiografia* – B. Vigezzi, *Paul Claval, la geografia umanistica e qualche possibile relazione con le discipline storiche*

15. Istituto di Psicologia, Luigi Anolli, Rita Ciceri, Federico Denti, *L'incrocio fra università e lavoro. Analisi di recenti percorsi occupazionali dei laureati in lettere e filosofia dell'Università degli Studi di Milano*
L. Anolli, *Introduzione* – F. Denti, *Gli studenti e i laureati della Facoltà di Lettere e Filosofia* – F. Denti, *La situazione occupazionale dei laureati: tra precarietà ed «eclettismo professionale»* – L. Anolli, R. Ciceri, *La ricerca del lavoro: fase di transizione tra formazione e occupazione* – L. Anolli, R. Ciceri, *Valutazione dell'esperienza universitaria alla luce della situazione occupazionale* – L. Anolli, R. Ciceri, *Considerazioni conclusive*

16. Istituto di Lingue e Letteratura francese, *La scoperta dell'America e le lettere francesi* (a cura di Enea Balmas)
E. Balmas, *Presentazione* – P. Carile, *L'eredità di Colombo* – J. Wells Romer, *Marguerite de Navarre's vision of the New World* – N. Clerici, *Le «Pièces liminaires» dei* Voyages Aventureux *di Jean Alfonce. Amicizie e corrispondenze letterarie di un navigatore francese del primo Cinquecento* – D. Mauri, *Il* Discours de l'Histoire de la Floride *di Nicolas Le Challeux ovvero crudeltà, paura e salvezza tra Vecchio e Nuovo Mondo* – A. Preda, *Tra desiderio nostalgia ed esperienza: la terra di Florida attraverso la relazione del capitano Jean Ribault* – B. Gallina, La Reprise de la Floride par le cappitaine Gourgue: *un mémorial* – S. Ferrari, *Les* Grands Voyages *de Théodore de Bry: état d'un destin satanique* – P. De Capitani, *Storiografia e politica coloniale in* Les Trois Mondes *di Henri de La Popelinière* – L. Stecca, *Il Mondo Nuovo rovina il Mondo Vecchio? Traiano Boccalini, Louis Du May e le Indie Occidentali* – A.M. Raugei, *Tra gli scaffali di una biblioteca italiana. Gian Vincenzo Pinelli e la letteratura francese sul Nuovo Mondo* – M.G. Adamo, *Una traduzione di Jacques Gohory:* L'Histoire de la Terre Neuve du Perù – R. Gorris, *Da Sefarad a Zarphath: antiche tradizioni e Nuovo Mondo* – A. de Vaucher, *Civilisation et langue de l'autre.* Le Grand Voyage

du Pays des Hurons *de Gabriel Sagard* – R. Carocci, *La Colombiade di Madame du Bo-cage: inizio dell'epopea colombiana* – C. Vinti, *Tra poligenismo e monogenismo. La polemica Voltaire-Lafitau* – A. Ceccarelli Pellegrino, *La scoperta dell'America e la sua funzione me-taletteraria in* Degrés *di Michel Butor*

17. Istituto di Anglistica, *«To Make you See». Saggi su Joseph Conrad* (a cura di Marialuisa Bignami)

M. Bignami, *Introduzione* – A. Lombardo, *Introduzione a Conrad* – M. Bignami, *«Très cher maître»: Joseph Conrad e la lezione di Henry James* – C. Pagetti, *Da San Tomé alle mi-niere di Tasman: Nostromo e i materiali sepolti dell'immaginario geografico* – M. Bait, *Joseph Conrad scrittore per ragazzi: verifica di un'ipotesi* – A. Caleffi, *L'arte della narrativa attra-verso la corrispondenza conradiana*

18. Istituto di Germanistica, *Vincenzo Errante. La traduzione di poesia ieri e oggi* (a cura di Fausto Cercignani e Emilio Mariano)

F. Cercignani, E. Mariano, *Premessa* – E. Mariano, *Vincenzo Errante: l'uomo e il traduttore di poesia* – E. Kanceff, *La poesia francese tradotta da Vincenzo Errante* – E. Guidorizzi, *La concezione di Goethe sulla* Weltliteratur *e l'*Orfeo – M. Beller, *Vincenzo Errante mediatore di poesia. L'esempio dell'inno* Der Rhein *di Hölderlin* – L. Zagari, *Vincenzo Errante tradut-tore-interprete e il gusto poetico italiano fra le due guerre* – M. Wandruszka, *"Vento dal mare, a notte"* – F. Cercignani, *Creazione poetica e traduzione* – J. Albrecht, *Il problema della rima nella traduzione poetica* – P. Mildonian, *Tradurre poesia: teorie d'oggi e di ieri* – R. Tordi, *In margine al* Discorsetto del traduttore *di Giuseppe Ungaretti* – A. Tonelli, *Un carteggio inedito tra Vincenzo Errante ed Eugenio Zaniboni* – P.A. Carozzi, *Fedeltà in anni di guerra. Dal carteggio inedito di Vincenzo Errante con Uberto Pestalozza 1940-1944* – C. Pozzi, *Il compito di educatore in Vincenzo Errante* – S. Carloni, *Vincenzo Errante nelle lezioni univer-sitarie*

19. Istituto di Archeologia, Federica Chiesa, *Aspetti dell'Orientalizzante re-cente in Campania. La Tomba 1 di Cales*

M. Bonghi Jovino, *Presentazione* – W. Johannowsky, *Premessa* – F. Chiesa, *Catalogo dei materiali* – F. Chiesa, *Tipologia e cronologia dei materiali archeologici* – F. Chiesa, *Osserva-zioni storico-culturali* – F. Chiesa, *Tavole*

20. Istituto di Geografia umana, *Eventi naturali oggi. La geografia e le altre discipline* (a cura di Giorgio Botta)

G. Scaramellini, *Presentazione* – G. Dematteis, *Mappe invisibili dell'evento* – D.E. Alexan-der, *Il tempo e lo spazio nello studio dei disastri* – U. Leone, *Eventi naturali oggi e problemi di geografia* – J. Bethemont, *Risque: interfaces et interations* – R. Mainardi, *Il rischio di eventi estremi in due regioni chiave dello spazio economico mondiale* – G. Zanetto, *Eventi na-turali e ricerca geografica: questioni di metodo* – E. Manzi, *Spazio, tempo e ambiente* – R. Gei-pel, *In difesa di una ricerca* Hazard *(calamità) comparata e relativa ai vari casi* – P. Cop-pola, *Tra catastrofi e governo del mutamento* – B. Cori, *Introduzione alla tavola rotonda (19 novembre 1991)* – F. Farinelli, *La catastrofe della catastrofe* – B. Franceschetti, *La cala-mità naturale è un fatto, non un'idea* – M. Quaini, *Astrologia-disastrologia: percorsi di ri-*

cerca nel labirinto della geografia – M. Tinacci Mossello, *Eventi naturali. La ricerca transdisciplinare* – M. Lombardi, *Sociologia delle emergenze. Aspetti e problematiche recenti* – P. Salvatori, *Transdisciplinarità nella ricerca geografica ed eventi naturali* – E. Arrigoni, *Catarismo-Albigeismo ed eventi naturali ovvero la categorica separazione tra teologia e natura* – P.R. Federici, *Eventi naturali e geografia fisica* – C. Smiraglia, *Eventi estremi e rischi nell'utilizzo dell'alta montagna glacializzata* – P. Claval, *Géosophie et états de crise: quelques réflections* – G. Giorello, *«Il conflitto tra le due leggi». A proposito della teoria delle catastrofi* – F. Perussia, *Un pericolo improvviso. Note introduttive alla psicologia dell'esperienza catastrofica* – P. Sereno, *Catastrofi e geografia storica* – M. Zunica, *Introduzione alla tavola rotonda (20 novembre 1991)* – G. Corna Pellegrini, *Note conclusive. Eventi catastrofici: eccezionali per antonomasia* – E. Bianchi, *Uomo, rischio, natura: considerazioni intorno allo stato presente della ricerca* – G. Roditi, *Eventi naturali e ambiente urbano* – G. Botta, *Postfazione. Il significato di «catastrofe»*

21. Istituto di Anglistica, *L'ebreo errante. Metamorfosi di un mito* (a cura di Esther Fintz Menascé)

E. Fintz Menascé, *In memoriam* – A. Agnoletto, *Presentazione* – E. Fintz Menasce, *Prefazione* – V. Bezzola, *L'Ebreo Errante: origini (Cartaphilus), variazioni sopratutto in Italia (Buttadeo), affermazione nella Germania del Seicento (Ahasverus)* – G. Deon, *Momenti della fortuna dell'Ebreo Errante in Francia* – M.C. Sirchia, *L'Ebreo Errante nelle Isole Britanniche: una presenza polimorfica* – S. Daneluzzi, *Shelley, Yeats, l'Ebreo Errante e l'Eterno Ritorno* – N. Menascé, *Due Ebrei Erranti della letteratura: Shylok di Shakespeare e Shylok di Wesker, dall'odio all'amicizia* – D. Tinelli, *Ebenezer Henderson, un missionario scozzese tra gli ebrei erranti della Russia zarista e il suo impegno per la loro conversione* – E. Pasquali, *Fine dell'erranza ebraica in Palestina, nel pensiero dell'evangelico britannico J.A. Wylie* – F. Ferrari, *Ahasvero a Bruxelles: L'Ebreo Errante di August Vermeylen* – P. Loreto, *La maledizione della sofferenza: il mito dell'Ebreo Errante in* The Fixer *di Bernard Malamud* – M.C. Fumagalli, *Eterno tormento spirituale e impossibilità del ritorno a casa: le storie di Huckleberry Finn, Holden Caulfield, Dean Moriarty e la leggenda dell'Ebreo Errante* – F. Spagnolo Acht, *Benjamin errante: la Metafisica della gioventù* – G. Ambrosioni, *L'Ebreo Errante dall'iconografia cristiana a Chagall*

22. Istituto di Archeologia, *Augusto in Cisalpina. Ritratti augustei e giulioclaudi in Italia settentrionale* (a cura di Gemma Sena Chiesa)

P. Orlandini, *Prefazione* – M.L. Bianco, G. Legrottaglie (a cura), *Abbreviazioni bibliografiche* – G. Sena Chiesa, *Augusto in Cisalpina* – A. Bonini, *Le fonti storiche* – E. Evangelisti, *Ritratto di Agrippa da Susa* – P. Martignetti, *Ritratto di Druso Maggiore da Torino* – R. Donnarumma, *Ritratto di Augusto* velato capite *da Como* – B. Grassi, *Ritratto di Ottaviano da Verona* – M. Minoja, *Ritratto di Augusto da Vicenza* – R. Gregnanin, *Ritratto di Augusto da Este* – M.L. Bianco, *Padova, ritratto di Augusto* – M.L. Bianco, *Padova, ritratto di Livia* – S. Zanin, *Ritratto di Ottaviano da Aquileia* – S. Zanin, *Aquileia, ritratto di Augusto* – L. Cermisoni, *Statua di togato da Aquileia* – L. Cermisoni, *Aquileia, busto di Gaio Cesare* – G. Legrottaglie, *Frammento di altorilievo con ritratto di Augusto* – L. Zana, *Ritratto di Livia* – G. Legrottaglie, *Ritratto di Agrippina Maggiore* – G. Sansica, *Ritratto di Tiberio* – F. Chiesa, *Ritratto di principe giulio-claudio* – C. Ambrosini, A. Tacchini, *Il ciclo statuario della basilica di Velleia* – I. Tirloni, *Ritratto femminile da Bologna* – G. Pavesi, *Ritratto femminile diademato da Sarsina* – E. Mariani, *Il rilievo di Ravenna* – P. Framarin, *Ritratto di Cesare di Aglie* – S. Maggi, *L'Augusto di Mantova 6812: nuove considerazioni* – G. Pavesi (a cura), *Referenze iconografiche*

23. Istituto di Filologia Moderna, *Carte Romanze. Serie I* (a cura di Alfonso D'Agostino)
    A. D'Agostino, M. Fumagalli, M.C. Marinoni, *Premessa* – B. Barbiellini Amidei, *Il tema del* Fiero Bacio *nel* Bel Inconnu *e la sua permanenza nella tradizione canterina* – M. Carbonaro, *Memorie dantesche nei* Cantari della guerra di Troia – M. Di Febo, Erec e Tristano, *interazione e conflittualità di modelli nel* Bel Inconnu *di Renaut de Beaujeu* – A.C. Enrini, *Trattato sul prendere moglie secondo Silvio filosofo* – B. Ferrari, *Versioni anticofrancesi in prosa della Vita di Santa Marina* – M. Prada, *Note sulla lingua di alcuni procedimenti giudiziari cinquecenteschi: i Processi contro Ebrei e Giudaizzanti del S. Uffizio di Venezia* – L. Rossetti, *Una traducción española del* De miseria humanae conditionis: – *el* Libro de la vileza de la humana condiçión

24. Istituto di Lingua e Letteratura Francese e dei Paesi francofoni, *Don Giovanni a più voci* (a cura di Anna Maria Finoli)
    A.M. Finoli, *Premessa* – E. Balmas, *Introduzione* – J. Verdeil, *Don Juan ou l'imposteur* – E. Balmas, *Carlo Goldoni,* Il Dissoluto – F. Melzi d'Eril, *Seduzione, patto diabolico, "chute d'un ange" nel* Don Juan de Marana *di Dumas* – L. Nissim, *Une Nuit de Don Juan, di Gustave Flaubert* – M. Miotti, *Le Marquis de Priola di Henri Lavedan* – M. Mazzocchi Doglio, *Evoluzione e morte del mito di Don Giovanni nell'opera di Milosz* – A. Preda, *Dalla scena alla porta: l'impossibile fuga del* Don Juan *di Michel de Ghelderode* – M. Bernardi, *Il mito di Don Giovanni in Georges Bataille: la seduzione come economia della perdita* – S. Ferrari, *Suzanne Lilar,* Le Burlador: *l'accomplissement de l'être par la sensualité et l'érotisme* – G. Sale, Le Festin de Pierre *de Thomas Corneille: un exemple des procédés de réécriture* – M. Campanini Catani, *Le Don Juan d'Alfred de Musset* – F. Ranzato, *Le Don Juan de Prosper Mérimée:* Les Âmes du Purgatoire – A. Conti, *De la damnation au salut: le thème de la conversion dans le* Don Juan de Marana ou la chute d'un Ange *d'Alexandre Dumas* – L. Saggiorato, *Le mythe de Don Juan dans le roman de George Sand* Le Château des Désertes – P. Abussi, La dèrniere nuit de Don Juan *d'E. Rostand: le coureur renversé* – M. Barsi, *Le Don Juan de H.-R. Lenormand: "une hésitation de la nature"* – A. Marangoni, *Le Don Juan de Delteil, "prêtre de l'amour"* – E. Bordino, *Supplément à* Don Juan *de Colette. Multiplication, fragmentation et inversion du mythe* – A. Piletti, *Le Don Juan de Jean Anouilh:* Ornifle ou l'"homme de vent" – A. Bedeschi, *Don Juan "libelliste".* Journal de Don Juan *de Gérard Mourgue* – S. D'Amico, *Un Don Juan au regard froid:* Monsieur Jean de Roger Vailland

25. Dipartimento di Filosofia, *Fondo Giuseppe Rensi. Inventario con una scelta di lettere inedite* (a cura di Lucia Ronchetti e Amedeo Vigorelli)
    F. Caizzi, *Premessa* – L. Ronchetti (a cura di), Inventario del Fondo Rensi – *Introduzione, Inventario, Appendice, Indice delle persone, Indice delle testate* – A. Vigorelli (a cura di), Lettere a Giuseppe Rensi – *Introduzione, Lettere*

26. Dipartimento di Filosofia, *Per una storia critica della scienza* (a cura di Marco Beretta, Felice Mondella e Maria Teresa Monti)

I curatori, *Premessa* – M. Beretta , *I* Philosophes *e la chimica: alle origini del materialismo scientifico* – L. Besana, *La* Nova Scientia *di Nicolò Tartaglia: una lettura* – E. Brambilla, Verba *e* Res: *arti della memoria e logica nella tradizione giuridica universitaria. (Secc. XIII-XVII)* – G. Canziani, *Descartes e Gassendi nella* Philosophia novo-antiqua *di Tommaso Ceva* – G. Cifoletti, *L'oratio* algebrica. *L'algebra di Jacques Peletier tra retorica e dialettica* – G. Cosmacini, *Sanità, salute, salute residua: categorie per una "nuova" storia della medicina* – F. Della Peruta, *Politica e società nella rivoluzione del 1848 in Italia* – S. Devoti, *Aspetti scientifico-matematici del pensiero di Antonio Nardi* – M.A. Di Gregorio, *T.H. Huxley e la filosofia* – U. D'Orazio, *Conoscenza come indisciplina: Kurt Sprengel e la moltiplicazione dei sistemi nell'età romantica* – M.C. Gadebusch Bondio, *La tipologizzazione della donna deviante nella seconda metà dell'Ottocento: la prostituta, la criminale e la pazza* – M. Galuzzi, *La soluzione dell'equazione di sesto grado nella* Géométrie *di Descartes* – D. Generali, *La biblioteca gesuitica del Collegio Braidense di Milano* – R. Maiocchi, *Scienza italiana e razzismo fascista: la demografia di Corrado Gini* – R.G. Mazzolini, *Kiel 1675: la dissezione pubblica di una donna africana* – F. Mondella, *Preformismo ed eredità biologica nella seconda metà dell'Ottocento* – M.T. Monti, *Politica della scienza nella Milano spagnola. Considerazioni in margine a una questione medico-teologica* – E. Nenci, *Tecnica e linguaggio tecnico nel Rinascimento. L'esempio della pompa aspirante e premente* – G. Panseri, *Nel segno del porco: l'errante radice dell'anatomia umana* – E.I. Rambaldi, *La storiografia filosofica dell'Università di Milano*

27. Istituto di Filologia moderna, *Per Giovanni Della Casa* (a cura di Gennaro Barbarisi e Claudia Berra)

G. Barbarisi, *Presentazione* – L. Serianni, *Lingua e stile delle poesie di Giovanni Della Casa* – G. Tanturli, *Dai "Fragmenta" al Libro: il testo di inizio nelle rime del Casa e nella tradizione petrarchesca* – G. Dilemmi, *Giovanni Della Casa e il "nobil cigno": 'a gara' col Bembo* – A. Corsaro, *Giovanni Della Casa poeta comico. Intorno al testo e all'interpretazione dei "Capitoli"* – A. Masini, *La lingua dei "Capitoli"* – G. Parenti, *I carmi latini* – C. Scarpati, *Osservazioni intorno al "frammento sulle lingue"* – G. Barbarisi, *Ancora sul testo del* Galateo – C. Berra, *Il* Galateo *"fatto per scherzo"* – S. Morgana, *Le "lingue" del* Galateo – M. Mari, *Le lettere di Giovanni Della Casa ad Annibale Rucellai* – S. Carrai, *Della Casa biografo del Bembo* – S. Albonico, *Approssimazioni all'oratoria del Casa* – C. Vecce, *L'An uxor sit ducenda* – P. Pissavino, *An uxor sit ducenda: un'interpretazione politica* – Indice dei nomi

28. Istituto di Lingue e Letterature Iberiche e Iberoamericane, *La scena e la storia. Studi sul teatro spagnolo* (a cura di Maria Teresa Cattaneo)

M.T. Cattaneo, *Presentazione* – A. Pavesi, *Feste teatrali e politica. Un matrimonio spagnolo per il futuro re d'Inghilterra* – E. Liverani, *La storia del principe Don Carlo nella rivisitazione di Diego Jiménez de Enciso* – I. Bajini, *"Il Pomo d'oro" alla corte di Filippo V, re di Spagna* – D. Manera, *Sconfitta e persistenza della virtù utopica del* Pítaco *di Nicasio Álvarez de Cienfuegos* – M.T. Cattaneo, *Inventare il vero. A proposito di "El tesorero del rey" di Antonio García Gutiérrez* – M.T. Cattaneo, *Al finale, uno sparo.* Sombra y quimera de Larra (Representación alucinada de "No más mostrador) *di Francisco Nieva*

1218

29. Istituto di Archeologia, *Calvatone romana. Un pozzo e il suo contesto* (a cura di Gemma Sena Chiesa)

G. Sena Chiesa, *Prefazione* – D.E. Angelucci, *Calvatone*-Bedriacum *nel suo contesto territoriale: il quadro geoarcheologico* – Parte prima: L'area d'indagine – T. Medici, *Introduzione* – M. Volonté, *Lo "scarico" di ceramica* – M. Volonté, *Il portico* – T. Medici, *L'area a sud del pozzo* – S. Masseroli, *Il pozzo* – Parte seconda: I materiali – S. Masseroli, *Introduzione* – M. Volonté, *Ceramica megarese* – M. Volonté, *Ceramica a vernice nera* – S. Masseroli, *Ceramica a pareti sottili* – M. Volonté, *Ceramica a vernice rossa interna* – M. Volonté, *Terre sigillate* – S. Masseroli, *Anfore* – T. Medici, *Ceramica comune* – M. Volonté, *Ceramica invetriata* – M. Volonté, *Lucerne* – T. Medici, *Vetri* – S. Masseroli, *Metalli* – S. Masseroli, *Oggetti d'ornamento* – T. Medici, *Ossi lavorati* – T. Medici, *Peso da telaio e macina* – T. Medici, *Materiale da costruzione* – E. Mariani, *Intonaci* – E.A. Arslan, *Monete* – G. Anfossi, C. Galli, *Resti faunistici* – M Volonté (a cura), *Abbreviazioni bibliografiche*.

30. Istituto di Anglistica, *Wrestling with Defoe: Approaches from a Workshop on Defoe's Prose* (edited by Marialuisa Bignami)

M. Bignami, *Introduction* – S. Soncini, *The Island as Social Experiment: a Reappraisal of Daniel Defoe's Political Discourse(s) in* Robinson Crusoe *and* The Farther Adventures – L. De Michelis, *"A Tale-Gathering in those Idle Desarts": Movement as Improvement in Defoe's* Captain Singleton – M. Bignami, *Daniel Defoe's Military Autobiographies: History and Fictional Character* – M. Logaldo, Memoirs of a Cavalier *and* Memoirs of an English Officer: *New Narrative Forms and the Legacy of Literary Genres* – A. Vescovi, Moll Flanders: *the Cohesion of the Picaresque* – G. Iannàccaro, *Predestinarian Doctrine in* Moll Flanders: *a Controversial Presence* – C. Pagetti, *Deceiving Roxana* – A. Canavesi, Roxana. The Fortunate Mistress. *Orchestration of Contexts and Escape of Words from their Literal Meaning.*

31. Università degli Studi di Milano, Gioacchino Volpe, *Lezioni milanesi di Storia del Risorgimento* (a cura di Barbara Bracco)

B. Bracco, *Introduzione* – G. Volpe, *Corso di Storia del Risorgimento* – *Documenti*.

32. Istituto di Geografia umana, *Turismo sostenibile in ambienti fragili. Problemi e prospettive degli spazi rurali, della alte terre e delle aree estreme* (a cura di Maria Chiara Zerbi)

M.C. Zerbi, *Turismo sostenibile in ambienti fragili. Problemi e prospettive degli spazi rurali, delle alte terre e delle aree estreme* – *Ringraziamenti* – B. Cori, *Apertura dei lavori* – TURISMO SOSTENIBILE NELLE AREE RURALI – R. Knafou, *Approche critique de la notion de "tourisme durable". Le cas des espaces marginaux et "extrêmes"* – M. Dower, *Planning for sustainable tourism in the high lands of Europe* – F. Gerbaux, *Débats et controverses en Europe autour de la notion de tourisme doux* – A. Trono, *Politiche comunitarie per il turismo delle aree rurali svantaggiate* – D. Pinder, *Railways and the promotion of sustainable tourism in the far South West of England* – G. Botta, *Progettare turismo tra i monumenti del lavoro: Crespi d'Adda* – TURISMO SOSTENIBILE NELLE ALTE TERRE – F. Lottersberger, *Economia tra natura e cultura. Il turismo come comunicazione nella prospettiva della Convenzione delle Alpi*

– G. De Vecchis, *La montagna italiana: sensibilità (ambientale e culturale) e sviluppo turistico* – F. Bartaletti, *Aspetti quali-quantitativi del turismo nelle Alpi italiane* – G. Roditi, *Engadina: evoluzione di un'area turistica di lunga tradizione* – G. Bellencin Meneghel, *Turismo transfrontaliero. Il caso Pramollo/Nassfeld* – L. Laureti, *Carico antropico e compatibilità ambientale nell'alta montagna alpina in conseguenza dello sviluppo turistico* – G. Massimi e B. Cardinale, *La pressione turistico-residenziale sulla montagna appenninica* – X. Carceller, *Turismo y desarollo sostenible en el Alto Pirineo* – L. Minerbi, *Alte terre in aree estreme tropicali: la gestione dei parchi naturali ad alta quota nelle isole Hawai'i. I vulcani Manua Kea e Haleakalā* – C. Smiraglia, *Nepal is here to change you not for you to change Nepal. Utopia e pragmatismo verso un turismo sostenibile sulla via dell'Everest (Himalaya del Nepal)* – TURISMO SOSTENIBILE NELLE AREE ESTREME – D. Canestrini, *L'insostenibile retorica del Paradiso* – E. Turri, *Fresh beer al 10° parallelo* – G. Corna-Pellegrini, *Turismo solitario nei deserti della Western Australia* – C.A. Campi, C. Cencini e B. Menegatti, *Il turismo in Antartide: origine, sviluppo e prospettive* – D. Tommasini, *Il turismo nelle zone polari boreali. La Groenlandia tra realtà e immagini turistiche* – A. Santambrogio, *Ambiente e turismo nello Yukon Canadese* – I. Jelen, *Il turismo sostenibile nella penisola del Taimyr: da modello economico a strumento di crescita per le comunità native della Siberia artica* – E. dell'Agnese, *Dall'età della pietra al turismo globale: i Dani della Nuova Guinea Occidentale (Indonesia)* – M. Morazzoni, *Ambiente, turismo e popoli tribali nell'Amazzonia brasiliana* – M. Schmidt di Friedberg, *Il viaggio sottovetro: l'esperienza della natura nel Biodôme e nella Biosphère di Montréal* – Appendice – R. Knafou, *Approccio critico alla nozione di "turismo durevole". Il caso delle aree marginali ed "estreme"* – M. Dower, *Progettare un turismo sostenibile nelle alte terre d'Europa* – F. Gerbaux, *Dibattiti e controversie in Europa attorno alla nozione di turismo dolce* – D. Pinder, *Le ferrovie e la promozione del turismo sostenibile nel remoto sud-ovest dell'Inghilterra* – X. Carceller, *Turismo e sviluppo sostenibile negli Alti Pirenei*

33. Istituto di Filologia moderna, *Interpretazioni e letture del Giorno* (a cura di Gennaro Barbarisi e Edoardo Esposito)
G. Barbarisi, *Presentazione* – G. Bàrberi Squarotti, *Il vero Ettore: l'eroe del* Giorno – A.M. Mutterle, *Osservazioni sullo stile satirico nel* Giorno – R. Leporatti, *Sull'incompiutezza del* Giorno – W. Spaggiari, *L'edizione Reina* – G. Biancardi, *Alcune osservazioni sulla dedica e sul proemio del primo* Mattino – C. Donati, *La nobiltà milanese nelle fonti documentarie e nella satira pariniana* – G. Barbarisi, *I Verri e l'idea del* Giorno – G. Mazzocchi, *I trattenimenti di Padre Guilloré e di Carlo Maria Maggi e la Dama del* Giorno – G. Carnazzi, *L'altro ceto: "ignobili" e Terzo Stato nel* Giorno – G. Santato, *I Lumi nel* Giorno. *Voltaire e i nuovi "Sofi": dal* Mattino *e dal* Mezzogiorno *al* Giorno – M. Mari, *La ricchezza linguistica del* Giorno – C. Berra, *Le figure di permutazione nel* Mattino *e nel* Mezzogiorno – F. Spera, *La voce dei personaggi* – E. Esposito, *L'endecasillabo del* Giorno: *prospezioni* – F. Tancini, *Gusto e buon gusto nel primo* Giorno – P. Gibellini, *La mitologia classica nel* Giorno *(e dintorni)* – C. Vecce, *Gioco e società nel* Giorno – M.A. Terzoli, *Le gloriose "opre" di un Don Giovanni milanese* – G. Benvenuti, *La Sera di Parini e l'occasione mancata del Giovin Signore* – I. Magnani Campanacci, *Suggestioni iconografiche nel* Giorno – L. Clerici, *Bibliografia della critica e delle opere di Giuseppe Parini (1947-1997)* – Indice dei nomi

34. Dipartimento di Filosofia, *L'Archivio Giovanni Vailati* (a cura di Lucia Ronchetti)

G. Lanaro, *Premessa – Introduzione* – Inventario dell'Archivio Giovanni Vailati – *Corrispondenza, Manoscritti, Materiale per la stampa, Estratti, Nuove acquisizioni, Atti relativi al fondo, Indice dei nomi* – La biblioteca di Giovanni Vailati – *Elenco delle monografie in ordine alfabetico di autore e titolo*

35. Università degli Studi di Milano, *Pietro Verri e il suo tempo* (a cura di Carlo Capra)

TOMO PRIMO. C. Capra, *Premessa* – PIETRO VERRI E LA MEMORIA STORICA – G. Ricuperati, *Pietro Verri e gli specchi. Appunti per una storia delle interpretazioni da Isidoro Bianchi a Franco Venturi* – G. Gaspari, *Pietro Verri nell'Ottocento italiano* – B. Costa, *L'Archivio Verri: vicende storiche e riordinamento* – LA FELICITÀ PRIVATA E PUBBLICA – A. Cavanna, *Da Maria Teresa a Bonaparte: il lungo viagio di Pietro Verri* – G. di Renzo Villata, *"Sembra che... in genere... il mondo vada migliorando". Pietro Verri e la famiglia tra tradizione giuridica e innovazione* – M.A. Cattaneo, *Pietro Verri e la riforma penale* – G.P. Massetto, *Pietro e Alessandro Verri in aiuto di Cesare Beccaria: la risposta alle* Note *del Facchinei* – G. Francioni, *Metamorfosi della* Felicità. *Dalle* Meditazioni *del 1763 al* Discorso *del 1781* – P. Giordanetti, *Kant, Verri e le arti belle. Sulla fortuna di Verri in Germania* – G. Imbruglia , *Il conflitto e la libertà. Pietro Verri da "Il Caffè" alla* Storia di Milano – N. Recupero, *Antiquaria e storiografia nella* Storia di Milano – G. Panizza, *Filologia politica: per la storia delle* Idee Politiche *di Pietro Verri* – C. Capra, *"La mia anima è sempre stata repubblicana". Pietro Verri da patrizio a cittadino* – TOMO SECONDO. LO SCRITTORE E IL MEMORIALISTA – G. Barbarisi, *Pietro Verri e il culto della memoria* – R. Turchi, *Pietro Verri e "Il teatro comico" del Signor Destouches* – G. Cartago, *Usi linguistici di Pietro Verri, tra stampa e manoscritti degli articoli per il "Caffè"* – B. Anglani, *"L'uomo non si muta". Letteratura, metafisica negativa, pubblica felicità* – L'ECONOMISTA E IL RIFORMATORE – P. Groenewegen, *The significance of Verri's* Meditazioni *in the history of economic thought: the wider european influences* – S. Hotta, *European sources of Pietro Verri's economic thought* – G. Bognetti, *La finanza pubblica nel pensiero e nell'azione di Pietro Verri* – A. Cova, *Pietro Verri e la riforma monetaria* – D. Parisi, *Gli studi economici del giovane Pietro Verri: i bilanci del commercio* – P.L. Porta e R. Scazzieri, *Il contributo di Pietro Verri alla teoria economica. Società commerciale, società civile e governo dell'economia* – A. Moioli, *Pietro Verri e la questione della riforma daziaria nello Stato di Milano* – G. Gregorini, *Pietro Verri e la Ferma generale mista: note e documenti* – Appendice – P. Groenewegen, *Il significato delle* Meditazioni *del Verri nella storia del pensiero economico: ampie influenze europee* – S. Hotta, *Fonti europee del pensiero economico di Pietro Verri* – LA MOSTRA "PIETRO VERRI E LA MILANO DEI LUMI", a cura di C. Capra, F. Mazzocca e A. Morandotti – Indice dei nomi

36. Dipartimento di Scienze dell'Antichità – Sezione di Filologia classica, *Ricordando Raffaele Cantarella* (a cura di Fabrizio Conca)

F. Conca, *Premessa* – G. Arrigoni, *Perseo contro Dioniso a Lerna* – G.A. Cavajoni, *Catone in Lucano 9,509 s.* Sic concitus ira / excussit galeam suffecitque omnibus unda – M. Cavalli, Le Rane *di Aristofane: modelli tradizionali dell'agone fra Eschilo ed Euripide* – F.

Conca, *Lingua e stile dell'*Epistola ai Galati – D. Del Corno, *Come si deve fare una commedia: programmi e polemiche nel teatro ateniese* – M. Gioseffi, Nusquam sic vitia amoris: *Tiberio Claudio Donato di fronte a Didone* – A. Grilli, *La questura di Seneca e la prefettura d'Egitto* – I. Gualandri, *Parole come neve: da Omero ad Ambrogio* – G. Guidorizzi, *Il volto di Dioniso e il corpo di Penteo: modelli di identità nelle* Baccanti *di Euripide* – L. Lehnus, *In margine a un recente libro su Callimaco* – G. Lozza, "*Come scoglio immoto resta*" – N. Pace, *Mimnermo F 5 G.-P.* – M.A. Vinchesi, *Alcune considerazioni sul caso di Dafni nel XIV libro delle* Guerre puniche *di Silio Italico* – G. Zanetto, *Aristofane e il lessico della politica* – Indice dei nomi – Indice dei personaggi e dei luoghi

37. Istituto di Filologia Moderna, *Carte Romanze. Serie II* (a cura di Alfonso D'Agostino)
A. D'Agostino, *Premessa* – B. Barbiellini Amidei, *Per la lettura dell'*Aegidius *del Pontano* – C. Bozzoli, Storia favolosa di Stefano. *Edizione critica di una versione italiana inedita del* Libro dei sette savi – L. Lepore, *Il* Lapidario *ambrosiano. Edizione critica* – F. Magro, *I volgarizzamenti italiani della* Lettera del Prete Gianni – Indice dei nomi – Indice dei personaggi e dei luoghi contenuti nei testi editi

38. Istituto di Lingua e Letteratura Francese e dei Paesi Francofoni – Istituto di Anglistica, *Intersections. La narrativa canadese tra storia e geografia* (a cura di Liana Nissim e Carlo Pagetti)
L. Nissim e C. Pagetti, *Introduzione* – A. Ferraro, *Le mythe des Patriotes dans la littérature québécoise* – C. Pagetti, *Two or more solitudes: Hugh MacLennan's sense of the past* – O. Palusci, "*It haunts my imagination*": *Margaret Lawrence and the wounds of Manitoba* – L. Nissim, *Montréal, ville de rêve, ville de cauchemar ou l'urbanisme merveilleux de Jacques Benoit* – G. Balestra, *Alice Munro as historian and geographer. A reading of* Meneseteung – M. Modenesi, "*Va donc dans l'Ouest, jeune homme*". *Présence et signification de la frontière dans le roman québécois contemporain* – E. Rao, *Immigrants and other aliens: encounters in the 'wild zone' in Margaret Atwood's recent fiction* – S. Bertacco, "*Piloting North*": *Aritha van Herk's* Places far from Ellesmere – C. Brancaglion, *Du voyage géographique au voyage historique: Noël Audet à la recherche de l'identité québécoise*

39. Dipartimento di Scienze dell'Antichità – Sezione di Storia antica, *Storiografia ed erudizione. Scritti in onore di Ida Calabi Limentani* (a cura di Daniele Foraboschi)
D. Foraboschi, *Presentazione* – Bibliografia di Ida Calabi Limentani – G. Daverio Rocchi, *Trent'anni di studi sulle relazioni interstatali della Grecia di V e IV secolo a.C.: indirizzi di ricerca e percorsi tematici* – L. Moscati Castelnuovo, *L'ostilità di Erodoto verso gli Ioni: due secoli di studi e una riflessione* – F. Cordano, *Mario Segre studioso dell'antichità* – T. Alfieri Tonini, *Iscrizioni greche della Lombardia nella cultura del '700* – A. Simonetti Agostinetti, *La tradizione su Tolomeo e le contese spoglie di Alessandro Magno* – D. Foraboschi, *Grote/Marx: ghenos/gens* – J. Taita, *Un'anfizionia ad Olimpia? Un bilancio sulla questione nell'interpretazione storiografica moderna* – L. Rossi, *Le premesse del trionfo dacico di Traiano: una opzione storiografica interdisciplinare* – M. Caltabiano, *Giuliano Imperatore*

43. Dipartimento di Filologia moderna, *Fra satire e rime ariostesche* (a cura di Claudia Berra)

C. Segre, *Introduzione* – E. Saccone, *Riflessione e invenzione: il caso delle* Satire – M. Paoli, *"Quale fu la prima satira che compose": storia vs. letteratura nelle satire ariostesche* – S. Albonico, *Osservazioni sulla struttura delle* Satire – A. Romano, *La "memoria" di Roma nelle* Satire – A.M. Cabrini, *"Opra degna di mercè": la prima satira ariostesca* – A. Corsaro, *Aspetti della cultura ariostesca (Note di commento alla satira sesta)* – C. Berra, *La "sciocca speme" e la "ragion pazza": la conclusione delle* Satire – A. Villa, *Gli apologhi delle* Satire – C. Vela, *Gli studi di Cesare Bozzetti sulle rime dell'Ariosto* – A. Comboni, *Il Canzoniere ariostesco e la poesia delle corti padane: alcune annotazioni* – R. Rinaldi, *Maghe e silenzi dell'Ariosto, fra i capitoli e il* Furioso – P. Vecchi Galli, *Fra Ariosto e Tebaldeo: a proposito del capitolo XXVI,* Or che la terra di bei fiori è piena – S. Carrai, *Classicismo dell'Ariosto lirico* – M.C. Cabani, *Le* Rime *e il* Furioso – G. Rabitti, *Forme del petrarchismo ariostesco* – C. Zampese, *Presenze intertestuali nelle* Rime *dell'Ariosto* – G. Dilemmi, *Una scheda per i "sospiri" dell'Ariosto (Sonetti XXIV)* – M. Malinverni, *Per una notte luminosa: fortuna di un* topos *da Properzio ad Ariosto* – S. Longhi, *Il Cavallo dell'Ariosto* – Indice dei nomi e dei personaggi – Indice dei manoscritti.

44. Dipartimento di Filosofia, *Terra e storia. Itinerari del pensiero contemporaneo* (a cura di Carlo Sini)

C. Sini, *Prefazione* – PARTE I. ITINERARI DELLA PRATICA TEORICA – R. Fabbrichesi Leo, *Vedere connessioni, descrivere forme di vita, illustrare esempi. Wittgenstein legge Frazer* – S. Marietti, *Deduzioni e diagrammi: un confronto tra Peirce e Frege* – F. Leoni, *La terra, il supporto, la scrittura. A partire dal "rovesciamento della dottrina copernicana" di Edmund Husserl* – M. Bonazzi, *Segno e traccia: Derrida interprete della semiologia hegeliana* – PARTE II. ITINERARI DELLA PRATICA POLITICA – C. Di Martino, *Tecnica, ospitalità e decostruzione del "politico" in Jacques Derrida* – F. Salvarezza, *Lévinas e l'Occidente: "un contatto nel cuore di un chiasmo"* – M. Vegetti, *La questione del politico nell'epoca dell'unità del mondo. Il rapporto Schmitt-Kojève e il contesto teorico del dibattito* – F. Cambria, *Artaud in Messico. Note da un viaggio al di là delle Colonne d'Ercole* – Indice dei nomi.

45. Università degli Studi di Milano, *L'amabil rito. Società e cultura nella Milano di Parini* (a cura di G. Barbarisi, C. Capra, F. Degrada, F. Mazzocca)

P. Mantegazza, *Premessa* – **TOMO PRIMO.** G. Barbarisi, *Introduzione* – PARINI E LA MILANO ASBURGICA – C. Capra, *"I cenci e l'oro". Ricchezza e povertà nella Milano di Parini* – A. Merlotti, *Note sulla sociabilità aristocratica nell'Italia del Settecento: I "Casini de' nobili"* – V; Criscuolo, *La nascita di un mito: Parini "poeta civile"* – G. Ricuperati, *Giuseppe Parini intellettuale e gazzettiere* – E. Brambilla, *Le riforme dell'educazione, Parini e le belle lettere* – M.G. di Renzo Villata, *"Oh beato colui che può innocente nel suo letto abbracciar la propria sposa"* – R. Bizzocchi, *Parini, Goldoni e i cicisbei* – L. Ricaldone, *Le donne in Parini* – C. Borghero, *Il lusso tra Francia e Italia* – F. Arato, *"Un'avara malinconia". La discussione sul lusso in Italia* – R.M. Colombo, *Il lusso del* Giorno – E. Gennaro, *Un mecenate del Parini. Il conte Giuseppe Maria Imbonati e il suo* Commentario *di Ludovico Maria Ricci* – M. Dillon Wanke, *Città e campagna nell'opera di Giuseppe Parini* – LE LETTERE – Silvia Morgana, *Parini e la lingua italiana dai Trasformati a Brera*

– A. Masini, *La formazione del linguaggio poetico pariniano* – P.V. Mengaldo, *Sulla lingua delle* Odi – I. Bonomi, *La lingua dei libretti pariniani* – C. Enrico Roggia, *Aspetti sintattici del* Giorno – P. Gibellini, *L'elaborazione del* Giorno: *aspetti ideologici* – L. Sozzi, *Ancora sul "petit-mâitre"* – G. Nicoletti, *L'esorcisma funebre della "Nova luce": note per un'interpretazione della* Notte – S. Carrai, *La memoria dantesca nel* Giorno – M.A. Terzoli, *Le favole del Parini* – R. Martinoni, *Parini, Tanzi e la "causa patriotica"* – M.A. Cattaneo, *Parini e Beccaria* – M. Cerruti, *Parini e il sensismo* – O. Besomi, *Il Parini di Leopardi* – M. Ballarini, *Il Parini tra il Vangelo e i "Lumi"* – F. Milani, *Parini e Balestrieri* – B. Anglani, *Parini e l'idea di progresso* – G. Scianatico, *Parini e l'Alfieri. L'altro neoclassico* – W. Spaggiari, *Parini e la Scuola storica* – **TOMO SECONDO.** LA MUSICA – F. Degrada, *Le esperienze milanesi di Mozart: una rivisitazione critica* – A.L. Bellina, Mitridate, *Ruggero e Lucio Silla. Tre allestimenti intorno a Parini* – R. Carpani, *Il teatro musicale a Milano: aspetti istituzionali nell'ultimo decennio del Ducale* – M. Viale Ferrero, *Le scene dei teatri musicali di Milano negli anni di Parini* – A. Pontremoli, *La danza teatrale a Milano nel Settecento* – C. Fertonani, *Aspetti della musica strumentale a Milano nel secondo Settecento* – P. Bosisio, *Parini e il teatro drammatico* – L. Nicora, *L'attività di Giuseppe Parini dal Teatro Ducale alla Scala* – LE ARTI – F. Mazzocca, *Il letterato e le arti: l'eredità del modello Parini* – G. Savarese, *L'ut pictura poesis mediatrice tra poesia e critica pariniana* – F. Fedi, *Parini e i teorici del Neoclassicismo* – F. Valli, *A Brera. Nei luoghi di Chirone* – A. Oldani, *La Scuola di Ornato dell'Accademia di Brera: materiali e modelli* – C. Nenci, *L'eredità di Achille. Giuseppe Bossi, alunno del precettor gentile* – A. Morandotti, *Il ritratto e la società milanese nell'età di Parini* – E. Bianchi, *I ritratti del canonico Giuseppe Candido Agudio, amico del Parini* – E. Colle, *La polemica sul lusso: l'arredo* – G. Buttazzi, *In margine al mondo pariniano degli "ignobili": considerazioni sull'abbigliamento delle classi inferiori nella Milano della seconda metà del XVIII secolo* – G. Ricci, *Contro l'effimero urbano. Feste e progetti per Milano nella seconda metà del XVIII secolo* – F. Frangi, *Dai pitocchi al "buon villan": metamorfosi della pittura di genere a Milano negli anni di Parini* – TAVOLE – L. Caratti di Valfrei, *Albero genealogico della famiglia di Giuseppe Parini* – Indice dei nomi